Hamburger Edition
Institut für Sozialforschung

Bettina Greiner

Verdrängter Terror

Geschichte und Wahrnehmung sowjetischer Speziallager in Deutschland

Hamburger Edition

Hamburger Edition HIS Verlagsges. mbH
Mittelweg 36
20148 Hamburg
www.Hamburger-Edition.de

Umschlaggestaltung: Wilfried Gandras
Typografie und Herstellung: Jan und Elke Enns
Satz aus Stempel Garamond von Dörlemann Satz, Lemförde
Druck und Bindung: CPI – Clausen & Bosse, Leck
Printed in Germany
ISBN 978-3-86854-217-2
1. Auflage März 2010

In Erinnerung an
Erika von Prittwitz und Gaffron
(1907–2001)

Inhalt

Einleitung

Am Abend des 10. März 1990 wurden in der *Aktuellen Kamera* und der *Tagesschau* schockierende Bilder gezeigt: In der Nähe des ehemaligen Konzentrationslagers Sachsenhausen im Norden von Berlin legten Soldaten der Nationalen Volksarmee der DDR Schädel und Gebeine frei. Mit diesen Funden deckten sie gleichsam ein Kapitel deutscher Nachkriegsgeschichte auf, das in der DDR tabuisiert und in der alten Bundesrepublik in Vergessenheit geraten war – die Speziallager des sowjetischen Geheimdienstes, die von 1945 bis 1950 auf dem Gebiet der Sowjetischen Besatzungszone (SBZ) und DDR bestanden hatten. Nach offiziellen Angaben des Volkskommissariats (seit 1946 Ministerium) für innere Angelegenheiten der Union der Sozialistischen Sowjetrepubliken (NKWD/MWD) waren in diesen Lagern 157837 Männer und Frauen festgehalten worden. Darunter befanden sich 34706 Sowjetbürger und 122671 deutsche Zivilisten – in ihren Reihen so prominente Namen wie Ulrich Freiherr von Sell und Justus Delbrück (beide dem Widerstand des 20. Juli zugehörig), Horst von Einsiedel (Kreisauer Kreis), Ewald Pieck (Stadtrat von Ostberlin), Heinrich George, Gustaf Gründgens, Marianne Simson (Schauspieler), Georg Kohn (Vorsitzender der jüdischen Gemeinde Berlin), Gerhard Wischer, Hans Heinze (NS-Euthanasieärzte), Stella Goldschlag (jüdische »Greiferin« im Auftrag der Gestapo), Otto Koch (NS-Bürgermeister von Weimar), Karl Ritter von Halt und Otto Nerz (NS-Sportfunktionäre), Max Emendörfer (Kommunist), Friedrich Griese (NS-Schriftsteller), Eduard Zimmermann (TV-Journalist), Karl-Heinz Kurras (Todesschütze im Fall Benno Ohnesorg), Wieland Förster (Künstler) und Walter Kempowski (Schriftsteller).

Obwohl der UdSSR keine Tötungsabsicht zu unterstellen ist und ihre Repressionen in der SBZ überdies im Vergleich zur Besatzung in den Ländern östlich von Oder und Neiße[1] vergleichsweise moderat

---

1 So wurden in Litauen »zwischen 1944 und 1953 mehr als 20000 Menschen von Tschekisten getötet, 240000 in Gefängnisse gesperrt oder in sibirische Straflager deportiert«, das sind »mehr als ein Zehntel der litauischen Bevölkerung«. Der litauische Widerstand gegen die neuen Machthaber

zu nennen sind, bleibt der Preis der Speziallagerhaft erschreckend: Laut sowjetischen Angaben aus dem Jahr 1990 lag die Sterblichkeit in den Lagern bei 35 Prozent. 756 deutsche Häftlinge waren erschossen worden, 42889 verstarben an Hunger und Krankheiten.[2]

Diese Zahlen – wie grundsätzlich alle offiziellen statistischen Angaben – sind indes alles andere als zuverlässig. Dass sie allenfalls als Minimalangaben anzusehen sind, ist in der Forschung unumstritten. Selbst sowjetische Stellen schätzten im Juli 1947, dass mindestens 16000 Lagerinsassen überhaupt nicht registriert worden waren.[3] Gleichzeitig scheinen jedoch auch jene wesentlich höheren Zahlen widerlegt, die unter Rückgriff auf Schätzungen aus den 1950er Jahren noch heute kursieren. Man denke etwa an das 1998 auf Deutsch erschienene »Schwarzbuch des Kommunismus«. Dessen Autoren sprechen von 234300 Speziallagerhäftlingen, von denen 105500 gestorben seien.[4] Auch die Angaben von Anne Applebaum und Norman M. Naimark – 240000 Häftlinge und 95000 Tote – scheinen im Licht neuerer deutsch-russischer Forschungen zu hoch zu greifen. Und zwar auch dann noch, wenn man berücksichtigt, dass beide – obwohl sie von den Lagern in der sowjetischen Besatzungszone sprechen – das Speziallager Landsberg/Warthe in Polen mit eingerechnet haben.[5] Es gilt also nicht nur, die sowjetischen, oft den Verdacht kreativer Buchführung nährenden Daten kritisch zu hinterfragen. In der Forschung hat sich heute gleichwohl die Zahl von 154000 deutschen Häftlingen als Richtwert durchgesetzt. Hinzu kommen etwa 35000 Ausländer meist sowjetischer Herkunft, so dass insgesamt von rund 189000 Häftlingen in der SBZ auszugehen ist.[6] Auch

---

wurde in Moskau als das Werk von »Faschisten« und ausländischen Agenten, insbesondere amerikanische Spione, angesehen. Im gleichen Zeitraum töteten Tschekisten in der westlichen Ukraine »über 150000 Rebellen, 130000 wurden als ›Spione‹ und ›Schädlinge‹ in Gefängnisse und Lager eingesperrt, 200000 nach Zentralasien deportiert« (Baberowski, Der rote Terror, S. 248).

2 Diese Angaben basieren auf dem Lagerabschlussbericht vom März 1950, den das sowjetische Innenministerium im Sommer 1990 zugänglich machte. Er ist abgedruckt in: »Berichte über sowjetische Internierungslager in der SBZ«, in: *Deutschland Archiv* 23 (1990) 2, S. 1804–1810.

3 Jeske, Speziallagerstatistiken, S. 460f.

4 Courtois/Werth/Panné, Das Schwarzbuch des Kommunismus, S. 863.

5 Applebaum, Der GULAG, S. 479; Naimark, Die Russen, S. 440.

6 von Plato, Geschichte, S. 19–75, 53f.

die Zahl der nunmehr anhand von Sanitätsakten ermittelten Lagertoten wird heute weitgehend als Richtwert akzeptiert. Demnach muss von mindestens 44000 Deutschen ausgegangen werden, die in den Speziallagern verstorben sind – also fast jeder dritte deutsche Häftling.[7]

Das Lagersystem

Für die Unterbringung der Häftlinge wurde in der sowjetischen Besatzungszone ein Komplex von im Kern zehn Lagern aufgebaut.[8] Dabei nutzte die Besatzungsmacht nicht selten vorhandene Lagerstrukturen aus der NS-Zeit:

– Das Speziallager Nr. 1 in Mühlberg bei Riesa, ein vormaliges Kriegsgefangenenlager der Wehrmacht, war von September 1945 bis November 1948 in Betrieb. Sowjetischen Angaben zufolge durchliefen 21000 bis 23000 Männer und Frauen dieses Lager, von denen mehr als 6700 die Haft nicht überlebten.[9]

– Das Speziallager Nr. 2 in Buchenwald bei Weimar wurde im vormaligen Konzentrationslager Buchenwald eingerichtet. Es bestand von August 1945 bis Februar 1950. Während dieser Zeit ließen mehr als 7000 Inhaftierte ihr Leben, also fast jeder vierte Gefangene.[10]

---

7 Ebenda, S. 54f.

8 Zusätzlich existierten Speziallager auf polnischem Gebiet in Rembertów, Schwiebus, Poznań, Landsberg/Warthe und Schneidemühl, die bis Ende 1945 aufgelöst wurden. Die Inhaftierten wurden in Speziallager in der sowjetischen Besatzungszone überstellt. Der Forschungsstand über diese Lager ist unbefriedigend; eine Ausnahme stellt Kirsten, Landsberg dar. 1945 befanden sich auf dem Gebiet der späteren DDR weitere Speziallager, die, wie in Weesow bei Werneuchen und in Frankfurt/Oder, nur wenige Monate in Betrieb waren. Ferner verfügte das NKWD über mehrere Durchgangsgefängnisse, so in Alt-Strelitz, Berlin-Lichtenberg und Frankfurt/Oder. Hinzu kommen geschätzte 500 »GPU-Keller«, in denen die Gefangenen unmittelbar nach ihrer Verhaftung und vor einer Verlegung in ein Lager festgehalten wurden.

9 Kilian, Mühlberg 1939–1948, S. 337.

10 Das sowjetische Speziallager Nr. 2 1945–1950. Katalog zur ständigen historischen Ausstellung, S. 136 (nachfolgend: Speziallager Buchenwald/Katalog).

– Die Zahl der Todesopfer in Berlin-Hohenschönhausen, dem Speziallager Nr. 3, das von Mai 1945 bis Oktober 1946 in Betrieb war, wird mit 3000 bis 3100 angegeben – von insgesamt etwa 20000 Lagerinsassen.[11] Als Haftort dienten Fabrikhallen und eine ehemalige Großküche der nationalsozialistischen Volkswohlfahrt (NSV).

– Für das Speziallager Nr. 4 (seit 1948 als Nr. 3 gezählt) in Bautzen nutzte die Besatzungsmacht ein ehemaliges Gefängnis. Von den mehr als 27000 Gefangenen, die hier zwischen Juni 1945 und Februar 1950 festgehalten worden waren, starben Schätzungen zufolge 2500 bis 3000.[12]

– Eine Fabriksiedlung der »Deutschen Kabel-Werke« wurde in Ketschendorf bei Fürstenwalde von April 1945 bis März 1947 als Speziallager Nr. 5 genutzt. Bis zu 4600 Männer und Frauen verstarben während dieses Zeitraums – von insgesamt etwa 10500 Gefangenen.[13]

– Das Außenkommando Jamlitz bei Lieberose des Konzentrationslagers Sachsenhausen diente von September 1945 bis April 1947 als Speziallager Nr. 6. Von den rund 10700 Gefangenen starben etwa 3200.[14]

– Im ehemaligen Konzentrationslager Sachsenhausen wurde das Speziallager Nr. 7 (seit 1948 Nr. 1) eingerichtet, das größte der Speziallager. Zwischen August 1945 und März 1950 wurden hier 60000 Menschen festgehalten, von denen mindestens 12000 die Inhaftierung nicht überlebten.[15]

– Für das Speziallager Nr. 8 in Torgau diente zunächst das vormalige Wehrmachtsgefängnis Fort Zinna und von März 1946 bis zu seiner Schließung Anfang 1947 die benachbarte Seydlitz-Kaserne. Im Monatsdurchschnitt befanden sich hier 7000 bis 8000 Häftlinge, von denen jeden Monat 15 bis 18 starben.[16]

– Fünfeichen, vormals ein Kriegsgefangenenlager der Wehrmacht, wurde im Mai 1945 zum Speziallager Nr. 9. Bis zum Spät-

---

11 Erler/Friedrich, Hohenschönhausen, S. 24, 39.

12 Haritonow, Bautzen, S. 333, 336.

13 Reif-Spirek/Ritscher (Hg.), Speziallager in der SBZ, S. 294.

14 Ebenda, S. 298.

15 Morsch/Reich (Hg.), Sowjetisches Speziallager Nr. 7/Nr. 1 in Sachsenhausen (1945–1950). Katalog der Ausstellung in der Gedenkstätte und Museum Sachsenhausen, S. 138, 352 (nachfolgend: Speziallager Sachsenhausen/Katalog).

16 Lipinski, Speziallager Torgau, S. 152.

herbst 1948 verstarb etwa ein Drittel der insgesamt 15 000 Lagerinsassen.[17]

– In Torgau befand sich außerdem das Speziallager Nr. 10. Im Mai 1946 wurde es in Fort Zinna eingerichtet und im Oktober 1948 geschlossen. Unter den knapp 29 000 Häftlingen, die dieses Lager durchliefen, befanden sich zahlreiche Sowjetbürger, die hier ihre »Repatriierung« in die UdSSR erwarteten. Derzeit sind 426 Tote nachzuweisen.[18]

Internierte und SMT-Verurteilte

In den Speziallagern wurden zwei Häftlingsgruppen festgehalten: Internierte und SMT-Verurteilte. Erstere waren ohne Verfahren und Urteil über Jahre festgesetzt worden. Die Verurteilten hatte man vor sowjetische Militärtribunale gestellt und in der Regel mit langjährigen Haftstrafen – bis zu 25 Jahre oder lebenslänglich – belegt. Wie viele Todesurteile verhängt wurden, ist nicht bekannt. Offiziellen Angaben zufolge wurden jedoch 756 Menschen hingerichtet.

Genaue Angaben über die Anzahl, die soziale Zusammensetzung und Altersstruktur der Internierten – nach sowjetischem Sprachgebrauch das »Spezialkontingent« oder »Spezkontingent« – sind den Akten nicht zu entnehmen. Halbwegs präzise Daten stehen immer nur für enge Zeitfenster zur Verfügung. So lässt sich für den Oktober 1946 sagen, dass zu diesem Zeitpunkt 63 000 Deutsche ohne Urteil in den Lagern festgehalten wurden. Etwa fünf Prozent von ihnen waren Frauen, die im Schnitt elf Jahre jünger waren als die mehrheitlich um die Jahrhundertwende geborenen Männer.[19] Fest steht auch, dass ab Anfang 1947 keine Internierungen mehr vorgenommen wurden.

Hingegen wurden deutsche Zivilisten bis 1955 von sowjetischen Militärtribunalen verurteilt. Empirisch verlässliche Angaben sucht man jedoch auch in ihrem Fall vergeblich. Dennoch ist davon auszugehen, dass zwischen 1945 und 1955 mindestens 35 000 Urteile gesprochen wurden, von denen heute fast 26 000 Fälle dokumentiert vorliegen. Von diesen 26 000 fallen etwa 18 000 in den Zeitraum bis zur Staatsgründung der DDR am 7. Oktober 1949, die zusammen mit der

17 Baumann, Das Speziallager Nr. 9 in Fünfeichen, S. 427.
18 Lipinski, Speziallager Torgau, S. 160.
19 Mühe, Frauen in sowjetischen Speziallagern, S. 630.

Schließung der letzten drei Speziallager gut drei Monate später das Ende des Berichtszeitraums dieser Arbeit markiert. Am intensivsten waren die SMT in den Jahren von 1946 bis 1948 tätig – in dieser Zeit verhängten sie 13600 (dokumentierte) Urteile, wobei sie das Strafmaß sukzessive verschärften. Und noch eine weitere Besonderheit ist den insgesamt lückenhaften Quellenbeständen zu entnehmen: Die Verurteilten waren im Schnitt deutlich jünger als die Internierten. So war die Hälfte der SMT-Verurteilten, die 1949 im Speziallager Sachsenhausen einsaßen, bei Kriegsende zwischen 15 und 26 Jahre alt gewesen.

Die meisten Speziallager wurden zwischen 1946 und 1948 geschlossen. Allein die Lager Bautzen, Buchenwald und Sachsenhausen wurden erst zwischen Januar und März 1950 »liquidiert«, wie es im sowjetischen Sprachgebrauch hieß. Die Auflösung der Lager ging jedoch nicht mit der Entlassung ihrer Insassen einher. Sie wurden im Sommer 1948 und Anfang 1950 in zwei großen Schüben freigesetzt, wobei beide Male jeweils etwa die Hälfte aller zu diesem Zeitpunkt Gefangenen in Haft verblieb. Konkret heißt das, dass im Sommer 1948 rund 28000 Internierte entlassen wurden. Auf eine mögliche NS-Belastung waren sie nicht überprüft worden; ausschlaggebend war allein, dass sie in den Augen der Besatzungsmacht keine gegenwärtige Gefährdung mehr darstellten. Deshalb verblieben auch Tausende jugendliche Internierte, die man als vermeintliche Partisanen unter »Werwolf«-Verdacht festgesetzt hatte, weiterhin in Haft. Anfang 1950 kamen schließlich weitere 10000 Internierte frei – nach bis heute unbekannten Kriterien stufte man sie als »geringfügige Verbrecher« ein. Knapp 4000 Internierten hingegen brachte auch die Schließung der letzten drei Lager keine Freiheit. 473 von ihnen wurden in die UdSSR deportiert und die anderen 3432 in das sächsische Zuchthaus Waldheim überstellt, wo sie in den »Waldheimer Nazi- und Kriegsverbrecherprozessen« von der ostdeutschen Justiz in Schnellverfahren und mehrheitlich unter Ausschluss der Öffentlichkeit – kurz: in Willkürverfahren – verurteilt wurden.[20] Trotz in der Regel hoher Haftstrafen wurden sie alsbald sukzessive amnestiert – wobei die Kriterien für ihre vorfristige Entlassung ebenso wenig offengelegt wurden wie die Gründe ihrer ursprünglichen Internierung.

20 Grundlegend: Eisert, Die Waldheimer Prozesse.

Die SMT-Verurteilten blieben bis Anfang 1950 von den Entlassungen ausgeschlossen. Erst dann kamen 5400 von ihnen frei, fast 180 wurden in die UdSSR deportiert und mehr als 10000 (etwa 8700 Männer und 1300 Frauen) in den ostdeutschen Strafvollzug überstellt. Über die Gründe ihrer andauernden Inhaftierung liegen jenseits ihrer Klassifizierung als »Verbrecher« kaum verlässliche Daten vor. Bekannt ist jedoch, dass 48 Prozent der 1950 in das Zuchthaus Hoheneck überführten Frauen unter dem Vorwurf der Spionage verurteilt worden waren, und je 14 Prozent wegen antisowjetischer Propaganda und Beihilfe zum Landesverrat.[21] Neun Prozent galten im April 1953 als »Kriegsverbrecherinnen«.[22] Zur gleichen Zeit saßen in der Strafvollzugsanstalt Torgau 1844 Männer ein. Ein Drittel von ihnen war wegen des Verdachts, NS-Verbrechen begangen zu haben, verurteilt worden, ein weiteres Drittel als Spione. Das letzte Drittel verteilte sich auf Delikte wie antisowjetische Hetze, Gruppenbildung, illegaler Waffenbesitz, Sabotage, Diversion, Raub und dergleichen mehr.[23] Demnach waren zwei Drittel der Torgauer Häftlinge wegen Vergehen verurteilt worden, die in keinem Zusammenhang mit dem Nationalsozialismus standen. Obwohl es schwierig ist, die weitere Haftdauer in DDR-Gewahrsam präzise zu bestimmen, wird gemeinhin davon ausgegangen, dass, von wenigen Ausnahmen abgesehen, die letzten von ihnen 1956 frei kamen, nachdem in den Vorjahren mehrere Tausend von Amnestien profitiert hatten.[24]

Annäherungen

Die wissenschaftliche Auseinandersetzung mit der Geschichte der Speziallager setzte erst nach dem Mauerfall ein. Bis zu diesem Zeitpunkt waren in der alten Bundesrepublik lediglich zwei Analysen

---

21 Mühe, Frauen in sowjetischen Speziallagern, S. 630f.

22 Oleschinski/Pampel, Nazis, Spione, Sowjetfeinde, S. 458.

23 Ebenda, S. 459.

24 Vergleicht man die sowjetischen Angaben zur Zahl der Häftlinge mit den von Moskau gelieferten Daten über Entlassene, in die UdSSR Deportierte oder dem DDR-Strafvollzug Überstellte, so fällt auf, dass das Schicksal von 15000 bis 20000 Inhaftierten ungeklärt ist. Bis dato hat die zeithistorische Forschung trotz intensiven Bemühens dieses Problem nicht lösen können.

zur politischen Verfolgung in der SBZ und DDR erschienen, die auch die Speziallagerhaft berücksichtigten: »Die politischen Häftlinge in der Sowjetzone« von Gerhard Finn aus dem Jahr 1960 sowie Karl Wilhelm Frickes »Politik und Justiz in der DDR« von 1979.[25] Beide Autoren stützten sich auf Überblicksdarstellungen, die Anfang der 1950er Jahre unter der Federführung der Kampfgruppe gegen Unmenschlichkeit (KgU) oder des Informationsdienstes der SPD (Sopade-Informationsdienst) erschienen waren.[26] Erst der von der Regierung Jelzin ermöglichte Zugang zu russischen Archiven machte es möglich, auf Grundlage von Verwaltungsakten und operativen Befehlen ein differenziertes Bild des Lagersystems zu zeichnen und während des Kalten Krieges verfestigte Interpretationen in Zweifel zu ziehen, welche die Speziallager entweder als westliche Vorposten des sowjetischen GULAG oder als rechtsförmiges Strafinstrument überführter Nationalsozialisten deuteten.[27]

Mittlerweile liegen zu fast allen Speziallagern wissenschaftliche Einzeldarstellungen sowie Studien vor, die den historischen Ort dieser Lager im Kontext anderer Lagersysteme des 20. Jahrhunderts zu erkunden suchen – sei es mit Blick auf Haftorte mit »doppelter«, also von Nationalsozialisten wie DDR-Organen besetzter Vergan-

---

25 Beide Texte können auch heute noch als Standardwerke angesehen werden.

26 Just, Die sowjetischen Konzentrationslager; Das System des kommunistischen Terrors; Die Straflager und Zuchthäuser in der Sowjetzone.

27 Zu nennen sind hauptsächlich zwei Grundlagenwerke zur Speziallagerforschung: »Die sowjetischen Speziallager in Deutschland 1945 bis 1950«, hrsg. von Sergej Mironenko, Lutz Niethammer und Alexander von Plato, Bd. 1: Studien und Berichte, hrsg. und eingeleitet von Alexander von Plato, Berlin 1998 (nachfolgend: Sowjetische Speziallager 1), und Bd. 2: Sowjetische Dokumente zur Lagerpolitik, eingel. und bearb. von Ralf Possekel, Berlin 1998 (nachfolgend: Sowjetische Speziallager 2); sowie die vom Hannah-Arendt-Institut für Totalitarismus edierte Studie »Sowjetische Militärtribunale«, Bd. 2: Die Verurteilung deutscher Zivilisten 1945–1955, hrsg. von Andreas Hilger, Mike Schmeitzner und Ute Schmidt, Köln 2003 (nachfolgend: Sowjetische Militärtribunale 2). Sie zeichnet sich durch die Auswertung von fast 26000 der insgesamt etwa 35000 Urteile aus, die zwischen 1945 und 1955 über Deutsche in der SBZ und späteren DDR verhängt worden waren. Überdies erlaubt die mit diesem Band vorliegende Untersuchung der Haftakten der SMT-Verurteilten Einblicke in die strafrechtliche Intention und das ordnungspolitische Denken der Besatzungsmacht.

genheit,[28] sei es im Vergleich mit dem GULAG, mit deutschen und sowjetischen Kriegsgefangenenlagern oder westlichen Internierungslagern.[29] In allen Fällen handelt es sich um erste Annäherungen, die künftiger Forschung den Weg weisen. Zahlreiche Probleme sind indes noch gänzlich unbearbeitet – so etwa die Frage, in welcher Weise sich die sowjetische Repressionspraxis in der SBZ vom Vorgehen in anderen besetzten Ländern, insbesondere im Baltikum, aber auch der Ukraine oder in Polen, unterscheidet. Täterforschung, wie sie inzwischen für das NS-Regime gang und gäbe ist, versandet mangels Quellenzugang.

Über Lageralltag und Hafterfahrungen berichten zahlreiche Studien, die in den 1990er Jahren mehrheitlich auf der Grundlage von Oral-History-Interviews erarbeitet wurden und auf die Erinnerungen von Häftlingen zurückgreifen, die als Jugendliche oder junge Erwachsene interniert beziehungsweise verurteilt worden waren. Die in diesem Kontext generierten Quellen sind – allen heuristischen Herausforderungen zum Trotz – mit Blick auf die Geschehnisse in den Lagern von unschätzbarem Wert.[30] Je nach Forschungsdesign rückt auch die lebensgeschichtliche Einordnung der Haftzeit und der individuelle Umgang mit der Verfolgung in den Vordergrund[31] – eine

---

28 Kriterien für einen Vergleich zwischen Konzentrationslager und Speziallager eruiert: Leo, Überlegungen zu einem Vergleich; dies., Konzentrationslager Sachsenhausen und Speziallager Nr. 7; zu Fort Zinna in Torgau, zunächst Wehrmachtsgefängnis, dann Speziallager und schließlich Strafvollzugsanstalt der DDR: Haase/Oleschinski (Hg.), Das Torgau-Tabu; zu Mühlberg, zunächst Kriegsgefangenenlager der Wehrmacht, dann Speziallager, siehe die Studie des ehemaligen Speziallagerhäftlings Kilian, Mühlberg 1939–1948; zum Gerichtsort Münchner Platz in Dresden unter nationalsozialistischer, sowjetischer und ostdeutscher Justiz: Hasse/Sack (Hg.), Münchner Platz, Dresden.

29 Reif-Spirek/Ritscher (Hg.), Speziallager in der SBZ; Knigge-Tesche/Reif-Spirek/Ritscher (Hg.), Internierungspraxis in Ost und Westdeutschland; Niethammer, Alliierte Internierungslager in Deutschland nach 1945, in: Von der Aufgabe der Freiheit; ders., Alliierte Internierungslager in Deutschland nach 1945, in: Sowjetische Speziallager 1; ders., Alliierte Internierungslager in Deutschland nach 1945, in: Reif-Spirek/Ritscher (Hg.), Speziallager in der SBZ.

30 Nur einige Beispiele: Müller (Hg.), Recht oder Rache. Mit Schwerpunkt bestimmter Haftgruppen: Lenzer, Frauen im Speziallager Buchenwald; Kwiatkowski, Nach Buchenwald.

31 Eberhardt, Verschwiegene Jahre; Ochs, Heute kann ich das ja sagen.

Fragestellung, der Friedhelm Boll in Gesprächen mit NS-Opfern und Speziallagerhäftlingen vergleichend nachgegangen ist.[32]

Doch so umfassend und differenziert der Forschungsstand mittlerweile auch ist – die Rekonstruktion und Diskussion von Haftmaßnahmen, Hafterfahrungen und Hafterinnerungen lässt immer noch zu wünschen übrig.

Mit Blick auf die *Haftmaßnahmen* erlauben die überlieferten Befehle angesichts ihres »exekutiven Habitus« nur bedingt Rückschlüsse auf die politischen Intentionen ihrer Verfasser und mithin auf die mit den Verhaftungen verfolgten Ziele. Hinzu kommt, dass diese Exekutivbefehle lediglich für das Haftkontingent der Internierten überliefert sind; Befehle und Weisungen, die die Militärtribunale flankierten, fehlen ganz. Welches Interesse die Besatzungsmacht mit den Verurteilungen verfolgte, lässt sich auch nicht indirekt über die Haft- und Fallakten ermitteln, die ausschließlich für diese Gruppe von Häftlingen angelegt wurden. Dabei handelt es sich um unter Folter abgepresste Geständnisse, die nach sowjetischem Verständnis Schuldeingeständnisse und folglich eine hinreichende Grundlage für Verurteilungen darstellten. Selbst wenn für die Internierten derartige personenbezogene Haftakten angelegt worden wären, wären die haftpolitischen Intentionen nicht zu rekonstruieren.

Für eine historische Verortung der Speziallager ergeben sich daraus gravierende Probleme. Waren sie ein legitimes, aber mangelhaft umgesetztes Instrument der Entnazifizierung oder ein Terrorinstrument zur Sicherung der Besatzungsherrschaft? Oder eine Mischform aus beidem? Anhand der zur Verfügung stehenden Akten ist diese Frage nicht eindeutig zu beantworten. Gleiches gilt für die Frage, warum sich die Besatzungsmacht mit den Internierungen und SMT-Verurteilungen zweier unterschiedlicher Haftmaßnahmen bediente. Steht diese Zweigleisigkeit für unterschiedliche Strafabsichten und damit für verschiedene politische Zielsetzungen? Und nach welcher Maßgabe wurden die einen interniert und die anderen verurteilt? Nicht zuletzt geben die sowjetischen Quellen keinen Aufschluss über die NS-Belastung der Inhaftierten. Zwar ist heute bekannt, dass es sich bei den Internierten mehrheitlich um zivile Funktionsträger des

32 Boll, Sprechen als Last und Befreiung. Siehe auch: ders. (Hg.), Verfolgung und Lebensgeschichte.

»Dritten Reiches« oder Parteimitglieder der NSDAP handelte. Über ihren justiziablen Belastungsgrad lässt sich anhand sowjetischer Quellen indes nichts sagen. Gleiches gilt für die SMT-Verurteilten. In anderen Worten: Unbeschadet des Umstandes, dass Internierte wie Verurteilte in einer moralischen Mitverantwortung für das NS-Regime und dessen Verbrechen stehen, wird nie mehr zu erschließen sein, wie viele »echte Nazis« sich unter ihnen befanden und wie viele von ihnen sich im strafrechtlichen Sinn schuldig gemacht haben.

Auch einer Rekonstruktion von *Hafterfahrungen* sind quellentypische Grenzen gesetzt. Dass die sowjetischen Verwaltungsakten nur einen stark begrenzten Einblick in das Leben und Sterben der Gefangenen ermöglichen, wird schon an den Sanitätsakten kenntlich, in denen lediglich pauschale, fehlerhafte oder gar keine Angaben zur Todesursache vermerkt wurden. Ebenso wenig sagen die auf dem Papier festgelegten Ernährungssätze etwas über den Hunger aus, der Zehntausenden das Leben kostete und den Lageralltag sowie die sozialen Beziehungen unter den Gefangenen prägte. In anderen Worten: Für eine Nahsicht auf das Leben in den Lagern sind die Selbstzeugnisse überlebender Häftlinge unerlässlich – ob sie im Oral-History-Interview generiert oder in selbstverfassten Erinnerungsberichten niedergelegt wurden. Doch sind auch diese Quellen mit Vorsicht zu handhaben, insbesondere angesichts eines Umstandes, der in dieser Arbeit wiederholt und ausführlich zur Sprache kommt, nämlich die Neigung der Berichtenden, ihre Erinnerungen auch und gerade zwecks gesellschaftlicher Anerkennung zu formulieren und deshalb Dinge auszublenden, die nicht zur Aufrechterhaltung eines gesellschaftlich anerkannten Opferbildes passen, für eine historische Bilanz ihrer Erfahrungswelten jedoch unerlässlich sind. Dazu zählt beispielsweise die Thematisierung sozialer und politischer Konflikte innerhalb der Zwangsgemeinschaft der Häftlinge, eine Dimension, die offensichtlich nicht zur politisch korrekten Konstruktion einer homogenen Opfergruppe passt. Zur Illustration sei nur auf ein Beispiel aus Bautzen verwiesen: Nachdem das dortige Speziallager Anfang 1950 unter ostdeutsche Verwaltung gestellt worden war, durften die Häftlinge ihre »Saalältesten« selbst bestimmen. Mit dem Ergebnis, dass auf einem der Säle ein vormaliger SS-Major und Kommandant der Außenwachmannschaften des Konzentrationslagers Buchenwald zum Ältesten bestimmt wurde – und als dessen Stellvertreter ein Sozialdemokrat, der vor 1945 in Buchenwald eingesperrt gewesen war und dort ebenjenem SS-Major als »Putzer«

hatte dienen müssen.[33] So krass dieses Beispiel auch sein mag, es verdient Erwähnung, weil solche Konstellationen und die ihnen eigenen Friktionen in den Erinnerungszeugnissen gemeinhin übergangen und auch in der quellenkritischen Reflexion von Oral-History-Zeugnissen nicht zur Kenntnis genommen werden. Was dergleichen Auslassungen für den Versuch bedeuten, das soziale und politische Binnengefüge in den Lagern in den Blick zu nehmen, liegt auf der Hand.

Hinsichtlich der *Hafterinnerungen* schließlich stellen sich Quellen- und Interpretationsprobleme ganz eigener Art, geht es hier doch nicht nur um einen erinnerungskulturellen Diskurs, sondern auch, wenn nicht gar vor allem um eine geschichtspolitische Herausforderung. Hochrangig besetzte Historikergremien sowie vom Bund bestellte Enquetekommissionen beteiligten sich in den 1990er Jahren an der Kontroverse über den Ort der Speziallager im historischen Erinnern.[34] Ihre Konzepte folgen der nach dem Historiker Bernd Faulenbach benannten Faulenbachschen Formel, also der Maxime, durch die Erinnerung an NS-Opfer das Leid stalinistisch Verfolgter nicht zu bagatellisieren und umgekehrt die Leiden der NS-Opfer durch die Würdigung der Speziallagerhäftlinge nicht zu relativieren. Mit dieser normativen Vorgabe sind entscheidende Fragen indes nicht beantwortet: Was sind Opfer in einer »Tätergesellschaft«? Wie ist mit dem Umstand umzugehen, dass die Speziallagerhäftlinge, ob sie interniert oder verurteilt wurden, als Deutsche in der Verantwortung für die nationalsozialistischen Verbrechen stehen? Wie ist ihre Geschichte zu schreiben? Welchen Ort kann diese Teilgeschichte innerhalb der deutschen Gewaltgeschichte des 20. Jahrhunderts für sich reklamieren? Wie ist dem Andenken und der Würdigung von Opfergruppen unterschiedlicher und letztlich doch aufeinander bezogener Verbrechenskomplexe gerecht zu werden? Und nicht zuletzt: Welchen Ort haben Speziallager innerhalb eines demokratischen Totengedenkens – eines Gedenkens, das der Tatsache gerecht wird, dass die deutsche

---

33 Kreutzer in: Das Gelbe Elend, S. 194.

34 Zur Neukonzeption der vormals ostdeutschen Gedenkstätten Buchenwald und Sachsenhausen wurden Historikerkommissionen durch die zuständigen Ministerien der jeweiligen Bundesländer einberufen. Der Bund initiierte die beiden Enquetekommissionen zur »Aufarbeitung von Geschichte und Folgen der SED-Diktatur in Deutschland« (1992–1994) und zur »Überwindung der SED-Diktatur im Prozess der deutschen Einheit« (1995–1998).

Gesellschaft damals wie heute »in hohem Maße durch die Erfahrung und den Umgang mit dem massenhaften Tod – als massenhaftem Töten wie Getötet-werden – geprägt worden ist«?[35]

Das vorliegende Buch versteht sich als weitere Annäherung an die Geschichte der Speziallager. So wird im dritten Teil – *Hafterinnerungen* – gezeigt, dass diese Lager sechs Jahrzehnte nach Kriegsende in erinnerungskultureller Hinsicht noch immer ein randständiges Thema darstellen: Die Frage, welchen Platz diese Lager in der deutschen Erinnerungskultur einnehmen und in welchem Verhältnis sie zur Erinnerung an die nationalsozialistischen Konzentrationslager stehen, ist offen.[36] Und in dieser Offenheit spiegelt sich ein verallgemeinerbarer Zustand historischen Erinnerns in Deutschland. Ob am Beispiel von Günter Grass' Novelle »Im Krebsgang«, Jörg Friedrichs Studie »Der Brand« (beide 2002) oder der Kontroversen um die Stiftung Flucht, Vertreibung, Versöhnung – in allen Fällen zeigt sich, dass die Diskussion um das In- und Nebeneinander deutscher Täter- und Opferschaft im Grunde erst begonnen hat. Einen Beitrag zu dieser mit offenem Ausgang geführten Debatte zu leisten, gehört zu den Zielen und Absichten der vorliegenden Studie.

Zu diesem Zweck wurden bis dato in der Forschung ignorierte Quellenbestände ausgewertet – vor allem die Erinnerungsliteratur ehemaliger Häftlinge. Auch wenn in Einzelfällen unveröffentlichte Manuskripte berücksichtigt werden, liegt der Schwerpunkt auf publizierten Berichten. Wie es für Nischenliteratur typisch ist, sind zahlreiche dieser Texte in kleinen Auflagen in Selbstverlagen erschienen. Deshalb kann mit Blick auf die Anzahl der hier recherchierten Erinnerungswerke kein Anspruch auf Vollständigkeit erhoben werden. Dennoch ist die Quellengrundlage mit 77 monographischen Haftberichten und -romanen (von 69 Autoren) und 36 Sammelberichten, worunter Zusammenstellungen mehrerer Erinnerungstexte in einem Band zu verstehen sind, mehr als solide. Anders gesagt: Es darf behauptet werden, dass es sich bei der vorliegenden Arbeit um die bis dato umfassendste Auswertung von schriftlichen Erinnerungsberichten handelt.

Hinzu kommen einschlägige Akten aus dem Bestand der Kampfgruppe gegen Unmenschlichkeit. 1948 in Westberlin gegründet und

35 Geyer, Stigma der Gewalt, S. 684.
36 Vgl. von Scheliha, Sackgasse Totalitarismus, S. 284.

teilweise vom amerikanischen Geheimdienst finanziert, war die KgU eine Institution des Kalten Krieges, die zwischen Widerstandsorganisation, Geheimdienst und Öffentlichkeitsarbeit über die Repressionen in der SBZ und späteren DDR changierte – und an diesen inneren Widersprüchen 1959 zerbrach. Unmittelbar nach ihrer Gründung aber hatte sie sich als Anlaufstelle für die entlassenen Häftlinge etabliert, ihnen ein öffentliches Forum geboten und im Zuge dieser Tätigkeit fast 4000 Erinnerungsprotokolle oder Haftberichte erstellt. Dieser Bestand ist allenfalls zu einem Fünftel überliefert und wurde von der Forschung bisher weitgehend ignoriert. Er wird in dieser Arbeit erstmals systematisch aufbereitet und präsentiert.

Um eine Annäherung an die Geschichte der Speziallager handelt es sich auch bei dem Kapitel *Hafterfahrungen*, das einer Rekonstruktion des Lebens in den Lagern und mithin dem »Alltag« einer Mangelgesellschaft gewidmet ist. Dass sich dieser nicht durch die routinemäßige Abfolge von Handlungen definiert, sondern durch die allgegenwärtige Bedrohung der Existenz und den permanenten Versuch, Überlebensstrategien zu entwickeln, bedarf keiner gesonderten Betonung. Gleiches gilt für die Tatsache, dass der »Alltag« als umfassende Gewalterfahrung den Häftling zu einer Abkehr von gesellschaftlich akzeptierten Verhaltensmustern nötigt.[37] Diese Nötigung geht von der mit Wolfgang Sofsky als absolut zu bezeichnenden Macht des Lagerbetreibenden aus,[38] der Lebensbedingungen erschafft, unter denen Häftlinge zu Tätern an ihren Mithäftlingen werden können. Der Auschwitz-Überlebende Primo Levi umschreibt diese Realität als »Grauzone«,[39] ehemalige Speziallagerhäftlinge drücken das weit plastischer aus: »Am schlimmsten waren die eigenen Deutschen auf Posten.«[40]

Mit diesem Zitat ist der Schwerpunkt der Ausführungen im zweiten Teil dieser Arbeit angesprochen: Es geht um das gewaltgeprägte

---

37 Vgl. Bettelheim, Individuelles und Massenverhalten.

38 Sofsky, Ordnung des Terrors, S. 27–40.

39 Levi, Grauzone.

40 Archiv Sachsenhausen, W. G., Protokoll. Zum Schutz der Persönlichkeitsrechte derjenigen, deren Haftberichte im Erinnerungsarchiv der Gedenkstätte und des Museums Sachsenhausen, also im Archiv Sachsenhausen, eingesehen wurden, werden die Namen der Zitierten in Initialen angegeben. Genannt wird ferner die Textsorte – Bericht oder Protokoll – sowie, falls gegeben, das Entstehungsdatum der Quelle und die Seitenzahl.

Sozialgefüge in einem Lebenskontext, in dem das Ausbleiben von Sanktionen einer Gratifikation gleichkommt, es geht um Abhängigkeiten und Friktionen innerhalb einer geschlossenen, mit Stacheldraht von der Außenwelt abgeschotteten Mangelgemeinschaft. Damit wird nicht in Abrede gestellt, dass Lager immer auch Orte gelebter Humanität sind. Die hier gewählte Perspektive erscheint indes unverzichtbar, unterscheidet sie sich doch gravierend von den bisherigen Versuchen, das Leben der Häftlinge zu erfassen. Ob Bodo Ritscher über Buchenwald, Renate und Jan Lipinski über Ketschendorf oder Andreas Weigelt über Jamlitz[41] – immer handelt es sich um reine Deskriptionen, die das Leben und Sterben an diesen Orten möglichst umfassend darzustellen versuchen. Es sind jedoch keine Analysen, die den inneren Ordnungsprinzipien und Strukturen der Zwangsgemeinschaften gerecht werden. Genau das aber wird hier angestrebt: eine systematische Annäherung an die Haftbedingungen und deren Auswirkungen auf das innere Haftregime.

Im Mittelpunkt der Ausführungen steht dabei das Speziallager Sachsenhausen. Wie erwähnt, war Sachsenhausen mit insgesamt mindestens 60000 Häftlingen das größte Lager in der sowjetischen Besatzungszone. Man sollte deshalb meinen, dass es heute in der wissenschaftlichen Literatur einen prominenten Platz einnähme. Das ist jedoch nicht der Fall. Eine erste Broschüre aus dem Jahr 1990, zwei Überblicksdarstellungen von Lutz Prieß in Form von Aufsätzen, der Versuch Annette Leos, Parameter für einen Vergleich des Lagers vor und nach 1945 festzulegen sowie ein Ausstellungskatalog aus dem Jahr 2005, der lediglich die Texte und Bildunterschriften aus der Ausstellung wiedergibt – das spricht nicht gerade für ein ausgeprägtes Interesse an diesem Lager.[42] Oder anders gesagt: So grundlegend diese Veröffentlichungen mit Ausnahme des Ausstellungskataloges auch sein mögen – der Bedeutung und dem Stellenwert dieses Lagers

---

41 Ritscher, Spezlager Nr. 2 Buchenwald; Renate und Jan Lipinski, Die Straße, die in den Tod führte; Weigelt, Umschulungslager.

42 Kühle/Titz, Speziallager Nr. 7; Prieß, Speziallager Nr. 7; ders., Sachsenhausen; Leo, Überlegungen zu einem Vergleich; dies., Sachsenhausen; Speziallager Sachsenhausen/Katalog. Diese Auflistung ist zwingend um die Untersuchung von Petra Haustein, Geschichte im Dissens, zu ergänzen, die Sachsenhausen nicht als Haftort, sondern als umstrittenen Erinnerungsort analysiert; Fippel, Demokratische Gegner, wurde nach Fertigstellung der vorliegenden Studie publiziert.

werden sie nicht gerecht. Die hier vorliegende Binnensicht auf das Speziallager Sachsenhausen versteht sich also auch in dieser Hinsicht als eine wichtige Ergänzung.

Das ist jedoch nicht der Grund, warum dieses Lager für eine Analyse des internen Lagergeschehens ausgewählt wurde. Ausschlaggebend war, dass in Sachsenhausen – im Gegensatz zu Buchenwald und anderen Speziallagern – sowohl Internierte als auch SMT-Verurteilte festgehalten wurden. Dadurch bietet sich die Möglichkeit, die beiden Repressionsmaßnahmen miteinander in Beziehung zu setzen und, wenn man so will, als eine Geschichte zu erzählen und auf Unterschiede wie Gemeinsamkeiten zu überprüfen. Deshalb setzt der analytische Teil dieser Arbeit auch nicht mit der Überstellung in das Lager Sachsenhausen ein, sondern mit der Verhaftung und der mitunter Wochen oder Monate währenden »Untersuchungshaft« in den »GPU-Kellern« des NKWD/MWD.

Wie alle anderen Darstellungen des Lagerlebens basieren auch die hier vorliegenden Ausführungen hauptsächlich auf den Erinnerungsberichten ehemaliger Häftlinge. Dabei wird auf eine Kritik en bloc verzichtet, die Quellen werden stattdessen im Verlauf der Untersuchung problemorientiert diskutiert: die Befragungsprotokolle der Kampfgruppe gegen Unmenschlichkeit (KgU) aus den frühen 1950er Jahren, die seit 1950 entstandene Erinnerungsliteratur ehemaliger Häftlinge und die Bestände des nach der deutschen Wiedervereinigung angelegten Erinnerungsarchivs des Museums und der Gedenkstätte Sachsenhausen (Archiv Sachsenhausen). In diesem Archiv finden sich heute Materialien und Dokumente zu gut 600 der ehemals 60000 Lagerinsassen, die neben den rein biographischen Daten die Lebensläufe der Inhaftierten zumindest fragmentarisch erkennen lassen. Etwa die Hälfte der auf diese Weise »bekannten« Häftlinge hat die Lagerzeit in Sachsenhausen und in einigen Fällen zusätzlich die Deportation in die Sowjetunion oder die Verlängerung der Haft in einem Zuchthaus der DDR nach 1950 überlebt. Viele von ihnen haben als Zeitzeugen ihre Hafterlebnisse schriftlich festgehalten. Andere wurden von Mitarbeitern der Gedenkstätte befragt, so dass Gesprächsprotokolle oder narrative und für das Archiv transkribierte Interviews vorliegen.

Dass so viele Berichte ausgewertet wurden, ist dem Versuch geschuldet, möglichst viele Häftlinge mit ihren Erfahrungen zu Wort kommen zu lassen und auf diese Weise unterschiedliche Perspektiven zu würdigen, die durch das Alter der Berichtenden zum Zeitpunkt ihrer Inhaftierung, durch die jeweiligen Haftgründe oder auch ihren Status als Internierte oder SMT-Verurteilte bedingt sind. Mit dieser dichten Beschreibung werden mehrere Ziele verfolgt. Nämlich zunächst, sich mit dem Leid der Gefangenen auseinanderzusetzen und ihre Inhaftierung als eine unhintergehbare Gewalterfahrung nachvollziehbar zu machen. Dabei geht es nicht darum, Empathie oder Mitleid zu wecken, sondern einen Zugang zu diesem Kapitel der deutschen Gewaltgeschichte zu legen, die durch den Hinweis auf die NS-Belastung vieler Häftlinge weder zu relativieren noch aus der Welt zu schaffen ist. Auf analytischer Ebene wird darüber hinaus eine synoptische Verbindung verschiedener Erfahrungsebenen angestrebt, die der Totalität der Gewalterfahrung Speziallagerhaft entspricht. Wie die anderen genannten Darstellungen zum Lagerleben setzt daher auch diese Arbeit mit den Verhaftungen ein und folgt dann dem Weg der Gefangenen durch die Verhörzentren des NKWD/MWD, den »GPU-Kellern«, ins Lager. Über die reine Beschreibung hinaus geht es hier jedoch darum, den Blick für die langfristigen Folgen der Haft zu öffnen – und damit für die Art und Weise, wie mit diesen Erfahrungen seit der Schließung der Lager kommunikativ und politisch umgegangen wurde. So gesehen, ist in diese Ausführungen auch eine normative Implikation eingeschrieben. Gemeint ist die Aufforderung, sich nicht durch politisch motivierte Vorbehalte zum Weghören und Wegschauen verleiten zu lassen, sondern sich dem auszusetzen, was ehemalige Häftlinge mitzuteilen haben – und zwar vor allem über eine Besatzungsmacht, die sich nach dem Sieg über eine Diktatur zwecks Etablierung eines neuen Gesellschaftssystems der Geheimdienste, pauschaler Massenverhaftungen, jahrelanger Sicherheitsverwahrung ohne jeden Rechtsanspruch, unter Folter erpresster Geständnisse und Militärtribunalen bediente.

Schließlich – und darin liegt der analytische Schwerpunkt des Kapitels *Hafterfahrungen* – wird der bis dato in der Literatur weitgehend vernachlässigten Frage nach der »Binnenkommunikation« der Gefangenen, ihren Konflikten und dem Machtgefüge im Lager nachgegangen. Dass dieser Aspekt des Lageralltags bisher nicht hinreichend reflektiert wurde, ist umso erstaunlicher, als die Fragestellung schon durch die Funktion der Speziallager als einem Instrument zur Ausschaltung von Sicherheitsrisiken vorgegeben ist – eine Zielsetzung, die eine in jeder Beziehung, nicht zuletzt aber mit Blick auf ihre politische Komposition extrem differenzierte »Haftgesellschaft« zur Folge hatte. Sowohl unter den Internierten wie den

SMT-Verurteilten befanden sich Täter, Opfer, Gegner und Mitläufer des Nationalsozialismus sowie Tausende, die ihn als Kinder erlebt hatten.

Von einer Annäherung sollte ebenfalls in Bezug auf das Kapitel *Haftmaßnahmen* gesprochen werden. Handlungsleitende Motive sowjetischer Verhaftungspolitik zu hinterfragen, stößt ausweislich der oben diskutierten Quellen an enge Grenzen. Und wie es scheint, werden auch weitere Tiefenbohrungen in sowjetischen Archiven kein Quellenmaterial zutage fördern, das sich vom bisher gesichteten Bestand wesentlich unterscheidet. Das widerspräche sowohl den Produktionsbedingungen wie der inneren Logik von Befehlen und Weisungen stalinistischer Provenienz. Zur Deutung sowjetischer Intentionen wie Interessen ist daher ein heuristisches Verfahren gefragt, das Interpretationsräume jenseits stalinistisch oder tschekistisch diktierter Quellenprosa erlaubt. Eine dichte Beschreibung sowjetischer Verhaftungspraxis drängt sich in diesem Zusammenhang ebenso auf wie ein kontextualisierender Blick auf die in Osteuropa zu verortende Vorgeschichte der Speziallager: Sie beginnt im Dezember 1944 – mehrere Wochen vor der ersten großen sowjetischen Offensive diesseits der Weichsel und Monate vor der Aufteilung Deutschlands in alliierte Besatzungszonen – und handelt von der »Mobilisierung« von schätzungsweise 330000 »Volks- und Reichsdeutschen«, die während des Vormarsches der Roten Armee verhaftet und in Arbeitslager in der UdSSR deportiert wurden.

Grundsätzlich unterscheidet sich das Kapitel *Haftmaßnahmen* von den vorliegenden wissenschaftlichen Darstellungen – wie sie etwa von Ralf Possekel mit Blick auf die Internierungen oder Andreas Hilger und anderen hinsichtlich der SMT-Verfahren verfasst wurden[43] – in einem Punkt: Bisher wurden beide Verfolgungskomplexe getrennt voneinander erforscht und diskutiert, die Internierungen und SMT-Verurteilungen also als voneinander unabhängige Repressionsinstrumente verhandelt. Demgegenüber wird mit der vorliegenden Arbeit der Versuch unternommen, die zunächst außerjustizielle und seit 1947 ausschließlich justizielle Verfolgung deutscher Zivilisten in der SBZ miteinander in Beziehung zu setzen. Diesem Versuch sind aufgrund der Quellen Grenzen gesetzt, weshalb die Frage,

43 Allen voran Hilger/Petrov, Schmutzarbeit. Possekel, Einleitung: Lagerpolitik; ders., Strukturelle Grausamkeit; ders., Stalins Pragmatismus.

warum sich die Besatzungsmacht zweier Repressionsinstrumente bediente, von der eines eklatant von sowjetischen Straftraditionen abwich, nicht zu beantworten ist und es vermutlich auch niemals sein wird. Dessen ungeachtet wird davon ausgegangen, dass es sich sowohl bei den Internierungen wie den SMT-Verurteilungen um den Ausdruck ein und derselben Maxime handelt – nämlich eines Politik- und Sicherheitsverständnisses, das die Prophylaxe über alles setzte und andere Erwägungen, die Verfolgung durch den Nationalsozialismus Belasteter inklusive, in den Hintergrund rückte.

Wenn sich die vorliegende Studie in allen Teilen um Annäherungen bemüht, so geht es also darum, den Blick auf die Geschichte der sowjetischen Verfolgung in der SBZ zu erweitern, indem die drei genannten Themenkomplexe – *Haftmaßnahmen*, *Hafterfahrungen* und *Hafterinnerungen* – miteinander in Bezug gesetzt werden. Angestrebt wird ein Perspektivwechsel, der nicht allein einen neuen Zugang zu bisher erbrachten Forschungsleistungen ermöglichen soll, sondern darüber hinaus auch darin begründet ist, dass bis dato unerschlossenes Terrain betreten wird. Auf diese Weise soll der Geschichte der Speziallager wie auch ihrer Rezeption Rechnung getragen werden – ein Ansatz, der für sich genommen schon für einen neuen Zugang zur Thematik steht.

Haftmaßnahmen – Ergebnisse und Thesen

Wollte man das Grundmuster sowjetischer Verhaftungspolitik in der SBZ in einem Satz zusammenfassen, so könnte man sagen: Es handelte sich um eine Politik, die von situativen Zweckmäßigkeitserwägungen geleitet wurde und der Logik tschekistischer, also geheimdienstlicher Repressionen verpflichtet war – zwecks Sicherung der Besatzungsherrschaft und Rückversicherung gegen Bedrohungsszenarien jedweder Art. Versuche, die Anlage und Durchsetzung der sowjetischen Haftmaßnahmen mit planerischem Kalkül oder gar langfristigen Absichten in Verbindung zu bringen, sind daher von vornherein zum Scheitern verurteilt. Man wird diese Politik erst verstehen, wenn man den vorsätzlichen Verzicht auf konkrete Planungen in Rechnung stellt. In anderen Worten: Sie erklärt sich erst, wenn man den Faktoren Opportunität und Willkür die ihnen gebührende Aufmerksamkeit schenkt. Alle für die Geschichte der Speziallager zentralen Entscheidungen – die Einrichtung des Lagersystems im Frühjahr und Sommer 1945, die erste große Entlassungsaktion im Sommer 1948 und die Lagerauflösung Anfang 1950 – waren situativ bestimmte Ad-hoc-Maßnahmen, mittels deren die Lagerpolitik fortwährend den übergeordneten Motiven einer sich erst im Laufe der Besatzung herauskristallisierenden Deutschlandpolitik angepasst wurde. Im Kern ging es um die schnellstmögliche Normalisierung und präventive Pazifizierung des Besatzungsgebiets, um eine Politik, die sich der Angst als Mittel der Disziplinierung bediente und darauf setzte, den Freien mit den Verhafteten zu drohen.

Auch wenn dieser Befund durch die zeithistorische Forschung vielfach beglaubigt wurde, werden den Speziallagern zumindest in der öffentlichen Wahrnehmung noch immer eine moralische Legitimität und ein politischer Sinn zugesprochen – ein durch die Unterstellung der unumgänglichen Entnazifizierung gestifteter Sinn. Diese Zuschreibung liegt noch immer wie Mehltau über der Diskussion sowjetischer Haftmaßnahmen. Wohlgemerkt: Unter den Speziallagerhäftlingen befanden sich tatsächlich zahlreiche Nationalsozialisten aller Belastungsgrade, die juristisch zur Verantwortung zu ziehen gewesen wären. Doch unbeschadet dieser Tatsache kann nicht oft genug betont werden, dass sie sich in ihrer überwiegenden Mehrheit nicht in Haft befanden, weil sie einer NS-Belastung verdächtig oder gemäß alliierter Entnazifizierungsbestimmungen zu überprüfen und gegebenenfalls zu bestrafen waren. Ob Internierte oder SMT-Verurteilte, sie fanden sich in sowjetischem Gewahrsam wieder, weil ihre Inhaftierung als zweckmäßig erachtet wurde: Verhaftet, interniert, verurteilt und entlassen wurde auf der Grundlage sicherheitspolitischer Erwägungen und tagespolitischer Opportunität.

Daher wurden die Internierten nicht etwa festgesetzt, weil sie einer NS-Vergangenheit verdächtigt und deshalb zu bestrafen waren; sie wurden isoliert, weil sie als potentielle Sicherheitsrisiken galten – zumal es in der sowjetischen Vorstellungswelt unmöglich war, dass eine revolutionäre Partei wie die NSDAP selbst nach einer verheerenden militärischen Niederlage endgültig die Waffen strecken würde. Mit der Verhaftung war die »Gefährlichkeit« des Betroffenen erwiesen – und verhaftet wurde jeder, der – ob Nazi, Spion, Querulant, Deviant oder keines von allem – das Misstrauen der Operativorgane geweckt hatte. Der bloße Feindverdacht besiegelte auch das Schicksal der SMT-Verurteilten. Bei ihnen fällt besonders auf, dass ein Strafinteresse an den Funktionsträgern des Nationalsozialismus oder gar an NS-Tätern nicht sonderlich ausgeprägt war. Denn im Gegensatz zu den Internierungen zielte diese Haftmaßnahme auch und gerade auf Jugendliche, die zumeist in den späten 1920 Jahren geboren worden waren. Es ist kaum vorstellbar, dass die Besatzungsmacht unter den Angehörigen dieser Generation NS-Täter vermutete. Sie wurden stattdessen ob einer möglichen Jugenddelinquenz als Sicherheitsrisiken eingeschätzt und wegen Verstößen gegen das Besatzungsregime verurteilt – und zwar nicht auf Grundlage von ermittelten Tatbeständen, sondern wegen pauschaler und in der Regel unter Folter erpresster Tatvorwürfe.

Aus der Vielzahl von Belegen und Indizien, dass es sich bei den Speziallagern nicht um ein Instrument der Entnazifizierung handelte, seien an dieser Stelle nur die wichtigsten genannt:

– Der am 18. April 1945 erlassene NKWD-Befehl Nr. 00315,[44] der im Laufe dieser Arbeit ausführlich diskutiert wird, war die Grundlage zur Einrichtung der Lager und formulierte die Vorgaben für die Internierungen.[45] Von präzisen Zielvorgaben kann indes keine Rede sein. Überdies behielt sich Stalin mit diesem Befehl vor, die Offiziers- und Mannschaftsdienstgrade der nationalsozialistischen Terrorinstrumente wie SA oder SS nicht in den Speziallagern zu internieren, sondern in Kriegsgefangenenlager in der UdSSR zu deportieren. Auch wenn diese Maßgabe nicht immer konsequent umgesetzt wurde, so bleibt doch festzuhalten, dass der Belastungsgrad der in der SBZ Internierten insgesamt geringer war als in den Entnazifizierungslagern der Westalliierten. Knapp die Hälfte der in der SBZ Internierten waren »kleine Pgs«, also einfache Mitglieder der NSDAP, Block- und Zellenleiter. Anders als in den Westzonen wurden die in der SBZ Internierten zu keinem Zeitpunkt überprüft und/oder einer strafrechtlichen Verfolgung zugeführt. Es wurden noch nicht einmal personenbezogene Haft- oder Fallakten angelegt.

– Der Befehl der Sowjetischen Militäradministration in Deutschland (SMAD) Nr. 201 vom 16. August 1947, mit dem erstmals, zumindest auf dem Papier, eine einheitliche und verbindliche Rechts-

---

44 In der sowjetischen Befehlspraxis werden streng geheime Befehle mit dem Nummernkürzel »00« oder den Buchstaben »ss« gekennzeichnet. Eine einfache »0« oder ein einfaches »s« verweisen auf geheime Befehle.

45 »Zur teilweisen Abänderung des Befehls des NKWD der UdSSR Nr. 0016 vom 11. Januar 1945« (GARF, f. 9401, op. 12, d. 178, l. 30–32, in: Sowjetische Speziallager 2, Dok. 20, S. 178f.).

grundlage für die Entnazifizierungsmaßnahmen in der SBZ erlassen wurde,[46] blieb für die Speziallagerhäftlinge folgenlos. Sie wurden in diesem Befehl nicht einmal erwähnt.

– Wie aus einigen im Jahr 2004 erstmals auf Deutsch veröffentlichten Quellen hervorgeht, wurden die Internierungen außerhalb des Blickfeldes jener sowjetischen Institution durchgeführt, die für die Koordination der Entnazifizierungsmaßnahmen der SMAD zuständig war. Die Rede ist vom Außenministerium unter Vlačeslav M. Molotov.

– Als am 26. Februar 1948 mit dem Befehl Nr. 35 der SMAD die Entnazifizierung offiziell für beendet erklärt wurde, fehlte jeder Hinweis auf die in den Speziallagern Internierten.[47] Dass rund 28000 von ihnen – darunter 2500 Frauen[48] – wenige Monate später dennoch entlassen wurden, hatte andere Gründe. Ihre Entlassung zielte angesichts des seit Monaten drohenden und im Juni 1948 vollzogenen sowjetischen Auszugs aus dem Alliierten Kontrollrat und der in der Folge forcierten »Sowjetisierung« der SBZ in erster Linie auf die Stärkung der Sozialistischen Einheitspartei Deutschlands (SED) und der Verbreiterung ihrer Legitimationsgrundlage. Mit Entnazifizierung hatte diese Maßnahme genauso wenig zu tun wie der Ende 1949 gefasste Beschluss, die letzten drei Speziallager zu schließen. Angesichts der »doppelten Staatsgründung« (Christoph Kleßmann) galt es

---

46 SMAD-Befehl Nr. 201 »Über die Anwendung der Kontrollratsdirektiven Nr. 24 und Nr. 38 über die Entnazifizierung« vom 16. August 1947 ist abgedruckt in: Um ein antifaschistisch-demokratisches Deutschland, S. 489–492. Zur Kontrollratsdirektive Nr. 24 vom 12. Januar 1946 über die »Entfernung von Nationalsozialisten und Personen, die den Bestrebungen der Alliierten feindlich gegenüberstehen, aus Ämtern und verantwortlichen Stellen« siehe: Amtsblätter des Alliierten Kontrollrats in Deutschland, Nr. 11. Mit der Kontrollratsdirektive Nr. 38 vom 12. Oktober 1946 über die »Verhaftung und Bestrafung von Kriegsverbrechern, Nationalsozialisten und Militaristen und Internierung, Kontrolle und Überwachung von möglicherweise gefährlichen Deutschen« wurden Belastungsgrade – vom Hauptschuldigen über Belastete, Minderbelastete und Mitläufer bis zum Entlasteten – und entsprechende Sühnemaßnahmen definiert. Sie ist nachzulesen in: Die Entnazifizierungspolitik der KPD/SED 1945–1948, S. 97–124.

47 Der SMAD-Befehl Nr. 35 über die Auflösung der Entnazifizierungskommissionen vom 26. Februar 1948 ist abgedruckt in: Um ein antifaschistisch-demokratisches Deutschland, S. 588–590.

48 Mühe, Frauen in sowjetischen Speziallagern, S. 638.

vielmehr, die junge DDR von einer sowjetischen »Altlast« und damit von einer Hypothek in den Propagandaschlachten des Kalten Krieges zu befreien – was Stalin wiederum in eine Demonstration seiner Macht umzuwandeln verstand, da er auch diesmal nur gut die Hälfte aller Häftlinge freisetzte.

– Wenn man die Urteilsbegründungen der SMT bis Ende 1949 in den Blick nimmt, so fällt auf, dass nur jedes fünfte Urteil mit dem Vorwurf eines NS-Vergehens in Zusammenhang steht. Vier von fünf Urteilssprüchen bezogen sich auf reale oder vermeintliche Vergehen gegen die Besatzungsmacht oder auf kriminelle Vergehen. Das sind 80 Prozent der heute dokumentierten Urteile.

– Bis 1955 wurden 72 Prozent aller dokumentierten SMT-Urteile auf Grundlage von Artikel 58 des Strafgesetzbuchs der Russischen Föderativen Sozialistischen Republik (StGB der RSFSR) aus dem Jahr 1926 gesprochen, eines Artikels, der auf »konterrevolutionäre Verbrechen« abhob und in 14 in jeder Richtung ausdeutbaren Gummiparagraphen Spionage, Sabotage, antisowjetische Propaganda, Gruppenbildung und dergleichen mehr unter Strafe stellte.

– Im Laufe der Besatzungszeit wurden zunehmend härtere Strafen verhängt und sogenannte Regimevergehen in der Regel schärfer bestraft als NS-Verbrechen. So war es möglich, dass der Vorwurf »Verbrechen gegen die Menschlichkeit« im Juli 1946 mit zehn Jahren Arbeitslager geahndet wurde, der Vorwurf »illegaler Waffenbesitz« zwei Jahre später mit 25 Jahren.[49] Parallel zu diesen drakonischen Bestrafungen von SMT-Verurteilten wurden Internierte entlassen, ohne je auf eine NS-Belastung überprüft worden zu sein.

– Schließlich kann davon ausgegangen werden, dass die wegen »Regimevergehen« Verurteilten deutlich länger in Haft saßen als die Internierten. So amnestierte die Besatzungsmacht im Vorfeld der alliierten Außenministerkonferenz von 1954 mehr als 6000 SMT-Verurteilte. Laut Karl Wilhelm Fricke befanden sich unter ihnen zahlreiche, die wegen Kriegsverbrechen oder Verbrechen gegen die Menschlichkeit verurteilt worden waren – jedoch nicht ein Einziger, der nach Art. 58 StGB der RSFSR wegen Spionage bestraft worden war.[50] Zwar sind Frickes Ausführungen gegenwärtig nicht im Detail zu bestätigen, dass hier jedoch mit zweierlei Maß gemessen wurde, steht außer Frage.

---

49 Oleschinski/Pampel, Nazis, Spione, Sowjetfeinde, S. 462.

50 Fricke, Politik und Justiz, S. 150.

Mit diesen Hinweisen sei keine Einrede gegen Christoph Kleßmann formuliert, dem zufolge die Entnazifizierung in der SBZ durch die Verbindung »von schnellen und einschneidenden Struktureingriffen mit umfassender, aber gezielter personeller Säuberung und frühzeitiger Reintegration der Mitläufer ohne Zweifel das konsequenteste und effektivste System aller Besatzungszonen« darstellte[51] – wurde diese Einschätzung aus dem Jahr 1982 doch zwischenzeitlich durch zahlreiche Regionalstudien im Großen und Ganzen bestätigt.[52] Zu unterstreichen bleibt indes, dass daraus keine Rückschlüsse auf die Intention und Umsetzung von Internierungen und SMT-Verurteilungen gezogen werden dürfen. Beide Haftmaßnahmen standen weder originär noch funktional in Zusammenhang mit der ansonsten betriebenen Entnazifizierungspolitik.

Die Speziallager waren ausschließlich für die Festsetzung jener bestimmt, die den Interessen der Besatzungsmacht gefährlich werden konnten. Jenseits politischer Einschüchterung und Prävention verfolgte man mit ihnen keinen anderen Zweck, was sich beispielsweise daran zeigen lässt, dass keine bestimmten sozialen oder politischen Gruppen im Mittelpunkt der Verurteilungspraxis standen – etwa die als Kriegstreiber und Unterstützer des Nationalsozialismus gebrandmarkten »besitzenden Klassen«. Der Anteil verurteilter Unternehmer, Selbständiger und (Groß-)Grundbesitzer war relativ gering. Ausweislich der bisher nach Berufsgruppen ausgewerteten Haftakten wurden 18-mal mehr Arbeiter als »Klassenfeinde« von SMT verurteilt. Ein anderes Beispiel: Dass die SED von den Verhaftungen sozialdemokratischer »Abweichler« profitierte, steht außer Frage. Dennoch kann – entgegen der in der Literatur bisweilen ver-

51 Kleßmann, Die doppelte Staatsgründung, S. 84.

52 Diese Einschätzung trägt unbeschadet der Tatsache, dass trotz der von Clemens Vollnhals herausgegebenen Studie aus dem Jahr 1991 ein systematischer Vergleich der Entnazifizierung in allen vier Besatzungszonen nach wie vor aussteht: Vollnhals (Hg.), Entnazifizierung. Zur Entnazifizierung in der SBZ siehe: ders., Internierung, Entnazifizierung und Strafverfolgung. Regional- bzw. Lokalstudien über die Entnazifizierung in der SBZ haben vorgelegt: van Mehlis, Entnazifizierung in Mecklenburg-Vorpommern; Sperk, Entnazifizierung und Personalpolitik; Welsh, Revolutionärer Wandel auf Befehl. Studien zur Entnazifizierung in den Westzonen sind meist älteren Datums: Henke, Politische Säuberung unter französischer Besatzung; Niethammer, Die Mitläuferfabrik.

tretenen These – von einer pauschalen Massenrepression von Sozialdemokraten durch die SMT keine Rede sein. Dazu variierten Zeitpunkt und Umfang der Verhaftungen zu stark. In der ersten Phase – während der »Zwangsehe« von KPD und SPD zur SED – wurden sie allenfalls punktuell durchgeführt und betrafen nach heutigem Forschungsstand mehr als doppelt so viele Kommunisten wie Sozialdemokraten. Letztere rückten erst im Zuge der »Sowjetisierung« der SBZ und im Vorfeld der Proklamation einer »Partei neuen Typs«, also in den Jahren 1947 bis 1949, verstärkt in das Visier der sowjetischen Operativ- und Straforgane. Zu diesem Zeitpunkt aber verschärfte sich der justizielle Terror insgesamt, das heißt, gegenüber allen, die – ob begründet oder unbegründet – das Misstrauen der Besatzungsmacht geweckt hatten.

Mit der Einweisung in ein Speziallager waren die sowjetischen Interessen an den Gefangenen befriedigt. Nicht einmal Arbeitseinsätze – wie ansonsten für sowjetische Strafmaßnahmen typisch – waren vorgesehen. Als man sich in Moskau Ende 1946 der Gefangenen als potentielle Arbeitskräfte erinnerte und 27500 in Arbeitslager in der UdSSR überstellen wollte, musste von Deportationen Abstand genommen werden, weil die Ernährungssätze im November 1946 halbiert worden waren und die Mehrzahl der Gefangenen nun selbst nach sowjetischer Maßgabe nicht mehr als arbeitsfähig deklariert werden konnte. Anfang Februar 1947 waren es weniger als 5000 von insgesamt etwa 80000 Lagerinsassen, die als »arbeitstauglich« eingeschätzt und auf Transport geschickt wurden. Das Interesse an der Arbeitskraft der Häftlinge ließ danach genauso plötzlich nach wie es aufgekommen war. Insgesamt sollten sich die Haftbedingungen erst ab August 1948 verbessern, als das Lagersystem unter die Verwaltung der GULAG gestellt wurde. Lutz Niethammer spricht ob dieser Tatsache vom »Sarkasmus der Geschichte«.[53] Der eklatante Mangel an eindeutig begründbaren Haftzielen hatte in Verbindung mit Stalins Entscheidungspraxis zur Folge, dass alle Häftlinge bis 1948 und deren Hälfte bis 1950 in einer politischen Warteschleife geparkt wurden. Gefangen im Malstrom einer zu keinem Zeitpunkt präzisierten und bisweilen widersprüchlichen Besatzungspolitik, verloren allein in den ersten vier Monaten des Jahres 1947 mehr als 10500 Häftlinge ihr Leben.

---

53 Niethammer, Alliierte Internierungslager, in: Sowjetische Speziallager 1, S. 110.

Hafterfahrungen – Ergebnisse und Thesen

Sich ein hinreichendes Bild von den Verfolgungserfahrungen der Speziallagerhäftlinge zu machen, heißt, die Umstände ihrer Verhaftung und die »Untersuchungshaft« in den »GPU-Kellern« in die Betrachtung einzubeziehen – eine Wochen, mitunter Monate andauernde, von Folter geprägte Tortur.

In wie vielen Fällen die Verhaftungen dem reinen Zufall geschuldet waren und wer zielgerichtet – also auf Grundlage vorliegender Verdachtsmomente oder auf der Basis von Namenlisten – verhaftet wurde, ist im Nachhinein nicht mehr feststellbar. Vieles spricht jedoch dafür, dass zielgerichtete Verhaftungen auf Hinweise und Unterstützung aus der Bevölkerung zurückgingen. Deshalb wird in der vorliegenden Arbeit und im Unterschied zur einschlägigen Literatur das Problem der Denunziation in gebührender Ausführlichkeit gewürdigt. Zweifellos gibt es Beispiele freiwilliger und spontaner Kooperation mit der Besatzungsmacht – ohne dass die Motive der Informanten zufriedenstellend rekonstruiert werden könnten. Private Rache war scheinbar ebenso im Spiel wie der Versuch kompromittierter Nationalsozialisten, von sich selbst und ihrer Geschichte abzulenken und so womöglich einer Verhaftung zu entgehen. Zugleich aber bleibt festzuhalten, dass die sowjetischen Geheimdienste in vielen Fällen die ihnen genehmen Informationen von Dritten erpressten – teilweise gaben die Informanten dem Druck nach, weil sie um ihre berufliche oder private Zukunft fürchteten, teilweise nannten sie die Namen angeblicher oder tatsächlicher »Mitverschwörer« unter Folter und gaben damit Anlass zu sogenannten Kettenverhaftungen. Gleichzeitig sind Fälle dokumentiert, in denen NS-Opfer ihre vormaligen Peiniger anzeigten. Ebenfalls überliefert sind Meldungen, die auf den ersten Blick begründeten Verdachtsmomenten geschuldet waren. Insgesamt gesehen aber scheint die von der Besatzungsmacht erzeugte und fortlaufend geschürte Atmosphäre der Angst und Verunsicherung den Ausschlag für Verleumdungen und Anzeigen gegeben zu haben.

Eine Erfahrung war allen Verhafteten indes von der ersten Stunde an gemein: Einmal festgesetzt, hatten sie keine Chance. Ob belastet oder nicht, kein Häftling fand Gehör, unterschiedslos alle waren der Willkür ausgeliefert. Nicht nur konnten sie sich nicht verständlich machen, es gab überhaupt kein Interesse, sie verstehen zu wollen. Was sie während der Verhöre in den »GPU-Kellern« angaben, ob sie die Wahrheit sagten oder logen, war völlig nebensächlich. Von Interesse war nur, was der Verhörende hören wollte – und dass die Verhörten durch ihre Unterschrift unter in russischer Sprache abgefasste und für sie unverständliche Protokolle ihre Schuld und Entrechtung eigenhändig attestierten. Schon in dieser Hinsicht hätte der Unterschied zu westlichen Internierungslagern größer nicht sein können.

Dass bei einer Betrachtung des Lageralltags mangels anderer Quellen die Selbstzeugnisse ehemaliger Häftlinge im Mittelpunkt stehen müssen, liegt auf der Hand. Sie erlauben die dichte Beschreibung einer ausweglosen Situation, lassen erahnen, was qualvolle Enge, Folter, Psychoterror, sexuelle Übergriffe, medizinische Unterversorgung, Seuchen oder die lagertypischen Rituale der Entehrung für den Einzelnen bedeuteten. Und vor allem geben sie eine Vorstellung von der zerstörerischen und selbstzerstörerischen Macht eines nie enden wollenden Hungers. Nicht zuletzt angesichts der anhaltenden Unkenntnis über Speziallager und der Neigung, diese Seite sowjetischer Willkürherrschaft nicht zur Kenntnis nehmen zu wollen, scheint eine detaillierte Rekonstruktion der Lagerverhältnisse unhintergehbar. Im Unterschied zu zahlreichen anderen Abhandlungen wird in der vorliegenden Arbeit der Versuch unternommen, über die bloße Beschreibung und Typologisierung der Phänomene hinauszugehen. Es geht, in anderen Worten, darum, die Selbstzeugnisse nach analytisch verwertbaren Aussagen zu befragen, und zwar erstens mit Blick auf die innere Dynamik einer Mangel- und Zwangsgemeinschaft und zweitens hinsichtlich der Frage, wie das sowjetische Haftregime der allfälligen Selbstbrutalisierung und wechselseitigen Stigmatisierung der Häftlinge Vorschub leistete.

Zwecks Bewachung und Beherrschung der Inhaftierten, deren Sprache man nicht oder kaum mächtig war, bediente sich die sowjetische Lagerleitung eines denkbar einfachen Mittels: Sie schuf ein machthierarchisches Klassensystem, das frappierende Ähnlichkeiten mit den von Wolfgang Sofsky am Beispiel nationalsozialistischer Konzentrationslager aufgezeigten Strategien des Machterhalts aufweist.[54] Auf der einen Seite stand die »Lageraristokratie«, Funktionshäftlinge also, die in vielfältiger Weise in den Verwaltungsablauf eingebunden waren. In Sachsenhausen beispielsweise zählten ungefähr

54 Sofsky, Ordnung des Terrors, bes. S. 152–168.

fünf Prozent aller Häftlinge zu dieser Kategorie. Von ihrer Aufgabe als Lagerpolizei abgesehen, oblag den »Funktionären« vor allem die Verwaltung und Verteilung überlebenswichtiger Ressourcen wie Kleidung oder Nahrung. Als Gegenleistung wurden sie deutlich besser versorgt als die »Parias«, die übergroße Mehrheit gemeiner Häftlinge.

Die daraus resultierende, von Korruption und Willkür gekennzeichnete Dynamik zeitigte die von den Urhebern gewünschten Ergebnisse. Funktionshäftlinge sahen sich gezwungen, ihre Besserstellung gegenüber den Minderprivilegierten zu verteidigen. Gleichzeitig waren sie im Wissen um ihre jederzeitige Austauschbarkeit genötigt, die eingeräumten Privilegien gegenüber der sowjetischen Lagerleitung abzusichern. Machtmissbrauch, Gewalttätigkeit und Misshandlungen seitens der Funktionshäftlinge gehörten auch deshalb zum Alltag, weil die Lagerleitung bei der Ahndung von Vergehen zweierlei Maß anlegte. Verstöße gegen die Lagerordnung wurden ohne Nachsehen geahndet, bei Vergehen gegen Mithäftlinge zeigte man sich jedoch vergleichsweise tolerant. Gerade deshalb griff das Regime der Funktionshäftlinge unmittelbar in die Überlebenschancen der gemeinen Häftlinge ein. Während Letztere zum Lebenserhalt gezwungen waren, gegen die sowjetische Lagerordnung zu verstoßen, waren die »Funktionäre« gehalten, derartige Vergehen zu melden. Sie verfügten also über eine indirekte Strafgewalt, die zu einer indirekten Tötungsmacht werden konnte, weil die sowjetischen Strafen mit einer Halbierung der ohnehin kargen Nahrung verbunden waren. Wie es scheint, war dieses Regiment ebenso effizient wie der notorische Einsatz der aus allen Gefangenengruppen rekrutierten Spitzel, über den im Lauf der Arbeit noch ausführlich zu sprechen sein wird. Ob und inwieweit den »Funktionären« Handlungsspielräume gegeben waren, ist anhand der zur Verfügung stehenden Quellen nur im Einzelfall zu entscheiden. Auffällig ist freilich, wie oft die »Parias« in ihren Erinnerungen den »Aristokraten« immense Freiräume zuschreiben und ihnen unterstellen, in der Regel zu Lasten der Zwangsgemeinschaft gehandelt zu haben. Gerade dafür steht das geflügelte Wort: »Am schlimmsten waren die Deutschen auf Posten.«

Nicht minder bemerkenswert ist die Art und Weise, wie die Sowjets Internierte und SMT-Verurteilte gegeneinander ausspielten. Dafür stehen insbesondere die Verhältnisse im Lager Sachsenhausen. Die SMT-Verurteilten unterlagen dort einem besonders strengen Haftregime und wurden in einer bestimmten Zone des Speziallagers wie in einem Hochsicherheitsgefängnis gehalten. Im Gegensatz zu den Internierten verfügten sie über keine Bewegungsfreiheit in ihrer Zone und durften bis zum Spätsommer 1948 nicht an den Arbeitseinsätzen zum Lagererhalt – sei es in der Küche oder einer der Werkstätten – teilnehmen. Damit waren sie wichtiger Möglichkeiten beraubt, ihre Überlebenschancen zu verbessern, da diese Tätigkeiten mit zusätzlicher Nahrung entlohnt wurden. Auch wenn insgesamt nur etwa fünf Prozent der Lagerinsassen das Glück hatten, in einem Arbeitskommando unterzukommen, so profitierten davon in den ersten Jahren ausschließlich die Internierten – eine Ungleichbehandlung, die an den GULAG und die besondere Stigmatisierung der nach Artikel 58 StGB der RSFSR als »Konterrevolutionäre« Verurteilten erinnert. Die Effekte, die dieses Vorgehen in den Speziallagern hatte, waren vorhersehbar: Während die Internierten in den Verurteilten »Kriminelle« erkannten, die dafür verantwortlich zu machen waren, dass die Speziallager nicht aufgelöst wurden, galten die Internierten in den Augen der Verurteilten als »Politische«, als »Nazis« und mithin als für die Einrichtung der Lager ursächlich Verantwortliche. Auf diese Weise geriet die Stigmatisierung seitens der Beherrscher zur wechselseitigen Selbststigmatisierung der Beherrschten und zu einem effektiven Mittel zur Zersetzung der Haftgesellschaft.

Von einer homogenen oder solidarischen Opfergruppe kann also allen nachgängigen Beschwörungen von Kameradschaft zum Trotz mitnichten die Rede sein. Abgesehen von den notorischen Konflikten zwischen »Aristokraten« und »Parias«, finden sich in den Erinnerungsberichten – wie in einigen von der Autorin geführten Oral-History-Interviews – auch Hinweise auf Intrigen und gewaltsame Auseinandersetzungen innerhalb der einzelnen Häftlingsgruppen.

Der Versuch indes, die Hintergründe von Konflikten und Verwerfungen und die Dimension der Heterogenität genauer auszuloten, stößt an eng gesetzte Grenzen. Vielfach gehen die Erinnerungstexte nicht über Andeutungen hinaus. Und eine zentrale Frage ist faktisch nicht zu beantworten: wie die Häftlinge mit ihrer politischen Vorgeschichte umgingen beziehungsweise ob und in welcher Weise politisch grundierte Konflikte auf den Umgang der Häftlinge miteinander abfärbten. Nicht in Abrede zu stellen ist, dass sich in den Speziallagern Angehörige politischer Gruppierungen begegneten, die zur Zeit des Nationalsozialismus erklärte Gegner gewesen waren. Und auffällig ist auch, dass Funktionshäftlinge mehrheitlich als

Kommunisten dargestellt werden. Aber schon die Frage, ob mit dieser Etikettierung die politische Überzeugung eines »Funktionärs« gemeint war oder ob man den Betreffenden als Verräter kenntlich machen wollte, muss offenbleiben. Den Akten ist nur zu entnehmen, dass sich die Sowjets für die politische Vita von Funktionshäftlingen nicht interessierten. Viele von ihnen waren unter dem Vorwurf verhaftet worden, einer NS-Organisation oder Terrororganisation angehört zu haben – Anschuldigungen, die sich zu einem Gutteil anhand der Akten des Berlin Document Center verifizieren lassen. Den Berichten ehemaliger Häftlinge jedoch ist nicht zu entnehmen, ob es innerhalb der Lager politische Gruppierungen gab oder ob über eine Verantwortung für den Nationalsozialismus gestritten wurde. Die Mehrheit der Berichtenden behauptet, dass Politik im Lager keine Rolle gespielt hätte. Wenn überhaupt, werden politische Differenzen unter den Häftlingen in den Rahmen von Generationskonflikten zwischen jüngeren und alten Häftlingen gestellt. Oder diese Konflikte werden als Kontroversen geschildert, die ausschließlich zwischen gemeinen Gefangenen und Funktionshäftlingen ausgetragen wurden. Jenseits dessen gibt es nur vage und in der Regel schwer zu bewertende Andeutungen, die aus heutiger Sicht erst recht nicht mehr auf ihren Wahrheitsgehalt überprüft werden können.

Damit tritt ein Problem in den Blickpunkt, das bei der Interpretation von Haftberichten und bei der Rekonstruktion von Hafterfahrungen stets zu berücksichtigen ist. Wie und in welcher Weise ehemalige Häftlinge schreiben, ist nicht allein ein Reflex ihrer in der Vergangenheit gemachten Erfahrungen. Es zielt auch auf die Gegenwart, genauer gesagt auf die Erwartungshaltungen der Leserschaft und die politischen Dispositionen der Gesellschaft, an deren Adresse man schreibt beziehungsweise innerhalb derer man sich Gehör zu schaffen versucht. So gesehen, geht es stets auch darum, unausgesprochene Subtexte der Erinnerungsliteratur zur Sprache zu bringen – ein Thema, das im Mittelpunkt des abschließenden Kapitels dieser Arbeit steht: *Hafterinnerungen.*

Hafterinnerungen – Ergebnisse und Thesen

Aus der Haft entlassen, bot sich den ehemaligen Häftlingen eine politische Anlaufstelle, um sich öffentlich Gehör zu verschaffen: Die 1948 in Westberlin gegründete Kampfgruppe gegen Unmenschlichkeit (KgU). In der Tat sprachen knapp neun Prozent der Entlassenen bei der KgU vor und gaben ihre Hafterinnerungen zu Protokoll. Sie traten dort nicht allein als Zeugen der Vergangenheit auf, sondern wegen der andauernden Haftmaßnahmen in der DDR auch als Kronzeugen gegen den Kommunismus und mithin als Akteure im Kalten Krieg. Merkwürdigerweise lieferten die Entlassenen kaum Belastungsmaterial gegen die sowjetische Besatzungsmacht. Statt einer Generalabrechnung mit dem Kommunismus rechneten sie untereinander ab – in Gestalt von Beschuldigungen gegen Funktionshäftlinge, Spitzel und alle, die sich angeblich des Verrats an der Haftgemeinschaft schuldig gemacht hatten. So verständlich die Abrechnung mit ehemaligen Peinigern ist, so sehr wird deutlich, dass es bei den Aussagen vor der KgU nicht nur darum ging, Unterstützung für die strafrechtliche Verfolgung von Unrecht zu finden. Ebenso wichtig, wenn nicht wichtiger war das Bestreben, jenseits der Inkriminierten ein homogenes Selbst- und Opferbild zu konstruieren. Genauer gesagt: zu beglaubigen, dass die Gegnerschaft zum Kommunismus den Ausschlag für ihre Inhaftierung gegeben hatte und dass sie die ersten »Opfer des Kalten Krieges« waren. Dass die Selbststilisierung als Widerständler gegen den Kommunismus mit einem Beschweigen des Nationalsozialismus einherging, liegt nahe. Letzterer spielte in den vor der KgU abgegebenen Berichten keine Rolle, nach Angaben über Parteizugehörigkeit oder einschlägige Funktionen sucht man vergeblich; mit ihren antikommunistischen Bekenntnissen stellten sich ehemalige Parteigänger der NSDAP auf eine Stufe mit jenen Häftlingen, die für ihren antikommunistischen Widerstand mit mehrjähriger Haft oder mit ihrem Leben bezahlt hatten. In anderen Worten: Vor der KgU wurde das Eintrittsbillett in die westdeutsche Nachkriegsgesellschaft gelöst, eine Gesellschaft, die sich keinen Diskussionen um kollektive oder individuelle Schuld und Verantwortung an der nationalsozialistischen Vergangenheit stellen wollte. So gesehen, fügte sich die seitens ehemaliger Speziallagerhäftlinge betriebene Konstruktion einer homogenen Opfergruppe passgenau zu den Erwartungshaltungen und zum dominanten Selbstbild der jungen Bundesrepublik. Zumindest im Westen waren sie angekommen.

Andererseits ist erkennbar, dass Informationen über Speziallager nur aus einem Grund Aufmerksamkeit erregten: weil sie in die »Wahrnehmungsmuster des Kalten Krieges eingepasst« (Lutz Niethammer) und vereinnahmt werden konnten. Die Folgen dieser politischen Konjunkturabhängigkeit bekamen die ehemaligen Häftlinge seit den späten 1950er Jahren zu spüren. Bereits nach der Auflösung der KgU im Jahr 1959 ließ das öffentliche Interesse an Speziallagern merklich nach, und im Gefolge der politischen wie gesellschaftlichen Umbrüche in den 1960er und 1970er Jahren, die in ihrer Summe eine Abkehr vom antikommunistischen Konsens der Gründerjahre markierten, wurden sie endgültig zu einem randständigen Thema. Seit dieser Zeit schlägt allen Häftlingen, den Belasteten wie den Unbelasteten gleichermaßen, ein diffuses Misstrauen entgegen, stehen sie in einer Art Generalverdacht, zu Recht inhaftiert gewesen zu sein. In dem Reflex, Speziallager als Orte notwendiger Sühne zu begreifen, spiegelt sich also das Bedürfnis nach einer nachgeholten, mittels der Geschichtsinterpretation geleisteten Entnazifizierung. Vor diesem Hintergrund ist es nicht verwunderlich, dass das Selbstbild der ehemaligen Verfolgten von Enttäuschung und Verbitterung geprägt ist und dass sie von sich als »Opfern zweiter Klasse« sprechen.

Welche Bedingungen erfüllt sein müssen, damit Opfer extremer Gewalt Gehör und gesellschaftliche Anerkennung finden beziehungsweise auf welche Weise sie sich gegen Nichtanerkennung und Ausgrenzung zur Wehr setzen, steht im Mittelpunkt des Kapitels über Hafterinnerungen. Die Betrachtungen stützen sich auf 77 zwischen 1950 und 2007 publizierte autobiographische Berichte und Romane – ein Quellenmaterial, das hier zum ersten Mal komplett vorgestellt und überdies unter Gesichtspunkten befragt wird, die in der bisherigen Forschung unberücksichtigt blieben.[55] Gefragt wird nach dem beruflichen und politischen Lebensweg der Autoren, nach Bildungshintergrund und politischen Einstellungen, nach Auflagenzahlen und anderen, für die öffentliche Resonanz ihrer Erinnerungswerke wichtigen Kriterien. Vor allem aber wird der gesellschaftliche Kontext dieser Texte analysiert und gefragt, ob und in welcher Weise er zwischen 1950 und 2007 Spuren in der Art des Erzählens über Speziallager und in der versuchten Beglaubigung von Opferschaft hinterlassen hat.

---

55 Vgl. etwa die Diskussion von Erinnerungsberichten dreier ehemaliger Speziallager- und acht DDR-Häftlingen, deren Autoren Andreas Eberhardt interviewte – Material, das Eberhardt entgegen der selbsterklärten Absicht lediglich zu einem inhaltlichen Vergleich inspirierte (Eberhardt, Verschwiegene Jahre). Bei den anderen bisher vorliegenden Studien über Literatur zu den Hafterfahrungen in der SBZ und DDR handelt es sich um erste bibliographische Überblicksdarstellungen (so bei Finn, Bericht zur neueren Literatur).

Dass die Erinnerungsberichte seit jeher »Graue Literatur« waren und von wenigen Ausnahmen abgesehen keine nennenswerte Leserschaft fanden, hängt zweifellos mit ihrer mangelnden Literarizität und insbesondere damit zusammen, dass (ebenfalls von wenigen Ausnahmen abgesehen) die Autoren einen dokumentarischen, auf die detailgesättigte Nacherzählung des Lagerlebens fixierten Stil pflegen. Auch ist der Umstand nicht gering zu schätzen, dass es ihnen an öffentlich anerkannten Fürsprechern fehlt, an intellektuellen Unterstützern. Gleichwohl greifen solche Überlegungen allesamt zu kurz. Die Dethematisierung der Geschichte der Speziallager und die Nichtanerkennung der Erfahrungen dort Inhaftierter erfordern einen anderen Zugang – eine Reflexion über die Möglichkeiten und Grenzen der gesellschaftlichen Kommunikation über Opferschaft und Gewalt.

Wie in der Biographieforschung überzeugend dargelegt wird, müssen Zeitzeugenberichte »als adressatenbezogene Konstruktionen aufgefasst werden [...], in denen biographische Erfahrungen nach ihrer sozialen und emotionalen Bedeutsamkeit, nach narrativen und normativen Erfordernissen und nach Maßgabe nachträglichen Wissens jeweils neu figuriert und präsentiert werden«.[56] Die Erzählungen transportieren keine »historische Wahrheit«, sondern gegenwartsbezogene Interpretationen und Modulationen der Vergangenheit. Abhängig von ihrem Entstehungszeitpunkt geben sie daher wie in einem Scherenschnitt die jeweilige Bedeutung zu erkennen, die dieser Vergangenheit im Verlauf der Zeit gesellschaftlich beigemessen wurde. Trotz dieses Hinweises auf die zeitgeschichtliche wie soziale »Kontextabhängigkeit des Erzählens«[57] bleibt die mit den Mitteln der Oral History oder der Literaturwissenschaft geleistete Annäherung an die Narrative von Gewaltopfern im Allgemeinen wie von Speziallagerhäftlingen im Besonderen unterhalb des Möglichen und Notwendigen. Ihr Blick ist nämlich auf das berichtende Gewaltopfer fixiert. Und obwohl man von »adressatenbezogenen Konstruktionen« spricht, schenkt man dem Empfänger und seinen in die Erinnerungstexte eingeschriebenen Erwartungshaltungen keine Aufmerksamkeit. Dieses Versäumnis ist vor allem deshalb irritierend, weil man eben nicht davon ausgehen kann, dass sich Nichtbetroffene oder Nachgeborene der Gewalterfahrungen anderer umstandslos und

56 Welzer, Das Interview als Artefakt, S. 60.
57 Vgl. etwa Boll, Sprechen als Last und Befreiung, S. 16.

quasi selbstverständlich annehmen. Im Gegenteil: Wie in der vorliegenden Arbeit gezeigt wird, befinden sich die Erzählenden ihren Adressaten gegenüber in einer kommunikativen Falle, genauer gesagt in einer Abhängigkeitsfalle.

Der Adressat soll zum »Mitträger« und zum »Mitzeugen« des dargestellten Gewaltgeschehens werden, weil allein in der moralischen Mitzeugenschaft anderer das Versprechen von gesellschaftlicher Anerkennung und Kommemoration liegt. Aber Adressaten – so die in dieser Arbeit vertretene These – zeigen sich nur unter einer Bedingung dialog- und »bündnisbereit«: Als potentielle Identifikationsobjekte müssen Opfer unschuldig gelitten haben. Es ist also die Illegitimität der Schädigung – und nicht die Schädigung selbst –, die den Opferstatus beweist. Ein Opfer kann folglich nur dann Anerkennungs- und Entschädigungsansprüche gegenüber der Gesellschaft anmelden, wenn es unschuldig zu Schaden gekommen ist und diesen Nachweis glaubhaft führen kann. Mehr noch: Ist dieser Nachweis erbracht, kann der Rezipient die Identifikation mit dem Opfer als Ausweis seiner eigenen Integrität, Moralität und Menschlichkeit deuten. Die Anerkennung unschuldiger Opfer ist demnach an die Erwartungshaltung gekoppelt, sich selbst im Kreis der Guten zu verorten und auf diese Weise »moralisches Kapital« (Franziska Lamott) für sich selbst zu verbuchen. Je größer die Deutungsautorität ausfällt, die man Opfern einräumt, desto positiver fällt die Selbstbeschreibung aus.

In dieser Abhängigkeitsfalle wird der unhintergehbare Preis der Anerkennung sichtbar, den alle Opfer von Gewalt zu zahlen haben. Wann dieser Preis zu zahlen ist und wie hoch er ausfällt, lässt sich exemplarisch an der Geschichte der öffentlichen Wahrnehmung stalinistisch Verfolgter zeigen. Je größer der zeitliche Abstand zu ihrer Leidensgeschichte wird, desto weniger werden sie als positive Identifikationsobjekte erkannt. Allein der Umstand, dass sie in Lagern festgehalten wurden und in ihren Reihen auch belastete Nazis zu finden sind, bringt sie allesamt in Täterverdacht. Mehr noch, es scheint fast, als würden sie für die Sinnsuche der Nachgeborenen als Täter »gebraucht«, um vor dem Hintergrund der deutschen Gewaltgeschichte das Bedürfnis nach Eindeutigkeit zu befriedigen. Davon kündet die ebenso weit verbreitete wie abschätzige Rede von den »Leiden ehemaliger ›Volksgenossinnen und -genossen‹«.[58] »Volks-

---

58 Ein von Harald Welzer favorisierter Sprachgebrauch: Siehe Welzer u.a., Opa war kein Nazi, S. 97.

genossen« sind, so diese Lesart, nicht unschuldig (oder selbst schuld). Ihre Leiden anzuerkennen, würde bedeuten, sich selbst auf der falschen Seite der deutschen Gewaltgeschichte zu verorten – auf Seiten der Täter.

Die hier vorgestellten Haftberichte können als Anschreiben gegen dieses Dilemma und als fortgesetzter Versuch verstanden werden, der Abhängigkeitsfalle zu entkommen. Und zugleich handelt es sich um einen Versuch, der von vornherein zum Scheitern verurteilt ist – eben weil ihre Geschichte in einer diffusen Grauzone liegt, eben weil sich niemals eindeutig wird klären lassen, wie viele Nazis sich unter ihnen befanden und wie viele von ihnen sich Verbrechen schuldig gemacht haben. Derlei Ambivalenzen vertragen sich weder mit dem passiven Opferbegriff und schon gar nicht mit der Vorstellungswelt der Rezipienten. In dem Bemühen, ihre Unschuld zu beweisen und glaubhaft zu machen, dass sie tatsächlich Opfer extremer Gewalt waren, verlegen sich die Autoren von Haftberichten auf eine von enzyklopädischer Faktizität geprägte Schreibweise, auf eine dokumentarische Verengung der Erzählperspektive, die nur in Ausnahmefällen über die Lagergrenzen hinausweist. Wie es scheint, soll die vermeintliche Objektivierung subjektive Glaubwürdigkeit attestieren und gegen Zweifel von außen immunisieren. Mit dem zu erwartenden Ergebnis: Die nationalsozialistische Vorgeschichte auszublenden und ausnahmslos alle Speziallagerhäftlinge zu unschuldigen Opfern zu erklären, bestätigt spätestens seit den 1980er Jahren genau die Abwehr, um deren Auflösung willen die Haftberichte überhaupt erst geschrieben werden.

Gleiches kann anhand der in den Haftberichten dominanten »Erzählbilder« demonstriert werden. Sie belegen nicht nur, warum und wie die Autoren sich selbst verlässlich in die Quere kommen. Anhand dieser »Erzählbilder« wird überdies deutlich, wie aktuelle gesellschaftliche Stimmungen seitens der Verfasser gedeutet werden und wie man sich dieser Stimmungen zwecks glaubwürdiger Interpretation der Lagererfahrungen bedienen will. Als besonders aufschlussreich erweisen sich in dieser Hinsicht narrative »Wechselrahmungen« – »Erzählbilder« über die Speziallagerhaft, die direkt oder indirekt einer Überblendung mit dem gesellschaftlich verbreiteten und akzeptierten Wissen über den Holocaust geschuldet sind. Bei den »Wechselrahmungen« handelt es sich in anderen Worten um »Erzählbilder«, mit denen ein gesellschaftlich bereits anerkannter Opferstatus usurpiert wird – eine Usurpation, die bewusst oder unbewusst der hintergründigen Erwartung folgt, damit dem Bedürfnis der Adressaten nach positiver Selbstverortung Genüge zu tun.

In den 1950er Jahren und im Anschluss an die dominante Leugnung nationalsozialistischer Hinterlassenschaften charakterisierte man, um nur zwei Beispiele zu nennen, die Häftlinge als unbescholtene »Jedermänner« oder wahlweise als Leidensgenossen der vom »Iwan« in Sibirien geknechteten deutschen Kriegsgefangenen. Auch traten »jüdische Kronzeugen« zur Beglaubigung der eigenen Untadeligkeit auf oder – wie in den 1990er Jahren – als Zeugen für die Behauptung, dass die Speziallagerhäftlinge genauso litten wie jüdische Verfolgte und folglich die gleiche Anerkennung verdient haben. Des Weiteren reagierte man in den 1990er Jahren auf die mittlerweile gesellschaftlich akzeptierte Maxime, dass von Speziallagern nur sprechen dürfe, wer den Nationalsozialismus nicht verschweige, mit vermeintlich eingängigen Angeboten. Teilweise suchte man einverständigen Anschluss an die aus den Memoiren der »Flakhelfergeneration« geläufigen Erzählungen über Kindheit und Jugend im Nationalsozialismus: Aus dem vom Russen gequälten »Jedermann« wurde jetzt der »Jedermann« in HJ- oder BDM-Uniform. Teilweise übernahm man die aus anderen Kontexten geläufige Konstruktion familiärer Anständigkeit zum Beleg persönlicher Integrität. Und teilweise besann man sich der zum Allgemeingut gewordenen Topoi der Judenverfolgung: In Erinnerungen an die Speziallager ist von Viehwaggons auf dem Weg zur Selektion, von aufgetürmten Kinderschuhen, Haaren und Brillengestellen die Rede, werden Bilder von Leichenbergen aus Bergen-Belsen unkommentiert zum Beleg einer vermeintlichen sowjetischen Vernichtungspolitik abgedruckt. In einem Fall wird gar eine vermeintliche »Duschszene« in Sachsenhausen geschildert, die nichts anderes darstellt als die Nacherzählung einer aus »Schindlers Liste« bekannten und berühmten Filmszene.

So empörend diese »Wechselrahmungen« auch immer sein mögen, eines sollte nicht aus den Augen verloren werden: dass die Autoren auf das Eindeutigkeitsbegehren ihrer Umwelt mit einer ihrerseits behaupteten Eindeutigkeit reagieren, dass sie gerade wegen dieser starrköpfigen Leugnung von Ambivalenz den Verdacht der Unaufrichtigkeit nicht loswerden und dass es im Grunde keinen Ausweg aus der kommunikativen Falle gibt.

»Nicht vorrangig durch eigenes Verschulden oder Verschulden des eigenen Volkes erlittenes Leid, sondern vor allem anderen willentlich zugefügtes Unrecht sollte im Zentrum der individuellen Erinnerung und des kollektiven Gedächtnisses stehen.«[59] Diesem von Salomon Korn formulierten Gebot ist zweifellos zuzustimmen. Nicht beantwortet ist damit freilich die fast 65 Jahre nach Kriegsende noch immer virulente Frage, wie man sich der »eigenen Geschichte und ihrer Toten, der Opfer wie der Täter und ihrer gleichermaßen gespaltenen wie aufeinander bezogenen Geschichten«[60] annehmen soll und annehmen kann. Die »Anerkennung der Deutschen als Opfer kann«, wie Aleida Assmann schreibt, »die Grundsituation der Deutschen als ›Volk der Täter‹ keinesfalls außer Kraft setzen«. Ebenso unhintergehbar ist Assmanns Feststellung, dass die »Traumata der deutschen Zivilbevölkerung [...] Platz neben den Traumata der Holocaust-Opfer [haben], wenn ein solides Bewusstsein des historisches Kontextes gesichert ist«. Doch beschreibt ihr daraus abgeleitetes Postulat, dass die Deutschen im ersten Schritt »selbst aktiv zu Trägern der jüdischen Opfer-Erinnerung« werden müssten,[61] nicht nur die Dilemmata eines derartigen Bemühens, sondern womöglich auch die Unmöglichkeit seines Gelingens. In diesem Sinn ist auch Otto E. zu verstehen, der im Rückblick auf seine Haft in einem Speziallager gegenüber der Verfasserin der vorliegenden Studie sagte: »Wenn man sich die verschiedenen Opfer [im 20. Jahrhundert, B.G.] anguckt und von denen nun verlangt, dass sie in Reih und Glied aufmarschieren sollen und sagen, ja, wir sind alle gemeinsam Opfer, dann stehen plötzlich Leute nebeneinander, die nichts miteinander zu tun haben. Das geht nicht.«[62]

---

59 Korn, NS- und Sowjetverbrechen.

60 Geyer, Stigma der Gewalt, S. 684.

61 Assmann, Trauma und Tabu, S. 252f.

62 Interview mit Otto E. vom 21. August 2002 (Transkription, S. 26). Otto E. war im Alter von 14 Jahren als »Werwolf« beschuldigt und vor ein SMT gestellt worden. 1950 in den ostdeutschen Strafvollzug überstellt und wegen eines gescheiterten Fluchtversuchs, bei dem er einen Wachmann niedergeschlagen hatte, zunächst zum Tode und dann zu lebenslanger Haft verurteilt, wurde er 1955 freigetauscht.

Erster Teil
Haftmaßnahmen

Der Abtransport der bei der Säuberung des Hinterlandes
der kämpfenden Roten Armee inhaftierten Personen
in die Sowjetunion ist einzustellen.
Um die Verhafteten an Ort und Stelle unterzubringen,
haben die Frontbevollmächtigten des NKWD der UdSSR
die nötige Anzahl von Gefängnissen und Lagern einzurichten.

Lawrenti P. Berija, April 1945

Internierungen

»Mobilisierung« und »Säuberung des Hinterlandes« zwischen Dezember 1944 und April 1945

Noch bevor die Rote Armee im Januar 1945 mit der sogenannten Weichsel-Oder-Operation auf Reichsgebiet vorstoßen sollte, sahen sich deutsche Zivilisten einer ersten sowjetischen Repressionswelle ausgesetzt: »Reichs- und Volksdeutsche«, die als Minderheiten in Polen, Rumänien, Ungarn, Jugoslawien und der Tschechoslowakei lebten, wurden durch das NKWD verhaftet und, so der sowjetische Euphemismus, als »Mobilisierte« zu Arbeitszwecken in die Sowjetunion verschleppt. Aktuelle Schätzungen gehen von mindestens 330000 »Mobilisierten« aus,[1] deren Verhaftungen als »lebende Reparationen« im Dezember 1944 durch zwei Befehle des Staatlichen Verteidigungskomitees (GOKO) abgesegnet wurden.[2] Als administrative

1 Von 330000 »volks- und reichsdeutschen« Zivilisten, die in die Sowjetunion verschleppt wurden, spricht Foitzik, Terrorapparat, S. 10. Nach sowjetischen Angaben wurden ca. 267000 Deutsche »zwangsverschleppt«, die in den Akten als »Mobilisierte und Internierte« geführt werden. Die Schätzungen des Deutschen Roten Kreuzes und des Kirchlichen Suchdienstes liegen zwischen 400000 und 500000 Menschen (Polian, Internierung und Deportation deutscher Zivilisten, S. 50). Es liegen gleichwohl noch höhere Zahlen vor, wobei die Schwachstelle aller Schätzungen nicht zuletzt in der Kategorisierung – »Deutsche«, »Volks-«, »Reichs-«, »Russland-«, »Rumäniendeutsche«, »Flüchtlinge aus den Ostgebieten« etc. – liegt. Insgesamt bleibt festzuhalten, dass es sich bei der Gruppe der »Mobilisierten« um eine von der Forschung wenig beachtete Opfergruppe handelt. Als grundlegend gilt daher nach wie vor die von Theodor Schieder u.a. in den 1950er Jahren erstellte Dokumentation der Vertreibung der Deutschen aus Ost-Mitteleuropa.

2 Gemeint sind der Beschluss des Staatlichen Verteidigungskomitees (GOKO) Nr. 7161ss »Zur Mobilisierung und Internierung von arbeitsfähigen Deutschen für den Einsatz in der UdSSR« vom 16. Dezember 1944 und der GOKO-Beschluss Nr. 7252ss »Zum Arbeitseinsatz der internierten Deutschen« vom 29. Dezember 1944 (CChSD, f. 89, per. 75, Nr. 1 und f. 89, per. 75, Nr. 2, beide in: Sowjetische Speziallager 2, Dok. 3 und Dok. 4, S. 133ff.).

Strafmaßnahme drohte die völkerrechtswidrige Verschleppung aller in Ost- und Südosteuropa aufgegriffenen Deutschen, deren Verhaftung, so die beiden GOKO-Befehle, einzig durch ihre in Altersangaben festgelegte Arbeitsfähigkeit begründet wurde.[3]

Dass die Mobilisierungen der sowjetischen Kriegswirtschaft zugute kommen sollten, steht außer Frage.[4] Damit ist jedoch ausweislich der GOKO-Befehle auch schon das einzige Interesse benannt, das Moskau mit dieser pauschalen Zwangsmaßnahme gegenüber Deutschen verband. Die erste Repressionswelle, von der mehr Menschen erfasst wurden als durch Internierungen und SMT-Verurteilungen in der SBZ, gibt daher ein Grundmuster zu erkennen, das auch für das zukünftige Besatzungshandeln der Sowjetmacht in Deutschland ausschlaggebend war: Die Zwangsmaßnahmen gegenüber der Zivilbevölkerung waren von situativen Zweckmäßigkeitserwägungen überformt – und zwar derart, dass sie die langfristigen

---

3 »Das Staatliche Verteidigungskomitee beschließt: [...] Die Mobilisierung und Internierung aller arbeitsfähigen Deutschen – Männer im Alter von 17 bis 45 Jahren, Frauen von 18 bis 30 Jahren –, die sich auf den von der Roten Armee befreiten Territorien Rumäniens, Jugoslawiens, Ungarns, Bulgariens und der Tschechoslowakei befinden, und ihre Verbringung in die UdSSR. Zu mobilisieren sind sowohl Deutsche als auch Deutsche ungarischer Staatsangehörigkeit als auch Deutsche mit der Staatsangehörigkeit Rumäniens, Jugoslawiens, Bulgariens und der Tschechoslowakei«, heißt es im GOKO-Befehl Nr. 7161ss vom 16. Dezember 1944 (CChSD, f. 89, per. 75, Nr. 1, in: ebenda, Dok. 3, S. 133f.).

4 Am Vorabend des deutsch-sowjetischen Krieges leisteten nach offiziellen Angaben 2,3 Millionen Menschen Zwangsarbeit im Strafvollzug der sogenannten Arbeits- und Besserungslager (ITL) des NKWD, die Alexander Solschenizyn als GULAG – so das Akronym der »Hauptverwaltung für Arbeits- und Besserungslager« – weltbekannt machte. Die kriegsbedingten Verluste von Arbeitskräften durch die Verschleppung von mehr als 2,8 Millionen »Ostarbeitern« nach Deutschland hatten ebenso wie die fast 5 Millionen sowjetischen Kriegsgefangenen in deutscher Hand und die millionenfachen Verluste der Roten Armee zu einer Arbeitskraftkrise im GULAG geführt: Anfang 1944 zählten die Lager nur noch ca. 1,18 Millionen und Anfang 1945 etwa 1,46 Millionen Zwangsarbeitskräfte. Da die UdSSR sukzessive wieder befreit und aufgebaut wurde, stellte sich die »Frage nach einem Zwangseinsatz deutscher Arbeitskräfte [...] nicht allein im Kontext möglicher Reparationen, sondern auch im Kontext einer binnenwirtschaftlichen, durch den Krieg noch extrem verschärften Nachfrage sowjetischer Wirtschaftsbehörden nach billigen und disponiblen Arbeitskräften« (Possekel, Lagerpolitik, S. 33–35, Zitat S. 33).

Kriegsziele und Besatzungsinteressen Moskaus gegenüber Deutschland überlagern konnten, als deren Eckpfeiler die Sühne deutscher Verbrechen und die dauerhafte Sicherheit vor dem deutschen Aggressor zu gelten haben. Ende 1944 aber konzentrierte sich Moskau auf die Absicherung der heimischen Wirtschaft, die, auch mit Blick auf die Nachkriegszeit, ohne zwangsimportierte Arbeitskräfte als nicht überlebensfähig eingeschätzt wurde.

Dabei fürchtete Moskau, dass die Alliierten ihre bisher wohlwollende Haltung hinsichtlich der sowjetischen Forderungen nach deutschen »Reparationsarbeitern« überdenken könnten.[5] Vor allem aber sorgte sich Stalin um einen Separatfrieden der Westmächte mit Deutschland. Es galt also, möglichst umgehend Besatzungsfakten zunächst in Osteuropa zu schaffen, die den sowjetischen Exklusivanspruch auf diese Gebiete als zukünftige Einflusssphäre Moskaus politisch wie militärisch untermauern sollten. Auf der anderen Seite aber durfte der Konsens mit den Westmächten nicht gefährdet werden. Ohne ihre (auch materielle) Unterstützung war der Krieg gegen Deutschland nach sowjetischer Einschätzung nicht zu gewinnen. Das Kalkül Stalins ging auf: Weder auf der Konferenz von Jalta im Februar 1945 noch während der Konferenz von Potsdam ein knappes halbes Jahr später forderten die Westmächte die Anrechnung der bis dato »Mobilisierten« in die Reparationsformel. Eine am Völkerrecht orientierte Einrede unterblieb ebenfalls.[6] Einzig während der laufen-

5 Noch im November 1944 hatte der amerikanische Präsident Roosevelt der Sowjetunion signalisiert, dass die Forderungen nach deutschen Arbeitskräften »absolut gerechtfertigt wären«. Dies zumindest erklärte der sowjetische Botschafter in den USA, Gromyko, gegenüber Außenkommissar Molotov nach einem Gespräch mit Henry Morgenthau, dem Finanzminister der USA (Die UdSSR und die deutsche Frage, Bd. 1, S. 500).

6 Auf der Konferenz von Jalta im Februar 1945 begrenzte sich die sowjetische Delegation auf die Forderung nach fünf Millionen deutschen »Reparationsarbeitern«. Ansonsten sei sie auf eine Diskussion dieser Frage nicht vorbereitet. Man einigte sich daher auf den Formelkompromiss, dass im Rahmen der deutschen Reparationsleistungen auch die »Verwendung deutscher Arbeit« vorgesehen sei (Punkt 2.c. des Protokolls der Krim-Konferenz, zit. nach: Teheran, Jalta, Potsdam, S. 192). Zu diesem Zeitpunkt waren schon mehr als 100000 Zivilisten zum Arbeitseinsatz in die UdSSR deportiert worden. Auf der Potsdamer Konferenz im Juli und August 1945 wurde die Frage nach »menschlichen Reparationsleistungen« nicht mehr erörtert.

den Mobilisierungen aus Rumänien hatten die Alliierten im Januar 1945 Protest eingelegt. Sie beschränkten ihre Kritik jedoch darauf, vor den Mobilisierungsmaßnahmen nicht konsultiert worden zu sein.[7]

Ende 1944 bereitete sich die Rote Armee östlich der Weichsel auf die erste große Offensive auf das Deutsche Reich vor.[8] Am 12. Januar 1945 setzte schließlich die Oder-Weichsel-Operation ein, mit der die Rote Armee jedoch nicht nur auf reichsdeutsches Gebiet vorrückte, sondern auch auf einem Terrain kämpfte, das Moskau als zukünftigen *cordon sanitaire* begriff und das am Ende des Krieges dem neu gegründeten Polen zugesprochen wurde.[9] In dieser Situation erließ Lawrenti P. Berija als Volkskommissar für innere Angelegenheiten (NKWD) der UdSSR am 11. Januar den Befehl Nr. 0016 »Über Maßnahmen zur Säuberung des Hinterlandes der Roten Armee von feindlichen Elementen«.[10] Mit diesem Befehl wurden mehrere situative, durch knapp 60000 »erfahrene Tschekisten«[11] zu realisierende Interessen verfolgt. So versprach sich Moskau von der Fortführung der Mobilisierungspraxis, wie sie das Staatliche Verteidigungskomitee in den zuvor von deutscher Besatzung befreiten Ländern Ost- und Südosteuropas etabliert hatte, zunächst die Aushebung von mindestens einer halben Million Arbeitskräften.[12] Zugleich kamen unter der

7 Das gilt zumindest für die amerikanischen Kriegspartner. Der britische Premier Churchill reagierte hingegen verständnisvoll: »Nach allem, was geschehen ist, kann ich nichts Schlimmes darin sehen, dass die Russen Rumänen gleich welcher Herkunft gefangennehmen, damit sie in den russischen Kohlerevieren arbeiten.« Zu dieser und weiteren Reaktionen der Westmächte auf die sowjetische Mobilisierungspraxis: Possekel, Lagerpolitik, S. 36.

8 Im Oktober 1944 hatte die Wehrmacht die Rote Armee noch aus Ostpreußen zurückdrängen können.

9 Auf der Konferenz von Jalta wurde die Westverschiebung Polens beschlossen. Das durch den Hitler-Stalin-Pakt von 1939 annektierte Ostpolen sollte unter sowjetischer Hoheit bleiben. Die polnische Ostgrenze entsprach damit der sogenannten Curzon-Linie. Als polnische Westgrenze wurde die Oder-Neiße-Linie vorgeschlagen (Benz [Hg.], Deutschland unter alliierter Besatzung, S. 213 [Text von Anja Hälg]).

10 Befehl des Volkskommissars für Inneres (NKWD) Nr. 0016 »Über Maßnahmen zur Säuberung des Hinterlandes der Roten Armee von feindlichen Elementen« vom 11. Januar 1945 (GARF, f. 9401, op. 12, d. 178, l. 44–48, in: Sowjetische Speziallager 2, Dok. 5, S. 142–146).

11 Ebenda, S. 145.

12 Possekel, Lagerpolitik, S. 45.

Federführung des NKWD stärker als bisher militärische Sicherheitsaspekte zum Tragen. Das schloss die Ausschaltung der bewaffneten Untergrundarmee der polnischen Exilregierung in London, der »Armija Krajowa«, durch die sowjetischen Operativorgane mit ein. Unter »feindlichen Elementen«, die den Vormarsch der Roten Armee durch Partisanentätigkeit oder geheimdienstliche Aktionen im Rücken der kämpfenden Truppe behindern könnten, verstand der Befehl deshalb nicht allein Deutsche. »Unabhängig von deren Nationalität oder Staatsbürgerschaft« verfügte er die »Ermittlung und Inhaftierung von Spionen und Diversanten der deutschen Geheimdienste, von Terroristen, von Mitgliedern faschistischer Organisationen und Gruppen von Banditen und Aufständischen«.[13] Ebenfalls zu verhaften waren Angehörige der »sog. ›Russischen Befreiungsarmee‹«,[14] der »Vlassov-Armee«, die auf deutscher Seite gekämpft hatten. Sie wurden ebenso wie Hunderttausende sowjetische Kriegsgefangene und Zwangsarbeiter, die ins Deutsche Reich verschleppt worden waren, als »Vaterlandsverräter« in den GULAG »repatriiert«.[15] Der

13 GARF, f. 9401, op. 12, d. 178, l. 44–48, in: Sowjetische Speziallager 2, Dok 5., S. 144.

14 Ebenda.

15 In einem Schreiben Berijas vom 17. April 1945 mit Vorschlägen zur Abänderung des Befehls Nr. 0016 an Stalin sprach er von 17495 Personen, die bis zu diesem Zeitpunkt als »Landesverräter, Verräter, Kollaborateure und Handlanger der Okkupanten, Personen, die zusammen mit den deutsch-faschistischen Truppen geflüchtet sind«, verhaftet worden waren. Obwohl Berija keine Angaben über die Nationalität dieser Verhafteten machte, steht zu vermuten, dass es sich bei ihnen mehrheitlich um Staatsangehörige der Sowjetunion handelte (CChSD, f. 89, per. 75. Nr. 5, in: Sowjetische Speziallager 2, Dok. 19, S. 176). Darüber, wie viele vormalige sowjetische Kriegsgefangene und »Fremdarbeiter« insgesamt in den GULAG »repatriiert« wurden, liegen lediglich Schätzungen vor. Sowohl Irina Scherbakova als auch Bernd Bonwetsch sprechen von »Hunderttausenden«, die nach Kriegsende die »Filtrierlager« des NKWD durchliefen, um, sofern ihre Überprüfung negativ ausfiel, in das Arbeitsheer des GULAG eingewiesen zu werden; präzisere Daten legt Foitzik unter Berufung auf Schukow vor, dem zufolge sich »1952 noch 57000 ehemalige Kriegsgefangene in Lagern befanden, nachdem alle 126000 von den Deutschen gefangengenommenen sowjetischen Offiziere durch Beschluss des Politbüros vom 22. Oktober 1945 degradiert und ›auf administrativem Weg‹ für sechs Jahre in Konzentrationslager gesperrt worden waren« (Scherbakova, Sowjetische Staatsangehörige und sonstige Ausländer, S. 242; Bonwetsch, GULAG, S. 230; Foitzik, SMAD, S. 92).

Befehl Nr. 0016 – wie der Nachfolgebefehl Nr. 00315 – ist daher auch als ein Disziplinierungsinstrument gegenüber der eigenen Bevölkerung zu verstehen, die durch Kriegsgefangenschaft oder Deportation in »Westkontakt« gekommen war.

Mit Blick auf die in diesem Gebiet ansässigen Deutschen reichte der Befehl über die Verhaftung »sorgfältig getarnt[er]« Agenten hinaus. Primär zielte er auf die Zerschlagung, zumindest aber die (personelle) Lähmung der nazistischen Wirtschaft und Verwaltung. Die »Leiter von Vertretungen und Verwaltungen auf Gebiets- und Kreisebene, Bürgermeister, [...] Leiter großer Wirtschafts- und Verwaltungseinheiten« waren umgehend zu mobilisieren,[16] und sei es nur, um deutsche Nachschubwege abzuschneiden oder die rigorose Demontage von Reparationsgütern aus Schlesien zu unterstützen. Vergleichsweise vage nahmen sich dagegen die Bestimmungen aus, die den Macht- und Herrschaftsapparat des NS und nationalsozialistische Kader betrafen. So bestimmte der Befehl zwar pauschal die Verhaftung der »Mitglieder faschistischer Organisationen« – ohne jedoch zu spezifizieren, welche Organisationen darunter zu verstehen waren oder ihrem hierarchischen Aufbau gerecht zu werden. Weiter verfügte der Befehl die Mobilisierung der »Führungs- und Einsatzkräfte der Polizei [sowie des] Leitungspersonal[s] von Gefängnissen und Konzentrationslagern« in die Sowjetunion.[17] Es war dies die einzige Verfügung, die sich auf den deutschen Vernichtungsapparat bezog. Die spezifischen Terrorinstrumente des »Dritten Reichs« – SS, SA, SD und Gestapo – benannte sie jedoch nicht beim Namen.

Ausweislich dieser Verhaftungsanweisungen wurde mit dem Befehl Nr. 0016 eine tschekistische Polizeiaktion initiiert, die innerhalb von drei Monaten in der wahllosen Zwangsrekrutierung von mehr als 215000 Arbeitskräften resultierte.[18] Darunter befanden sich, um nur die drei größten ethnischen Gruppen zu benennen, 138200 Deutsche, 38660 Polen und 27880 Sowjetbürger.[19] Oder, nach den hier re-

---

16 GARF, f. 9401, op. 12, d. 178, l. 44–48, in: Sowjetische Speziallager 2, Dok. 5, S. 144.

17 Ebenda.

18 Possekel, Lagerpolitik, S. 49.

19 CChSD, f. 89, per. 75, Nr. 5, in: Sowjetische Speziallager 2, Dok. 19, S. 176. Dem Schreiben Berijas an Stalin vom 17. April 1945 ist folgende Aufstellung zu entnehmen: Bis zum 15. April 1945 waren insgesamt 215540 Personen verhaftet worden, darunter 138200 Deutsche, 38660 Polen,

levanten Verhaftungsgründen gezählt: 2272 »Wirtschaftsleiter«, 3319 »Einsatzkräfte der Polizei und aus Gefängnissen und Konzentrationslagern« sowie 8470 »Agenten des Gegners«. Am folgenreichsten aber erwies sich die pauschale Anweisung, »Angehörige faschistischer Organisationen« zu verhaften: 123166 Personen waren bis zum 15. April unter dieser Vorgabe arretiert worden.[20]

Der NKWD-Befehl Nr. 00315 oder das Ende der »Mobilisierungen«

Mitte April 1945 kannte Moskau nur ein Ziel, das Stalin für den 1. Mai terminiert hatte: den Einzug der Roten Armee in Berlin, den Sieg über das faschistische Deutschland. Ausweislich eines Gesprächsprotokolls Berijas an die Adresse Stalins vom 17. des Monats hatten die beiden in der Nacht zuvor Änderungen diskutiert, die an der Verhaftungspraxis nach Befehl Nr. 0016 vorzunehmen waren und die in dem NKWD-Befehl Nr. 00315 vom 18. April 1945 ihren Niederschlag fanden.[21] Ihr Gespräch fand somit am Abend des Tages statt, an dem die zweite und letzte sowjetische Großoffensive auf das Deutsche Reich eingeläutet wurde. Von Oder und Neiße aus setzte die Rote Armee zum Sturm auf Berlin an, das binnen einer guten Woche umzingelt war. Die aufzuzeigenden Befehlsänderungen erfolgten somit in Reaktion auf die neuen militärischen und politischen Realitäten: Die Rote Armee operierte fortan im zukünftigen sowjetischen Besatzungsgebiet in Deutschland und damit in einem Terrain, das aufgrund der alliierten Besatzungskonstellation – anders als in Osteuropa oder dem zukünftigen Polen – nicht als eine rein innersowjetische Angelegenheit betrachtet werden konnte. Diesem Umstand trug der Befehl Nr. 00315 durchaus Rechnung, da die Verhaftungsvorgaben für die sowjetische Besatzungszone weniger pauschal formuliert wurden.

3200 Ungarn, 1130 Slowaken, 390 Italiener und 27880 Bürger der Sowjetunion (Russen, Ukrainer, Weißrussen, Litauer, Letten, Kasachen u.a.).

20 Die Haftgründe sind hier verkürzt wiedergegeben. Zu den Zahlenangaben: ebenda, S. 175f.

21 Der Titel des NKWD-Befehls Nr. 00315 lautet entsprechend: »Zur teilweisen Abänderung des Befehls des NKWD der UdSSR Nr. 0016 vom 11. Januar 1945« (GARF, f. 9401, op. 12, d. 178, l. 30–32, in: ebenda, Dok. 20, S. 178f.).

Diese Mäßigung beziehungsweise Präzisierung ist keinesfalls gering zu schätzen. Andererseits blieben die Veränderungen in einem eng gesteckten Rahmen situativer Zweckmäßigkeitserwägungen. Trotz des Umstandes, dass die Sowjetunion wenige Wochen später auf der Konferenz von Potsdam mit ihren Bündnispartnern gemeinsame Zielsetzungen der Internierung formulieren sollte, folgte sie einer im Vergleich zu den Westmächten grundsätzlich anderen Praxis. In diese gingen Elemente des GULAG und der GUPVI[22] ein – jedoch ohne diese Lagersysteme zu kopieren, weshalb die Speziallager entgegen Hermann Weber nicht als »vorgeschobene Außenposten des Archipel GULAG«[23] zu verstehen sind. Ebenfalls enthielt die veränderte Internierungspraxis Elemente der mit den Alliierten beschlossenen Entnazifizierung Deutschlands – ohne aber ein Instrument der sowjetischen Entnazifizierungspolitik zu sein. Es existierte kein struktureller oder institutioneller Zusammenhang zwischen den Internierungen und den sowjetischen Entnazifizierungsmaßnahmen in der Besatzungszone.[24] Die alliierten Übereinkünfte einer Straf- wie Umerziehungspolitik gegenüber den Deutschen dienten stattdessen der Legitimation sowjetischer Interessen beim Einmarsch in Deutschland.

Die erste Veränderung, die mit dem Befehl Nr. 00315 vorgenommen wurde, markierte einen ebenso gewichtigen wie plötzlichen Wendepunkt in der bisherigen Verhaftungspraxis deutscher Zivilis-

---

22 Zusätzlich zum GULAG-System wurde nach dem Einmarsch der Roten Armee in Polen 1939 ein zweites sowjetisches Lagersystem errichtet (UPWI), das 1944 in den Rang einer Hauptverwaltung (GUPVI) erhoben und wenig später in die Bereiche »Verwaltung für Kriegsgefangene« und »Verwaltung für Mobilisierte und Internierte« geteilt wurde. Neben Kriegsgefangenen von mehr als 30 verschiedenen Nationalitäten wurden in den Lagern der GUPVI die vormaligen sowjetischen »Ostarbeiter« und Kriegsgefangenen in Deutschland sowie die mobilisierten Deutschen zur Zwangsarbeit eingesetzt (vgl. Karner, Im Archipel GUPVI).

23 Hermann Weber, Vorwort, in: Killian, Einzuweisen zur völligen Isolierung, S. 7. Bei allen Parallelen hinsichtlich der Haftdauer, der Lebensbedingungen in den Lagern und der Mortalität der Häftlinge bleibt ein gravierender Unterschied, auf den nachfolgend ausführlich eingegangen wird: In den Speziallagern waren die Gefangenen zur Untätigkeit gezwungen, sie wurden nicht zur Zwangsarbeit herangezogen.

24 Niethammer, Alliierte Internierungslager, in: Sowjetische Speziallager 1, S. 106.

ten. Mit dem Befehl wurde das bis dato zentrale (Kriegs-)Interesse Moskaus von Stalin und Berija in einer nächtlichen Ad-hoc-Entscheidung aufgegeben: Die Mobilisierungspraxis wurde eingestellt.[25] Stattdessen sollten die Verhafteten in Speziallager verbracht werden, die auf dem Gebiet der zukünftigen Besatzungszone und damit im feindlichen Ausland einzurichten waren. Diesem geographischen Umstand dürfte geschuldet sein, dass die Administration der Speziallager nicht in die Verwaltungsstrukturen des GULAG oder der GUPVI eingegliedert wurde.[26] Zuständig war stattdessen die »Abteilung Speziallager und Gefängnisse des NKWD bei der Gruppe der sowjetischen Besatzungstruppen auf dem Territorium Deutschlands« (kurz: »Abteilung Speziallager«), die der Anfang Juni 1945 gegründeten SMAD unterstellt wurde. Allerdings war die »Abteilung Speziallager« gegenüber Generaloberst Ivan A. Serov verantwortlich, der als Frontbevollmächtigter der 1. Belorussischen Front zwischenzeitlich zum Stellvertreter für Zivilangelegenheiten des Obersten Chefs der SMAD, Marschall Georgi K. Shukov,[27] befördert worden war. Gleichzeitig war Serov zum »NKWD-Bevollmächtigten für die Gruppe der sowjetischen Besatzungstruppen in Deutschland« (GSBT) aufgestiegen.[28] Damit unterstand er weiterhin dem

25 Dass es sich hierbei um eine kurzfristig getroffene Entscheidung handelte, zeigen nicht zuletzt die Einweisungsvordrucke, die die GUPVI in Erwartung neuer »Mobilisierter« aus der SBZ hatte drucken lassen (Possekel, Stalins Pragmatismus, S. 158).

26 Possekel, Lagerpolitik, S. 60.

27 Marschall Shukov wurde 1946 durch Marschall D. Sokolovskij abgelöst, dessen Posten Armeegeneral Wasili I. Tschuikov 1949 übernahm. Eine eingängige Kurzübersicht über den Aufbau der SMAD bietet: Speziallager Buchenwald/Katalog, S. 38f.

28 Ivan A. Serov (1905–1990) zählt zu den wenigen Angehörigen des sowjetischen Besatzungsapparates in Deutschland, dessen Werdegang relativ gut erforscht ist. Er hatte seine geheimpolizeiliche Karriere beim NKWD 1939 begonnen und wurde kurz darauf zum Volkskommissar der Ukraine ernannt. Als »NKWD-Experte« wurde er bei der »Sowjetisierung« Ostpolens und der baltischen Staaten eingesetzt und machte sich einen Namen bei den Massendeportationen und Zwangsumsiedlungen aus den Grenzgebieten der Westukraine, aus Litauen, Lettland, Estland und der Wolgadeutschen. Im Rahmen der Deportation und Zwangsumsiedlung von Tschetschenen, Inguschen, Krimtataren und anderen erhielt er mehrere Auszeichnungen. Auch soll er an der Massenexekution polnischer Kriegsgefangener in Katyn beteiligt gewesen sein. Im Januar 1945

NKWD in Moskau, weshalb auch Entscheidungen, welche die Speziallager betrafen, nur gemeinsam von der SMAD und dem NKWD getroffen werden konnten[29] – nachdem sie, so belegt es die Befehlspraxis, durch Stalin bestätigt worden waren. Von einer klar gegliederten Zuständigkeitsstruktur kann daher nicht die Rede sein. Im Gegenteil, die Vielzahl der beteiligten Organe lähmte den Prozess der Entscheidungsfindung. Das Ergebnis war, wie Alexander von Plato treffend festhält, ein »kafkaeskes bürokratisches Kompetenz-Wirrwarr«,[30] dessen inhärente Selbstblockaden sich dramatisch auf die Überlebenschancen der Speziallagerhäftlinge auswirkten.

Warum aber haben Stalin und Berija so plötzlich von der Mobilisierungspraxis Abstand genommen und damit eine Neubestimmung der sowjetischen Haftpraxis vollzogen, die zudem mit einer strukturellen Abkopplung des Speziallagersystems von den etablierten Systemen des GULAG und der GUPVI einherging? Über die Motive, die zu dieser Entscheidung führten, kann nur spekuliert werden. So ist denkbar, dass der Mobilisierungsgedanke aus rein pragmatischen Gründen aufgegeben wurde. Die zu erwartenden Kriegsanstrengun-

---

war er als Frontbevollmächtigter des NKWD an der Umsetzung des Befehls Nr. 0016 beteiligt, im Juni 1945 stieg er zum Stellvertreter des Obersten Chefs der SMAD für Zivilverwaltung auf und wurde parallel dazu der Geheimdienstchef in der SBZ. Damit wurden ihm alle Mitarbeiter des NKWD, des NKGB, der militärischen Gegenspionage und die NKWD-Truppen unterstellt sowie die gesamte ostdeutsche Verwaltung einschließlich des Justizapparates. Der 1945 zum Generaloberst Ernannte kehrte 1947 nach Moskau zurück, wo er bis 1954 als stellvertretender Minister des Inneren und bis 1958 als Leiter des Komitees für Staatssicherheit beim Ministerrat der UdSSR (MGB) fungierte. Bis 1963 amtierte er als Chef des militärischen Geheimdienstes. 1965 wurde er aus der KPdSU ausgeschlossen (vgl. Foitzik, Terrorapparat, S. 17f.; und Schmidt, Strafjustiz, S. 107f.).

29 Dass Serov die Speziallager vor der Einflussnahme durch die SMAD oder der Armee zu schützen suchte, lässt sich daraus schließen, dass er sich, »so weit bekannt, in der Unterschriftsformel ausschließlich auf die Funktion des stellv. NKWD/MWD-Chefs« berief (Ritscher, Abteilung Speziallager, S. 139).

30 von Plato, Geschichte, S. 55. Siehe auch Niethammer, Alliierte Internierungslager, in: Sowjetische Speziallager 1, S. 110, der sich ebenfalls auf die »überzentralisierte, kafkaeske, gegenüber rechtlichen wie humanen Gesichtspunkten abgestumpfte oder zumindest kaum durchlässige Verwaltungsmaschinerie« der sowjetischen Besatzungsmacht bezieht.

gen um Berlin, die massenhafte Gefangennahme von Wehrmachtssoldaten, der rapide Anstieg an Verhaftungen von Zivilinternierten auf Grundlage des NKWD-Befehls Nr. 0016 im März und April 1945, die unter Zeitdruck durchzuführende Demontage von Industriegütern aus Schlesien – all dies spricht dafür, dass Stalin und Berija einem drohenden Kollaps der Transportwege und -mittel vorbeugen[31] sowie eine Überforderung der jeweils zuständigen Frontbevollmächtigten, Geheimdienste und Sicherheitsapparate verhindern wollten.[32] Ein weiteres denkbares Motiv: Die Mobilisierten entsprachen nicht den Anforderungen der sowjetischen (Kriegs-)Wirtschaft. Von den bisher nach Befehl Nr. 0016 Verhafteten, so Berijas Vermerk vom 17. April an Stalin, konnte »nicht mehr als die Hälfte zu körperlichen Arbeiten eingesetzt werden [...], weil der übrige Teil aus Alten und zu körperlicher Arbeit untauglichen Personen besteht«.[33] Zielte die plötzliche Aufgabe der Mobilisierungspraxis also auf den Versuch ab, wie Ralf Possekel argumentiert, die bisher wahllose Zwangsrekrutierung von Arbeitskräften zu rationalisieren, um das sowjetische Lagersystem »von einer Flut unproduktiver Häftlinge« zu entlasten?[34] Wenn ja, dann trug der Befehl Nr. 00315 einer solchen Absicht nur mittelbar Rechnung. Denn auch wenn er verfügte, dass Arbeitsuntaugliche fortan zu entlassen waren, so knüpfte er eine Bedingung daran: Sie durften nicht als Sicherheitsrisiken für die zukünftige Besatzungsmacht eingeschätzt werden.[35] Nicht von der Hand zu weisen ist ferner die Überlegung Lutz Niethammers, dass die Aufgabe der Mobilisierungspraxis nur als eine kurzfristige Maßnahme gedacht war.[36] Demnach müsste man sich die Speziallager als ein »Arbeitskräftereservoir auf Abruf« vorstellen. Stalins Anforderung von 27500 Arbeitskräften im Dezember 1946, auf die gleich zu-

---

31 Wegen der gewaltigen Transportprobleme wurde im April 1945 der Abtransport der deutschen Kriegsgefangenen ausgesetzt (Prieß, Speziallager, S. 251). Siehe auch: Foitzik, SMAD, S. 88–92.

32 Possekel, Lagerpolitik, S. 51.

33 CChSD, f. 89, per. 75, Nr. 5, in: Sowjetische Speziallager 2, Dok. 19, S. 176.

34 Possekel, Lagerpolitik, S. 51.

35 GARF, f. 9401, op. 12, d. 178, l. 30–32, in: Sowjetische Speziallager 2, Dok. 20, S. 179.

36 Vgl. Niethammer, Alliierte Internierungslager, in: Sowjetische Speziallager 1, S. 105f.

rückzukommen sein wird, deutet in diese Richtung.[37] Das reklamierte Kontingent von Häftlingen sollte deutsche Kriegsgefangene in der Sowjetunion ersetzen, die aus Krankheitsgründen zur Entlassung anstanden.[38]

Dass das sowjetische Interesse an Arbeitskräften ungebrochen war, wird an einer Gruppe von deutschen Speziallagerhäftlingen sichtbar, die weder zu den Internierten noch zu den SMT-Verurteilten zählte. Gemeint sind ehemalige Wehrmachtsoffiziere, die Anfang 1946 aus westalliierter Kriegsgefangenschaft entlassen worden waren. Beim Grenzübertritt oder bei der Rückkehr an ihre Heimatorte in der SBZ wurden sie vom sowjetischen Geheimdienst umgehend verhaftet. Zeitgenössische westliche Stimmen gingen von 40000 Offizieren aus, die man, wie es beispielsweise Anfang November 1947 in der *Stuttgarter Zeitung* hieß, der Spionage für die Westalliierten bezichtigte.[39] Erwiesenermaßen wurden etwa 5800 von ihnen in das Speziallager Sachsenhausen verbracht, von denen knapp 4700 im Herbst 1946 in Kriegsgefangenenlager in der Sowjetunion deportiert wurden.[40]

Das Interesse an Arbeitskräften wurde jedoch durch Maßnahmen der zuständigen Behörden konterkariert und im Rückblick faktisch unkenntlich gemacht. Denn im Gefolge einer internen Umstrukturierung innerhalb der Lagerverwaltung wurden Tatsachen geschaffen, die jeglichem Interesse an einem »Arbeitskräftereservoir« dauerhaft den Boden entzogen und die als ein Beleg für das »kafkaeske Kompetenz-Wirrwarr« der verantwortlichen Stellen gelten können: Zum 1. November 1946 wurde die Ernährung der Speziallagerhäftlinge, für die bis dato die Gruppe der Sowjetischen Besatzungstruppen (GSBT) verantwortlich zeichnete, der SMAD übertragen. Die Lagerinsassen wurden fortan nicht mehr nach den Sätzen für Kriegsgefangene ernährt, die zumindest auf dem Papier die (auch zukünftig zu exploitierende) Arbeitskraft von Gefangenen gewährleisten soll-

37 Beschluss des Ministerrats Nr. 2728–1124ss »Zum Abtransport von in Gefängnissen und Lagern inhaftierten Deutschen aus Deutschland« vom 23. Dezember 1946 (CChSD, f. 89, per. 75, Nr. 11, in: Sowjetische Speziallager 2, Dok. 62, S. 268f.).

38 Ebenda, Punkt 4.

39 Vgl. Smith, Heimkehr aus dem Zweiten Weltkrieg, S. 156.

40 Prieß, Sachsenhausen, S. 399. Von 6500 deportierten Wehrmachtsoffizieren ist die Rede in: Speziallager Sachsenhausen/Katalog, S. 243.

ten.[41] Die Ernährungssätze wurden bei gleichbleibend schlechter Qualität der Nahrung faktisch halbiert.[42] Damit wurden die Lagerhäftlinge nunmehr nach minimalsten Standards versorgt, die nur wenige Gramm über den Soll-Rationen lagen, die in der SBZ für jene vorgesehen waren, die im Rahmen der Entnazifizierung – aber ohne verhaftet zu werden – aus dem öffentlichen Dienst entfernt worden waren oder ihren Anspruch auf Arbeit verloren hatten.[43] Ob mit der Absenkung der Ernährungssätze eine »Gleichstellung« mit nicht inhaftierten Funktionsträgern der nationalsozialistischen Partei angestrebt oder schlicht der systemimmanenten Logik gefolgt wurde, dass, wer nicht arbeitet, nur minimierte Ernährungssätze zu erhalten hat, ist nicht zu beantworten. Zudem ist die schlechte Ernährungslage der unmittelbaren Nachkriegszeit zu bedenken. Die ohnehin schwierige Grundversorgung der Bevölkerung hatte für die Besatzungsmacht auch um der erstrebten politischen Zustimmung willen Vorrang.

Was auch immer den Ausschlag gegeben haben mag, die Ernährungssätze zu senken, die Konsequenzen waren dramatisch. In den ersten sechs Monaten nach Kürzung der Sätze, von November 1946 bis April 1947, starben mindestens 12000 Lagerhäftlinge.[44] Auf politischer Ebene reagierte die SMAD umgehend. Unter Bezugnahme auf die jüngst erlassene alliierte Kontrollratsdirektive Nr. 38 baten Serov und Shukov Stalin Anfang Dezember 1946 um die Entlassung

---

41 Diese Norm für Kriegsgefangene betrug neben Salz, Tomatenmark, Tee und Pfeffer täglich 600 g Brot, 90 g Nährmittel, 10 g Makkaroni, 100 g Fisch, 15 g Fett, und 15 g Öl pro Kopf (Jeske, Versorgung, S. 196).

42 Erstmals wurden die Ernährungssätze nach nicht arbeitenden und (ausschließlich für den Lagerselbsterhalt oder Sonderwünsche der Lagerkommandanten oder der SMAD) arbeitenden Häftlingen unterschieden. Die nicht arbeitenden Häftlinge erhielten auf dem Papier fortan täglich 300 g Brot, 400 g Kartoffeln, 15 g Zucker, 40 g Fleisch oder Fisch, 200 g Gemüse und 45 g Nährmittel. Den arbeitenden Häftlingen standen 100 g Brot und 5 g Zucker mehr zu (ebenda, S. 207). Zusätzlich gab es Sonderrationen für Kranke, aber auch für Offiziere und für Soldaten, deren Deportation als Kriegsgefangene noch nicht erfolgt war. Einen tabellarischen Überblick über die fünf Soll-Sätze bietet: von Plato, Geschichte, S. 37.

43 Zu den Verpflegungssätzen der Bevölkerung in der SBZ siehe Gries, Die Rationen-Gesellschaft, S. 94–98, 102.

44 von Plato, Geschichte, S. 39.

von 35000 der etwa 80000 Häftlinge, die sich zu diesem Zeitpunkt in den Speziallagern befanden.[45] Dabei mieden sie den in der Kontrollratsdirektive vorgegebenen Sprachgebrauch: Statt von »Minderbelasteten«[46] sprachen sie von »zweitrangige[n] Verbrecher[n]« – die »nutzlos zu ernähren« sind und deren »Verbleib in Freiheit für uns keine Gefahr darstellt«.[47] Fast die Hälfte aller Speziallagerinsassen, so die sowjetische Führungsspitze in Deutschland, saß demnach also zu Unrecht in den Lagern ein. Und das nicht nur, weil sie nach alliierten Entnazifizierungskriterien zu den »Minderbelasteten« zählten, sondern vor allem, weil sie keine akute Gefahr für die Besatzungsmacht darstellten. Stalins einzige bekannte Reaktion auf diese Einschätzung bestand in der erwähnten Anforderung von 27500 Arbeitskräften. Wegen der desolaten Ernährungssituation fanden sich in allen Lagern jedoch »lediglich« 4597 Internierte und SMT-Verurteilte, die als »arbeitstauglich« eingeschätzt und deportiert wurden.[48]

In den Lagern wurden die Ernährungssätze erst im Februar 1947 wieder angehoben. Das große Sterben konnte dadurch beendet werden. Der Gesundheitszustand der Häftlinge aber war nachhaltig zerrüttet, so dass an eine planmäßige Aushebung von Arbeitskräften spätestens seit dem Winter 1946/47 nicht mehr zu denken war. Daran änderte sich auch nichts, nachdem die Speziallager im August 1948 unter die Leitung des GULAG gestellt wurden,[49] obwohl sich – und Lutz Niethammer spricht hier zu Recht von einem »Sarkasmus der

---

45 Schreiben des SMAD-Chefs Sokolovskij und des MWD-Bevollmächtigten Serov an Stalin und Berija mit Vorschlägen zur Entlassung von 35000 Personen aus den Speziallagern vom 4. Dezember 1946 (CChSD, f. 89, per. 75, Nr. 10, in: Sowjetische Speziallager 2, Dok. 60, S. 264–266).

46 Vgl. dazu die fünf Belastungsgrade, die mit der Kontrollratsdirektive Nr. 38 vom Oktober 1946 festgelegt wurden. Für die Bewährungsgruppe der »Minderbelasteten« war laut Art. X, 6 keine Internierung vorgesehen (Entnazifizierungspolitik der KPD/SED, Dok. 8, S. 107).

47 CChSD, f. 89, per. 75, Nr. 10, in: Sowjetische Speziallager 2, Dok. 60, S. 265f.

48 Gemeinsames Schreiben des Innenministers und des stellv. Ministers für Staatssicherheit an Außenminister Molotov mit der Bitte um Weisungen zur Überprüfung der in den Speziallagern Inhaftierten vom 4. September 1947 (GARF, f. 9401, op. 2, d. 173, l. 151–152, in: ebenda, Dok. 79, S. 309).

49 Befehl des Innenministers Nr. 00959 zur Eingliederung der Speziallager in Deutschland in die GULAG vom 9. August 1948 (GARF, f. 9409, op. 1, d. 274, l. 2, in: ebenda, Dok. 92, S. 335).

Geschichte«[50] – die Überlebensbedingungen unter der neuen Administration verbesserten.[51] Das Innenministerium der UdSSR erließ schließlich im Sommer 1949 den Befehl, dass die Mortalitätsrate der Gefangenen »pro Jahr nicht höher als 0,25 Prozent« liegen dürfe. Allerdings geschah das nicht, weil man die Häftlinge zu »mobilisieren« gedachte, sondern weil die Lager zu einer außenpolitischen Belastung geworden waren. Der »ernsthafte Mangel sowie die Sterblichkeit«, wie der damalige Leiter der »Abteilung Speziallager«, Oberst Sokolov, erklärte, sei zu beseitigen, da sich »alle kapitalistischen Staaten und ihre Parteien [...] für den Gesundheitszustand der Häftlinge [...] interessieren«.[52] Die Realitätsferne dieses späten Befehls zeigt sich schon an der Zahl der in den ersten fünf Monaten des Jahres 1949 in allen Speziallagern Verstorbenen: Es waren im Vergleich zu den Vorjahren »nur« 9,6 Prozent.[53] Diese Zahlen verdeutlichen, warum auch die GULAG-Verwaltung von systematischen Deportationen Abstand nahm.[54] Und sie erklären, warum laut sowjetischer Zählung zwischen 1945 und 1950 insgesamt »nur« fünf Prozent aller Speziallagerhäftlinge in die UdSSR verbracht wurden.[55]

---

50 Niethammer, Alliierte Internierungslager, in: Sowjetische Speziallager 1, S. 110.

51 Das fast 50-seitige Übergabeprotokoll umfasste 30 »Verbesserungsvorschläge« mit Blick auf die Lagerorganisation (Possekel, Lagerpolitik, S. 90). So wurden unter der Leitung der GULAG zum Beispiel Röntgengeräte angeschafft, um die Diagnosemöglichkeiten der grassierenden Tuberkulose zu verbessern. Ebenfalls wurde den SMT-Verurteilten im Juli 1949 erlaubt, ihren Angehörigen zu schreiben. Den Internierten wurde dergleichen nicht eingeräumt.

52 Zit. nach Jeske, Versorgung, S. 222.

53 Ebenda.

54 »Der gesamte Bestand der verurteilten Deutschen [ist] wenig arbeitsfähig und seine Unterbringung in Lagern des MWD [wäre] für die GULAG belastend«; auch wäre eine Entscheidung hinsichtlich der Internierten angesichts der bis dato ungeklärten Frage über den weiteren Verbleib von Kriegsgefangenen in der UdSSR verfrüht, urteilte der stellvertretende Innenminister Serov am 19. Januar 1949 in einem Schreiben an den Leiter der »Abteilung Speziallager« (zit. nach: GARF, f. 9409, op. 1, d. 38, l. 33, in: Sowjetische Speziallager 2, Dok. 95, S. 345).

55 Der Speziallager-Abschlussbericht vom 6. April 1950 spricht von 1661 SMT-Verurteilten und von 5037 Internierten, die in die UdSSR deportiert wurden (von Plato, Geschichte, S. 44).

Parallel zur Aufgabe der Mobilisierungspraxis Gefangener wurde mit dem Speziallagersystem von einer für alle sowjetischen Lager sonst obligaten Maxime Abstand genommen: dem Zwang zur Arbeit. Jenseits des Lagererhalts und spezieller Sonderwünsche der jeweiligen Lagerleitung oder aus Berlin-Karlshorst, dem Sitz der SMAD, durfte in den Speziallagern nicht gearbeitet werden. Arbeitseinsätze außerhalb der jeweiligen Lager wurden wegen der Fluchtgefahr sofort unterbunden;[56] auch die GULAG-Leitung gab anfängliche Planungen unter Verweis auf die »Grüne Grenze« wieder auf.[57] Die Speziallagerhaft stand somit jenseits »traditioneller« Begründungszusammenhänge, die nach sowjetischem Verständnis den Zweck jeglicher Lagerhaft definierten: »Reparationsarbeit« oder »Besserung durch Arbeit«. Wenn aber weder der Faktor Arbeit noch Mobilisierungen im Mittelpunkt der sowjetischen Interessen standen, welche Interessen waren es dann, die Moskau Mitte April 1945 mit den Internierungen auf Grundlage des NKWD-Befehls Nr. 00315 verfolgte?

Zum Primat der Pazifizierungspolitik

Wie schon Befehl Nr. 0016 zielte auch der April-Befehl allgemein auf die »Säuberung des Hinterlandes der kämpfenden Truppen der Roten Armee von feindlichen Elementen«.[58] Im Interesse der eigenen Sicherheit und des militärischen Vormarsches wurden »tschekistische Maßnahmen« anbefohlen, also die Isolation zu Verhaftender in

---

56 Den Haftberichten ist zu entnehmen, dass die Gefangenen anfänglich zu Arbeitseinsätzen außerhalb der Lager eingesetzt wurden, die dem Lagererhalt dienten (zum Beispiel, um Holz zu schlagen). Diese Einsätze waren beliebt, da die Möglichkeit bestand, heimlich mit Familienangehörigen Kontakt aufzunehmen, das heißt, sie dort entweder zu treffen oder Kassiber zu schmuggeln. Schließlich aber mussten die Häftlinge seit etwa Anfang 1946 an der Verstärkung der Sicherheitsmaßnahmen der Lager mitwirken; die Außenkommandos waren damit eingestellt, zumal, wie es in einem Inspektionsbericht der GULAG vom Frühjahr 1948 hieß, »die meisten Fluchten […] während der Arbeit unter Bewachung« erfolgt waren (Possekel, Lagerpolitik, S. 89).

57 Ebenda.

58 So die »Präambel« der Proskriptionsliste des NKWD-Befehls Nr. 00315 (GARF, f. 9401, op. 12, d. 178, l. 30–32, in: Sowjetische Speziallager 2, Dok. 20, S. 178).

den zu errichtenden Speziallagern oder, bei »nachweislichen terroristische[n] oder Diversionshandlungen«, ihre sofortige Erschießung.[59] Was den Befehl jedoch von seinem Vorgänger unterscheidet, ist, vielen nach wie vor vagen und dem sowjetischen Sicherheitsjargon geschuldeten Formulierungen zum Trotz, die relative Präzisierung der Verhaftungsvorgaben mit Blick auf Nationalsozialisten.

In seiner nächtlichen Unterredung mit Stalin am 16. April 1945 hatte Berija angemerkt, »dass es unter den [bisher, B.G.] Verhafteten eine beträchtliche Anzahl einfacher Mitglieder der verschiedenen faschistischen Organisationen (Gewerkschaften, Arbeitsorganisationen, Jugendorganisationen) gibt«.[60] Ungeachtet des Umstandes, dass Berijas Aufzählung entweder von Unkenntnis oder schlicht von Desinteresse gegenüber den nationalsozialistischen Organisationen kündet, scheint er dennoch zu »präzisierten« Verhaftungsanweisungen geraten zu haben. Unter Punkt 1 des April-Befehls wurde die Gruppe der künftig Festzunehmenden nun wie folgt umrissen:

a. Spione, Diversanten, Terroristen der deutschen Geheimdienste;

b. Angehörige aller Organisationen und Gruppen, die von der deutschen Führung und den Geheimdiensten des Gegners zur Zersetzungsarbeit im Hinterland der Roten Armee zurückgelassen wurden;

---

59 Ebenda. Diese »Maßnahme« ging zurück auf den GOKO-Beschluss Nr. 7467ss vom 3. Februar 1945 »zur Unterbindung terroristischer Anschläge und zur Ausweitung der Mobilisierung von Deutschen«. Er legte fest, dass »durch gnadenlose Liquidierung an Ort und Stelle [...] schonungslos mit Personen abzurechnen [ist], die terroristischer Anschläge und Diversionshandlungen überführt sind« (zit. nach: CChSD, f. 89, per. 75, Nr. 3, in: ebenda, Dok. 6, S. 146ff.). Vgl. dazu auch den NKWD-Befehl Nr. 0061 zur Umsetzung des GOKO-Beschlusses vom 6. Februar 1945 (GARF, f. 9401, op. 12, d. 178, l. 40–43, in: ebenda, Dok. 7, S. 149ff.). Mit Possekel muss davon ausgegangen werden, dass die anbefohlene Verschärfung gegen »Diversanten« die Zwangsrekrutierungen deutscher Arbeitskräfte rechtfertigen sollte (Possekel, Lagerpolitik, S. 44). Wie viele Opfer diese »Maßnahme« in den letzten Kriegsmonaten kostete, ist nicht abzuschätzen. Es ist gleichwohl davon auszugehen, dass sie rigoros umgesetzt wurde (Schmidt, Strafjustiz, S. 96). Aktuelle Schätzungen gehen von mindestens 5000 Erschießungen in den ersten sechs Monaten des Jahres 1945 aus, die infolge eines SMT-Urteils vollstreckt wurden (vgl. Hilger/Schmidt, Russisch Roulette, S. 800).

60 CChSD, f. 89, per. 75, Nr. 5, in: Sowjetische Speziallager 2, Dok. 19, S. 176. Gemeint sind vermutlich der Reichsarbeitsdienst (RAD), die Deutsche Arbeitsfront (DAF) und die Jugendorganisationen (HJ und BDM).

c. Betreiber illegaler Funkstationen, Waffenlager und illegaler Druckereien, wobei die für die Feindtätigkeit bestimmten materiell-technischen Ausrüstungen zu beschlagnahmen sind;

d. aktive Mitglieder der Nationalsozialistischen Partei;

e. Führer der faschistischen Jugendorganisationen auf Gebiets-, Stadt- und Kreisebene

f. Mitarbeiter von Gestapo, »SD« und anderen Straforganen;

g. Leiter von Gebiets-, Stadt- und Kreisverwaltungen sowie Zeitungs- und Zeitschriftenredakteure und Autoren antisowjetischer Veröffentlichungen.[61]

Augenscheinlich wurde mit dieser Proskriptionsliste an Denkschriften des Volkskommissariats für Auswärtige Angelegenheiten (NKID, seit März 1946 Ministerium: MID) angeknüpft, die sich während des Krieges mit den Kapitulationsbedingungen für Deutschland beschäftigten. So wurde in einem solchen Entwurf vom Februar 1944 unter Punkt 119 (von 158) die Vorgabe formuliert, »die Naziorganisationen zu beseitigen, deren Personal zu suspendieren oder zu internieren [...] und die Naziideologie auszurotten«.[62] Auch scheint die Proskriptionsliste die Moskauer »Erklärung über Grausamkeiten«,[63] deren Vereinbarungen auf den Nachfolgekonferenzen in Jalta und Potsdam bestätigt wurden, zu bekräftigen. Gemäß der Potsdamer Vereinbarung galten Internierungslager als Instrument einer Straf- und Entnazifizierungspolitik, das gleichzeitig der Verwahrung von Personen(-Gruppen)

61 GARF, f. 9401, op. 12, d. 178, l. 30–32, in: Sowjetische Speziallager 2, Dok. 20, S. 178.

62 Dokument über die bedingungslose Kapitulation Deutschlands (Entwurf) vom 3. Februar 1944 (AVP RF, f. 0511, op. 1, p. 2, d. 6, Bl. 140–179, in: Die UdSSR und die deutsche Frage, Bd. 1, Dok. 84, S. 277–304, hier S. 297).

63 »Jene[n] deutschen Offizieren, Soldaten und Mitglieder[n] der Nazipartei, die für die [...] Grausamkeiten, Massaker und Exekutionen verantwortlich gewesen sind oder an ihnen zustimmend teilgehabt haben« wurde mit der zwischen den USA, Großbritannien und der Sowjetunion geschlossenen Moskauer »Erklärung über Grausamkeiten« vom 30. Oktober 1943 angedroht, nach einem Waffenstillstand »an die Schauplätze ihrer Verbrechen zurückgebracht und an Ort und Stelle von den Völkern abgeurteilt zu werden, denen sie Gewalt angetan haben« (Ursachen und Folgen, Bd. 24, S. 394).

diente, die von den Besatzungsmächten als Sicherheitsrisiken eingeschätzt wurden.[64]

Auf der anderen Seite aber zeigte sich mit den Verhaftungsvorgaben des Befehls Nr. 00315 ein weiteres Mal ein folgenschweres Charakteristikum der sowjetischen Deutschlandpolitik: der vorsätzliche Verzicht auf konkrete Planungen. Dass seitens des NKWD/MWD lediglich exekutive Handlungsanweisungen überliefert sind, kann angesichts der politischen Funktionen und des Selbstverständnisses dieses Operativorgans nicht verwundern. Es bedeutet jedoch auch, dass das NKWD/MWD keine Richtlinien entwickelte, die über die Verhaftung und Festsetzung hinauswiesen. Anweisungen, wie und mit welchem Ziel mit den Internierten zu verfahren sei, blieben aus. Gleiches gilt für das NKID, das mit der Ausarbeitung von Nachkriegsplänen für das besiegte Deutschland betraut war.[65] Im Rahmen seiner Planungsaktivitäten während des Krieges scheint das Volkskommissariat für Auswärtige Angelegenheiten etwaige Vorgaben zur Entnazifizierung und Internierung auf den bereits erwähnten Unterpunkt 119 der Kapitulationsbedingungen beschränkt zu haben. Vor allem aber wurden entsprechende Planungen als nicht zweckmäßig eingeschätzt; sie entbehrten aus Sicht des NKID noch im März 1944 an Aktualität.[66]

---

64 »Nazistische Parteiführer«, so die Potsdamer Formulierung, »einflussreiche Nazianhänger und die Leiter der nazistischen Ämter und Organisationen und alle anderen Personen, die für die Besetzung und ihre Ziele gefährlich sind, sind zu verhaften und zu internieren« (Benz, Potsdam 1945, S. 213).

65 Vgl. dazu die zu keinem Zeitpunkt miteinander koordinierten Tätigkeiten der Litvonov-, Vorosilov- und Majskij-Kommissionen innerhalb des NKID. Deren Mitarbeiter wurden überdies nicht in die laufenden Arbeiten des Außenkommissariats einbezogen. Ebenfalls blieben die »Mitarbeiter und der Leiter der für Deutschland und seine Verbündeten zuständigen Dritten Europäischen Abteilung an der Arbeit der Kommissionen unbeteiligt und [wurden] über deren Verlauf nur unvollständig informiert« (zit. nach: Die UdSSR und die deutsche Frage, Bd. 1, S. XLI). Der Vorstoß des Außenkommissariats im September 1944, die Planungstätigkeiten der verschiedenen sowjetischen Behörden institutionell zu koordinieren, verhallte. Ebenfalls blieb die deutsche KPD im Moskauer Exil von den sowjetischen Nachkriegsplanungen isoliert (Possekel, Lagerpolitik, S. 21).

66 Der Bericht Litvinovs an Molotov über die »Behandlung Deutschlands« vom 9. März 1944 endet mit der Einschätzung, dass es Überlegungen zur

Gewiss gab es zu diesem Zeitpunkt auch auf amerikanischer und britischer Seite planerische Zurückhaltungen und Versäumnisse. Aber die Amerikaner hatten bereits 1944 detaillierte Kategorien für eine umfangreiche Arrestpolitik entwickelt. Der *Automatic Arrest* richtete sich gegen Kriegsverbrecher, höhere NS-Chargen, Sympathisanten des NS-Regimes und gegen Personen, die als Sicherheitsrisiken der zukünftigen Besatzungspolitik eingeschätzt wurden.[67] Das US-Außenministerium verfügte ebenfalls über Handbücher für die zukünftige Militärregierung in Deutschland, die es Moskau Ende März 1945 zur Verfügung stellte und dabei feststellen musste, dass auf sowjetischer Seite keine vergleichbaren Planungen vorlagen.[68] Gute zwei Wochen später wurde der NKWD-Befehl Nr. 00315 erlassen, weshalb viel für Lutz Niethammers Lesart spricht, dass mit diesem Befehl eine »tschekistische Version der amerikanischen Internierungspolitik gegen Nazis, Systemträger und Sicherheitsrisiken« vorliegt.[69]

»Schaffung des demokratischen Regimes in Deutschland« und damit zur »Umerziehung des deutschen Volkes und zur Ausmerzung militaristischer und nazistischer Ideen« an Material wie an Aktualität mangele. Damit ist der einzige Gedanke in diesem Dokument benannt, der sich programmatisch auf eine Entnazifizierungspolitik beziehen könnte. Litvinov kündigte entsprechende Ausarbeitungen für einen späteren Zeitpunkt an. Da diese bis heute nicht überliefert sind, steht zu bezweifeln, dass es tatsächlich geschah (AVP RF, f. 06, op. 6, p. 14, d. 142, Bl. 3–110, in: Die UdSSR und die deutsche Frage, Bd. 1, Dok. 91, S. 364; und Possekel, Lagerpolitik, S. 22).

67 Zur Durchführung kam die Version der amerikanischen *Automatic-Arrest*-Vorgaben vom 26. April 1945. Bekannt als IPCOG 1, wurde sie modellbildend für die Internierungs- und Entnazifizierungsmaßnahmen in den Westzonen (Foreign Relations of the United States [FRUS], Bd. 3, 1945, S. 484f.).

68 Niethammer, Alliierte Internierungslager, in: Sowjetische Speziallager 1, S. 101. Niethammer betont, dass Moskau diesen Handbüchern entnehmen konnte, dass die USA knapp sechs Wochen nach der Konferenz von Jalta eine Entscheidung in der Frage um den »Reparations-Einsatz« internierter Nationalsozialisten herbeigeführt hatte. Ob und in welchem Ausmaß die amerikanische Entscheidung, auf Deportationen zu verzichten, die Wende in der sowjetischen Internierungspraxis bzw. die plötzliche Aufgabe der Mobilisierungen herbeiführte, kann nach heutiger Aktenlage nicht erforscht werden.

69 Ebenda, S. 102.

Die kaum glaubliche, aber nicht zu leugnende Folge dieser Praxis des sowjetischen Planungsverzichts wurde im März 1947 aktenkundig. Auslöser waren westliche Medienberichte über »Konzentrationslager in der Sowjetzone«, die zum ersten Jahrestag der SED-Gründung erschienen waren.[70] Die SED-Spitze wandte sich daraufhin an die SMAD, die wiederum das sowjetische Außenministerium kontaktierte.[71] Obwohl Molotov in seiner Funktion als Außenminister über die Internierungen informiert gewesen sein muss, »offenbarten« die Mitarbeiter seines Ministeriums eine »weitgehende Uninformiertheit« über das Lagersystem.[72] Anders gesagt: Es stellte sich heraus, dass die Internierungen in der SBZ »völlig außerhalb des Blickfeldes« des Außenministeriums durchgeführt worden waren[73] und damit außerhalb des Blickfeldes jener sowjetischen Institution, die die Entnazifizierungsmaßnahmen der SMAD koordinierte. Daraus wurden jedoch keine Konsequenzen gezogen. Das MID verzichtete darauf, einen strukturellen oder institutionellen Zusammenhang zwischen der Entnazifizierung der SBZ und den Internierungen durch das NKWD/MWD herzustellen.[74]

Das erklärt auch, warum die Speziallagerinternierten von den Entnazifizierungsmaßnahmen der SMAD dauerhaft ausgeklammert

---

70 So zum Beispiel im *Sozialdemokrat* vom 23. April 1947. In dem Artikel unter der Überschrift »Selbsttäuschung« hieß es: »Die Konzentrationslager in der Sowjetzone sind wieder zum Bersten mit Personen gefüllt, die es gewagt haben, eine eigene Meinung zu haben und sie auch zu äußern« (zit. nach: Die UdSSR und die deutsche Frage, Bd. 3, S. 264 [Fußnote c]).

71 Vgl. dazu die »Unterredung zwischen Marschall Sokolovskij und der SED-Führung« vom 25. April 1947 (AVP RF, f. 0457-a, op. 4, p. 21, d. 54, Bl. 56–58, in: ebenda, Dok. 67, S. 272 sowie S. XXXI).

72 Ebenda, S. XXXI.

73 Die UdSSR und die deutsche Frage, Bd. 2, S. XLI.

74 In Reaktion auf die erwähnten Berichte in der westlichen Presse begrenzte sich das MID im Juni 1947 auf den Vorschlag, dass MWD solle die Insassen der Lager, die wie Buchenwald und Sachsenhausen als nationalsozialistische »Todeslager« bekannt seien, verlegen (AVP RF, f. 06, op. 9, p. 43, d. 635, Bl. 25, in: Die UdSSR und die deutsche Frage, Bd. 3, Dok. 80, S. 315). Der zum stellvertretenden Innenminister avancierte Serov erklärte jedoch, dass dies nicht realisierbar sei. Auch informierte die Innenverwaltung der SMAD das MID fälschlicherweise, dass die »Gefangenen nach Verbüßung ihrer Haftstrafe bzw. im Falle der Feststellung ihrer zweitrangigen Rolle in der Nazipartei entlassen werden« (ebenda, S. 673 [Anm. 221]).

blieben. Sowohl der SMAD-Befehl Nr. 201 vom August 1947, mit dem die nicht inhaftierten »nominellen Parteigenossen« ihre bürgerlichen und politischen Rechte einschließlich des passiven Wahlrechtes zurückerhielten, als auch der SMAD-Befehl Nr. 35 vom Februar 1948, der die Einstellung der Entnazifizierungsverfahren in der SBZ verfügte, erwähnte die Internierten mit keinem Wort. Das MID, dem beide Befehle zur Bestätigung vorgelegt wurden,[75] war für die Speziallager schlicht nicht zuständig. Angezeigt ist damit ein weiterer Beleg für das »Kompetenz-Wirrwarr« in Moskau, in dessen Folge zwischen den Entnazifizierungsmaßnahmen durch NKID/MID und SMAD auf der einen und den Internierungen durch das NKWD/MWD auf der anderen Seite unterschieden wurde.[76] Dafür spricht noch eine weitere Bestimmung des NKWD-Befehls Nr. 00315, die dazu führte, dass die spezifische NS-Belastung unter den Speziallagerinternierten geringer ausfiel als unter den Internierten in den Westzonen.[77] Mit dem Befehl wurden Angehörige der nationalsozialistischen Terrorinstrumente von den Internierungen in der SBZ ausgenommen. Sie nämlich waren laut Punkt 3 des April-Befehls als Kriegsgefangene in die Sowjetunion zu deportieren: »Militärische und politische Offiziers- und Mannschaftsdienstgrade der gegnerischen Armee sowie der paramilitärischen Organisationen ›Volkssturm‹, ›SS‹, ›SA‹ wie auch das Personal von Gefängnissen, Konzentrationslagern, Militärkommandanturen, der Militärstaatsanwaltschaften und Gerichte sind in die Kriegsgefangenenlager des NKWD einzuweisen.«[78]

So gesehen markiert der April-Befehl den verstärkten Versuch, zwischen »nationalsozialistischen Führungskadern, dem Terror-

---

75 Zwar wurden die genannten Befehle von der SMAD konzipiert. Sie mussten jedoch zunächst durch das Außenministerium und dann von Stalin »abgesegnet« werden (vgl. ebenda, S. XXX).

76 Die SMAD konzentrierte sich in Absprache mit dem NKID/MID auf sozioökonomische Entnazifizierungsmaßnahmen wie die Schließung der Banken, die Bodenreform und die Enteignungen bzw. Sequestrierungen. Die personelle Entnazifizierung der öffentlichen Verwaltung sowie des Justiz-, Polizei- und Schulwesens oblag der KPD/SED (vgl. ebenda, S. XXVIII).

77 Niethammer, Alliierte Internierungslager, in: Sowjetische Speziallager 1, S. 103.

78 GARF, f. 9401, op. 12, d. 178, l. 30–32, in: Sowjetische Speziallager 2, Dok. 20, S. 178.

apparat und der deutschen Militärmaschine auf der einen und der Bevölkerung, den Betrieben und den Verwaltungen auf der anderen Seite« zu unterscheiden.[79] In diesem Sinne sollte Stalin zwei Tage nach Erlass des Befehls auch die Truppen anweisen, ihr Verhalten gegenüber der deutschen Zivilbevölkerung zu ändern: »Grausame Maßnahmen erzeugen bei den Deutschen Angst und zwingen sie zu hartnäckigem Widerstand. [...] Eine solche Situation ist für uns ungünstig. [...] Festzunehmen sind nur die Führer der [Nationalsozialistischen, B.G.] Partei.«[80] Und in diesem Sinne war Ilja Ehrenburg, dessen Hasskampagnen gegen die Deutschen während des Krieges die Kampfmoral der Rotarmisten befördern sollten, am 11. April öffentlich »zurückgepfiffen« worden.[81] Negative Kampagnen gegen die Deutschen waren zu diesem Zeitpunkt nicht mehr opportun. Oder in den Worten Berijas vom 22. April: Es war »zweckmäßig«, in »Deutschland eine normale Lage herbeizuführen«.[82]

Allerdings war die Vorstellung von »Normalität« nach sowjetischem Verständnis durchaus mit Repressionen vereinbar. So hatte Stalin in einem Brief vom 7. April 1945 an den amerikanischen Präsidenten Roosevelt auf den berserkerhaften Widerstand der Deutschen im Osten hingewiesen. Sie schlugen sich, so seine Formulierung, »wie irrsinnig mit den Russen« um eine unbedeutende Bahnstation in der Tschechoslowakei, »die ihnen so viel nützt wie einem Toten heiße Umschläge«. Gleichzeitig aber gaben sie im Zentrum Deutschlands den Amerikanern »wichtige Städte« preis – und

79 Possekel, Lagerpolitik, S. 54.

80 Zitiert aus dem Erlass Stalins an die Oberkommandierenden und Kriegsräte der 1. Belorussischen Front und der 1. Ukrainischen Front vom 20. April 1945. Es spricht für Stalins Realitätssinn, dass er an den letzten zitierten Satz anfügte: »Falls es ihnen nicht gelang zu fliehen« (zit. nach Semiryga, Wie Stalins Leute in Ostdeutschland die »Demokratie« einrichteten, S. 744). Insgesamt rekurrierte Stalin mit dieser Anweisung auf seinen vielzitierten Satz von 1942: »Die Hitler kommen und gehen, das deutsche Volk [...] bleib[t] bestehen« (Stalin, Über den großen Vaterländischen Krieg der Sowjetunion, S. 35).

81 Vgl. Possekel, Lagerpolitik, S. 51.

82 Siehe Berijas Schreiben an Stalin »mit Vorschlägen zur Organisation einer Militärverwaltung für Zivilangelegenheiten« vom 22. April 1945, die er mit der Zweckmäßigkeit begründet, in Deutschland eine »normale Lage herbeizuführen« (GARF, f. 9401, op. 2, d. 95, l. 317–318, in: Sowjetische Speziallager 2, Dok. 21, S. 180f.).

zwar, wie Stalin betont, »ohne jeden Widerstand«.[83] Dass die Deutschen den Amerikanern Stalin zufolge keinen nennenswerten Widerstand leisteten, dürfte sein Misstrauen sowohl gegenüber den Verbündeten als auch gegenüber dem Feind geschürt haben, dessen Verhalten er in diesem Brief als »seltsam und unverständlich« bezeichnete.[84] Ob er den in seiner Sicht raschen Vormarsch im Westen als Vorboten eines Separatfriedens interpretierte oder nicht, die Erfolge der Amerikaner dürften die Zielsetzung einer schnellstmöglichen Befriedung im Osten nur intensiviert haben. Dabei sollte nicht vergessen werden, dass der deutsche Widerstand im Osten – ob nationalsozialistisch und/oder antikommunistisch motiviert, ob aus Angst vor Strafe oder propagandistisch »angeheizter« Angst vor »dem Russen« – keine Einbildung des sowjetischen Staatschefs war. Gleichwohl wurden auch in diesem Fall Stalins Entscheidungen von einer Melange realer Erfahrungen und nachvollziehbarer Ängste einerseits sowie Imaginationen und Gefährdungsphantasien andererseits diktiert.

Deshalb waren alle, die als Sicherheitsrisiken für den sowjetischen Vormarsch eingeschätzt wurden, durch Verhaftung aus dem Weg zu räumen – die Angehörigen der deutschen Militärmaschine und des Terrorapparates durch Deportation in die UdSSR, »Spione« und »Diversanten« sowie die laut Proskriptionsliste »aktiven Nazis«, unter denen Stalin die »Anführer der NSDAP« verstanden wissen wollte, durch Festsetzung in den Speziallagern. Das Strafinteresse an diesen Personengruppen wurde damit nicht ausgehebelt. Es wurde dem Sicherheitsinteresse gleichwohl dahingehend untergeordnet, als dass der Befehl einem generalisierenden Feindverdacht Vorschub leistete, der sich im Grundsatz gegen alle Deutschen richtete. Verhaftet wurde jeder, der, ob Nazi, Spion oder keines von beidem, das Misstrauen der Operativorgane weckte. Welch zentrale Bedeutung dem Sicherheitsinteresse eingeräumt wurde, zeigt auch die erste und einzige Veränderung, die nach Kriegsende an der Proskriptionsliste des April-Befehls vorgenommen wurde. Sie betraf nicht etwa die Verhaftungsvorgaben für Nationalsozialisten. Sondern, weil es der

---

83 Zit. aus einem Schreiben Stalins an Roosevelt vom 7. April 1945 (AVP RF f. 059, op. 15, p. 38, d. 214, Bl. 21–19, in: Die UdSSR und die deutsche Frage, Bd. 1, Dok. 157, S. 559).

84 Ebenda.

sowjetischen Erwartungshaltung entsprach, Gruppen und Organisationen, die vorgeblich Zersetzungsarbeit leisteten.[85]

Der Befehl Nr. 00315 zielte somit auf die umgehende Pazifizierung des zu besetzenden und zu sichernden Gebietes ab. Das Kalkül, durch die anbefohlene Differenzierung zwischen »Anführern« und Bevölkerung auch das zukünftige Verhältnis zwischen Besatzern und Besetzten positiv zu beeinflussen, musste Letzteren jedoch verborgen bleiben. Schließlich basierte diese Pazifizierungsstrategie auf einem stalinistischen Sicherheitsverständnis, was nichts anderes heißt, als dass nach sowjetischem Verständnis die Befriedung der Bevölkerung mit summarischen Verhaftungen und der Erzeugung von Angst vereinbar war.

Isolation als »politische Prophylaxe«

Zwischen Mai und Oktober 1945 verhafteten die sowjetischen Operativorgane NKWD und Smerš[86] nach eigener Zählung 94000 Perso-

---

85 Der Wortlaut des NKWD-Befehls Nr. 00315 wurde dahin gehend abgeändert, dass nicht mehr nur Gruppen verhaftet werden sollten, die zwecks Zersetzungsarbeit hinter der Front »zurückgelassen« worden waren, sondern auch Gruppen, die »neu entstanden« waren (vgl. GARF, f. 9401, op. 12, d. 178, l. 30–32, in: Sowjetische Speziallager 2, Dok. 20, S. 178 und den NKWD-Befehl Nr. 00780 »Zur Auflösung der Apparate der Front-Bevollmächtigten des NKWD der UdSSR« vom 4. Juli 1945 [GARF, f. 9401, op. 12, d. 178, l. 10–12, in: ebenda, Dok. 32, S. 201–203]).

86 Während den Operativgruppen des NKWD die »Säuberung des Hinterlandes der Roten Armee« oblag, zog die militärische Spionageabwehr »Smerš« – so das russische Akronym für »Tod den Spionen« – mit den vorrückenden Fronten mit. Diese Aufgabenteilung endete mit Einstellung der Kampfhandlungen, so dass die Organe der Smerš und die NKWD-Gruppen parallel in der SBZ tätig wurden. Obwohl die Smerš formal für die operative Beobachtung des sowjetischen Personals der zahlreichen Behörden in der SBZ verantwortlich war, nahm sie auch Verhaftungen Deutscher vor – und zwar »mit einer Intensität, die der Tätigkeit der operativen NKWD-Gruppen gleichkam«. In Folge des Politbürobeschlusses vom August 1946 über die Neuorganisation der sowjetischen Geheimdienste wurden die in Deutschland stationierten MWD-Regimenter in operativer Hinsicht dem MGB zugeordnet und die SMA-Abteilungen der militärischen Gegenspionage aufgelöst. Während damit nun das MGB für »Verhaftungen wegen politischer Verbrechen«

nen in der SBZ.[87] Vermutlich waren etwa 80 Prozent von ihnen Deutsche.[88] Ein Jahr später, im Oktober 1946, befanden sich in allen Speziallagern nach internen Angaben der »Abteilung Speziallager« knapp 76000 Häftlinge, darunter etwa 4300 Frauen.[89] Von diesen 76000 Häftlingen wurden etwa 63000 als Internierte gemäß des NKWD-Befehls Nr. 00315 gezählt. In der sowjetischen Lesart setzten sich diese 63000 im Wesentlichen aus drei unterschiedlich großen Gruppen zusammen:

a) Gut 10300 – oder 16 Prozent – wurden als aktive Gefährdung oder als funktional gefährlich für das Besatzungsregime eingestuft. Sie wurden in der Statistik als »Spione«, »Diversanten«, »Betreiber illegaler Funkstationen, Waffenlager und Druckereien«, »Autoren antisowjetischer Veröffentlichungen«, »Redakteure« oder unter dem

---

zuständig war, blieben die Speziallager in der Verantwortung des MWD. Insgesamt ist festzuhalten, dass »viele Aspekte der Tätigkeit der sowjetischen Straforgane bis heute unerforscht sind«. Das betrifft »gerade ihre Struktur, ihr Unterstellungsverhältnis und die Verteilung auf dem Gebiet der späteren DDR« (Petrov, Zur Geschichte der sowjetischen Repressionsorgane, S. 31, 36, 38).

87 Die Summe ergibt sich durch die Addition der von Berija an Stalin gemeldeten Verhaftungszahlen: 70000 Verhaftete bis zum 1. September 1945, 16000 Verhaftungen im September 1945 und 8000 Verhaftungen im Oktober 1945 (GARF, f. 9401, op. 2, d. 98, l. 388–393, f. 9401, op. 2, d. 100, l. 91–97 und f. 9401, op. 2, d. 102, l. 6–11, in: Sowjetische Speziallager 2, Dok. 34, 35 und 38, S. 205ff., 209ff. und 216ff.). Lutz Niethammer zufolge wurde in der US-Zone bis zum Frühjahr 1946 jeder 142. Bürger verhaftet und in der SBZ jeder 144. Bürger. Damit war die US-Zone die arrestintensivste Besatzungszone (Niethammer, Alliierte Internierungslager, in: Sowjetische Speziallager 1, S. 100).

88 Diese Schätzung beruht auf einem Bericht Berijas an Stalin vom 10. September 1945, in welchem er die Verhaftungsangaben nach Nationalitäten aufschlüsselt und von den bis zu diesem Zeitpunkt 70000 Verhafteten fast 58000 als Deutsche ausweist (GARF, f. 9401, op. 2, d. 98, l. 388–393, in: Sowjetische Speziallager 2, Dok. 34, S. 205).

89 Vgl. die Information des Leiters der »Abteilung Speziallager« »Über das vorhandene Spezkontingent in den MWD-Lagern auf dem Territorium Deutschlands« vom 30. Oktober 1946. Mit Ausnahme der 500 »Landesverräter« und »weißen Emigranten«, die in dieser Aufstellung aufgeführt werden, dürfte es sich bei der genannten Zahl um deutsche Häftlinge gehandelt haben (GARF, f. 9401, op. 1, d. 4152, l. 51–52, in: ebenda, Dok. 58, S. 247f.).

Stichwort der »Zersetzungsarbeit« geführt.[90] Ob und wie viele von ihnen ehemalige Nationalsozialisten waren, wurde nicht vermerkt.

b) Knapp 39000 – oder 62 Prozent – aller Speziallagerinternierten wurden als »aktive Mitglieder der NSDAP« geführt. Ausweislich der sowjetischen Angaben handelte es sich bei mehr als 31000 von ihnen um »kleine Nazis«: »2804 einfache Mitglieder der NSDAP«, »20454 Blockleiter« und »7971 Zellenleiter«.[91] Die restlichen 8000 wurden als »Mitarbeiter lokaler NSDAP-Komitees (Ortsgruppenleiter)« und als »Mitarbeiter von NSDAP-Kreisleitungen, Kreisleiter, Politische Leiter, Organisationsleiter, Kassenleiter, Amtsleiter« erfasst.[92]

c) Knapp 14000 – oder 22 Prozent – der Internierten wurden den unteren und mittleren Funktionseliten des nationalsozialistischen Herrschaftssystems zugerechnet: »1580 Führer der faschistischen Jugendorganisationen auf Gebiets-, Stadt- und Kreisebene« sowie »12267 Mitarbeiter von Gestapo, ›SD‹ und sonstigen deutschen Straforganen«.[93]

Zusätzlich zu diesen 63000 wurden in der Bestandsmeldung vom Oktober 1946 weitere knapp 13000 Personen unter »Sonstige« geführt, die nicht als Internierte galten. Der größte Teil von ihnen – rund 7300 – gehörte zur Gruppe der SMT-Verurteilten, über die weiter unten zu sprechen sein wird. Die zweitgrößte Gruppe der »Sonstigen« mit 2560 Personen stellten Angehörige der »SS, SA«, des »NSKK« wie des »Volkssturm« und »andere[r] paramilitärische[r] Organisationen«. Ungeachtet des gravierenden Unterschieds zwischen SS und Volkssturm galten sie alle weisungsgemäß als Kriegsgefangene, die in die UdSSR zu deportierten waren.[94]

Auf den ersten Blick scheinen die Zahlen dieser internen Lagererfassung den bisherigen Ausführungen über die Internierung als Pazifizierungsinstrument zu widersprechen. Schließlich bedeuten großflächige »Verhaftungen auf Verdacht« keinen Einwand gegen eine Entnazifizierungsabsicht. Auch wurde in den Westzonen an-

90 Ebenda, Punkte a, b, c und g.

91 Ebenda, Punkt d, 1–3.

92 Ebenda, Punkt d, 4–5.

93 Ebenda, Punkte f und g.

94 Vgl. dazu den NKWD-Befehl Nr. 00315, Punkt 3. Der Rest der (knapp 2900) unter »Sonstige« Geführten entfiel auf »Untersuchungshäftlinge, Landesverräter, Weiße Emigranten, BDM, Frauenschaft, illegaler Waffenbesitz und Kriegsgefangene« (ebenda, Punkt h, 2–4 und 6).

fänglich nicht anders verfahren. Hinzu kommt, dass die sowjetischen Operativorgane ihre Verhaftungstätigkeit auf eine bestimmte Altersgruppe konzentrierten: 57 Prozent aller im Oktober 1946 erfassten Lagerhäftlinge waren älter als 45 Jahre.[95] Auch wenn der Geburtsjahrgang als solcher nichts über den individuellen NS-Belastungsgrad aussagt, so zielten die Internierungsmaßnahmen doch vornehmlich auf die »NS-Generationen«, das heißt auf Personen, die um die Jahrhundertwende beziehungsweise vor dem Ersten Weltkrieg geboren worden waren. Das bestätigen auch die sowjetischen »Kompromatlisten«, die Ende 1949 über die Häftlinge des Speziallagers Sachsenhausen angelegt wurden.[96] Ihre stichprobenartige Auswertung durch Heinz Kerseboom und Lutz Niethammer zeigt, dass fast 80 Prozent der Internierten, die sich Ende 1949 in diesem Speziallager befanden, bei Kriegsende um die 50 Jahre alt war.[97] Und sie verdeutlicht, dass die Mehrzahl dieser Gruppe – nämlich 68 Prozent – in den »Kompromatlisten« als »Mitglieder und meist Funktionäre des NSDAP« geführt wurden.[98]

Die sowjetischen Angaben zur NSDAP-Parteigenossenschaft der Inhaftierten entsprachen im Großen und Ganzen der Realität. Das deutet sich in der Überprüfung von 31 namentlich bekannten Funktionshäftlingen des Speziallagers Sachsenhausen in der Ortsgruppenkartei der NSDAP (beziehungsweise im Berlin Document Center

---

95 Die Lagerstatistik bezieht sich in diesem Punkt auf alle Häftlinge, also nicht nur auf die Internierten. Demnach waren 43673 Personen älter als 45 Jahre, 18283 Personen zwischen 35 und 45 Jahren alt und 13901 Personen jünger als 35 Jahre (ebenda).

96 In den »Kompromatlisten« – so der Neologismus für kompromittierendes Material – wurden Informationen über die Lagerhäftlinge zusammengestellt, auf deren Grundlage über ihre Entlassung oder ihren weiteren Haftverbleib im Rahmen der Lagerauflösung Anfang 1950 entschieden wurde. Das kompromittierende Material bestand aus den bekannten Angaben zur Person und der mehr oder minder stichwortartig angegebenen Haftgründe (bzw. für die SMT-Verurteilten die Urteilssprüche). Hinzu kamen kurze Vermerke, die den inneren Erkenntnisstand der sowjetischen Dienststellen über die einzelnen Häftlinge verdeutlichen, so etwa den Vermerk, dass über einen 1945 internierten »kleinen Nazi« kein Beweis für eine aktive Tätigkeit vorläge (Kerseboom/Niethammer, Kompromat, S. 513 f.).

97 Ebenda, S. 519.

98 Ebenda.

[BDC]) an, die für diese Arbeit vorgenommen wurde. Von diesen 31 Häftlingen – Internierten wie Verurteilten – wurden 18 laut des Sachsenhausener Lagerjournals unter Angabe einer NS-Funktion vom Blockleiter bis zum Gestapo-Mitarbeiter verhaftet. In 13 dieser Fälle war eine Parteizugehörigkeit zu belegen. Eine solche war jedoch auch in drei Fällen nachweisbar, in denen der Verhaftungsgrund in keinem Zusammenhang mit einer Parteimitgliedschaft oder -funktion stand, sondern auf die »Misshandlung von Sowjetbürgern«, »Diskreditierung der Roten Armee« oder auf »Raub« lautete.[99] Zu einem ähnlichen Ergebnis kommt Vera Neumann, die in einer ungleich repräsentativeren Studie 200 Internierte des Speziallagers Buchenwald auf einen NS-Hintergrund überprüfte. Sie konnte 43 Prozent ihres Samples in den Karteikarten der NSDAP nachweisen, darunter ebenfalls Internierte, deren Haftgrund keinen Zusammenhang zum Nationalsozialismus aufwies.[100] Neben der Parteigenossenschaft konnte Neumann in 57,2 Prozent der Fälle Hinweise finden, die auf einen Funktionärshintergrund der Internierten schließen lassen. Ihr Fazit: »Auf eine systematische Angabe falscher Haftgründe im Spektrum der NSDAP-Belastungen deutet nichts hin.«[101] Dass also »kleine Nazis« – gemeint sind hier vor allem die 28400 »Block- und Zellenleiter« – fast 45 Prozent aller Internierten beziehungsweise fast 38 Prozent aller Speziallagerhäftlinge stellten, dürfte der Haftrealität entsprochen haben. Der hohe Anteil internierter »kleiner Nazis« bietet für sich genommen keinen Grund, an der Entnazifizierungsabsicht zu zweifeln. Denn die alltägliche Unterstützung, sei es durch Mitläufer oder zivile Funktionsträger, war für das Funktionieren des NS-Systems wichtig, wenn nicht zentral.[102]

Dennoch kann von einer zielgerichteten Entnazifizierungspolitik mittels Internierungen nicht die Rede sein. Mit der Festsetzung im Lager nämlich endete das sowjetische Interesse an den real oder vermeintlich Belasteten schlagartig. Vorgaben über den Zweck oder die

99 Zu dieser Auswertung und den entsprechenden Quellenangaben wie deren Diskussion siehe das Kapitel »Kronzeugen in eigener Sache«.

100 Neumann, Häftlingsstruktur im Speziallager Buchenwald, S. 491.

101 Ebenda, S. 493.

102 Vgl. dazu etwa die Ausführungen über den nur vermeintlich harmlosen »Blockwart« als »kleinstem Licht« innerhalb des nationalsozialistischen Überwachungsapparates von Schmiechen-Ackermann, Der »Blockwart«.

Dauer der Internierung wurden zu keinem Zeitpunkt formuliert. Entscheidend war allein, die Verhafteten zu »entlarven«.[103] In der Praxis hieß das: Mittels eines oder mehrerer Verhöre wurde der Betroffene einer der Fallgruppen zugeordnet, die der NKWD-Befehl Nr. 00315 vorgab. Beweise für ein Fehlverhalten oder Verbrechen des Verhafteten mussten die Operativorgane gleichwohl nicht erbringen. Denn die Internierten waren »lediglich« zu isolieren, wie die Einschätzung des Militärstaatsanwaltes bei der GSBT zeigt, die er ein gutes halbes Jahr nach der Einstellung der Internierungen auf Grundlage des Befehls Nr. 00315 formulierte:[104] »Die Festnahme von Personen, die im Rahmen des NKWD-Befehls Nr. 00315 vom 18. April 1945 in die Speziallager überstellt werden, erfolgt in einem Sonderverfahren, gegen sie wird keine Anklage erhoben, und Ermittlungsunterlagen, wie sie die Strafprozessverordnung vorsieht, gibt es nicht.«[105]

Diese Zeilen offenbaren den ordnungspolitischen Charakter der Internierungsmaßnahmen in aller Deutlichkeit: Sie dienten der Isolation bestimmter Personen(-Gruppen), was unmittelbar an Alexander Solschenizyns Ausführungen über die politische und soziale Prophylaxe erinnert. Durch Verhaftungen »durchgerüttelt«, so schreibt er in »Archipel GULAG«, »verstummte die Bevölkerung; die möglichen Führer eines Widerstands waren ihr genommen«.[106] Bezeichnend an dieser Praxis aber war, dass sie weder der Verfolgung noch der Ahndung realer Tatbestände diente, sondern einzig der Umsetzung des stalinistischen Sicherheitsverständnisses.

Dass die Sowjetmacht der eigenen Sicherheit oberste Priorität einräumte, unterscheidet sie im Grundsatz nicht von den anderen Besatzungsmächten in Deutschland. Der Schutz der eigenen Truppen wie

---

103 In einer Meldung Serovs an Kruglov über den Stand der Verhaftungen in der SBZ vom 7. Februar 1946 heißt es: »Unter den Festgenommen wurden entlarvt« (GARF, f. 9401, op. 1, d. 2410, l. 335–336, in: Sowjetische Speziallager 2, Dok. 42, S. 224).

104 Zur Einstellung der Internierungsmaßnahmen Anfang 1947 siehe hier das Kapitel »Zum Funktionswandel der Speziallager«.

105 Zit. aus dem Schreiben des Militärstaatsanwalts, Generalmajor der Justiz B. Schaver, vom 27. Juni 1947 an den Leiter der »Abteilung Speziallager« mit der Bitte, das Spezialkontingent weiterhin ohne Sanktion der Militärstaatsanwaltschaft in die Lager aufzunehmen (GARF, f. 9409, op. 1, d. 140, l. 27, in: Sowjetische Speziallager 2, Dok. 71, S. 285).

106 Solschenizyn, Der Archipel GULAG, S. 150.

der politischen Ziele – der »Vier D«[107] – für das besiegte Deutschland fand sich daher auch in zahlreiche gemeinsame Entnazifizierungsbeschlüsse der Alliierten eingeschrieben, sei es das Potsdamer Abkommen oder die Kontrollratsdirektive Nr. 38 vom Oktober 1946, die schon im Titel von der Internierungskontrolle »möglicherweise gefährliche[r] Deutsche[r]« spricht. Die Internierungen galten also auch den Westmächten als ein ordnungspolitisches Mittel, dessen Legitimität nicht anzuzweifeln ist. Im Gegensatz zu der Sowjetunion praktizierten sie die Internierungen jedoch als eine Art Untersuchungshaft, die den Verhafteten einen Rechtsvorbehalt einräumte. Dieser Vorbehalt war von entscheidender Bedeutung, weil die Siegermächte erst im Verlauf der Haftzeit formal-juristische Instrumente zur Überprüfung und Bestrafung von NS-Belasteten, Verdächtigen oder als Sicherheitsrisiko Eingestuften entwickelten. Den Internierten in der SBZ aber wurde ein solcher Rechtsvorbehalt nicht eingeräumt. Sie waren vom Moment ihrer Verhaftung an rechtlos.

Es liegt nahe, die Rechtlosigkeit der Internierten auf die sowjetische Strafpraxis zurückzuführen, die in der Literatur auch deshalb als »vormodern«[108] bezeichnet wird, weil sie keinen Rechtsvorbehalt kannte: Ihrem Selbstverständnis nach verhaftete die Sowjetunion keine Unschuldigen.[109] Ausweislich der Anweisung über die Isolation der Häftlinge konnte deshalb von Anklageerhebungen Abstand genommen werden, an deren Ende, wie aus der innersowjetischen Haftpraxis bekannt oder wie anhand der SMT-Praxis in Deutschland zu zeigen sein wird, eine Schuldbestätigung in Form eines drastischen Urteils gestanden hätte. Mit den Internierungen wurde hingegen laut MGB-Sprachregelung ein »verkürztes Verfahren« praktiziert,[110] mit

107 Die »Vier D« stehen als Eckpunkte der alliierten Nachkriegspolitik für die Demokratisierung, die Denazifizierung, die Demilitarisierung und die Dekartellisierung Deutschlands.

108 Plaggenborg, Stalinismus, S. 89.

109 Zu den Ursprüngen dieser Praxis seit der Schachty-Affäre 1928 siehe: Bonwetsch, Der GULAG – das Vorbild für die Speziallager, S. 66. Vgl. auch Klonovsky/von Flocken, Stalins Lager in Deutschland, S. 31.

110 Siehe dazu das Schreiben des Ministers für Staatssicherheit, Abakumov, an Stalin und Kuznecov mit der Bitte um Anweisung zur Überprüfung der in den Speziallagern Inhaftierten vom 29. November 1947, in dem er von Gefangenen spricht, die in »einem vereinfachten Verfahren festgenommen wurden« (zit. nach: CChSD, f. 89, per. 75. Nr. 15, in: Sowjetische Speziallager 2, Dok. 81, S. 313).

dem auf Verurteilungen verzichtet wurde. Auch bedeutete es den Verzicht auf Formalia und das heißt auf Haftakten, die die Bürokratie sowjetischen Zuschnitts ansonsten kennzeichneten. Zur Einweisung genügte ein schlichtes DIN-A4-Blatt mit einer mehrzeiligen Aussage, die den Verhafteten samt Unterschrift abgepresst worden war. Ihr tatsächlicher Inhalt wird ihnen in der Regel jedoch nicht bekannt gewesen sein, da das Dokument auf Kyrillisch verfasst war. Wer wann welches Vergehen begangen hatte, ob im Zusammenhang mit dem Nationalsozialismus oder nicht, spielte im Rahmen der Verhaftungen und Überstellungen in die Lager also nur eine untergeordnete Rolle. Oder anders gesagt: Dass die Betroffenen ihre NS-Funktion in den Verhören nach Möglichkeit heruntergespielt haben werden, war für die sowjetische Bürokratie nicht von Belang. Auch wenn anscheinend keine Internierungsquoten vorgegeben worden waren, war allein wichtig, dass die Verhafteten in die vorgegebene Aufstellung von Haftgründen nach Befehl Nr. 00315 und damit in die sowjetische Vorstellung von Sicherheitsrisiken »eingepasst« werden konnten.

Die Fragen, wer welche Funktion während der Zeit der nationalsozialistischen Herrschaft bekleidet und wer sich wann welcher Verbrechen schuldig gemacht hatte, sollte auch während der Internierung keine Bedeutung erlangen. In den Lagern strengten die Operativbevollmächtigten des NKWD/MWD eine Überprüfung von Häftlingen nur in wenigen Fällen an.[111] Ein »operatives« Interesse, das in einer individuellen Schuldfeststellung hätte resultieren können, die in den westlichen Internierungslagern die Grundlage von Entlassungen oder Verurteilungen bildete, bestand nicht. Es ist daher davon auszugehen, dass das NKWD/MWD mit den Verhaftungen nicht auf die Ahndung realer Tatbestände abzielte, ob es sich dabei um NS-Verbrechen oder um widerständige Vergehen gegen die Besatzungsmacht handelte. Die Internierungen folgten vielmehr ordnungspolitischen Maximen, die primär auf das Sicherheitsinteresse der Siegermacht abgestellt waren. Der generalisierende Feindver-

---

111 Laut des sowjetischen Lagerabschlussberichts vom März 1950 wurden 6072 der 122671 Internierten zwecks Verurteilung an die »operativen Gruppen der Militärtribunale« überstellt. 756 wurden zum Tode verurteilt. Insgesamt waren also Ermittlungstätigkeiten für etwa fünf Prozent aller Internierten aufgenommen worden (zu den sowjetischen Zahlen vgl. von Plato, Geschichte, S. 44).

dacht gegenüber den Deutschen nahm dabei binnen Wochen paranoide Züge an. Eindringliches Beispiel dafür sind die Verhaftungen von etwa 6000 Jugendlichen, die wegen ihrer vormaligen Zugehörigkeit zur HJ oder dem BDM nunmehr als »Werwölfe« und damit als Partisanen eingeschätzt, verfolgt und interniert (oder durch ein SMT verurteilt) wurden.[112]

Dass in den Speziallagern kaum Überprüfungen der Internierten durchgeführt wurden, wird in einigen wenigen Berichten der SMAD oder ihrer Länderverwaltungen im Sommer 1947 und damit nach Einstellung der Internierungen durchaus kritisiert. Je Lager hätten die Operativorgane des NKWD/MWD nur zwei Mitarbeiter abgestellt, so dass »keinerlei operativ-tschekistische Betreuung« der Internierten stattfinde.[113] Es liegt nahe, dass das Personal aufgestockt worden wäre, wenn es für zweckmäßig erachtet worden wäre. Schließlich führten diese Mitarbeiter, wie es in einem Bericht des SMA-Chefs Sachsen-Anhalt an den Chef der SMAD über das Speziallager Mühlberg heißt, in dem im Juli 1947 mehr als 13000 Internierte festgehalten wurden, die Überprüfungen »in einem so erbärmlichen Tempo« durch, »als wäre[n] sie auf viele Jahrzehnte ausgelegt«.[114] Zudem zeichneten sie sich »durch mangelnde Allgemeinbildung und juristische Sachkenntnis« aus. »Anscheinend«, so heißt es in dem Bericht weiter, sind »sehr viele Spezhäftlinge [Internierte, B.G.] Kriegs-

---

112 Auf Basis von knapp 120000 FSB-Karteikarten spricht Müller von 5896 Jugendlichen, die »als ›Werwölfe‹ Verdächtigte« verhaftet worden waren (Müller, Die Aufarbeitung politischer Verfolgung zwischen Waldheim und Workuta, S. 93). Trotz der deutlichen Gewaltbereitschaft Jugendlicher nach Kriegsende scheint besonders die sowjetische Besatzungsmacht die reale Gefahr überschätzt zu haben. Siehe dazu den Bericht Serovs an Berija über »Werwolf«-Aktivitäten vom 22. Juni 1945 (GARF, f. 9401, op. 2, d. 97, l. 28–31, in: Sowjetische Speziallager 2, Dok. 30, S. 196ff.) sowie Berijas Bericht an Stalin vom 24. Oktober des Jahres, in dem er die Verhaftung von 3336 »Werwolf«-Angehörigen vermeldet (GARF, f. 9401, op. 2, d. 100, l. 91–97, in: ebenda, Dok. 35, S. 209). Zur Geschichte der Werwolf-Organisation siehe: Biddiscombe, Werwolf!

113 GARF, f. 9401, op. 1, d. 4152, l. 242–249, in: Sowjetische Speziallager 2, Dok. 78, S. 303–308, hier S. 305.

114 So der Chef der SMA-Verwaltung Sachsen-Anhalts, Schljachtenko, in einem Brief vom 31. Juli 1947 an den SMAD-Chef Sokolovskij (GARF, f. 9401, op. 1, d. 4152, l. 237–238, in: ebenda, Dok. 77, S. 301–303, hier S. 302).

oder andere Verbrecher«, die »wegen der schwachen Leistung bei der Bearbeitung der Fälle [...] im Grunde unbestraft« bleiben. Für »insgesamt einige tausend Personen« aber schlug die SMA Sachsen-Anhalt eine Überprüfung vor. Wer von ihnen »weder für das Besatzungsregime noch für die demokratischen Organisationen in der Zone eine Gefahr« darstellt, solle entlassen werden. Für eine solche Überprüfung kamen nach dieser Einschätzung »einfache Nazis, sog. ›Blockleiter‹ und ›Ortsgruppenleiter‹ [sic!], Jugendliche u.a.« in Frage.[115]

Obwohl die SMAD nur gemeinsam mit dem NKWD/MWD Entscheidungen, die die Speziallager betrafen, fällen konnte, ist dieser interne Vorschlag in zweierlei Hinsicht von großer Bedeutung. Denn er zeigt zum einen, dass die Militäradministration die Internierungen durchaus als ein Instrument zur Bestrafung nationalsozialistischer Verbrechen genutzt sehen wollte. Den sowjetischen Sicherheitsinteressen räumte sie gleichwohl Vorrang ein. Die »einfachen Nazis« wurden nicht für eine Überprüfung vorgeschlagen, weil ihr NS-Belastungsgrad zu vernachlässigen war, sondern weil sie nach Einschätzung der SMAD keine Gefahr für die Besatzungsmacht bedeuteten. Damit geht, zweitens, das Eingeständnis einher, dass der Sicherheitsbegriff, der zu den Internierungen »kleiner Nazis« geführt hatte, zu weit gefasst war, zumindest aber nicht mehr den gegenwärtigen Anforderungen entsprach. Im Grundsatz verfolgte die SMAD damit weiterhin die von den Generälen Sokolovskij und Serov im Dezember 1946 eingeschlagene Linie, als beide in Anlehnung an die Kontrollratsdirektive Nr. 38 die Entlassung von 35000 »zweitrangigen Verbrechern« von Stalin und Berija erbaten, da sie keine Gefahr darstellten.[116]

Im Juli 1948 wurde die Entlassung von rund 28000 Internierten durch den sowjetischen Ministerrat schließlich beschlossen. Der entsprechende Befehl liest sich wie eine späte Umsetzung ebendieser SMAD-Vorstellungen, die an die Kontrollratsdirektive Nr. 38 und die Nürnberger Organisationsurteile von Ende 1946 angelehnt waren. »Leiter und Funktionäre unterer NS-Organisationen und der Hitlerjugend«, hieß es im Ministerratsbeschluss Nr. 2386–991ss, »einfache Mitglieder der SA und SS, das nichtoperative Personal der Polizei, der Gestapo und anderer Straforgane [sowie des] Volks-

115 Ebenda.
116 Vgl. das Kapitel »Zum Funktionswandel der Speziallager«.

sturms« waren zu entlassen.[117] Im Gegensatz zur westalliierten Praxis beruhten die Überprüfungen, die zu diesen Entlassungen führten, jedoch nicht auf einer Feststellung von Belastungsgraden, die in die Zeit des Nationalsozialismus zurückverweisen würden. Stattdessen basierte er auf situativen Zweckmäßigkeitserwägungen, die nicht zuletzt von den sowjetischen Stabilisierungsbemühungen um die Position der SED geprägt waren. Hatte der Bedarf an (ausgebildeten) Arbeitskräften längst zu Integrationsangeboten an »nominelle Pgs«, die nicht verhaftet worden waren,[118] geführt, so sind die Entlassungen auch im Zusammenhang mit wirtschaftlichen Interessen zu denken. Auf politischer Ebene war im März 1948 zudem die Gründung der National-Demokratischen Partei Deutschlands (NDPD) zugelassen worden. Sie sollte den »kleinen Nazis« eine politische Heimat innerhalb der von der SED abhängigen Blockparteien bieten. Inwieweit sie auch den Entlassenen eine politische Reintegration ermöglichen sollte, ist nicht zu klären. Überliefert ist jedoch, dass Stalin mit der Gründung dieser Partei den Amerikanern und Briten Einhalt gebieten wollte, die behaupteten, »dass in der sowjetischen Zone alle [Faschisten, B.G.] einsitzen würden und man alle angeblich vernichtet. Aber wir werden sagen: Das ist nicht so. Sie haben sogar eine eigene Partei organisiert.«[119]

Auf Wunsch der SED verfügte Stalin nun auch die Entlassung von »internierten SED-Mitgliedern, sozialistisch eingestellten Jugendlichen und Verhafteten, die von Faschisten grundlos denunziert worden sind«.[120] Diese Anweisung unterstreicht nicht nur, dass grundsätzlich jeder von den Internierungen betroffen sein konnte. Sie ist auch als eine Selbstaussage über das Unrecht zu werten, Verhaftun-

---

117 Zit. aus dem Beschluss des Ministerrats Nr. 2386–991ss »Zur Entlassung von in der sowjetischen Besatzungszone Deutschlands inhaftierten Deutschen vom 30. Juni 1948« (CChSD, f. 89, per. 75, Nr. 18, in: Sowjetische Speziallager 2, Dok. 91, S. 334).

118 Das gibt zum Beispiel eine Statistik vom August 1947 zu erkennen, in der 828300 ehemalige Mitglieder der NSDAP für die SBZ erfasst waren. Lediglich 1,6 Prozent von ihnen waren arbeitslos gemeldet (Vollnhals, Politische Säuberung als Herrschaftsinstrument, S. 135).

119 Zit. nach Kolkow, Die deutsche Frage aus Stalins Sicht, S. 29. Der Zulauf von »Ehemaligen« erwies sich jedoch als zögerlich (vgl. Gottberg, Die Gründung und die ersten Jahre der NDPD, S. 79f.).

120 GARF, f. 7317, op. 7, d. 65, l. 106–107, in: Sowjetische Speziallager 2, Dok. 87, S. 322.

gen primär im Hinblick auf das stalinistische Sicherheitsbedürfnis vorzunehmen. Entsprechend dieser Haltung überrascht es nicht, dass mehr als 2000 Jugendliche, die als vermeintliche »Werwölfe« ohne Urteil inhaftiert worden waren, von der Entlassungsaktion des Sommers 1948 ausgeklammert wurden: »Angesichts ihrer [zum Zeitpunkt der Verhaftung unterstellten, B.G.] praktizierten feindlichen Tätigkeit ist es im Moment unzweckmäßig, sie aus der Haft zu entlassen«.[121] Auch sollten jene Internierte von Entlassungen ausgeschlossen werden, die »an den Beerdigungen von Toten beteiligt waren, wie auch jene, die am besten über die Sterblichkeit informiert sind«. Auf diese Weise gedachte man zu verhindern, dass Informationen über die Mortalität in den Lagern an die »reaktionäre Presse« im Westen geraten würden.[122] Diese Anweisungen beziehungsweise Überlegungen kennzeichnen die Internierungen als das, was sie waren: ein beliebig einzusetzendes Repressionsinstrument, das ohne präzisierende Planungen wiederholt an ordnungspolitische Zweckmäßigkeitserwägungen angepasst wurde.

Dass die Internierungen in der SBZ von der Verhaftung bis zur Entlassung den ordnungspolitischen Maximen einer stalinistischen Pazifizierungsstrategie folgten, ändert wenig an dem nationalsozialistischen Profil vieler Verhafteter. Auch wenn sie mehrheitlich den zivilen und, wenn man so will, den »kleinen« Funktionsträgern zuzurechnen waren, bleibt ihre Verantwortung als Mitläufer und Mit-

---

121 So die Begründung der MGB-Kommission, die die Entlassungsaktion des Sommers 1948 leitete. Sie verfügte, dass von den 3030 internierten Jugendlichen (bis 20 Jahre) 2054 nicht entlassen wurden (vgl. Petrov, Apparate, S. 151).

122 So der Leiter der »Abteilung Speziallager«, Cikliagev, in einem Telegramm an Serov vom 12. Mai 1948. Weil ohnehin »fast alle in den Lagern inhaftierte Deutsche« von der Sterblichkeit wussten, hielt die mit der Entlassungsaktion betraute Kommission diese Maßnahme für wenig erfolgversprechend und bat um »Weisung« (ebenda, S. 152; siehe auch: Possekel, Lagerpolitik, S. 86). Man scheint sich stattdessen für eine »kosmetische Lösung« des Problems entschieden zu haben: Die Internierten, die zur Entlassung vorgesehen waren, wurden in einer mehrwöchigen »Quarantäne« bei besseren Nahrungssätzen »aufgepäppelt« und erhielten neue Bekleidung. Gleichwohl ist in mehreren Haftberichten der Speziallagerhäftlinge die Rede davon, dass Angehörige der Beerdigungskommandos nicht entlassen, sondern in die UdSSR deportiert wurden.

träger des NS-Regimes unbestritten. Ihre Verhaftung folgte jedoch allenfalls der Logik einer Kollektivstrafe, die auf vermeintliche wie auf reale Sicherheitsrisiken ausgerichtet war und zu denen die Angehörigen der NS-Organisationen ebenso zählten wie Spione oder westliche Agenten. Als Strafmaßnahme aber waren diese Internierungen weder auf die Überprüfung individueller Belastungsgrade noch auf die Ahndung von NS-Verbrechen abgestellt. Für deren Bestrafung bediente sich die Sowjetmacht zudem eines anderen Strafinstruments: den Verurteilungen durch sowjetische Militärtribunale.

Sowjetische Militärtribunale (SMT)

Spruchtätigkeit der SMT

Zur justiziellen Bestrafung nationalsozialistischer Gewalt- und Kriegsverbrechen bediente sich die Besatzungsmacht sowjetischer Militärtribunale (SMT) der Armee. Die SMT, die ihre Spruchtätigkeit über deutsche Zivilisten erst 1955 einstellen sollten, waren parallel zu den im vorangegangenen Kapitel geschilderten Mobilisierungen und Internierungen aktiv.[123] Dass Internierungen das sowjetische Interesse an der Ahndung deutscher Gewaltverbrechen offenbar nicht abdeckten, zeigt sich an den 270 dokumentierten Urteilen, die von den SMT

123 Dass in der SBZ Militärtribunale tätig wurden, entsprach im Grundsatz den alliierten Vereinbarungen über die Rechtstätigkeit von »Gerichten der Militärregierung« im Besatzungsgebiet. Nach der bedingungslosen Kapitulation Deutschlands galt die Souveränität des Landes als verloren und dessen Gerichtshoheit als aufgehoben. Nach innersowjetischem Recht aber war die Kompetenz der SMT, die als Kind der russischen Revolution von 1917 noch heute Straftaten von Militärangehörigen aburteilen, wie Schroeder ausführt, nur teilweise gegeben. Er widerspricht damit gängigen Interpretationen, die den Ukas 41 vom 22. Juni 1941 »Über den Kriegszustand« als Rechtsgrundlage diskutieren. Der Ukas 41 begrenzte die Tätigkeit der SMT jedoch auf die UdSSR. Auch die Ausweitung der Kompetenzen auf Gegenden im »Kriegszustand« bzw. auf Gebiete, in denen keine ordentliche Gerichtsbarkeit funktionierte, beschränkte sich auf die UdSSR. Selbst wenn Letzteres für Gebiete außerhalb der UdSSR gegolten haben sollte, so hätte dies die Spruchtätigkeit der SMT nur in der ersten Zeit nach der Kapitulation Deutschlands begründen können. Stattdessen waren die SMT noch Jahre nach der Wiederherstellung der deutschen Gerichtsbarkeit in der SBZ/DDR tätig. Zudem bedienten sie sich mehrheitlich sowjetischer Strafvorschriften, die sich nicht nur durch eine für »rechtsstaatliche Verhältnisse unerträgliche Unbestimmtheit und damit Unberechenbarkeit« auszeichneten, sondern deren Anwendung – wie auch im Falle des Ukas 43 (vgl. Fußnote 125, S. 87) – auf von Deutschen auf deutschem Gebiet begangene Straftaten nicht zulässig war (Schroeder, Rechtsgrundlagen, S. 38ff., S. 48ff.). Die in der SBZ wirkenden SMT der Armee waren zunächst in allen Militäreinheiten ab Divisionsstärke angesiedelt. Ab 1946/47 wurde ihre Zahl schrittweise reduziert.

zwischen Januar und Mai 1945 gesprochen wurden. Mehr als die Hälfte von ihnen wurde durch den Ukas 43 begründet,[124] der als das grundlegende sowjetische Kriegsverbrechergesetz bekannt ist und mithin den spezifischen Strafanspruch verdeutlicht, der mit den SMT geltend gemacht wurde: die Aburteilung von NS-Verbrechen, die in der Sowjetunion oder in anderen Ländern an Sowjetbürgern begangen worden waren.[125] Diesen Strafanspruch bekräftigte die sowjetische Besatzungsmacht noch einmal im August 1947. Mit dem SMAD-Befehl Nr. 201, mit dem die Entnazifizierungsverfahren weitgehend an deutsche Gerichte überstellt wurden, behielt sie sich weiterhin die Bestrafung deutscher Verbrechen in der UdSSR und von Straftaten, die an Bürgern der Sowjetunion begangen worden sind, vor. Im Vorfeld der alliierten Außenministerkonferenz im Frühjahr 1947 hatte sie dem Alliierten Kontrollrat zudem Zahlen vorgelegt, die für eine rigide Umsetzung dieses Strafinteresses sprachen: Bis zum 1. Januar 1947 seien in der SBZ 17175 Angehörige der SS, der Gestapo, des SD und des politischen Führungskorps verurteilt worden.[126] Ihre Schuld sei »nach einer sorgfältigen Untersuchung und Überprüfung der Unterlagen durch ein Gericht« erwiesen.[127]

Obwohl sich unter den bis Januar 1947 Verurteilten tatsächlich zahlreiche NS-Belastete befunden haben werden, sind grundsätzliche Zweifel an dem Strafinteresse angebracht, das mit dieser Zahl signalisiert wurde. Zunächst, weil sie von der sowjetischen Delega-

---

124 Sowjetische Militärtribunale 2, Statistische Auswertungen zur Verurteilung deutscher Zivilisten durch SMT/OSO, Tabelle I b, S. 783.

125 Der Ukas 43 vom 19. April 1943 »Über Maßnahmen zur Bestrafung der deutsch-faschistischen Übeltäter, die der Tötung und Misshandlung sowjetischer Zivilbevölkerung und gefangener Rotarmisten schuldig sind, sowie für Spione und Vaterlandsverräter unter den Sowjetbürgern und deren Helfer« ist abgedruckt bei: Zeidler, Stalinjustiz contra NS-Verbrechen, S. 55f. Laut Präambel aber bezog sich der Ukas 43 eindeutig auf Straftaten, die auf dem Gebiet der UdSSR begangen worden waren. Ob sich die SMT mit ihren durch den Ukas 43 begründeten Urteilen an diese Einschränkung gehalten haben, ist bis dato nicht bekannt (vgl. Schroeder, Rechtsgrundlagen, S. 47).

126 Errichtung des Arbeiter- und Bauernstaates der DDR, S. 30.

127 Zit. aus dem Bericht des Alliierten Kontrollrates in Deutschland an den Rat der Außenminister (20. bis 25. Februar 1947), in: Um ein antifaschistisch-demokratisches Deutschland, S. 389.

tion auf der Moskauer Außenministerkonferenz im März und April 1947 als demonstrativer Gegenbeweis zu der »vorgeblichen Entnazifizierung und der Straflosigkeit für berüchtigte Kriegsverbrecher in der amerikanischen und den anderen Besatzungszonen« angeführt wurde.[128] Hinzu kommt, dass die stalinistische Justiz primär politisch ausgerichtet war. Es musste eine »angemessene Zahl von Tätern« gefunden werden,[129] was zur Folge hatte, dass die sowjetischen Operativ- und Straforgane »sowohl den Nachweis individueller Schuld als auch die Aufklärung von Tatkomplexen nachweislich als nachrangig« erachteten.[130] Das galt jedoch nicht allein für die sowjetischen NS-Verfahren in der SBZ, sondern im Grundsatz für alle SMT-Prozesse. Und es sind ebendiese Verfahren, die das vor den Alliierten proklamierte Strafinteresse der Sowjetmacht am stärksten in Zweifel ziehen – richteten sie sich doch seit etwa Anfang 1946 zunehmend auf angebliche wie tatsächliche Regimeverletzungen aus.[131]

Den Katalog möglicher Regimeverletzungen hatte die SMAD im September 1945 aufgemacht, als sie »ungesetzliche[n] Waffenbesitz, Spionage, Prostitution, Spekulation, de[n] Verkauf von Spirituosen und Diversion« als »Störungen des Okkupationsregimes« unter Strafe stellte.[132] Bis heute sind 78 verschiedene Gesetzesbestimmungen nachweisbar, die im Laufe der Besatzung zur Ahndung dieser und ähnlich gelagerter Vergehen herangezogen wurden.[133] Die vorgesehenen Strafsätze beliefen sich in der Regel auf 10, 15 oder 25 Jahre »Besserungsarbeitslager« (ITL), Zwangsarbeit (»Katorga«) oder die Todesstrafe. Sippenhaft und Vermögenskonfiskationen konnten ebenfalls verhängt werden.[134] Dass auf diese Weise auch »klassische« Kriminaldelikte wie

---

128 Zit. nach Tjulpanow, Die Rolle der SMAD, S. 246. Die sowjetischen Zahlen wurden den amerikanischen gegenüberstellt, die sich nach diesen Angaben auf 551 Verurteilungen beliefen.

129 Hilger/Schmeitzner, Einleitung: Deutschlandpolitik und Strafjustiz, S. 30f.

130 Jeske/Schmidt, Verfolgung von Kriegsverbrechen, S. 191.

131 Schmidt, Strafjustiz, S. 101.

132 Hilger/Schmidt, Russisch Roulette, S. 798.

133 Sowjetische Militärtribunale 2, Tabelle II b, S. 784–787.

134 Das prominenteste Beispiel der Verurteilung von Familienangehörigen stellt die Familie Walter Kempowskis dar. Da die Mutter der beiden verurteilten Söhne wegen Mitwisserschaft jedoch »nachverurteilt« wurde, bleibt unklar, ob es sich tatsächlich um Sippenhaft handelte. Gleiches gilt für zahlreiche andere überlieferte Fälle. Zum gegenwärtigen For-

Raub und Mord oder Ordnungsdelikte wie Alkoholmissbrauch oder Verkehrsunfälle abgestraft wurden, steht außer Frage.[135]

Hier aber interessiert, dass es 78 Rechtsnormen gab, Regimeverletzungen zu ahnden – jedoch nur drei, die sich eindeutig auf die Bestrafung nationalsozialistischer Gewalt- und Kriegsverbrechen bezogen: der sowjetische Ukas 43, das alliierte Kontrollratsgesetz Nr. 10 vom 20. Dezember 1945[136] und die Kontrollratsdirektive Nr. 38 Abschnitt II 2 vom Dezember des Folgejahres.[137] Zusätzlich zu die-

---

schungsstand ist daher lediglich anzumerken, dass die Strafandrohung der Sippenhaft in den Art. 58 StGB der RSFSR von 1926, über den wegen seiner zentralen Bedeutung bei der Spruchtätigkeit sowjetischer Gerichte in Deutschland auf den folgenden Seiten ausführlich zu sprechen sein wird, eingeschrieben war. Auf Grundlage dieses Artikels wie auch auf Grundlage des Kontrollratsgesetzes Nr. 10 konnten zusätzlich zum Strafmaß Vermögenskonfiskationen verhängt werden. Während die Gesamtsumme dieser Konfiskationen nicht bekannt ist, sind die sowjetischen Befehle zur Umsetzung dieser Strafmaßnahme relativ gut dokumentiert. Grundlegend dazu: Hilger, Konfiskation.

135 Darunter fallen unter anderem Diebstahl, Körperverletzung, Straßenverkehrsdelikte, Raubüberfälle und Alkoholmissbrauch, die insgesamt sieben Prozent aller bis September 1946 gefällten Urteile ausmachen. In der Frühphase der Besatzung scheinen die Militärtribunale also zur Aufrechterhaltung der öffentlichen Ordnung beigetragen zu haben. Dabei steht jedoch zu bezweifeln, ob das jeweilige Strafmaß dem konkreten Fall angemessen war (Jeske/Morré, Inhaftierung, S. 656).

136 Das Kontrollratsgesetz Nr. 10 »über die Bestrafung von Personen, die sich Kriegsverbrechen, Verbrechen gegen den Frieden oder gegen [die] Menschlichkeit schuldig gemacht haben« definiert in Art. II die Verbrechenstatbestände (Verbrechen gegen den Frieden, Kriegsverbrechen und Verbrechen gegen die Menschlichkeit, Zugehörigkeit zu Organisationen mit verbrecherischem Charakter) sowie die Verantwortungsgrade und die Strafsätze (Ursachen und Folgen, Bd. 23, S. 337ff.). Zu den erwähnten »verbrecherischen Organisationen« zählten laut Nürnberger Organisationsurteil vom 1. Oktober 1946 die Geheime Staatspolizei (Gestapo), die Schutzstaffel (SS), der Sicherheitsdienst (SD) und die Führungskorps der NSDAP, also vom Reichsleiter bis zum Ortsgruppenleiter (Der Prozeß gegen die Hauptkriegsverbrecher [Bd. 1], S. 86ff.).

137 Im Abschnitt II 2 der Kontrollratsdirektive Nr. 38 wurden die fünf »Gruppen der Verantwortlichen« definiert und je nach Belastungsgrad deutschlandweit einheitliche Strafmaßnahmen fixiert (vgl. Amtsblätter des Alliierten Kontrollrats in Deutschland; oder Entnazifizierungspolitik der KPD/SED, Dok. 8, S. 99ff.).

sen drei Gesetzen konnte der Tatvorwurf eines NS-Verbrechens nach Art. 58–2 des Strafgesetzbuches der Russischen Sozialistischen Föderativen Sowjetrepublik (StGB der RSFSR) von 1926 abgeurteilt werden. Dieser Paragraph stellte, so die zentralen Stichworte, das Eindringen in die UdSSR und Aufstand unter Strafe. Im Grundsatz bedienten sich die SMT seiner, um Volkssturmangehörige und jugendliche »Werwölfe« sowie die Planung von Diversions- und Terrorakten zu verurteilen.[138] Ausweislich der heute dokumentierten Urteilsbegründungen zogen sie den Artikel 58–2 in vielen Fällen auch heran, um Misshandlungen sowjetischer Kriegsgefangener, das Niederbrennen von Ortschaften in der Sowjetunion, die Beteiligung an der Erschießung, Erhängung oder Verschleppung sowjetischer Bürger in den besetzten Gebieten und dergleichen Tatvorwürfe mehr zu bestrafen.[139]

Von den zahlreichen Gesetzesbestimmungen zur Bestrafung von Regimeverletzungen spielte ein Artikel eine ganz besondere Rolle – eben jener innersowjetische Staatsschutzartikel 58 zur Ahndung »konterrevolutionärer Verbrechen«, der in der westlichen Literatur zu Recht als »berüchtigt« bezeichnet wird. Bis 1955 wurden die 14 »Gummiparagraphen« des Artikels 58 in fast 72 Prozent aller heute dokumentierten Urteile zugrunde gelegt,[140] was bedeutet, dass sich bis 1955 fast 72 Prozent aller erfassten Urteile auf »konterrevolutionäre Verbrechen« bezogen, darunter Spionage (Art. 58–6), terroristische Handlungen (Art. 58–8), Diversion (Art. 58–9), Agitation und Propaganda (Art. 58–10), Mitgliedschaft in einer konterrevolutionären Organisation (Art. 58–11) und Sabotage (Art. 58–14).[141]

Dank der umfangreichen Studie des Dresdner Hannah-Arendt-Instituts für Totalitarismusforschung (HAIT-Studie)[142] sind erstmals

138 Jeske/Schmidt, Verfolgung von Kriegsverbrechen, S. 166.

139 Ebenda.

140 Sowjetische Militärtribunale 2, Tabelle II b, hier S. 784.

141 Eine Übersetzung des Art. 58 StGB der Russischen Sozialistischen Föderativen Sowjetrepublik (RSFSR) von 1926 findet sich bei Fricke, Politik und Justiz, S. 106–109. Eine schlagwortartige Kurzfassung des Art. 58 sowie weiterer sowjetischer, in der SBZ zur Anwendung gekommenen Gesetze findet sich in: Sowjetische Militärtribunale 2, S. 781 f.

142 Mit der HAIT-Studie ist der von Andreas Hilger, Mike Schmeitzner und Ute Schmidt herausgegebene und in der Schriftenreihe des Hannah-Arendt-Instituts für Totalitarismusforschung erschienene Sammelband Sowjetische Militärtribunale 2 gemeint.

derart fundierte Aussagen über die Spruchtätigkeit der SMT zwischen 1945 und 1955 möglich. In diesem Zeitraum sprachen die SMT mindestens 35000 Urteile über deutsche Zivilisten,[143] von denen bis dato fast 26000 ausgewertet und statistisch aufbereitet vorliegen. Damit stehen relativ präzise Richtwerte zur Verfügung, die eine erste Einschätzung der Urteilspraxis der SMT erlauben. Und zwar sowohl mit Blick auf deren Ausmaß als auch hinsichtlich des sowjetischen Strafinteresses, das in die Urteilsbegründungen eingeschrieben ist.

Im Gesamtzeitraum der SMT-Spruchtätigkeit in der SBZ und DDR wurden von den knapp 26000 dokumentierten Urteilen 2094 auf Grundlage des Kontrollratsgesetzes Nr. 10 und 1046 nach Ukas 43 gefällt. Der Kontrollratsdirektive 38 bedienten sich die SMT in lediglich 45 Fällen.[144] 1279 der insgesamt fast 4000 Urteile, welche die SMT mit dem Artikel 58–2 begründeten, standen nachweislich im Zusammenhang mit Anschuldigungen von Kriegs- und Gewaltverbrechen.[145] Rein rechnerisch bezogen sich somit 4464 der insgesamt knapp 26000 erfassten Urteile auf den Vorwurf eines NS-Verbrechens. Ihnen stehen laut Statistik mehr als 18000 Fälle gegenüber, die auf Grundlage eines oder mehrerer Paragraphen des Artikels 58 gefällt wurden und damit mit dem Tatvorwurf konterrevolutionärer Aktivitäten einhergingen. Allein mit Spionage (Art. 58–6) wurden 7074 Urteile begründet.[146] Fast jedes vierte der dokumentierten Urteile, die von den SMT bis zur Einstellung ihrer Spruchtätigkeit 1955 gefällt wurden, bezog sich auf den Vorwurf der Spionage. Aber nur etwa jedes sechste Urteil begründete sich durch den Tatvorwurf eines NS-Verbrechens.

Die HAIT-Studie umfasst den gesamten Zeitraum der SMT-Tätigkeit in Deutschland. Sie überschreitet somit den Beobachtungszeitraum der vorliegenden Arbeit, der durch die Gründung der DDR am

---

143 Darunter befanden sich mindestens 700 Westdeutsche (bzw. Deutsche aus den Westzonen) und 500 Westberliner (bzw. Westsektoren), die sich aus den verschiedensten – zum Beispiel aus familiären – Gründen in der SBZ/DDR aufgehalten hatten oder dorthin gelockt bzw. entführt worden waren (Hilger/Petrov, Schmutzarbeit, S. 60).

144 Sowjetische Militärtribunale 2, Tabelle II b, hier S. 787. Weil lediglich 45 Urteile auf Grundlage der Kontrollratsdirektive Nr. 38 Abschnitt II 2 dokumentiert sind, wird diese Strafvorschrift nachfolgend vernachlässigt.

145 Jeske/Schmidt, Verfolgung von Kriegsverbrechern, S. 166.

146 Sowjetische Militärtribunale 2, Tabelle II b, hier S. 784f.

7. Oktober 1949 und die Schließung der letzten drei Speziallager wenige Monate später begrenzt ist.[147] Für diesen Zeitraum liegen knapp 18000 dokumentierte Fälle vor. Fast 70 Prozent der insgesamt knapp 26000 erfassten Urteile wurden also in den Jahren zwischen 1945 und Ende 1949 gefällt. Nachdem im Jahr 1945 weniger als 800 der dokumentierten Urteile gesprochen worden waren, stieg ihre Zahl 1946 rapide auf fast 4300 Fälle. Für 1947 ist von annähernd 4700 und für 1948 von knapp 4600 Urteilen auszugehen. 1949 sank deren Zahl auf weniger als 3600.[148]

Mit Blick auf das sowjetische Strafinteresse zeichnet sich für diese etwa 18000 dokumentierten Fälle folgendes Bild ab: 3900 der Urteile, die bis Ende 1949 gefällt wurden, wurden durch eine der vier Gesetzesbestimmungen begründet, deren sich die SMT zur Bestrafung von NS-Tatvorwürfen bedienten.[149] Grob gerechnet bezog sich somit

---

147 Dadurch ergeben sich unvermeidbare Verzerrungen bei der Umsetzung des vorliegenden statistischen Materials, da sich nicht alle statischen Angaben auf den Zeitraum bis Ende 1949 bzw. auf die jeweiligen Jahre 1945 bis Ende 1949 herunterrechnen lassen. Unberücksichtigt müssen aufgrund dieser Einschränkungen auch jene Fälle bleiben, in denen die Verhaftung vor der Gründung der DDR durchgeführt, das Urteil aber wegen der Dauer der Untersuchungshaft erst 1950 gesprochen wurde. Verzerrungen ergeben sich ferner durch die Kombinationsurteile, in denen mehrere Paragraphen eines Artikels zur Urteilsbegründung herangezogen wurden. Schwierigkeiten bereitet aber vor allem der Art. 58–2 StGB der RSFSR, auf dessen Grundlage, wie geschildert, sowohl NS-Tatvorwürfe als auch Regimeverletzungen abgeurteilt wurden. Alle diese Fälle werden nachfolgend entsprechend gekennzeichnet bzw. erläutert.

148 Sowjetische Militärtribunale 2, Tabelle II a, S. 784.

149 Die Zahl von 3900 Fällen ergibt sich, wenn man die 1634 Urteile, die bis Ende 1949 auf Grundlage des Kontrollratsgesetzes Nr. 10 gefällt wurden, mit den 942 Urteilen nach Ukas 43 addiert, die im gleichen Zeitraum ausgesprochen wurden (ebenda, Tabellen IV b 5, S. 799 und IV b 6, S. 800). Pauschal müssen dazu die 45 Urteile nach Kontrollratsdirektive 38 (ebenda, Tabelle II b, S. 787) und die 1279 Fälle nach Art. 58–2 hinzugerechnet werden, die sich nachweislich auf einen NS-Tatvorwurf bezogen. Die vorliegenden Statistiken erlauben es leider nicht, diese beiden Urteilsbegründungen auf den Zeitraum bis 1949 herunterzurechnen. Bekannt ist jedoch, dass die SMT den Art. 58–2 im Vergleich zu den Folgejahren besonders häufig in den Jahren 1946 und 1947 anwendeten. Inwieweit sich diese Urteile auf NS-Tatvorwürfe bezogen haben, ist jedoch nicht nachvollziehbar (ebenda, Tabelle IV b 1, S. 795 und Jeske/Schmidt, Verfolgung von Kriegsverbrechern, S. 166).

etwa jedes fünfte SMT-Urteil, das bis zur Gründung der DDR gesprochen wurde, auf einen solchen Vorwurf. Vier von fünf Urteilen aber wurden für Regimeverletzungen oder Kriminaldelikte verhängt. Das sind 80 Prozent aller bekannten Fälle. Dieser Befund korreliert mit weiteren Ergebnissen der neueren Forschung, die verdeutlichen, dass »die Verfolgung vergangener Kriegs- und Gewaltverbrechen in der SBZ/DDR im Unterschied zu den Westzonen eine zwar wichtige, aber keine herausragende Rolle« gespielt hat.[150] Rückblickend offenbart sich zudem, dass die sowjetische Strafpraxis einer angemessenen juristischen Aufarbeitung von Kriegs- und NS-Verbrechen diametral entgegenstand.[151] Grit Gierth und Bettina Westfeld melden im Zuge ihrer Studie über die SMT-Tätigkeit in Sachsen sogar Zweifel daran an, »ob dieses Ziel in dieser Form tatsächlich jemals bestand«.[152]

Für diese Zweifel spricht schon die Altersstruktur der SMT-Verurteilten: 25,2 Prozent aller SMT-Verurteilten, so die Dresdner Studie, waren zwischen 1926 und 1930 geboren worden.[153] Ein Viertel aller SMT-Verurteilten gehörten also als Angehörige der »Flakhelfer-Generation« zum letzten Aufgebot des »Dritten Reiches«. Weil nach sowjetischem Recht die Strafmündigkeit mit zwölf Jahren einsetzte, konnten auch Jugendliche verurteilt werden, die 1931 und später geboren waren. Anders gesagt: 4,3 Prozent aller SMT-Verurteilten hatten bei Hitlers Machtantritt, wenn man so will, gerade erst laufen gelernt.[154] Rechnet man ferner jene Verurteilten hinzu, die zwischen 1921 und 1925 geboren wurden, dann waren insgesamt 43,1 Prozent aller SMT-Verurteilten bei Kriegsende jünger als 24 Jahre. Weil diese Angaben auf allen dokumentierten Verurteilungsfällen bis 1955 basieren und eine nachträgliche Aufschlüsselung für den Zeitraum bis Ende 1949 nicht möglich ist, sei zwecks Präzisierung auf die Auswertung der sowjetischen »Kompromatlisten« des Jahres 1949 zurückgegriffen, die Heinz Kerseboom und Lutz Niethammer für das Speziallager Sachsenhausen vorgenommen haben. Ihr Ergebnis entspricht dem der HAIT-Studie: Rund die Hälfte aller SMT-Verurteil-

150 Hilger/Petrov, Schmutzarbeit, S. 80; oder Hilger, Von Banden und Klassenfeinden, bes. S. 154–158.

151 Siehe auch Hilger, Die Gerechtigkeit nehme ihren Lauf.

152 Gierth/Westfeld, Zur Tätigkeit sowjetischer Militärtribunale, S. 570.

153 Sowjetische Militärtribunale 2, Tabelle III a, S. 790.

154 Diese und die nachfolgende Zahlenangabe: ebenda.

ten dieses Lagers waren zum Zeitpunkt ihrer Verurteilung zwischen 15 und 26 Jahre alt.[155]

Im Gegensatz zu den Internierungen, die, wie ausgeführt, mehrheitlich jene betrafen, die um die Jahrhundertwende beziehungsweise vor dem Ersten Weltkrieg geboren worden waren und die die Zeit des Nationalsozialismus als Erwachsene erlebt hatten, konzentrierten die SMT ihre Tätigkeit auf jene, die gegen Ende der 1920er Jahre geboren worden waren und damit auf jene, die ihre Kindheit und Jugend zur Zeit des »Dritten Reiches« verbracht hatten.[156] Mit Lutz Niethammer gesprochen: Man kann »sich schwerlich vorstellen, dass es sowjetische Offiziere gegeben haben könnte, die bei [dieser Altersgruppe, B.G.] die größte Verantwortung für den Faschismus gesucht« haben.[157] Doch damit nicht genug. Die »Kompromatlisten« zeigen auch, dass die Wahrscheinlichkeit, als vormaliger Funktionär oder als Mitglied einer der NS-Organisationen abgeurteilt zu werden, umso höher lag, je jünger der Verhaftete war: 94 Prozent derer, die von den sowjetischen Operativorganen als HJ- oder BDM-Funktionäre identifiziert worden waren, wurden verurteilt.[158] Die Verurteilungsquote erwachsener NSDAP-Mitglieder lag in Sachsenhausen hingegen bei 48 Prozent, die der Angehörigen der NS-Sicherheits- und Terrorapparate, sofern sie überhaupt in die Speziallager eingewiesen worden waren, bei 23 Prozent. Jene Gruppe also, die nach den alliierten Entnazifizierungskriterien prima facie am stärksten belastet war, stellte den geringsten Verurteiltenanteil. Stattdessen hatten sich die SMT primär jener Alterskohorte angenommen, deren »Bedeutung und Verantwortung für die Verbrechen des Dritten Reiches« nicht nur als vergleichsweise gering einzuschätzen ist,[159] sondern für die gemäß den alliierten Bestimmungen seit

---

155 Kerseboom/Niethammer, Kompromat, S. 519.

156 Das zeigen auch die Altersangaben für das Speziallager Bautzen. Im November 1946 war knapp die Hälfte der (anfänglich) überwiegend internierten Häftlinge dieses Lagers älter als 45 Jahre. Im Januar 1950 befanden sich in Bautzen vorwiegend SMT-Verurteilte, die jünger als 35 Jahre waren (Jeske/Morré, Inhaftierung, S. 644).

157 Kerseboom/Niethammer, Kompromat, S. 519.

158 Diese und die nächsten beiden Zahlenangaben: ebenda, Tabelle 3, S. 521 und S. 523.

159 Ebenda, S. 523.

Oktober 1946 auch die Jugendamnestie galt.[160] In der SBZ aber standen viele von ihnen unter »Werwolf«-Verdacht und konnten zum Tode verurteilt werden.[161]

Mit Blick auf die Strafpraxis der SMT bestätigt dieser Befund, dass im Namen der Entnazifizierung keine juristische Aufarbeitung von NS-Verbrechen betrieben wurde. Schließlich waren die SMT umso rühriger, je geringer die NS-Belastung war. Daher dürfte die Besatzungsmacht unter dem Deckmantel der legitimen Ahndung deutscher Gewaltverbrechen mit den Verurteilungen Jugendlicher ein ganz anderes Ziel verfolgt haben: die Ausschaltung potentieller Jugenddelinquenz, ob diese nun nationalsozialistisch und/oder antikommunistisch motiviert war. Doch auch dort, wo die SMT *ohne* Bezug auf den Nationalsozialismus Urteile fällten, zielte ihre Tätigkeit darauf ab, sich potentieller Gefährdungen der Besatzungsmacht zu entledigen, indem reale oder fiktive Vergehen als Regimeverletzungen abgeurteilt wurden. In ihrer überwiegenden Mehrheit dienten die SMT-Verurteilungen als ein sicherheitspolitisches, auf konterrevolutionäre Verbrechen fixiertes Strafinstrument.

In diese Richtung weisen auch die Strafsätze, die mit den Urteilen verhängt wurden. Exemplarisch sei dies an der Höchststrafe, also an der Todesstrafe angezeigt, die nach sowjetischem Verständnis als

---

160 Mit der Kontrollratsdirektive Nr. 38 vom 12. Oktober 1946 wurde die seit August des Jahres in der US-Zone praktizierte Jugendamnestie ab Jahrgang 1919 bestätigt, sofern sie der Gruppe IV (Mitläufer) zugerechnet wurden. Eine ähnliche Regelung wurde im Februar/März 1947 in den Landtagen der SBZ verabschiedet, die von der SMAD jedoch wieder aufgehoben wurde (Wille, Entnazifizierung, S. 149).

161 Üblicherweise wurden Jugendliche, die unter »Werwolf«-Verdacht festgenommen, aber nicht interniert worden waren, auf Grundlage der Art. 58–8 (»Terror«), 58–9 (»Diversion«) und 58–11 (»Untergrundorganisation«) StGB der RSFSR in Kombination verurteilt. Von den bis 1947 dokumentierten 143 Todesurteilen, die aufgrund einer Verurteilung nach Art. 58–8 ausgesprochen worden waren, bezogen sich 89 auf Jugendliche, die zum Zeitpunkt ihrer Verhaftung und Verurteilung zwischen 14 und 20 Jahre alt waren. Insgesamt ist davon auszugehen, dass zwischen 1945 und 1950 fast 3500 Jugendliche der Jahrgänge 1925 bis 1932 während der Haft verstorben sind (Hilger/Schmeitzner/Schmidt, Widerstand, S. 202–204). Schätzungen damals inhaftierter Jugendlicher zufolge starben während der Lagerhaft 10000 Jugendliche (Prieß, Erschossen im Morgengrauen).

»schwerste Maßnahme des sozialen Schutzes« galt.[162] Von den 749 Todesurteilen, die in der Dresdner Dokumentation bis Ende 1949 erfasst sind,[163] wurden 294 mit Ukas 43 und 156 mit Art. 58–2 begründet.[164] Nicht ein einziges Todesurteil wurde hingegen auf Grundlage des Kontrollratsgesetzes Nr. 10 ausgesprochen, obwohl diese Strafandrohung in Art. II-3-a des alliierten Gesetzes eingeschrieben war.[165] Dennoch bezogen sich ausweislich dieser Angaben mehr als die Hälfte aller ausgesprochenen Todesstrafen auf den Tatvorwurf eines NS-Verbrechens. Deren Anteil dürfte sich sogar noch deutlich erhöhen, wenn man die 5000 Todesurteile berücksichtigt, die nach neuesten Forschungserkenntnissen allein im ersten Halbjahr 1945 gefällt und vollstreckt wurden.[166] Zwar ist zum gegenwärtigen Zeitpunkt über die Begründungen dieser Urteile nichts bekannt. Weil sie jedoch in der Vor- und Frühphase der Besatzung gesprochen wurden, könnte die Mehrheit dieser Urteile durchaus in Zusammenhang mit Anschuldigungen nationalsozialistischer Gewaltverbrechen stehen. So diese Vermutung zutrifft, wäre die Todesstrafe ein zentrales Instrument zur Aburteilung von NS-Tatvorwürfen gewesen.

An dieser Lesart sind jedoch Zweifel angebracht, weil die Todesstrafe zwischen Mai 1947 und Januar 1950 ausgesetzt wurde.[167] Viel spricht dafür, dass während dieses Zeitraums das Strafmaß von 25 Jahren alternativ zur Todesstrafe verhängt wurde.[168] Verfolgt man

162 Hilger/Schmeitzner/Schmidt, Widerstand, S. 202.

163 Sowjetische Militärtribunale 2, Tabelle IV a, S. 794.

164 Ebenda, Tabellen IV b 1, S. 795 und IV b 5, S. 799.

165 Dafür ist der Anteil jener, die auf Grundlage des Kontrollratsgesetzes Nr. 10 zu einer lebenslänglichen Haftstrafe verurteilt wurden, relativ hoch. Bis Ende 1949 sind 702 dieser Strafsätze dokumentiert (ebenda, Tabelle IV b 6, S. 800). Im gleichen Zeitraum wurden auf Grundlage des Ukas 43 zweimal lebenslängliche Strafen verhängt (ebenda, Tabelle IV b 5, S. 799).

166 So das vorläufige Ergebnis einer Erhebung Nikita Petrovs im Zentralarchiv des FSB, zit. nach Hilger/Schmidt, Russisch Roulette, S. 800.

167 Müller, Bürokratischer Terror, S. 69.

168 Das wichtigste Argument bezieht sich darauf, dass nach Wiedereinsetzung der Todesstrafe innerhalb von drei Jahren knapp 1000 derartiger Urteile gesprochen wurden (vgl. Sowjetische Militärtribunale 2, Tabelle IV a, S. 794). Hinzu kommt, dass sich bis zur Aussetzung der Todesstrafe im Mai 1947 nur zwei Prozent aller dokumentierten Urteile auf ein Strafmaß von 25 Jahren beliefen (Jeske/Morré, Inhaftierung, S. 657).

diese These, dann zeichnet sich folgendes Bild ab: Von den insgesamt 4580 Urteilen, die für das Jahr 1948 dokumentiert sind, beliefen sich 2204 und damit knapp die Hälfte der Fälle auf das Strafmaß von 25 Jahren.[169] Nur zwölf dieser »alternativen« Höchststrafen wurden mit Art. 58–2 begründet,[170] 22 mit Ukas 43 und 354 mit dem Kontrollratsgesetz Nr. 10.[171] Lediglich in 388 von 2204 Fällen wurde dieser Strafsatz also *nicht* im Zusammenhang mit Tatvorwürfen eines Regimevergehens verhängt. Ähnliches gilt für das Jahr 1949, in dem zwei Drittel aller dokumentierten Urteile mit einem Strafmaß von 25 Jahren belegt wurden, also in 2373 von 3582 ausgewerteten Fällen.[172] Nur 244 von ihnen beruhten auf den Gesetzesbestimmungen, die von den SMT zur Aburteilung von Kriegs- und Gewaltverbrechen herangezogen wurden.[173] Diese Zahlen zeigen, dass die SMT den Vorwurf eines Regimevergehens in der Regel deutlich härter bestraften als den eines NS-Gewaltverbrechens.[174]

Dieser Befund lässt sich auch an der Dauer der tatsächlich abgesessenen Haftstrafe aufzeigen. Anfang 1950 waren mehr als 10000 SMT-Verurteilte in den ostdeutschen Strafvollzug überstellt worden. Dessen ungeachtet unterstanden sie bis Oktober 1954 der sowjetischen Jurisdiktion.[175] Die Entscheidung, wer in den Genuss einer Amnestie – anlässlich der Gründungstage der DDR oder der alliierten Au-

---

169 Vgl. Sowjetische Militärtribunale 2, Tabellen II a, S. 784 und IV a, S. 794.

170 Ebenda, Tabelle IV b 1, S. 795. Hier wird vorausgesetzt, dass sich diese zwölf Urteile auf den Vorwurf eines NS-Verbrechens bezogen. Zu überprüfen ist es nicht.

171 Ebenda, Tabellen IV b 5 und IV b 6, S. 799f.

172 Ebenda, Tabellen II a, S. 784 und IV a, S. 794.

173 Ebenda, Tabellen IV b 1, S. 795 und IV b 5 sowie IV b 6, S. 799f.

174 Im umgekehrten Fall deutet sich dies auch in der Auswertung der Strafsätze an, die im Zusammenhang mit Art. 58–2 StGB der RSFSR (als alleiniger Urteilsgrund) verhängt wurden. Zwar ist aufgrund des vorliegenden statistischen Materials nicht nachvollziehbar, welche dieser Urteile sich auf NS-Tatvorwürfe bezogen und welche nicht. Bezeichnend ist jedoch, dass 1803 der 2276 bis Ende 1949 dokumentierten Urteile auf Grundlage dieses Artikels mit einem Strafmaß von zehn Jahren und damit nach sowjetischem Verständnis mit Bagatellstrafen einhergingen (ebenda, Tabelle IV b 1, S. 795).

175 Vergleiche dazu den »Beschluss des ZK-Präsidiums zur Übergabe durch sowjetische Gerichte verurteilter Deutscher an die DDR-Regierung« vom 5. Oktober 1954 (CChSD, f. 89, per. 75, Nr. 31, in: Sowjetische Speziallager 2, Dok. 121, S. 387).

ßenministerkonferenz Anfang 1954 – kam, lag also weiterhin in sowjetischer Hand.[176] So kamen im Vorfeld der Außenministerkonferenz 6143 SMT-Verurteilte frei – und zwar nach Kriterien, von denen die Hauptabteilung Strafvollzug der DDR schon damals feststellte, dass »ein System in der Auswahl der zur Entlassung Kommenden [...] weder von den Offizieren der VP [Volkspolizei] noch von dem beobachtenden [deutschen] Staatsanwalt zu erkennen« war.[177] Laut Karl-Wilhelm Fricke aber befand sich unter den Entlassenen nicht ein Einziger, der unter dem Tatvorwurf der Spionage abgeurteilt worden war – dafür aber zahlreiche, denen Kriegsverbrechen oder Verbrechen gegen die Menschlichkeit im Sinne des Kontrollratsgesetzes Nr. 10 vorgehalten worden waren.[178]

Frickes Angaben sind im Einzelnen nicht zu überprüfen. Dennoch mehren sich die Hinweise, dass »das Gros der nach Dezember 1955 in Haft gehaltenen SMT-Verurteilten [von] Zivilisten [gestellt wurde], die wegen politischer Delikte verurteilt worden waren«.[179] Denn auch die DDR, der nunmehr die volle Strafgewalt inklusive Begnadigungen oblag, ließ zunächst vor allem Milde gegenüber jenen walten, die wegen Kriegsverbrechen zu 15-jährigen oder geringeren Haftstrafen verurteilt worden waren.[180] Ein Jahr später saßen nur noch 498 SMT-Verurteilte in ostdeutschen Gefängnissen ein, darunter »bis zu sechs« Personen, die sich wegen KZ-Tätigkeit oder anderer NS-Verbrechen in Haft befanden. Bei den anderen handelte es sich um Inhaftierte, »die wir«, wie Walter Ulbricht es formulierte, »unbedingt halten müssen, also die Agenten, Spione, die uns großen Schaden zugefügt haben«.[181]

Zu diesem Zeitpunkt, also Ende 1956, war die überwiegende Mehrheit der vormaligen Internierten, die in Waldheim als Kriegs- und Gewaltverbrecher nachverurteilt worden waren, längst amnes-

---

176 Zusätzlich zu den Amnestien war es möglich, dass ein Häftling seine Strafe regulär verbüßt hatte. Voraussetzung dafür war eine der seltenen (nach sowjetischem Verständnis) Kurzstrafen von fünf oder sieben Jahren.

177 Zit. nach Hilger, Gerechtigkeit, S. 239.

178 Fricke, Politik und Justiz, S. 150.

179 Hilger, Gerechtigkeit, S. 243.

180 Ebenda, S. 242.

181 Ebenda, S. 243. 1965 befanden sich noch 15 SMT-Verurteilte in Haft; darunter »möglicherweise« zwei, »die tatsächlich einmal als Kriegs- und NS-Verbrecher abgeurteilt worden waren«.

tiert. Es befanden sich nur noch 30 von mehr als 3000 »Waldheimern« in Haft.[182] Doch es waren nicht nur die Waldheim-Häftlinge, die in der Regel früher amnestiert wurden als die SMT-Verurteilten. 1954 wurden auch die ersten Begnadigungen derer ausgesprochen, die Anfang 1950 als »besonders große Verbrecher« in die UdSSR verbracht worden waren.[183] Die Entlassungen der aus sowjetischer Sicht »großen Verbrecher« begannen also zu einem Zeitpunkt, als sich mindestens ein Drittel derer, die in den DDR-Strafvollzug überstellt worden waren, noch in Haft befand. Die letzten Überlebenden aus der Gruppe der Deportierten kam Ende 1955 wieder in Freiheit – zusammen mit den letzten deutschen Kriegsgefangenen in der Sowjetunion, die von Bundeskanzler Konrad Adenauer »freigehandelt« worden waren und damit früher als zahlreiche SMT-Verturteilte, die weiterhin im ostdeutschen Strafvollzug weggeschlossen blieben.

---

182 Schon im August 1952 hatte das DDR-Politbüro die Überprüfung aller in Waldheim gefällten Urteile durch eine Kommission der Ministerien für Staatssicherheit, der Justiz und des Inneren beschieden. Kaum vier Wochen später lag das Ergebnis für 3014 Akten vor: Einem Drittel sollte die weitere Strafverbüßung erlassen werden, für ein weiteres Drittel wurde die Herabsetzung der Strafen vorgeschlagen, keine Strafmilderung war für das letzte Drittel vorgesehen. Das Politbüro folgte diesen Vorschlägen und begnadigte wiederum einen Monat später zum dritten Geburtstag der DDR fast 1000 Waldheimer Häftlinge. Drei Viertel von ihnen waren zu Strafen von mehr als zehn Jahren Zuchthaus verurteilt worden. Wer hingegen Strafen zwischen vier und zehn Jahren erhalten hatte, wurde nicht automatisch begnadigt. Es ist daher schwer nachvollziehbar, nach welchen Kriterien bei dieser Entlassungsaktion vorgegangen wurde. Das gilt ebenfalls für die weiteren Entlassungen von wiederum fast 1000 Waldheim-Häftlingen im Juli 1954, von 660 im Dezember 1955 und 220 im April 1956. Teilweise handelte es sich dabei um Begnadigungen, teilweise war das Strafmaß regulär abgelaufen, was auch die parallel stattfindenden Einzelentlassungen erklärt. Danach befanden sich noch etwa 30 der in Waldheim Verurteilten in Haft, einer der letzten von ihnen wurde vermutlich im Dezember 1963 freigelassen, der letzte verstarb im August 1965 im Zuchthaus. Er ist einer der etwa 470 Toten von Waldheim (Eisert, Die Waldheimer Prozesse, S. 278–281).

183 Fricke, Politik und Justiz, S. 150.

Zum Funktionswandel der Speziallager

Ursprünglich sollten alle SMT-Verurteilten in die UdSSR deportiert werden. Dieser Automatismus war zumindest in ihre Urteile eingeschrieben, die das Strafmaß zur Verbüßung in »Besserungs-« oder »Arbeitslagern« und damit in den Lagern des GULAG oder der GUPVI vorsahen. Gemäß dieser Vorgabe wurden die Betroffenen nach der Verkündung ihres Urteils in die sogenannten Durchgangsgefängnisse des NKWD eingewiesen, in denen auch Untersuchungshäftlinge festgehalten wurden.[184] Für die Verurteilten dienten diese Gefängnisse als Sammelstellen, um sie auf Abruf Moskaus, wo ihre Einsatzmöglichkeiten in der Sowjetunion geprüft wurden, auf Transport zu schicken. Genau diese Anforderungen nach Arbeitskräften aber blieben seit etwa Anfang 1946 aus.

Möglicherweise arbeitete die Moskauer Bürokratie schlicht zu langsam, denkbar sind wenige Monate nach Kriegsende auch Transport- und Organisationsprobleme. Vielleicht aber setzte sich, wie Andreas Hilger vermutet, in Moskau auch langsam die Erkenntnis durch, dass der Arbeitskraft der Verurteilten kein großes wirtschaftliches Gewicht zukam.[185] Negative Erfahrungen hatte man schließlich schon mit den Mobilisierten des Winters 1944/45 gesammelt und daraufhin im April 1945 diese Zwangsmaßnahme mit dem NKWD-Befehl Nr. 00315 eingestellt. Doch was auch immer den Ausschlag gegeben haben mag: Die Verurteilten wurden nicht abgerufen. Weil aber parallel dazu ihre Zahl seit Anfang 1946 rapide anstieg, wurden die Belegungskapazitäten der Durchgangsgefängnisse weit überschritten. Allein die Zahl der Insassen des NKWD-Gefängnisses Nr. 5 in Alt-Strelitz sollte zwischen Februar und dem 30. April 1946 von 646 auf 1089 Häftlinge ansteigen. Mit Ausnahme von Einzeleinweisungen konnten in Alt-Strelitz deshalb keine neuen Häftlinge mehr aufgenommen werden. Nach nicht einmal einem Besatzungsjahr drohte sich das Terrorsystem also selbst zu blockieren. In dieser Situation bemühte sich die »Abteilung Speziallager«, in deren Verantwortung die Unterbringung der SMT-Verurteilten seit Januar 1946 lag, verstärkt um »Entlastungstransporte« aus Alt-Strelitz – je-

---

184 Durchgangsgefängnisse des NKWD befanden sich unter anderem in Frankfurt/Oder, Alt-Strelitz, Bautzen, Torgau und in Berlin-Lichtenberg (Jeske/Morré, Inhaftierung, S. 613f.).

185 Hilger, Haft, S. 672.

doch vergeblich, wie das Gefängnisjournal zeigt. Es weist im Frühjahr und Sommer 1946 keine Belegungsschwankungen auf, die auf größere Transporte schließen lassen.[186]

Mitte September 1946 wurde schließlich eine Lösung gefunden. Mehr als 1000 Häftlinge des Alt-Strelitzer Gefängnisses Nr. 5 wurden in die sogenannte Zone 2 des Speziallagers Sachsenhausen überstellt,[187] die einem Hochsicherheitstrakt innerhalb des Lagerkomplexes gleichkam. Eine ähnliche Maßnahme hatte man schon im Mai des Jahres für die Verurteilten des Gefängnisses Nr. 7 in Frankfurt/Oder ergriffen. Diese Häftlinge stellten die erste Belegung des Speziallagers Nr. 10 in Torgau.[188] Für die Überlastungsprobleme der NKWD-Gefängnisse war mit den Überstellungen der SMT-Verurteilten in die Speziallager eine ebenso naheliegende wie praktikable Lösung gefunden worden. Für jedwedes Interesse an deren Arbeitskraft aber bedeutete sie das endgültige Aus. Dafür sorgten die Haftbedingungen in den Lagern, die, wie im Teil II dieser Arbeit (*Hafterfahrungen*) zu sehen sein wird, für die Verurteilten bis 1948 noch einmal härter ausfielen als für die Internierten.

Die Überstellung der Mehrheit der SMT-Verurteilten in die Speziallager fiel mit weitreichenden politischen und organisatorischen Veränderungen zusammen. Dabei ist unklar, ob diese Maßnahmen darauf ausgelegt waren, einen Wandel in der sowjetischen Verhaftungspraxis planmäßig herbeizuführen – oder ob mit ihnen nur auf die Veränderungen der Praxis reagiert wurde. So hatte der Leiter der »Abteilung Speziallager« im Januar 1946 verfügt, dass fortan keine Block- und Zellenleiter der NSDAP in den überfüllten Gefängnissen und Lagern aufzunehmen waren.[189] Praktisch bedeutete das einen ersten Aufnahmestopp für Internierte, da die »Kleinfunktionäre der NSDAP« bis zu diesem Zeitpunkt »rund 80 Prozent aller Neuaufnahmen in Speziallager ausgemacht« hatten.[190] Im August 1946 wurden dann per Politbürobeschluss die sowjetischen Geheimdienst-

186 Jeske/Morré, Inhaftierung, S. 623f.

187 Ebenda, S. 616.

188 Haase/Oleschinski, Das Torgau-Tabu, S. 200.

189 Weisung des Leiters der »Abteilung Speziallager«, Oberst Sviridov, zu Einstellung der Aufnahme von Block- und Zellenleitern in die Lager und Gefängnisse des NKWD (GARF, f. 9409, op. 1, d. 492, l. 11, in: Sowjetische Speziallager 2, Dok. 41, S. 223).

190 Jeske/Morré, Inhaftierung, S. 615.

und Sicherheitsapparate umstrukturiert und die in der SBZ tätigen Operativorgane dem Ministerium für Staatssicherheit (MGB, vorher NKGB) unterstellt.[191] Damit lag die »Federführung bei den politischen Festnahmen in Deutschland« fortan beim MGB, wodurch die »kampagnenartigen Massenverhaftungen«, also die Internierungen, durch das NKWD/MWD ausliefen.[192]

Ungeachtet dieser bürokratischen Aufwertung des MGB blieb das Unterstellungsverhältnis der »Abteilung Speziallager« von der Umstrukturierung der sowjetischen Geheimdienst- und Sicherheitsapparate unberührt. Weiterhin für die Speziallager verantwortlich, führte das MWD (vorher NKWD) binnen weniger Monate eine Neuregelung der Aufnahmepraxis für die Lager herbei. Das deutete sich zunächst in der überarbeiteten Fassung der Lagerordnung vom 20. Oktober 1946 an. In der vorhergehenden Version vom 27. Juli 1945 war die Festsetzung in einem Speziallager durch die pauschale *Zugehörigkeit* zu einer der Gruppen begründet worden, die der Punkt 1 des NKWD-Befehls Nr. 00315 auflistete. Nun aber hieß es, dass es sich bei den Lagerhäftlingen um Personen handelte, deren *»verbrecherische Handlungen«* unter Punkt 1 des Befehls Nr. 00315 fielen.[193] Folgerichtig verfügte das sowjetische Innenministerium (MWD) daher zum 1. Januar 1947, dass Einweisungen in ein Speziallager nur noch dann zulässig waren, wenn für die Betroffenen ein von der Militärstaatsanwaltschaft bestätigter Haftbefehl vorlag.[194] Im Ergebnis dieser Entscheidung wurden die Internierungen auf Grundlage des NKWD-Befehls Nr. 00315 endgültig eingestellt: Die Speziallager nahmen nur noch Personen auf, die nach ihrer Verhaftung auch verurteilt worden waren. Seit dem Sommer 1948 sollten sie die Mehrheit aller Lagerhäftlinge stellen.

Mit dieser Maßnahme war ein grundlegender Wandel in der sowjetischen Verfolgungspraxis herbeigeführt. Die Verhaftungen waren

---

191 Petrov, Apparate, S. 147ff.

192 Hilger, Haft, S. 673.

193 Vgl. Jeske/Morré, Inhaftierung, S. 628.

194 Gemäß der sowjetischen Strafprozessordnung konnte die Militärstaatsanwaltschaft Verhaftungen nur unter der Voraussetzung genehmigen, dass ein Strafverfahren bereits eröffnet worden war und die Ermittlungen liefen. Kam es binnen 14 Tage nach der Verhaftung nicht zu einer Anklagerhebung, dann musste der Inhaftierte freigelassen werden (vgl. GARF, f. 9409, op. 1, d. 140, l. 27, in: Sowjetische Speziallager 2, Dok. 71, S. 285).

nunmehr nach sowjetischem Verständnis rechtlich legitimiert. Es ist daher mit Natalia Jeske und Jörg Morré denkbar, dass das MWD mit dieser Neuregelung auf den Wunsch der SMAD reagierte, »›Ordnung‹ in die bisher mehr oder minder wahllose[n] und juristisch nicht legitimierte[n] Festnahmen zu bringen«.[195] Zwar wurde durch sie weder die Ermittlungs- noch die Verhaftungsmethoden der Operativorgane angetastet oder in Frage gestellt. Dennoch dürfte die Neuausrichtung der Verhaftungspraxis nicht zuletzt dem Versuch geschuldet sein, »die zahlreichen Verhaftungen in der SBZ sowohl innen- als auch außenpolitisch als rechtmäßigen Akt darzustellen«.[196] Vielleicht aber erschien die Ausrichtung auf Verurteilungen den sowjetischen Stellen angesichts der überwiegenden Tatvorwürfe schlicht angemessener. Fügte sie sich doch in das traditionelle Schema, demzufolge »konterrevolutionäre Vergehen« entsprechend zu bestrafen waren.

Was auch immer den Ausschlag gegeben haben mag, Verurteilungen auszusprechen und die Speziallager als Haftorte der SMT-Verurteilten zu bestimmen – die Funktion des sowjetischen Lagersystems in Deutschland blieb davon nicht unberührt. Wie es im Rückblick scheint, hatte Generaloberst Serov bereits im September 1946 – noch bevor das Innenministerium die Aufnahmepraxis änderte – dem Funktionswandel der Speziallager vorgearbeitet. Serov, der in Personalunion als Stellvertreter des Obersten Chefs der SMAD für Zivilfragen und als Chef der Geheimdienste in der SBZ agierte und damit auch der »Abteilung Speziallager« vorstand, beschied damals, die SMT-Verurteilten je nach Strafdauer auf bestimmte Speziallager zu verteilen.[197] Endgültig umgesetzt wurde diese Anweisung erst im Sommer 1948, als nach der Entlassung von 28000 Internierten eine grundlegende Neustrukturierung und Verkleinerung des Speziallagersystems möglich geworden war. Einzig das Speziallager Nr. 2 in Buchenwald fungierte weiterhin als ein »reines« Internierungslager für Häftlinge ohne Urteil. In Sachsenhausen, nunmehr als Speziallager Nr. 1 gezählt, befanden sich hingegen sowohl Internierte als auch jene Verurteilte, die nach sowjetischem Verständnis als »Kurzstrafer« galten. Ihre Strafen beliefen sich auf weniger als 15 Jahre. In Bautzen, jetzt das Speziallager Nr. 3,

195 Jeske/Morré, Inhaftierung, S. 630.
196 Ebenda.
197 Ebenda, S. 628.

wurden ausschließlich »Langstrafer« festgesetzt, also SMT-Verurteilte, die zu 15 und mehr Jahren verurteilt worden waren. Damit war der Funktionswandel des Speziallagersystems, das ursprünglich für kurzfristige Internierungen eingerichtet worden war, festgeschrieben. Mit Ausnahme Buchenwalds waren die Lager für Häftlinge mit langen Strafen bestimmt. Ihren logischen Abschluss fand diese Entwicklung, als sie im August 1948 der Verwaltung der GULAG unterstellt wurden.

Parallel zu diesen Veränderungen der sowjetischen Verfolgungs- und Haftpraxis in der SBZ wurden auch Deportationen verfügt – jedoch keine Massendeportationen zu Arbeitszwecken, wie Karl-Wilhelm Fricke Anfang der 1970er Jahre unter Verweis auf mindestens 20000 Verurteilte nahelegte.[198] Mangels gesicherter Quellen griff Frickes Schätzung wie auch die von Gerhard Finn, der Mitte der 1990er Jahre von 13000 Deportationen ausging, zu hoch.[199] Ausweislich der aktuellen Analyse Andreas Hilgers ist von etwa 7000 deutschen SMT-Verurteilten auszugehen, die aus der SBZ und der DDR in die Sowjetunion deportiert wurden.[200] Auf die Gesamtzahl von 35000 Urteilen bezogen, die die SMT über deutsche Zivilisten bis 1955 verhängten, wurde somit ein Fünftel aller Verurteilten in das Arbeitsheer der GULAG und der GUPVI eingereiht. Zu fast 5000 dieser geschätzten 7000 Deportationsfälle konnte Hilger die

---

198 Fricke ging von etwa 20000 Internierten und 20000 Verurteilten aus, die in die UdSSR deportiert wurden (Fricke, Politik und Justiz, S. 94 u. 133f.).

199 Zusätzlich zu den 13000 Verurteilten, die deportiert wurden, geht Finn von weiteren etwa 6700 Fällen aus, in denen Internierte deportiert wurden (Finn, Mauern, Gitter, Stacheldraht, S. 18).

200 Hilgers Ausführungen legen nahe, dass diese 7000 jene Fälle mit einschließen, in denen die Deportationen nicht sofort nach der Verurteilung, sondern aus den Speziallagern heraus stattfanden. Der Abschlussbericht der »Abteilung Speziallager« vom März 1950 beziffert die Zahl der SMT-Verurteilten, die aus einem Speziallager in ein Lager in der UdSSR überstellt wurden, auf 1661 (von Plato, Geschichte, S. 44). Von den 7000 Deportierten wurden 6200 bis 6300 in den GULAG, 700 bis 800 in die Lager der GUPVI überstellt; ungefähr 800 von ihnen kehrten nicht mehr nach Hause zurück. Nicht eingerechnet sind mindestens 1000 deutsche Zivilisten, die nach Wiedereinsetzung der Todesstrafe 1950 zur Vollstreckung dieses Urteils in die UdSSR verbracht worden waren (Hilger, Haft, S. 671; vgl. auch: Roginskij/Rudoph/Drauschke/Kaminsky [Hg.], »Erschossen in Moskau …«).

personenbezogenen Akten auswerten, die heute im MWD-Archiv (CA MWD) liegen. Auf Grundlage dieser gesicherten Datenbasis ist zunächst festzustellen, dass weniger als die Hälfte der dokumentierten Deportationen vor Ende 1949 durchgeführt wurden (2111 erfasste Fälle).[201] Auf die Gesamtzahl der fast 18000 Urteile gerechnet, die von den SMT im gleichen Zeitraum gefällt wurden, stellten die Deportierten also nur einen relativ geringen Anteil. Das ist durchaus als Indiz dafür zu werten, dass die Deportationen nach der Aufgabe des Interesses an der Arbeitskraft der SMT-Verurteilten als spezifisches Strafinstrument eingesetzt wurden, das mit der Umfunktionalisierung der Speziallager in Strafgefangenenlager korrelierte: Deportiert wurden Verurteilte, die von der Besatzungsmacht als besondere Sicherheitsrisiken eingeschätzt wurden.

Hilgers Auswertung der Datensätze im MWD-Archiv und damit aller erfassten Deportationen bis 1955 bestätigt diese Lesart. Weniger als 25 Prozent der insgesamt aufbereiteten Deportationsfälle basierten auf einem Urteil, das im Zusammenhang mit Anschuldigungen nationalsozialistischer Gewaltverbrechen gefällt worden war.[202] Nur ein Viertel aller Urteile, die mit einer Deportation einhergingen, waren also durch den Ukas 43, das Kontrollratsgesetz Nr. 10 oder den Artikel 58–2[203] begründet worden. Wegen der Kombinationsurteile – es konnten einer oder mehrere Paragraphen des Artikels 58 angewendet werden – stehen ihnen in dieser Statistik fast 80 Prozent Verurteilte[204] gegenüber, die von den SMT auf Grundlage des Artikels 58 abgeurteilt worden waren.[205] Allein der Artikel 58–6, Spionage, lag 41,8 Prozent aller dokumentierten Deportationsurteile

201 Hilger, Haft, Tabelle 1, S. 667.

202 Ebenda, Tabelle 4, S. 677.

203 Hier wird vorausgesetzt, dass es sich bei den Verurteilungen auf Grundlage des Art. 58–2 um Verurteilungen wegen NS-Tatvorwürfen handelt.

204 Wegen der Kombinationsurteile liegen für knapp 5000 Datensätze mehr als 5500 (110 Prozent) Urteilsbegründungen vor (Hilger, Haft, Tabelle 4, S. 677).

205 Gerechnet ohne Art. 58–2, der hier weiterhin pauschal den Verurteilungen im Rahmen von NS-Verbrechen zugeordnet wird. Dieser Umstand könnte erklären, warum Ute Schmidt in einer ersten und vorläufigen Auswertung dieser Datensätze zu dem Ergebnis kommt, dass nur zehn Prozent der Deportierten im Zusammenhang mit Krieg- und Gewaltverbrechen verurteilt worden waren (Schmidt, Strafjustiz, S. 194).

zugrunde. Diese Richtwerte verdeutlichen, dass die Deportationen mehrheitlich »besonders gefährliche[n] Verbrecher[n]« vorbehalten waren.[206] So zumindest wurde diese »Zielgruppe« der zu Deportierenden bei der Auflösung der Speziallager Anfang 1950 umschrieben,[207] mit der die sicherheitspolitische Ausrichtung der Deportationen im Besonderen und der SMT-Verurteilungen im Allgemeinen bestätigt wurde.

Zur Logik des justiziellen Terrors

Die HAIT-Studie basiert neben den SMT-Urteilen auf personenbezogenen Akten, die für das Haftkontingent der Internierten auf absehbare Zeit nicht zur Verfügung stehen werden. Gemeint sind die Verhörprotokolle der SMT-Verurteilten, die zusammen mit den Urteilssprüchen den besonderen Wert der Dresdner Dokumentation ausmachen. Denn es sind diese personenbezogenen MWD-, MGB- und SMA(D)-Quellen, die einen einzigartigen Einblick in die Aufklärungs- und Strafpraxis der entsprechenden sowjetischen Organe in Deutschland erlauben. Im Gegensatz zu den Internierten ist daher für das Haftkontingent der SMT-Verurteilten eine Rekonstruktion der Repressionspraxis möglich. Deren wichtigstes Merkmal wurde schon erwähnt: Der Nachweis individueller Schuld wurde von den SMT als ebenso nachrangig erachtet wie die Aufklärung realer Tatkomplexe. Mit den SMT-Urteilen wurden also nicht Tatbestände, sondern Tatvorwürfe abgestraft. Damit übten die SMT, wie Fricke es schon in den 1970er Jahren formulierte, einen justiziellen Terror in

---

206 Auffällig ist zudem, dass es im Februar 1948 in der UdSSR zur Errichtung von Sonderlagern mit verschärftem Regime kam, in die Personen eingewiesen wurden, die als besonders gefährlich eingeschätzt worden waren (Hilger, Haft, S. 674).

207 Siehe dazu den Politbürobeschluss vom 30. Oktober 1949, mit dem die Lagerauflösung initiiert wurde (CChSD, f. 89, per. 75, Nr. 20, in: Sowjetische Speziallager 2, Dok. 105, S. 358). Als »besonders gefährliche Verbrecher« beziehungsweise als Personen, die einen »besonders aktiven Kampf gegen die UdSSR« geführt haben, wurden 179 SMT-Verurteilte, 473 Internierte sowie 58 ausländische Staatsangehörige eingestuft. Sie wurden Anfang 1950 deportiert (CChSD, f. 89, per. 75, Nr. 23, in: ebenda, Dok. 109, S. 366).

der SBZ und späteren DDR aus.[208] Die heute zugänglichen Quellen präzisieren jedoch nicht allein dessen Ausmaß. Sie verdeutlichen auch, wie stark die Verfolgungspraktiken von der traditionellen Sicherheitspolitik geprägt und überformt waren.

Zur Umsetzung dieses Sicherheitsverständnisses in der sowjetischen Besatzungszone und jungen DDR führen Andreas Hilger und Nikita Petrov eindringlich vor Augen, dass die sowjetische Repressionspraxis auf »begrifflich vorgestanzte und kaum hinterfragte Wahrnehmungsmuster, Feindbilder und Handlungsmechanismen« gegründet war.[209] Die Ermittlungsorgane übertrugen eingeübte tschekistische Reflexe direkt auf die Besatzungszone, so dass jede einzelne Verhaftung die ideologisierten Interpretationsmuster und den weitgreifenden Präventionsgedanken der Geheimdienste und Sicherheitsapparate im Ergebnis wieder und wieder bestätigte. Diese Dynamik, mit der jede dieser Verhaftungen die Notwendigkeit weiterer Repressionsmaßnahmen begründete, dürfte den justiziellen Terror intensiviert haben, mit dem politische Abweichler oder Gegner kriminalisiert und kriminelle Handlungen politisiert wurden. Obwohl wie bei den Internierungen auch für die SMT-Verurteilungen keine Verhaftungsquoten überliefert sind, dürfte die Verfolgungslogik noch zusätzlich dadurch befeuert worden sein, dass die »bloße Zahl verhafteter oder ›entlarvter‹ Verbrecher« den »Ruhm« der Operativorgane grundsätzlich mehrte.[210] Vor allem aber führte dieser Mechanismus dazu, dass Regimevergehen aufgedeckt und verurteilt wurden, um deren Hintergründe lediglich die Operativorgane wussten – nicht aber der oder die vorgeblichen Täter.

Die Verfolgung fiktionaler Vergehen ist durch die sowjetische Rechtsauffassung abgedeckt. Die Definition »konterrevolutionärer Handlungen« laut Art. 58 erlaubt auch, die »bloße Absicht« eines Vergehens zu bestrafen.[211] Dementsprechend spielten in der Rechts-

208 Fricke, Politik und Justiz, S. 55. Siehe auch ders., Kampf dem Klassenfeind, bes. S. 181. Fricke unterscheidet dabei zwischen einem anfänglichen »kollektiven Terror« durch Internierungen, der durch den »justiziellen Terror« durch SMT-Verurteilungen abgelöst wurde.

209 Hilger/Petrov, Schmutzarbeit, S. 80.

210 Ebenda, S. 86.

211 Vgl. Schroeder, Rechtsgrundlagen, S. 50. Laut Art. 58–1 StGB der RSFSR von 1926 definiert sich ein konterrevolutionäres Verbrechen wie folgt: »Konterrevolutionär ist jede Handlung, die auf den Sturz, die Un-

praxis Fragen nach der Beweislast in der Regel keine Rolle. Zudem würden zu viele Details in den Anklageschriften, wie der Generalstaatsanwalt der UdSSR, A. Vavilov, im Oktober 1948 erklärte, die Entlarvung von Verbrechern nur erschweren.[212] Die erpressten Geständnisse erhellen daher in erster Linie das tschekistische Weltbild der Ermittlungsorgane, nicht aber die vermeintlichen Tatkomplexe. Viele der Protokolle unterscheiden sich lediglich durch den Namen dessen, der einem Verhör unterzogen wurde – nicht aber hinsichtlich des Tatvorwurfs.[213]

Diese Praxis sollte bei der Besetzung Deutschlands mit einer sowjetischen Erwartungshaltung verschmelzen, die das sicherheitspolitische Verständnis der Operativorgane zusätzlich prägte: die Erwartung, sich als Besatzungsmacht mit einem nationalsozialistisch und/oder antikommunistisch motivierten Widerstand konfrontiert zu sehen. Dass diese Unterstellung gleichermaßen mit den Erfahrungen einer erfolgreichen Partisanentätigkeit im eigenen Land unter deutscher Besatzung wie der sowjetischen Besatzung etwa im Baltikum korrelierte, steht angesichts des 1945/46 »aufgebauschte[n] ›Werwolf‹-Mythos«[214] zu vermuten, der sich in der Internierung oder der Verurteilung Tausender Jugendlicher niederschlug. Auch die Meldungen der örtlichen Kommandanturen aus den Jahren 1945 und 1946, die das widerständige Potential in der Bevölkerung als begrenzt einschätzten,[215] konnten die Projektionen nicht relativieren. Schließlich agierten die Operativ- wie Straforgane, so ihre Wahrnehmung, in einer nationalsozialistisch durchseuchten SBZ, die als feindliches Ausland an den kapitalistischen Westen grenzte, dem man schon während des Krieges misstraut hatte. Der Anfangsverdacht gegenüber den Deutschen, deren häufig prowestliche Haltung der Besatzungsmacht keinesfalls verborgen blieb, verdichtete sich ange-

---

terhöhlung oder die Schwächung der Herrschaft der Räte der Arbeiter und Bauern und der von ihnen aufgrund der Verfassung der UdSSR gewählten Regierungen der Arbeiter und Bauern der Union der SSR, der Unionsrepubliken und Autonomen Republiken oder auf die Unterhöhlung oder die Schwächung der äußeren Sicherheit der Union der SSR und der grundlegenden wirtschaftlichen, politischen und nationalen Errungenschaften der proletarischen Revolution gerichtet ist.«

212 Vgl. Hilger/Petrov, Schmutzarbeit, S. 107.

213 Ebenda, S. 87.

214 Schmidt, Strafjustiz, S. 100.

215 Vgl. Hilger/Petrov, Schmutzarbeit, S. 81.

sichts der Spannungen des Kalten Krieges geradezu zwangsläufig zu einem generalisierten Feindverdacht gegen ebenso namen- wie zahllose »Konterrevolutionäre«.

Wie verheerend dieser Feindverdacht das sicherheitspolitische Weltbild der Operativorgane durchwirkte, gibt exemplarisch ein Tätigkeitsbericht des stellvertretenden Kommandeurs des 83. MGB-Schützenregiments, Gavrikov, zu erkennen, der im August 1947 an seinen Stabschef schrieb: »Die Verstärkung der Tätigkeit faschistischer Untergrundorganisationen auf dem Gebiet der sowjetischen Zone drückt sich in Diversion, Terror, antisowjetischer Agitation und Sabotage in den Unternehmen, die auf Reparationsrechnung für die Sowjetunion arbeiten, aus und geht in der Hauptsache auf Rechnung des sich immer mehr verstärkenden Einflusses des faschistischen Untergrunds der anglo-amerikanischen Besatzungszonen und der Tätigkeit der anglo-amerikanischen Aufklärungsdienste.«[216]

Dass die geheimdienstliche »Bearbeitung« der SBZ durch die Westmächte unmittelbar nach Kriegsende einsetzte und dass sich diese dabei nicht selten deutscher Mitarbeiter bedienten, steht außer Frage. Dennoch scheinen die Operativorgane die Sicherheitslage »absichtlich dramatisiert« zu haben,[217] um die Repressionsmaßnahmen wie die eigene sicherheitspolitische Paranoia gleichzeitig zu legitimieren und zu intensivieren. Hinzu kam, dass sich, wie Natalia Jeske festhält, der »Nachweis von NS-Straftaten«, der aufgrund der veränderten Einweisungsregeln in die Speziallager Anfang 1947 formell gefordert wurde, »schnell als aufwendig« erweisen sollte – der »von politischen bzw. ›antisowjetischen‹ Taten dagegen als relativ unkompliziert und politisch effektiv«.[218] Dabei korrespondierte die zunehmende »Agenten-Hysterie«,[219] die in der brachialen Verfolgung jedweder Westkontakte – vom Besitz westlicher Druckerzeugnisse bis hin zum illegalen Überschreiten der »Grünen Grenze« – resultierte, mit dem sich verschlechternden Verhältnis unter den Alliierten. Parallel dazu erforderten die besatzungspolitischen Maßnahmen der SMAD zur »Sowjetisierung« der SBZ eine erhöhte Wachsamkeit der sicherheitspolitischen Organe.

---

216 Zit. nach ebenda, S. 85.

217 Schmidt, Strafjustiz, S. 100.

218 Jeske, Speziallagerstatistiken, S. 477.

219 Schmidt, Strafjustiz, S. 100.

Tatsächlich sollte die Besatzungsmacht wegen der Eingriffe in die sozioökonomische Gesellschaftsstruktur – sei es durch die eingeforderten Reparationsleistungen, durch Enteignungen des Großkapitals oder in der Landwirtschaft, wie auch durch die parteipolitischen Weichenstellungen bei der Durchsetzung des Hegemonieanspruchs der SED – zunehmend reale politische Gegner auf den Plan rufen. Beispielhaft stehen dafür jene Sozialdemokraten, die sich nach der »Zwangsehe« von KPD und SPD zur SED deren Stalinisierung und Wandlung zur »Partei neuen Typus« verwehrten, weiterhin für eine sozialdemokratische Politik einstanden und unter Umständen Kontakte zur West-SPD aufrechterhielten. Politische Abweichler wie Gegner fanden sich auch in den Reihen der bürgerlichen Blockparteien der SBZ und ebenfalls in der SED. Neben diesen gerieten ferner oppositionelle Jugend- und Studentengruppen, politische »Anarchisten«, »Titoisten« und »Trotzkisten« ebenso wie Informanten der Kampfgruppe gegen Unmenschlichkeit (KgU) oder Zuträger westlicher Geheimdienste in das Visier der Operativorgane.[220] Es gab also durchaus ein »Klima, in dem NKWD/MWD-Agenten«, wie Norman M. Naimark anmerkt, »das Gefühl haben konnten, tief in den Klassenkampf verwickelt zu sein«.[221] Und trotzdem ist mit Hilger und Petrov festzuhalten: »Ausmaß und Formen der sowjetischen Repressionsmaßnahmen standen [...] offenbar sowohl in der unmittelbaren Nachkriegszeit als auch in der Frühphase der DDR in keinem Verhältnis zu der realen, konkreten Gefährdung« durch widerständiges oder oppositionelles Verhalten der Bevölkerung.[222]

---

220 Einen grundlegenden Überblick über die breitgefächerte Opposition in der SBZ und DDR anhand von politischen Lebensbildern von mehr als 50 ihrer Protagonisten bietet: Fricke/Steinbach/Tuchel (Hg.), Opposition und Widerstand. Zur Dimension der politischen Repression im universitären Bereich siehe: Namen und Schicksale. Eine biographische Aufstellung Verfolgter evangelischen Glaubens findet sich in: Rathke, Todesopfer des Stalinismus. Auf andere Verfolgtengruppen wird nachfolgend Bezug genommen.

221 Naimark, Die Russen, S. 448.

222 Hilger/Petrov, Schmutzarbeit, S. 81. Oder mit Naimark: »Zwar hat es [...] Fälle gegen die Sowjets und die SED gerichteten Widerstands sowie ›Nazi-Aktivitäten‹ offenbar tatsächlich gegeben, doch haben Historiker bislang noch keine volldokumentierten Fälle ernstzunehmender Verschwörungen vorlegen können. Weder hat es in den ersten Jahren nach dem Krieg belegte ›Werwolf‹-Attentate noch in den Jahren 1947 bis

Mit diesem Fazit sind gleichzeitig die Grenzen markiert, die der Auswertung von Verhörprotokollen und Urteilen inhärent sind. Dieses Quellenkonvolut offenbart die rigide Verfolgungspraxis der sowjetischen Operativ- und Straforgane. Es gibt jedoch »nur« die Sichtweise der sowjetischen Repressionsorgane wieder, die sich in einer maßlosen Inkriminierung der Betroffenen niederschlug. Entsprechend schweigen sich die personenbezogenen Akten der Verurteilten über deren Intentionen oder Motive aus und nivellieren infolge der schematischen Tatvorwürfe jegliche Unterschiede zum Beispiel zwischen politischer Opposition, jugendlicher Delinquenz und dem schlichten Pech, in einen Verkehrsunfall mit einem Angehörigen der Besatzungsmacht verwickelt gewesen zu sein.[223] Deutlich wird zwar das hypertrophe sicherheitspolitische Weltbild der involvierten Besatzungsorgane wie die politische Instrumentalisierung der Justiz. Über die Besatzungsrealität aber sagen die Akten allenfalls aus, dass sie von Willkür und Terror beherrscht war. Der analytische Wert dieser Quellen ist also begrenzt. Aufgewertet werden sie andererseits durch den Umstand, dass der Forschung gegenwärtig operative Befehle und Anweisungen weitgehend verschlossen sind. Ohne derartige Quellen – wie sie mit dem NKWD-Befehl Nr. 00315 für das Haftkontingent der Internierten vorliegen – können wichtige Forschungsfragen daher nur anhand von Hinweisen diskutiert werden, die durch die personenbezogenen Akten der SMT-Verurteilten selbst aufgeworfen werden.[224] Das gilt auch und gerade für die zentrale Frage nach den Zielen und Intentionen, die die Besatzungsmacht mit diesem Repressionsinstrument verfolgte.

Zweifellos war die rigide Verfolgung eines vielfach fiktiven Widerstands der Etablierung und Wahrung der sowjetischen Besatzungsherrschaft äußerst dienlich. Das (wie schon bei den Internierungen) zumeist plötzliche Verschwinden von Personen – einzeln oder in Gruppen – verbreitete eine Atmosphäre der Angst und Rechtlosigkeit, die als Drohung im öffentlichen Raum schwebte und den Herrschaftsanspruch der Besatzungsmacht untermauerte. Dabei erwies

---

1949 ›konterrevolutionäre‹ und Schumacher-Anhängern anzulastende Untergrundoperationen gegeben (Naimark, Die Russen, S. 447).

223 Zu Verurteilung im Bereich des Transport- und Verkehrswesens siehe: Hilger/Schmeitzner/Schmidt, Widerstand, S. 257–261.

224 Einen kurzer Abriss der wichtigsten Forschungs- und auch methodischen Fragen findet sich bei Schmidt, Strafjustiz, S. 102–104.

sich die sicherheitspolitische Logik des justiziellen Terrors immun gegen jedwede Schäden, die das Ansehen der Besatzungsmacht in der Öffentlichkeit erlitt. Selbst »Klagen sowjetischer Dienststellen über tschekistische Auswüchse« verhallten.[225] Bis zu Stalins Tod 1953 wurden keine Korrekturen oder gar Kurswechsel vorgenommen. Umso dringlicher stellt sich daher die Frage, ob den SMT-Verurteilungen bei der Durchsetzung besatzungspolitischer Ziele eine spezifische Funktion zukam. Entledigte sich, so ließe sich fragen, die Besatzungsmacht mittels der SMT-Verurteilungen bestimmter sozialer oder politischer Gruppierungen, die ihren Zielen im Wege standen? Exemplarisch sei dieser Frage nachgegangen – zunächst mit Blick auf die sogenannten Klassenfeinde der demokratisch-antifaschistischen Umwälzung in der SBZ und schließlich am Beispiel der SED-parteiinternen Opposition, allen voran den Sozialdemokraten.

Justizielle Verfolgung von »Klassenfeinden«

Es ist denkbar, dass die SMT-Verurteilungen die antifaschistische Neuordnung und damit die sozioökonomische Umgestaltung der SBZ flankieren sollten. Da deren wichtigstes Element die »demokratische Bodenreform« war, mit der seit September 1945 »Junkerland in Bauernhand« übereignet wurde,[226] könnten sich die Verurteilungen planmäßig gegen jene gerichtet haben, deren Vermögen enteignet wurde.[227] Darunter sind zunächst Großgrund- und Gutsbesitzer zu verstehen, aber auch Fabrikanten und Selbständige, deren Unternehmen sequestriert wurden. Ob als »Kapitalisten«, »Imperialisten« oder »Klassenfeinde« bezeichnet – als Repräsentanten der »offenen Diktatur der reaktionärsten Kräfte des Finanzkapitals«[228] traf sie ein generalisierender, jedwede Repression legitimierender Vorwurf: »Alle diese Kriegsschuldigen und Kriegsverbrecher müssen«, wie

225 Hilger/Petrov, Schmutzarbeit, S. 151.

226 Als grundlegende Überblicksdarstellung: Bauernkämper (Hg.), »Junkerland in Bauernhand?«.

227 Bei den Enteignungen des Sommer 1945 kam es auf die Größe der Landgüter (ab 100 ha) und den gesellschaftlichen Hintergrund der Besitzer an. Ob der Betroffene eine nationalsozialistische Vergangenheit hatte, spielte in der Enteignungsrealität eine primär propagandistische Rolle (vgl. Naimark, Die Russen, S. 184).

228 Kerseboom/Niethammer, Kompromat, S. 519.

Wilhelm Pieck es formulierte, »jetzt für immer unschädlich gemacht, es muss ihnen die Grundlage ihrer Macht, ihr Grundbesitz und ihr Vermögen weggenommen werden.«[229] Sie wurden also zu den primär Verantwortlichen für das NS-Regime erklärt. Diese Verantwortung scheint mit den Enteignungen jedoch größtenteils abgegolten gewesen zu sein: Der Anteil der Unternehmer, Selbständigen und Gutsbesitzer unter den SMT-Verurteilten war verschwindend gering. Ausweislich einer HAIT-Statistik über die Berufszugehörigkeit von 7316 Personen, die bis Ende 1949 verurteilt worden waren, stellten die »Klassenfeinde« wenig mehr als drei Prozent der Verurteilten. Bis 1955 blieb dieser Prozentsatz in etwa konstant.[230]

Dass diese Verurteilungen nur bedingt als Ausdruck eines spezifischen Strafinteresses der Besatzungsmacht zu bewerten sind, das sich gegen eine mit dem Nationalsozialismus verwobene Klientel wandte, zeigt auch die Aufschlüsselung der Urteilsbegründungen. 17,3 Prozent der bis 1955 dokumentierten Urteile, die für die ohnehin kleine Gruppe von verurteilten Gutsbesitzern, Selbständigen und Unternehmern vorliegen, lassen sich eindeutig auf NS-Tatvorwürfe zurückführen, da sie mit dem Ukas 43 und dem Kontrollratsgesetz Nr. 10 begründet wurden. Im Vergleich zu den dokumentierten Urteilsbegründungen gegen andere Berufsgruppen – Arbeiter, Bauern, Angestellte und andere – war dieser Anteil relativ hoch.[231] Trotzdem

---

229 Zit. nach Naimark, Die Russen, S. 181.

230 244 der 7316 dokumentierten Verurteilungen nach ausgewählten Berufsgruppen bis Ende 1949 (bzw. 346 von 9761 bis 1955) bezogen sich auf Unternehmer, Selbständige und Gutsbesitzer (Sowjetische Militärtribunale 2, Tabelle VII a, S. 806).

231 Es liegen 60 dokumentierte Verurteilungen auf Grundlage des Ukas 43 und des Kontrollratsgesetzes Nr. 10 vor (ebenda, Tabelle VII b, S. 807). Nicht wenige dieser Urteile dürften im Zusammenhang mit der Beschäftigung von sowjetischen Zwangsarbeitern in der Landwirtschaft oder in Fabriken gestanden haben. Weitere 15,3 Prozent bzw. 54 Urteile wurden auf Grundlage des Art. 58–2 StGB der RSFSR gefällt. Wie viele dieser Urteile tatsächlich in Zusammenhang mit NS-Tatvorwürfen standen, ist nicht bekannt. Fest steht allerdings, dass prozentual mehr Arbeiter, Bauern und Landwirte auf Grundlage dieses Artikels verurteilt wurden als die Berufsgruppe der Selbständigen, Unternehmer und Gutsbesitzer. Deshalb – und weil die statistische Vorlage es nicht anders erlaubt – wird der Art. 58–2 in dieser Beispielrechnung *nicht* jenen Urteilsbegründungen zugeschlagen, die sich auf NS-Tatvorwürfe bezogen.

stehen ihm 72,5 Prozent der erfassten Urteile gegenüber, in denen Angehörige dieser Schicht auf Grundlage eines oder mehrerer Paragraphen des Artikels 58 abgeurteilt wurden. Der Artikel 58–6, Spionage, liegt fast 40 Prozent dieser Fälle zugrunde.[232] Angesichts dieser Ausführungen sowie der ohnehin begrenzten Zahl abgeurteilter »Klassenfeinde« gibt sich die SMT-Urteilspraxis nicht als ein Instrument zu erkennen, dass zielgerichtet zur Bestrafung jener eingesetzt wurde, deren historische Schuld als Unterstützer des Nationalsozialismus oder als Kriegstreiber von der Besatzungsmacht vorausgesetzt wurde.

Mit Blick auf die angestrebte gesellschaftliche Umwälzung in der SBZ könnten den Verurteilungen von Großgrundbesitzern und Fabrikanten ebenfalls wirtschaftliche Motive zugrunde gelegen haben. Dagegen spricht jedoch, dass sich die »Spruchtätigkeit der sowjetische Gerichte [...] nicht vorrangig mit dem Wunsch erklären [lässt], Eigentum umzuverteilen bzw. zu verstaatlichen«.[233] Der Besatzungsmacht standen mit den Enteignungen und Sequestrierungen also andere und vor allem einträgliche Instrumente zur Mehrung des Volksvermögens der UdSSR wie der späteren DDR zur Verfügung; der SMT-Verurteilungen bedurfte es dazu nicht. Sie sind daher auch nicht als ein Instrument zu verstehen, mit dem die Besatzungsmacht ihr wirtschaftliches Interesse an dem Vermögen der »Klassenfeinde« planmäßig befriedigte. Die SMT-Verurteilungen dürften vielmehr punktuell dazu gedient haben, jenen Repressionen, denen diese Klientel ohnehin unterlag, mehr Nachdruck zu verleihen oder deren Umsetzung in Einzelfällen zu erleichtern.

»Politische Säuberungen« und der Kampf gegen »Abweichler«

Die Statistik über die Berufszugehörigkeit von SMT-Verurteilten zeigt in aller Deutlichkeit das unterschwellige Misstrauen, das die Besatzungsmacht den Angehörigen ausgerechnet jener Gruppe entgegenbrachte, die den Kern des zukünftigen Arbeiter- und Bauernstaates stellte: der kommunistisch oder sozialdemokratisch gepräg-

---

232 Sowjetische Militärtribunale 2, Tabelle VII b, S. 807.
233 Hilger, Konfiskation, S. 82.

ten Arbeiterschaft. In der Wahrnehmung der Besatzungsmacht – und auch der Führungselite der SED – hatte sie, statt sich dem Faschismus erfolgreich zu widersetzen, ihre Anfälligkeit für den Nationalsozialismus unter Beweis gestellt.[234] Dass dieser zentralen Klientel daher beim »Aufbau der neuen Ordnung« der SBZ/DDR mit erhöhter Wachsamkeit begegnet wurde, belegen die Verurteilungszahlen: Bis Ende 1949 wurden 18-mal mehr Arbeiter als Gutsbesitzer und Unternehmer verurteilt.[235] Oder nach Parteizugehörigkeit gezählt: Fast zwölf Prozent aller bis Ende 1949 erfassten Urteile betrafen Mitglieder der SED und ihrer beiden Vorläuferparteien KPD und SPD.[236] Bis 1955 stellten Angehörige dieser drei Parteien 80 Prozent aller SMT-Verurteilten, deren parteipolitische Bindung durch die HAIT-Studie dokumentiert ist.[237]

Vor allem die Verurteilungen von Sozialdemokraten und sozialdemokratischen Genossen der SED werden vielfach als Ausdruck einer Massenrepression verstanden. Beispielhaft stehen dafür die Ausführungen Bernd Faulenbachs im »Gedenkbuch der deutschen Sozialdemokratie«, das im Jahr 2000 erschienen ist. Dort schreibt er, dass »Tausende« Sozialdemokraten »verurteilt und jahrelang in Speziallagern, in Zuchthäusern – insbesondere in Bautzen – festgehalten

---

234 Das galt im Besonderen für jene Kommunisten, die zwischen 1933 und 1945 in Deutschland geblieben waren. »In den Augen der Moskauemigranten standen [sie] in dem Verdacht, in einer Zeit schwerster Prüfungen im persönlichen Verhalten vom ›Klassenstandpunkt‹ abgewichen zu sein und ›ideologische Schwankungen‹ gezeigt zu haben« (Malycha, SED, S. 434).

235 Sowjetische Militärtribunale 2, Tabelle VII a, S. 806.

236 Bis Ende 1949 liegen 2195 dokumentierte Urteile vor. Sie stellen gut 12 Prozent der insgesamt knapp 18000 Urteile, die für diesen Zeitraum erfasst sind. Bis zum Zeitraum 1955 gerechnet, lag ihr Anteil bei etwa 10 Prozent (Schmeitzner, Genossen vor Gericht, hier Tabelle 2, S. 268).

237 Ebenda, Tabelle 1, S. 267. Der hohe Prozentsatz verurteilter Angehöriger der SED und ihrer beiden Vorläuferparteien relativiert sich mit Blick auf die verurteilten Angehörigen der Blockparteien durch die ungleich größere Mitgliederstärke. So verlor die CDU(D) in den ersten sieben Jahren ihres Bestehens seit Kriegsende mehr als 25 Prozent ihrer Mitglieder; bis 1961 »verschwanden weit über 2000 CDU-Mitglieder hinter Gefängnismauern, nicht wenige wurden zum Tode verurteilt« (Buchstab, Vorwort, in: ders. [Hg.], Verfolgt und entrechtet, S. 7).

und in den Archipel GULag verschleppt« wurden.[238] Faulenbachs Hinweis auf »Tausende« sozialdemokratische SMT-Verurteilte könnte auf den Zahlen des Kurt-Schumacher-Kreises beruhen, in dem sich entlassene und in den Westen abgewanderte Sozialdemokraten zusammengefunden hatten. 1971 schätzte jener die Zahl verurteilter Sozialdemokraten auf 5000 Personen.[239] Zu lesen ist diese Schätzung jedoch zunächst als eine Mahnung an die eigene Partei, die sich zu diesem Zeitpunkt unter der Führung Willy Brandts anschickte, das Verhältnis mit dem ostdeutschen Staat zu verbessern: Die sozialdemokratischen Opfer durften nicht vergessen werden. Dass die Zahlenangabe des Kurt-Schumacher-Kreises nach bestem Wissen und Gewissen erfolgte, soll damit keinesfalls in Abrede gestellt werden. Haltbar ist sie ausweislich der HAIT-Studie jedoch nicht; sie greift, wie gleich zu sehen sein wird, deutlich zu hoch. Problematisch ist zudem nicht so sehr die fehlerhafte Bezifferung verurteilter Sozialdemokraten, die sich bis heute gehalten hat,[240] sondern vor allem die Lesart, die sie impliziert und die von vornherein den Blick auf Differenzierungen verstellt, die verdeutlichen, dass von einer pauschalen Massenrepression der Sozialdemokratie durch Verhaftungen und SMT-Verurteilungen nur bedingt die Rede sein kann.

Zunächst: Die SMT-Verurteilungen waren ein Instrument unter vielen, deren sich die Besatzungsmacht bediente, um in die junge Parteienlandschaft in der SBZ einzugreifen. Akteure oder Fürsprecher jedweder nach 1945 lizenzierten Partei konnten sich zahlreichen »Maßnahmen« ausgesetzt sehen: Sie wurden drangsaliert, bedroht und eingeschüchtert, sei es durch Geldstrafen, den Verlust des Arbeitsplatzes und/oder der parteipolitischen Funktion, sei es durch wiederholte Einbestellungen auf die Kommandanturen, wo sie für einige Tage festgehalten wurden. Die Liste der Repressionen ist lang und bis Ende 1946 grundsätzlich um die Möglichkeit der Internierung zu ergänzen.[241] Wie viele Menschen jedweder parteipolitischen

---

238 Faulenbach, Der Freiheit verpflichtet, Einleitung, S. 13.

239 Zur Situation der Sozialdemokratie, S. 48f.

240 So sprechen auch Beatrix Bouvier und Dieter Rieke von 5000 beziehungsweise von Tausenden verurteilten SPD-Mitgliedern (Bouvier, Ausgeschaltet, S. 258; und Rieke [Hg.], Sozialdemokraten als Opfer, S. 7–11).

241 Angaben über die Zahl *internierter* Parteimitglieder der SED und ihrer beiden Vorläuferparteien sowie der Blockparteien sind lediglich indi-

Anbindung von diesen Maßnahmen betroffen waren, ist unmöglich abzuschätzen. Ausschlaggebend aber ist das Zusammenspiel der unterschiedlichen Faktoren – und es steht zu vermuten, dass der Kurt-Schumacher-Kreis dieses durchaus noch vor Augen hatte, als er 1971 die Schätzung verurteilter Sozialdemokraten vorlegte. Schließlich erinnerte er auch an die vermutlich 20000 Parteianhänger, die ihren Arbeitsplatz verloren hatten, und bezifferte die Zahl derer, die sich den Repressalien durch Flucht in den Westen entzogen hatten, mit 100000 Genossen.[242] Erst der gesamte Maßnahmenkatalog erweist sich als eine politisch motivierte Massenrepression, die darauf abzielte, die Parteienlandschaft insgesamt an die sowjetischen Vorstellungen »anzupassen« und damit auch die Sozialdemokratie zugunsten der SED auszuhebeln.

In diese Richtung weist auch die Zahl verurteilter Sozialdemokraten, die Mike Schmeitzner im Rahmen der HAIT-Studie unterbreitet. Er spricht auf Grundlage der sowjetischen Akten von 451 verurteilten SPD-Mitgliedern sowie früheren Sozialdemokraten in der SED bis 1955.[243] Diese Zahl wird, wie er selbst einräumt, nach der kritischen Auswertung aller sowjetischen Daten um einige Hundert nach oben zu korrigieren sein. Doch welche Zahl am Ende auch immer zu Buche stehen wird, sie dürfte an der Tendenz wenig ändern: Statt als pauschale Zwangsmaßnahme sind die SMT-Verurteilungen von Sozialdemokraten zunächst als punktuelle Eingriffe zu verstehen, die während der ersten beiden Besatzungsjahre primär die »Zwangsehe« von SPD und KPD zur SED stabilisieren sollten. Erst im weiteren Verlauf der Besatzung avancierten die SMT-Verurteilungen zu einem

---

rekt zu ermitteln. So verfügte die MGB-Kommission, die 1948 die Entlassungsaktion von 28000 Internierten vorbereitete, dass kein Mitglied der SED, SPD, LPD und CDU entlassen werden sollte. In Haft verblieben laut dieser Aufstellung damit 112 Mitglieder der SED, 188 der SPD, 28 der LDP und 21 der CDU (Petrov, Apparate, S. 151). Außerdem befanden sich unter den 3442 internierten Speziallagerhäftlingen, die 1950 in Waldheim verurteilt wurden, 157 Personen, die vor 1933 der SPD angehört hatten (Der Freiheit verpflichtet, S. 387).

242 Zur Situation der Sozialdemokratie, S. 48f. Auch Bouvier, die sich ebenfalls auf diese Quelle bezieht, spricht von einer »Bandbreite der Methoden«, mit denen Anhänger der SPD repressiert wurden (Bouvier, Ausgeschaltet, S. 258).

243 Schmeitzner, Genossen, S. 283.

Instrument, das zur »gezielten juristischen Ausschaltung des sozialdemokratischen Elements in der SED wie der SBZ/DDR« eingesetzt wurde.[244]

Sowohl im Vorfeld als auch während des Vollzugs der Parteienvereinigung im April 1946 kam es zu zahlreichen Verhaftungen von Angehörigen der beiden Vorläuferparteien, die in SMT-Verurteilungen resultierten. Betroffen waren davon aber erstaunlicherweise mehr Angehörige der KPD, die zusammen mit der SMAD die Parteienverschmelzung befürwortete, als Anhänger der SPD: Für das Jahr 1946 sind 146 Urteile über Kommunisten dokumentiert,[245] aber nur 69 über Sozialdemokraten.[246] Die Gesamtzahl einschlägiger Verurteilungen des Jahres 1946 signalisiert zunächst eine gewisse Zurückhaltung, dieses Repressionsinstrument einzusetzen. Dies dürfte nicht zuletzt der Aufmerksamkeit geschuldet gewesen sein, die die Gründung der SED international erregte. Außenpolitische Rücksichtnahme in dieser frühen Phase der alliierten Besatzung Deutschlands könnte also zu einem relativ moderaten Einsatz der SMT-Verurteilungen als Instrument der Parteiensteuerung geführt haben. Hinzu kommt, dass auch die Strafsätze eher zurückhaltend ausfielen. In ihrer überwiegenden Mehrheit wurden die Mitglieder der beiden SED-Vorläuferparteien zu »Kurzstrafen« von zehn und weniger Jahren verurteilt.[247] Nach sowjetischem Verständnis waren das Bagatellstrafen.

Ausweislich der dokumentierten Verurteilungszahlen bedeutete die alliierte Aufmerksamkeit einen gewissen Schutz für die SPD. Unter der Führung Kurt Schumachers entzog sich die Partei in den Westzonen dem Ansinnen einer gesamtdeutschen Einheitspartei. In Groß-Berlin führte das dazu, dass SPD und SED parallel in den vier Sektoren der Stadt existierten. Mehr noch, die SPD wies die SED bei den Wahlen am 20. Oktober 1946 auf die Plätze; sie holte

---

244 Ebenda, S. 266.

245 Ebenda, Tabelle 7, S. 276.

246 Ebenda, Tabelle 10, S. 284.

247 141 der 146 dokumentierten Strafsätze, die 1946 über Anhänger der KPD verhängt wurden, beliefen sich auf zehn und weniger Jahre (ebenda, Tabelle 9, S. 283). 63 der für das Jahr 1946 erfassten 68 Strafsätze, die über Sozialdemokraten verhängt wurden, lauteten auf zehn und weniger Jahre (ebenda, Tabelle 12, S. 287).

knapp zweieinhalbmal so viele Wählerstimmen wie die SED.[248] Dass diese parteipolitische »Sondersituation« für die Angehörigen der SPD in Groß-Berlin mit einem erhöhten Verhaftungsrisiko verbunden war, zeigt Peter Erler. Er weist bis Ende 1946 das Verschwinden von 38 Berliner SPD-Mitgliedern nach, von denen 27 aus dem Ostteil der Stadt stammten.[249] Zwar ist Erlers Ausführungen nicht zu entnehmen, wie viele aus dieser Gruppe verurteilt und wie viele interniert wurden, wichtiger ist jedoch, dass er in nur 20 der 38 Fälle einen »erkennbaren Bezug zu den Auseinandersetzungen zwischen der SPD und der KPD/SED« nachvollziehen kann.[250] Fast der Hälfte dieser Verhaftungen fehlte also ein solcher Bezug, weshalb sie sich auch nicht als politisch motivierte Eingriffe in die Berliner Parteienentwicklung interpretieren lassen.

Hinzuweisen ist auf ein weiteres Rechercheergebnis Erlers. Er kann nachweisen, dass sechs der 38 Verschwundenen ehemalige Konzentrationslagerhäftlinge waren. »Mindestens« fünf weitere aber wurden »wegen ihrer Tätigkeit als Aufsichtspersonal in Arbeitslagern oder wegen ihrer Mitgliedschaft in nazistischen Organisationen festgenommen«.[251] Diese Angaben verdeutlichen die Widersprüchlichkeit der sowjetischen Verhaftungspraxis: Verfolgte des Naziregimes konnten genauso verhaftet werden wie jene, denen eine (Mit-)Täterschaft vorgeworfen wurde.[252] Das sowjetische Strafinter-

---

248 Bei den Wahlen im Oktober 1946 erreichte die SED selbst im sowjetischen Sektor lediglich 30 Prozent (in Groß-Berlin insgesamt 19 Prozent, in den Westsektoren 13,7 Prozent). Die SPD verfehlte mit 48,7 Prozent die absolute Mehrheit nur knapp (Bouvier/Schulz [Hg.], SPD, S. 48).

249 Erler, Berliner Sozialdemokraten, Zahlenangaben S. 75, Zitat S. 76.

250 Ebenda, S. 76.

251 Ebenda, S. 75f.

252 Auch kommunistische oder jüdische Überlebende der nationalsozialistischen Verfolgung konnten unter sowjetischer Besatzung erneut verhaftet werden. Zu den Prominentesten unter ihnen dürften Max Emendörfer und Erich Nelhans gehören. Emendörfer war als Kommunist 1936/1937 im KZ Sachsenhausen eingesperrt worden. 1942 ging er an der Ostfront freiwillig in sowjetische Kriegsgefangenschaft und schloss sich dem »Nationalkomitee Freies Deutschland« an. Nach seiner Rückkehr nach Deutschland wurde er als angeblicher Gestapo-Spitzel verhaftet und in Sachsenhausen interniert. 1947 wurde er in die UdSSR deportiert, von wo er 1956 in die DDR zurückkehrte (Sowjetisches Speziallager Nr. 7/Nr. 1 1945–1950). Erich Nelhans hatte die NS-Zeit im Untergrund

esse gegenüber den einen vermischte sich mit der Verfolgung anderer, die als politisch Andersdenkende inkriminiert wurden. Punktuelle Eingriffe aber waren es in beiden Fällen.

Im Sommer 1948 trat ein, was lange zu erwarten stand: Das alliierte Bündnis zerbrach.[253] Befreit von außenpolitischen Rücksichten trieb die sowjetische Besatzungsmacht die Sicherung beziehungsweise die »Sowjetisierung« ihrer Einflusssphäre voran.[254] Von diesem verschärften Kurs blieb keine der Parteien in der SBZ verschont. So sahen sich die bürgerlichen Blockparteien der sogenannten Einheitsfront einem zunehmend systematisierten »Kampf gegen die Reaktionäre« ausgesetzt, den die SMAD und auch die SED Ende 1947, Anfang 1948 lostraten und an dessen Ende ihre »Gleichschaltung« in der »Nationalen Front« stand.[255] Doch auch die innere Entwicklung der SED zu einer »Partei neuen Typus« – kurz: ihre Stalinisierung – wurde durch Repressionsmaßnahmen flankiert. Zwar wurde die Ausrichtung der Partei auf eine Kaderpartei marxistisch-leninistischen Zuschnitts erst auf der ersten Parteikonferenz im Januar 1949 verkündet.[256] Seit etwa 1947, spätestens aber seit 1948 jedoch wurde die Transformation der SED in eine revolutionäre Kampfpartei durch innerparteiliche Säuberungen begleitet, die sich präventiv gegen so verstandene ideologisch unzuverlässige Parteimitglieder richteten.[257] Die Partei entledigte sich dabei jedoch nicht allein sozialde-

---

überlebt und wurde 1945 der erste Vorsitzende der wiedergegründeten jüdischen Gemeinde in Berlin. Er wurde am 7. März 1948 vom MWD verhaftet, verbrachte zwei Monate im Speziallager Sachsenhausen und wurde von dort in die UdSSR überstellt, wo sich seine Spur verliert (Leo, Erich Nelhans).

253 Der endgültige Bruch des alliierten Bündnisses wurde durch die Währungsreform in den Westzonen und den Auszug der sowjetischen Besatzungsmacht aus dem Alliierten Kontrollrat besiegelt.

254 Zur Diskussion des Begriffs der »Sowjetisierung«, ihrer verschiedenen Phasen wie auch der »Sowjetisierungsfelder« siehe: Lemke, Einleitung. Sowjetisierung als Begriff und Forschungsproblem.

255 Vgl. Schmidt, »Vollständige Isolierung erforderlich …«, S. 394.

256 Siehe dazu den »Beschluss der 16. (30.) Tagung des Parteivorstandes der SED vom 24. Januar 1949 über innerparteiliche Maßnahmen«, in: Malycha, Partei von Stalins Gnaden?, Dok. 25, S. 325–329.

257 Zum Präventionsgedanken dieser Säuberungsmaßnahmen siehe: Klein, Die Parteikontrolle in der SED, bes. S. 160f.

mokratischer oder kommunistischer Genossen, sondern auch vormaliger Mitglieder der NSDAP.

Angesichts der etwa 100000 ehemaligen NSDAP-Mitglieder, die der SED 1954 angehörten, fallen die 85 bis Ende 1949 und insgesamt 107 bis 1953 nachgewiesenen SMT-Verurteilungen nur begrenzt ins Gewicht.[258] Als »nominelle Pg« waren sie von der SPD und der KPD und schließlich von der SED umworben worden. Nun aber konnte ihnen der Vorwurf unterbreitet werden, der SED nur beigetreten zu sein, um ihre »verbrecherische Vergangenheit« zu tarnen.[259] Folgerichtig begründeten die SMT fast die Hälfte der dokumentierten Urteile mit dem Artikel 58–2, dem Kontrollratsgesetz Nr. 10 und dem Ukas 43 und damit mit einem der Gesetze, die zur Aburteilung von NS-Tatvorwürfen herangezogen wurden.[260]

Auch die dokumentierte Anzahl von Altkommunisten, die den innerparteilichen Säuberungen dieser Jahre durch Verurteilungen zum Opfer fielen, erscheint angesichts der 600000 KPD-Mitglieder, die 1946 in die SED aufgenommen worden waren, minimal.[261] Hinzu kommt, dass 69 Prozent aller bis Ende 1949 erfassten Urteile im Jahr 1946 und damit im Kontext der Parteienvereinigung gefällt worden waren. Ausweislich der Angaben Mike Schmeitzners liegen für die drei Jahre von 1947 bis Ende 1949 lediglich 62 SMT-Urteile über vormalige Kommunisten in der SED vor. Bis einschließlich 1953 sind weitere 25 Fälle dokumentiert.[262] Es handelte sich also um Einzelfälle. Auffällig an ihnen sind jedoch die Urteilsbegründungen: Wurden fast 70 Prozent derer, die 1946 vor ein SMT gebracht worden waren, wegen »Sabotage« (Art. 58–14) verurteilt, rückten nun neben politischen Widerstandsdelikten vor allem NS- und Kriegsverbre-

258 Schmeitzner, Genossen, S. 273 und Tabelle 5, S. 273. Jürgen Danyel zufolge betrug der Anteil ehemaliger NS-Parteigenossen in der SED in den 1950er Jahren acht bis zehn Prozent (Danyel, Die SED und die »kleinen Pg's«, S. 183).

259 Ebenda, S. 271.

260 Für die Jahre 1947 bis einschließlich 1949 sind 15 Urteile dokumentiert, die auf Art. 58–2 StGB der RSFSR beruhen. Inwieweit sie sich auf NS-Tatvorwürfe bezogen, ist nicht bekannt. Für den gleichen Zeitraum sind 18 Urteile auf Grundlage des Kontrollratsgesetzes Nr. 10 und fünf Urteile nach Ukas 43 erfasst (ebenda, Tabelle 6, S. 274).

261 Zur Mitgliederstärke der KPD Mitte 1946 siehe: Neubert, Geschichte der Opposition, S. 39.

262 Schmeitzner, Genossen, Tabelle 7, S. 276.

chen in den Vordergrund.[263] So zeigt die HAIT-Studie, dass Altkommunisten erstmals 1948 auf Grundlage des Kontrollratsgesetzes Nr. 10 und damit wegen Tatvorwürfen abgeurteilt wurden, die in Zusammenhang mit NS-Verbrechen standen. Zwar war es schon in den Vorjahren zu Verurteilungen gekommen, deren Begründung durch den Ukas 43 und den Artikel 58–2 auf derartige Tatvorwürfe schließen lassen. Vor dem Hintergrund der SED-internen Neuausrichtung aber dürften diese »späten« NS-Urteile mehrheitlich dem Stichwort Lutz Niethammers vom »gesäuberten« Antifaschismus zuzuordnen sein.[264]

Die Vergangenheit – vor 1933 wie vor 1945 – holte auch andere Altkommunisten in der SED ein. Vormalige KPÖ-Aktivisten gerieten ebenso in das Visier der Operativorgane wie radikale Gruppierungen an den trotzkistischen Rändern der ehemaligen KPD.[265] Ein Gutteil dieser Verurteilungen dürfte auf genau jener Praxis beruht haben, mit der sich die deutschen Exil-Kommunisten in Moskau gegenseitig der stalinistischen Sondergerichtsbarkeit und damit dem Tod oder dem GULAG ausgeliefert hatten: der Denunziation, die sich, wie Mike Schmeitzner anführt, in der SBZ/DDR in »abgebremster Form« fortsetzte.[266] Doch auch der Ort, an dem das Exil verbracht worden war, konnte als Beweis parteifeindlicher Einstellungen interpretiert werden. Eine Verurteilung zum Beispiel wegen Spionageverdacht drohte, wenn die Exiljahre in einem westlichen oder außereuropäischen Land verbracht worden waren.[267] »Westkontakte« wurden in diesen Fällen als imperialistische Verseuchung interpretiert.

Diese Tatvorwürfe wurden ausweislich der geringen Anzahl dokumentierter SMT-Verurteilungen nicht systematisch verfolgt. Das ist umso erstaunlicher, als dass parteiinterne »Abweichler« in der kommunistischen beziehungsweise sozialistischen Lesart als die schlimmsten Verräter überhaupt galten.[268] Im Rückblick scheint es

263 Ebenda, Tabelle 8, S. 277.

264 Vgl. Niethammer (Hg.), Der »gesäuberte« Antifaschismus, bes. S. 79–91 und S. 477f.

265 Zahlreiche Beispiele benennt Malycha, SED, S. 416–430.

266 Schmeitzner, Genossen, S. 279. Zur Denunziation im Moskauer Exil siehe beispielsweise Müller, Menschenfalle Moskau.

267 Schmeitzner, Genossen, S. 279.

268 Müller, Herbert Wehner, S. 13.

jedoch so, dass mit diesen relativ wenigen Verurteilungen von Altkommunisten Exempel statuiert wurden, deren Tragweite oder Vorbildcharakter sich nach der Gründung der DDR offenbaren sollte. Anders gesagt: Die Tatvorwürfe, die von den SMT abgeurteilt werden konnten, hatten den Boden für jene Maßnahmen bereitet, die der moskautreue Kader an der SED-Spitze in eigener Regie initiierte, um Altkommunisten systematisch auf Parteilinie zu zwingen. Wer dem vorgegebenen »Profil« vermeintlich oder real entsprach, wurde nun zur feindlichen »Agentur des anglo-amerikanischen Imperialismus« gezählt, wie Wilhelm Pieck auf dem III. SED-Parteitag im Juli 1950 erklärte. Im gleichen Atemzug bezeichnete er »die Vertreibung der maskierten Feinde der Arbeiterklasse und aller Werktätigen« aus der SED zur »unerlässliche[n] Bedingung für unsere weitere Entwicklung zur Partei vom neuen Typus«.[269]

Tatsächlich wurde auf diesem Parteitag eine Überprüfung aller SED-Mitglieder beschlossen, in deren Folge in den Jahren 1950/51 mindestens 150000 Genossen aus der Partei ausgeschlossen wurden. Von dieser Säuberungsaktion waren beileibe nicht nur Altkommunisten betroffen.[270] Sie wurden jedoch zunehmend inkriminiert – zunächst, wie Hermann Weber schreibt, als Anhänger einer einstmals »abweichenden« Gruppierung, dann als »Abweichler« von der gerade gültigen Parteilinie, und schließlich als Sündenböcke für die Schwächen des Staates und der Wirtschaft.[271] Bestandteil dieser Inkriminierung waren Schauprozesse, womit ein weiterer Import stalinistischer Gerichtsbarkeit angezeigt ist.[272] Wegen Stalins Ableben erreichten sie in der DDR jedoch keine mit den in Osteuropa

269 Zit. nach Stark, Die SED-Führung und die deutschen Opfer, S. 147.

270 Vor allem wurden auch Sozialdemokraten der Partei verwiesen. Neubert beziffert deren Zahl auf 150000 (Neubert, Geschichte der Opposition, S. 61). Zur Problematik dieser Zahl(en) und ihrer Bestimmung: Foitzik, Die stalinistischen »Säuberungen«, S. 414.

271 Weber, Schauprozess-Vorbereitungen, S. 449.

272 Als erster Schauprozess unter ostdeutscher Regie gilt der Prozess gegen den während der NS-Zeit politisch verfolgten Sozialdemokraten und Ministerialdirektoren Prof. Willi Brundert, der zusammen mit dem CDU-Landesvorsitzenden von Sachsen-Anhalt, Dr. Leo Herwegen, am 29. April 1950 auf der Bühne des Stadttheaters von Dessau vom Obersten Gericht der DDR zu 15 Jahren Zuchthaus verurteilt wurde (vgl. dazu auch den Erinnerungsbericht von Brundert, Es begann im Theater).

durchgeführten Prozessen vergleichbare Dimension.[273] So verhinderten der Tod des Diktators wie der Aufstand vom 17. Juni 1953 den geplanten »deutschen Slánský-Prozess« gegen Paul Merker und Fritz Dahlem. Die Repression altkommunistischer »Abweichler« – ob durch SMT-Verurteilungen, Parteisäuberung oder geplante Schauprozesse – folgten primär der Logik exemplarischer »Lehrstücke«. Es ging weniger um die Ausschaltung aktiver Oppositioneller, als vielmehr um die Disziplinierung aller.

Doch zurück zu den parteipolitischen Säuberungen im Vorfeld der Proklamation einer »Partei neuen Typus«. In den Jahren 1947 bis Ende 1949 traten die Sozialdemokraten als das primäre Opfer der innerparteilichen Ausschaltung widerständiger oder oppositioneller Bewegungen durch SMT-Verurteilungen hervor – obwohl auch hier die Zahlen gegen eine systematische Ausschaltung der Sozialdemokratie in der SED beziehungsweise SBZ sprechen: Den 681 000 Mitgliedern der SPD,[274] die 1946 der SED zugeschlagen wurden, stehen für die drei Jahre zwischen 1947 und Ende 1949 insgesamt 261 dokumentierte Urteile gegenüber.[275] Auch diese Zahl scheint für einen relativ moderaten Einsatz der SMT-Verurteilungen zu sprechen. Dieser Eindruck täuscht jedoch. Die 261 dokumentierten Urteile entsprechen knapp 78 Prozent aller erfassten SMT-Verurteilungen, die bis Ende 1949 über ehemalige Sozialdemokraten gesprochen wurden.[276] Deutlicher lässt sich kaum anzeigen, dass die Maßnahmen, die gegen Sozialdemokraten ergriffen wurden, eine Verschärfung erfahren hatten. Während der vorangegangenen Konsolidierungsphase der SED waren sie in vielen Fällen »lediglich« ihrer politischen Ämter enthoben worden, die zielgerichtet durch (Alt-)Kommunisten besetzt wurden.[277] Dass dieser Personalaustausch das sozialdemokratisch motivierte Engagement in der Partei wie in der Besatzungszone eindämmen sollte, ist offensichtlich. Damals aber wurde dieses Ziel nicht zwingend durch SMT-Verurteilungen umzusetzen

---

273 So 1949 der Rajk-Prozess in Ungarn und der Kostow-Prozess in Bulgarien sowie 1952 der Slánský-Prozess in der Tschechoslowakei. Vgl. Schmeitzner, Genossen, S. 281. Siehe auch: Barth, Wer war Noel Field?

274 Zur Mitgliederstärke der SPD Ende März 1946 vgl. Bouvier/Schulz, SPD, S. 44.

275 Schmeitzner, Genossen, Tabelle 10, S. 284.

276 Ebenda.

277 Vgl. Zur Situation der Sozialdemokratie, S. 41 f.

gesucht – was sich mit der offenen SED-Kampfansage wider den »Sozialdemokratismus« ändern sollte.[278] Spätestens seit dem Sommer 1948 ging es also nicht mehr um die Eindämmung, sondern um die gezielte Ausschaltung des sozialdemokratischen Politikverständnisses.[279]

Viele derer, die nun als »Agenten der Ostbüros der SPD« oder als »Schumacher-Leute« verfolgt wurden, waren schon lange vor ihrer Verhaftung auf dem Index der Personal-Politischen Abteilungen (PPA) der SED gelandet.[280] Die PPA sammelten in Anknüpfung an die Vorarbeiten der vorherigen KPD-Kaderabteilungen Informationen über Sozialdemokraten in der SED. Die unterstellte Gegnerschaft entbehrte dabei nicht immer der Realität. Die Einschüchterungen und Repressalien, mit denen sich SPD-Mitglieder vor und nach der Zwangsehe mit der KPD konfrontiert sahen und die schließlich in einer »Agenten-Hatz« gegen »Schumacher-Leute« kulminierten, dürften in vielen Fällen den Behauptungswillen grundsatztreuer Sozialdemokraten bestärkt haben.[281] Unterstützung fanden sie bei den 1946 in Hannover und später auch in Berlin gegründeten Ostbüros der SPD.[282] Von dort wurden sie mit politischen Tarnschriften und Flugblättern versorgt – in vielen Fällen jedoch ohne die dieser konspirativen Tätigkeit gebührenden Professionalität.[283] Zahlreiche der sowjetischen »Verhaftungserfolge« sind auf Fehler der Ostbüros zu-

278 Vgl. Malycha, SED, S. 376–383.
279 Ebenda, S. 373.
280 Vgl. Schmeitzner, Genossen, S. 289.
281 Vgl. die Interviews mit verfolgten und verhafteten oder rechtzeitig in den Westen geflohenen Sozialdemokraten, die Beatrix Bouvier und Horst-Peter Schulz Anfang der 1970er Jahre geführt haben. Siehe auch deren Einleitung: Bouvier/Schulz, SPD, S. 45.
282 Buschfort, Das Ostbüro der SPD.
283 So schreibt Dieter Rieke, um nur ein Beispiel zu nennen, in seinen Erinnerungen, dass Kuriere des Ostbüros auf ihren Reisen in der SBZ Namen- und Adressenlisten von Sozialdemokraten bei sich trugen, die bei ihrer Festnahme in die Hände der Besatzungsmacht fielen und zahlreiche Verhaftungen zur Folge hatten. Seine eigene erklärt er unter anderem dadurch, dass das Ostbüro einen Bericht von ihm versehentlich unter seinem Klarnamen veröffentlicht hatte. Schmeitzner ergänzt, dass der für Rieke zuständige und verhaftete Kurier vermutlich den Verhören nicht standgehalten und dessen Namen preisgegeben hat (Rieke, Geliebtes Leben, S. 289; Schmeitzner, Genossen, S. 302).

rückzuführen, die vor allem die Gruppenaushebungen »sozialdemokratischer Nester« durch die sowjetischen Operativorgane erleichtert haben dürften.

Die Verhafteten wurden in ihrer überwiegenden Mehrheit auf Grundlage der Artikelkombination 58–6, –10 und –11 abgeurteilt.[284] Die Kontakte zu den Ostbüros wurden also als Spionage (Art. 58–6), das Verteilen von Flugblättern als antisowjetische Agitation (Art. 58–10) und die Verbindungen untereinander als Mitgliedschaft in einer konterrevolutionären Organisation (Art. 58–11) interpretiert. Brisant an diesen SMT-Urteilen sind jedoch weder ihre genaue Anzahl noch die ihnen zugrundeliegenden Begründungen. Die Einstellung der Besatzungsmacht gegenüber der Sozialdemokratie zeigt sich stattdessen in den Strafsätzen, die mit den Urteilen einhergingen. Sie beliefen sich in der Regel auf 25 Jahre Lagerhaft und damit auf die »Ersatzstrafe« für die bis 1950 ausgesetzte Todesstrafe. Mehr als die Hälfte der 1948 verurteilten Anhänger der SPD wurde zu diesem Strafsatz verurteilt. 1949 beliefen sich fast 90 Prozent der Urteile über Sozialdemokraten auf 25 Jahre.[285] Die SMT-Verurteilungen, so diese Zahlen, hatten sich von punktuellen Maßnahmen in ein zielgerichtetes Instrument gewandelt, mit dem sozialdemokratische »Abweichler« mit der ganzen Härte des sowjetischen Rechts ausgeschaltet werden sollten.

Auch wenn ihr eigener Anteil an den sowjetischen Repressionsmaßnahmen gegen parteiinterne Abweichler und Opponenten hier nur angedeutet werden konnte – als deren Profiteur tritt die SED-Spitze deutlich hervor. Der moskautreue Kader konnte seinen Führungsanspruch durch die SMT-Verurteilungen ausbauen, was, wie hinlänglich bekannt, auch den politischen Präferenzen Moskaus entsprach. Dabei unterlagen im Besonderen die vormaligen Sozialdemokraten einer verschärften Verfolgung, deren intentionale Ausrichtung auf die Stalinisierung der SED offensichtlich erscheint. Auf die Frage nach der besatzungspolitischen Funktion der SMT-Verurteilungen ist damit gleichwohl nur eine Teilantwort gegeben. Und das nicht allein, weil die Anzahl verfolgter Sozialdemokraten geringer ausfällt als bisher geschätzt. Sondern weil die 1947/48 einsetzende

---

284 Ebenda, S. 285. Viele der Urteile wurden erst im Folgejahr der Verhaftung gesprochen, was den hohen Wert für 1949 erklärt (ebenda, Tabelle 11, S. 286).

285 Ebenda, Tabelle 12, S. 287.

Verschärfung der Repressionsmaßnahmen nicht nur sie allein als Verfolgtengruppe betraf, wie die SMT-Urteilspraxis während der Aussetzung der Todesstrafe eindringlich vor Augen führt: 1948 wurden laut der Dresdner Studie 2204 Urteile mit einem Strafmaß von 25 Jahren verhängt.[286] Ausweislich der statistischen Angaben Mike Schmeitzners befanden sich darunter 29 Anhänger der SPD.[287] Für das Jahr 1949 zeichnen beide Quellen ein ähnliches Bild: 160 der insgesamt 2373 erfassten »alternativen« Todesstrafen wurden über Sozialdemokraten gesprochen. Diese Zahlen schmälern den sozialdemokratischen Widerstand nicht im Geringsten. Aber sie bestätigen, dass – angesichts nicht überlieferter oder nicht zugänglicher operativer Anweisungen über den intentionalen Einsatz der SMT-Verurteilungen – einzig gesichert festzuhalten ist, dass der justizielle Terror im Zuge der »Sowjetisierung« der Besatzungszone generell intensiviert wurde. Ob den sowjetischen Operativakten tatsächlich mehr zu entnehmen sein wird als eine Bestätigung dieser Beobachtung, steht gleichwohl zu bezweifeln. Der Logik eines Willkürinstruments würde es zumindest widersprechen.

286 Sowjetische Militärtribunale 2, Tabelle IV a, S. 794.
287 Schmeitzner, Genossen, Tabelle 12, S. 287.

Russisch Roulette

Warum, so ist mit Klaus-Dieter Müller zu fragen, führten die »Untersuchungsergebnisse derselben Organe [...] einmal zu justizieller, das andere Mal zu außerjustizieller Haft«?[288] Unter welchen Bedingungen also optierten die sowjetischen Ermittlungsorgane bis zur Einstellung der Internierungen am 1. Januar 1947 entweder für die Einweisung eines Verhafteten in ein Speziallager ohne Urteil oder für dessen Überstellung an ein SMT zwecks Verurteilung? Wurden die Internierungen dann vorgenommen, wenn, wie Müller vorschlägt, »nicht genügend Beweise für ein Gerichtsverfahren vorlagen«?[289] Handelte es sich also um eine Frage der »Beweislast«? Angesichts der praktizierten »Beweisaufnahme« im Rahmen der SMT-Verfahren, die sich weniger an realen Tatbeständen denn an einem generalisierten Feindverdacht der Operativorgane orientierte, erscheint das zweifelhaft. Auch dienten die Verhöre den Untersuchungsorganen nicht dazu, ein Geständnis aus einem Verdächtigen *heraus*zuprügeln. Sondern sie dienten ihnen dazu, wie Heinz Kerseboom und Lutz Niethammer es treffend formulieren, ein Geständnis in einen Verhafteten *hinein*zuprügeln.[290] Eine derartige »Beweislast« hätte also auch für die Internierten erbracht werden können, so deren Verurteilung gewünscht worden wäre.

Ob interniert oder verurteilt wurde, hing zudem nicht allein vom NKWD/MWD ab. Zwar konnten die Ermittlungs- beziehungsweise Untersuchungsorgane die Militärjustiz einbeziehen, wenn ihre Untersuchungen eine »dezidierte ›konterrevolutionäre‹ Zielrichtung« des Vergehens ergaben.[291] Es konnten jedoch auch andere Dienststellen der sowjetischen Besatzungsmacht in Deutschland Prozesse vor den SMT initiieren, allen voran die SMAD.[292] Unter diesem Gesichtspunkt erscheint für die Überstellung in ein Speziallager ohne Urteil oder für die Aufnahme eines SMT-Verfahrens erstens ent-

---

288 Müller, Nazis – Kriegsverbrecher – Spione – Diversanten?, S. 374.

289 Ebenda, S. 377.

290 Kerseboom/Niethammer, Kompromat, S. 511.

291 Hilger/Petrov, Schmutzarbeit, S. 103.

292 Hilger/Schmidt, Russisch Roulette, S. 797f.

scheidend, auf wessen Geheiß die Operativorgane ihre Ermittlungstätigkeit aufnahmen, und zweitens, ob mit diesen Anweisungen bestimmte Strafmaßnahmen vorgeschrieben wurden.[293] Auch ist zu bedenken, dass bestimmte Tatvorwürfe – allen voran jene, die sich auf NS- und Kriegsverbrechen bezogen – automatisch der Militärjustiz unterlagen.[294] Insgesamt aber muss innerhalb des Besatzungsapparates von Verflechtungen und parallelen Zuständigkeiten ausgegangen werden, die sich auf die sowjetische Verfolgungspraxis auswirkten und diese intensivierten. Präzise zu bestimmen sind sie freilich nicht. Die entsprechenden operativen Anweisungen und Befehle sind der Forschung weitgehend verschlossen.

Ebenfalls muss unklar bleiben, unter welchen Voraussetzungen die »OSO pri NKWD/MWD-MGB« aktiv wurden. Hinter diesem Akronym verbergen sich die sicherheitsdienstlichen »Sonderkonferenzen« (russ.: *osoboe soveschanie*, kurz: OSO oder OSSO) mit Sitz in Moskau.[295] Sie fällten Urteile nach Aktenlage, also »ohne alle Verfahrensvorschriften und dementsprechend auch ohne Teilnahme des Betroffenen«.[296] Zu verstehen sind diese »Moskauer Fernurteile«, so der Volksmund, als reine Verwaltungsentscheide, mit denen ohne gesetzliche Grundlage die bekannten Strafsätze, darunter auch die Todesstrafe, und Deportationen verhängt wurden. Mit 1184 dokumentierten OSO-Urteilen wurden etwas weniger als fünf Prozent aller bis 1955 erfassten Urteile über deutsche Zivilisten in Moskau gefällt. Knapp die Hälfte davon fiel in den Zeitraum bis 1949.[297] Auf die Gesamtzahl gerechnet, bezogen sich 556 Urteile der OSO auf den Tatvorwurf eines Spionageaktes (Art. 58–6), 314 auf den eines Sabotageaktes (Art. 58–14) und in 218 Fällen auf den nationalsozialistischer Kriegs- und Gewaltverbrechen.[298] Diese Bandbreite von Tatvorwürfen verdeutlicht einmal mehr die sicherheitspolitische Schwerpunktsetzung der sowjetischen Urteilspraxis. Unter welchen Vorausset-

293 Siehe die schon zitierte SMAD-Aufstellung über »Störungen des Okkupationsregimes« vom September 1945. Sie sah für bestimmte Vergehen unterschiedliche Strafmaßnahmen vor (ebenda, S. 797f.).

294 Vgl. Hilger/Petrov, Schmutzarbeit, S. 102.

295 Die 1934 eingerichteten OSO sprachen während ihrer Existenz mindestens 442000 Urteile, davon über 10000 Todesurteile (ebenda, S. 113).

296 Schroeder, Rechtsgrundlagen, S. 57.

297 Sowjetische Militärtribunale 2, Tabelle II d 1, S. 789.

298 Ebenda, Tabelle II d 2, S. 790.

zungen die OSO eingeschaltet wurden, verrät sie gleichwohl nicht. Sollten, wie Andreas Hilger meint, mittels der Fernurteile Informanten geschützt werden?[299] Oder bediente man sich ihrer, wenn, wie Müller schreibt, »für eine Verurteilung – selbst nach sowjetischem Verständnis – nicht genügend Beweismittel vorlagen«, die in Deutschland tätigen Gerichte »entlastet« oder »bestimmte geheimdienstliche Informationen vor der Armeejustiz« geheim gehalten werden sollten?[300] Was auch immer die OSO auf den Plan rief, eine Systematik ist ohne die entsprechenden Operativakten nicht zu ermitteln.

Eine solche Systematik lässt ohne Einsicht in die Operativanweisungen auch die Spruchpraxis der SMT vermissen: Unter welchen Voraussetzungen optierten die SMT für welches Strafgesetz? So zum Beispiel im Fall des illegalen Waffenbesitzes, der von den SMT scheinbar wahllos entweder nach Art. 58–2 (Aufstand), 58–9 (Diversion), 58–14 (Sabotage) oder auf Grundlage des Kontrollratsgesetzes Nr. 43 vom 20. Dezember 1946 bestraft werden konnte, mit dem das »Verbot der Herstellung, der Einfuhr, der Ausfuhr und der Lagerung von Kriegsmaterial« geregelt wurde. Ebenfalls bedienten sich die SMT zur Verurteilung von Tatvorwürfen im Zusammenhang mit Kriegs- und Gewaltverbrechen sowohl sowjetischer als auch alliierter Gesetze. Dabei verdeutlicht die Dresdner Studie, dass die SMT den Ukas 43 und das Kontrollratsgesetz Nr. 10 zunächst parallel anwendeten. Erst im Jahr 1948 – und damit mehr als zwei Jahre nach Erlass des Kontrollratsgesetzes im Dezember 1945 – wurden mehr Urteile auf Grundlage des alliierten Gesetzes als nach Ukas 43 gesprochen.[301] Insgesamt aber wurden weniger als elf Prozent aller bis 1955 erfassten Urteile durch ein alliiertes Strafgesetz, jedoch mehr als 70 Prozent durch den Artikel 58 StGB der RSFSR begründet[302] – obwohl sich der Artikel 58 wie auch der Ukas 43 formalrechtlich aus-

---

299 Hilger, Die Tätigkeit sowjetischer Militärtribunale, S. 87.

300 Müller, Bürokratischer Terror, S. 69f.

301 Sowjetische Militärtribunale 2, Tabelle IV b 5 und IV b 6, S. 799 und 800.

302 Ebenda, Tabelle II b, hier S. 784 und 787. Zusätzlich zu den schon erwähnten alliierten Gesetzen (die Kontrollratsgesetze Nr. 10 und Nr. 43 sowie die Kontrollratsdirektive Nr. 38 Abschnitt II 2), bedienten sich die SMT des Kontrollratsgesetzes Nr. 50 (Diebstahl zwangsbewirtschafteter Güter) und des Kontrollratsbefehls Nr. 2 (Ablieferung von Waffen und Munition).

schließlich auf Straftaten bezog, die auf dem Territorium der Sowjetunion begangen worden waren.[303]

Ohne Zugang zu den Operativakten bleiben also zahlreiche Fragen offen, welche die Systematik der sowjetischen Maßnahmen betreffen. Ihnen eine Logik abtrotzen zu wollen, markiert ein Bemühen, das angesichts des begrenzten Forschungsstandes, aber auch angesichts der bisherigen Erfolge – wie sie mit der HAIT-Studie oder den Ergebnissen der Forschungsgruppe um Sergej Mironenko, Lutz Niethammer und Alexander von Plato über die Internierungspraxis vorliegen – verständlich ist. Gleichzeitig aber stellt sich die Frage, ob diese Akten tatsächlich ein mehr an Informationen enthalten als den »bürokratischen Müll« eines über Jahrzehnte eingespielten Willkürsystems mit lang bewährten Strafgesetzen, und das heißt genauer, mit dem erprobten Staatsschutzartikel 58. Anders gesagt: Mit den Internierungen und den SMT-Verurteilungen importierte die Besatzungsmacht eine Verfolgungspraxis, die sie zu keinem Zeitpunkt an die politischen Realitäten im Nachkriegsdeutschland anpasste, sondern die sie an den ebenfalls mitgebrachten und stalinistisch definierten sicherheitspolitischen Vorstellungen ausrichtete. Es steht zu erwarten, dass die sowjetischen Operativakten diesem Befund wenig hinzuzufügen haben.

Generell gilt jedoch folgende Faustregel: Die Verhaftungsgründe, die zu einer *Internierung* in einem Speziallager in der SBZ führten, wiesen mehrheitlich in die Vergangenheit der Betroffenen vor 1945. Die Gründe, die zu einer *SMT-Verurteilung* führten, bezogen sich größtenteils auf die Besatzungsgegenwart.

Zwar mag es auf den ersten Blick so scheinen, als seien mehrheitlich Personen *interniert* worden, die schon aufgrund ihres Alters einer NS-Verstrickung verdächtig waren und die auch als Mitläufer als Stützen des Systems zu verstehen sind. Sie wurden aber nicht in den Lagern festgesetzt, weil sie als Mitglieder oder Funktionäre national-

---

303 Dass die SMT Art. 58 StGB der RSFSR zur Aburteilung von Tatvorwürfen heranzogen, die in der SBZ (und DDR) begangen wurden oder begangen worden sein sollen, wurde deutlich gemacht. Darüber, welche Tatvorwürfe auf Grundlage des Ukas 43 abgeurteilt wurden, liegen noch keine Auswertungen vor. Es ist daher auch nicht bekannt, ob sich die Vorwürfe auf Taten bezogen, die in der UdSSR oder im Besatzungsgebiet begangen wurden oder begangen worden sein sollen (Schroeder, Rechtsgrundlagen, S. 47).

sozialistischer Organisationen zu bestrafen waren, sondern sie wurden von der Gesellschaft isoliert, weil sie als potentielle Sicherheitsrisiken eingeschätzt wurden, die eine Bedrohung für die Besatzungsmacht und die von ihr angestrebte Normalisierung darstellten. Weil mit ihrer Festsetzung in den Speziallagern ihre feindliche Einstellung gegenüber der Besatzungsmacht faktisch bewiesen war, konnte auch auf eine Koordination der gesellschaftlichen Entnazifizierungsmaßnahmen (in) der SBZ mit den Internierungen dauerhaft verzichtet werden. Ihre Überprüfung nach Belastungsgraden war also überflüssig, weil die Betroffenen durch ihre Isolation in den Lagern hinlänglich als Sicherheitsrisiken gekennzeichnet waren – mit dem »Erfolg«, dass damals wie heute nicht nachvollziehbar ist, wie viele der Internierten zur Zeit des Nationalsozialismus zu Tätern oder Mitläufern geworden waren und ob beziehungsweise wie sie juristisch zur Verantwortung hätten gezogen werden müssen.

Die Verhaftungsgründe hingegen, die in einer *Verurteilung* durch ein SMT resultierten, hatten mehrheitlich nichts mit der Vergangenheit vor Mai 1945 zu tun. Die Mehrheit der SMT-Verurteilten fand sich der sowjetischen Gerichtsbarkeit ausgeliefert, weil sie real oder fiktional gegen das Besatzungsregime und den »Aufbau der neuen Ordnung« in der SBZ und späteren DDR verstoßen hatten. Die Tatvorwürfe, derentwegen sie zu drakonischen Lagerstrafen abgeurteilt wurden, entsprangen primär den sicherheitspolitischen Anforderungen der Besatzungsgegenwart. Dabei wurden die SMT-Verurteilungen zusätzlich zu jenen Maßnahmen eingesetzt, mit denen die ostdeutsche Nachkriegsgesellschaft in das neue politische System eingepasst wurde. Sie konnten daher jeden ereilen, der dem tschekistischen Feindbild entsprach – einem Feindbild, das ausweislich der hohen Anzahl verurteilter Jugendlicher die Verfolgung einer befürchteten Jugenddelinquenz über die Bestrafung realer Kriegs- und Gewaltverbrechen stellte. In den Fällen aber, in denen Kriegsverbrechen abgeurteilt wurden, konnten die SMT »eine echte Aufklärung und justizielle Aufarbeitung dieser Tatkomplexe mit ihren Mitteln nicht leisten«.[304]

Wenn seitens der Sowjetunion die Absicht bestand, die Deutschen durch Internierungen und SMT-Verurteilungen für die extreme Gewalt zur Verantwortung zu ziehen, mit der sie vor allem die Sowjet-

---

304 Jeske/Schmidt, Verfolgung von Kriegsverbrechen, S. 192.

union überzogen hatten, so wurde dieser Anspruch nicht umgesetzt. Stattdessen wurde es durch das stalinistische Sicherheitsverständnis konterkariert und schließlich außer Kraft gesetzt. Internierte wie SMT-Verurteilte galten der Besatzungsmacht als Sicherheitsrisiken, die zu isolieren waren. Ihre rigorose Verfolgung war der Herrschaftsetablierung der Besatzungsmacht dienlich, zumal den Freien mit den Verhafteten gedroht werden konnte. Die alliierten Bestimmungen zur Entnazifizierung aber dienten angesichts dieser Vorgehensweise bloß als Feigenblatt. Das offenbart auch der schleichende Funktionswandel der Speziallager, der sich parallel zu der Verschärfung der sowjetischen Verfolgungspraxis vollzog. In dem Maße, in dem sich die ostdeutsche Nachkriegsgesellschaft in eine sozialistische Aufbaugesellschaft wandelte, zeigten auch die sowjetischen Verfolgungsmaßnahmen ihr wahres Gesicht: Es waren Repressionsmaßnahmen, mit denen die Besatzungsmacht ihrer sicherheitspolitischen Paranoia Rechnung trug. Das legitime Ansinnen, deutsches Unrecht zu ahnden, blieb dabei auf der Strecke.

Zweiter Teil
Hafterfahrungen

Wenn du [...] kein Mitgefühl mit den Geschicken hast, die mir begegnet sind, oder keines, das in einem richtigen Verhältnis zu meinem Kummer steht; oder wenn du keine Empörung gegenüber den Verletzungen empfindest, die ich erlitten habe, oder keine, die in einem richtigen Verhältnis zu meinem Groll steht, können wir über diese Gegenstände nicht mehr reden. Wir werden füreinander unerträglich.
Weder ich kann deine Gesellschaft ertragen, noch du die meine. Du bist verwirrt über meinen Affekt und meine Heftigkeit, wie ich erzürnt bin über deine kalte Unempfindlichkeit und Gefühllosigkeit.

Adam Smith, Theorie der moralischen Gefühle, 1759

Die Verhaftung

Abgeholt

»Im Morgengrauen holten sie mich aus dem Bett. Zwei trugen Lederjacken.« Der damals 18-jährige Walter Kempowski, der in Wiesbaden für die amerikanische Besatzungsmacht arbeitete, besuchte Mutter und Bruder in Rostock, als er am 8. März 1948 verhaftet wurde.[1] »Sie kamen gegen Morgen«, heißt es auch bei dem gleichaltrigen Joachim R. Stern, Neulehrer in Frankfurt an der Oder, der im Oktober 1947 zu Hause verhaftet wurde.[2] Manfred Klein wunderte sich, dass sich seine Verhaftung »am hellen Mittag und nicht wie angenommen im Morgengrauen vollziehen sollte«.[3] Der 1925 geborene Germanistikstudent und Vertreter der katholischen Jugend im Zentraljugendausschuss der SBZ wie im Zentralrat der FDJ wurde im März 1947 von zwei sowjetischen Offizieren zu Hause aufgesucht. Sie baten ihn, sie auf die Kommandantur des Bezirks Prenzlauer Berg zu begleiten, der Kommandant wünsche ihn in einer dringenden Angelegenheit zu sprechen. Tatsächlich aber wurde er verhaftet. Auch der damals 14-jährige Arnulf H. Putzar wurde Ende September 1945 unter einem Vorwand auf die Kommandantur bestellt. Angeblich ging es um seine Arbeitspapiere. Sein älterer Bruder war zwei Wochen zuvor des Nachts von zwei NKWD-Angehörigen aus dem Bett geholt worden.[4] Der 15-jährige Lukas T. wurde Anfang Juli 1946 vor der Schule in Empfang genommen,[5] der knapp drei Jahre ältere Wolfgang Hardegen im April 1946 von drei Männern in Lederjacken am Bahnsteig erwartet, als er mit dem Zug von der Schule nach Hause kam.[6]

Der 23-jährige Dieter Rieke befand sich auf dem Weg zur Arbeit, als er im Mai 1948 in Gardelegen wegen seiner Verbindungen zum Ostbüro der SPD festgenommen wurde. Auf offener Straße wurde er

---

1 Kempowski, Im Block, S. 7.
2 Stern, Der Westen schweigt, S. 15.
3 Klein, Jugend zwischen den Diktaturen, S. 84.
4 Putzar, Im Schatten einer Zeit, S. 129ff.
5 Lukas T., Russenzeit (unveröffentlichtes Manuskript), S. 105.
6 Hardegen, Gefangen in Bautzen, S. 125.

in einen wartenden Wagen gestoßen und betäubt.[7] Peter Bordihn, Jahrgang 1928, wurde im Oktober 1948 am helllichten Tag auf der Falkenbergerstraße im Ostteil Berlins von zwei Mitarbeitern des Ministeriums für Staatssicherheit (MGB) ebenfalls gezwungen, in ein wartendes Auto einzusteigen.[8] Der Medizinstudent Georg Wrazidlo, Wortführer der studentischen Opposition an der Humboldt-Universität, der sich während des Krieges dem Widerstand um Harnack und Schulze-Boysen angeschlossen hatte und 1944 wegen Wehrkraftzersetzung in Buchenwald inhaftiert worden war, wurde im März 1947 bei einem fingierten Treffen im Berliner Café Kranzler vom NKWD verhaftet und in den Ostteil der Stadt verschleppt.[9] Tatsächlich scheinen die meisten Entführungen im Westteil Berlins stattgefunden zu haben. Davon künden die sowjetischen Haftlisten des Speziallagers Nr. 3 in Berlin-Hohenschönhausen vom August 1946. 300 der zu diesem Zeitpunkt allein in diesem Lager Internierten waren aus den westlichen Bezirken der Stadt verschleppt worden.[10] Von insgesamt 600 Entführungsfällen zwischen 1945 und 1950 geht Annerose Matz-Donath unter Bezugnahme auf Angaben des Berliner Museums »Haus am Checkpoint Charlie« aus,[11] Andreas Hilger und Nikita Petrov sprechen von mindestens 1300 Entführungen zwischen 1945 und 1955.[12] Matz-Donath nennt auch Beispiele dafür, wie Personen, die in den Westzonen Deutschlands lebten, zwecks Verhaftung in die sowjetisch besetzte Zone gelockt werden konnten. Im Fall der in München ansässigen Lina Kessler war es ein Telegramm mit der falschen Botschaft: »Mutter liegt im Sterben!«[13]

Unmittelbar nach Einstellung der Kampfhandlungen waren – wie beispielsweise in Mecklenburg-Vorpommern – »alle Leiter der NSDAP und ihrer Gliederungen sowie alle Mitglieder von SS, Gestapo, SD, Feldgendarmerie, Polizei, Wehrmacht, Volkssturm, Arbeitsdienst und der Organisation Todt« aufgefordert worden, sich zwecks Registrierung bei der sowjetischen Kommandantur einzufin-

7 Rieke, Geliebtes Leben, S. 124.
8 Bordihn, Bittere Jahre, S. 9.
9 Georg Wrazidlo, in: Fricke u.a. (Hg.), Opposition und Widerstand, S. 166–172 (Text von Waltraut Rehfeld).
10 Erler/Friedrich, Hohenschönhausen, S. 26.
11 Matz-Donath, Sphinx, S. 114.
12 Hilger/Petrov, Schmutzarbeit, S. 60.
13 Matz-Donath, Sphinx, S. 98.

den. Nichtbefolgung dieser Aufforderung, so der Befehl des Stadtkommandanten von Rostock, Oberst Prjadko, werde als »Spionage und Sabotagetätigkeit« und damit »als eine gegen die Rote Armee feindlich gerichtete Handlung geahndet«.[14] Wer sich registrieren ließ, musste mit Entlassung, Arbeitsverpflichtung und auch Verhaftung rechnen, Letzteres jedoch nicht automatisch. So kam der Physiker Kurt Berner, Jahrgang 1911, der in Berlin ergangenen Meldepflicht für Parteigenossen der NSDAP nach. Er hatte sich, wie es in seinen Erinnerungen heißt, »geschworen, auch dann zu [seiner] Überzeugung zu stehen, wenn es nachteilig sein würde, sich dazu zu bekennen. Plötzlich taten viele so, als wären sie nie dabei gewesen.«[15]

Auf allen amtlichen Papieren gab Berner daher seinen Parteieintritt im Jahre 1932 an – eine Funktion, so schreibt er, hatte er in der NSDAP nicht ausgeübt – und verrichtete Sonntag für Sonntag Aufräumarbeiten, zu denen vormalige Parteigenossen herangezogen wurden. Zudem wurde er im Juni und Juli 1945 wiederholt zu Vernehmungen einbestellt, ohne jedoch verhaftet zu werden. Dazu kam es erst am 15. August 1945. Zu diesem Zeitpunkt war Berner während der Woche bei einem Demontageeinsatz eingeteilt. Auf einer Versammlung der gesamten Belegschaft von etwa 300 Männern und Frauen erging die Aufforderung, »dass alle diejenigen vortreten mögen, die früher einmal der NSDAP, der SA, der SS, der HJ, dem BDM, der DAF, dem NS-Frauenbund oder irgendeiner anderen nationalsozialistischen Organisation oder Gliederung angehört haben«. Nicht zu Unrecht schätzte Berner, dass sich mindestens 290 der 300 Anwesenden hätten melden müssen. Es traten jedoch lediglich Berner selbst und drei weitere Personen vor. Sie wurden umgehend abgeführt, Berner in den folgenden Verhören zum »Blockhelfer« gemacht.[16] Dass es diese Funktion im Nationalsozialismus nicht gegeben hat, war bedeutungslos. Schließlich »passte« er nun in das Verhaftungsprofil des NKWD-Befehls Nr. 00315.

Andere Verhaftungen waren dem schlichten Zufall im Zusammenhang mit den zahllosen Razzien geschuldet. Die größte dieser Razzien fand nach heutigen Erkenntnissen in den ersten beiden Augustwochen 1945 statt, als NKWD-Mannschaften in Absprache mit der Roten Armee großflächig »Städte, Gemeinden und Wälder in der

14 van Mehlis, Entnazifizierung in Mecklenburg-Vorpommern, S. 21.
15 Berner, Spezialisten, S. 64.
16 Ebenda, S. 70 und S. 76.

SBZ« »durchkämmten«.[17] Im Rahmen dieser Aktion wurden 64417 »verdächtige Elemente« aufgegriffen, von denen nach einer Überprüfung 3167 Personen festgenommen wurden.[18] Darunter befanden sich nach sowjetischen Angaben »12 Generäle der Wehrmacht und der Waffen-SS, 1558 NSDAP-Funktionäre, 110 Sicherheitsdienst (SD)- und Gestapobeamte, 12 Abwehrmitarbeiter, 38 Mitglieder der nationalsozialistischen Untergrundorganisationen, fünf Leiter von Verwaltungsorganen, 46 Funktionäre der NS-Jugendorganisationen«.[19] Darunter waren aber auch »1376 ›feindliche Personen‹«, bei denen es sich »selbst aus ›tschekistischer‹ Sicht offenbar nicht [um] NS-Belastete« handelte.[20] Bei einer anderen Großrazzia, einer vom MGB Ende April 1948 durchgeführten »Operation zur Festnahme von Spionen und verdächtigen Elementen«, wurden 19717 »Verdächtige« festgenommen. 18104 von ihnen wurden nach einer Überprüfung wieder freigelassen.[21] Nach welchen Kriterien 1613 Verhaftete ausgesondert und einer Sanktion zugeführt wurden, ist nicht bekannt.

Kurt Pickel, Jahrgang 1931, wurde 1948 festgenommen, weil er eine eingefärbte britische Armeejacke trug. Er war in eine Razzia der ostdeutschen Polizei geraten, die ihn vor die Alternative stellte, »entweder nach Aue in den Bergbau zu gehen oder den Russen als ›Werwolf‹ übergeben zu werden«. Der 17-Jährige entschied sich für den Uranbergbau bei der SAG Wismut, wo es ihn jedoch nicht lange hielt. Wenige Wochen später versuchte er, im Vogtlang illegal über die »Grüne Grenze« in den Westen zu gelangen. Er scheiterte an ostdeutschen Sicherheitskräften. Weil Pickel die Arbeitspapiere der Wismut noch bei sich trug, wurde er der Besatzungsmacht übergeben und binnen zweier Wochen als britischer Spion verurteilt.[22]

Letztlich war es das Pech einer Wagenpanne, die im Juli 1945 zu der Verhaftung und dreijährigen Internierung Robert Zeilers führte. Der 1923 geborene Berliner hatte als »Halbjude« das Konzentra-

---

17 Die UdSSR und die deutsche Frage, Bd. 2, S. XLI.

18 Ebenda.

19 Sacharov u.a., Tschekisten, S. 309. Die Gesamtzahl derer, die im Rahmen dieser Razzia einer Internierung, Verurteilung oder Deportation zugeführt wurden, wird hier mit 3157 angegeben.

20 Ebenda.

21 Petrov, Apparate, S. 149.

22 Pickel, »... hast du unterschrieben deine Urteil«, S. 12.

tionslager Buchenwald überlebt. Im Mai 1945 machte er sich zusammen mit seinem Bruder und weiteren ehemaligen Buchenwaldhäftlingen auf den Weg nach Theresienstadt, wohin die jüdische Mutter der beiden Jungen verschleppt worden war. Ausgestattet mit offiziellen Reisepapieren in englischer, französischer und russischer Sprache, konnten die Zeilers ihre Mutter abholen. Auf der Rückfahrt blieb der Wagen in Potsdam liegen – und die offiziellen, in Theresienstadt erneuerten Reisepapiere erwiesen sich als wertlos. Die »Reisegruppe«, die noch immer ihre Häftlingskleidung trug, wurde mit dem kaputten Auto in die Untersuchungshaft abgeschleppt. Aufgrund ihrer Papiere galten sie als amerikanische Spione.[23]

Schlichtes Pech hatten auch jene, die vom Feld oder von der Straße weg in die Häftlingskolonnen gepresst wurden, die von einem Haftort zum anderen marschierten. Einschränkend ist anzumerken, dass diese Zufallsverhaftungen seitens der Forschung mitunter in das Reich der Legenden verwiesen werden.[24] In der Tat hat kein unmittelbar Betroffener darüber schriftlich Zeugnis abgelegt.[25] Und die aus zweiter Hand kolportierten Berichte muten mitunter wie der Versuch an, die Willkür der verhaftenden Organe durch besonders drastische Beispiele zu beglaubigen. Andererseits gibt es keine überzeugenden Argumente, um die einschlägigen Beobachtungen pauschal als Konstruktionen zu verwerfen. Deshalb sei hier Alfred Kathke aus Kossebau in der Altmark als Augenzeuge angeführt. Anfang August 1945 war er zur Überprüfung seiner Entlassungspapiere aus amerikanischer Kriegsgefangenschaft auf die örtliche Kommandantur gebeten worden. Dort angekommen, wurde er verhaftet und

23 Zeiler, Eingesperrt von meinen Befreiern, S. 24.

24 So durch Eva Ochs, die diese Verhaftungen »von der Straße weg« als Legenden bezeichnet, weil sie auch von Häftlingen geschildert werden, »ohne dass sie diese Erfahrung selbst gemacht oder auch nur beobachtet hätten« (Ochs, Heute kann ich das ja sagen, S. 327).

25 Als Ausnahme hat die Geschichte eines Drogisten zu gelten, die Anfang 1950 großes Medienecho fand. Er war 1945 mit zwei anderen Männern vom Feld weg verhaftet worden, weil drei Häftlinge aus einer vorbeimarschierenden Gefangenenkolonne geflüchtet waren. Der Bericht über den Drogisten wurde in mindestens fünf westdeutschen Zeitungen abgedruckt, darunter die *Süddeutsche Zeitung* und die *Frankfurter Allgemeine Zeitung* (vgl. Boll, Sprechen als Last und Befreiung, S. 282 [Fußnote 205]). Als Zeitgenossin berichtet Bovari dem Vernehmen nach von derartigen Verhaftungen: Bovari, Tage des Überlebens, S. 210.

wenige Wochen später in das Speziallager Sachsenhausen verlegt. Auf dem Weg in das Lager, so schreibt Kathke, musste die Marschkolonne »eine Pontonbrücke überqueren. [...] Plötzlich wird gehalten. Es kommt uns ein Mann mit einem Koffer entgegen. Die Posten schnappen den Zivilisten, schlagen mehrmals auf ihn ein und drücken ihn mit in unsere Kolonne rein.«[26] Ebenfalls sei Kurt Berner zitiert, der vom »Hören-Sagen« spricht: »Es gab viele solcher Marschkolonnen, und es soll vorgekommen sein, dass es einem gelang zu fliehen. Dann wurde kurzerhand ein Mensch von der Straße in die Kolonne gezwungen und die Zahl stimmte wieder.«[27]

Wie viele Menschen zufällig festgenommen, Opfer einer Razzia oder an der »Grünen Grenze« aufgegriffen wurden, ist unmöglich abzuschätzen. Gleichfalls ist nicht zu klären, wie viele von ihnen bis 1946 entweder interniert oder verurteilt wurden. Fest steht allein, dass diese zufälligen Festnahmen von Anfang an Bestandteil der sowjetischen Verhaftungspraxis waren. Gleiches gilt für die andere Kategorie von Verhaftungen, bei denen die zu Arretierenden zu Hause oder am Arbeitsplatz abgeholt beziehungsweise unter einem Vorwand oder wegen einer »kurzen Befragung« auf die nächstgelegene Kommandantur bestellt wurden. Auch diese zielgerichteten Verhaftungen konnten bis 1946 sowohl in einer Internierung oder einer Verurteilung münden. Ebenso wenig ist zu quantifizieren, welche der beiden Verhaftungspraktiken überwog – die Menschen verschwanden einfach.

Es gibt jedoch einen wichtigen Unterschied zwischen den eher zufälligen und den eindeutig zielgerichteten Verhaftungen. Letztere setzten schließlich nicht nur ein genaues Wissen der verhaftenden Besatzungsorgane um den Aufenthaltsort der Zielperson voraus, sondern die zu verhaftende Person musste überhaupt in das Visier der sowjetischen Sicherheitsorgane geraten sein. Auch wenn das NKWD das Gebiet der SBZ binnen weniger Monate mit einem dichten Netz routinierter operativer Gruppen, den »Opergruppen«, überzogen hatte[28] – der »Erfolg« der zielgerichteten Verhaftungen verdankte sich nicht zuletzt der Unterstützung aus der Bevölkerung.

---

26 Kathke, Jugend, S. 30.

27 Berner, Spezialisten, S. 86. Vgl. auch Prieß, Unschuldig, S. 31f.

28 Gemäß der Länder und Provinzen der SBZ waren für jeweils ein Land (bzw. Provinz) operative NKWD(MGB)-Sektoren (»Opersektoren«) zuständig. Formell waren sie den entsprechenden SMA-Verwaltungen

Denunziert

Das Institut für Geschichte und Biographie der Fernuniversität Hagen hat seit 1989/90 mehr als 150 Gesprächsaufzeichnungen mit ehemaligen Speziallagerhäftlingen gesammelt. Die hier Berichtenden begründeten in fast der Hälfte der Fälle die eigene Verhaftung und anschließende Internierung oder SMT-Verurteilung mit einer Denunziation oder Aussage anderer.[29] Dass »die Mitwirkung von deutschen Helfern bei Vorbereitung und Vollzug ihrer Verhaftung« von ehemaligen Speziallagerhäftlingen »betont« wurde, beobachtete auch Andreas Eberhardt im Rahmen seines Forschungsprojektes.[30] Christoph Thonfeld, der Gesprächsaufzeichnungen mit ehemaligen Internierten des Speziallagers Buchenwald auswertete, schreibt, »dass die InterviewpartnerInnen durchweg von mehreren Denunziationen gegen sich berichteten« und dass »alle Interviewten von weiteren Denunziationsgeschehnissen in ihrer Familie, ihrer Nachbarschaft oder in ihrem Wohnort« erzählten.[31] Auch die schriftlichen Erinnerungsberichte, die in die vorliegende Studie einfließen, künden von einer denunziatorischen Atmosphäre, die die ersten Nachkriegsjahre in der SBZ prägte. Ebenso gilt, dass in vielen Fällen eine Denunziation als Grund der Verhaftung benannt wird. Nimmt man allein die veröffentlichten Berichte ehemaliger Internierter wie SMT-Verurteilter, die ihre Haftzeit ganz oder zum Teil im Speziallager Sachsenhausen verbrachten, dann sprechen 8 von 17 von einer Denunziation.[32]

---

zugeordnet, praktisch aber waren sie dem NKWD(MGB)-Bevollmächtigten in Deutschland verantwortlich. Den Opersektoren waren Bezirks- und Kreisopergruppen untergeordnet, deren Anzahl je nach Land oder Provinz variierte bzw. sich in Folge militär-administrativer Umstrukturierungen veränderte. Wie eng dieses operativ-geheimdienstliche Netz geknüpft war, zeigt das Beispiel des Landes Sachsen: Im Juli und August 1945 waren hier 41 NKWD-Einheiten tätig, darunter ein Opersektor, fünf Bezirksopergruppen, acht Opergruppen in den Städten und 27 Kreisopergruppen (Sacharov u.a., Tschekisten, S. 302).

29 von Plato, Denunziation, S. 182f.

30 Eberhardt, Verschwiegene Jahre, S. 135.

31 Thonfeld, Sozialkontrolle, S. 317.

32 Diese Angabe bezieht sich auf monographische Veröffentlichungen ehemaliger Sachsenhausen-Häftlinge; Sammelberichte, also Publikationen mehrerer Häftlinge, wurden nicht mitgerechnet.

Gemeinhin wird Denunziation als freiwillige Aussage einer Privatperson zum Schaden eines unbeteiligten Dritten definiert.[33] Die nachfolgenden Beispiele zeigen jedoch, dass diese Definition für die Hilfsleistungen, die das NKWD aus der Bevölkerung erfuhr, zu eng gefasst ist: Weder kann ausschließlich von freiwilliger Zuträgerschaft gesprochen werden noch von ausschließlich privaten oder zivilen Informanten.

Unmittelbar nach Beendigung der Kriegshandlungen begann das NKWD mit dem Aufbau eines zunächst informellen Agenten- und Spitzelnetzes. Dessen Personal rekrutierte sich mehrheitlich aus Kommunisten, aber auch aus kompromittierten früheren Nationalsozialisten. Bereits Ende Mai 1945 verfügte das NKWD über 246 geworbene deutsche Agenten, die, so die anfängliche Vorgabe, den nazistischen Untergrund und »Werwolf«-Gruppen infiltrieren sollten. Bis Anfang Januar 1946 hatte sich die Zahl deutscher »Vertrauensleute« des NKWD verzehnfacht. Binnen eines weiteren Monats wuchs ihre Anzahl von 2034 auf 3083 Personen an.[34]

Neben Spitzel- und Agentendiensten zur Informationsbeschaffung profitierten die sowjetischen Sicherheitsorgane von den Tätigkeiten der Antifa-Ausschüsse.[35] Ebenfalls wussten sie sich lokaler Amtsträger wie der neu eingesetzten Bürgermeister zu bedienen, die, um nur eine ihrer Aufgaben zu benennen, die Rückkehr von Kriegsversprengten oder gesuchter Personen an den Heimatort zu melden hatten.[36] Eine nicht minder wichtige Rolle spielte der sich im Aufbau befindende Polizeiapparat. Allein in Sachsen war rund ein Drittel der Gefängnisinsassen des Jahres 1946 auf Weisung der Besatzungsmacht von ostdeutschen Polizeikräften verhaftet worden,[37] in Berlin wirkte ab Juli 1945 eine Gruppe von Volkspolizisten, deren Aufgabe darin bestand, »Personen aus den westlichen Stadtbezirken zu entführen und dem NKWD zu überstellen«.[38] Die Hilfsdienste der Polizei be-

---

33 Vgl. Fitzpatrick/Gellately, Introduction to the Practices of Denunziation. Zur Problematisierung dieser Definition siehe Marßolek/Stieglitz, Denunziation, bes. S. 8; oder von Plato, Denunziation, S. 183.

34 Sacharov u.a., Tschekisten, S. 310f.; zeitgleich umfasste der Gesamtbestand der NKWD-Operativgruppen in Deutschland 2230 Mitarbeiter, der des NKGB 399 Personen (ebenda, S. 299).

35 Welsh, Revolutionärer Wandel, S. 24f.

36 Thonfeld, Sozialkontrolle, S. 316.

37 Hilger/Petrov, Schmutzarbeit, S. 138.

38 Erler/Friedrich, Hohenschönhausen, S. 12f.

schränkten sich jedoch nicht auf Verhaftungen. Auf Anfrage bot sie Auskünfte über »verdächtige« Adressen und lieferte Charakteristiken sowie gegebenenfalls Angaben zu den Vermögenswerten von Zielpersonen. Ferner führte sie Personen- und Grenzkontrollen durch, befragte Zeugen, ermittelte bei »Diversionshandlungen« und leitete gezielte Einzelmaßnahmen beispielsweise gegen die »antisowjetische Propaganda« von Eisenbahnern bei Heimkehrertransporten.[39]

In den meisten Fällen setzte sich das Personal der neuen Polizei aus Personen zusammen, die unter den Nazis teuer für ihre kommunistische Überzeugung bezahlt hatten. Eine Reaktion wie die des Altenburger Polizeichefs auf die Verhaftung des damals 17-jährigen Hans Wagner Mitte September 1945 erscheint daher nicht selbstverständlich. Wagner, Hitlerjugendführer und Volkssturmangehöriger, war von Volkspolizisten mit dem Hinweis auf die Wache gebeten worden, er sei zum Wiederaufbau in einer größeren Stadt eingeteilt. Auf der Wache angekommen, soll ihn der Polizeichef mit den Worten begrüßt haben: »›Es geht also wieder los. Kaum sind wir raus aus dem KZ, werden schon wieder Verhaftungen vorgenommen. Ich kann es aber leider auch nicht ändern‹.« Trotzdem wurde Wagner und den anderen mit ihm verhafteten elf Jungen, die sich aus der Hitlerjugend und vom Volkssturm her kannten, die Möglichkeit zur Flucht geboten. Sie wurden nach Hause geschickt und sollten um 17 Uhr wieder auf der Wache erscheinen. Denn, so der Wachhabende, man müsse noch auf vier weitere Jugendliche warten, deren Verhaftung erst am späten Nachmittag möglich wäre.[40] Dieses von keinem der Jungen genutzte Angebot zur Flucht verweist auf Handlungsspielräume, die die neuen Amtsträger trotz hierarchischer Abhängigkeiten mitunter zu nutzen versuchten.[41]

Vor allem aber weist das Vorgehen der Altenburger Polizei darauf hin, dass ihr eine Liste von Zielpersonen vorlag, deren Verhaftung »abzuarbeiten« war. Davon berichtet auch Wagner, der von einer solchen Liste nach seiner Entlassung erfahren haben will. Sie soll von

---

39 Hilger/Petrov, Schmutzarbeit, S. 138f.

40 Wagner, Melder am Tor, S. 16.

41 Von einem ähnlichen Fall berichtet Christoph Thonfeld. Hier teilte ein Bürgermeister einer BDM-Führerin mit, dass er ihre Rückkehr an den Heimatort melden müsse. Er wolle damit aber sieben Tage warten, um ihr die – ungenutzte – Möglichkeit zur Flucht zu bieten (Thonfeld, Sozialkontrolle, S. 316).

einem »gewissen L.« erstellt worden sein, der »mit dem sowjetischen Stadtkommandanten von Altenburg [...] sehr gut befreundet« war und der »uns alle von der HJ und dem Volkssturm her« kannte.[42] Die Namen auf der Verhaftungsliste hätte demnach jemand zusammengestellt, der aus dem privaten Umfeld der Jungen stammte. Auch die im November 1945 verhaftete Ursula Fischer, Jahrgang 1925, geht davon aus, dass sie ihre dreijährige Internierung einer solchen Liste verdankt. Fast 50 Jahre lang glaubte sie, »dass Menschen aus [ihrer] unmittelbaren Umgebung, die [sie und ihr] Elternhaus kannten, für diese drei Jahre verlorener Jugend verantwortlich sind«.[43] Eigene Recherchen Mitte der 1990er Jahre ergaben, dass die Liste, die zu der Verhaftung der vormaligen Jungmädel-Gruppenführerin und Kindergärtnerin führte, vom Bürgermeister des Nachbarortes zusammengestellt worden war.[44]

Wolfgang Pintzka, 1928 geboren, führt seine Verhaftung auf eine im Frühjahr 1945 erstellte Liste zurück: eine Namenliste von »Halbwüchsigen«, die »unter [der] Leitung ›erfahrener‹ SS- oder Wehrmachtsoffiziere nach der Besetzung deutschen Territoriums durch die ›feindliche Armee‹ Sabotage und gezielte Untergrund- und Widerstandsaktionen durchführen« sollten. Auf diesen »Werwolf«-Einsatz, zu dem es nie gekommen sein soll, bereitete sie ein Wehrmachtsoffizier vor, den Pintzka »Armin« nennt und den er im Juli 1945 zufällig in Zwickau getroffen haben will.

> »Da erzählte er mir, dass die bei uns inzwischen als Besatzungstruppen einmarschierten Russen ihn verhaftet, verhört und für ihn selbst ganz überraschend schnell wieder auf freien Fuß gesetzt hätten. Einige Wochen später waren wir, das heißt unsere ganze Gruppe, alle meine Freunde und Schulkameraden, Jungen wie Mädchen, verhaftet worden. In den Verhören der folgenden Zeit tauchte der Name Armin ständig auf. Immer und immer wieder wurde sein Name von den russischen Offizieren in Verbindung mit gewissen Listen genannt.«[45]

In Wittenberg wurden im Dezember 1945 und im Januar 1946 27 Jugendliche und zwei ihrer Mütter verhaftet. Neun von ihnen sollten die Haft nicht überleben, drei weitere wurden hingerichtet. Unter

42 Wagner, Melder am Tor, S. 17.
43 Fischer, Zum Schweigen verurteilt, S. 152.
44 Fischer, Von der Last des Schweigens, S. 143.
45 Pintzka, Von Sibirien in die Synagoge, S. 35, 42.

Anleitung eines gewissen Dieter Bolde hatten sich 22 der Jungen und Mädchen aus dieser Gruppe hinreißen lassen, sich nicht nur über die politischen Parteien und Jugendgruppen in den Westzonen zu informieren, sondern auch ihren Beitritt zu einer »westlich orientierten Partei« per Unterschrift bekundet. Den Jugendlichen war nicht bekannt, dass Bolde in der Kommandantur ein und aus ging – anscheinend hatte er sich dort regelmäßig zu melden. Nachdem die Verhaftungsaktion angelaufen war, traf ihn eines der (zu diesem Zeitpunkt noch nicht verhafteten) Mädchen zufällig auf der Straße. Die beiden unterhielten sich über den Verbleib der gemeinsamen Bekannten, als Bolde ihr unvermittelt gedroht haben soll: »Wann du verhaftet wirst, liegt in meiner Hand!«[46]

Die sowjetischen Sicherheitsorgane erfuhren nicht allein durch die Bereitstellung von Listen Unterstützung aus der Bevölkerung. Am 9. Januar 1946 sahen sich Walter S.und sein Freund Horst K. in den Magdeburger Gloria-Lichtspielen einen Spielfilm an. Als Vorfilm lief ein Propagandastreifen über Stalin, der Horst K. dazu verleitete, eine abfällige Bemerkung über die schneeweiße Litewka des »Generalissimus« zu machen. Zu laut, wie sich herausstellen sollte, als die beiden das Kino verließen. Denn dort wurden sie von einem weiteren Zuschauer, der sich noch während der laufenden Vorstellung Verstärkung geholt hatte, erwartet. Walter S. konnte zwar entkommen, wurde jedoch noch in der gleichen Nacht von zu Hause abgeholt.[47] Der Wuppertaler Günter Koch, 1930 geboren, war im April 1943 per Kinderlandverschickung ins Erzgebirge gekommen. Wegen der Bombardierungen des Rheinlands zog seine Mutter nach. Zusammen mit dem aus der Kriegsgefangenschaft entlassenen Vater kehrte die Familie im Juli 1945 zurück in die Heimatstadt. 1947 wurde in den Westzonen bekannt, dass man zurückgelassenen Hausrat aus der sowjetisch besetzten Zone in den Westen bringen könne. Die Eltern betrauten ihren Sohn mit dieser Aufgabe. Ausgestattet mit Papieren der amerikanischen Besatzungsmacht, schickten sie ihn an den ehemaligen Wohnort nahe Schwarzenberg, nun sowjetisches Uransperrgebiet. Dort angekommen, sah sich der 17-Jährige den Umzug zum 1. Mai an.

> »Weil ich durch meine Jugend auffiel, wurde ich gefragt, warum ich mich nicht am Umzug beteiligen würde. Freimütig antwortete ich, dass ich zu Besuch hier sei. Kurze Zeit danach kam ein Offizier der

---

46 Gneist/Neuendorf, Nachkriegsunrecht, S. 27, 30.

47 Vgl. Wirkungsstätten stalinistischen Terrors in der SBZ, S. 9f.

Volkspolizei (VP) vorbei. Einer der Zuschauer forderte ihn auf, mich zu überprüfen. Der VP-Oberkommissar [...] nahm mich mit zur Wache. Hier musste ich meine Papiere vorlegen. Da sie aber aus dem Westen waren, wurde ich sofort als West-Spion verhaftet.«[48]

Walter S. wie Günter Koch verdankten ihre Verhaftung also der ebenso spontan wie freiwillig unter Beweis gestellten »Aufmerksamkeit« ihrer Mitbürger. Es gibt jedoch auch zahlreiche Fälle, in denen von Freiwilligkeit oder Spontaneität nicht die Rede sein kann. Am 15. Mai 1946 wurde Wolfgang F. von einem sowjetischen Leutnant und zwei Soldaten vom Mittagstisch weggeholt: »Du mitkommen zur Vernehmung! Wenn du unschuldig, dann heute wieder nach Hause«, hieß es nach einer Hausdurchsuchung. Tatsächlich aber zogen sich die Vernehmungen über einen Zeitraum von mehr als drei Monaten hin. Bei der letzten wurde er gefragt, ob er die Handschriften seiner Mitschüler kenne, was er bejahte. Daraufhin schob ihm der das Verhör führende Oberleutnant ein zur Hälfte beschriebenes Blatt Papier hin, die Unterschrift verdeckte er mit der Hand. »Ich erkenne sofort, wer das geschrieben hat. Es trifft mich tief, erleben zu müssen, dass ich es einem Klassenkameraden zu verdanken habe, nun in den Fängen des NKWD zu sein!«[49] Was Wolfgang F. nicht schreibt, wohl auch nicht wusste, ist, unter welchen Umständen sein Mitschüler das inkriminierende Papier verfasst hatte. Denkbar ist, dass der Mitschüler ebenfalls inhaftiert war und den Namen von Wolfgang F. unter Zwang zu Papier brachte. Und zwar infolge von Methoden, die nach der UN-Entschließung 3452 vom 9. Dezember 1975 eindeutig als Folter zu verstehen sind – auf sie wird im Kapitel über die »GPU-Keller« zurückzukommen sein.

Auch der 1928 geborene und am 5. Mai 1946 unter »Werwolf«-Verdacht verhaftete Benno Prieß sollte in der Untersuchungshaft »einfach nur« die Namen seiner Kameraden aufschreiben, was eine Kettenreaktion weiterer Verhaftungen ausgelöst hätte. Während Prieß standhaft geblieben sein will, scheint seine eigene Festnahme ebendiesem Schneeballsystem geschuldet. In Gang gebracht hatte es anscheinend ein Junge aus Prieß' Heimatort, der neun Namen genannt haben soll.[50] Ähnlich erging es dem im November 1946 verhaf-

48 Koch, Eibenstock, S. 12.

49 Wolfgang F., Fünf Jahre in der Hölle (unveröffentlichtes Manuskript), S. 12.

50 Prieß, Unschuldig, S. 22.

teten und damals 19-jährigen Gerhard Krüger. Zwei seiner kurz zuvor verhafteten Freunde waren, wie er schreibt, »durch Drangsalierungen und vordergründige Versprechungen [...] zu falschen Aussagen und [...] Namensangaben erpresst« worden. Und er schreibt auch, dass er trotz dreier Monate in Einzelhaft und schweren Schlägen in mehr als 20 Verhören standgehalten habe. Von ihm wollte man die Namen und Adressen der Mitglieder des evangelischen Jugendkreises der Immanuelgemeinde am Prenzlauer Berg, die als illegale antisowjetische Untergrundorganisation »gesprengt« werden sollte.[51]

Noch zu Hause, also im Moment der Verhaftung durch einen sowjetischen Leutnant und vier mit Maschinenpistolen bewaffnete Soldaten im September 1945, wurde Ernst.-E. Klotz aufgefordert, Namen zu nennen, Namen im Zusammenhang mit dem Nationalsozialismus. Als Erstes sollte er, ein Jenaer Geschichtslehrer, Jahrgang 1900, den vormals zuständigen Blockleiter nennen, dann ehemalige Parteigenossen aus seinem Bekanntenkreis und schließlich ihm bekannte Frauen, die in der Partei gewesen waren. Bei diesen Fragen konnte Klotz, wie er schreibt, noch ausweichend antworten. Dann aber sollte er die Funktionäre seiner Ortsgruppe benennen. »Es ist mir klar, dass jetzt ein Ausweichen nicht mehr möglich ist. Ich überlege schnell, wen ich nennen kann, ohne ihn zu gefährden. Ich nenne dann zwei oder drei Namen, von deren Trägern ich weiß, dass sie entweder als Soldaten noch abwesend oder schon verhaftet sind.«[52]

Zu den wenigen, die in ihren Erinnerungsberichten angeben, Namen tatsächlich genannt zu haben, zählt auch der Berliner Physiker Kurt Berner. Noch bevor er im August 1945 auf einer Betriebsversammlung verhaftet wurde, war er, wie geschildert, mehrfach zu kurzen Vernehmungen einbestellt worden. Bei einer dieser Vernehmungen wurde er, ohne Anwendung oder Androhung physischer Gewalt, aufgefordert, binnen einer Woche eine Namenliste ihm bekannter Parteigenossen abzuliefern. »Ich kannte natürlich eine Menge Leute, die in meiner allernächsten Umgebung mit dem Abzeichen herumgelaufen waren, wollte aber niemanden denunzieren. Daher schrieb ich nur solche auf, von denen ich wusste, dass sie sich als Parteigenossen gemeldet und auch an den Wiedergutmachungsarbeiten teilgenommen hatten.« Was aus den zehn Personen wurde, deren Namen Berner angab, ist nicht bekannt. Fest steht nur, dass seiner

51 Krüger, Gruppenverhaftung von Jugendlichen in Ost-Berlin.
52 Klotz, So nah der Heimat, S. 28.

Ehefrau, die er an die erste Stelle auf dieser Liste setzte, nichts passierte.[53]

Verhaftungsrelevante Informationen bezogen die sowjetischen Sicherheitsorgane auch aus den Speziallagern. Aus Sachsenhausen berichtet ein Häftling, dass ein inhaftierter »Ortsgruppenleiter der NSDAP mit Offizieren des NKWD durch Ludwigslust fuhr und sie zu Wohnungen von ehemaligen Parteimitgliedern führte«.[54] Ebenfalls in Sachsenhausen wurden Gefangene aufgefordert, Namen nicht inhaftierter Personen zu nennen, die ihres Wissens Waffen versteckt hielten oder sowjetische Zwangsarbeiter misshandelt hatten. Im Gegenzug hatte der Barackenälteste, der diese Aufforderung stellvertretend vortrug, fälschlicherweise vorzeitige Entlassung in Aussicht gestellt.[55] Günter Sch. wurde im Juni 1946 tatsächlich vorzeitig aus der Haft entlassen. Allerdings mit dem »Auftrag, aktive Faschisten und Werwolf-Leute ausfindig zu machen«.[56]

Der sowjetische Sicherheitsapparat erhielt Informationen, die für die Betroffenen in einer Internierung oder SMT-Verurteilung resultierten, aus verschiedenen Richtungen: Spitzel, Polizeikräfte und lokale Amtsträger wurden ebenso zu Zuträgern wie Nachbarn, Freunde oder völlig Fremde im Kino oder auf der Straße. Dies geschah aufgrund hierarchischer Abhängigkeiten, Instrumentalisierung oder Folter jedoch nicht immer freiwillig. Auch sind die Motive für die Denunziationen durchaus unterschiedlicher Natur. Missgunst und Neid, berufliche Auseinandersetzungen oder Eifersucht scheinen von großer Bedeutung gewesen zu sein. Das geht nicht allein aus den Erinnerungsberichten hervor, auch die ostdeutsche Staatsanwaltschaft hielt 1948 fest, ihr lägen zahlreiche Anzeigen vor, »in denen versucht wird, persönlich missliebige Bekannte dadurch

---

53 Berner, Spezialisten, S. 68.

54 Zit. nach Kühle/Titz, Speziallager Sachsenhausen, S. 14.

55 »Nach einigen Tagen ließ dieser Mensch [der neue Barackenälteste, B. G.], der uns allen unangenehm war, die Katze aus dem Sack: Wer von euch noch weiß, wer draußen Waffen versteckt hält, oder wer weiß, wer russische Gefangene misshandelt hat, der kann dies jetzt melden, zu Protokoll geben und derjenige wird vorzeitig entlassen. Es haben einige noch Protokolle angefertigt« (Archiv Sachsenhausen, R. E., Erinnerungsbericht, S. 44). Im transkribierten Interview vom September 1997 erklärt R. E., dass er die Umsetzung des Versprechens vorzeitiger Entlassungen »nicht mitbekommen habe«.

56 Hilger/Petrov, Schmutzarbeit, S. 100.

zu schädigen, dass ihnen irgendwelche früheren politischen Vergehen nachgesagt werden«.[57] Neben diesen eher apolitischen Motiven stehen spontane oder im Rahmen von Abhängigkeitsverhältnissen instrumentalisierbare Loyalitätsbekundungen gegenüber den neuen Machthabern, dazu kommen Folter und Erpressung. Keinesfalls fehlen darf in dieser Aufzählung die Hoffnung auf Strafmilderung oder Haftverschonung kompromittierter Nationalsozialisten.

Die Strafangst eines Teils der Bevölkerung beschreibt jedoch nur die eine Seite der Medaille. Mit der anderen ist ein Motiv angesprochen, das keinesfalls als Denunziation bezeichnet werden kann. Die Rede ist vom Strafwunsch der überlebenden Opfer des Nationalsozialismus und deren berechtigter Hoffnung, ihre vormaligen Peiniger zur Verantwortung zu ziehen. So zeigte Käte L. im Spätsommer 1945 ihre vormalige Kommilitonin Marie R. bei der Leipziger Kriminalpolizei an. Die beiden jungen Frauen hatten bei Hans-Georg Gadamer Philosophie studiert; Käte L. sollte ihn später ehelichen. Nach dem gescheiterten Attentat auf Hitler vom 20. Juli 1944 hatte sie sich gegenüber der als »glühende Verehrerin Hitlers« bekannten Marie R. eine unvorsichtige Bemerkung erlaubt: Der Tag, an dem Hitler umgebracht würde, wäre ein Freudentag für sie. Marie R. zeigte daraufhin Käte L. bei der Gestapo an und trat auch als Belastungszeugin bei der Verhandlung vor dem Volksgerichtshof auf.[58] Obwohl Käte L. freigesprochen wurde, verblieb sie bis zum Kriegsende in Haft. Das während der Haft beobachtete und »allem Menschlichen Hohn sprechende Leid«, so schrieb sie im Oktober 1945 in einem sechsseitigen Brief an die Eltern von Marie R., habe sie veranlasst, deren Tochter anzuzeigen. Sie folge damit »ihrer moralischen Pflicht einem Allgemeinen gegenüber. [...] Wir sind dazu gezwungen, wenn wir verhindern wollen, dass all diese bis in das innerlichste Mark ihres Menschseins verdorbenen Elemente im Handumdrehen unter neuem Vorzeichen ihr altes Wesen zu betreiben beginnen.«[59]

---

57 Ebenda, S. 101.

58 Vermutlich hat die Befragung von Marie R. – bei der Durchleuchtung des studentischen Hintergrunds der Käte L. – noch ein weiteres Opfer gefordert: Margarete Bothe wurde wegen »Rundfunkverbrechens« zum Tode verurteilt und am 12. April 1945 hingerichtet. Der Vorabveröffentlichung über ihr Schicksal sind die Angaben zu Marie R. und Käte L. entnommen (Bothe, »Verzweifeln tue ich nicht!«).

59 BArchK B 434 SA 390/22–01/5, S. 5.

Dieser Fall zeigt nicht nur, wie dringend eine Unterscheidung zwischen Denunziation und Anzeige, zwischen Verleumdung und Meldung geboten ist. Er markiert auch die Grenzen einer solchen Differenzierung: Der Brief von Käte L., in dem sie ihre Motive offenlegt, ist ein Sonderfall. Die wenigen überlieferten Protokolle, Spitzelberichte oder schriftlichen Zusammenfassungen mündlicher Hinweise, die sich in den sowjetischen »Personalakten« ehemaliger Häftlinge finden, erlauben derartige Rückschlüsse schon deshalb nicht, weil sie primär die Perspektive der sowjetischen Sicherheits- und Geheimdienste wiedergeben[60] – oder weil sie von vornherein deren paranoiden Wahrnehmungsmustern entsprachen, wie folgender anonymer Bericht über den SPD-Politiker Dr. O. vom Februar 1946 zeigt: »O. ist einer der fanatischsten Gegner der Sowjetunion und des Kommunismus und wird voraussichtlich, wenn er nicht sehr bald unschädlich gemacht wird, großen Schaden anrichten.«[61]

Der Versuch, zwischen Denunziation und Anzeige zu unterscheiden, ist jedoch nicht allein aus quellenkritischen Gründen problematisch. Grundsätzlich stellt sich mit Alexander von Plato auch die Frage, »was denn Denunziation, was Aussage, was Anzeige sei in einer Zeit der Besetzung und der Neuorganisierung des politischen und gesellschaftlichen Lebens«.[62] Diese Frage stellt sich im Besonderen immer dann, wenn es um Verstöße gegen alliiertes Besatzungsrecht geht, sei es der verbotene Besitz von Waffen oder das Verbot nationalsozialistischer Symbole. Ein Beispiel: Um ihre durch Besatzungserfahrungen genährte Gegnerschaft gegen die neuen Machthaber öffentlich zu demonstrieren, planten der Gymnasiast Wolfgang Hardegen und seine Freunde eine Aktion, die sich auch als Treuebekenntnis zum Nationalsozialismus verstehen ließ. Zwei von ihnen hissten in der Nacht zum »Führergeburtstag« am 20. April 1946 eine selbstgenähte Hakenkreuzflagge am höchsten Turm des Ortes.[63] Als

60 Vgl. von Plato, Denunziation, S. 196.

61 Hilger/Petrov, Schmutzarbeit, S. 149.

62 von Plato, Denunziation, S. 194.

63 Bei dieser »Flaggen-Aktion« handelte es sich um die letzte Aktion, mit der Hardegen und seine Freunde wiederholt ihren Unmut über die Besatzungsmacht – unter anderem war seine Mutter nur knapp einer Vergewaltigung entgangen – demonstriert hatten. Ursprünglich hatten sie in der Tradition der »Burschenschaften« und des »Befreiungskriegs« eine schwarz-rot-goldene Fahne hissen wollen, ein Plan, der an Stoffmangel

die beiden am nächsten Morgen überprüfen wollten, ob die Flagge noch hing, wurden sie von einem Spaziergänger beobachtet. Möglich, dass dieser Spaziergänger die Jungen meldete, um seine Loyalität gegenüber dem neuen System unter Beweis zu stellen, sei es aus Eigennutz oder Pflichtschuldigkeit. Denkbar ist aber auch, dass er Anzeige erstattete, weil er schlicht keine Hakenkreuzflagge mehr sehen wollte.

Dennoch bleibt festzuhalten, dass die Besatzungsmacht auf vielfältige Weise für eine denunziatorische Atmosphäre sorgte. Schon aufgrund der Sprachproblematik war sie auf professionelle wie auf spontane Zuträger angewiesen, um ihren politischen Ansprüchen gerecht zu werden. Zusätzlich wusste sie sich Druckmitteln zu bedienen, sei es Folter, Erpressung oder Instrumentalisierung. Eher indirekten Druck übte sie durch Maßnahmen auf die Bevölkerung aus, mit denen sie die Defizite der pauschalen Internierungen nach NKWD-Befehl Nr. 00315 zu kompensieren suchte. So wurden, wie zum Beispiel in Weimar, auf den Meldestellen Namenlisten ehemaliger Parteigenossen ausgelegt – versehen mit der Aufforderung an die Bevölkerung, diese zu kontrollieren und vor allem zu komplettieren.[64] Von einer gewissen Planlosigkeit sowjetischerseits künden auch die Fragen nach Blockleitern, Parteigenossen und Funktionären, die Verhaftete noch Monate nach Ende des Krieges gestellt bekamen. Zudem schürten zahllose Razzien und das zumeist plötzliche Verschwinden von Nachbarn oder Familienangehörigen Ängste, die durch eine Vielzahl von Gerüchten weiter angeheizt wurden. Verunsicherung der Bevölkerung war nicht nur die Folge, sondern auch der Nährboden für Verleumdungen und Anzeigen. Gleichzeitig ist der Nachkriegsgesellschaft eine gewisse denunziatorische Übung nach zwölf Jahren Nationalsozialismus nicht abzusprechen. Doch ob mit oder ohne Übung – in dieser Atmosphäre und angesichts des von der Besatzungsmacht etablierten Systems, das sich durch eine mangelnde Rechtsförmigkeit auszeichnete, konnte jede unbedachte Äußerung zu einer für Dritte folgenschweren Aussage werden.

---

scheiterte (Hardegen, Gefangen, S. 123f.). Historisch ist das nicht ganz korrekt, da der Befreiungskrieg von 1812/13 nicht unter Schwarz-Rot-Gold geführt wurde.

64 Thonfeld, Sozialkontrolle, S. 313.

Geschockt

Es hatte Warnungen gegeben: Ursula Fischer wurde von einer Bekannten nahegelegt, in den Westen zu gehen, sie hätte ihren Namen auf einer Verhaftungsliste gelesen.[65] Andere waren von Verhaftungswellen in Nachbardörfern aufgeschreckt worden,[66] zugleich machten Gerüchte über Umerziehungslager für Nationalsozialisten die Runde. Emotionale Bindungen und Sachzwänge erwiesen sich in zahlreichen Fällen jedoch als stärker – die Menschen blieben, wo sie waren. Eltern fällten verhängnisvolle Entscheidungen für ihre Kinder,[67] Söhne wollten den im Krieg gebliebenen oder vermissten Vater ersetzen.[68] Zudem wurde genau registriert, wenn ein als Nazi bekannter Nachbar nach einer kurzen Vernehmung wieder nach Hause kam. Erstbefragungen wirkten bisweilen harmlos, weshalb so mancher der nochmaligen Aufforderung, sich bei der Kommandantur zu melden, »ohne Arg« nachkam.[69] Andere, wie der Schauspieler Gustaf Gründgens, wurden sechs Mal zur Kommandantur bestellt und erst beim siebten Mal verhaftet.[70] In Alfred Kathkes Heimatort wurde Anfang Juli 1945 eine Razzia durchgeführt, die, wie er schreibt, vormaligen Wehrmachtssoldaten galt, die der Meldepflicht nicht nachgekommen waren. Sie alle kehrten wenige Tage später nach Hause zurück.[71] Es war also nicht zuletzt das planlose Vorgehen der sowjetischen Sicherheitskräfte, das den Menschen Hoffnung machte – die Hoffnung, dass es so schlimm nicht werden würde.

Es gibt jedoch noch einen weiteren Grund, warum Warnungen ignoriert wurden. Er wird in fast jedem der Haftberichte genannt: »dass sich keiner der Gewarnten einer Schuld bewusst war und sich reinen Gewissens in Sicherheit wiegte«.[72] Umso schockierender war es, wenn das Unvorstellbare doch eintrat: die Verhaftung. Auf sie konnte und wollte man sich nur einen Reim machen – sie musste die Folge einer Denunziation sein. Oder, wie es bei Alfred Kathke heißt,

---

65 Fischer, Zum Schweigen verurteilt, S. 18.
66 Wagner, Melder am Tor, S. 15.
67 Vgl. Matz-Donath, Sphinx, S. 221.
68 Kathke, Jugend, S. 19.
69 Vgl. Fischer, Verschollen, S. 38.
70 Riess, Gustaf Gründgens, S. 252.
71 Kathke, Jugend, S. 20.
72 Fischer, Verschollen, S. 37.

der vorgeblich zur Überprüfung seiner Entlassungspapiere aus amerikanischer Kriegsgefangenschaft auf die Kommandantur geholt und dort verhaftet wurde, um dann zwei Jahre in Sachsenhausen und zwei weitere in Sibirien zu verbringen: »Aus den Fragen, die mir [im Verhör, B.G.] gestellt wurden, musste ich annehmen, dass ich denunziert worden bin. Wie sollte es auch anders sein?«[73]

Nicht selten wird sich ein Verhafteter sozialer Konfliktsituationen in den Wochen und Monaten vor der Verhaftung erinnert haben, die sich im Nachhinein als Auslöser einer Denunziation deuten ließen. Dabei ist mit Christoph Thonfeld durchaus denkbar, dass sie »einer im Nationalsozialismus erlernten Erklärungsvariante [folgten], nach der plötzliche Verhaftungen oder das Verschwinden von Personen berechtigterweise mit Denunziationen in Verbindung gebracht werden konnten«.[74] Doch ob erlernt oder nicht: Weil zahlreiche Häftlinge keinen Einblick in die konkreten Hintergründe ihrer Verhaftung hatten, waren und blieben sie auf Spekulationen angewiesen, die ihnen eine Antwort auf die brennende Frage »Warum ich?« ermöglichten. Eine solche Antwort bot die Annahme, denunziert worden zu sein. Dass es sich dabei um eine Vermutung handelte, begründet sich schon durch das zentrale Charakteristikum von Denunziationen: Sie finden in der Regel im Verborgenen statt und sind nicht zu beweisen. Das bedeutet nicht, dass es keine Denunziationen gab. Es heißt stattdessen, dass die in den Zeitzeugenberichten geschilderten Denunziationshandlungen auch und mitunter in erster Linie als Selbsterklärungen der Betroffenen zu verstehen sind. Unabhängig davon also, ob eine Denunziation tatsächlich vorlag oder nicht, stellt sie einen wichtigen, wenn nicht den wichtigsten Schlüssel für die Interpretation der Speziallagerhaft durch die ehemaligen Häftlinge dar. Die Annahme, denunziert worden zu sein, scheint für viele der ehemaligen Häftlinge erträglicher zu sein als die Ungewissheit gar keiner Erklärung. Ihnen ist diese Vermutung »eine Hilfe, vielleicht sogar eine psychologische Entlastung bei der Verarbeitung ihrer Geschichte und bei der Suche nach Gründen dafür, warum es gerade sie getroffen hat«.[75] Sie hilft bei den nachträglichen Rationalisierungen ebenso undurchschaubarer wie dramatischer Geschehnisse: Gründe für die Verhaftung wurden den Betroffenen nicht oder in-

73 Kathke, Jugend, S. 22.
74 Thonfeld, Sozialkontrolle, S. 317.
75 von Plato, Denunziation, S. 203.

korrekt benannt. Die Fragen in den Verhören wie auch die Tatvorwürfe, so wird noch zu sehen sein, konnten nur selten auf die eigene Person bezogen werden, die russisch verfassten Protokolle und Geständnisse waren unter Zwang zu unterschreiben. Die einen wurden ohne Anklage und Urteil für Jahre in Speziallager überstellt, viele andere zu Strafen verurteilt, die ihr eigenes Lebensalter übertrafen. Hinzu kommen die extremen Haftbedingungen in der Untersuchungshaft und in den Speziallagern. Ohnmacht, Entrechtung und Todesnähe – diese Zwangserfahrungen waren derart massiv, dass sie grundsätzlich jeden Zusammenhang mit dem Leben zuvor sprengten. Sie standen und stehen in keiner Relation zu dem bisher Erlebten, sie machten wie jede Gewalterfahrung keinen Sinn. Diesen kann die Vermutung einer Denunziation stiften.

Beschrieben wird damit eine bis heute prägende Erfahrung: der Verrat an der eigenen Person und der damit verbundene Vertrauensverlust in die Gesellschaft.[76] Denn an der Denunziation wird ein Verrat festgemacht, der mitten aus dem letzten, nach Kriegsende noch verbliebenen sozialen Schutzraum kam: »Mehrere Bürger in meinem Heimatort maßten sich an, Schicksal zu spielen«, klagt Ursula Fischer. Und sie fügt fassungslos hinzu: »Das ist in Haidemühl geschehen!«[77] Ähnlich klingt es bei Alfred Kathke, der von zwei Rotarmisten in Begleitung eines Nachbarn abgeholt wurde. Der Verräter war einer von ihnen, gleich, ob er, wie bei Fischer, im Verborgenen gewirkt hatte oder, wie es bei Kathke heißt, »zum Judas bestimmt« bei der Verhaftung anwesend war.[78] Er hatte sich, aus welchen Motiven und in welcher Funktion auch immer, mit der Besatzungsmacht gemeingemacht. Das erklärt, warum, wie auch Christoph Thonfeld beobachtet hat, in den Erinnerungszeugnissen »bisweilen […] die willkürliche Verhaftungspraxis der Sowjets mit der Denunziationsbereitschaft der deutschen Bevölkerung in einer Weise zusammengedacht wird,

---

76 Vgl. Fikentscher, Denunziation und psychisches Trauma.

77 Fischer, Zum Schweigen verurteilt, S. 212. Wie schon erwähnt, ergaben eigene Recherchen Fischers, dass die Verhaftungsliste, auf der sich auch ihr Name fand, vom Bürgermeister des Nachbarorts erstellt worden war. Nun war es für sie möglich, ihren Frieden mit ihrem Heimatort zu machen, »weil ich jetzt [wusste], dass nicht irgendwelche, denen ich da auf der Straße begegne, mich denunziert haben« (Fischer, Von der Last des Schweigens, S. 143. Vgl. auch Eberhardt, Verschwiegene Jahre, S. 136).

78 Kathke, Jugend, S. 21.

als handele es sich um ein und dasselbe Phänomen«.[79] Sie werden bis heute zusammengedacht, weil sich der Verräter allein durch seine Nähe zur Besatzungsmacht auszeichnete.

Aus der Perspektive der Betroffenen war der Denunziant ein »Wendehals« oder der Handlanger einer Macht,[80] die als Gegner im Land stand und der man aufgrund langgehegter Feindbilder und aktueller Besatzungserfahrungen das Schlimmste zutraute. Vor ihr suchte man Schutz – und vor ihr hatte man sich gegenseitig Schutz zu bieten.

Tatsächlich aber war der Zusammenhalt gegenüber der Besatzungsmacht instabil. Die Enttäuschung über diese Erkenntnis ist vielen Erinnerungsberichten eingeschrieben. »Es waren Deutsche, alles Deutsche!«, zitiert Annerose Matz-Donath eine ehemalige Gefangene in Hoheneck,[81] die im Sommer 1947 zusammen mit weiteren 20 Jugendlichen verhaftet worden war. Ihnen wurde illegaler Waffenbesitz zur Last gelegt, was für einige aus dieser Gruppe auch zutraf. Die Namenliste aber, nach der die Verhaftungen vorgenommen wurden, sollen »alte Nazis« erstellt haben. In dieser Schilderung erscheint die politische Verortung der Denunzianten gleichwohl sekundär. Wichtiger ist, dass es sich bei ihnen nicht um »Flüchtlinge« handelte, sondern um »Ansässige hier, die man all die Jahre kannte«.[82]

---

79 Thonfeld, Sozialkontrolle, S. 317.

80 »Wir hatten einen Bürgermeister, der konnte gerade seinen Namen schreiben, sonst gar nichts. Aber er war jetzt der größte Kommunist! Seine beiden Kinder waren große Hitler-Jugend-Führer gewesen. Auf der Uniform hatten sie allerhand Lametta gehabt – Affenschaukel haben wir immer dazu gesagt. Große Hitler-Jugend-Führer also – und auf einmal, als der Umsturz kam, war alles nicht mehr wahr. Ich nehme an, dass die nun Namen bringen mussten. Schweinehunde waren es, die für ein Butterbrot alle Menschen verraten haben« (vgl. Matz-Donath, Sphinx, S. 221).

81 Das Schloss Hoheneck wurde seit 1863 als »Sächsisches Weiberzuchthaus« genutzt; nach 1933 diente es als Schutzhaftgefängnis für Männer. Nach Kriegsende wurden hier ebenfalls Männer untergebracht. 1951 wurde es offiziell zum Frauengefängnis der DDR, nachdem infolge der Speziallagerauflösungen Anfang 1950 etwa 1200 SMT-verurteilte Frauen hierher verlegt worden waren. Es liegt keine wissenschaftliche Untersuchung dieses Gefängnisses vor; Haftberichte finden sich bei Ulrich Schacht, Hohenecker Protokolle, Zürich 1984; Finn, Die Frauen von Hoheneck.

82 Matz-Donath, Sphinx, S. 164.

Von ihnen, von den eigenen Leuten, fühlte man sich an die Besatzungsmacht verraten. Oder, wie es bei Wolfgang Hardegen heißt, der zusammen mit jenen zwei Freunden verhaftet wurde, die eine Hakenkreuzflagge gehisst hatten: »Jeden Gedanken, dass das alles sehr schlimme Folgen für uns haben könne, ja, dass unser Leben ernstlich bedroht sei, verdrängten wir sofort. Schließlich waren es ja Deutsche, die uns hier eingesperrt hatten, und die werden uns schon nicht an die Russen ausliefern.«[83]

Sobald eine Denunziation unterstellt wird und die mit ihr einhergehende Hilf- und Wehrlosigkeit, ist der Betroffene als Opfer ausgewiesen – nämlich als Opfer eines ebenso unerwarteten wie vor allem unberechtigten, weil persönlich motivierten Verrats aus Eigennutz. »Angeschwärzt und verstoßen«, lauten die Worte, die Alfred Kathke dafür findet.[84] Darauf gründet das Selbstbild der eigenen Unbescholtenheit, die Denunziation ist der Nachweis der eigenen Unschuld – auch und gerade in politischer Hinsicht. Angesprochen ist damit eine Deutungsebene der Denunziation, die im Besonderen für diejenigen Häftlinge ein Entlastungsmotiv bereithält, deren Internierung oder SMT-Verurteilung im Zusammenhang mit dem Nationalsozialismus stand. »Wie hatte diese Sache begonnen?«, fragt zum Beispiel Ernst-E. Klotz. Seine Antwort: »Ein Denunziant hatte gewirkt.«[85] Deutlich wird hier, wie stark die Denunziation als Mittel zur biographischen Immunisierung gegenüber der NS-Vergangenheit sowie der eigenen Rolle darin wirkt. Und dergleichen ist sowohl bei den Belasteten, den weniger Belasteten und den Unbelasteten zu beobachten.

Ernst-E. Klotz, Jahrgang 1900, hatte zum »Volkssturm« gehört und war Mitglied der NSDAP gewesen. Verbrechen sind ihm, soweit bekannt, nicht vorzuwerfen. Umso irritierender erscheint, dass er in seinem Anfang der 1950er Jahre verfassten Haftbericht kein Wort über seine Parteizugehörigkeit verliert.[86] Es greift zu kurz, darin den Versuch einer Verschleierung oder eine Abwehrhaltung zu erkennen, die sich in die »Schweigegemeinschaft« der frühen Bundesrepublik

---

83 Hardegen, Gefangen, S. 127.

84 Kathke, Jugend, S. 28.

85 Klotz, So nah der Heimat, S. 24.

86 Das erfährt der Leser aus dem für die Veröffentlichung des Haftberichtes im Jahre 1992 erstellten Vorwort von Martin Rethmeier, und auch dort nur en passant (ebenda, S. 14).

einfügt. Denn Klotz geht gleichzeitig äußerst sparsam mit Angaben zu seiner Person, seinem Beruf, seinem Familienstand oder seiner Kriegsteilnahme um. Gerade weil er sich selbst als unbeschriebenes Blatt präsentiert, scheint er mit diesen »Nichtinformationen« etwas anderes zu signalisieren: Er zeichnet sich als konturlosen »Jedermann«, weil es für seine Internierung keine Rolle spielte, wer oder was er war.

Klotz' Selbsteinschätzung findet sich in ähnlicher Form in zahlreichen anderen Berichten denunzierter Häftlinge. Sie unterstellt, dass die Falschen verhaftet wurden, dass es sich bei ihnen allenfalls um »kleine Lichter« handelte, die sich persönlich nichts vorzuwerfen hatten. Kurt Berners Unverständnis über diejenigen, die plötzlich so taten, »als wären sie nie dabei gewesen«, wurde schon angedeutet.[87] Arnulf Putzar bekundet aus der Perspektive eines damals 14-Jährigen sein Befremden darüber, dass sogar in der eigenen Familie »auf einmal nicht mehr wahr sein sollte, was doch alle wussten«.[88] Ursula Fischer erwähnt die »Großen«, die sich »rechtzeitig in Sicherheit gebracht« hatten,[89] Alfred Kathke erzählt von ehemaligen Wehrmachtssoldaten, die bei der sowjetischen Besetzung der Altmark über Nacht verschwanden und irgendwo untertauchten.[90] Ob persönlich belastet oder nicht, es scheint, als würde die Denunziation das Unschuldsbewusstsein der Betroffenen nicht in erster Linie bestätigen, sondern nachhaltig dynamisieren.

Dieser Verdacht erhärtet sich, wenn man statt der Mitläufer und wenig belasteten Häftlinge – von denen es sehr viele gab – Gefangene in den Blick nimmt, bei denen eine Verstrickung in die Verbrechen des NS-Regimes zu vermuten steht. Das trifft zum Beispiel auf Marianti F. zu, gegen die zwar keine konkreten Tatvorwürfe erhoben werden können. Doch schon die Berufsbeschreibung, die die mit einem Deutschen verheiratete Bulgarin nach ihrer Entlassung aus dem Speziallager Sachsenhausen im Januar 1950 vor der Kampfgruppe gegen Unmenschlichkeit lieferte, lässt eine Einbindung in den NS-Terrorapparat erahnen. Weil sie aber denunziert wurde, spielt das keine Rolle mehr: »Ich war Dolmetscherin für sechs Sprachen und als solche bei der politischen Polizei und Wehrmacht tätig.

87 Berner, Spezialisten, S. 64.
88 Putzar, Im Schatten, S. 199.
89 Fischer, Zum Schweigen verurteilt, S. 211.
90 Kathke, Jugend, S. 19.

Im Jahre 1946 wurde ich denunziert, obwohl ich mir nicht das geringste vorzuwerfen habe.«[91] Im Fall von Wilhelm Schubert bestehen hingegen nicht die geringsten Zweifel an einer Täterschaft. Dem SS-Oberscharführer und Blockführer im Konzentrationslager Sachsenhausen wurde gleich zweimal der Prozess gemacht: 1947 im »Berlin-Prozess« der sowjetischen Besatzungsmacht und Ende der 1950er Jahre vor dem Bonner Landgericht. Weil Schubert nach seiner SMT-Verurteilung deportiert wurde, zählt er nicht zu den Speziallagerhäftlingen. Seine Reaktion auf die Anzeige eines überlebenden Konzentrationslagerhäftlings, die 1946 zu seiner Verhaftung geführt hatte, verdeutlicht gleichwohl, wie weit die Selbstentlastung durch die Behauptung einer Denunziation reichen kann. In Schuberts Darstellung nämlich war er nicht angezeigt, sondern durch eine Denunziation verraten worden.[92] Der Täter präsentierte sich als Opfer.

Opfer eines Verrats aus den eigenen Reihen geworden zu sein, bedeutet für viele der ehemaligen Häftlinge die einzige plausible Antwort auf die Frage nach dem »Warum ich?«. Die Denunziation ist für sie das Bindeglied zwischen dem Leben, das sie vor der Verhaftung führten, und den nachfolgenden Extremerfahrungen, die ihr Leben bis heute prägen. Manchen erscheint das »Wissen« um einen Verrat erträglicher, als über gar keinen Schlüssel zu verfügen, mit dem sie ihrer Verhaftung einen Sinn abtrotzen können. Gleichzeitig aber stellt dieser Rationalisierungsversuch die ehemaligen Häftlinge vor ein Problem. Mit ihren Bemühungen um gesellschaftliche Anerkennung als Opfer wenden sie sich an ebenjene Gesellschaft, die sie für ihre Leiden verantwortlich machen und zu der das Vertrauen nachhaltig erschüttert ist. Irritationen sind ebenfalls unhintergehbar, sobald die Denunziation als Nachweis individueller Unbescholtenheit hinterfragt oder als Mittel der politischen Immunisierung gedeutet wird, die eine Auseinandersetzung mit der nationalsozialistischen Vergangenheit verhindert. Angedeutet ist damit ein Aspekt, der, wie vor allem im dritten Teil dieser Arbeit (*Hafterinnerungen*) zu zeigen sein wird, bis heute von grundsätzlicher Bedeutung ist. Und das nicht zuletzt, weil Denunziationen auch den Alltag in den Untersuchungshaftanstalten und den Speziallagern prägten und damit zu einer Erfahrung aller Gefangenen wurden.

---

91 BArchK B 289 SA 295/10–18/4.

92 KZ-Verbrechen vor deutschen Gerichten, S. 277.

Im »GPU-Keller«

»Wir sagten natürlich GPU«, erklärt Wolfgang Pintzka, »was sich viel gefährlicher anhörte.«[93] Man sagte GPU und meinte NKWD, wie der sowjetische Geheimdienst seit 1934 offiziell hieß.[94] »Aber man sprach den Namen nur flüsternd aus«, ergänzt Annerose Matz-Donath, »denn man fürchtete ihn.«[95] Man fürchtete ihn nicht zuletzt, weil den damaligen Kinogängern ein Film aus dem Jahre 1942 unter der Regie Karl Ritters bekannt war, der heute als nationalsozialistischer Propagandastreifen in den Giftschränken verstaubt. In diesem »hasserfüllten« Film, so »Reclams Lexikon des deutschen Films« von 1995, befreiten die Nationalsozialisten »Europa im Dienste der Menschlichkeit« von der sowjetischen Geheimpolizei, deren Angehörige »als skrupellose Menschenschlächter und brutale Untermenschen« dargestellt wurden. Der Titel des Streifens: »G.P.U.«[96] Der Öffentlichkeit war also ein angstbesetztes Bild der sowjetischen Geheimpolizei präsent; ihr Name wurde im Volksmund als »Gräuel, Panik, Untergang« buchstabiert.[97] Und es blieb ihr nicht verborgen, wo sich im näheren Umkreis Gebäude befanden, in denen ihre Landsleute festgehalten wurden – sei es, weil die Häuser von einem zumeist grünen Lattenzaun blickdicht abgeschirmt waren oder weil »Nachbarn die Schreie der Misshandelten« hörten.[98] Es nimmt also wenig wunder, dass diese Orte im Volksmund umgehend »GPU-Keller« genannt wurden.

Der NS-Film aus dem Jahr 1942 ist heute nur noch wenigen bekannt. Die Bezeichnung »GPU-Keller« hat sich dennoch durchgesetzt. Sie steht für die Untersuchungsgefängnisse, Arrestlokale und Verhörzentralen des NKWD, die auch als »Operativgefängnisse«

93 Pintzka, Sibirien, S. 42.
94 GPU ist die Kurzbezeichnung für die »Staatliche Politische Verwaltung«, die 1922 aus der 1919 gegründeten »Tscheka« (»Außerordentliche Kommission für den Kampf gegen Konterrevolution und Sabotage«) hervorging. 1934 wurde die GPU in das NKWD umgewandelt, das 1946 unter der Bezeichnung MWD dem Ministerium des Inneren angegliedert wurde.
95 Matz-Donath, Sphinx, S. 157.
96 Reclams Lexikon des deutschen Films, S. 113.
97 Schwollius, Todeszelle, S. 18.
98 Schwollius, Die Jugendlichen von Potsdam, S. 122.

oder »Innere Gefängnisse« bekannt sind. Ebenfalls werden mit ihr die entsprechenden Haftorte der militärischen Spionageabwehr »Smerš« und des Ministeriums für Staatssicherheit (MGB)[99] erfasst. Wie Peter Erler schreibt, bedeutete die Inhaftierung in den »GPU-Kellern« für die Betroffenen »die erste, äußerst brutale unmittelbare Konfrontation mit den Realitäten des Sowjetkommunismus, seinem Sicherheitsapparat, seinem Justizwesen und dessen Vertretern«.[100] Bei vielen von ihnen hinterließ die Untersuchungshaft »größere seelische und körperliche Verletzungen sowie tiefere und nachhaltigere Eindrücke und Erinnerungen als der darauf folgende langjährige Lager- und Zuchthausaufenthalt«.[101]

In den »GPU-Kellern« wurden aus den Verhafteten Häftlinge gemacht. Hier waren sie den Angehörigen des sowjetischen Repressionsapparates direkt ausgeliefert, hier waren Verhöre und Folter zu durchstehen. Auch setzte den Untersuchungshäftlingen die Ungewissheit über die Haftgründe und die Haftdauer zu, viele von ihnen befürchteten, nach Sibirien deportiert zu werden. Emotional belastend wirkte sich ferner die plötzliche Trennung von der Familie aus, um deren Wohlergehen sie sich sorgten. Und es musste extremen Haftbedingungen getrotzt werden, Bedingungen, die manchem der Häftlinge die spätere Verlegung in ein Speziallager als Ankunft im »Paradies«[102] erscheinen ließen.

Die Zeitzeugenberichte künden detailliert von der ersten Phase in sowjetischem Gewahrsam. Die wissenschaftliche Forschung über die »GPU-Keller« steckt jedoch erst in den Anfängen.[103] Sie steht vor

---

99 Zur Umstrukturierung der sowjetischen Sicherheitsapparate im Jahre 1946 vgl. Sacharov u. a., Tschekisten, S. 299f.

100 Erler, Geschichte der »GPU-Keller«, S. 80. Siehe auch: ders., GPU-Keller. Arrestlokale und Untersuchungsgefängnisse sowjetischer Geheimdienste in Berlin.

101 Erler, Geschichte der »GPU-Keller«, S. 80.

102 BArchK B 289 VA 295/10/14, S. 3. Vgl. auch Klein, Jugend zwischen den Diktaturen, S. 93; oder Prieß, Unschuldig, S. 53.

103 Hervorzuheben sind die schon zitierten Dokumentationen von Peter Erler über die »GPU-Keller« sowie ders., Relikt der Unmenschlichkeit. Einzelnen Untersuchungsgefängnissen widmen sich auch Fuhrmann, Gefangen im Haus 3; und Müller, Münchner Platz. Drescher nimmt den Haft- und Gerichtsort Demmler Platz in Schwerin zum Ausgangspunkt ihrer Interviews mit ehemaligen Häftlingen: Drescher, Haft am Demmlerplatz.

grundsätzlichen Problemen, da sowjetisches Aktenmaterial kaum überliefert und man daher weitgehend auf die Erinnerungen derer angewiesen ist, die in den »GPU-Kellern« festgehalten wurden. Noch nicht einmal die genaue Anzahl dieser Haftorte ist bekannt. Es ist davon auszugehen, dass das NKWD Anfang 1946 im gesamten Besatzungsgebiet über 15 »Innere Gefängnisse« und 131 kleinere Untersuchungsgefängnisse verfügte.[104] Hinzuzurechnen sind die Gefängnisse der militärischen Spionageabwehr »Smerš«, deren zentrales Untersuchungsgefängnis sich in der Potsdamer Leistikowstraße 1 befand.[105] Ebenfalls existierte eine unbekannte Zahl provisorischer Haftorte aller sowjetischen Sicherheitsdienste in (zum Teil ungeräumten) Kohlenkellern, Hühnerställen, Wirtschaftsgebäuden und dergleichen. Ferner wurden zur kurzfristigen Unterbringung von Verhafteten die örtlichen Polizeireviere genutzt. Es spricht deshalb viel für eine Zeitzeugenbefragung des Hannah-Arendt-Instituts für Totalitarismusforschung (HAIT), der zufolge es 500 »GPU-Keller« in der Besatzungszone gegeben hat.[106]

Ebenfalls schwer abzuschätzen ist die durchschnittliche Dauer der Untersuchungshaft. Kurt Pickel, der mit Papieren der Wismut AG an der »Grünen Grenze« aufgegriffen worden war, wurde binnen 16 Tagen der Prozess gemacht.[107] Hinter Manfred Klein, dem Vertreter der katholischen Jugend und der CDU im Zentralrat der FDJ, lagen hingegen 19 Monate Untersuchungshaft, als er im Dezember 1948 zu

---

104 Vgl. Sacharov u.a., Tschekisten, S. 305. Wie viele »GPU-Keller« es allein in Berlin gab, ist ebenfalls nicht mehr zu ermitteln. Erler schätzt, dass es im Westteil (bis Juli 1945) 14 und im Ostteil mindestens acht solcher Orte gegeben hat (Erler, Geschichte der »GPU-Keller«, S. 84–86). Grundsätzlich ist jedoch davon auszugehen, dass sich die zentralen Untersuchungsgefängnisse in den Landeshauptstädten, also in Schwerin, Weimar, Halle, Potsdam, Dresden und in Berlin in Hohenschönhausen und in Lichtenberg befanden. Daneben existierten in allen größeren Städten wie Torgau, Greifswald, Magdeburg oder Leipzig weitere Untersuchungshaftanstalten (Müller, Bürokratischer Terror, S. 67).

105 Erler, Relikt der Unmenschlichkeit, S. 138–153. Siehe auch: Fein/Leonhard/Niederhut, Militärstädtchen Nr. 7; sowie Fein u.a., Von Potsdam nach Workuta.

106 Vgl. Müller, Bürokratischer Terror, S. 67.

107 Pickel, »... hast du unterschrieben deine Urteil«, S. 12.

25 Jahren Zwangsarbeit verurteilt wurde.[108] Für die überwältigende Mehrheit der Verhafteten währte die Untersuchungshaft – die mitunter mit mehrfachen Verlegungen von einem Gefängnis in ein anderes verbunden war[109] – »von wenigen Tagen bis zu einigen Monaten«.[110] Peter Bordihn, der 1948 verhaftet wurde, zählte die von seinen Zellenvorgängern in die Wände geritzten Striche: »90 und 115 Tage sind keine Seltenheit.«[111] Er spricht aus der Perspektive der SMT-Verurteilten, die eine längere und auch härtere Untersuchungshaft zu durchstehen hatten als die Internierten.

Haftbedingungen

Wie es um die Versorgung der Verhafteten bestellt war, verdeutlicht unter anderem der Physiker Kurt Berner. Er verbrachte im August und September 1945 die ersten 17 Tage nach seiner Verhaftung im Luftschutzkeller des Polizeireviers 245 in der Griechischen Allee 27 in Berlin-Oberschöneweide. »Wären wir nicht in dieser Zeit von unseren Familien zusätzlich verpflegt worden, dann wäre hier schon mancher an Entkräftung zusammengebrochen«,[112] erinnert sich Berner, der Ende 1947 als »Spezialist«[113] in die UdSSR deportiert wurde und 1958 in die DDR zurückkehrte. Der Grund: Die tägliche Essens-

---

108 Vgl. Klein, Jugend zwischen den Diktaturen, S. 84, 91. Erler benennt mit dem Studenten Wilhelm Wehner einen weiteren Fall, in dem die Untersuchungshaft besonders lange dauerte. Wehner wurde unter dem Vorwurf der Bildung einer »illegalen Schumacher-Gruppe« im März 1948 verhaftet und im Januar 1950 vor ein SMT gestellt (Erler, Zur Tätigkeit der Sowjetischen Militärtribunale, S. 179).

109 Der Internierte Alfred Kathke verbrachte seine knapp zweiwöchige Untersuchungshaft an drei verschiedenen Arrestorten; bevor Ewald Ernst vor ein SMT gestellt wurde, verbrachte er 19 Monate in vier verschiedenen Untersuchungshaftanstalten (Kathke, Jugend, S. 21–33; und Ernst, Ein guter Kampf, S. 45–73).

110 Erler, Geschichte der »GPU-Keller«, S. 80.

111 Bordihn, Bittere Jahre, S. 27.

112 Berner, Spezialisten, S. 79.

113 Im Rahmen der Aktion »Ossawakim« wurden allein am 21. Oktober 1946 mehr als 1000 Facharbeiter aus der deutschen Flugzeug- und Rüstungsindustrie – ohne dass sie zuvor inhaftiert worden waren – als »Spezialisten« samt ihren Familien in die UdSSR deportiert.

ration während der Untersuchungshaft bestand aus einer »Untertasse dünner Suppe und dazu eine[r] dünne[n] Scheibe Brot«.[114] Dass Häftlinge von ihren Familien mit Nahrungsmitteln, aber auch mit Kleidung, Decken, Büchern und Spielkarten versorgt wurden, ist jedoch als Ausnahmefall zu verstehen. Denn es setzte voraus, dass die Angehörigen wussten, wo sich ihre Lieben befanden. Genau das aber war keine Selbstverständlichkeit. In ungezählten Fällen konnte man allenfalls vermuten, wohin Familienmitglieder verbracht worden waren.[115]

Berner jedoch hatte Glück. Die zu seiner Bewachung abgestellten deutschen Polizisten überbrachten nicht nur Gaben und Grüße seiner Frau, sie erlaubten auch ein Gespräch zwischen den Eheleuten. Ansonsten waren Kontakte zur Familie oder zur Außenwelt streng untersagt. Unter der Isolation von den Angehörigen litten alle Verhafteten.[116] In seltenen Fällen konnte sie jedoch durchbrochen werden. Für Wolfgang Pintzka bewerkstelligte dies ein deutscher Gefängnisarzt, der einen Kassiber an die Eltern des 17-Jährigen übermittelte und »eine kleine Antwort von zu Hause mitbrachte«.[117] In anderen Fällen scheint das NKWD wenn nicht direkte Kontakte, so doch »Hilfsgaben« von Familienangehörigen toleriert zu haben.[118] Als Arnulf Putzar nach vierwöchiger Kellerhaft in das Gefängnis von Waren verlegt wurde, lagen auf dem Rücksitz des schwarzen Opel Kapitän des Kommandanten »zwei grüngefärbte Militärmäntel, [die] lange Hose [seiner] NPEA-Uniform und zwei Garnituren Unterwä-

---

114 Berner, Spezialisten, S. 79.

115 Von Kontakten – und sei es Sichtkontakt – zu Familienangehörigen während der Untersuchungshaft berichtet Schuster, Im Konzentrationslager, S. 24. Seine und andere Mütter winkten ihren Kindern bei der Verlegung von der Untersuchungshaftanstalt in das Speziallager Mühlberg zu. Ähnliches erlebte Pintzka, Sibirien, S. 57.

116 Hier sei exemplarisch auf die Ausführungen von Matz-Donath verwiesen, die den Blick auf Frauen richtet, die durch ihre Verhaftung von ihren (Klein-)Kindern getrennt wurden (Matz-Donath, Sphinx, S. 134–183).

117 Pintzka, Sibirien, S. 55.

118 So erinnert sich Herbert Grob aus Mühlhausen in Thüringen an einen »wöchentlichen Wäscheumtausch« während der Untersuchungshaft. Auch die Mutter von Hans-Joachim Hantsche brachte ihm regelmäßig frische Wäsche (Grob, Gelitten, gehofft, überlebt; und Hantsche, Diktaturwechsel, S. 29).

sche. ›Von Mutter‹, sagte der Mann.«[119] Für den 14-Jährigen, der wie viele seiner Altersgenossen in kurzen Hosen, Sommerhemd und Holzsandalen verhaftet worden war, bedeuteten diese Kleidungsstücke nicht nur einen Gruß von zu Hause. Da es keine Anstaltsbekleidung gab, die Häftlinge also auf das angewiesen waren, was sie am Körper trugen, waren die Gaben der Mutter lebenswichtig – gegen die Kälte des bevorstehenden Winters und als Tauschmittel.

Kurt Berner hatte mit seiner Unterbringung auf dem Polizeirevier noch in anderer Hinsicht Glück. In dem Luftschutzkeller gab es Betten, Tische und Bänke, fließend Wasser und einen Baderaum. Bevor Arnulf Putzar in das Gefängnis der Stadt Waren verlegt wurde, war er für vier Wochen im Keller einer von der Kommandantur requirierten Villa in seinem Heimatort Malchow eingesperrt gewesen, zwei davon im ehemaligen Weinkeller, ein »kleiner, feuchter und kalter Raum« unter der Freitreppe des Gebäudes. Nachts schlief er »zusammengerollt wie ein Igel« auf einer Weinkiste, zugedeckt mit einem Bettvorleger. Tagsüber umrundete er diese Kiste, die mitten in dem kleinen Raum stand, »mit trampelnden Schrittchen« gegen die unerbittliche Kälte.[120] Einmal täglich hatte er unter Bewachung den Eimer auf dem Hof zu entleeren, der ihm für die Notdurft zur Verfügung stand. Im Gefängnis von Waren sollte es dann keinen Abortkübel mehr für ihn geben, dort war man auf eine Gemeinschaftstoilette am Ende des Zellenflurs angewiesen: »Eine völlig mit menschlichem Kot überhäufte Holzbrille auf einer unbeschreiblich verdreckten Schüssel. Hinter, vor, neben dieser Haufen, Exkremente.« Und in Waren wie in Malchow: »Kein Waschen, kein Wasser, nichts.«[121] Erst nach seiner SMT-Verurteilung und Verlegung nach Alt-Strelitz konnte er zum ersten Mal duschen – drei Monate nach seiner Verhaftung. Die einzige hygienische Maßnahme, die ihm noch während der Untersuchungshaft zuteil wurde: Ihm wurde der Kopf kahl geschoren.[122]

Während Putzar in der provisorischen Unterkunft allein untergebracht war, erlebten andere eine qualvolle Enge. Hagen Volker zum

---

119 Putzar war von 1942 bis 1945 Schüler einer Nationalpolitischen Erziehungsanstalt, wodurch sich die von ihm genutzte Abkürzung NPEA erklärt. Gemeinhin wird von Napola gesprochen (Putzar, Schatten, S. 142).

120 Ebenda, S. 138.

121 Ebenda, S. 143.

122 Ebenda, S. 154, 172.

Beispiel verbrachte zunächst mit zwei anderen Verhafteten drei Nächte auf der Herrentoilette im Keller eines Restaurants in Berlin-Schöneberg. Nach seinen insgesamt drei Vernehmungen wurde er in den gegenübergelegenen Raum gesperrt: »43 Mann, ich bin der 44., aber nicht der letzte Zugang heute Nacht.« Pfingsten 1945 erfolgte dann die Verlegung aus dem Westteil der Stadt in das Gefängnis Lichtenberg. Zusammen mit 25 Männern wurde er in eine »sogenannte Dreimannzelle« eingewiesen, in der sich schon 11 Häftlinge befanden:

> »In den Fenstern sind keine Scheiben, Strohsäcke fehlen, keine Decken, keine Mäntel. Dafür zwei verrostete Kübel ohne Deckel für unsere Notdurft. Und Durchfall ist schon seit einigen Tagen eine übliche Erscheinung, Papier jedoch nur eine Erinnerung.
> Wir bilden zwei Gruppen zu je 18 Mann. Die erste Gruppe legt sich wie Heringe, einer dicht neben den anderen, Kopf an Kopf die lange Wand entlang. Zwischen den Füßen der Liegenden und der Wand gegenüber ist dann noch so viel Raum, dass wir anderen dort dicht gedrängt stehen können, nur einige wenige bringen es fertig, sich mit angezogenen Beinen auf die Erde zu setzen.«

Zu trinken bekam die Zellenbelegschaft vormittags heißes Wasser, erinnert sich Volker weiter. Mittags wurden sieben Schüsseln »mit je eineinhalb Liter Inhalt« und »sieben stark verrostete Löffel« in die Zelle gereicht. Gegen Abend gab es, »hart wie Stein, altes Röstbrot«, von dem »einige Hände voll« in die Zelle geworfen wurden.[123] Besonders dramatisch, so berichtet John H. Noble, der im Juli 1945 zusammen mit seinem Vater verhaftet worden war, war die Ernährungssituation im Gefängnis »Münchner Platz« in Dresden. Ihm zufolge sollen die Häftlinge während der ersten beiden Augustwochen lediglich Wasser erhalten haben. Dass daraufhin 670 der 700 Untersuchungshäftlinge starben, wie es bei Noble weiter heißt, ist allerdings durch andere Zeitzeugenberichte nicht zu bestätigen.[124]

Volker wurde unmittelbar nach Einstellung der Kampfhandlungen verhaftet, die anderen bisher Genannten in den ersten sechs Monaten nach Ende des Krieges. Die desolaten Haftbedingungen, die sie

123 Volker (Pseud.), Sibirien, S. 14–19.

124 Noble, Verbannt und verleugnet, S. 32, 122. Klaus-Dieter Müllers Auswertung von Erinnerungsberichten ehemaliger Untersuchungshäftlinge am »Münchner Platz« zufolge »gibt es unter den Befragten keine Aussagen zu Todesfällen im Gefängnis« (Müller, Münchner Platz, S. 182).

in ihren Erinnerungen schildern, sollten sich in den Folgejahren nicht wesentlich verbessern: Bedrückende Enge, mangelnde Hygiene und vor allem unzureichende Verpflegung zeichneten die Untersuchungshaft aus, egal, zu welchem Zeitpunkt sie angetreten wurde. Sowjetische Akten, die belegen würden, dass diese Haftzustände bewusst herbeigeführt wurden, gibt es nicht. Es sind jedoch auch keine Dokumente überliefert, in denen die mangelhafte Unterbringung oder Versorgung kritisiert worden wäre. Die dramatischen Zustände in den »GPU-Kellern« scheinen daher, zumal in der ersten Nachkriegszeit, Versorgungsengpässen, aber auch Fehlplanungen angesichts der Massenverhaftungen geschuldet zu sein. Andererseits steht zu vermuten, dass ein Vergleich mit den Haftbedingungen in den Moskauer (Untersuchungs-)Gefängnissen Lubjanka oder Butyrka keine gravierenden Unterschiede zutage bringen würde. Die Erinnerungen Margarete Buber-Neumanns legen nahe, dass sich die Zustände in den »GPU-Kellern« aus Sicht des NKWD im Rahmen des »Gewohnten« bewegten.[125]

Hunger, Kälte, Dreck, Enge, die Sorge um die Familie und die Angst vor der Deportation in die UdSSR – all das setzte den Verhafteten physisch und psychisch zu. Durchfall oder Verstopfung waren keine Seltenheit. Hinzu kam für viele der Häftlinge die anfängliche Scheu, die Notdurft vor den Augen der anderen Zelleninsassen zu verrichten.[126] Manchem verschlug der Schock über die Verhaftung den Appetit, bei anderen rief der Anblick der kargen und unbekömmlichen Nahrungsmittel Widerwillen hervor.[127] Der Hunger »regulierte« das binnen weniger Tage, ebenso rasch, wie er seinen Tribut einforderte: Hungerödeme, Furunkulose, Ruhr und Tuberkulose während der Untersuchungshaft werden in den Erinnerungsberichten ebenso erwähnt wie erste Todesfälle infolge Entkräftung.[128] Eine nennenswerte medizinische Versorgung scheint es nicht

---

125 Buber-Neumann, Als Gefangene bei Stalin und Hitler, S. 40f.

126 »Als erster muss ich heute auf den Pott. Bringe auch diesmal nichts zustande. So sehr ich mich anstrenge: Kein Stuhlgang. Mein Leib ist knochenhart. Mir ist sowieso schleierhaft, wie hier einer in diesem Stall scheißen kann. Wo dich ständig vier Leute anglotzen, als ginge es darum, ein Baby zu gebären« (Schuster, Im Konzentrationslager, S. 19).

127 Ebenda, S. 14.

128 So bei Matz-Donath, Sphinx, S. 255; oder Pritzkow (Pseud.), NKWD, S. 26.

gegeben zu haben. »Es gab Aspirin für Beschwerden oberhalb des Bauchnabels«, so Joachim R. Stern, »und darunter ganz einfach Kohle.«[129]

Die körperliche Entkräftung ging mit einer äußeren Verwahrlosung der Inhaftierten einher. Sich nicht waschen zu dürfen, war »deprimierend, unbegreiflich, demütigend, ausweglos«.[130] Sofern in den Untersuchungsgefängnissen Baderäume existierten, wurden die Häftlinge in der Regel alle zehn Tage zum Duschen geführt. Warmes Wasser war dabei keine Selbstverständlichkeit, Seife auch nicht. Handtücher gab es keine. Frauen standen vor besonderen Problemen; sie mussten sich in der Untersuchungshaft dankbar schätzen, wenn infolge von Stress die Regelblutung ausblieb.[131] Wunden und (aufgekratzte) Läuse- oder Flohstiche entzündeten sich sofort; gelegentliche Entlausungsaktionen zeigten allenfalls kurzfristige Wirkung.[132] Wanzen plagten die Untersuchungshäftlinge, von Ratten wird ebenfalls erzählt.[133] Die Bekleidung, in der man verhaftet worden war, verschliss.[134] Es gab keine Wäsche zum Wechseln; wer im Winter verhaftet worden war, hatte den Vorteil, den Mantel als Schlafunterlage oder Decke benutzen zu können. Die Haut der Gefangenen wurde milchig blass und hing, wie Günter Ochs schreibt, »lose über die Knochen, gab [ihnen] das Aussehen [von] Greise[n]«.[135] Werner Pfeiffer schätzte seinen Zellengenossen mit dem »totenbleichen, hohlwangigen, unrasierten Gesicht« und seinen »zwei tief in Höhlen gesunkenen Augen« beim ersten Anblick auf

---

129 Stern, Der Westen schweigt, S. 44.

130 Putzar, Im Schatten, S. 143.

131 »Als ich dann das erste Mal meine Periode kriegte, da ging das Drama erst richtig los. Es gab nichts, weder Binden noch Watte. Toilettenpapier war ja auch nicht da. Es lief also alles an den Beinen herunter. Eine Waschmöglichkeit gab es nicht, und ein Handtuch hatte ich auch noch nicht bekommen. Nicht einmal ein Taschentuch besaß ich oder ein Läppchen, um mir den Hintern zu wischen. Der Schlüpfer war natürlich bald versaut [...]. Also ich bin gestorben vor Ekel und Scham. Denn du hast ja selber gerochen, wie du gestunken hast! In diesem Zustand wurde ich dann zur Vernehmung geholt« (vgl. Matz-Donath, Sphinx, S. 336).

132 Vgl. Koch, Eibenstock, S. 15.

133 So bei Matz-Donath, Sphinx, S. 267.

134 »Ich sah aus wie ein Pennbruder« (Wagner, Melder am Tor, S. 21).

135 Ochs, Gestohlene Zeit, S. 93.

etwa Mitte dreißig. Tatsächlich aber war er nur wenige Monate älter als Pfeiffer, also 17 Jahre alt, und saß seit sechs Wochen im Cottbuser Gefängnis ein.[136] Für Wolfgang Schuster, zum Zeitpunkt seiner Verhaftung 16 Jahre alt, sahen die Zellengenossen in Borna »wie Schwerverbrecher« aus,[137] der erste Gedanke des gleichaltrigen Günter Ochs angesichts der beiden Männer, in deren Zelle er Mitte August 1945 gesperrt wurde, lautete: »Na, Mahlzeit, so sehen also Verbrecher aus!«[138]

Dieser erste optische Eindruck dürfte nicht allein dem körperlichen Verfall der Häftlinge geschuldet gewesen sein, sondern auch zwei Maßnahmen der sowjetischen Wachmannschaften, die von den Betroffenen als besonders demoralisierend empfunden wurden. Bei der Einweisung in die Untersuchungshaft wurden sie »gefilzt«. Das heißt, dass sie ihrer Wertsachen wie Eheringe und anderem Schmuck, ihrer Uhren, Brieftaschen mit Inhalt, aber auch Fotografien von Familienangehörigen, Streichhölzern, Zigaretten »und sonstige[m] Kram, den man so mit sich herumschleppte«, entledigt wurden.[139] Abgenommen wurden ihnen ferner Schnürsenkel, Gürtel, Hosenträger, Schals und dergleichen. Nunmehr konnten sie sich nur noch, je nach Schuhwerk, schlürfend fortbewegen, eine Hand am Hosen- oder Rockbund. Erkennungsdienstliche Maßnahmen blieben den Häftlingen erspart. Aber man schnitt ihnen aus hygienischen Gründen eine Glatze. Der zwangsweise Verlust des Haupthaares wird durchgängig als entwürdigend beschrieben und als demoralisierendes Zeichen der Ausweglosigkeit: »Kahlgeschoren war er nun«, erinnert sich Stern, »Tränen standen ihm in den Augen. Es gab keinen Weg mehr zurück.«[140]

»Werde behandelt wie ein Schwerverbrecher«,[141] fasst Wolfgang Schuster seine Eindrücke zusammen. Ende November 1945 war er als vermeintlicher »Werwolf« verhaftet worden, drei Wochen zuvor hatte der Bornaer seinen 16. Geburtstag gefeiert.

136 Pfeiffer, Abgeholt, S. 30.
137 Schuster, Im Konzentrationslager, S. 11.
138 Ochs, Gestohlene Zeit, S. 93.
139 Ebenda, S. 90.
140 Stern, Der Westen schweigt, S. 43.
141 Schuster, Im Konzentrationslager, S. 13.

»Ich bin ungeduldig, möchte so schnell wie möglich mit jemandem sprechen, der über mein weiteres Schicksal entscheidet oder mir sagen kann, warum ich hier in diesem elenden Bau sitze, was ich verbrochen haben soll. Wer hat mich hier hereingebracht? Wie soll es weitergehen? Es muss alles aufgeklärt werden!«[142]

Schuster wurde relativ schnell erhört. Keine Woche nach seiner Verhaftung holte man ihn zur ersten und, wie sich herausstellen sollte, zur einzigen Vernehmung. »Nach drei Wochen Wartezeit«, so der im Oktober 1947 verhaftete Stern, »hatten sie ihn zum ersten Verhör geholt. Endlich. Er brannte doch darauf, seine ungerechtfertigte Inhaftierung aufzuklären.«[143] Arnulf Putzar erfuhr eine erste und kurze Befragung am Tag seiner Verhaftung. Dann verbrachte er vier Wochen im Keller der Malchower Kommandantur, ohne dass etwas geschehen wäre. Erst nach der Verlegung in das Gefängnis in Waren zitierte man ihn zum Verhör. In einem abgedunkelten Raum musste er im Lichtkegel einer Lampe Platz nehmen, wurde nach seinem Namen gefragt – und sofort wieder in die Zelle gebracht.[144] Aus Sicht der Verhafteten war offensichtlich, was hier passierte: Man ließ sie schmoren, das mitunter wochenlange Warten auf das erste Verhör war Bestandteil »sowjetischer Zermürbungsmethoden«.[145]

»Ängstliche Aufmerksamkeit« widmeten Wolfgang Schuster und seine Zellengenossen daher »jedem Geräusch draußen auf dem Flur und an unserer Tür«.[146] Tagsüber – von 6 bis 23 Uhr Moskauer Zeit[147] – gaben diese Geräusche den Tagesablauf vor: Schlüsselgerassel kündete die allmorgendliche Entleerung des Kübels oder der Vase für die Notdurft durch einen der Häftlinge an, Geschirrklappern versprach eine karge Mahlzeit. Nach einer gewissen Zeit waren die sowjetischen Posten zudem durch die verschlossene Tür hindurch an ihren Schritten, Stimmen und Schimpfwörtern zu identifizieren. Auch lernten die Häftlinge ihre Bewacher durch deren Gewohnheiten kennen, »zum Beispiel ob und wie oft einer durch den Türspion

142 Ebenda, S. 13.
143 Stern, Der Westen schweigt, S. 45.
144 Putzar, Im Schatten, S. 145.
145 Pfeiffer, Abgeholt, S. 32.
146 Schuster, Im Konzentrationslager, S. 14.
147 In den Haftberichten variieren die genannten Uhrzeiten um jeweils plus/minus eine Stunde.

sieht, das Türfenster aufreißt und uns anschreit«.[148] Gebrüll und Prügel konnten unvermittelt über die Untersuchungshäftlinge hereinbrechen, meist nach Genuss von Alkohol – und »die Posten waren oft betrunken«, wie es bei Benno Prieß heißt.[149] Mit Schreien, Schlägen oder verschärfter Haft im »Karzer« mussten die Untersuchungshäftlinge aber auch dann rechnen, wenn sie bei verbotenen Aktivitäten erwischt wurden.[150] »Nix sprechen, nix liegen, nix schlafen, nix singen, nix klopfen, nix Fenstergucken«, wurde Walter Kempowski bei der Einweisung bedeutet. »Alle übrigen Verbote«, fügt Kempowski hinzu, »hatte ich zu ahnen.«[151] Manche Aktivitäten oder der Besitz von Gegenständen stellten sich erst zum Zeitpunkt einer Bestrafung als verboten heraus. Grundsätzlich aber reglementierte der von Kempowski erinnerte Verbotskatalog die Zellenruhe: Kein (lautes) Sprechen, kein Singen. Sanktioniert wurde ferner die heimliche Kontaktaufnahme per »Klopf-Alphabet« durch die Zellenwände.[152] Ebenfalls stand unter Strafe, sich tagsüber hinzulegen oder gar zu schlafen.[153]

---

148 Schuster, Im Konzentrationslager, S. 14.

149 Prieß, Unschuldig, S. 30.

150 Peter Bordihn stellte fest, dass seine Zelle eine Außenwand hatte. Beim Versuch, ihre Dicke festzustellen, kratzte er an der Wand, und zwar »so intensiv, dass ich nicht einmal bemerke, wie die Tür geöffnet wird. Plötzlich schlägt der Posten auf mich ein. Er schreit etwas von ›Karzer‹ und vieles, was ich nicht verstehe. Danach allerdings begreife ich schnell. Man stößt mich aus der Zelle, ein paar Türen weiter in eine dunkle Kammer. Nun weiß ich, was der ›Karzer‹ ist: der Arrestbunker. Es ist stockdunkel, der Raum hat kein Fenster. Mit beiden Beinen stehe ich im Wasser, taste, um eine trockene Stelle zu finden; es gibt wohl keine. Auch keine Sitzgelegenheit. Langsam spüre ich die Kälte. Vor Verzweiflung weiß ich überhaupt nicht, was ich tun soll, drehe mich um, klopfe mit beiden Fäusten an die Tür. Es kommt keine Antwort. […] Nach Stunden – ich kann mich kaum noch aufrecht halten – holt man mich wieder heraus« (Bordihn, Bittere Jahre, S. 29).

151 Kempowski, Im Block, S. 8f.

152 Jeder Buchstabe des Alphabets wurde »geklopft«: das A einmal, das B zweimal usw. Wolfgang Hardegen stellte ein »Lieder-Alphabet« zusammen, das er pfiff, um mit seinem Zellennachbarn zu kommunizieren; für jeden Buchstaben gab es eine bestimmte Melodie (Hardegen, Gefangen in Bautzen, S. 137).

153 Erler führt an, dass das Liege- und Schlafverbot »außerhalb der sieben- bis achtstündigen Nachtruhe […] offensichtlich erst später eingeführt« wurde. Wann dieses »später« war, entzieht sich jedoch auch seiner genauen Kenntnis (Erler, Geschichte der »GPU-Keller«, S. 89).

Die Bedeutung dieses Schlafverbots offenbart sich angesichts der sowjetischen Praxis, die Verhöre nachts durchzuführen. Es ging um Übermüdung und Erschöpfung – zumal auch dann nicht an gesunden Schlaf zu denken war, wenn man nicht zum Verhör geholt wurde. Denn wo immer es technisch möglich war, brannte die Nacht über Licht in der Zelle, das nur von außen ein- oder ausgeschaltet werden konnte: »Das Licht – eine 100-Watt-Birne – sticht mir in die Augen. Ich kneife sie fest zu«, berichtet Wolfgang Schuster. »Es hilft nichts. [...] Das Herz schlägt mir bis in den Hals. Das Licht macht mich noch ganz verrückt. An Schlaf ist nicht zu denken. [...] Ich muss raus hier, möchte schreien, alles zusammenschreien!«[154] Nervenaufreibend wirkten auch die nächtlichen Geräusche in den Zellenblöcken. Das beängstigende Gepolter der sowjetischen Posten, die Gefangene zu den Verhören holten und später zurückbrachten, manchmal auch über den Boden schleiften, weil sie nach der Vernehmung nicht mehr selbst laufen konnten. Dazwischen:

> »Plötzlich ein furchtbares Schreien, ein Klatschen und ein in gebrochenem Deutsch gebrülltes ›Warum du luggen?‹ hallte durch den Gefängnisbau. Das Wehgeschrei sowie das Brüllen und Schlagen nahmen zu, und dann war für einen Moment Ruhe. Man hörte Wasser platschen, der Gefangene war scheinbar ohnmächtig geschlagen worden und wurde mittels der Wasserüberschüttung wieder zum Erwachen gebracht. Die Tortur begann von neuem. ›Warum du luggen?‹ – und wieder klatschten Schläge auf den Gefangenen herab.«[155]

»Es war schrecklich, den Vernehmungen zuhören zu müssen, und es flößte einem unheimliche Angst ein«, erinnert sich der 1929 geborene Hans-Joachim Hantsche, der wegen Waffenbesitzes im Juni 1946 verhaftet worden war.[156] Günter Koch, der die zurückgelassenen Möbel seiner Eltern nach Wuppertal hatte holen sollen, ergänzt: »Wenn man doch ein paar Minuten hätte schlafen können, verhinderten das die Schreie einer Frau, die fast jede Nacht vergewaltigt wurde.«[157]

Dass Frauen vergewaltigt wurden, sei es während der Untersuchungshaft oder später in den Speziallagern, wird von vielen der männlichen Inhaftierten erinnert. Diese Erinnerung liest sich jedoch

154 Schuster, Im Konzentrationslager, S. 12.
155 Hantsche, Diktaturwechsel, S. 25.
156 Ebenda.
157 Koch, Eibenstock, S. 14; siehe auch Jank, Die längsten Jahre, S. 6.

primär als Ausdruck ihrer Hilflosigkeit, wenn nicht ihres Versagens als Mann: Sie konnten die Frauen nicht beschützen – nicht vor der Haft und nicht während der Haft. Diese Einschätzung beruht auf dem Umstand, dass die Frauen selbst, ob als Betroffene oder als Ohrenzeuginnen, nur in wenigen Fällen von Vergewaltigungen berichten. Fast alle erinnern sich hingegen an sexuelle Belästigungen, die sie über sich ergehen lassen mussten. Am häufigsten wird erwähnt, dass sie beim Duschen vom sowjetischen Wachpersonal beobachtet wurden.[158] Eindeutige Annäherungsversuche – zumal in Einzelhaft – werden ebenfalls erinnert: Essen gegen Liebe. Eine andere fand Kondome in ihrem Essen. Manche wussten sich vor diesen »Angeboten« zu schützen, indem sie sich als Syphiliskranke ausgaben.

Den jungen Mädchen drohte eine besondere Demütigung – ein »Jungfrauen-Test«, ausgeführt von einem sowjetischen Arzt und mit Wachsoldaten als Zuschauern. Erika Riemann, Jahrgang 1931, berichtet von einem solchen »Test«, zu dem sie auf eine »Mischung von Krankenliege und Stuhl« geschnallt wurde:

> »Meine entblößte Position auf dem Monster lässt mich vor Scham die Augen schließen. Vor Angst ist jeder Muskel meines Körpers angespannt. Grobe Handgriffe reißen meinen Leib dort unten auf. Brennender Schmerz treibt mir den Schweiß auf die Stirn. Tränen suchen sich ihren Weg unter geschlossenen Lidern hervor.«[159]

---

158 »Alle zehn Tage durften wir einmal duschen. Dass die Duschen funktionierten, war nicht sicher. Aber manchmal taten sie's. Dann stand man nackt vor den russischen Posten, die sich so unterhielten, als ob sie sich auf der Reeperbahn eine Prostituierte aussuchen würden. Man sah es an den Gesten. Die Sprache verstand man ja nicht« (vgl. Matz-Donath, Sphinx, S. 337. Dort auch die nachfolgenden Beispiele, S. 336–338).

159 Riemann, Schleife, S. 41. Lenzer berichtet von einem ähnlichen Fall. Eine der von ihr interviewten Frauen, damals ein junges Mädchen, wurde von einem Leutnant verhört, der nackt auf einem Bett lag. Er fragte sie nicht nach ihren Aufgaben beim BDM noch nach der politischen Funktion ihres Vaters, sondern ausschließlich »nach sexuellen Dingen, u.a. danach, ob sie schon Geschlechtsverkehr gehabt hätte. Als sie die Frage wahrheitsgemäß verneinte, wurde ihr mitgeteilt, sie käme noch länger als 20 Jahre nach Sibirien, wenn sich die Antwort als falsch erweisen sollte. Daraufhin forderte der Leutnant sie auf, sich auszuziehen. [Das Mädchen] konnte sich zwar erfolgreich widersetzen, wurde jedoch daraufhin geprügelt. Zurück in ihrer Zelle untersuchte sie ein Arzt im Beisein von Soldaten auf ihre Jungfräulichkeit hin« (Lenzer, Frauen im Speziallager Buchenwald, S. 54).

Der Unterschied zwischen einer solchen Demütigung und einer Vergewaltigung ist gering. Und zwar so gering, dass man vermuten könnte, dass aus Scham von einem solchen »Test« berichtet wird, um nicht über eine Vergewaltigung sprechen zu müssen. Scham dürfte auch der Grund dafür sein, dass Frauen insgesamt so selten von Notzuchtverbrechen berichten. Sie geben jedoch gleichzeitig zu verstehen, dass es sich bei den Vergewaltigungen mehrheitlich um Übergriffe einzelner Wachposten handelte, hauptsächlich in den kleineren Haftanstalten.[160] Vergewaltigungen und sexuelle Übergriffe waren also kein fester Bestandteil der Verhöre weiblicher Inhaftierter.[161]

Dennoch war gegen die Ängste kein Ankommen. Opfer eines Notzuchtverbrechens während der Haft zu werden, schien nach der massenhaften sexuellen Gewalt sowjetischer Soldaten in der ersten Nachkriegszeit nicht ausgeschlossen.[162] Hinzu kam die Furcht vor körperlichen Misshandlungen. Denn auch den Frauen blieb die »akustische Hölle«, wie es bei Eva Müthel heißt,[163] nicht erspart, auch sie hörten des Nachts Schreie. »Ja, und dann haben wir immer die Schreie gehört, wenn sie die Jungs geschlagen haben«, erinnert sich eine der von Matz-Donath befragten Frauen, »ach, war das furchtbar! […] Man konnte nicht schlafen – ach, haben sie die Jungs gehauen! […] Natürlich kriegte man da auch selber große Angst. Denn man wusste ja nie, wenn sie schon schlagen, ob es einen dann nicht auch mal erwischt.«[164]

Trotz dieser Ängste, trotz der Demütigungen, die die Untersuchungshaft für Männer und Frauen bereithielt – es überwog die Hoffnung auf das erste Verhör. Denn dieses Verhör würde, wie es bei Annerose Matz-Donath heißt, den »Irrtum« der Verhaftung aufklären.[165] Sie alle wurden eines Besseren belehrt. Denn mit den nächt-

---

160 Vgl. Matz-Donath, Sphinx, S. 336–350.

161 Siehe Lenzer, Frauen im Speziallager Buchenwald, S. 53.

162 Vielfach finden sich in den Erinnerungsberichten weiblicher Inhaftierter Verweise auf die Massenvergehen der Roten Armee, die vor allem die ersten Nachkriegsmonate unter sowjetischer Besatzung geprägt hatten. So bei Riemann, die in einem Versteck schlafen musste und deren Mutter vergewaltigt wurde (Riemann, Schleife, S. 17). Doch auch Männer berichten davon, so zum Beispiel: Pritzkow (Pseud.), NKWD, S. 17.

163 Müthel, Für dich blüht kein Baum, S. 88. Bei der Quelle handelt es sich nicht um einen Haftbericht, sondern um einen Haftroman.

164 Zit. nach Matz-Donath, Sphinx, S. 167.

165 Ebenda, S. 254.

lichen Verhören brach für viele von ihnen eine Phase der Untersuchungshaft an, die Arnulf Putzer in zwei Sätzen zu charakterisieren weiß: »Schlafen bedeutete wachgerüttelt werden, Verhör, Schläge. Wachsein war Schmerz, Harndrang, Warten auf Essen, Kälte und oft Dunkelheit.«[166]

Verhöre

»Du lügen!«

»Schäme mich in Grund und Boden«, heißt es bei dem damals 16-jährigen Wolfgang Schuster, der Ende November 1945 verhaftet worden war.[167] Er hatte gerade sein erstes und, wie sich herausstellen sollte, einziges Verhör hinter sich gebracht. Unter Schlägen hatte er eingestanden, dem »Werwolf« anzugehören. Wenige Tage später wurde er in das Speziallager Mühlberg überstellt und im September 1948 nach Buchenwald verlegt. Von dort wurde er Mitte Februar 1950 entlassen. Seiner gut vierjährigen Internierung lag also eine einzige Befragung zugrunde. Auch Ursula Fischer, ebenfalls im November 1945 verhaftet, wurde nur ein einziges Mal vernommen. Die damals 20-jährige Kindergärtnerin und vormalige Gruppenführerin bei den Jung-Mädeln hoffte zeit ihrer dreijährigen Internierung auf ein »ordentliches Verhör«.[168] Hagen Volker erinnert sich an drei Vernehmungen. Unmittelbar nach Kriegsende in Berlin verhaftet, wurde ihm vorgeworfen, der Gestapo anzugehören.[169] 1950 wurde er in Waldheim zu 15 Jahren Haft verurteilt und vier Jahre später begnadigt. Von sieben Befragungen spricht der im August 1945 verhaftete Alfred Kathke.[170] Zunächst im Speziallager Sachsenhausen interniert, wurde er Anfang 1947 in die Sowjetunion deportiert. Im Juli 1949 kehrte er in die SBZ zurück. Manch einer aus dem Kreis derer, die auf

---

166 Putzar, Im Schatten, S. 153.

167 Schuster, Im Konzentrationslager, S. 17.

168 Fischer, Schweigen, S. 9.

169 Volker (Pseud.), Sibirien, S. 13.

170 Kathke verbrachte seine knapp zweiwöchige Untersuchungshaft in vier verschiedenen »GPU-Kellern«. Am längsten, eine Woche lang, befand er sich in Arendsee, wo er »jeden Tag längere und kürzere Verhöre« durchstehen musste. Danach wurde er nicht mehr befragt (Kathke, Jugend, S. 24).

Grundlage des NKWD-Befehls Nr. 00315 verhaftet worden waren und ohne Anklage und Urteil interniert wurden, mag häufiger befragt worden sein. Die intensivsten Verhöre wurden jedoch im Vorfeld der SMT-Verfahren durchgeführt. Wolfgang Hardegen, zu 25 Jahren Arbeitslager verurteilt, von denen er acht Jahre absaß, erinnert sich an »über 30 nächtliche Verhöre«.[171] Viele andere der SMT-Verurteilten dürften den Überblick schon während der Untersuchungshaft verloren haben; mitunter fühlte es sich an wie »tausend nächtliche Verhöre«.[172]

Doch ob am Ende ihrer Untersuchungshaft eine Internierung oder Verurteilung stand, der Ablauf der Verhöre gestaltete sich für alle im Großen und Ganzen gleich. Mit nächtlichem Schlüsselgerassel und dem »Weckruf« eines Wachsoldaten setzten sie ein: »Kak familia Gardegen?«, wurde Wolfgang Hardegen jedes Mal gefragt, dann hieß es: »Komm!« Bevor ihn der Wachposten wie jede Nacht in das Vernehmungszimmer eskortierte, schlug er Hardegen »von hinten auf den Kopf und plärrt[e]: ›Kopf runter. Hände zurück!‹«[173] Walter Pritzkow, im Juni 1945 verhaftet und bis August 1948 in Sachsenhausen interniert, erläutert nicht ohne Ironie:

> »[Der Posten] war nur ›leicht‹ bewaffnet, dass heißt mit ›Stalin-Automat‹, aber ohne Magazin. Damit stellte diese handlich-robuste MPi ein sehr wirkungsvolles Schlaggerät dar. Das etwa tellergroße Rundmagazin dieser damaligen sowjetischen Standardwaffe stand nämlich rechtwinklig zum Lauf und wäre bei der jetzt beabsichtigten Verwendung hinderlich gewesen.«[174]

Zweifellos ging es um Einschüchterung. Die Wachmänner nutzten die Möglichkeit der Schikane jedoch unterschiedlich, da die Schläge je nach Posten unterschiedlich hart ausgeführt wurden oder ganz ausblieben. Um eine geplante »Einstimmung« auf das nachfolgende Verhör scheint es sich also nicht gehandelt zu haben. Auch wurden die Gefangenen für den Gang ins Vernehmungszimmer selten gefesselt.[175] Diese Demütigung blieb ihnen meist erspart.

---

171 Hardegen, Gefangen, S. 139.

172 Riemann, Schleife, S. 42.

173 Hardegen, Gefangen, S. 129.

174 Pritzkow (Pseud.), NKWD, S. 27.

175 Nur zwei Häftlinge geben an, gefesselt worden zu sein. Vgl. Ernst, Guter Kampf, S. 55; und Jordan, Erlebt und erlitten, S. 313.

Die Verhörräume befanden sich in der Regel in einem abgelegenen Teil des Gebäudes. An ihre karge Einrichtung erinnert sich zum Beispiel Putzar: »Kein Teppich, glattweiße Tapeten an den Wänden, links ein Stalinbild.« Vor dem Fenster ein »große[r] Schreibtisch und rechts daneben ein kleine[r] weitere[r] Tisch [...]. Armsessel hinter dem Schreibtisch, Stuhl am anderen Tisch.«[176] In dem Armsessel sollte der Vernehmungsoffizier Platz nehmen, der Stuhl stand für den Dolmetscher bereit. Für Putzar selbst war ein Hocker vorgesehen.[177] Während er bei den nachfolgenden Vernehmungen schon erwartet wurde, ließ man ihn bei diesem ersten Verhör warten. Joachim R. Stern musste beim ersten Mal ebenfalls warten, in seinem Fall jedoch im Beisein eines die *Prawda* lesenden Offiziers und, wie er schreibt, einer an den Fingernägeln kauenden Dolmetscherin. Es war eine »unheimliche Stille, wie vor einem drohenden Gewitter«, und sie währte in seiner Erinnerung »ein, zwei Stunden«.[178] Die Wartezeit sollte den Untersuchungshäftling müde machen und demoralisieren. »Du weißt nicht, was kommt jetzt! Und kriegst immer mehr Angst!«, erinnert sich eine der von Matz-Donath befragten Frauen. Eine ganze Nacht lang hatte sie ihr Vernehmer angeschwiegen.[179]

Weniger einschüchternd als vielmehr abstoßend wirkte das Auftreten der Vernehmungsoffiziere, vor allem deren häufig beobachtete Trunksucht. Sterns Beschreibung seines Vernehmers steht hier stellvertretend für viele: »Seine strähnigen Haare hingen wirr um den Kopf. Rotgeränderte Augen und tiefhängende Tränensäcke darunter deuteten den Dauergenuss von Alkohol an.«[180] Als ekelerregend wurde empfunden, wenn sich der Vernehmer »die Nase an der Gardine« abwischte,[181] Gleiches galt für die Angewohnheit mancher Offiziere, in eine der Tischschubladen zu spucken oder zu rotzen.[182]

---

176 Putzar, Im Schatten, S. 145f.

177 Allein Stern berichtet davon, dass der ihm zugedachte Hocker dicht neben der Tür stand, also vermutlich in der kurzen Ecke des Raumes (vgl. Stern, Der Westen schweigt, S. 45). Diese räumliche und auf Einschüchterung abzielende Anordnung der Verhörsituation ist auch aus den Stasi-Untersuchungsgefängnissen der DDR bekannt.

178 Stern, Der Westen schweigt, S. 46.

179 Vgl. Matz-Donath, Sphinx, S. 321.

180 Stern, Der Westen schweigt, S. 45.

181 Matz-Donath, Sphinx, S. 321.

182 Vgl. Hardegen, Gefangen, S. 133; Mühel, Für dich blüht kein Baum, S. 83f.; oder Riemann, Schleife, S. 33.

Günter Ochs spuckte der Vernehmungsoffizier die Kerne des Apfels ins Gesicht, den er während des Verhörs verspeiste.[183] Hans Wagner konnte beobachten, dass »der Offizier bei der Dolmetscherin eine Hand im Blusenausschnitt hatte«,[184] in einem anderen Fall soll der Dolmetscher während der Verhöre »in der Hosentasche [...] onaniert« haben.[185] Heinz Schwollius wurde, ohnmächtig auf dem Boden liegend, von der Dolmetscherin ins Gesicht gepinkelt.[186]

Diesen Beschreibungen mag eine Behauptung der eigenen kulturellen Überlegenheit innewohnen. Eine solche Selbstbestätigung dient jedoch immer auch der versuchsweisen Selbstbehauptung derer, die den Verhören hilflos ausgeliefert waren. Es bietet sich noch eine weitere Lesart an. Die »Nonchalance« der Vernehmungsoffiziere oder ihrer Dolmetscher bedeutete aus Sicht der Gefangenen, dass ihre Peiniger sich mit ihnen langweilten oder sich über sie amüsierten. Das machte die Demütigung aus. Intensiviert wurde dieses Gefühl durch die Schwierigkeit, wenn nicht Unmöglichkeit, sich gegenüber den Vernehmungsoffizieren verständlich zu machen, da deren Deutschkenntnisse in der Regel mangelhaft waren. »Die Augen des Majors hängen an meinen Lippen«, beschreibt der Schriftsteller Friedrich Griese, Jahrgang 1890, die Verhörsituation. »Er versteht nicht, was ich meine, aber ich bin ihm ausgeliefert.« Ebenso ausgeliefert empfand er sich auch der Übersetzerin: »Ich fühle, dass sie es nicht gut meint«, erinnert sich Griese weiter, »und als sie aufhört [zu übersetzen, B.G.], sagt der Major langsam: ›Du – großer Faschist!‹«[187] Der Verlauf eines Verhörs, so Grieses Einschätzung, hing also nicht zuletzt von dem Wohlwollen der Dolmetscher ab – zumal auch diese oft nur über begrenzte Kenntnisse des Deutschen verfügten.[188] Diesen

---

183 Ochs, Gestohlene Zeit, S. 144.

184 Wagner, Melder am Tor, S. 19.

185 Matz-Donath, Sphinx, S. 313.

186 Schwollius, Todeszelle, S. 24.

187 Griese, Wind, S. 114.

188 »Der mich verhörende Major sprach nur ein paar Worte deutsch. Gedolmetscht hat ein junges Mädchen, wahrscheinlich ein ›Ostmädchen‹ aus einem deutschen Arbeitslager, das kaum deutsch sprach, so dass ständig grobe Missverständnisse und Sinnentstellungen herauskamen. Ich erinnere mich, dass sie anfänglich das Wort ›Botschaft‹ mit ›Boot‹ übersetzte.« Der Berichtende war laut Selbstdarstellung während des Krieges als wissenschaftlicher Mitarbeiter an der deutschen Botschaft in Paris tätig (Gerstner, Sachlich, S. 223).

Umstand dürften die Übersetzer vor den Vernehmungsoffizieren kaschiert haben, und das vor allem dann, wenn es sich bei ihnen, wie in den Erinnerungsberichten vielfach vermutet wird, um (Mit-)Gefangene oder vormalige »Fremdarbeiter« handelte.[189] In diesen Fällen war die Übersetzungstätigkeit ihre politische Bewährungsprobe.

In den Haftberichten wird das Sprachproblem zumeist dadurch verdeutlicht, dass die krude Sprechweise der Übersetzer in direkter Rede wiedergegeben wird: »Du Soldat, wie alt du, hä? [...] Du 15 Jahre ... nix Soldat. Auch Faschismus nix Soldat wenn 15 Jahre ... Du – Wer – du – Wolf – du!«[190] Eine Verständigung, die eine von den Betroffenen gewünschte Selbsterklärung erlaubt hätte, war ausgeschlossen. Oder, wie es bei Griese, der gestehen soll, ein »faschistischer Schriftsteller« zu sein, heißt: »Ich möchte mehr sagen, komme aber nicht weiter, weil ich empfinde, dass ich nicht verstanden werde, gar nicht verstanden werden kann.«[191] Spielt er damit allein auf die Sprachbarriere an? Schließlich lässt sich dieser Satz auch als Andeutung auf den beschränkten Intellekt seines Gegenübers verstehen. Andere, wie zum Beispiel Ernst-E. Klotz, betonen die »bemerkenswerte Unkenntnis« ihrer Vernehmungsoffiziere sowohl mit Blick auf die »deutschen Verhältnisse« als auch hinsichtlich »des Aufbaus und der Gliederung der [nationalsozialistischen, B. G.] Partei«.[192] Kurt Pickel wurde in den Verhören zum britischen Spion gemacht und als solcher verurteilt. Befragt wurde er jedoch auch zu seiner Zeit in der HJ. »Das habe ich verneint«, erinnert er sich,

> »denn ich war nicht in der HJ, sondern im Deutschen Jungvolk. Der Vernehmungsoffizier fragte: ›Nu, was warst Du gewesen?‹ [...] Da habe ich von der ›Jugend‹ erzählt. Dort gab es verschiedene Ränge [und] der Oberhordenführer hatte einen schwarzen Kreis mit zwei silbernen Winkeln drinnen. Da sagte dann der Russe: ›Ooch nu mehr wie Gidler, Gidler, bloß einmal‹.«[193]

Viele Untersuchungshäftlinge hatten obendrein den Eindruck, dass man sie nicht nur nicht verstehen konnte, sondern gar nicht verste-

189 Vgl. Pritzkow (Pseud.), NKWD, S. 28; das Interview mit Erna Pelke durch Lenzer (Lenzer, Frauen im Speziallager Buchenwald, S. 56) oder Rieke, Geliebtes Leben, S. 128.

190 Schuster, Im Konzentrationslager, S. 16.

191 Griese, Wind, S. 114f.

192 Klotz, So nah der Heimat, S. 36.

193 Pickel, »... hast du unterschrieben deine Urteil«, S. 13.

hen wollte. »›Was du gewesen?‹ ist die wichtigste Frage, nachdem die Dolmetscherin die Personalien, dazu Vornamen und Geburtstag des Vaters aufgeschrieben hat«, erklärt der 1906 geborene und von 1945 bis 1948 internierte Bühnenbildner und Maler Paul Weisshuhn. »Man antwortet mit der Darlegung von Tatsachen, die jedoch sofort verdreht und verschlimmert werden. ›Du lügst!‹ ist stetig die Voraussetzung des Fragenden.«[194] Es war also unwichtig, was der Verhörte antwortete. Es zählte allein, was der Verhörende hören wollte. Alles andere wurde mit »Du lügen« abgeschmettert.[195]

Die Verständigungslosigkeit summierte sich für die Betroffenen in den Protokollen, die während der laufenden Verhöre erstellt wurden. »Endloses Protokollieren unsinniger Dinge, Hauptsache: Schönschrift, peinlich genaue Heftung mit Kordel«, kommentiert der im März 1947 verhaftete und damals 26-jährige CDUD-Landtagsabgeordnete Ewald Ernst aus Halle.[196] Diese Protokolle waren auf Russisch verfasst, und sie mussten von den Verhörten unterschrieben werden. Auch wenn in manchen Fällen der Übersetzer eine kurze deutsche Zusammenfassung lieferte – ihr Inhalt war für die Untersuchungshäftlinge nicht nachvollziehbar. Bei dem Protokoll hätte es sich auch um »mein Todesurteil« handeln können, heißt es zum Beispiel bei Wolfgang Schuster.[197] »Die Dolmetscherin schreibt sehr viel. Was mag alles auf den Bögen stehen«, fragt sich Paul Weisshuhn, der laut seiner Darstellung Soldat gewesen war und kurze Zeit die Funktion eines Blockwarts ausgeübt hatte. »Sicherlich die Beschreibung eines abgefeimten Verbrechens [sic!], eines bedenkenlosen Ausbeuters, eines kalt berechnenden räubernden Schädlings, eines überheblichen und schrankenlosen Fanatikers.«[198] Zweifel, dass in dem Protokoll auch nur ein Wort dessen stand, was er gesagt hatte, lagen in seiner Situation nahe. Und sie sind ausweislich der heute zumindest für die SMT-Verurteilten zugängigen Vernehmungsprotokolle auch begründet.[199]

---

194 Weisshuhn, Ich komme wieder, S. 29.

195 So bei Schuster, Im Konzentrationslager, S. 15.

196 Ernst, Guter Kampf, S. 52. »So spielten sie in Bürosesseln vor Schreibtischen mit viel Papierverbrauch – Europäer« (Klotz, So nah der Heimat, S. 37f.).

197 Schuster, Im Konzentrationslager, S. 17.

198 Weisshuhn, Ich komme wieder, S. 30.

199 Vgl. das Kapitel »Zur Logik des justiziellen Terrors«.

Günter Ochs
Meine gestohlene Zeit....
1945-1947

DAS GELBE ELEND
Bautzen-Häftlinge berichten 1945-1956
Herausgegeben vom Bautzen- Komitee
BUCHVERLAG UNION
UNIONBUCH

Alfred Jank
DIE LÄNGSTEN JAHRE
In sowjetischen Speziallagern Ketschendorf und Neubrandenburg Fünf-Eichen

Ernst-E. Klotz
So nah der Heimat
Gefangen in Buchenwald 1945-1948

Walter Kempowski:
Ein Kapitel für sich
Roman
dtv

HELMUT KLEMKE
GEISELN DER RACHE
NEUTRALE ZONE
Es wird ohne Anruf sofort scharf geschossen
Zehn Jahre in mitteldeutschen Todeslagern
Erlebnis und Bericht

Verweigerung war zwecklos, die Protokolle mussten unterschrieben werden. Denn im sowjetischen »Rechtsbürokratismus« nahmen die Verhörprotokolle einen zentralen Stellenwert ein – sie galten als Geständnisse, die, wie es auch bei Alexander Solschenizyn heißt, der entscheidende Beweis für die Schuld des Verhafteten waren.[200] Dabei stand dessen Schuld nach sowjetischer Rechtsauffassung mit der Verhaftung fest. Ewald Ernst wurde das sogar im Verhör erklärt: »Mich verblüffte die Eröffnung des Vernehmungsoffiziers, die Tatsache meiner Verhaftung sei genügend Beweis der Schuld.«[201] Und zwar einer Schuld, die dem Untersuchungshäftling nicht etwa durch Ermittlungstätigkeit bewiesen wurde, sondern die er durch seine eigene Unterschrift unter ein Schuldbekenntnis selbst bestätigen musste. Erst diese Bestätigung ermöglichte die Eröffnung eines Gerichtsverfahrens, für das zusätzlich eine umfangreiche Falldokumentation notwendig war, die von den Untersuchungshäftlingen ebenfalls abgezeichnet werden musste. Das erklärt auch, warum die SMT-Verurteilten häufiger vernommen wurden als die Internierten. Da für Letztere keine Gerichtsverfahren vorgesehen waren, reichte für ihre Überstellung in ein Speziallager die Unterschrift unter ein einfaches Protokoll, das selten mehr als eine Seite umfasste. Diesem Umstand verdankten sie eine relativ kurze Untersuchungshaft. Die SMT-Verurteilten aber hatten vor ihrem Prozess die Vorwürfe, mit denen sie konfrontiert wurden, detailliert gegenzuzeichnen. Beide jedoch, Internierte wie SMT-Verurteilte, hatten mit ihren Unterschriften ihre Entrechtung eigenhändig quittiert.

»Du Wahrheit sagen!«

Die sowjetischen Vernehmer interessierten sich vornehmlich für zwei Dinge. Sie wollten erstens Details über den Aufbau und die Arbeitsweise aller Organisationen und Gruppierungen hören, die von der Besatzungsmacht als Sicherheitsrisiken eingeschätzt wurden. Dazu zählten nationalsozialistische Organisationen und Gruppierungen wie der »Werwolf«, deren Existenz grundsätzlich vorausgesetzt und durch Verhaftungen und Verhöre fortlaufend bestätigt wurden. Das erklärt auch den zweiten Fragenkomplex, dem die Verhörenden große Beachtung schenkten: Sie wollten Namen hören.

200 Solschenyzin, GULAG, S. 59.
201 Ernst, Guter Kampf, S. 50. Siehe auch Stern, Der Westen schweigt, S. 51.

Wer auf Grundlage des NKWD-Befehls Nr. 00315 verhaftet worden war, sollte die Namen anderer »Faschisten« aussagen.[202] Wer unter »Werwolf«-Verdacht festgenommen worden war, sollte die Namen weiterer Angehöriger der »Werwolf«-Gruppe preisgeben, allen voran den Namen des Anführers.[203] Wer der Zugehörigkeit zu einer »konterrevolutionären Organisation« bezichtigt wurde, sollte die Namen seiner »Mitstreiter« angeben.[204] Wer verhaftet worden war, weil er weiterhin für die Politik der SPD einstand oder Kontakte zu westlichen Parteien hielt, sollte die Namen seiner Mittelsmänner und Verbündeten mitteilen.[205]

Die Befragten geben in ihren Erinnerungen an, standhaft geblieben zu sein. Allenfalls wollen sie Namen von Personen genannt haben, von denen sie wussten, dass sie entweder schon verhaftet oder in den Westen gegangen waren. Unverfänglich erschien ebenfalls, die Namen Verstorbener anzugeben. Diese Standhaftigkeit, so sie den Tatsachen entspricht, ist bewundernswert. Und sie ist es umso mehr, weil die Untersuchungshäftlinge von vornherein keine Chance hatten – ob sie die Fragen wahrheitsgemäß beantworteten oder nicht. »Und das ist das Allerschlimmste [...] – eigentlich sagen sie ja die Wahrheit, aber der glaubt ihnen das nicht!«, erklärt Erna Pelke, Jahrgang 1922 und ehemalige BDM-Gruppenführerin, im Interview mit Gudrun Lenzer. Sie sollte den Namen des Anführers einer vermeintlichen »Werwolf«-Gruppe nennen, als deren angebliche Angehörige sie verhaftet worden war. Als sie nach mehreren Tagen gewaltsamer Verhöre ein Protokoll unterschrieb, schenkte ihr einer der Vernehmungsoffiziere eine Tafel Schokolade. »Der [hat] gewusst, dass das alles gelogen ist.«[206] Doch aus sowjetischer Sicht handelte es sich nicht um Lügen. Es handelte sich um das, was man hören wollte – und man wollte hören, was dem Misstrauen gegenüber den Deutschen entsprach und was die sicherheitspolitische Erwartungshaltung befriedigte.

Deshalb wurde ein Geständnis auch nicht aus einem Gefangenen *heraus*geprügelt – um noch einmal Lutz Niethammer zu zitieren –,

202 Vgl. Fischer, Schweigen, S. 9.
203 Vgl. Schuster, Im Konzentrationslager, S. 15.
204 Vgl. Hardegen, Gefangen, S. 134.
205 Vgl. Rieke, Geliebtes Leben, S. 129.
206 Lenzer, Frauen im Speziallager Buchenwald, S. 55–61, Zitate S. 57, 61.

sondern in ihn *hinein*geprügelt.[207] Gewiss: Nicht alle Untersuchungshäftlinge wurden geschlagen. Sofern sie mehrere Verhöre zu durchstehen hatten, war auch nicht jedes einzelne zwingend mit Prügel verbunden. Aber wenn zugeschlagen wurde, dann häufig, bis sie blutig geschlagen waren oder das Bewusstsein verloren.[208] Volker spricht in diesem Zusammenhang vom »Kaltwassereimer, [dem] Allheilmittel der NKWD«.[209] Einige erinnern, sich unter den Schlägen eingenässt zu haben.[210] Von »Prügelorgien« spricht Siegfried Rulc. Der 16-Jährige war im Oktober 1945 zusammen mit Freunden verhaftet worden. Sie wurden bezichtigt, die Sprengung einer Brücke geplant zu haben, was als Ausweis ihrer »Werwolf«-Tätigkeit galt. »Aus mir wurde ein Werwolf mit Geständnis«, heißt es bei ihm nicht ohne Sarkasmus, »indem man den Reißverschluss meines Oberhemdes schloss, mir das Hemd über Kopf und Arme zog und wie einen Sack zuband.« Sein entblößter Oberkörper war die »Zielscheibe« von Schlägen. Als musikalische Untermalung spielte ein Grammophon wieder und wieder das Lied »Rosamunde«.[211]

Zugeschlagen wurde während der Verhöre zumeist mit dem Handrücken oder der bloßen Faust.[212] Gezielt wurde auf Kopf und Oberkörper, wer zu Boden ging, wurde getreten.[213] Rippenbrüche und ausgeschlagene Zähne zählen zu den am häufigsten benannten Folgen.[214] Wie viele den Schlägen oder ihren Folgen erlagen, wird sich nicht mehr klären lassen. Als Schlaginstrumente benennen die Betroffenen Gartenschläuche, Gewehrkolben, Gummiknüppel, Lederpeitschen, Stahlruten oder Lineale.[215] Diese und andere »Hilfsmittel« kamen zwar nicht immer zum Einsatz, wurden aber einge-

207 Kerseboom/Niethammer, Kompromat, S. 511.

208 Vgl. Putzar, Im Schatten, S. 149; und Ernst, Guter Kampf, S. 52.

209 Volker (Pseud.), Sibirien, S. 18.

210 Siehe Putzar, Im Schatten S. 149; oder den Zeitzeugenbericht von Lottchen Fischer, in: Erler/Friedrich, Hohenschönhausen, S. 83.

211 Rulc, Unvollständige Chronik, S. 100.

212 Vgl. Schuster, Im Konzentrationslager, S. 17; oder Prieß, Unschuldig, S. 15f.

213 Vgl. Jank, Die längsten Jahre, S. 9.

214 Vgl. Pritzkow (Pseud.), NKWD, S. 28; oder Pickel, »... hast du unterschrieben deine Urteil«, S. 12.

215 Vgl. Putzar, Im Schatten, S. 148, Pritzkow (Pseud.), NKWD, S. 28, Grob, Gelitten, S. 6, Rulc, Unvollständige Chronik, S. 99; und Weisshuhn, Ich komme wieder, S. 30.

setzt, um den Drohgebärden der Vernehmer mehr Eindringlichkeit zu verleihen. Zur Abschreckung dienten mitunter auch Hunde. Der Vernehmer Hans-Joachim Hantsches hielt sich einen Schäferhund, »dessen Leine«, wie Hantsche sich erinnert, »bis zu meinem Schemel reichte« und der sich, »je turbulenter [das Verhör, B.G.] zuging, bellend und zähnefletschend vor mir aufbaute«.[216] Putzar wurde mit einem Säbel bedroht,[217] die meisten der Vernehmer hatten hingegen ihre Pistole gut sichtbar auf dem Schreibtisch platziert.

Manche von ihnen unterstrichen diese Geste, indem sie dem Gefangenen mit der sofortigen Erschießung drohten: »Du Faschist, wenn du lügen, wir dich schießen sofort!«, wurde Wolfgang Hardegen mehrfach angeherrscht.[218] Wolfgang Pintzka erinnert sich: »Einmal wollte der immerzu mit seiner riesigen Pistole herumfuchtelnde Offizier mich entweder erschrecken, oder er war einfach nur unvorsichtig. Auf jeden Fall ging plötzlich ein Schuss los, und ein Querschläger traf mich an der Hand.«[219] Walter Pritzkow, Ende Juni 1945 unter »Werwolf«-Verdacht festgenommen, berichtet von einer Scheinexekution, die an ihm und weiteren etwa 20 jungen Leuten durchgeführt wurde. Gruppenweise gefesselt und mit verbundenen Augen wurden sie in einen Hof geführt. Dann »ein Kommando: Die MPi's feuerten, wir spürten irgend etwas auf unsere Köpfe fallen und sackten zusammen« – getroffen von Splittern der Dachziegel, auf die die Posten geschossen hatten. Anschließend ließ ihnen ein NKWD-Leutnant, wie Pritzkow schreibt, »durch einen Dolmetscher erklären [...], dass wir nun wüssten, wie es uns ergehen würde, wenn wir verstockt blieben«.[220]

Zum Katalog der Foltermaßnahmen gehörte auch der sogenannte Flaschenhintern.[221] Hagen Volker erläutert diese Tortur:

216 Hantsche, Diktaturwechsel, S. 31. Siehe auch Zander, Unschuldig eingesperrt, S. 10.

217 Putzar, Im Schatten, S. 148.

218 Hardegen, Gefangen, S. 130.

219 Pintzka, Sibirien, S. 54.

220 Pritzkow (Pseud.), NKWD, S. 33f. Weitere Berichte über Scheinexekutionen finden sich bei Matz-Donath, Sphinx, S. 385, oder bei Uterhardt, Inhaftiert, S. 24.

221 »Ich wurde bei der NKWD in Schöneberg vernommen und dabei schwer misshandelt – nackend auf einer Flasche sitzend« (BArchK B 289 VA 288/10–312/2).

»Eine Weißweinflasche wird auf den Boden gestellt. Setzen! Zwei Rotarmisten packen zu, halten ihr Opfer an Armen und Beinen. Da hilft alles nichts, der gequälte Mensch sitzt mit seinem After auf der Flasche auf – mit seinem ganzen Gewicht – und sinkt Zentimeter um Zentimeter tiefer – der Flaschenhals kriecht in das Opfer hinein. Wie weit? Bis zur Ohnmacht.«[222]

Dass diese Methode tatsächlich angewendet wurde, bestätigt Erler.[223] Mehrere Untersuchungshäftlinge berichten von der Tortur des stundenlangen Stehens während des Verhörs, ebenfalls »bis zur Ohnmacht«, wie Ernst erinnert.[224] Eine weitere häufig verhängte Zwangsmaßnahme fiel im Falle des CDUD-Politikers, der sich als amerikanischer Spion bekennen sollte, besonders drastisch aus. Er musste 21 Monate Einzelhaft im Keller des Gefängnisses Berlin-Hohenschönhausen verbringen, der, weil er über keine Fenster verfügte, von den Untersuchungshäftlingen als »U-Boot« bezeichnet wurde.

Andere wurden für Stunden oder Tage in verschärften Arrest genommen. Sie wurden in kleine Kammern zumeist bar jeder Einrichtung gesperrt, die Karzer. Karzerhaft bedeutete eine minimierte Zuteilung der ohnehin kargen Essensrationen. Und sie bedeutete eine körperliche wie geistige Tortur, wie Dieter Rieke verdeutlicht, der im Hallenser Untersuchungsgefängnis in einen Karzer gesperrt wurde, der wegen seiner Vergitterung an einen Käfig erinnerte:

»Man hält diesen Zustand im Karzer körperlich wohl zwei bis drei Wochen aus. Aber der Kopf beginnt zu phantasieren. Man stellt sich einen reichgedeckten Tisch oder ein schönes Mädchen vor. Der Fall hernach in die Wirklichkeit ist umso tiefer und schmerzhafter. Man verliert das Gefühl für die Gegenwart, die Sprache bleibt weg, man hört das eigene Krächzen nicht mehr. Und dann tauchen die grünen Männchen auf. Sie sitzen auf dem grüngestrichenen Gitter und hocken auf den Kanten des Bettgestells. Greift man zu, sind sie wieder weg. Von draußen dringt kein Laut herein, und man schleicht umher, um irgendein Geräusch zu vernehmen. Nichts geschieht, man ist mit sich allein und kann noch nicht einmal begreifen, dass man ein Mensch ist.«[225]

---

222 Volker (Pseud.), Sibirien, S. 18.
223 Erler, Relikt der Unmenschlichkeit, S. 149.
224 Ernst, Guter Kampf, S. 55.
225 Rieke, Geliebtes Leben, 131f.

Karzer gab es in verschiedenen Ausführungen. Die sogenannten Stehkarzer hatten die Größe eines Spindes, wie sich eine der von Matz-Donath befragten Frauen erinnert: »Da hast du drin gestanden und konntest nicht sitzen und nicht mal gerade stehen. Wenn da nicht oben so ein Luftschlitz gewesen wäre, du wärest erstickt. Dann musste ich mal. [...] Aber sie haben mich nicht rausgelassen. Da habe ich von oben einfach runtergemacht. Ist durchgelaufen. Scheußlich war das.«[226] Andere Karzer waren ausweislich der Haftberichte zwar etwas geräumiger. Dafür aber gab es in diesen Dunkelkarzern kein Licht. Wiederum andere waren feucht und kalt. Wer hier eingesperrt wurde, musste sich mitunter zuvor seiner Kleidung entledigen.[227] Seine Hose anbehalten durfte Jochen Müthel, dem dafür aber Handschellen angelegt wurden.[228] Außerdem gab es sogenannte Wasserkarzer. Dieter Rieke wurde nach seiner Verlegung von Halle nach Hohenschönhausen in eine Einzelzelle gesperrt, deren Türschwelle hochgemauert und die auf diese Höhe geflutet worden war. Bevor die Tür verschlossen wurde, übergoss man ihn mit mehreren Eimern kalten Wassers. »Wie lange ich in der Wasserzelle ausgehalten habe, entzieht sich meiner Erinnerung. Es mögen Tage vergangen sein, bis mich ein Posten aus diesem Verlies befreite.«[229]

Eskortiert wurden diese Zwangsmaßnahmen durch psychologische Verhörmethoden, die den Untersuchungshäftlingen die Ausweglosigkeit ihrer Situation und damit die Unabdingbarkeit ihres Geständnisses demonstrieren sollten. Irritation, Abhängigkeit und Erpressung lauten die Stichworte, mit denen diese Techniken umschrieben werden können. Verwirrung wurde zum Beispiel dadurch bewirkt, dass die Befragungen häufig in unregelmäßigen Abständen

---

226 Vgl. Matz-Donath, Sphinx, S. 310; und Riemann, Schleife, S. 70.

227 Vgl. Ernst, Guter Kampf, S. 56.

228 Müthel, Für dich blüht kein Baum, S. 97.

229 Rieke, Geliebtes Leben, S. 139f. Eine Beschreibung des Wasserkarzers findet sich auch bei Prieß, bei dem es heißt: »Nun kam das, was ich immer befürchtet hatte, das Wasserloch. Ein Posten holte mich, und ich musste mit der ganzen Bekleidung bis zur Brust ins kalte Wasser. Ich fror und hielt mich an einem Wasserrohr fest. Nach 3 bis 4 Stunden verließen mich meine Kräfte, ich hatte in meinem Körper kein Gefühl mehr« (Prieß, Unschuldig, S. 20). Auf eigener Erfahrung beruht auch die filmische Umsetzung des Zwangsaufenthalts von Walter Kempowski in einem Wasserkarzer (»Ein Kapitel für sich« unter der Regie von Eberhard Fechner, Erstausstrahlung ZDF 1979).

durchgeführt wurden. Manchmal verstrichen Tage oder Wochen zwischen zwei Vernehmungen, manchmal wurde ein Gefangener in einer Nacht mehrmals zum Verhör geholt.[230] Die Fragen variierten jedoch nicht. Sie wurden ihnen immer wieder gestellt, bei jedem Verhör aufs Neue.[231] Gleichzeitig wurde ihnen bedeutet, dass man Zeit habe. »Sie werden uns noch alles sagen, was wir wissen wollen«, erinnert sich Pfeiffer an die Worte eines NKWD-Obersten, »bei uns ist noch niemand gewesen, der nicht gesprochen hätte.«[232]

Während der Befragung saßen die Untersuchungshäftlinge auf Schemeln oder Hockern, deren Sitzhöhe sie zwang, zu dem Vernehmenden aufzublicken. Dabei konnten sie ihr Gegenüber in vielen Fällen allenfalls schemenhaft wahrnehmen, da sie von dem Licht der Schreibtischlampen geblendet wurden.[233] Zur Verunsicherung beitragen sollte ferner, dass viele von ihnen wechselweise von zwei Vernehmern befragt wurden. Einer von ihnen trat freundlich auf, der andere brutal. In mindestens ebenso vielen Fällen aber vereinte der Vernehmer beides in seiner Person. Wüste Beschimpfungen und freundliche Gesten wechselten einander ab. »Beschimpfungen wie: Faschist oder Spion waren«, so erinnert sich Ernst, »fast milde gegenüber solchen, die russisch ausgesprochen wurden und wo sich selbst die Dolmetscherin gelegentlich schwer tat, sie dem Häftling in die deutsche Sprache zu übersetzen.« Und im nächsten Augenblick zeigte der Offizier plötzlich Gefühle, suchte anlässlich des Weihnachtsfestes ein Gespräch über Religion. Und ob seine Familie ihn,

---

230 Vgl. Ernst, Guter Kampf, S. 55; und Müthel, Für dich blüht kein Baum, S. 93.

231 »Täglich dasselbe Spiel: Fragen, Fragen. ›Wie oft bist Du in Hannover gewesen, welche Rolle spielten in Eurer Agentengruppe Müller, Treumann, Dyrda, Blell und Clintjens? Wie habt Ihr die Verwaltung der Militäradministration ausspioniert und welche Leute habt Ihr zum Spionagedienst angeworben?‹ Tag um Tag diese stereotypen Fragen und dazu meine ausweichenden Antworten« (Rieke, Geliebtes Leben, S. 129). Erna Pelke erklärt im Interview mit Lenzer: »Sie wurden verhört, verhört, verhört, immer wieder die gleichen Fragen. […] Hundertmal den Lebenslauf und hundertmal … immer wieder und dann *Werwolf*. […] Und dann: ›Wer noch dabei‹ […] – also Namen wissen« (Lenzer, Frauen im Speziallager Buchenwald, S. 55 [Hervorhebung im Original]).

232 Pfeiffer, Abgeholt, S. 34.

233 Vgl. Ochs, Gestohlene Zeit, S. 143.

also Ernst, nicht vermisse, ob er nicht um ihretwillen gestehen wolle, »Spionage für den Amerikaner betrieben zu haben«. Dann schenkte er Ernst eine zusätzliche Brotration und gab ihm Maxim Gorkis »Meine Universitäten« mit in die Zelle. »Ja, da habe ich geweint!«[234]

Arnulf Putzar bekam während seines zweiten Verhörs ein warmes Offiziersessen serviert, Verdauungszigarette und ein Glas Wodka inklusive. Der Grund für die Bewirtung: Es war, was Putzar nicht bewusst war, sein 15. Geburtstag.[235] Auch wenn warme Mahlzeiten oder Rauchwaren nicht an Geburts- oder Feiertage gebunden waren – »ein solches Essen bedeutete bei der uns zugeteilten minimalen Verpflegung schon etwas«, untertreibt Manfred Klein.[236] Wer in diesen Genuss kam, lief Gefahr, von »seinem« Vernehmer noch stärker abhängig zu werden. Früher oder später, so das Kalkül, würde der Häftling ebenfalls einen Vertrauensbeweis erbringen und ein Geständnis abliefern. Dabei war es von geringer Bedeutung, ob einer der Vernehmer während des Verhörs abrupt die Strategie änderte oder ob sich wie bei Kurt Pickel zwei Offiziere mit klar verteilten Rollen bei den Vernehmungen abwechselten.[237] Zuckerbrot und Peitsche, *good cop and bad cop* – es gibt zahlreiche Bezeichnungen für diese Verhörtaktik, die im Kern eine Erpressung ist. Vielfach war diese Erpressung mit dem Versprechen der sofortigen Entlassung verbunden. Wolfgang Hardegen erinnert sich, dass sein Vernehmer ihm mit der sofortigen Erschießung drohte, um sich dann verständnisvoll zu geben: »Du bist ja nur ein kleiner dummer Junge. Ich will dir ja nur helfen. Wenn du uns alles erzählst, wirst du bald wieder zu Hause sein!«[238]

Die Erpressungsversuche konnten auch wesentlich drastischer ausfallen. Jochen Müthel wurde während einer Vernehmung bedeutet, dass sich seine ebenfalls verhaftete Ehefrau Eva im Nebenraum

---

234 Ernst, Guter Kampf, S. 56f.

235 Putzar, Im Schatten, S. 149f.

236 Klein, Jugend zwischen den Diktaturen, S. 89.

237 »So wurde mir klargemacht, wer mein Auftraggeber war. Es war ein gewisser Major Marquard, der als besonderes Kennzeichen Shagpfeife rauchte. Der hätte mich damit beauftragt, als gerade 17-jähriger nach Aue zur Wismut zu gehen, um – ohne bergbauliche Vorkenntnisse – festzustellen, wie uranhaltig das Erz dort ist und wie viel Erz am Tag gefördert und in die Sowjetunion geschafft wird« (Pickel, »… hast du unterschrieben deine Urteil«, S. 12).

238 Hardegen, Gefangen, S. 130–133.

befände. Dann hörte er durch die Zimmerwand die Schreie einer Frau.[239] Eine der von Annerose Matz-Donath befragten Frauen, zum Zeitpunkt ihrer Verhaftung Mutter eines neun Monate alten Jungen, erinnert sich an ihr erstes Verhör:

> »Da ließen sie ein Kind nebenan schreien. Es war bestimmt – sage ich mir heute – es war bestimmt ein Russenkind. Jedenfalls sagten sie, es wäre mein Kind, das ginge jetzt auf Russland-Transport. Eine Mutter, die Spionin ist, die braucht kein Kind, sagten sie. Das Kind ginge auf Russland-Transport.«[240]

Als Erpressung lassen sich auch die Gegenüberstellungen mit anderen Untersuchungshäftlingen verstehen, von denen in den Erinnerungsberichten immer aus der Perspektive dessen erzählt wird, der durch eine solche Maßnahme belastet wurde. Welche Sanktionen oder auch Gratifikationen den »Belastungszeugen« in Aussicht gestellt wurden, ist folglich nicht bekannt. Dass es sich bei diesen »Zeugen« um Häftlinge handelte, deren Verhöre aus Sicht der Vernehmungsoffiziere erfolgreich zum Abschluss gebracht worden waren, verdeutlichen nicht allein die Erinnerungen Arnulf Putzars.[241] Als »Belastungszeuge« wurde ihm Hans Ihmann gegenübergestellt. Putzar hatte zuvor bestätigen sollen, dass Ihmann, ehemals HJ-Führer und Wehrmachtsoffizier, der Anführer jener vermeintlichen »Werwolf«-Gruppe war, der auch er selbst angeblich angehörte. Während der Gegenüberstellung bezeugte Ihmann, dass Putzar, sein Bruder und weitere Jungen aus dem Ort »Werwölfe« seien. Und er bedeutete dem Jungen: »Es hat keinen Zweck mehr, Junge, alles ist zu Ende, vorbei …«[242] Ähnliche Worte fand der »Belastungszeuge«, der Dieter Rieke gegenübergestellt wurde. Bei ihm handelte es sich um einen Kurier des Ostbüros der SPD, der Rieke nahelegte, seine verschlossene Haltung aufzugeben. »Was die Vernehmer sowieso schon von ihm«, dem Kurier, »und den anderen mit [Rieke] verhafteten

---

239 Müthel, Für dich blüht kein Baum, S. 96f.

240 Vgl. Matz-Donath, Sphinx, S. 20.

241 Siehe auch die Beschreibung des »Belastungszeugen« bei Prieß: »Er stand vor mir wie ein Gespenst, abgemagert, sein Gesicht zu den geöffneten Fenstern gerichtet, ein Auge war blau geschlagen, und seine Bekleidung sah aus, als wäre es aus einer Mülltonne gezogen worden« (Prieß, Unschuldig, S. 20). Rieke berichtet hingegen, dass der »Belastungszeuge«, der ihm gegenübergestellt wurde, ein gepflegtes Äußeres hatte (Rieke, Geliebtes Leben, S. 136).

242 Putzar, Im Schatten, S. 155.

Freunden wüssten, sollte [er] doch endlich zugeben. Dann kämen [sie] bald vor ein Gericht, und diese Quälerei sei vorbei. Er habe dass alles schon hinter sich und hoffe darauf, dass [Rieke] einsichtig sei.«[243] Beide, Putzar und Rieke, berichten, dass es diese Vernehmungen mit Gegenüberstellung waren, die ihren Widerstandswillen brachen. Beide fühlten sich verraten. »Ich gab alles an Vorsätzen auf, was ich mir an Verschwiegenheit vorgenommen hatte« (Rieke), »[ich] unterschrieb alles, was sie wollten« (Putzar).[244]

Die Gegenüberstellungen zielten primär auf die Demoralisierung der Gefangenen und damit auf deren Schuldbekenntnis. Als ermittlungstechnische Maßnahme zur Überführung einer »Werwolf«-Gruppe oder einer »konterrevolutionären Organisation« aber waren sie entbehrlich. Denn die Zugehörigkeit zu einer solchen Gruppe konnte von den Vernehmern auch am Schreibtisch »ermittelt« werden, deren Angehörige sich dann zum ersten Mal in ihrem Leben sahen, als sie gemeinsam vor ein SMT gestellt wurden. Putzar sollte sich unter anderem mit zwei Männern verschworen haben, die ihm völlig unbekannt waren.[245] Ähnlich erging es dem 1929 geborenen Lukas T., der im August 1946 wegen illegalen Waffenbesitzes verhaftet worden war und wegen angeblicher Zugehörigkeit zum »Werwolf« verurteilt wurde. Unter den sechs Mitangeklagten waren zwei seiner Brüder und ein Schulfreund. Die anderen drei waren ihm fremd.[246]

Verräter

»Der Vernehmungsoffizier schwieg. Sie rauchten und sahen sich an. [...] Was du auch fragst, ich belüge dich, sagten ihre Augen, und die seinen sagten: Ich weiß. Sie waren sich so völlig einig, dass sie lächeln mussten.«[247] Courage zeigte während der Verhöre nicht nur Eva Müthel, die zusammen mit ihrem Mann verhaftet worden war, weil beide Kontakte zum Ostbüro der SPD unterhielten. Viele Schilderungen der Vernehmungen künden davon, dass sich die Untersu-

243 Rieke, Geliebtes Leben, S. 136.
244 Ebenda und Putzar, Im Schatten, S. 157.
245 Ebenda, S. 164.
246 Lukas T., Russenzeit, S. 142f.
247 Müthel, Für dich blüht kein Baum, S. 107.

chungshäftlinge den Anwürfen und Forderungen nach weiteren Namen zu widersetzen suchten. Alfred Kathke begründet seine Verweigerungshaltung damit, dass er »in der Familie und in dem vorangegangenen Staat nicht zum verräterischen Denken und Handeln erzogen worden« war.[248] »Lieber tot als Verräter«, heißt es bei Wolfgang Hardegen, der sich zudem daran erinnert, dem Vernehmer die Vergewaltigungen und Plünderungen durch die sowjetische Besatzungsarmee vorgeworfen zu haben. Einige Verhöre später ertappte er sich bei dem Wunsch, dass der Vernehmungsoffizier seine Drohung wahr machen möge, ihn zu erschießen. »Dann hat diese Quälerei endlich ein Ende!«[249] Sie endete jedoch erst mit einem umfassenden Schuldgeständnis, das Verhör für Verhör und Seite für Seite zu unterschreiben war. Rieke leistete seine Unterschrift »in Sütterlinschrift, um erkennbar zu machen, dass ich gegen meine Überzeugung meinen Namen hergegeben hatte«.[250] Willi Schmitz erklärt, einige Male statt seines Namens »Alles Scheiße« unter die Protokolle geschrieben zu haben.[251]

Diese Selbstbehauptungsversuche sind umso höher zu bewerten, da die Haftbedingungen in den »GPU-Kellern« und die Verhörtechniken darauf ausgelegt waren, die Untersuchungshäftlinge zu zermürben. Manche von ihnen hielten dieser Belastung nicht stand und verloren die Nerven. Einer der Zellengenossen Alfred Kathkes »schlug wie irre mit den Fäusten gegen die Tür und schrie in einer Tour, ›ich bin kein Verbrecher, ich bin kein Verbrecher!‹«. Der Mann wurde von einem Posten aus der Zelle geholt, was aus ihm wurde, ist nicht bekannt. Kathke erinnert sich jedoch nicht allein an Nervenzusammenbrüche. »Einige«, so heißt es bei ihm weiter, »waren nervlich total am Ende. Es kam zu den ersten Selbstmorden.«[252] Wie viele der Untersuchungshäftlinge Hand an sich selbst legten, ist ebenso wenig zu beziffern wie die Zahl derer, die während der Untersuchungshaft den Verhören oder ihrer Entkräftung erlagen. Auch sind deren Motive nicht eindeutig zu bestimmen. Denkbar sind Selbstaufgabe und Strafangst, aber auch Schuldgefühle gegenüber Familienangehörigen,

248 Kathke, Jugend, S. 22.
249 Hardegen, Gefangen, S. 132f.
250 Rieke, Geliebtes Leben, S. 137.
251 Schmitz, Bautzen – Vorposten der Freiheit.
252 Kathke, Jugend, S. 25, 30. Zu Selbstmorden unter den Untersuchungshäftlingen siehe auch Grob, Gelitten, S. 13; oder Prieß, Unschuldig, S. 19.

deren Verhaftung man verschuldet hatte. »Einmal versuchte ich, mich mit Löffel und Taschentuch zu erdrosseln«, erinnert sich Kempowski, dessen Selbstmordversuch scheiterte. Er hatte Papiere über die »Grüne Grenze« geschmuggelt, in denen in die Sowjetunion verfrachtete Reparationsgüter aufgelistet waren. Sein Bruder war als Mittäter schon verhaftet worden, nun aber hatte er während eines Verhörs die Mutter der Mitwisserschaft bezichtigt.[253] Sie wurde zu zehn Jahren Haft verurteilt, die beiden Brüder zu je 25 Jahren.

Für Wolfgang Pintzka bedeutete die Untersuchungshaft »Entsagung, Unterwerfung, Entwürdigung, Erpressung, Heuchelei, Verlogenheit«. Man konnte sich an all diese Dinge gewöhnen, schreibt er, weil es um die »Selbsterhaltung« ging.[254] Der Preis dafür war die Abstumpfung gegenüber den Mithäftlingen. Erika Riemann, zu diesem Zeitpunkt schon verurteilt, erinnert sich, angesichts einer schwangeren Mitinhaftierten kein Mitgefühl empfunden zu haben. Weil sie nur noch »zwei Dinge« fühlen konnte – »erstens Hunger und zweitens Kälte«.[255] Als Eva Müthel nach einer Vernehmung aus dem Verhörraum geleitet wurde, nahm sie neben der Tür eine »graue, abgerissene Gestalt« wahr. Weil es nicht üblich war, dass sich zwei Gefangene begegneten, wunderte sie sich »flüchtig« darüber. »An dem fremden Schicksal teilzunehmen, dass dort armselig wartete [...], reichte [es] nicht.« Erst dann wurde ihr klar, dass sie ihren Ehemann gesehen hatte.[256]

Die Abstumpfung gegenüber den Mithäftlingen ging mit etwas einher, das in den Erinnerungsberichten als »Zellenkoller« bezeichnet wird. »Dadurch, dass wir immer dieselben Gesichter um uns hatten und sowieso schon hochgradig nervös waren«, erklärt Pfeiffer den »Zellenkoller«, »entstand immer wieder Streit aus nichtigsten Gründen. Die Gesichter, die Bewegungen, die Redensarten der anderen hatte man satt; allein sie immer wieder sehen resp. hören zu müs-

---

253 Kempowski, Im Block, S. 15. Vgl. Hempel, Kempowski. Eine bürgerliche Biographie, S. 7.

254 Pintzka, Sibirien, S. 62.

255 Riemann, Schleife, S. 83f.

256 Müthel, Für dich blüht kein Baum, S. 113f. Vgl. auch Berner, Spezialisten, S. 75: »Die fremden Schicksale berührten mich damals sehr wenig, ich hatte mit meinem eigenen genug zu tun, und so sind mir Einzelheiten über die Kellergespräche und über die Verhöre der anderen nicht mehr im Gedächtnis.«

sen, führte zu ständiger Gereiztheit, die sich beim besten Willen nicht immer unterdrücken ließ.«[257] Man ging sich gegenseitig auf die Nerven. Jede Geste und jedes Wort konnte den Zusammenhalt der Gefangenen sprengen, den sie – auch später während der Lagerhaft – durch die gegenseitige Anrede »Kamerad« und »Du« beschworen.

Die Gemeinschaft wurde jedoch nicht allein durch die kameradschaftliche Anrede, die gleichermaßen für Alt und Jung galt, eingeschworen. Sie versicherte, sich des Zusammenhalts auch in ihren Gesprächen, die sich ausweislich der Erinnerungsberichte fast ausschließlich um die Umstände ihrer Verhaftungen drehten und die jedem Neuankömmling in der Zelle erneut vorgetragen wurden. »Da hast du aber Glück gehabt«, wurde Ernst-E. Klotz von den Häftlingen beschieden, in deren Zelle er eingewiesen wurde. Bei ihren Verhaftungen »hatten [sie] ganz anderes erlebt [...]: nächtliches Eindringen, Hausdurchsuchung, Plünderung, Prügel«.[258] Mit diesen Schilderungen beschworen die Untersuchungshäftlinge eine Schicksalsgemeinschaft unrechtmäßig Verhafteter, die sich gegenseitig die eigene Unbescholtenheit bestätigte. Gründe, die eine Verhaftung gerechtfertigt hätten, wurden hingegen nicht ausgetauscht.[259] Oder wie es bei Karl-Heinz Uterhardt heißt: »Ich glaube, die Wahrheit hat keiner so richtig gesagt.«[260]

Nicht alle Inhaftierten, ob sie später interniert oder verurteilt wurden, wussten, warum sie verhaftet worden waren. Andere werden sehr genau gewusst haben, warum sie schwiegen. Wiederum andere mussten während der Untersuchungshaft lernen, dass sie über die –

---

257 Pfeiffer, Abgeholt, S. 38.

258 Klotz, So nah der Heimat, S. 29.

259 Eine der wenigen Ausnahmen findet sich bei Dieter Rieke. Er berichtet von einem Mitgefangenen in Hohenschönhausen, der sich ihm als Rudolf Jordan und als ehemaliger Gauleiter der NSDAP vorstellte, der nun auf seine Auslieferung nach Polen warte (Rieke, Geliebtes Leben, S. 134). Rudolf Jordan, zuletzt Gauleiter von Magdeburg-Anhalt, wurde im Mai 1945 von der britischen Besatzungsmacht verhaftet und im Juli des Folgejahres an die sowjetische Besatzungsmacht ausgeliefert. Nach vier Jahren Untersuchungshaft in Potsdam und Hohenschönhausen wurde er laut seiner eigenen Darstellung 1950 per Flugzeug in die UdSSR verbracht und dort zu 25 Jahren Lagerhaft verurteilt. 1955 kam er frei und kehrte in die Bundesrepublik zurück (Jordan, Erlebt und erlitten, passim).

260 Uterhardt, Inhaftiert, S. 20.

zum Teil selbst nur vermuteten – Gründe ihrer Verhaftung besser schwiegen, um sich selbst zu schützen. Denn sie machten die Erfahrung, dass es sich bei der Haftgemeinschaft – trotz der vielbeschworenen Kameradschaft unrechtmäßig Verhafteter – nicht um eine Solidar- oder Schicksalsgemeinschaft handelte. Sondern, Zelle für Zelle, allenfalls um kleinere Notgemeinschaften. Diese teilten sich eine Schlafstatt oder einen Mantel als Decke, spendeten Trost oder hielten sich über Wasser, in dem sie sich Filme oder Bücher nacherzählten. Bot sich jedoch die seltene Möglichkeit der Vorteilnahme, dann drohte die Solidarität verloren zu gehen – zerstört von Zellenspitzeln, die Informationen über ihre Mithäftlinge an die Vernehmungsoffiziere weiterleiteten und dafür eine zusätzliche Mahlzeit erhielten oder sich Haftverschonung versprachen.

Über die Motive der Zellenspitzel kann gleichwohl nur spekuliert werden. In den Hafterinnerungen wird über diesen Verrat ausschließlich aus der Perspektive derer berichtet, die sich verraten fühlten oder einen entsprechenden Verdacht hegten. Einige der von Matz-Donath befragten Frauen geben jedoch an, dass man sie erfolglos zu Spitzeltätigkeiten zu erpressen suchte: »Wenn du nicht für uns arbeiten willst, dann kann deine Mutter ja auch hierherkommen!«, wurde eine von ihnen angebrüllt. Eine andere erinnert sich, dass eine der Mitinhaftierten später zugegeben hat, sie während der Untersuchungshaft ausgehorcht zu haben. Ihre Begründung: Als einziges Kind hätte sie auf Haftverschonung gehofft, um sich um die alte Mutter zu kümmern. Von einer anderen heißt es, dass sie sich zur Mitarbeit bereit erklärte, um den ebenfalls verhafteten Mann zu schützen. Andere wiederum sollen sich jenen gegenüber, die sie aushorchen sollten, zu erkennen gegeben haben.[261] Einzig Kempowski gesteht ein, dass er einem Teller Bratkartoffeln mit Salzgurke »nicht widerstehen« konnte und »ein paar Kleinigkeiten« über seine Zellenkameraden erzählte. Allerdings nur solche, »die den Sowjets schon bekannt waren«.[262]

Weil ihm die ungewohnte Nahrung auf den Magen schlug, schwammen »am nächsten Tag [...] unverdaute Gurkenstücke im Kübel«[263] – ein untrügliches Zeichen, an dem die Zellengenossen

261 Vgl. Matz-Donath, Sphinx, S. 238f.
262 Kempowski, Im Block, S. 22.
263 Ebenda, S. 23.

einen Spitzel erkannten. Wer »mächtig dick«, also wohlgenährt aussah, und womöglich vor aller Augen täglich Essensnachschläge erhielt machte sich besonders verdächtig.[264] Auch waren Warnungen vor Zuträgern im Umlauf.[265] Viel Mühe scheinen sich die Vernehmer also nicht gegeben zu haben, ihre Spitzel zu tarnen. Das legt wiederum die Vermutung nahe, dass sie weniger zur Informationsbeschaffung eingesetzt wurden als vielmehr zur Demoralisierung der Untersuchungshäftlinge. Denn was, so ließe sich fragen, ist einem Vertrauensverhältnis unter Gefangenen abträglicher als das Wissen um mögliche Zuträger? Für diese Lesart sprechen ferner die häufigen Umverlegungen von einer Zelle zur anderen. Auch diese Maßnahme sollte den Zusammenhalt unter den Untersuchungshäftlingen unterbinden und Misstrauen schüren. Es ging um die Beherrschung Gefangener, deren Sprache man nur bedingt mächtig war. Dass man damit Erfolg hatte, bestätigt Manfred Klein, der den Argwohn seiner Zellengenossen, mit dem sie ihm als Neuankömmling begegnet waren, umgehend übernommen hatte: »Jeder einzelne konnte ja ein Spitzel sein.«[266]

Das wichtigste Indiz für die Präsenz von Zellenspitzeln war freilich, im Verhör mit einem Namen oder einer Information konfrontiert zu werden, die man einzig in der Abgeschiedenheit der Zelle preisgegeben hatte. In der Regel wurde man im Anschluss an dieses Verhör in eine andere Zelle eingewiesen, in anderen Fällen wurde der Zuträger verlegt.[267] Auch scheinen einige der Spitzel auf bestimmte Häftlinge »angesetzt« worden zu sein.[268] Dann wurden sie für einige Tage zu jemandem in die Zelle gelegt, der schon längere Zeit der Einzelhaft hinter sich hatte. Er oder sie würde sich, so das offensichtliche Kalkül, über Gesellschaft freuen und Dinge von sich verraten, die in den Verhören gegen ihn zu verwenden waren. Ewald Ernst wurde während seiner Einzelhaft sogar per »Klopf-Alphabet« durch die Wand ausgefragt: »Klopfgeräusche waren selten«, erinnert er sich, »wurden von mir aber auch äußerst misstrauisch aufgenommen. Fragen nach Namen und Verhaftungsgrund beantwortete ich selten,

264 Vgl. Matz-Donath, Sphinx, S. 237. Zu den Verdachtsmomenten siehe auch Hardegen, Gefangen, S. 143.

265 Vgl. Matz-Donath, Sphinx, S. 240; oder Riemann, Schleife, S. 69.

266 Klein, Jugend zwischen den Diktaturen, S. 87.

267 Beide Möglichkeiten erlebte: Rieke, Geliebtes Leben, S. 130f., 134f.

268 Vgl. Matz-Donath, Sphinx, S. 241.

machte schlechte Erfahrungen damit: Der vernehmende Offizier wusste davon, fertigte davon wahnwitzige Protokollnotizen.«[269]

»Ich habe gedacht«, erinnert sich eine der von Matz-Donath befragten Frauen, »das sind alles gute Menschen. Die haben das gleiche Schicksal wie ich.« Eine andere erklärt: »Ich bin überhaupt nicht auf die Idee gekommen, dass es Spitzel geben könnte. [...] In diesem Elend! [...] Ich habe geglaubt, dass man da im gemeinsamen Unglück eher fest zusammenhält.«[270] Wer, wie auch Wolfgang Hardegen, an eine »Schicksalsgemeinschaft« geglaubt und gemeint hatte, sich unter »Gleichgesinnten« zu befinden, der wurde enttäuscht. »Zu unserem trostlosen Dasein gesellt sich somit auch noch das Misstrauen«, hält er fest. Und er fügt hinzu: »Solange ich hier gefangen bin, werden immer diese miesen Spitzelkreaturen zwischen uns sein.«[271] Mit dem »hier« meint er jedoch nicht allein die Untersuchungshaft. Sondern auch die nachfolgende Zeit im Speziallager.

Schuldsprüche

Den Untersuchungshäftlingen war mitunter von Mitgefangenen bedeutet worden, die Protokolle zu unterschreiben. Benno Prieß erinnert sich zum Beispiel an die geflüsterten Worte eines ihm fremden Häftlings, dem er auf dem Zellenflur begegnet war: »Hier kommen wir nicht mehr raus, sag' alles, was die Russen wollen, und Du hast Deine Ruhe.«[272] Und tatsächlich: Mit der Unterschrift unter die Protokolle war Ruhe, »es war«, heißt es bei Putzar, »als hätten sie jegliches Interesse an mir verloren«.[273]

Wenige Tage nach erfolgter Unterschrift wurden die Internierten in die Speziallager überstellt, worin sich das sowjetische Interesse an diesem Personenkreis tatsächlich auch erschöpfte. Gemäß dem NKWD-Befehl Nr. 00315 waren alle in den Lagern zu isolieren, die einer der in diesem Befehl genannten Organisationen zugeordnet werden konnten. Im Falle Kurt Berners hieß das, dass man ihm als angeblichem »Blockhelfer« eine Funktion unterstellte, die es im Na-

269 Ernst, Guter Kampf, S. 53.
270 Vgl. Matz-Donath, Sphinx, S. 236.
271 Hardegen, Gefangen, S. 142f.
272 Prieß, Unschuldig, S. 21.
273 Putzar, Im Schatten, S. 157.

tionalsozialismus nicht gegeben hatte.[274] Anderen könnte die Fixierung auf den Internierungsbefehl jedoch zupassgekommen sein. So ist zumindest denkbar, dass manche als Schutzbehauptung zugaben, Block- oder Zellenleiter gewesen zu sein. Damit hatten sie den Vernehmungsoffizieren einen hinreichenden Grund zur Internierung geboten. Fragen nach verantwortungsvolleren Funktionen dürften sich in diesen Fällen erübrigt haben, da das Verhör aus sowjetischer Sicht erfolgreich verlaufen war.

Wiederum anderen wird es ähnlich ergangen sein wie Paul Weisshuhn. Er hatte – wahrscheinlich wahrheitsgemäß – eingestanden, Blockleiter gewesen zu sein. »Da hast Du nur den Frauen von Offizieren, den Fabrikbesitzern Kohlenscheine gegeben, Du hast den Kapitalisten im Krieg geholfen und den Arbeitern geschadet, um Dich selbst zu mästen«, bekam er daraufhin, wie er schreibt, zu hören. Als ehemaligem Wehrmachtssoldaten wurde ihm beschieden: »Da hast Du unsere Dörfer verbrannt, das Vieh geschlachtet und Brücken gesprengt.« Und »von meinem Beruf als Bühnengestalter schlossen sie dann«, erinnert er sich weiter, »dass ich sicherlich Karikaturen ihres höchsten Marschalls und Generalissimus gezeichnet hätte. Auch dass ich Kinder hätte, sei Kriegspolitik.«[275] Angesichts dieser Verwürfe nimmt es wenig wunder, dass sich gerade die niederen NS-Funktionäre unter den Internierten einer kritischen Auseinandersetzung mit ihrer politischen Vergangenheit versperrten: Sie konnten diese Vorwürfe nicht auf sich selbst beziehen. Oder wie es bei Weisshuhn heißt, der nach dem einen Verhör mit anderen Häftlingen zusammengelegt wurde:

> »Da wir aber alle das Gefühl hatten, dass man aus uns allen unter Druck, mit Bosheit und offener Verfälschung, nichtswürdige Verbrecher gemacht hatte, kam bald eine überlegene heitere Verfassung in die Gemüter. Wir warfen einander Greueltaten vor und lachten über unsere Übertreibungen. [Auch] malte man sich seine angedichtete Rolle als Kriegsverbrecher, als Kriegsverlängerer, Ausbeuter, Kriegstreiber, als Menschenschlächter und feindseliger Faktor aus.«[276]

---

274 In einem ähnlichen Fall wurde aus einem S-Bahn-Fahrer ein »SS-Bannführer« gemacht, eine Funktion, die es ebenfalls nicht gegeben hatte (vgl. DDR-Justiz und Verbrechen, S. 53f.).

275 Weisshuhn, Ich komme wieder, S. 29f.

276 Ebenda, S. 31.

Welche Funktion man im NS-Regime auch ausgeübt hatte und welche Verantwortung einem für die NS-Verbrechen auch zufiel – die Überzeugung der eigenen Rechtschaffenheit und Unbescholtenheit war durch die Verhöre beglaubigt worden. Sollte man sowjetischerseits mit den Internierungsmaßnahmen also eine Entnazifizierungsabsicht verfolgt haben, so war sie im Ansatz gescheitert. Stattdessen waren Märtyrer geschaffen worden.

Auch für die späteren SMT-Verurteilten brachte die Unterschrift unter das Schuldbekenntnis zunächst Ruhe. Die Verhöre hörten auf. Viele von ihnen wurden innerhalb der Gefängnisse, andere in größere NKWD-Gefängnisse verlegt, die als Gerichtsorte der SMT fungierten. Die neuen Unterkünfte boten einen relativen Komfort. Sofern es sich dabei um eine Gemeinschaftszelle handelte, war sie nicht mehr dramatisch überbelegt. Putzar erblickte nach drei Monaten Kellerhaft zum ersten Mal wieder den Himmel, den er trotz einer hohen Blende am Fenster ausmachen konnte. Zudem wurde seine Zelle in unregelmäßigen Abständen beheizt, eine Matratze gab es auch.[277] Rieke erfreute sich am Freigang, der ihm nach dem erzwungenen Geständnis zuteil wurde. Freigang bedeutete täglich eine knappe halbe Stunde allein in einem »Käfig mit Frischluft« – das heißt in einem etwa zehn Quadratmeter großen, von meterhohen Mauern und Stacheldraht geschütztem Areal im Gefängnishof Berlin-Hohenschönhausen, das von bewaffneten Wachposten von oben eingesehen werden konnte.[278]

Diese relativen Haftverbesserungen währten häufig mehrere Wochen beziehungsweise so lange, wie die Vorbereitungen für den Prozess vor einem SMT andauerten. Manchen der Untersuchungshäftlinge war dabei nicht bewusst, dass sie auf ihren Prozess warteten. »Seitdem ich unterschrieben hatte«, erinnert sich Benno Prieß, »ließ man mich wochenlang in Ruhe. Ich saß in meinem Verschlag und lebte von heute auf morgen. Was würde nun werden?«[279] Doch auch auf jene, denen während der Vernehmung mitgeteilt oder von einem Posten gesteckt worden war, dass ein Prozess anstand, wirkte die Wartezeit nervenaufreibend. »Unsere Tage sind endlos«, so Wolf-

277 Putzar, Im Schatten, S. 157.

278 Diese Freude währte jedoch nur kurz, da man Rieke, wie geschildert, nach seinem Geständnis (erfolglos) nötigte, sich öffentlich von der SPD zu distanzieren (Rieke, Geliebtes Leben, S. 138).

279 Prieß, Unschuldig, S. 22.

gang Hardegen, »es herrscht gespenstische Stille im Zellenbau.« Nicht wissend, dass zum Zeitpunkt seiner Verurteilung im Oktober 1947 die Todesstrafe aufgehoben war, rechnete der Oberschüler mit einem Todesurteil und übte die eigene Hinrichtung.[280] Andere wie Arnulf Putzar warteten »voll Ungeduld« auf den Prozess.[281] Sie versprachen sich von dem SMT Aufklärung und Entlassung, weil sie an ein rechtsstaatlichen Normen entsprechendes Verfahren glaubten.

Die Schilderungen der SMT-Verurteilten über den Ablauf ihrer Prozesse gleichen sich nahezu aufs Wort. Ein Posten eskortierte sie allein oder mit ihren Mitangeklagten in einen Raum, vor dessen Tür ein bewaffneter Wachsoldat postiert worden war. In dem Zimmer, in dem sich ebenfalls bewaffnete Wachposten befanden, stand, leicht erhöht, ein längerer und mit rotem Tuch abgedeckter Tisch, an einer der Wände hing ein Porträt Stalins. Zwei oder drei Meter vor dem Tisch waren die Stühle für den oder die Angeklagten platziert. Der Tisch selbst bot an den Schmalseiten Raum für einen Protokollanten und einen Dolmetscher. Seine Längsseite – vis-à-vis der Angeklagten – war drei sowjetischen Militärjuristen vorbehalten.[282]

Diese Sitzordnung verrät eine Menge über das sowjetische Strafverfahrensrecht. So verdeutlicht sie zunächst, dass die Prozesse unter Ausschluss der Öffentlichkeit stattfanden, was streng genommen »nur zum Schutz alles militärischen, diplomatischen oder eines Staatsgeheimnisses zulässig war«.[283] Die Sitzordnung zeigt ferner an, dass keine Zeugen vorgesehen waren. Zeugen galten für einen Prozess als entbehrlich, wenn die von den Angeklagten unterschriebenen Protokolle, so die sowjetische Strafprozessordnung, »keinen Zweifel an ihrer Zuverlässigkeit erweckten«. Ebenfalls fehlten Tisch

280 Hardegen, Gefangen, S. 137.

281 Putzar, Im Schatten, S. 158.

282 In der Regel bestand ein solches Tribunal aus einem Militärrichter (einem Offizier des Justizdienstes) als Vorsitzendem und zwei Militärschöffen (Laien) als Beisitzer (Erler, Zur Tätigkeit der sowjetischen Militärtribunale in Deutschland, hier S. 205). Unter Umständen setzte sich das SMT-Gericht auch aus fünf Personen zusammen, was insofern von Bedeutung ist, als die Anzahl von Richtern und Schöffen Rückschlüsse auf die juristische Herleitung der Zuständigkeit der SMT in der SBZ/DDR erlaubt (vgl. Schroeder, Rechtsgrundlagen, S. 53f.).

283 Zu den in diesen Absatz angeführten Angaben zur sowjetischen Prozessordnung siehe ebenda, S. 55f.

und Stuhl für einen Verteidiger.[284] Rechtsbeistand war nur dann vorgesehen, wenn ein Staatsanwalt an der Verhandlung teilnahm. Bei hinreichender Beweislage auf Grundlage der Protokolle war dessen Teilnahme jedoch nicht erforderlich. Doch es mangelte den Angeklagten nicht allein an persönlichem Rechtsbeistand. Sie gingen auch gänzlich unvorbereitet in die Verhandlungen, da ihnen in der Regel keine Anklageschrift zugestellt wurde.[285] Sie hätte unter Umständen zum Anlass eines Beweisantrages durch einen der Angeklagten genommen werden können – ungeachtet der üblichen Ablehnung durch die SMT.

Hans-Joachim Hantsche erinnert sich, dass während seiner Verhandlung auf dem Fußboden eine Decke ausgebreitet lag, auf der »eine Menge Utensilien lagen, die ich nicht kannte. Am Rand lag [...] aber auch meine verrostete Pistole.«[286] Wegen dieser Pistole, die er bei der fluchtartigen Auflösung des Wehrertüchtigungslagers im April 1945 an sich genommen und, wie er schreibt, am Folgetag im elterlichen Garten einer Bekannten vergraben hatte, wurden er, die Bekannte und noch ein Freund im Juni 1946 verhaftet. Kaum eine Woche nach seiner Verhaftung kam es zu einer »Ortsbegehung«: Im Beisein des Vernehmers, des Dolmetschers und eines bewaffneten Wachsoldaten wurde er zu dem Garten, in dem er die Waffe mehr als ein Jahr zuvor deponiert hatte, gefahren und musste die Pistole ausgraben.[287] Bei seiner Verhandlung lag also ein materielles Beweisstück vor, das seine angebliche »Werwolf«-Tätigkeit untermauerte. Bei ungezählten anderen aber lag nur ein einziges »Beweismittel« vor: das eigenhändig unterschriebene Geständnis.

Nachdem der oder die Namen der Angeklagten festgestellt worden waren, wurden die Protokolle verlesen – »und zwar *alle*«, wie es bei Kempowski heißt. »Das war vielleicht ein Gebrabbel! Stunde um

---

284 Kurt Pickel gehört zu den wenigen, die einen Verteidiger erwähnen (Pickel, »... hast du unterschrieben deine Urteil«, S. 13).

285 Einzig Rieke berichtet, dass ihm am Tag vor dem Prozess von einem »Prokuror« (Staatsanwalt) in seiner Zelle die Anklageschrift vorgelesen wurde (Rieke, Geliebtes Leben, S. 141).

286 Hantsche, Diktaturwechsel, S. 38.

287 Ebenda, S. 27. Auch Pintzka berichtet von einem solchen Ausflug. Er wurde von Zwickau aus ins Erzgebirge gefahren und damit an den Ort, wo sich im Frühjahr 1945 sein Wehrertüchtigungslager befunden und wo seine Einheit auf der Flucht vor der amerikanischen Armee Waffen vergraben hatte (Pintzka, Sibirien, S. 52).

Stunde.«[288] Die Protokolle wurden auf Russisch verlesen und im Anschluss durch den Dolmetscher in deutscher Sprache wiedergegeben. »Lange Russischpassagen wechselten mit auffällig kurzer Übersetzung«, erinnert sich Putzar.[289] Während dieser Prozedur scheinen sich die anwesenden Militärrichter mitunter gelangweilt zu haben. Oder wie Kempowski schreibt: Sie »machten sogar Witze! Sie lachten und schlugen sich auf die Schenkel.«[290] Wie auch immer: Nach Verlesung der Protokolle – und einem eventuellen Schlusswort der Angeklagten[291] – zog sich das Tribunal zur Beratung zurück. Die Angeklagten wurden jedoch nicht auf ihre Zellen zurückgebracht. Sie mussten in einem Nebenraum auf die Urteilsverkündung warten, was dafür spricht, dass die Urteile schon feststanden. Ihre Haftberichte bestätigen das. Sie mussten durchschnittlich 20 Minuten warten, bis sie wieder an ihre Plätze geführt wurden.[292]

Stehend mussten die Angeklagten die Urteilsverkündung über sich ergehen lassen. Wieder wurden diese im Wechsel längerer russischer Ausführungen und kürzerer deutscher Passagen vorgetragen, und wieder mussten die Beschuldigten mit ihrer Unterschrift unter das Urteil ihrer Entrechtung eigenhändig zustimmen.[293] Während der Verlesung des Urteils wird kaum einer von ihnen in der Lage gewesen sein, die Paragraphen, auf deren Grundlage das Urteil gefällt wurde, aufzunehmen. Was sie hörten, war das Strafmaß:

---

288 Kempowski, Ein Kapitel für sich, S. 72 (Hervorhebung im Original). Auch bei dieser Quelle handelt es sich nicht um einen Haftbericht, sondern um einen Haftroman.

289 Putzar, Im Schatten, S. 165.

290 Kempowski, Ein Kapitel für sich, S. 72.

291 Den Angeklagten konnte ein Schlusswort eingeräumt werden (Schroeder, Rechtsgrundlagen, S. 55). Seitens der SMT-Verurteilten wird jedoch selten davon berichtet, so bei Hardegen, Gefangen, S. 139f.; und bei Kempowski, Ein Kapitel für sich, S. 73.

292 Dieter Rieke spricht von einer Zigarettenpause der Militärrichter, die »nach gut zehn Minuten« zurückkehrten (Rieke, Geliebtes Leben, S. 141), Werner Pfeiffer erinnert sich an eine halbstündige Wartezeit (Pfeiffer, Abgeholt, S. 42).

293 Kurt Pickel verweigerte diese Unterschrift. Daraufhin legte man ihm einige Tage später einen Zettel vor, bei dem es sich angeblich um eine Quittung über seine Wertsachen handelte. Er unterschrieb. Dann teilte man ihm mit, dass er sein Urteil unterschrieben habe (Pickel, »... hast du unterschrieben deine Urteil«, S. 13).

10, 15 oder 25 Jahre Lagerhaft oder, bis zu deren Aussetzung im Mai 1947, Todesurteile. »Mich traf ein Beil – ich verstand überhaupt nichts mehr«, erinnert sich der 1929 geborene Horst Neuendorf, der zu der Gruppe in Wittenberg verhafteter Jugendlicher gehörte, die ihren Beitritt zu einer westlich orientierten Partei auf einer Unterschriftenliste bekundet hatten. Im Februar 1946 wurde er zum Tode verurteilt:

> »Um mich herum nahm ich wohl nichts wahr, [...] die Tränen schossen ungebremst über meine Wangen, erzählte man mir später. [...] Ich muss mich wie im Trancezustand bewegt haben. An das murmelnde Entsetzen aller anderen Mitangeklagten kann ich mich noch erinnern, der Schock ließ auch ihre Kräfte schwinden. [...] Ich fand mich an Füßen und Händen gefesselt wieder. [...] Die Todesangst gewann in mir die Oberhand.«

Sie sollte ihn in den 88 Tagen, die er in der Todeszelle, einer mit 25 Mann belegten Gemeinschaftszelle, verbrachte, nicht mehr verlassen. Dann wurde ihm mitgeteilt, dass seinem Gnadengesuch, dem einzig zulässigen Rechtsmittel der Todeskandidaten, stattgegeben worden war.[294]

Doch nicht nur die zum Tode Verurteilten standen nach der Urteilsverkündung unter Schock. »Mein Verstand«, erinnert sich Erika Riemann, die verhaftet worden war, weil sie das Porträt Stalins in ihrer Schule mit Lippenstift bemalt hatte, und die zu zehn Jahren Zwangsarbeit verurteilt wurde, »umkreist dieses Urteil viele Male, kann aber den Sinn nicht entschlüsseln. [...] Genauso gut hätte man mich dazu verurteilen können, auf dem Mond Zwiebeln zu ernten.«[295] »Hysterisches Entsetzen« packte Putzar. Zwei aus seiner wegen angeblicher »Werwolf«-Tätigkeit angeklagten Gruppe waren zum Tode verurteilt worden, er und die anderen zu zehn Jahren Lager. Von den beiden Todeskandidaten getrennt, überfiel sie »panisches Gelächter, [...] das gab es ja gar nicht, war nicht wirklich geschehen, war eine Groteske ... ein Witz auf ihre Kosten war das, ein schlechter noch dazu«.[296]

Erst das erpresste Geständnis, dann das schockierende Strafmaß – wie sollten sie begreifen, was mit ihnen geschah, wie Anwürfe und Urteil auf sich selbst beziehen? Vor diesem Problem standen nicht

---

294 Neuendorf, »... und du schreiben für Gnade!«, S. 43, 54.

295 Riemann, Schleife, S. 45.

296 Putzar, Im Schatten, S. 167.

nur jene, die wegen eines unterstellten Vergehens abgeurteilt wurden, sondern auch jene, die sich bewusst in Opposition zu den neuen Machthabern begeben hatten. Zu ihnen gehörte Manfred Klein, der Vertreter der katholischen Jugend im Zentraljugendausschuss der SBZ und im Zentralrat der FDJ. Nach seiner Verurteilung zu 25 Jahren Zwangsarbeit im Dezember 1948 wurde ihm von einem sowjetischen Wachposten erklärt: »Weißt du, bei uns gibt es drei Klassen, die einen haben gesessen, die anderen sitzen, die dritten werden sitzen. Sei froh, dass du es jetzt hinter dich bringst.«[297] Das war als Trost gemeint.[298] Klein aber dürfte spätestens bei diesen Worten klar geworden sein, dass die zurückliegenden 19 Monate Untersuchungshaft und seine anschließende Verurteilung lediglich der »Normalität« der sowjetischen Diktatur entsprachen, die ihre politischen Ansprüche mit Gewalt umsetzte. Mit ihm persönlich oder mit seinem politischen und kirchlichen Engagement hatte es wenig zu tun.

297 Klein, Jugend zwischen den Diktaturen, S. 91.

298 Zahlreiche der Verurteilten erinnern sich an Wachposten, die sie nach der Verurteilung zu trösten suchten. Meist wurde ihnen dann bedeutet, dass das volle Strafmaß nicht abzusitzen wäre (vgl. Hardegen, Gefangen, S. 140).

Im Speziallager Nr. 7/Nr. 1 Sachsenhausen

Die unter Umständen mehrere Tage währenden Gewaltmärsche von einem der »GPU-Keller« oder einem anderen Speziallager nach Sachsenhausen werden in der Erinnerungsliteratur ebenso ausführlich dargestellt wie die Bahntransporte an den neuen Haftort.[299] Die Schilderungen kreisen um die hygienischen Bedingungen in den überfüllten Güter- oder Viehwaggons, den Hunger und die Angst vor einer Deportation in die Sowjetunion.[300] Die Anzahl der Häftlinge, die auf den Transporten ihrer Entkräftung oder antreibender Prügel erlagen, ist nicht abzuschätzen. Gleichfalls unbekannt ist die Anzahl von Gefangenen, welche die Transporte zur Flucht zu nutzen verstanden. Die Marschkolonnen versetzten die Bevölkerung der Dörfer, durch die sie kamen, in panischen Schrecken, weil verstorbene oder geflüchtete Häftlinge wahllos durch Passanten auf der Straße ersetzt wurden.[301]

Paul Weisshuhn berichtet hingegen auch von »manch teilnehmende[m] Blick« Außenstehender, die ihm und den anderen seiner Marschkolonne – wie er meinte – ansahen, »dass wir wie ihre Brüder, Männer und Väter keine Verbrecher« waren.[302] Walter Pritzkow

---

299 So bei Willy Wosny, der im August 1945 von Weesow nach Sachsenhausen verlegt wurde: »Ich habe niemals in meinem Leben eine größere Anstrengung mitgemacht. Habe im späteren Leben viel darüber nachgedacht. Ich kam aber zu keinem Ergebnis, welche Leistung höher zu bewerten ist – die des jungen russischen Offiziers, der es fertigbrachte, etwa 2000 ausgemergelte, verhungerte Jammergestalten ohne Essen und Trinken an einem Tag 40 Kilometer weit zu bringen, oder die Leistung der Jammergestalten« (Wosny, zit. nach Prieß, Speziallager, S. 384).

300 Vgl. Riemann, Schleife, S. 96. Riemann beschreibt den Bahntransport von Bautzen nach Sachsenhausen im Sommer 1948 nur kursorisch, da er sich kaum von den Transporten unterschied, die sie vorher mitgemacht hatte. Siehe also auch ihre Schilderungen der Bahntransporte von Brandenburg nach Torgau und von Torgau nach Bautzen (ebenda, S. 54ff., 82).

301 Vgl. hierzu das Kapitel »Abgeholt«.

302 Weisshuhn, Ich komme wieder, S. 18, 23.

wurde von Schulkindern Obst zugeworfen,[303] Hedwig Kahle, die im Dezember 1946 nach Buchenwald verlegt wurde, erinnert sich, dass ihre Transportkolonne vom Torgauer Gefängnis bis zum Bahnhof von schweigenden Familienangehörigen begleitet wurde.[304] Als Erika Riemann im Sommer 1948 von Bautzen nach Sachsenhausen verlegt wurde, lagen die Straßen der mittelalterlichen Sorbenstadt jedoch »wie ausgestorben da. Kein Spaziergänger, kein Schulkind, nicht einmal ein Hund zeigt sich. [...] Sind [...] alle geübt im Wegsehen? Will einfach niemand Zeuge dessen sein, was hier passiert? Es müsste doch ein Aufschrei durch eine Kleinstadt wie Bautzen gehen, wenn die Russen Hunderte deutscher Frauen wie Vieh vor sich hertreiben. Aber niemand schreit auf, niemand sieht hin, niemand stellt sich unserem Elendszug entgegen.«[305]

Arnulf Putzar, der Mitte September 1946 von Alt-Strelitz nach Sachsenhausen verlegt wurde, fuhr mit einem Konvoi, Traktoren mit offenen Anhängern, durch Fürstenberg. Dort sahen die Gefangenen »geschüttelte Fäuste von Passanten, hörten Wortfetzen: ›...Verbrecher ... Nazis an die Wand stellen ...‹«.[306] Margret Bechler wurde im September 1946 per Bahn von Bautzen nach Jamlitz transportiert. Bei einem Zwischenstopp in Cottbus, so erinnert sie, »kam ein Mann, er hatte einen kleinen Jungen an der Hand, niemand hinderte ihn, er führte das Kind an unseren Wagen, ich wollte etwas hinunterrufen, da sah ich, wie er seine Hose aufmachte, sich vor den Wagen stellte, dagegen urinierte. Alles Verbrecher, sagte er, die sind Schuld daran, dass es uns so geht, nun werden sie von den Russen bestraft. Der Junge stellte sich neben ihn und machte ihm alles nach, knöpfte auch die Hose auf, plapperte mit freundlicher Kinderstimme: Geschieht ihnen ganz recht, nicht wahr, Vati?«[307]

---

303 Pritzkow (Pseud.), NKWD, S. 49.

304 Kahle, Der Weg einer Mädelführerin, S. 58.

305 Riemann, Schleife, S. 95f.

306 Putzar, Im Schatten, S. 192. Siehe auch Kilian, Einzuweisen zur völligen Isolierung, S. 32: »Die Fahrt führte mitten durch das zerstörte Dresden. Fast hätte man Verständnis für den Passanten, der uns mit drohender Faust grüßte. Er hielt uns wohl für Kriegsverbrecher und damit für mitschuldig an dieser Trümmerwelt.«

307 Bechler, Warten auf Antwort, S. 105f. Vgl. auch Zander, Unschuldig eingesperrt, S. 42: »Auf dem Bahnsteig laufen halbuniformierte Jungen herum. Die Gefangenen betrachten sie wie Marsmenschen: Das sind die

Die Öffentlichkeit reagierte also unterschiedlich auf die Gefangenen. Solidaritätsbekenntnisse blieben den Marschierenden ebenso unvergesslich wie demonstrative Abkehr. Wer aber als Verbrecher verschrien oder angepinkelt wurde, fühlte sich verraten. Als »Deutsche, [als] Gefangene der Sieger, bei der Fahrt durch eine deutsche Stadt von Deutschen derart begeifert« zu werden,[308] bestätigte das Gefühl der Verbannung aus der eigenen Gesellschaft.

Je weiter sich der Transport seinem Ziel näherte, desto mehr ahnten Ortskundige, wohin die Reise ging: »Das ist doch Sachsenhausen, das Konzentrationslager.«[309] Das Erschrecken über diese Erkenntnis deutet sich in allen Haftberichten an, einige wussten sehr wohl um die Funktion dieses Ortes zur Nazizeit. Und sobald dann am Horizont, so Erika Riemann, »die Wachtürme wie erhobene Zeigefinger in den Himmel« ragten, wurde auch der Letzte seiner Ohnmacht gewahr. Denn sie schienen zu signalisieren: »Lass jeden Gedanken an Freiheit fahren.«[310]

Demoralisiert, erschöpft und ausgehungert erreichten die Marschkolonnen ihr Ziel häufig erst am späten Abend. Ohne Verpflegung war die Nacht unter freiem Himmel vor dem Lager zu verbringen. Erst am nächsten Morgen wurden die Häftlinge aufgenommen, nachdem sie, noch außerhalb des Lagers, einer medizinischen Untersuchung unterzogen worden waren. Diese wurde teils von gefangenen Medizinern, teils von sowjetischen Ärzten durchgeführt. Ihr Ablauf aber war immer gleich: »Die ganze Untersuchung bestand in der Frage, ob man gesund sei, und jeder sagte ja, weil er Hunger hatte und hoffte, im Lager etwas zu essen zu bekommen.«[311] Dann marschierten »wir, wieder in Zehnerreihen untergehakt, in den Vorhof. Beim Durchschreiten des Torhauses wurden wir von Russen mit einer riesigen Ausgabe des ›Abakus‹ gezählt, der tennisballgroße Kugeln hatte und über einen Meter hoch war.«[312] Noch in dieser Vorzone des Lagers waren an Tischen Wertgegenstände abzugeben, für

---

FDJler. Verächtlich bezeichnen sie den Transport, wie sie es gelernt haben: ›Kapitalisten, Kriegsverbrecher, Ami-Agenten‹ usw. Was soll man solchen Landsleuten sagen?«

308 Putzar, Im Schatten, S. 192.

309 Riemann, Schleife, S. 96.

310 Ebenda.

311 Berner, Spezialisten, S. 87; Sonnet, Bolschewismus, S. 78.

312 Pritzkow (Pseud.), NKWD, S. 52.

die eine Quittung ausgestellt wurde.[313] Ebenfalls waren der Nachname, Vorname und Vatersname sowie das Geburtsjahr für die Registrierung anzugeben.[314] Ferner sollten laut der »Vorläufigen« wie der »Provisorischen Lagerordnung« des NKWD vom Juli 1945 beziehungsweise vom Oktober 1946 von allen Neuzugängen Fingerabdrücke genommen werden. Umgesetzt wurde diese Vorgabe jedoch erst im Frühjahr 1947, als alle Lagerinsassen erkennungsdienstlich erfasst wurden. Seit Spätherbst 1946 wurden zudem Häftlingsnummern vergeben.[315]

Erkennungsdienstliche Maßnahmen dieser Art dienen der Kriminalisierung und stärker noch der Entpersonalisierung. In den Erinnerungsberichten wird die Abnahme von Fingerabdrücken jedoch kaum und die Verteilung von Häftlingsnummern noch seltener erwähnt. Es scheint, als wären die Nummern ohne das Wissen der

---

313 »Bei der Aufnahme in das Lager erfolgt eine gründliche Durchsuchung jedes Inhaftierten mit der Anfertigung eines Durchsuchungsprotokolls. Alle bei der Durchsuchung abgenommenen Gegenstände und Wertsachen werden in das Protokoll eingetragen und zur Aufbewahrung abgegeben« (Punkt III der »Vorläufigen Lagerordnung« des NKWD vom 27. Juli 1945, abgedruckt in: Speziallager Sachsenhausen/Katalog, S. 309–313, hier S. 311). Es ist nicht überliefert, dass ein Häftling seine Wertsachen zurückerhalten hätte. Realistischer scheint folgende Erinnerung: »Bei meiner Entlassung verlangte ich die Herausgabe meines Schmuckes. […] Man sagte mir darauf, ich solle noch ein paar Tage bleiben, dann würde man nach meinem Schmuck forschen, ich zog es aber doch vor, nicht zu warten und musste dann einen Revers unterschreiben, dass ich alles zurückerhalten hätte« (BArchK B 289 SA 295/10–18/4, S. 2).

314 Die »Vorläufige Lagerordnung« wie auch die überarbeite »Provisorische Ordnung« vom 20. Oktober 1946 (abgedruckt in: *Beiträge zur Geschichte der Arbeiterbewegung* [4/1991], S. 530–535) verhandeln außerordentlich ausführlich die bürokratische Aufnahme und Registrierung der Häftlinge. In beiden heißt es auch unter Punkt III, dass Personen, für die keine ordnungsgemäß erstellten Dokumente vorliegen, nicht in das Lager aufgenommen werden. Tatsächlich sind Fälle überliefert, in denen Häftlinge nicht »angenommen« und an den vorherigen Haftort zurückgebracht wurden (vgl. Sonnet, Bolschewismus, S. 59).

315 BArchK B 209: Das System der Konzentrationslager von 1945 bis 1950, unveröffentlichtes Kapitelmanuskript des Untersuchungsausschusses freiheitlicher Juristen (UfJ) über politische Verfolgungen in der SBZ und DDR, vermutlich 1960 [nachfolgend: Das System der Konzentrationslager von 1945 bis 1950], S. 73. Zur Geschichte des UfJ siehe Hagemann, Untersuchungsausschuss.

Stacheldrahtzaun vor dem Speziallager Sachsenhausen, Richard Perlia, Mai/Juni 1949
Oranienburg, GuMS, Inv.-Nr. F00729

Häftlinge vergeben worden.[316] In den Haftberichten fehlen ebenfalls Hinweise darauf, dass die Häftlinge bei der Registrierung schlecht oder brutal behandelt worden wären. Übergriffe werden allenfalls dort angedeutet, wo berichtet wird, dass die »Begrüßungs-Filzung« nicht von sowjetischen Wachmannschaften, sondern durch die deutsche Lagerpolizei ausgeführt wurde.[317]

Im Anschluss an die Registrierung wurden die Neuankömmlinge, nach Männern und Frauen getrennt, in das Häftlingslager eskortiert. Dazu mussten sie das Torhaus und das schmiedeeiserne Gittertor passieren, in das die Worte »Arbeit macht frei« eingelassen waren – die »Begrüßungsformel«, mit der die SS die Gefangenen des Konzentrationslagers Sachsenhausen verhöhnt hatte. Obwohl sich diese Worte mangels Betätigungsmöglichkeiten für die Häftlinge des Speziallagers als ein Zynismus ganz anderer Art erweisen sollten, werden sie in den Erinnerungsberichten relativ selten erwähnt oder gar nicht kommen-

316 Zu den Ausnahmen gehört Arnold Bacmeister. Allerdings wird im Klappentext seiner Veröffentlichung eine andere Häftlingsnummer angegeben als im Buch selbst (Bacmeister, Der lange Weg, S. 163).

317 So bei Sonnet, Bolschewismus, S. 79.

tiert.[318] Jenseits des Torhauses breitete sich vor den Neuzugängen das dreieckige Lagergelände aus, das unter sowjetischer Nutzung als Zone I bezeichnet wurde. Sie diente als Haftort der Internierten. In der sogenannten Zone II, einem abgetrennten Lagerbereich, der hinter der nördlichen Begrenzungsmauer des Lagerdreiecks lag, wurden seit Herbst 1946 die SMT-Verurteilten untergebracht.

In den jeweiligen Zonen angekommen, ging es zuerst ins Bad (»Banja«) zum Duschen. Vor der körperlichen Reinigungsprozedur – selten mit Seife, immer ohne Handtuch[319] – und während der Entlausung ihrer Kleidung in Öfen oder Teertonnen[320] wurden die Neuzugänge, wie Kurt Berner berichtet, in einen Vorraum des Bades gebracht.

> »Hier saßen Männer mit Haarschneidescheren, die uns die Haare abschoren, nicht nur vom Kopf, sondern auch die Haare am Geschlechtsteil fielen der Schere zum Opfer. Jedoch ließ man die sonstigen Körperhaare stehen einschließlich der Bartstoppeln, die seit der Einlieferung in Hohenschönhausen nicht mehr abrasiert worden waren. So stand ich plötzlich in einer Schar kahlgeschorener Menschen und glaubte, Bilder zu sehen, die in Sträflingslagern von zu lebenslänglicher Haft verurteilten Schwerverbrechern und Mördern gemacht worden waren. Dumpfe, stumpfsinnige Gesichter von Untermenschen, wie sie uns während der Hitlerzeit oft gezeigt worden waren. Das waren wir selbst, die stolzen Angehörigen der nordischen Rasse, elende Jammergestalten.«[321]

Dies ist die einzige vorliegende detaillierte Beschreibung einer Entlausungs- beziehungsweise Enthaarungsaktion.[322] Deren psycholo-

---

318 Eine Ausnahme bildet Putzar, Im Schatten, S. 193.

319 Berner erinnert, dass ihnen für diesen ersten Duschgang Tonseife gestellt wurde (Berner, Spezialisten, S. 89). In anderen Berichten heißt es hingegen, dass den Häftlingen bei der Einweisung, sofern sie noch über diese Gegenstände verfügten, Zahnbürsten, Zahnpasta und andere Hygienemittel abgenommen wurden. Erst 1949 sollte allen Häftlingen Seife gestellt werden (vgl. BArchK B 289 VA 295/10/14).

320 Zur Entlausung wurden die Kleidungsstücke in Öfen oder Teertonnen auf über 100° Celsius erhitzt, um Läuse und Nissen abzutöten. Dabei litten die Stoffe oder verbrannten; Ersatz gab es nicht.

321 Berner, Spezialisten, S. 89.

322 Es steht zu vermuten, dass die Enthaarungsaktion zunächst in beiden Zonen mit jedem der etwa alle zwei bis vier Wochen stattfindenden Duschgänge wiederholt wurde, da die Prozedur zuallererst der Hygiene

gische Wirkung auf die Gefangenen ist nicht zu überlesen. Berners bildhafte Vergleiche legen nahe, dass durch ein letztlich einfaches und medizinisch zu begründendes Ritual eine Entehrung der Persönlichkeit stattgefunden hat. Sie reichte aus, den Einzelnen in der anonymen Masse der Elendsgestalten verschwinden zu lassen. Im Speziallager wurde man also nicht wie im »GPU-Keller« durch physische Gewaltanwendung zum rechtlosen Häftling »gemacht«. Im Lager wirkte der Verlust der menschlichen Würde.

Nach dem ersten Duschgang im Lager wurden die Neuzugänge auf die ihnen zugewiesenen Baracken gebracht.[323] Damit war die Einweisungsprozedur abgeschlossen, die, aus langen Wartezeiten bestehend, mitunter den ganzen Tag in Anspruch genommen hatte. Die Neuzugänge befanden sich nun in Quarantäne, wie die ersten vierzehn Tage im Lager genannt wurden. Für diesen Zeitraum wurden sie vom restlichen Lager isoliert.

Das doppelte Lager: »Politische« und »Kriminelle«

Pragmatische Gründe gaben im August 1945 den Ausschlag, das am 22. April von der Roten Armee befreite »SS-Schutzhaftlager« Sachsenhausen im Norden Berlins als Speziallager zu nutzen. Vier Monate nachdem mit dem NKWD-Befehl Nr. 00315 der Aufbau eines eigenständigen Lagersystems in der sowjetischen Besatzungszone verfügt worden war, hatten sich die unmittelbar nach Kriegsende im Berliner Raum eingerichteten Speziallager in Berlin-Hohenschönhausen und in Weesow als unzureichend erwiesen. Sie verfügten weder über die notwendigen Kapazitäten noch entsprachen die Räum-

---

diente. So undeutlich die Haftberichte in diesem Punkt auch bleiben, eines ist ihnen allen zu entnehmen: Der Kampf gegen Ungeziefer aller Art war nicht zu gewinnen. Auch werden in den Erinnerungstexten sporadisch Friseure erwähnt, die in Zone II bis 1949 den Häftlingen die Köpfe rasierten. Ihr Turnus in den Baracken ist jedoch nicht nachvollziehbar; laut Sonnet existierte zumindest in Zone I eine Friseurbaracke (vgl. Archiv Sachsenhausen, D. H., Bericht vom Januar 1991, Pritzkow [Pseud.], NKWD, S. 69; und Sonnet, Bolschewismus, S. 82).

323 »Dann hieß es: ›In die Baracke‹ und wie eine Horde Schuljungen stürzte alles auf die beiden Türen. Es gab natürlich eine große Drängelei und Flucherei, bis jeder auf eigene Faust seine Lagerstatt gefunden hatte« (Pritzkow [Pseud.], NKWD, S. 54).

lichkeiten den sowjetischen Sicherheitsanforderungen. So wurden in Weesow in den Monaten Mai bis August 1945 insgesamt 15000 Menschen in fünf requirierten Bauernhöfen festgehalten, die man mit Stacheldraht umzäunt hatte.[324]

Ganz anders das vormalige Konzentrationslager Sachsenhausen. Dieser Lagerstandort erfüllte die Nutzungsanforderungen des NKWD nahezu perfekt. Nur acht Kilometer vor den Toren Berlins am Rande der Stadt Oranienburg gelegen, war das Lager bei aller Abgeschiedenheit gut erreichbar, die Infrastruktur für Gefangenentransporte sowie für die Versorgung der Lagerinsassen und deren Bewacher intakt. Gleichzeitig war genügend Distanz zu der politischen Öffentlichkeit in der Vier-Sektoren-Stadt gegeben. Für die Unterbringung der zum äußeren Lagerschutz aufgebotenen Wachmannschaften standen ehemalige SS-Kasernen bereit, für die Lagerverwaltung und innere Sicherung die entsprechenden Nutzbauten aus der KZ-Zeit innerhalb des Lagers. Angesichts der Größe stand Raummangel bei der Unterbringung der Häftlinge nicht zu befürchten. Vor allem aber waren vom Wachturm bis zur Mauer alle Möglichkeiten gegeben, die zentralen sowjetischen Sicherungsprämissen umzusetzen, also die Lagerinsassen von der Außenwelt zu isolieren und Fluchten zu verhindern. Angesichts dieser aus Sicht des NKWD idealen Standortfaktoren verwundert es wenig, dass Sachsenhausen zum größten Speziallager in der SBZ ausgebaut wurde: Mehr als 60000 Menschen wurden hier zwischen August 1945 und März 1950 festgehalten.

---

324 Prieß, Sachsenhausen, S. 377; und Speziallager Sachsenhausen/Katalog, S. 88–98. Sowjetische Angaben zu Todeszahlen oder Schätzungen durch Zeitzeugen werden weder von Prieß noch in dem Ausstellungskatalog angeführt. Gänzlich unzureichend waren auch die Haftbedingungen im Speziallager Nr. 3 in Berlin-Hohenschönhausen, das von Mai 1945 bis Oktober 1946 existierte. Die Häftlinge wurden in einer vormaligen NSV-Großküche und (nach erfolgter Demontage der Maschinen) in einer Fabrikhalle untergebracht. Vorgesehen war dieses Lager für 2500 Personen. Tatsächlich aber war das Lager in den ersten Nachkriegsmonaten hoffnungslos überfüllt: Für den 1. August 1945 vermerken die Haftstatistiken mehr als 3800 Lagerinsassen und für den Ersten des Folgemonats fast 4200 Inhaftierte. Erst ab November 1945 pendelte sich die durchschnittliche Belegung auf 1800 Häftlinge ein. Insgesamt durchliefen das Lager vermutlich bis zu 20000 Personen, von denen nach sowjetischen Angaben 886, nach Schätzungen der Zeitzeugen 3100 und mehr verstarben (vgl. Erler/Friedrich, Hohenschönhausen, S. 17f., 24f., 39).

Als größtes Lager in der sowjetischen Besatzungszone diente Sachsenhausen nicht allein der dauerhaften Unterbringung von Gefangenen. Für ein knappes Viertel der hier Inhaftierten erwies sich das Speziallager als Durchgangsort auf dem Weg in Straf- und Arbeitslager in der Sowjetunion. Davon betroffen waren etwa 3700 russische Emigranten, die 1917 nach Deutschland gekommen waren, sowie sowjetische Staats- und Armeeangehörige, die während des Zweiten Weltkriegs nach Deutschland verschleppt worden waren oder auf Seiten der Deutschen gekämpft hatten.[325] Bei anderen handelte es sich um Patienten des streng abgeschirmten »Spezhospital Nr. 3577«, das von April 1946 bis Dezember 1948 in Sachsenhausen existierte. In diesem Krankenhaus für sowjetische Staatsangehörige wurden ausschließlich Geschlechtskrankheiten behandelt, die unter den Soldaten grassierten und sich im Zuge der Massenvergewaltigungen deutscher Frauen offenbar sprunghaft verbreitet hatten: 90 Prozent der etwa 3300 Patienten des »Spezhospitals« waren Angehörige der Roten Armee.[326] Aufgrund ihrer Krankheit des Verstoßes gegen das 1946 erlassene »Fraternisierungsverbot« überführt und vielfach wegen »unerlaubten Fehlens von der Truppe« verurteilt, wurden sie nach erfolgter Behandlung in Strafbataillone oder in andere Straflager in der Sowjetunion überstellt.[327]

Als Zwischenstation galt das Speziallager ebenfalls für knapp 4700 vormalige Wehrmachtsoffiziere, die Anfang 1946 aus westalliierter Kriegsgefangenschaft entlassen und bei ihrer Heimkehr in die SBZ umgehend erneut verhaftet worden waren. Im Spätsommer 1946 wurden sie deportiert; weitere 1050 verblieben in Sachsenhausen.[328] Zur Drehscheibe in die Sowjetunion wurde Sachsenhausen Ende Januar 1947 zudem für 869 Internierte und 366 SMT-Verurteilte.[329]

---

325 Speziallager Sachsenhausen/Katalog, S. 267–281.

326 Ebenda, S. 280.

327 Zum »Fraternisierungsverbot« vom Sommer 1946 als Maßnahme gegen Vergewaltigungen vgl. Naimark, Die Russen, S. 113–117.

328 Laut Prieß wurden in Sachsenhausen insgesamt 5738 vormals westalliierte Kriegsgefangene »konzentriert«, von denen 4688 deportiert wurden. 1050 gefangene Offiziere verblieben also im Lager, weil »deren ›Überprüfung‹ noch nicht abgeschlossen war. Ihr weiteres Schicksal ist bisher unerforscht« (Prieß, Sachsenhausen, S. 399). Von 6500 ehemaligen Wehrmachtsoffizieren, die über Sachsenhausen in die UdSSR deportiert wurden, ist die Rede in Speziallager Sachsenhausen/Katalog, S. 243.

329 Prieß, Sachsenhausen, S. 406.

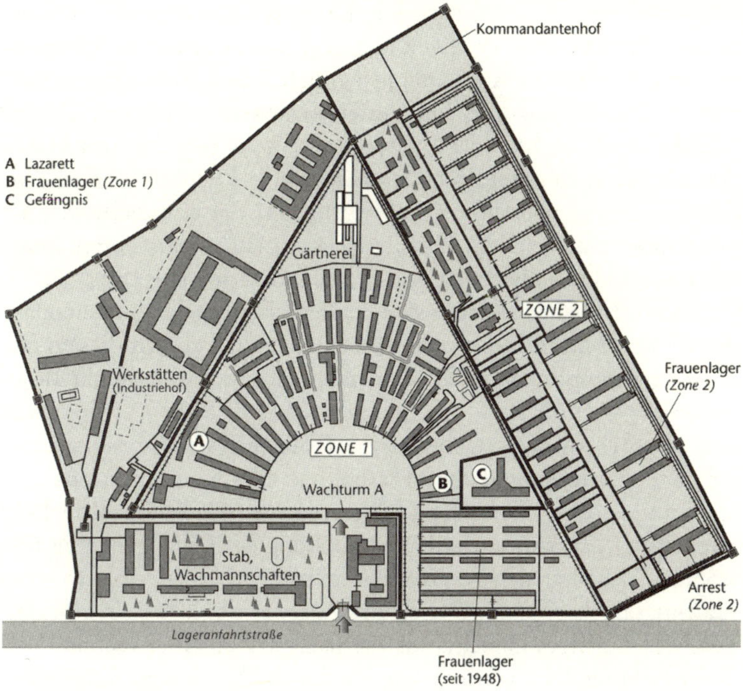

Das Speziallager Sachsenhausen Nr. 7/Nr. 1
Grundlage des Plans in: Peter Reif-Spirek/Bodo Ritscher, Speziallager in der SBZ. Gedenkstätten mit »doppelter Vergangenheit«, Berlin 1999, S. 304

Stalin hatte kurz zuvor 27500 Häftlinge aus allen Speziallagern angefordert, die deutsche Arbeitskräfte in der Sowjetunion ersetzen sollten; wegen des Krankenstandes der Häftlinge in allen Lagern in der SBZ konnten jedoch insgesamt nur 4579 auf »Pelzmützentransport« geschickt werden. Im Rahmen der Lagerauflösung Anfang 1950 wurden schließlich weitere 261 Internierte und SMT-Verurteilte aus Sachsenhausen in die UdSSR abtransportiert.[330] In den Augen der sowjetischen Behörden galten sie als »besonders schwere Verbrecher«.

Die Hauptaufgabe des Speziallagers Sachsenhausen aber lag in der dauerhaften Festsetzung von Internierten und, seit Herbst 1946, von SMT-Verurteilten. Sie wurden im Kernbereich des vormaligen »Mus-

330 Prieß, Speziallager Nr. 7, S. 68.

ter-« und Ausbildungslagers der SS-Totenkopfverbände untergebracht, dessen Gesamtfläche in den neun Jahren seiner Existenz von 31 auf fast 400 Hektar angewachsen war. Was damals als »Stammlager« bezeichnet wurde, hieß unter sowjetischer Nutzung Zone I und diente als Haftort der Internierten. Sie stellten etwa die Hälfte der insgesamt mindestens 60000 Insassen.[331] Die durchschnittliche Zonenbelegung pendelte sich ab Mitte 1947 auf etwa 9000 Männer und Frauen ein, nachdem im März 1946 mit 15124 registrierten Internierten die Höchstbelegung verzeichnet worden war.[332]

Bei der Zone I handelte es sich um den Nukleus der Gesamtanlage des Konzentrationslagers, der 1936 entstanden war. Mit diesem ersten Lagerkomplex hatte der damals 29-jährige SS-Architekt Bernhard Kuiper ein System von Symmetrien und (Sicht-)Achsen realisiert, das sich an einer »Geometrie des totalen Terrors« orientierte.[333] De facto wurde damit das vom Inspekteur aller Konzentrationslager, SS-Gruppenführer Theodor Eicke, erdachte »Dachauer Modell«[334] zur Lagerorganisation und Unterdrückung der Gefangenen perfektioniert. Das lässt sich vor allem an dem dreieckigen Grundriss des Häftlingsareals ablesen. Dieser Grundriss ermöglichte einem einzigen Maschinengewehrschützen die panoptische Überwachung und Beherrschung der Lagerinsassen: Postiert im Wachturm A, breiteten sich vor ihm der Appellplatz und dahinter die fächerförmig in vier konzentrischen Kreisen angelegten Häftlingsbaracken aus. Reichsführer-SS Heinrich Himmler hatte diese Anlage 1937 als ein »vollkommen neue[s], jederzeit erweiterungsfähige[s], moderne[s] und neuzeitliche[s] Konzentrationslager« gelobt.[335]

Bei den Erweiterungsbauten, die seit den späten 1930er Jahren vorgenommen wurden, verzichtete man freilich auf die von Kuiper vorgegebene symmetrische Raumordnung. Wie ein Riegel schiebt

331 Speziallager Sachsenhausen/Katalog, S. 139.

332 Prieß, Sachsenhausen, S. 396.

333 Morsch, Oranienburg – Sachsenhausen, Sachsenhausen – Oranienburg, S. 116. Vgl. auch Welzbacher, Idealstadt der Unterdrückung. Anzumerken ist, dass Morsch von Hermann Kuiper spricht, Welzbacher hingegen, der den biographischen Hintergrund des Architekten verfolgt, von Bernhard Kuiper.

334 Zu dieser Disziplinar- und Bewachungsverordnung siehe Broszat, Nationalsozialistische Konzentrationslager 1933–1945, S. 364f.; oder Orth, Das System, S. 27–31.

335 Zit. nach Pingel, Häftlinge unter der SS-Herrschaft, S. 62.

sich das damals neu angelegte »Sonderlager« für prominente KZ-Häftlinge und (westalliierte) Kriegsgefangene vor die nördliche Begrenzungsmauer des Häftlingsdreiecks. Unter sowjetischer Nutzung wurde dieses Areal als Zone II bekannt. Zunächst diente es als Durchgangslager für die ehemaligen Wehrmachtsoffiziere, die vor ihrer Deportation zu Ausbauarbeiten dieser Zone herangezogen wurden. Im September 1946 wurden in diese erweiterte Zone schließlich die ersten der insgesamt etwa 16000 SMT-Verurteilten eingewiesen, die bis März 1950 in Sachsenhausen festgehalten wurden. In der westlichen Spitze dieser Zone, im sogenannten Kommandantenhof, befindet sich eines der drei Massengräber für die insgesamt mindestens 12000 Toten des Speziallagers.[336]

Den Funktionsvorgaben des vormaligen Betreibers entsprechend, wurden zwei weitere Bereiche innerhalb des Lagerkomplexes weitergenutzt: der Industriehof sowie die Vorzone zwischen der Lageranfahrtsstraße und dem dreieckigen Häftlingsareal. Im Industriehof, in dem zu KZ-Zeiten Werkstätten der »Deutschen Ausrüstungswerke« untergebracht gewesen waren, befanden sich vom Kartoffelkeller bis zur Autowerkstatt die wenigen Arbeitsstätten, wo Speziallagerhäftlinge entweder zum Selbsterhalt des Lagers tätig waren oder kleinere Aufträge der SMAD in Karlshorst oder der Lagerleitung erfüllten. Das galt ebenfalls für die Schneiderei, die Schuhmacherei und die Bäckerei, die unter sowjetischer Ägide in der Vorzone angesiedelt beziehungsweise weiterbetrieben wurden. Vor allem aber diente die Vorzone wie zuvor als Verwaltungs- und Wohnbereich der Lageradministration. Der Lagerkommandant residierte wie schon zu KZ-Zeiten in dem Flachbau links des Einfahrtstores in das Lager.[337]

---

336 Anfänglich wurden die Toten des Lagers im nahe gelegenen Schmachtenhagener Forst beigesetzt, später dann im »Kommandantenhof« und auf dem Gelände »An der Düne«, das jenseits der Außenmauern der Zone II liegt. Nachdem die ersten Toten mit Identifizierungsmarken aus Blech gekennzeichnet worden waren, griff man später, wie in den Erinnerungsberichten häufig erwähnt wird, zu Pappmarkierungen.

337 Für die höheren Ränge der sowjetischen Lagerverwaltung standen in der Vorzone neben Kantine, Küche und Badehaus sieben Wohnbaracken mit 80 Schlafstellen zur Verfügung, vier der Baracken waren sowjetischen Offizieren und ihren Familien vorbehalten. Ein Klubhaus entstand 1948 in einer von Häftlingen umgebauten Garage, seit 1946 gab es einen Sommertanzplatz für die Offiziere, die ihre Tanzpartnerinnen mitunter aus dem Frauenlager holen ließen. Bis zu seinem Tod im Sep-

Unter sowjetischer Leitung wurde die vorhandene Struktur des Lagers also weitestgehend übernommen. Das betrifft nicht nur die vier Lagerbereiche, sondern auch zahlreiche Funktionsbauten wie Küche, Bäder und Lazarett in den beiden Arealen, in denen die Häftlinge untergebracht waren. Nur die Galgen auf dem Appellplatz, die Genickschussanlage und das Krematorium wurden demontiert oder zurückgebaut.

Beide Versionen der Lagerordnung des NKWD – also sowohl die Fassung vom Juli 1945 als auch die vom Oktober 1946 – zählen in jeweils acht Punkten die baulichen und technischen Maßnahmen auf, die zwecks Vereinheitlichung der Sicherheitsstandards in allen Speziallagern zu ergreifen waren. Dass sie in Sachsenhausen befehlsgetreu umgesetzt wurden, verdeutlichen die Erinnerungen des Internierten Emil K. Mitte August 1945 von Weesow nach Sachsenhausen verlegt und von dort Anfang 1950 entlassen, machte er anschließend vor der Kampfgruppe gegen Unmenschlichkeit detaillierte Angaben über die Sicherung des Lagers.[338] Seine Schilderungen stimmen weitestgehend mit den Vorgaben der beiden Lagerordnungen überein.

Der gesamte Lagerkomplex war mit einer 2,7 Meter hohen und auf steinbreite gebauten Mauer umgeben, deren Krone mit dreispiraligem, stromgeladenem Stacheldraht bewehrt war. Eine etwa drei Meter breite und ein Meter hohe und ebenfalls stromgeladene Stacheldrahtsperre umzog die Lagermauer von außen. Davor befand sich eine vier Meter breite und sauber geharkte Sperrzone, die nach der erfolgreichen – und später zu schildernden – Tunnelflucht Erich Maedlers und vier seiner Mitinhaftierten im November 1948 auf etwa 80 Meter ausgeweitet wurde. Auf diesem sogenannten Todesstreifen standen im Abstand von 50 Metern Bogenlampen, die den Mauerstreifen nachts beleuchteten. Hier befanden sich auch die Warnschilder mit dem Hinweis für Passanten: »Verbotene Zone/Eintritt verboten/Es wird geschossen!«[339]

---

tember 1946 spielte Heinrich George in einer der Baracken Theater; 1947 wurde eine der Häftlingsunterkünfte in der Zone I in ein Theater umgewidmet.

338 BArchK B 289 VA 295/10/14, S. 1. Der Bericht des Emil K. ist undatiert und, da er auf S. 5 mitten im Satz abbricht, unvollständig überliefert.

339 Ein Foto eines solchen Warnschildes findet sich auf dem Titelbild der Veröffentlichung von Agde, Sachsenhausen.

Zur Innenseite des Lagers wurde die Mauer von einem drei Meter breiten Geländestreifen gesäumt, der mit ebenfalls stromgeladenen Stacheldrahtverhauen gesichert war. Diese Zone durfte nur von den Wachposten betreten werden, die mitunter Diensthunde bei sich führten.[340] Auch jene Wachtürme, die bis zur erwähnten Tunnelflucht nicht genutzt worden waren, wurden danach sämtlich mit drehbaren Suchscheinwerfern und Telefon ausgestattet. Ferner wurden sie baulich verändert und verfügten nun zusätzlich über freie Sicht auf das Sperrgebiet außerhalb des Lagers. Schon vor der Tunnelflucht waren an den Ecktürmen entlang der Lageranfahrtsstraße und an dem Wachturm A Maschinengewehre fest installiert worden, die anderen Turmposten verfügten über Maschinenpistolen.

Weitere Sicherheitsmaßnahmen wurden innerhalb des Lagerkomplexes ergriffen. Die vier Lagerbereiche – also die Zonen I und II zur Häftlingsunterbringung, der Industriehof und die Vorzone als Verwaltungsbereich – wurden ebenfalls durch Stacheldraht und Mauern voneinander abgeschottet. An den Durchlässen waren Wachsoldaten postiert. Durch diese Schutzmaßnahmen wurden die beiden Haftkontingente in den Zonen I und II streng voneinander isoliert. Die räumliche Trennung der Internierten und SMT-Verurteilten wurde erst nach der Entlassung von etwas mehr als 5000 Internierten im Sommer 1948 aufgehoben. Bis dahin aber bestand Sachsenhausen faktisch aus zwei Lagern.

Beide Haftareale bildeten einen jeweils eigenständigen Lagerkosmos mit eigener Infrastruktur. Mit Ausnahme der zentralen Lagerküche und Wäscherei, die sich in Zone I befanden, gab es in beiden Zonen zum Beispiel je eigene Badehäuser und Räumlichkeiten zur Desinfektion. Ebenfalls verfügten beide Zonen über eigene Krankenstationen für Männer und Frauen. So wurden die fünf Revierbaracken mit 800 Betten aus der KZ-Zeit in Zone I als Männerlazarett genutzt (Lageplan A). Weitergenutzt wurde auch das nahe gelegene Pathologiegebäude mit Sezierraum und Leichenkeller in der Südspitze des Lagerdreiecks. Aufgrund der sich rapide unter den Häftlingen ausbreitenden Krankheiten wie Tuberkulose oder Gelbsucht mussten weitere Wohnbaracken in Isolierbaracken umgewidmet werden. Das galt auch für Zone II, wo von vornherein reguläre Häftlingsunterkünfte als Krankenstationen oder Ambulanzen dienten.

340 Prieß, Sachsenhausen, S. 392.

Das medizinische Personal rekrutierte sich aus internierten beziehungsweise verurteilten Ärzten, die unter sowjetischer Aufsicht wirkten. Eine umfassende medizinische Versorgung jenseits der Isolation Infektionskranker war ihnen jedoch nicht möglich, da es an Medikamenten und medizinischen Apparaten mangelte.[341] Deshalb fürchteten viele Häftlinge eine Verlegung ins Lazarett. Trotz des in den Erinnerungsberichten mit großer Dankbarkeit erwähnten Improvisationstalents mancher Ärzte – eine Rückkehr auf die Stammbaracken erschien ihnen unwahrscheinlich.[342]

Als »Karzer« oder »Bau« bezeichnen die ehemaligen Häftlinge das 1936 errichtete und durch Mauern vom Lagerbereich abgetrennte T-förmige Steingebäude in der östlichen Spitze der Zone I (Lageplan C). Mit 80 Zellen für 600 Personen wurde dieses Gebäude auch unter sowjetischer Nutzung als Gefängnis im Lager betrieben.[343] Benannt ist damit der zentrale Ort innerhalb Sachsenhausens, an dem sowohl Internierte als auch SMT-Verurteilte Strafen zugeführt wurden, wenn sie gegen die Lagerordnung verstoßen hatten oder willkürlichen Sanktionen ausgesetzt waren. Zusätzlich aber existierten in den beiden Lagerzonen sowohl für Männer als auch für Frauen weitere Straforte.[344] In den Erinnerungsberichten wird zwischen »Karzern« und »Sperrbaracken« unterschieden. Der wichtigste Unterschied:

341 Wie erwähnt sollte die medizinische Grundversorgung eine relative Verbesserung erfahren, als die Speziallager im August 1948 unter die Leitung des GULAG gestellt wurden.

342 »Ich musste in Lazarett. Dagegen habe ich mich sehr gewehrt. Da wollte ich nicht rein. Jeder hatte Angst, dort eingeliefert zu werden, weil wir wussten, dass nicht viele wieder lebend raus kamen« (Steinhaus, Verlorene Jugend, S. 61).

343 In diesem Geländeabschnitt soll sich auch ein aus KZ-Zeiten stammender und 1947 zugeschütteter Erdbunker befunden haben. Je nach Erinnerungsbericht konnten in diesem unterirdischen Bunker eine oder mehrere Personen im Dunkeln und ohne Sitz- oder Liegemöglichkeiten eingesperrt werden (vgl. Archiv Sachsenhausen, H. W., Erinnerungsbericht, S. 101, und Archiv Sachsenhausen, G. W., Erinnerungsbericht, S. 18).

344 Vgl. dazu die Ausführungen von Silja Schultheis für die Projektgruppe Speziallager der Gedenkstätte und des Museums Sachsenhausen vom Mai 1999. Ihr zufolge gab es in Zone I drei Sperrbaracken und einen Karzer sowie zwei Karzer und eine Sperrbaracke in Zone II (Archiv Sachsenhausen, Silja Schultheis, Karzer und Strafsystem im Speziallager Sachsenhausen).

Eine Karzerstrafe, ob sie im Gefängnisbau oder an den Straforten innerhalb der jeweiligen Zonen abzusitzen war, ging mit einem verminderten Verpflegungssatz einher. Angesichts der schlechten körperlichen Verfassung der Häftlinge konnte sich eine Karzerstrafe daher als Todesstrafe erweisen, wie später ausführlich aufzuzeigen sein wird.

In Zone I standen für die Unterbringung der Häftlinge 56 Holzbaracken bereit,[345] die 1936 als »Reichsarbeitsbaracken« für je 136 Personen konzipiert worden waren. Schon zur KZ-Zeit deutlich überbelegt, wurden jetzt trotz der sowjetischen Norm von 2,79 m^2 Liegefläche pro Häftling zeitweise bis zu 400 Personen in ein Gebäude eingewiesen.[346] Erst Ende 1949 sollte die durchschnittliche Belegung bei 150 bis 200 Häftlingen liegen. Die Baracken selbst waren zumeist zweigeteilt und besaßen im Mitteltrakt gemeinsame Sanitäranlagen. Dem schon erwähnten Emil K. erschienen sie wie das »Paradies«. Angesichts seiner vorangegangenen Haftzeit in Weesow überrascht diese Einschätzung nicht. Denn hier, in den Unterkünften der Zone I, gab es »Toiletten, Waschräume und genügend Wasser [und] in den Baracken drei übereinander gestellte Bettgestelle [oder] teilweise Pritschen [...], natürlich ohne Matratzen oder Strohsäcke«.[347] Dergleichen sollte erst 1947 allen Häftlingen gestellt werden. Des Weiteren waren Holztische, Schemel oder Bänke, mitunter Spinde vorhanden. Bis Ende 1946 waren alle Baracken mit Öfen bestückt worden, die, aufgrund des Mangels an Feuerholz, nur nach Vorgabe beheizt werden durften.

Nachdem die ehemaligen Wehrmachtsoffiziere vor ihrer Deportation die Zone II ausgebaut hatten, verfügte sie sowjetischen Angaben zufolge über 53 Häftlingsunterkünfte für 5882 Personen und teilte sich in ein West- und ein Ostlager, in dem auch die verurteilten Frauen untergebracht waren. Das Westlager entsprach in etwa dem vormaligen »Sonderlager«. Hier befanden sich auch vier kleinere Holzhäuser, die zu KZ-Zeiten prominenten Gefangenen vorbehalten gewesen waren. Sie wurden von den Speziallagerhäftlingen nach dem einst dort inhaftierten österreichischen Bundeskanzler als »Schuschnigg-Häuser« bezeichnet. Bei den anderen Unterkünften dieses Bereichs han-

345 Insgesamt gab es in der Zone 64 Wohn- und Nutzbaracken.

346 Vereinzelt wird eine Barackenbelegung von 500 Personen genannt (vgl. Archiv Sachsenhausen, Z. W., Erinnerungsbericht, S. 9).

347 BArchK B 289 VA 295/10/14, S. 3.

delte es sich um Steinhäuser, in denen vor April 1945 vornehmlich britische Kriegsgefangene festgehalten worden waren. »Jede diese[r] Baracke[n] war vielleicht 12 m lang und 6 m breit«, wie sich Arnulf Putzar erinnert, der im September 1946 mit 60 Mann in eines dieser Häuser eingewiesen wurde. »Der Flur hinter der Eingangstür trennte sie in zwei Seiten, deren jede eine etwas größere vordere und kleinere hintere ›Stube‹ hatte«. Als Schlafstätten standen »doppelstöckige, durchgehende Pritschen aus ungehobeltem Holz« bereit, Matratzen oder Strohsäcke gab es auch hier bis 1947 nicht. Die Baracke verfügte zudem über eine Toilette und eine, wie sich in diesem Fall herausstellen sollte, nicht funktionierende Zentralheizung.[348] In den anderen Baracken der Zone II gab es Öfen, die, wie in Zone I, nur nach Vorgabe und Feuerholzzuteilung zu beheizen waren.

Auf den ersten Blick scheint sich die Unterbringung der Internierten und der SMT-Verurteilten in den jeweiligen Lagerzonen kaum zu unterscheiden. Qualvolle Enge und Kälte herrschte hier wie dort. Auch wurden in beiden Zonen weitere Sicherheitsmaßnahmen ergriffen: Zäune und Stacheldraht unterteilten die beiden Bereiche in kleinere und damit leichter zu überwachende Einheiten, die nach militärischen Ordnungsprinzipien strukturiert wurden. Die Belegschaft einer Baracke wurde als »Kompanie« gezählt, mehrere »Kompanien« wurden zu einem »Bataillon« zusammengefasst. In Zone I wurden die fünf »Bataillone«[349] – eines davon für die internierten Frauen (Lageplan B)[350] – durch Stacheldraht voneinander abgeschottet. Die Bewegungsfreiheit der Internierten begrenzte sich also auf den umzäunten Bereich ihres »Bataillons«. Anders in Zone II: Hier fielen die sowjetischen Sicherheitsvorkehrungen noch schärfer aus, weil es sich bei den SMT-Verurteilten aus Sicht des NKWD um »kriminelle Elemente« handelte. Wie im GULAG unterlagen also auch im Speziallager die Häftlinge, die nach Art. 58 StGB der RSFSR abgeurteilt worden waren, einer besonderen Stigmatisierung. Im Speziallager galten sie jedoch als »Kriminelle« und nicht wie im GULAG als

---

348 Putzar, Im Schatten, S. 195f.

349 Die Anzahl der als ein Bataillon gezählten Baracken variierte und umfasste mal fünf, mal 15 Unterkünfte (Prieß, Sachsenhausen, S. 388).

350 Nach der Lagerumstrukturierung 1948 wurden alle vom SMT verurteilten Frauen nach Sachsenhausen verlegt (Mühe, Frauen in sowjetischen Speziallagern, S. 630). Dort wurden sie mit den internierten Frauen im zur KZ-Zeit so bezeichneten »kleinen Lager« zusammengelegt.

»Politische«.[351] Ungeachtet der Bezeichnung hieß das für die Sicherheitsmaßnahmen in Zone II, dass hier im Gegensatz zur Zone I nicht die »Bataillone« voneinander isoliert wurden, sondern die jeweiligen »Kompanien«.[352] Zusätzlich wurden die Barackenfenster mit Farbe bestrichen oder mit Brettern vernagelt.[353] Vor allem aber herrschte in dieser Zone bis zum Sommer 1948 das, was die ehemaligen Häftlinge als »Barackensperre« bezeichnen: Das Verlassen der Unterkünfte war verboten.[354] Mit Ausnahme täglicher Freigänge von etwa 30 Minuten im »Niemandsland«[355] zwischen den Baracken und der morgendlichen und abendlichen Zählappelle[356] mussten die SMT-Verurteilten in den Baracken ausharren. Eine jede von ihnen entsprach damit einer »Sperrbaracke«, wie die im Vergleich zum Karzer leichteren Straforte innerhalb des Lagers genannt wurden. Über die Zielsetzung der sowjetischen Lagerleitung hinausgehend, wie in Zone I die Kontakte unter den Internierten einzuschränken, unterlagen die SMT-Verurteilten also einer auf Dauer gestellten Strafmaßnahme. Zone II entsprach einem Gefängnis im Lager.

Mit der »Barackensperre« waren die SMT-Verurteilten jedoch nicht nur in ihrer Bewegungsfreiheit eingeschränkt. Sie bedeutete gleichzeitig auch ein Arbeitsverbot. Damit waren die verurteilten Häftlinge bis in den Sommer 1948 von jedweder Betätigung ausgeschlossen, sei es in der Gärtnerei, wo Gemüse für den sowjetischen Speiseplan gezogen wurde, oder in der zentralen Lagerküche, in der

---

351 Zur Unterscheidung zwischen »kriminellen« und »politischen« Häftlingen im GULAG vgl. Stettner, »Archipel GULAG«, S. 182; oder Armanski, Maschinen des Terrors, S. 157.

352 Wegen der Architektur der Baracken in dieser Zone wurden in einigen Fällen zwei Unterkünfte als ein Block gezählt, der eingezäunt wurde.

353 »Was waren wir wohl für schwere Verbrecher, dass man in den Baracken die Fensterscheiben mit weißer Farbe bestrichen hatte, um uns keinen Blick nach draußen zu gönnen« (Archiv Sachsenhausen, R. E., Erinnerungsbericht, S. 30. Siehe auch Archiv Sachsenhausen, Sch. K., Erinnerungsbericht, S. 8).

354 Laut Putzar wurden die Baracken im Frühjahr 1947 »plötzlich [...] tagsüber nicht mehr zugeschlossen«. An der Absperrung der Häftlingsunterkünfte mit Stacheldraht und Mauern änderte sich gleichwohl nichts (Putzar, Im Schatten, S. 226).

355 Archiv Sachsenhausen, P. G., Erinnerungsbericht, S. 2.

356 Putzar erinnert, dass die Zählappelle anfänglich in den Baracken abgenommen wurden (Putzar, Im Schatten, S. 197).

Bäckerei, Schneiderei und Schuhmacherei oder im Industriehof, wo sich nun Goldschmiede, Uhrmacherei, Grafikbüro, Radio- und Autowerkstatt befanden. Hinter diesen Werkstätten lag der Bauhof mit Tischlerei und Schlosserei, östlich davon der Kartoffelkeller. Die Arbeitskraft der Verurteilten war weder hier noch in der Kleiderkammer gefragt, die in der westlichen Ecke dieses Lagerbereichs in einem Gebäudekomplex untergebracht war, der zu KZ-Zeiten den Namen »Station Z« getragen hatte.[357] Nur im »Spezialistenbüro« im Industriehof durften SMT-Verurteilte Arbeit verrichten. Verurteilte wie internierte Ingenieure, Physiker und andere »Spezialisten« hatten in diesem Büro ihr Wissen niederzuschreiben. Ihre Ausführungen wurden übersetzt und in die UdSSR verschickt. Die Arbeit konnte wie im Fall des Internierten Kurt Berner zur Folge haben, den eigenen schriftlichen Ausführungen hinterhergeschickt zu werden.[358] Ansonsten aber waren die Häftlinge der Zone II von allen Tätigkeiten und Vorteilen, die Arbeit im Speziallager bedeutete, ausgeschlossen. Es waren ausschließlich Internierte, die bis 1948 für den Lagerselbsterhalt arbeiteten oder als Handwerker mitunter private Aufträge der Lagerleitung erfüllten. Auch für sie war Arbeit keine Selbstverständlichkeit; schätzungsweise fünf Prozent aller Häftlinge verfügten über die Möglichkeit, einer Beschäftigung nachzugehen,[359] die selten dauerhaft vergeben, immer aber mit erhöhten Essensrationen entlohnt wurde.

Die horizontale Untergliederung der Zwangsgemeinschaft in Sachsenhausen war weitaus mehr als eine räumliche Sicherheitsmaßnahme. Die Hierarchisierung der Haftbedingungen in den beiden Lagerbereichen ermöglichte es der Lagerleitung, die beiden Gruppen gegeneinander auszuspielen und deren Solidarisierung zu unterbinden. Das zeigen schon die Erinnerungen von Willy Wosny, der als Internierter in Zone I die Ankunft der ersten SMT-Verurteilten im September 1946 miterlebte:

---

357 Hier hatten sich die Genickschussanlage, das Krematorium und seit 1943 eine Gaskammer befunden.

358 Berner, Spezialisten, S. 131, 134. Dort berichtet er, zu zehnt und später während des Hungerwinters 1946/47 zu viert im »Spezialistenbüro« gearbeitet zu haben. Via Torgau wurde er dann als »Raketen-Spezialist« für zwölf Jahre in die UdSSR deportiert.

359 Kühle/Titz, Speziallager Sachsenhausen, S. 25.

»Plötzlich waren sie da. Sie wurden in die Zellen des Sonderlagers eingepfercht und durften nicht raus. [...] Irgendwelche Straftaten werden sie wohl begangen haben, aber so eine Behandlung verdienten sie keineswegs. Wir, die politischen Gefangenen, sind plötzlich im Ansehen der Russen gestiegen.«[360]

Mit Ankunft der SMT-Verurteilten verbesserte sich das Haftregime für die in Zone I Einsitzenden. Als »politische Gefangene« galten sie nun als »gut Kamerad«,[361] denen einige Vorteile gewährt wurden. So wurde die Barackensperre, die auch in ihrer Zone geherrscht hatte, im Juli 1946 aufgehoben. Fortan durften sich die Internierten innerhalb ihrer mit Stacheldraht eingezäunten Bataillone frei bewegen. Vor allem aber wurde ihnen seitens der Lagerleitung signalisiert, »dass die Internierten Unschuldige und dass die Verurteilten Verbrecher, Spione und Saboteure wären«.[362]

Diese Unterscheidung wurde lagerintern von den Häftlingen aufgegriffen. Der verurteilte Werner Pfeiffer wurde bei seiner Einlieferung in Sachsenhausen im September 1947 zunächst auf den Industriehof geführt. Er erinnert sich an die dort tätigen »wohlgenährte[n] Autoschlosser«, die weder mit ihm noch den anderen Häftlingen seines Transports sprachen und sie, »wenn überhaupt, [dann] eher verächtlich und misstrauisch ansahen«. Denn in ihren Augen »waren wir schlicht Kriminelle, wohl noch dazu eine besonders üble Sorte. Weshalb sonst hätten wir wohl so hohe Strafen bekommen?«[363] Auch Putzar erinnert sich anlässlich seiner Einweisung in Sachsenhausen im September des Vorjahres an Internierte, also an »Deutsche, die erkennbar auf Abstand zu den Verurteilten [...] gingen. Ihre Gesichter sprachen davon, dass ein ›Verurteilter‹ schließlich kriminell sein müsse. Mit denen wollten sie nichts zu tun haben.«[364]

Anfänglich hatten sich die Internierten der Zone I gegenüber den in Zone II festgesetzten Wehrmachtsoffizieren benachteiligt gefühlt, weil diese bessere Verpflegungssätze erhalten hatten: »Wir Zivilinternierten galten demnach als zweitklassig«, heißt es bei Pritzkow.[365]

360 Wosny, Meine Erlebnisse in den sowjetischen NKWD-Lagern, S. 100.

361 Ebenda, S. 101.

362 Die Straflager und Zuchthäuser in der Sowjetzone, S. 10.

363 Pfeiffer, Abgeholt, S. 45.

364 Putzar, Im Schatten, S. 194.

365 Pritzkow (Pseud.), NKWD, S. 75.

Jetzt aber waren die Neuankömmlinge in Zone II dafür verantwortlich zu machen, dass die Existenz des Speziallagers einen neuen Grund erhalten hatte und Entlassungen somit auszuschließen waren: »Ihr seid die, warum wir noch hier sind«,[366] argwöhnten die Internierten gegenüber den Verurteilten. Den SMT-Verurteilten erschien es genau andersherum. Sie sahen »in den Internierten meist arrogante Nazi-Funktionäre, denen es wegen ihrer braunen Vergangenheit ganz recht geschah, dass sie hinter Stacheldraht gelandet waren«.[367] Auch mutmaßten sie, dass »manch einer von uns [Verurteilten, B.G.] nicht hier [wäre], hätte es die und ihresgleichen nicht gegeben!«.[368]

Wegen der strikten Abschottung der beiden Haftkontingente steht nicht zu vermuten, dass die Animositäten zwischen den Internierten und SMT-Verurteilten gewaltsam ausgetragen wurden. Auch für die Zeit nach 1948 ist dergleichen in den Erinnerungsberichten nicht überliefert. Eine Andeutung in diese Richtung lässt sich allein Pfeiffer unterstellen, bei dem es heißt, dass beide Gruppen die »Uneinigkeit nicht nur hingenommen, sondern im Umgang miteinander noch vertieft haben«.[369] Im Ergebnis existierten daher bis zur Reorganisation Sachsenhausens im Sommer 1948 nicht nur räumlich und organisatorisch zwei Lager in einem. Die beiden Häftlingsgruppen hatten die Manipulation der Sowjets darüber hinaus auch in eine wechselseitige Stigmatisierung übersetzt.

Jede Maßnahme, die zur Fragmentierung der Zwangsgemeinschaft beitrug, war ein Vorteil für die sowjetische Lagerleitung. Denn allem Stacheldraht zum Trotz – die Sicherung des Lagers blieb prekär. Für die Bewachung und Kontrolle von im Jahresdurchschnitt mindestens 12000 Menschen stand dem sowjetischen Lagerkommandanten, Major Alexei Kostjuchin, lediglich ein Stab von knapp 200 Personen zur Verfügung.[370] Zwar umfasste dessen Aufgabenbe-

---

366 Archiv Sachsenhausen, R. E., Erinnerungsbericht, S. 35.

367 Pfeiffer, Abgeholt, S. 45.

368 Putzar, Im Schatten, S. 194.

369 Pfeiffer, Abgeholt, S. 45.

370 Die Angaben über 200 Mitglieder der Lagerverwaltung einschließlich 120 Wachsoldaten, 38 Sergeanten und 23 Offiziere sowie 16 Zivilisten beziehen sich auf das Jahr 1950. Prieß betont, dass die Verwaltung zu keinem Zeitpunkt zwischen 1945 und 1950 die vorgeschriebene Sollstärke erreichte. Zu deren Höhe macht er jedoch keine Angaben (Prieß, Sachsenhausen, S. 391).

reich nicht den äußeren Lagerschutz, der von regulären Wachtruppen des Geheimdienstes gewährleistet wurde,[371] dafür aber waren Kostjuchins Untergebene, denen gute Deutschkenntnisse nicht zu unterstellen sind, mit vielfältigen Verwaltungsaufgaben betraut: Registratur der Gefangenen, Organisation der Deportationen sowie medizinische und Lebensmittelversorgung der Lagerinsassen und ihrer Bewacher.[372] Lediglich zwei Abteilungen der von den Insassen so bezeichneten »Kommandantura« mit Dienstsitz im Wachturm A waren für die lagerinterne Überwachung abgestellt, die »Abteilung Bewachung« und die »Operativ-Gruppe« des NKWD.

Unter der Leitung von Oberleutnant Rudenko, dem Stellvertreter Kostjuchins, stellte die »Abteilung Bewachung« die 120 Wachposten innerhalb des Lagers, sie nahm die Zählappelle ab und führte vereinzelt Baracken- und Leibesvisitationen (»Filzungen«) durch. Einen wesentlich direkteren Einfluss auf das Lagergeschehen übte die »Operativ-Gruppe« unter Oberleutnant Stepan Golowatenko aus. Sie hatte die Disziplinargewalt über das gesamte Lager, also sowohl über Häftlinge als auch die sowjetischen Wachsoldaten und Verwaltungsoffiziere. Vor allem aber installierte sie unter den Gefangenen einen Spitzelapparat. Gegen Brot oder Tabak, den beiden Hauptwährungen der Mangelgesellschaft im Lager, schöpfte die »Operativ-Gruppe« das Wissen der Häftlinge über Lagerinterna ab – Informationen, die in die zweiwöchentlich erstellten »Stimmungsberichte« einflossen und von der »Abteilung Speziallager« nach Moskau wei-

371 Die 3. Kompanie des 322. Regiments der 37. Schützendivision des NKWD wurde 1948 von einer Kompanie des 38. Schützenregiments der inneren Truppen des MGB abgelöst. Kontakte zwischen dem äußeren Lagerschutz und den Gefangenen gab es in der Regel nicht. Die Lagerinsassen fürchteten sich ob verschiedener Vorfälle, bei denen auf (auch vermeintlich) Flüchtige geschossen worden war, vor den Soldaten und sprachen von »Vergnügungstruppen« oder von »Strafkompanien« des NKWD (vgl. ebenda, S. 392; Das System der Konzentrationslager von 1945 bis 1950, S. 33; oder Maedler, Flucht aus Sachsenhausen, S. 19).

372 Da kein gesonderter Aktenbestand über die sowjetische Lagerleitung bzw. die Wachmannschaften vorliegt, sind die von der Forschung bisher erarbeiteten Namen wie Offiziersränge der jeweiligen Abteilungsleiter vermutlich ergänzungs- oder korrekturbedürftig. Aus diesem Grund wird hier in vielen Fällen auf die Nennung von Namen verzichtet. Auch wird stillschweigend darüber hinweggegangen, dass die Offiziersränge je nach Quelle variieren können.

tergeleitet wurden.[373] Ferner diente der Spitzelapparat dazu, »noch nicht erkannte hohe NS-Funktionäre und Militärs aus der Masse der Internierten herauszusuchen«.[374] Vergehen gegen die Lagerordnung wurden in vielen Fällen ebenfalls erst durch Lagerspitzel ruchbar. Wie noch zu zeigen sein wird, schuf das Spitzelwesen eine Atmosphäre des permanenten Misstrauens unter den Häftlingen. Die »Operativ-Gruppe«, die sich im Übrigen innerhalb des Lagers grundsätzlich ohne Waffen bewegte,[375] leistete also einen unverzichtbaren Beitrag zur Zersetzung der Haftgesellschaft.

Zusätzlich wurde in Sachsenhausen wie in allen anderen Speziallagern eine weitere Sicherheitsvorkehrung ergriffen, mit der die inneren Gegensätze der Mangelgesellschaft verstärkt wurden. Die Gruppe der Internierten wurde ebenso wie die der SMT-Verurteilten vertikal untergliedert, das heißt nach militärischen Ordnungsprinzipien durchstrukturiert.[376] Mit dieser Maßnahme sicherte die sowjetische Lagerleitung die umgehende Weitergabe von Befehlen und Anordnungen – ohne selbst in Erscheinung treten zu müssen, da die entsprechenden Führungspositionen mit Häftlingen besetzt wurden. Mit der Einbeziehung dieser sogenannten Funktionshäftlinge in den lagerinternen Verwaltungsablauf hatte die Lagerführung in beiden Zonen eine Art Klassensystem geschaffen: Funktionäre auf der einen, gemeine Häftlinge auf der anderen Seite, die sich als »Aristokratie« und als »Parias« gegenüberstanden.

Die Funktionäre wurden mit Privilegien ausgestattet. Ihre Unterbringung in gesonderten Baracken oder abgetrennten Räumen hatte nichts von der Enge, in der die gemeinen Häftlinge verharren mussten. Auch verfügten sie je nach Funktion über eine relative Bewegungsfreiheit innerhalb des gesamten Lagers. Vor allem aber erhielten sie eine Vergünstigung, die angesichts des Hungers einer Überlebens-

---

373 Es war der Forschungsgruppe um Sergej Mironenko, Lutz Niethammer und Alexander von Plato möglich, Teile der Akten der »Operativen Abteilung« einzusehen und »Stimmungsberichte« des NKWD zu kopieren. Zu einer Auswertung und Veröffentlichung dieser Berichte ist es bis dato jedoch nicht gekommen. Eine primär quellenkritische erste Annäherung an den Bestand findet sich bei von Plato, Geschichte, S. 64–68.

374 Finn, Die politischen Häftlinge, S. 33.

375 Ebenda, S. 35.

376 »Alles ging hier ganz militärisch zu, nicht nur in der Bezeichnung, nein, auch im sonstigen Verhalten. Es wurde gebrüllt, man musste strammstehen und mit Jawohl antworten« (Berner, Spezialisten, S. 88).

versicherung gleichkam – sie bezogen verbesserte Verpflegungssätze. Damit waren ein »Lager-Prominenter« und ein gewöhnlicher Insasse »in jeder Hinsicht weiter auseinander gerückt als draußen ein Multimillionär und ein Arbeitsloser«, wie Günter Birkenfeld es 1950 im *Monat* formulierte.[377]

Dass mit der Etablierung der Funktionselite die selbstzerstörerischen Prinzipien einer Mangelgesellschaft zu Sicherheitszwecken instrumentalisiert werden konnten, hatte zwei Gründe. Die Funktionäre mussten ihre Vorrangstellung gegenüber den gemeinen Häftlingen behaupten, da die ihnen gewährten Überlebensvorteile zu Lasten der anderen Gefangenen gingen. So wurden die Verpflegungszuschläge den ohnehin knapp bemessenen Nahrungsmitteln entnommen, die allen Lagerinsassen gestellt wurden. Da der Verlust der eingeräumten Vorteile den Tod bedeuten konnte, waren die Funktionäre gleichzeitig von der sowjetischen Lagermacht abhängig. Ihr gegenüber mussten sie ihre Privilegierung legitimieren. Und um es vorwegzunehmen: Die Manipulation der Funktionshäftlinge ging im Sinne ihrer Erfinder auf.

Ob mit dieser Maßnahme zielgerichtet auf Erfahrungen aus dem GULAG-System zurückgegriffen wurde, ist nicht zu beantworten. Allerdings sind den sowjetischen Lagerleitern einschlägige Vorkenntnisse mit Blick auf die Beherrschung von Gefangenen nicht abzusprechen – die NKWD-Karriere des Lagerleiters Alexei Kostjuchins[378] etwa, dem Lagerkommandanten in Sachsenhausen, nahm

377 Birkenfeld, Der NKWD-Staat, S. 642.

378 Alexei Kostjuchin, 1901 als Sohn eines Bauern geboren und 1965 als Rentner in Moskau gestorben, trat 1920 der Kommunistischen Partei bei. Im gleichen Jahr nahm er seinen Dienst bei den Truppen des sowjetischen Geheimdienstes, der damaligen »Tscheka«, auf. Zahlreiche Auszeichnungen weisen ihn als erfolgreichen Funktionär des sowjetischen Sicherheitsdienstes aus, dem er bis 1954 angehörte. Von 1925 bis 1930 diente er auf den Solowezki-Inseln in einem Sonderwachregiment. Während des Zweiten Weltkriegs gehörte er zunächst einem NKWD-Sonderregiment an, das den von Stalin ausgerufenen Partisanenkrieg unterstützen, »Kollaborateure« liquidieren und die sowjetische Zivilbevölkerung überwachen sollte. Später fungierte er als stellvertretender Lagerkommandant des Kriegsgefangenenlagers Nr. 188 in Südrussland. Im Frühjahr 1945 war er nach Deutschland beordert worden, wo er seit dem 15. Mai 1945 im Dienst der »Abteilung Speziallager« stand. Zunächst übernahm er die Leitung des Speziallagers Weesow und dann,

ihren Anfang auf den Solowezki-Inseln im Weißen Meer, dem »Geburtsort« des GULAG-Systems.[379] Doch ob kalkuliert oder nicht: Die Hierarchisierung der Zwangsgesellschaft bedeutete jenseits aller organisatorischen Vorteile einen manipulativen Eingriff in das Lagergeschehen, mit dem der Zusammenhalt unter den Häftlingen zu hintertreiben war. Oder wie es bei einem Häftling heißt, der in Sachsenhausen keine Funktion ausübte: »Am schlimmsten waren die Deutschen, die auf Posten waren.«[380]

Die gespaltene Lagergesellschaft

Häftlingsverwaltung

Die beiden Lagerordnungen des NKWD – die »Vorläufige Ordnung« vom Juli 1945 und die »Provisorische Ordnung« vom Oktober 1946 – widmeten sich hauptsächlich Sicherheits- und Verwaltungsfragen. Während die erste Version keinerlei Angaben zur Etablierung einer internen Verwaltung durch die Häftlinge enthielt, bestimmte die überarbeitete Version, dass »zur Unterstützung des [sowjetischen, B. G.] Lagerkommandanten […] in jeder Baracke, in jedem Zimmer und in jeder Kammer Älteste aus dem Kontingent ausgewählt [werden], die alle Weisungen des Lagerkommandanten erfüllen«.[381] Die knappe Anweisung liest sich als nachträgliche Bestätigung einer Organisationsmaßnahme, die längst in allen Lagern in der SBZ praktiziert wurde. Zusätzlich wurde im Verlauf des Jahres 1947 in allen Speziallagern eine deutsche Lagerpolizei ins Leben gerufen. Sowjetische Anweisungen sind in diesem Fall nicht überliefert. Sowohl zur Rekonstruktion der Häftlingsverwaltung als auch der Lagerpolizei in Sachsenhausen muss daher auf Erinnerungsberichte

---

als Höhepunkt seiner Karriere, des Lagers Sachsenhausen, wo er von August 1945 bis März 1950 wirkte. Er ist der einzige Speziallagerkommandant, der seine Position so lange ausübte (Speziallager Sachsenhausen/Katalog, S. 114–117).

379 Seltene Bilder dieses Lagers finden sich bei Kizny, GULAG, S. 78–88.

380 Archiv Sachsenhausen, G.W., Erinnerungsbericht, S. 17.

381 Wie erwähnt findet sich die »Vorläufige Lagerord[illegible] des NKWD vom 27. Juli 1945 in: Speziallager Sachsen[illegible] S. 309–313; und die überarbeitete Version [illegible] rler/Lutz, Provisorische Ordnung, S. 530–[illegible]

zurückgegriffen werden. Je zeitnaher zur Lagerauflösung sie verfasst wurden, desto detaillierter geben sie Auskunft. Das gilt vor allem für die Veröffentlichungen des Sopade-Informationsdienstes der SPD und der Kampfgruppe gegen Unmenschlichkeit (KgU) aus den frühen 1950er Jahren, die auf Aussagen entlassener Häftlinge beruhen.

Die Gefangenen – sofern sie nicht von »Prominenz«, »Bonzen« oder der »Aristokratie« sprachen – bezeichneten die lagerinterne Verwaltung als »Innere Ordnung«. Ihr Aufbau entsprach der militärischen Einteilung der Baracken zunächst in »Bataillone« und dann in »Kompanien«. Letztere wurden wiederum in »Züge« untergliedert, die den Stuben der Baracken entsprachen. Die »Kompanien« der Zone I bestanden aus zwei, die der Zone II aus meist vier »Zügen«. Wegen der starken Barackenbelegung konnten die »Züge« in weitere »Zehnerschaften« aufgeteilt sein. Dessen ungeachtet setzten sich die Kompaniestäbe mindestens aus einem Kompanieführer und zwei Zugführern, einem Fourier und einem Sanitäter zusammen. Den Kompaniestäben übergeordnet waren die Bataillonsstäbe, denen jeweils ein Bataillonsführer und sein Stellvertreter vorstanden. Zum Stab zählten ferner ein Wirtschaftsführer, ein Bataillons-Arbeitseinsatzleiter, ein Fourier, zwei Melder und ein Dolmetscher. Die Bataillonsstäbe waren wiederum dem »Stab innere Ordnung« (i.O.) verantwortlich. An dessen Spitze standen der Lagerführer i.O. und dessen Stellvertreter. Hinzu kamen ein Wirtschaftsführer und ein Arbeitseinsatzleiter, zwei Offiziere vom Dienst (»Dischurne«), fünf Dolmetscher, sechs Schreiber und drei Melder.[382]

Folgt man dieser Aufstellung, die der Denkschrift des Sopade-Informationsdienstes »Das System des kommunistischen Terrors in der Sowjetzone« aus dem Jahr 1950 entnommen ist,[383] lässt sich für Zone I hochrechnen, dass etwa drei Prozent der Internierten eine Funktion ausübten.[384] Für Zone II ist eine solche Rechnung nicht möglich, da

---

382 In Zone I befand sich das Quartier des »Stabes innere Ordnung« in der Baracke 7 (Pritzkow [Pseud.], NKWD, S. 58).

383 Das System des kommunistischen Terrors, S. 48f.

384 Die stark vereinfachte Rechnung geht von 56 Kompanien mit je fünf Funktionshäftlingen (ohne Essensholer oder Wachen), fünf Bataillonen mit je acht Funktionshäftlingen und 20 Angehörigen des »Stabes innere Ordnung« aus. Bei einer durchschnittlichen Kompaniestärke von 200 Personen, also 11 200 Häftlingen in Zone I, machen die so gezählten Funktionäre knapp drei Prozent der Zonenbelegung aus. Diese

die Bataillonsstärke nicht bekannt ist. Es sollte jedoch von einem ähnlichen Prozentsatz von SMT-Verurteilten und nicht deportierten Wehrmachtsangehörigen ausgegangen werden, die in die »Innere Ordnung« dieser Zone eingebunden waren.

Die Häftlingsverwaltung erschöpfte sich jedoch nicht in den bisher genannten Posten. Hinzuzurechnen sind zunächst die Funktionäre, die im lagerinternen Gefängnis und in der Karzerverwaltung tätig waren, sowie die mehr als 90 Angehörigen der deutschen Lagerpolizei. Gleiches gilt für das Personal der Lazarette, also die dort tätigen Ärzte, Wirtschaftsführer, Kammerverwalter, Dolmetscher und Melder. Auf Kompanieebene waren in den Funktionsapparat beider Zonen zudem Häftlinge eingebunden, die Hilfsdienste leisteten. Im Rotationsprinzip fungierten sie als Baracken- und Nachtwachen oder holten, sofern sie dazu physisch in der Lage waren, die Essenskübel aus der Küche. Zusätzlich hielten sich einige der Kompanie- und Zugführer, die von den Häftlingen als Barackenälteste bezeichnet wurden, persönliche Diener und/oder Rollkommandos. Die beiden letztgenannten Posten zählten jedoch weder zu den höheren noch zu den offiziellen Funktionen.

Zur vollständigen Erfassung des Funktionsapparates fehlen noch die Häftlingskommandanten der Arbeitsführung (in etwa: Vorarbeiter) im Industrie- und Bauhof, bei der Lagerfeuerwehr, in der Küche, der Bäckerei, der Gärtnerei, im Theater, in den Bädern und Desinfektionsstellen beider Zonen sowie des Beerdigungskommandos.[385] Wegen der Barackensperre in Zone II waren diese gehobenen Stellungen bis zum Sommer 1948 ausschließlich mit Internierten besetzt, was die privilegierte Situation dieses Haftkontingentes in Sachsenhausen unterstreicht.

Angesichts der Vielzahl von lagerinternen Verwaltungsposten erscheint es angebracht, die Zahl derer, die in Sachsenhausen zur

---

Rechnung hinkt insofern, weil wegen der häufigen Umwidmung von Wohn- in Krankenbaracken die Gesamtzahl der Kompanien nicht festzustellen ist. Hinzu kommt, dass sich die jeweilige Barackenbelegung erst 1949 auf etwa 200 Personen einpendelte. Obwohl im März 1946 mehr als 15000 Männer und Frauen in Zone I registriert wurden, erscheint die hier genannte Zahl von 11200 Internierten angesichts der durchschnittlichen Jahresbelegung des Speziallagers von etwa 12000 Internierten *und* SMT-Verurteilten zudem als zu hoch.

385 Das System des kommunistischen Terrors, S. 50.

Funktionselite zählten, bei etwa fünf Prozent der Gesamtbelegung des Lagers zu veranschlagen. Sie standen an der Spitze der vertikalen Häftlingsstruktur. In der wichtigsten Position fungierte der Internierte Konrad M., der als »Lagerkommandant innere Ordnung« der Zone I einen gewissen Andree,[386] einen russischen Emigranten, ablöste und dieses Amt bis Oktober 1949 ausübte.[387] Als Chef der Lagerpolizei sind Willi H., Gerhard B. und ab Mitte 1948 Heinrich K. überliefert. Für Zone II wird in der Funktion des Lagerführers Eugen Sch. benannt, der 1947 im Lager verstarb. Was seine Nachfolge betrifft, kursieren zahlreiche Namen, darunter ein gewisser Rudi K. sowie Isidor W. Als diese Zone noch als Durchgangslager für Wehrmachtssoldaten diente, standen ihr ein gewisser Karl B. und als dessen Stellvertreter Paul H. vor. Beide wurden aus unbekannten Gründen im Spätsommer 1946 nicht deportiert. Und obwohl sie ihrer gehobenen Posten verlustig gingen, hielten sie ausweislich der Erinnerungsberichte, in denen sie einen prominenten Platz als brutale Schlägertypen einnehmen, weiterhin diverse Positionen innerhalb des Funktionsapparates. B. wurde von den Häftlingen gerichtet,[388] Paul H. musste sich Mitte 1950 in Berlin-Moabit vor Gericht verantworten und wurde zu 18 Monaten Gefängnis verurteilt.[389]

Während der ersten Wochen nach der Einrichtung des Speziallagers in Sachsenhausen wurden die gehobenen Posten der »Inneren Ordnung« ausschließlich mit sowjetischen oder polnischen Gefangenen besetzt.[390] Deren »Prügel-Regime« begegneten die Häftlinge

386 Prieß, Sachsenhausen, S. 393. Dass Andree, der zuvor in Hohenschönhausen interniert war, Wehrmachtsoffizier gewesen sei, heißt es bei: Erler/Friedrich, Hohenschönhausen, S. 32.

387 In der Erinnerungsliteratur wird Konrad M. vielfach als Ritterkreuzträger betitelt. Dabei scheint es sich jedoch um ein Lagergerücht zu handeln, das sich in der Sekundärliteratur niedergeschlagen hat (so bei Prieß, Sachsenhausen, S. 393). Tatsächlich ist Konrad M. zum gegenwärtigen Kenntnisstand nicht als Ritterkreuzträger nachzuweisen (Fellgiebel [Hg.], Die Träger des Ritterkreuzes).

388 Archiv Sachsenhausen, Sch. H.-D., Erinnerungsbericht, S. 354.

389 »Mitgefangene misshandelt«, *Tagesspiegel* vom 19. Juli 1950. Die Prozessakten konnten nicht recherchiert werden.

390 »K. A., der im September 1945 eingeliefert wurde, berichtete, dass zu diesem Zeitpunkt noch russische Häftlinge (Zwangsarbeiter) alle wichtigen Funktionen besetzt hatten. Sie sollen bis Ende September durch Deutsche ersetzt worden sein« (Archiv Sachsenhausen, G. W., Protokoll).

fast mit Verständnis: »Um ihr eigenes Fell zu retten«, so Pritzkow, »prügelten sie auf unseres, um zu beweisen, dass sie mit den russischen Wölfen heulten.«[391] Als deren Stellvertreter oder in niederen Rängen fungierten deutsche oder deutschstämmige Inhaftierte, die in den Augen der gemeinen Häftlinge als »Gummideutsche« oder »Beutegermanen« galten.[392] Verstanden wurden darunter Volksdeutsche aus dem Baltikum, der Ukraine und anderen osteuropäischen Ländern, denen in den Erinnerungsberichten ein »bestialisches, orientalisches Regime« nachgesagt wird.[393] Im Verlauf der Strafdeportationen der sowjetischen Gefangenen rückten sie wegen ihrer wenn nicht russischen, so doch slawischen Sprachkenntnisse in der Lagerhierarchie auf und übernahmen die freigesetzten Positionen.

Damit ist das wichtigste Kriterium der sowjetischen Lagerführung bei der Besetzung gehobener Posten benannt, das auch für die »Aufrücker« aus dem Altreich galt, welche die freigesetzten Positionen der »Gummideutschen« übernahmen: ihre Sprachkenntnisse. Dass manche von ihnen Grundkenntnisse des Russischen während der »NS-Osteinsätze« erworben haben dürften, steht zu vermuten. Ein weiteres Kriterium wurde bei den Funktionshäftlingen angelegt, die leitende Positionen im Industrie- und Bauhof übernahmen. Sie mussten über berufliche Erfahrungen verfügen. Irrelevant war hingegen der jeweilige Haftgrund. Oder wie es bei Pritzkow heißt: »Etliche von uns hatten den Genuss, hier [in Sachsenhausen, B.G.] ihren Kreisleiter von der NSDAP zu entdecken, wie er devot vor dem Russen dienerte, weil er zufällig russisch parlierte.«[394]

Dass Pritzkows Zynismus nicht weit hergeholt ist, zeigen die Haftgründe von 31 namentlich bekannten Funktionären, die im sowjetischen Lagerjournal zu identifizieren waren.[395] Bei zweien von

---

391 Pritzkow (Pseud.), NKWD, S. 102. Siehe auch BArchK B 289 SA 295/10–19/12, S. 1.

392 Lukas T., Russenzeit, S. 156, 179. Siehe auch BArchK B 289 SA 390/22–19/58.

393 Archiv Sachsenhausen, R. E., Protokoll, S. 3.

394 Pritzkow (Pseud.), NKWD, S. 53.

395 Für diese Überprüfung danke ich Wolfram von Scheliha von der »Projektgruppe Speziallager« in der Gedenkstätte und dem Museum Sachsenhausen. Das Lagerjournal enthält in der Regel folgende Angaben über einen Häftling: den Vor- und Zunamen sowie den Vatersnamen, das Geschlecht und die Nationalität, den Geburtsjahrgang und stich-

ihnen handelte es sich um vormalige Kriegsgefangene, elf waren SMT-Verurteilte; 18 waren Internierte, von denen drei als »Block- und Zellenleiter der NSDAP«[396] und vier als »Mitarbeiter Gestapo« verhaftet worden waren.[397] Je einer wird im Lagerjournal als »Mitarbeiter Polizei«,[398] als »Mitarbeiter Straforgan«,[399] als »Mitarbeiter deutsche Abwehr«[400] und als »Stellvertretender Leiter Propagandaabteilung«[401] geführt. In zwei Fällen lautet der Haftgrund auf »SA«,[402] in einem auf »Waffen-SS«.[403] Je ein Internierter saß wegen »Misshandlung [von] SU-Bürgern«[404] und »Diskreditierung der Roten Armee«[405] sowie ein weiterer ohne Angabe eines Grundes.[406] Mit Ausnahme der beiden Letztgenannten kennzeichnen die aufgezählten Verhaftungsgründe die Funktionshäftlinge in 14 Fällen als vormalige Funktionsträger des Nationalsozialismus, als Kriegsverbrecher oder als Feinde der Sowjetunion. Dieser Status war also kein Hinderungsgrund, Zugang zur Funktionselite zu erhalten. Das gilt ebenfalls für die höhergestellten Positionen: Der Verhaftungsgrund des Polizeichefs im Lager Heinrich K. lautete auf »Diskreditierung

---

wortartig den Grund der Gefangennahme. Ob es sich um einen Internierten oder SMT-Verurteilten handelt, ist nur anhand des Verhaftungsdatums und des Haftgrundes zu rekonstruieren, da bei den Verurteilten häufig die Schlagwörter des Artikels 58 StGB der RSFSR (nicht aber das Strafmaß) angegeben sind. Vermerkt können ferner sein das Datum und der Ort der Gefangennahme, das ausführende Organ sowie das Todes-, Entlassungs- oder Überstellungsdatum in ein Gefängnis der DDR oder das Datum und das Ziel der Deportation.

396 Archiv Sachsenhausen, GARF f. 9404, op. 1, d. 352, l. 5; GARF f. 9404, op. 1, d. 353, l. 86 und GARF f. 9404, op. 1, d. 353, l. 31.

397 Archiv Sachsenhausen, GARF f. 9404, op. 1, d. 384, l. 76; GARF f. 9404, op. 1, d. 353, l. 82; GARF f. 9404, op. 1, d. 353, l. 80 und GARF f. 9404, op. 1, d. 352, l. 77.

398 Archiv Sachsenhausen, GARF f. 9404, op. 1, d. 352, l. 71.

399 Archiv Sachsenhausen, GARF f. 9404, op. 1, d. 383, l. 39.

400 Archiv Sachsenhausen, GARF f. 9404, op. 1, d. 382, l. 36.

401 Archiv Sachsenhausen, GARF f. 9404, op. 1, d. 383, l. 92.

402 Archiv Sachsenhausen, GARF f. 9404, op. 1, d. 352, l. 77 und GARF f. 9404, op. 1, d. 384, l. 60.

403 Archiv Sachsenhausen, GARF f. 9404, op. 1, d. 383, l. 12.

404 Archiv Sachsenhausen, GARF f. 9404, op. 1, d. 385, l. 85.

405 Archiv Sachsenhausen, GARF f. 9404, op. 1, d. 384, l. 57.

406 Archiv Sachsenhausen, GARF f. 9404, op. 1, d. 383, l. 86.

der Roten Armee«,[407] der des Zivilkommandanten Konrad M. auf »Mitarbeiter deutsche Abwehr«.[408]

Dass diese Haftgründe, sofern sie eine Anhängerschaft zum vormaligen Regime unterstellten, nicht der Realität entbehrten, zeigt ein Abgleich mit der »NS-Ortsgruppenkartei« im Berlin Document Center.[409] Diejenigen, die unter SA und Waffen-SS im Lagerjournal geführt wurden, waren dort zwar nicht nachzuweisen, aber für sie war eine Parteimitgliedschaft ohnehin nicht obligatorisch.[410] Nicht vermerkt war ferner Konrad M., der als »Mitarbeiter deutsche Abwehr« interniert worden war.[411] Ebenso ließ sich einer der vier unter dem Stichwort »Gestapo« Geführten nicht nachweisen.[412] Jedoch waren alle drei genannten Block- und Zellenleiter im Besitz eines Parteibuchs der NSDAP.[413] Gleiches gilt für die inhaftierten Mitarbeiter der Polizei, der Straforgane und der Propagandaabteilung.[414] Doch auch diejenigen, die wegen Misshandlung sowjetischer Bürger oder der Diskreditierung der Roten Armee einsaßen, hatten der

407 Archiv Sachsenhausen, GARF f. 9404, op. 1, d. 384, l. 57.

408 Archiv Sachsenhausen. GARF f. 9404, op. 1, d. 382, l. 36.

409 Die Namen der Häftlinge wurden bei der Verhaftung primär phonetisch festgehalten und für diese Überprüfung vom Russischen zurück ins Deutsche transkribiert. Zudem nennt das Lagerjournal nur das Geburtsjahr, nicht aber das genaue Geburtsdatum. Obwohl nicht eindeutige Fälle von vornherein ausgeklammert wurden, können Irrtümer daher nicht ausgeschlossen werden.

410 »Die Zugehörigkeit oder Betätigung in der NSDAP bzw. ihrer Gliederungen war zwar von Vorteil, keineswegs aber Voraussetzung für den Eintritt in die SS-Verfügungstruppe« (Wegner, Hitlers politische Soldaten, S. 137). Mit Ausnahme der SA-Führer, die Parteigenossen sein mussten, nennt auch das »Organisationsbuch der NSDAP«, Stand 1937, eine Parteizugehörigkeit nicht als grundsätzliche Voraussetzung für die Zulassung in die SA und SS (Organisationsbuch, S. 365f., 417f.).

411 Gleichwohl behauptet der Internierte André Sonnet, der Konrad M. als »Major aus dem Generalstab« bezeichnet, dass er ein »hoher HJ-Führer« gewesen sei (Sonnet, Bolschewismus, S. 122).

412 BArch/BDC 3200 G 0031–2018451, H 0107–1986825 und V 0022–7810310.

413 BArch/BDC 3200 H 0107–4921131, J 0070–2582996 und R 0037 (ohne Mitgliedsnummer).

414 BArch/BDC 3200 D 0055–2769672, H 0106–1832952 und O 0056–483614.

NSDAP angehört.[415] Insgesamt waren damit elf der 18 internierten Funktionshäftlinge Parteimitglieder gewesen.[416]

Internierte, die ausweislich ihrer Haftgründe als Kriegsfeinde galten, wurden also als Funktionäre geduldet oder gar bewusst positioniert. Daneben wurden aber auch Häftlinge, die politisch mit den neuen Machthabern in der SBZ übereinstimmten, mit Funktionen ausgestattet. Die Besetzungspraxis scheint der sowjetischen Lagerführung daher als weitere Maßnahme zur Verhinderung von Solidarität unter den Gefangenen gedient zu haben.

Hermann Just zufolge verfügten die Häftlinge über keinerlei Mitspracherecht bei der Besetzung von Funktionsposten. Dass an dieser Einschätzung gezweifelt werden kann, zeigt die Gründung der Lagerpolizei im Sommer 1947, die, wie Just selbst anführt, der Häftlingsverwaltung unterstellt war.[417] Ihr nämlich wurde ein Vorschlagsrecht eingeräumt, wie Pritzkow in seinen Erinnerungen andeutet:

> »Eines Tages hieß es dann, dass aus jeder Kompanie eine Anzahl vertrauenswürdiger Männer, vertrauenswürdig natürlich im Sinne des NKWD, ausgesucht werden sollten. Am nächsten Tag mussten diese Gefangenen plötzlich ihr ganzes Gepäck fertig machen. Viele glaubten, dass dies der Auftakt zu den richtigen Entlassungen war. Da läutete es zum Generalappell, und wir standen mit hungrigem Magen in der brütenden Sonne. Mittag war schon vorbei, als wir endlich wussten, was gespielt wurde. Die ausgesuchten Leute waren nach eingehendem Verhör durch Koluwadenko [Golowatenko, B. G.] zur Lagerpolizei gemacht worden. Ihr Gepäck hatten sie deshalb mitnehmen sollen, damit ihnen bei der jetzt anstehenden Filzerei selbst nichts abhanden kommen konnte.«[418]

---

415 BArch/BDC 3200 A 0049–5663685, K 0021–6818654.

416 Von den elf SMT-verurteilten Funktionären waren vier in der NS-Ortsgruppenkartei nachzuweisen. Zwei von ihnen waren wegen der Misshandlung von Bürgern der SU verurteilt worden, einer wegen Waffenbesitz und einer wegen Raub (Archiv Sachsenhausen, GARF f. 9404, op. 1, d. 411, l. 16 und BArch/BDC 3200 E 0077–8258426; Archiv Sachsenhausen, GARF f. 9404, op. 1, d. 412, l. 51 und BArch/BDC 3200 R 0015–4961594; Archiv Sachsenhausen, GARF f. 9404, op. 1, d. 412, l. 23 und BArch/BDC 3200 H 0106–8149762; Archiv Sachsenhausen, GARF f. 9404, op. 1, d. 384, l. 43 und BArch/BDC 3200 S 0032–7710208).

417 Just, Die sowjetischen Konzentrationslager, S. 29, 36.

418 Pritzkow (Pseud.), NKWD, S. 108. Er erklärt weiter, dass die deutsche Lagerpolizei mit ihrer ersten Filzung einen gebührenden Einstand ge-

Aus Sicht Veltens wurde das Vorschlagsrecht von den etablierten Funktionshäftlingen genutzt, um »im Schneeballsystem ihre Leute unterzubringen«.[419] Von einer Art Vetternwirtschaft zu sprechen, erscheint in einer Hinsicht jedoch verfehlt. Von dem Vorschlagsrecht profitierten vielfach jugendliche Häftlinge, die bevorzugt als Melder eingesetzt oder wie im Lazarett der Zone II zu Sanitätern oder Reinigungskräften bestimmt wurden.[420] Ganz anders die Erinnerungen Putzars, der im September 1946 mit anderen SMT-Verurteilten von Alt-Strelitz nach Sachsenhausen verlegt und in Zone II eingewiesen worden war. Von einem sowjetischen Wachhabenden gefragt, wer von ihnen bei der Wehrmacht Unteroffizier gewesen sei, meldete sich ein junger Mann. Er wurde daraufhin zum Barackenältesten ernannt.[421] Im Verlauf der Haftzeit wurde es auch möglich, dass die Häftlinge selbst Ernennungen vornahmen oder dass es »in kleineren Lagereinheiten ab etwa 1948/49 zur Übergabe einer Funktion durch Wahl« kam.[422]

Letztlich aber blieb den Häftlingen die Besetzungspraxis ein Rätsel. Die Funktionäre waren einfach da, wie die Beschreibung eines ersten Appells nach der Ankunft in Sachsenhausen durch Velten zeigt:

> »Wo so schnell die alten oder auch die neuen Zugführer hergekommen sind, weiß niemand. Sie sind eben da und haben das Kommando. Plötzlich tauchen Russen auf und mit ihnen einer in einer gestreiften KZ-Hose und KZ-Jacke. Um den Arm trägt er eine rote Armbinde. Die Russen reden auf ihn ein und er tut so, als ob er alles versteht. Dann seine Ansprache, von Ordnung und Strafe und Disziplin ist die Rede. Seine Worte fordern unbedingten Gehorsam gegenüber ihm und seinen Bewachern.«[423]

Bis auf diese vereinzelte Nennung einer roten Binde am Arm des Zugführers sowie der gelegentlichen Erwähnung schwarzer Armbin-

---

liefert hatte: »Selbst die Fleddereien der Russen schienen zart gegen diese unmenschliche Aktion auf verbotene Gegenstände durch unsere NKWD-mäßig aufgewerteten Landsleute.«

419 Velten (Pseud.), Dawai, S. 96.

420 So erging es beispielsweise Tilmann Timm, Jahrgang 1928, der nach seiner Genesung auf Betreiben des Arztes als Kalfaktor im Lazarett bleiben konnte (Timm, Als Jugendlicher im stalinistischen Lager Sachsenhausen, S. 93).

421 Putzar, Im Schatten, S. 195.

422 Archiv Sachsenhausen, G. W., Erinnerungsbericht, S. 2.

423 Velten (Pseud.), Dawai, S. 89.

den für die Lagerpolizei und die zumeist jugendlichen Melder sind keine offiziellen Kennzeichnungen der Funktionselite überliefert.[424] Auch die von Velten erinnerte KZ-Bekleidung des Zugführers entsprach keinesfalls der Regel. Schwer vorstellbar ist, dass der Mann, sofern er vor der Speziallagerhaft in einem Konzentrationslager festgehalten worden war, noch im Herbst 1945 dieselbe Kleidung trug. Da verschiedene Gebrauchsgegenstände aus der KZ-Zeit in den Besitz der Speziallagerhäftlinge übergingen,[425] erscheint wahrscheinlicher, dass er die Bekleidung in Sachsenhausen gefunden hat. Dabei ist davon auszugehen, dass sich noch größere Bestände an KZ-Bekleidung im Lager befunden haben, da die sowjetischen Patienten des im April 1946 eingerichteten »Spezhospitals« mit der blau-weiß gestreiften Montur eingekleidet wurden.[426]

Trotz des Mangels an offiziellen Kennzeichnungen waren die Funktionäre für die Häftlinge vor allem an einem Kriterium zu erkennen, dass in fast allen Erinnerungsberichten in den verschiedensten Variationen Erwähnung findet: Die im Lagerjargon auch als »Scheich« oder »Dr. Speck« Bezeichneten waren sichtbar »kraftstrotzend [...] in einem guten Ernährungszustande«.[427] In Zone II kam noch ein weiteres inoffizielles Erkennungszeichen hinzu: ihre Haarpracht. Denn in dieser Zone wurde bis »September 1949 immer noch die beim Russen so populäre ›Glatze‹ geschnitten. Nur prominente Persönlichkeiten wie Barackenälteste, Kommandanten, Melder, Ärzte und Sanitätspersonal sowie die Lagerwachen durften lange Haare tragen.« Und zwar, wie sich für die gemeinen Häftlinge herausstellen sollte, auf Wunsch der Funktionshäftlinge selbst: »Musste man doch sehen können, wer eine Persönlichkeit war.«[428]

Der Aufgabenbereich der Funktionäre umfasste »die Zubereitung und Verteilung der Häftlingsverpflegung, [...] die Reparatur und den Einsatz verschlissener Kleidung und zerfetzten Schuhwerks, [die Organisation, B.G.] eines in beschränktem Maße erforderlichen Arbeitseinsatzes, die kulturelle Betreuung und die gesundheitliche

424 Einzig Finn erklärt, dass alle Funktionäre mit Armbinden gekennzeichnet waren (Finn, Die politischen Häftlinge, S. 36).

425 Das gilt vor allem für Löffel und dergleichen (vgl. Pritzkow [Pseud.], NKWD, S. 61).

426 Speziallager Sachsenhausen/Katalog, S. 280.

427 BArchK B 289 SA 295/10–168/11, S. 1.

428 Archiv Sachsenhausen, Sch. K., Erinnerungsbericht, S. 8.

Fürsorge«.[429] Ferner unterlag es ihnen und der Lagerpolizei, für die Einhaltung der sowjetischen Lagerordnung zu sorgen. Es lag also in ihrer Verantwortung, dass die Häftlinge den Tagesablauf einhielten, der vom sowjetischen Lagerkommandanten festgelegt worden war.[430] Gleiches galt für die morgendlichen und abendlichen Zählappelle, deren reibungsloser Ablauf von den Funktionshäftlingen zu gewährleisten war. Ebenfalls hatten sie die Verbote umzusetzen, die von der Lagerleitung vorgegeben worden waren.[431] Dazu gehörten die Unterbindung von Kontakten zwischen den Geschlechtern und auch den einzelnen Bataillonen sowie die Durchsetzung des den Häftlingen auferlegten Handelsverbots. Ebenfalls waren sie für das »Filzen« der Gefangenen auf den Baracken zuständig, also für die Suche nach und Beschlagnahmung von verbotenen Gegenständen wie Messern, Nadeln, Papier, Stiften und Kartenspielen, nach sowjetischem Verständnis Glücksspiele. Ohne dass sie als Ge- oder Verbote in den heute bekannten Lagerordnungen des NKWD aufgelistet worden wären, sind den Erinnerungsberichten weitere Aufgaben insbesondere der Lagerpolizei zu entnehmen. Dazu gehörte das »Filzen« der von den Arbeitseinsätzen im Industriehof oder in der Gärtnerei wieder einrückenden Häftlingskommandos. Erwähnt wird ebenfalls, dass Bibelkreise, Gottesdienste, Lern- und Gesprächsgruppen unterbunden wurden. Zudem waren alle Verstöße gegen die Lagerdisziplin von den Funktionären der sowjetischen Lagerleitung beziehungsweise der »Operativ-Gruppe« des NKWD anzuzeigen.

Damit hatte die sowjetische Führung die Verwaltung und Verteilung der innerhalb des Lagers überlebenswichtigen Ressourcen an die Funktionäre delegiert. Obendrein verfügte dieser kleine Kreis privilegierter Häftlinge infolge der Meldepflicht von Lagervergehen über eine indirekte Strafgewalt über die Inhaftierten. Diese bezog sich in vielen Fällen – so beim verbotenen Handel mit Brot gegen

429 Das System der Konzentrationslager 1945 bis 1950, S. 57.

430 »Der Tagesablauf wird durch den Befehl des Lagerleiters erlassen, und er wird in den Räumen des Lagers ausgehängt. Der Tagesablauf regelt das Aufstehen, die Morgentoilette, das Frühstück, die Überprüfung [die Appelle, B. G.], die Dauer der Arbeit, des Mittagessens usw. Für den Schlaf sind nicht weniger als acht Stunden vorzusehen« (siehe die »Vorläufige Ordnung«, Punkt V.2, in: Erler/Lutz, Provisorische Ordnung, S. 534).

431 Auf diesen Ge- und Verbotskatalog wird später ausführlich zurückzukommen sein.

wärmende Kleidungsstücke – auf Verstöße, welche die Häftlinge um der eigenen Überlebenschancen willen begehen mussten. Es lag also in der Macht der Funktionäre, individuelle Überlebensstrategien zu vereiteln. Diese Macht konnte sich wegen des Mangels im Lager, vor allem aber angesichts der sowjetischerseits verhängten Sanktionen als indirekte Tötungsmacht der Funktionäre erweisen. Schließlich lautete die Strafe auf Karzerhaft bei verminderten Verpflegungssätzen, eine Strafe, die sich angesichts des mangelhaften Gesundheitszustandes der Gefangenen durchaus als Todesstrafe erweisen konnte.

»Eine Selbstverwaltung [...] der Häftlinge hat es nie gegeben«, erklärt Frau von H., die zeitweilig als Dolmetscherin von Oberleutnant Golowatenko, dem gefürchteten Leiter der »Operativ-Gruppe«, tätig war. »Denn alle Häftlinge mit Funktionen im Lager und seiner inneren Organisation waren immer nur Befehlsempfänger und Befehlsvollstrecker der Sowjets.«[432] Auch Hermann Just betont in seiner Veröffentlichung für die KgU, dass die »verantwortlichen Befehlsempfänger« über »keinerlei persönliche Entscheidungsmacht« verfügten.[433] Vergegenwärtigt man sich den fast spiegelbildlichen Aufbau der sowjetischen Lagerleitung und der Häftlingsverwaltung, ist Frau von H. wie Just zuzustimmen. Hinzu kommt, dass die sowjetische Lagerleitung etwa Mitte 1947 eine Kontrollinstanz innerhalb des »Stabes innere Ordnung« etablierte. Jedem »Bataillon« stand nunmehr ein sowjetischer Sergeant, der »Natschalnik«, vor. Just deutet diese Maßnahme als weiteren Beleg dafür, »dass von einer Selbständigkeit der Häftlings-Lagerleitung keinesfalls geredet werden kann«.[434]

Dennoch standen dem »Stab innere Ordnung« begrenzte Möglichkeiten zur Verfügung, sich für die Belange der Häftlinge einzusetzen. Als zentral erwiesen sich dabei die Zivilkommandanten beider Zonen, die Just mit »Schleusen« vergleicht. Ohne dass ihnen »ein Aufpasser in Person eines sowjetischen Sergeanten« vorgeschaltet gewesen wäre, lag es in ihrer Verantwortung, die sowjetischen Befehle ins Lager und neben wirtschaftlichen Fragen auch die »persönlichen Wünsche der Häftlinge« an die Lagerführung weiterzuleiten: »Gnadengesuche, Bitten um Arbeitserlaubnis, Klagen über

432 Zit. nach Das System der Konzentrationslager 1945 bis 1950, S. 56.

433 Just, Die sowjetischen Konzentrationslager, S. 29. Siehe auch Finn, Die politischen Häftlinge, S. 35.

434 Just, Die sowjetischen Konzentrationslager, S. 32.

vorgesetzte Häftlinge, Bitten um Sprecherlaubnis mit Angehörigen, um Zuteilung von Kleidungsstücken u.a.m.« wurden durch sie übermittelt.[435] Ob diesen »Wünschen« – allen voran den Gnadengesuchen oder Bitten um Familienkontakte – je stattgegeben wurde, ist den vorliegenden Erinnerungsberichten allerdings nicht zu entnehmen.

Ein seltenes Beispiel für eine erfolgreiche Intervention zugunsten der Häftlinge gab die in Odessa gebürtige Lydia B. vor der KgU zu Protokoll. Nach eigenen Aussagen stand sie vom 2. Dezember 1946 bis zum 11. Februar 1948 und wieder vom 3. Januar 1950 bis zu ihrer Entlassung am 13. Februar 1950 dem Frauenbataillon der Zone II vor. Da der zuständige »Natschalnik« »Frauen für sich in Anspruch genommen« und eine mit Syphilis angesteckt habe, hätte sie bei der sowjetischen Lagerleitung erwirkt, dass der Sergeant abgesetzt und seine Position nicht wieder besetzt wurde.[436] Lydia B. liefert damit einen der seltenen Hinweise auf die Handlungsspielräume der Funktionäre gegenüber der Lagerleitung. Ob sie dabei ihre privilegierte Position gefährdete oder der Lagerführung weiterhin genehm war, ist indes nicht zu beantworten.

Machtmissbrauch

Da die vorliegenden Erinnerungsberichte in ihrer überwiegenden Mehrheit von Gefangenen stammen, die keine gehobene Funktion im Lager innehatten, ist der real vorhandene beziehungsweise genutzte Handlungsspielraum der Funktionäre nicht auszuloten. Das Wissen der »Parias« über das Lagergeschehen reichte in der Regel nur bis zu dem Lagerzaun, der ihre »Kompanie« oder ihr »Bataillon« umgab. Einsichten in die Tätigkeit des »Stabes innere Ordnung« blieben ihnen ebenso verborgen wie die Spielräume, die der Funktionselite zur Verbesserung der Haftbedingungen offenstanden oder die sie sich zu erarbeiten wusste. Entsprechend entzog es sich nicht nur ihrer Kenntnis, ob die Funktionäre überhaupt intervenierten, sondern auch, ob diese Aktionen sanktioniert oder geduldet wurden.

Aus der Perspektive der gemeinen Häftlinge wurden der »Lagerprominenz« jedoch immense Freiräume gestattet, solange sie zu Las-

435 Ebenda, S. 29f.

436 BArchK B 289 SA 295/10–174/1, S. 1.

ten der Zwangsgemeinschaft genutzt wurden, die Gefangenen sich also selbst schädigten. Für den einzelnen Häftling schien das Kommando der Funktionäre »sehr wenig von den Russen kontrolliert« zu werden. »Die wussten, wenn das die Deutschen machen, geht das besser als wenn sie sich selbst darum kümmern. So war es denn auch.«[437] Vor allem fühlten sich die Häftlinge ihren Barackenältesten und Bataillonsstäben ausgeliefert. Das galt im Besonderen für Zone II, wo die gemeinen Häftlinge wegen der Barackensperre über keinerlei Ausweichmöglichkeiten verfügten. Der SMT-Verurteilte T. E.: »Ich sollte Barackenältester machen. Dies lehnte ich ab, um nur nicht in den schlechten Ruf dieser Leute zu kommen. Es war nicht nur der schlechte Ruf! Die Barackenältesten haben viel Schuld auf sich geladen.«[438]

Funktionshäftlinge waren jederzeit in der Lage, anderen überlebenswichtige Besitztümer wie Mantel, Pullover oder Schuhwerk abzunehmen und sich die besten Stücke zum Eigenbedarf oder für den Handel gegen Nahrung unter den Nagel zu reißen. So bezichtigt Irmgard K. die schon erwähnte Lydia B. vor der KgU, dem »Frl. A. die gesamte Oberbekleidung zum Wechseln, ein weißes Bettlaken und einen Mantel abgenommen [zu haben]. Das weiße Bettlaken entdeckten wir kurze Zeit später bei Frau B. als Sommerkleid. Das Garn, das sie zum Nähen brauchte, hat sie bei Frau P. ›beschlagnahmt‹.«[439] Dass bei diesen »Beschlagnahmungen« durch Funktionäre auch Gewalt angewendet wurde, zeigt der Brief eines ehemaligen Häftlings an die Familie eines im Lager an Misshandlungen Verstorbenen: »Es ging um ein paar gute Schuhe – wegen der Weigerung, sie herauszugeben, wurde ihm mit der Eisenstange eins übergezogen.«[440]

Besonders aber bei den »Filzungen« scheinen die Funktionäre mitgenommen zu haben, »was sie brauchen konnten, u.a. die schönen flauschigen gelb-braunen amerikanischen Militärdecken. Daraus ließ sich der zu Dicklichkeit neigende und relativ kleingeratene B. eine Art Phantasie-Uniform schneidern, in der er wie ein Teddybär aussah. Über ihn war dann im Lager der folgende Vers im Umlauf: B.

---

437 Archiv Sachsenhausen, Z. B., Erinnerungsbericht, S. 17.
438 Archiv Sachsenhausen, T. E., Erinnerungsbericht, S. 10.
439 BArchK B 289 SA 295/10–30/24.
440 Zit. aus einem Brief an die Familie N. vom 26. Oktober 1963 (Archiv Sachsenhausen, M. H.).

lebt herrlich im KZ/ er mästet sich die Wampe fett/ trägt jeden Tag ein neues Kleid/ frag nicht, woher ist Samt und Seid.«[441]

Wolfgang Sofsky erläutert in »Die Ordnung des Terrors« drei Strategien, mit denen sich Funktionshäftlinge zwecks Sicherung ihrer Position innerhalb der Lagerhierarchie an das Machtzentrum nationalsozialistischer Lager anzugleichen suchten. Bezogen auf das Speziallager Sachsenhausen steht das Beispiel des B. mit seiner »Teddybär-Phantasieuniform« für die Strategie der »mimetischen Servilität«, mit der Funktionäre durch »gestische Nachahmung [...] bis hin zur Imitation der äußeren Erscheinung« um die Anerkennung der von ihnen gefürchteten Autorität, also der Lagerleitung, buhlen.[442] Ein weiteres Beispiel für diese Verhaltensweise markieren die von den Häftlingen als »anbiedernd« empfundenen Versuche manch eines jugendlichen Melders, »sich auch in der Sprechweise ihren NKWD-Dienstherren anzupassen [und] mit rollendem ›R‹ [zu] schnarren«.[443] Die zweite Strategie, die Sofsky herausarbeitet, bezeichnet er als »vollkommenen Gehorsam«.[444] Da es den Funktionären über die schlichte Sollerfüllung eines Befehls hinaus darum gehen musste, sich als vermeintlich unentbehrlich zu präsentieren, scheint der Begriff des »vorauseilenden Gehorsams« zutreffender. Als dritte Möglichkeit der Existenzsicherung eines Funktionärs benennt Sofsky die »ökonomische Interessengemeinschaft«.[445] Dieser Euphemismus für Korruption steht für die Geschäftsverbindungen zwischen Bewachten und Bewachern, die im Idealfall einen gewissen Schutz bieten sollten.

Bei der – im weiteren Verlauf dieser Arbeit zu leistenden – Rekonstruktion des Haftregimes innerhalb des Speziallagers werden die von Sofsky ausgeführten Kategorien der »Servilität«, des »Gehorsams« und der »Interessengemeinschaft« deutlicher. Dass sie weder in den von ihm untersuchten nationalsozialistischen KZ noch in den

---

441 Archiv Sachsenhausen, Z. H., Protokoll. Der Berichtende befand sich als ehemaliger Offizier der Wehrmacht und nach seiner Entlassung aus amerikanischer Kriegsgefangenschaft von Februar bis August 1946 in der Zone II in Sachsenhausen. Dann wurde er in die Sowjetunion deportiert.

442 Sofsky, Ordnung des Terrors, S. 160.

443 Pritzkow (Pseud.), NKWD, S. 100.

444 Sofsky, Ordnung des Terrors, S. 160f.

445 Ebenda, S. 160, 162.

sowjetischen Speziallagern je in Reinform aufgetreten sind, versteht sich von selbst. Wichtig ist allein, dass sie die soziale Abhängigkeit der Funktionäre innerhalb der Lagerhierarchie verdeutlichen. Denn alle genannten Strategien zielten immer auf den Erhalt der verliehenen Machtfülle und sollten das »Abrutschen« zurück in die anonyme Masse der Häftlinge verhindern, die Anbiederung nach oben diente der Abgrenzung nach unten.

Die Grenzlinie zwischen oben und unten wurde mitunter brutal verteidigt. Zur schlagkräftigen Durchsetzung des auch »mit Tirolerhütchen, Lederhandschuhen [...] und Gerte in der Hand«[446] demonstrierten Machtanspruchs befähigte schon die deutlich bessere physische Verfassung der Funktionäre. Ihre Gewalt war derart gegenwärtig, dass von »Ohrfeigen und Faustschlägen ins Gesicht kein Aufhebens gemacht wurde«.[447] Einige der Funktionäre mussten nicht einmal selbst Hand anlegen, um ihre Vormachtstellung unter Beweis zu stellen:

> »Die meisten Barackenältesten wurden mit der Zeit korrupt, sie bildeten einen Stab um sich und ein Rollkommando, das in der Baracke mit Gewalt für Ordnung sorgte. Belohnt wurden diese Leute durch Nachschläge bei der Essensverteilung. Häftlinge, die aufmuckten, wurden nachts vom Rollkommando im Waschraum zusammengeschlagen. [...] Immerhin habe ich es einmal erlebt, wie der Barackenälteste von Baracke 43 vom [sowjetischen, B. G.] Sergeanten abgesetzt und in den Karzer gebracht wurde. Ein neuer Scheich wurde aus der Mitte der Häftlinge gewählt und eingesetzt. Es ging ein paar Wochen gut, dann hatte der neue Scheich die alten Knastgewohnheiten angenommen und es war wie vorher.«[448]

Die Korrumpierbarkeit eines Funktionärs scheint also weniger von der Person abhängig gewesen zu sein als vielmehr von der Position, die das Überleben sicherte. Sie zu verlieren konnte einem Todesurteil

446 Archiv Sachsenhausen, L. S., Protokoll.

447 »Im Karzer darfst Du ihn totschießen.« Otto B. als krimineller Schläger bekannt – der 54. Zeuge, *Norddeutsche Zeitung* vom 7. Dezember 1955. Die Dramatisierung des Verbs in der Überschrift des Zeitungsartikels verdankt sich journalistischer Effekthascherei. Das im Artikel verwendete Wort, das mit dieser Überschrift aufgegriffen wird, heißt »totschlagen«. Hinzu kommt, dass keinesfalls davon auszugehen ist, dass die Häftlinge über Schusswaffen verfügten.

448 Archiv Sachsenhausen, W. K., Erinnerungsbericht, S. 4.

gleichkommen – sei es zu Zeiten extremen Hungers wie 1946/47 oder während der Spätphase des Lagers durch Racheakte der Minderprivilegierten.

Überdies ist zu fragen, welche Freiräume die sowjetische Lagerleitung den Funktionären zugestand, ihre Position gegenüber den gemeinen Häftlingen zu behaupten oder auch zu missbrauchen. Welche Vergehen wurden geduldet, welche geahndet? Diesen Handlungsspielraum auszuloten, ist nicht einfach. Den gemeinen Häftlingen waren die genauen Gründe für eine Amtsenthebung vielfach nicht bekannt, der Funktionär war häufig so plötzlich verschwunden wie er zuvor inthronisiert worden war. Sie konnten nur Vermutungen anstellen, wie im Fall eines Barackenältesten, nach dessen Absetzung die Häftlinge über eine versuchte Vergewaltigung eines Mithäftlings munkelten.[449] Doch auch wenn es sich bei den in den Erinnerungsberichten angeführten Gründen mehrheitlich um Vermutungen oder gar Wunschdenken der zuvor schikanierten oder gequälten Gefangenen handeln sollte, von einem harten oder konsequenten Eingreifen der sowjetischen Lagerleitung kann, wie die folgenden Beispiele zeigen, keinesfalls die Rede sein.

Anfang Februar 1950 sprachen zwei kurz zuvor aus Sachsenhausen entlassene Häftlinge vor dem Magistrat der Stadt Groß-Berlin vor. Sie bezichtigten den Führer eines Arbeitskommandos im Lager, »einen Kameraden totgeschlagen« zu haben. Dafür wurde er, wie sie zu Protokoll gaben, »von der russ[ischen] Lagerleitung mit ›20 Tagen Karzer‹ bestraft«.[450] Totschlag, so diese Aussage den Tatsachen entspricht, wurde also sowjetischerseits geahndet. Allerdings mit einem Strafsatz, der ausweislich anderer Haftberichte auch für unerlaubtes Lesen verhängt werden konnte.[451] Der Bau eines Radiodetektors wurde noch härter bestraft. Konrad M., der Häftlingskommandant der Zone I, erhielt dafür zusammen mit 40 weiteren Funktionshäftlingen im Oktober 1949 eine Karzerstrafe mit anschließender Überstellung in eine Sperrbaracke. Wenig später wurden sie in die Sowjetunion deportiert.[452] Verstöße gegen die Lagerordnung fielen also stärker ins Gewicht als Vergehen gegen Mithäftlinge. Das bestätigt auch eine Aussage eines ehemaligen Häftlings vor der KgU: Der Anführer des

449 Archiv Sachsenhausen, K. A., Erinnerungsbericht, S. 34.
450 BArchK B 289 SA 295/10–30/16.
451 BArchK B 289 VA 295/10/14.
452 Das System des kommunistischen Terrors, S. 50.

III. Bataillons »unterschlug Nahrungsmittel, lebte damit herrlich und in Freuden und als er sich am Neujahrstage 1948 Pfannkuchen backen ließ, wurde es sogar dem Russen zu viel und er kam in den Karzer«.[453]

Diese Beispiele stehen für die wenigen überlieferten Eingriffe der sowjetischen Lagerleitung in das brutale oder der Selbstbereicherung dienende Kommando der Funktionshäftlinge. Der Internierte Z.B. hatte mitunter den Eindruck, »der Russe wollte das gar nicht« – gemeint sind die brutalen Übergriffe. »Aber sie sagten nichts. Sie sahen es ja auch nicht immer.«[454] Andererseits gibt es Beispiele für eine Komplizenschaft der sowjetischen Aufseher. 1955 musste sich der Barackenälteste Otto B. wegen Misshandlung von Mithäftlingen, Freiheitsberaubung und Körperverletzung mit Todesfolge in Hildesheim vor Gericht verantworten. In dieser Verhandlung kam eine »Lagererfindung« zur Sprache, die B. von dem vorherigen Ältesten der Baracke 47 in Zone II, Isidor W., »geerbt« hatte.[455] W. hatte zwischen zwei Pritschen eine Art Hundehütte gebaut, »in die er diejenigen, die ihm nicht passten oder die sich darüber aufregten, dass er sich zuviel Essen abzweigte, [einsperrte] und wenn das Essen kam, musste der betroffene Häftling wie ein Hund bellen, damit er etwas zu essen bekam«.[456]

453 BArchK B 289 VA 295/10/12, S. 2.

454 Archiv Sachsenhausen, Z. B., Erinnerungsbericht, S. 14f.

455 Otto B. wurde in diesem Prozess freigesprochen. Isidor W. verbüßte eine zweijährige Freiheitsstrafe wegen gefährlicher Körperverletzung von Mithäftlingen in Berlin-Moabit (»Otto B. auf freiem Fuß«, *Hannoversche Allgemeine Zeitung* vom 12. Dezember 1955. Zu Isidor W.: »Schinderknecht unter Menschen«, *Volksblatt* vom 18. November 1955 [vgl. BArchK B 289 SA 295/10–30/34]).

456 BArchK B 289 SA 295/10–30/26, S. 2. Ein Häftling namens Thilo R. wurde von Otto B. wiederholt in der Hundehütte eingesperrt. R. E. zufolge handelte es sich dabei um eine Strafe, weil Thilo R. Mithäftlingen wiederholt Brot gestohlen haben soll (Archiv Sachsenhausen, R. E., transkribiertes Interview vom September 1997, S. 34f.). Auch Putzer erwähnt, dass Thilo R. wegen Brotdiebstahls in die Hundehütte gesperrt wurde. Er ergänzt, dass Thilo R. daran schließlich erkrankte und ins Lazarett verlegt wurde, wo er verstarb (Putzar, Im Schatten, S. 246). In anderen Berichten wird Otto B. die Schuld am Tod von Thilo R. direkt zugewiesen, da er ihn nicht nur in die Hundehütte gesperrt, sondern auch mit Lederriemen geschlagen habe (»Auf meinen Eid: B. hat Tilo mit dem Riemen geschlagen«, *Hannoversche Presse* vom 8. Dezember 1955).

Bei dem Prozess gegen Otto B. wurden 54 Zeugen gehört. Ihren Aussagen zufolge wurde das beschriebene »Schauspiel« auch zum »Ergötzen der sowjetischen Wachmannschaften aufgeführt«,[457] die sich bei den Barackenältesten »mit Tabakgeschenken« erkenntlich zeigten.[458] Das Verhalten von Isidor W. und Otto B. wurde also gebilligt, die Demütigung und Erniedrigung von Häftlingen toleriert. Einer weiteren Karriere als Funktionär war dergleichen zudem nicht abträglich, wie sich Werner Pfeiffer erinnert, der ebenfalls auf der Baracke 47 gelegen hatte: Ende 1947 avancierte Isidor W. zum Häftlingskommandanten der Zone II.[459]

Der Machtmissbrauch gegenüber den untergeordneten Häftlingen wurde hingegen in weiten Teilen geduldet, was der »Korruption und Willkür« der Funktionäre »Tür und Tor« öffnete, wie schon 1950 in der Sopade-Denkschrift »Das System des kommunistischen Terrors« festgehalten wurde.[460] Je höher der Funktionär dabei in der Hierarchie stand, desto mehr scheint der drohende Verlust der privilegierten Position von seinem Schrecken verloren zu haben:

> »So gehörte es unbedingt zum guten Ton, dass ein Batailloner einmal im Karzer gesessen hatte. Kam er heraus, wurde er nicht wieder Bataillonsführer, sondern Arbeitseinsatzleiter und hatte nun noch viel größere Macht. Dann kam vielleicht ein Abstecher ins Küchenkommando und ein Brigadierposten. Alles das war mit Vorzugsessen verbunden.«[461]

Pritzkows Worte lassen mafiöse Züge innerhalb der Funktionselite erahnen. Wer als »Oberhaupt« dieser Patronagestruktur fungierte, ist nicht zu belegen. Systembedingt ist an die deutschen Zivilkommandanten beider Zonen zu denken.

Vor allem aber greift Pritzkows Aussage noch einmal auf, was in den vorangegangenen Zitaten mehrfach angeklungen ist: Die Häft-

---

457 »Kameradenschinder leugnet beharrlich«, *Hannoversche Allgemeine Zeitung* vom 6. Dezember 1955.

458 »Tabakgeschenke für Greueltaten«, *Der Tag* vom 7. Dezember 1955 (vgl. BArchK B 289 295/30/1).

459 Pfeiffer, Abgeholt, S. 69. Bei Putzar heißt es hingegen, dass die Baracke 47 Otto B. und Isidor W. »wie beiläufig los« wurde, als die Unterkunft Mitte 1948 wegen der Wanzenplage desinfiziert und neu belegt wurde. »Wohin, blieb unklar, war aber auch jedem gleichgültig« (Putzar, Im Schatten, S. 257).

460 Das System des kommunistischen Terrors, S. 48.

461 Pritzkow (Pseud.), NKWD, S. 58.

linge fühlten sich dem Regime der Funktionäre »erbarmungslos ausgeliefert«.[462] In ihren Augen war die Funktionselite durchsetzt mit »Kriminelle[n] und andere[n] Elemente[n]«,[463] die die ihnen verliehene Macht individuell missbrauchten und den Kodex einer Kameradschaft unschuldig Verfolgter verhöhnten. In der Ausnahmesituation des Lagers hatte sich dieser auf »nur eine Aufgabe« reduziert, wie Putzar die Worte eines Barackenältesten und für ihn väterlichen Freundes wiedergibt: »Man muss hier rauskommen«, also überleben. Und das »möglichst so, dass man sich noch im Spiegel anschauen kann. Nicht mehr, aber auch nicht weniger.«[464] Dass zahlreiche Funktionäre diesen Verhaltenskodex brachen und als unmittelbare Stellvertreter der sowjetischen Lagermacht die Häftlinge terrorisierten, steigerte die Ohnmacht der Inhaftierten.

Zwangsgemeinschaften

Der Alltag der gemeinen Häftlinge war von Willkür, Hunger, Vereinzelung und Leben auf engstem Raum bestimmt. Dafür sorgte schon die Praxis der Barackenbelegung. In der Anfangsphase wurden die Häftlinge in alphabetischer Reihenfolge auf die Stammbaracken verlegt.[465] Wenig später ging man dazu über, einzelne Transporte geschlossen in ihre Unterkünfte einzuweisen. Im weiteren Verlauf der Haftzeit wurden dann auf Weisung der sowjetischen Leitung »sämtliche Kompanien ein- bis zweimal in den Lagerunterkünften umverlegt«.[466] Auch wurden einige der Arbeitskommandos zeitweise zusammengelegt.[467] Manche Barackenbelegschaften wurden infolge größerer Aktionen gegen Ungeziefer kurzfristig auf andere »Kompanien« verteilt.[468] Wohnbaracken wurden, wie erwähnt, in Kranken- oder Isolierbaracken umfunktioniert, andere wurden infolge der Todesfälle neu »aufgefüllt«. So wechselte beispielsweise W. K.,

462 Das System des kommunistischen Terrors, S. 61.

463 Ebenda; siehe auch Archiv Sachsenhausen, H. H., transkribiertes Interview, S. 32.

464 Putzar, Im Schatten, S. 234.

465 BArchK B 289 SA 295/10–19/12, S. 1.

466 Das System der Konzentrationslager von 1945 bis 1950, S. 118.

467 Das gilt zum Beispiel für die Lagerfeuerwehr (Archiv Sachsenhausen, Z.B., Erinnerungsbericht, S. 26).

468 Putzar, Im Schatten, S. 257.

Ernst Zander (Hg.)
Jugend hinter Stacheldraht
und danach ...
Rainer Hampp Verlag

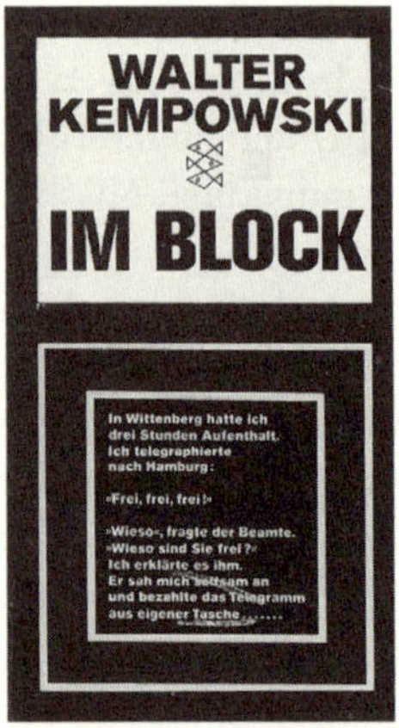
WALTER KEMPOWSKI
IM BLOCK
In Wittenberg hatte ich drei Stunden Aufenthalt. Ich telegraphierte nach Hamburg:
»Frei, frei, frei!«
»Wieso«, fragte der Beamte. »Wieso sind Sie frei?«
Ich erklärte es ihm.
Er sah mich seltsam an und bezahlte das Telegramm aus eigener Tasche ......

MARGRET BECHLER
Warten auf Antwort
Ein deutsches Schicksal
ULLSTEIN

Werner Pfeiffer
Kurierwagen E.A.Z.4
Der Wagen läuft mit Begleiter im Auftrag der S.M.A.
Abgeholt
Chronik einer geraubten Jugend
Gütersloh 2000

ARNULF H. K. PUTZAR
IM SCHATTEN EINER ZEIT
STOCK & STEIN

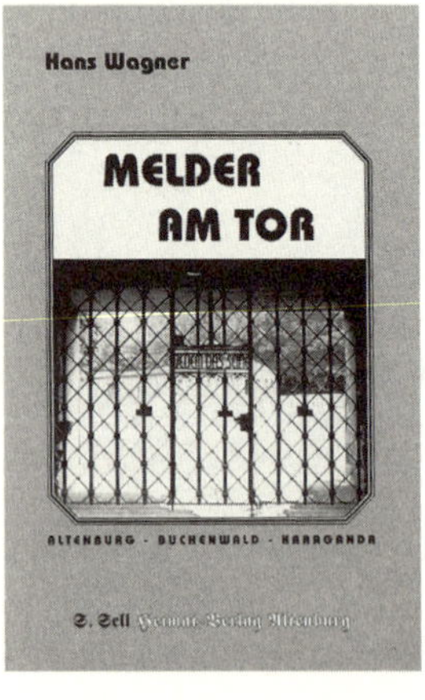
Hans Wagner
MELDER AM TOR
ALTENBURG · BUCHENWALD · KARAGANDA

auch aufgrund mehrerer Lazarettaufenthalte, während seiner vierjährigen Haftzeit mehr als 25-mal die Unterkunft, ein anderer erinnert acht Umzüge innerhalb des Lagers.[469] Jede dieser meist plötzlichen Verlegungen konnte für den Einzelnen nicht nur den Verlust sorgsam versteckter, weil verbotener, Gegenstände wie einer Bleistiftmine oder einer selbstgemachten Nadel beinhalten. Die Ankunft in einer anderen Baracke bedeutete auch, mit der schlechtesten Bettstätte vorliebnehmen zu müssen und bei der Essenausteilung als Letzter an die Reihe zu kommen. Auch war das »Barackenfeinklima« zu erlernen, um die soziale Isolation in der neuen Unterkunft zu durchbrechen.[470]

In den Baracken stand nur dem Kompanieführer eine Privatsphäre zu. Er verfügte, so ist es vor allem für Zone II überliefert, über einen eigenen Raum mit Tür, »den ein Häftling nur nach Aufforderung betreten durfte«.[471] Die anderen Bewohner der Baracken lebten hingegen in klaustrophobischer Enge, für sie gab es keinerlei Rückzugsmöglichkeiten.[472] Körperliche Bewegung war aufgrund der Barackensperre, die in Zone I bis Juli 1946 und in Zone II bis April oder Mai 1948 aufrechterhalten wurde,[473] auf halbstündige Aufenthalte an der frischen Luft begrenzt.[474] Gespräche unter den Häftlingen waren während dieser Zeit untersagt.[475] Ansonsten gliederte sich

---

469 Archiv Sachsenhausen, W. K., Erinnerungsbericht; und Archiv Sachsenhausen, T. E., Gedächtnisprotokoll vom April 1990. Die Lagerbürokratie scheint nicht immer mit den Verlegungen Schritt gehalten zu haben. Der hier zitierte T. E. wurde im Januar 1950 in Zone II zur Entlassung aufgerufen, obwohl er in Zone I im Lazarett lag.

470 »Ich kam zur Baracke 3 des I. Bataillons. [...] Ich lag dort mit einem Studienkollegen zusammen, [...] der mich sogleich über das örtliche ›Barackenfeinklima‹ aufklärte, das überall anders aussah. Wenn man das nicht kannte, drohte man überall anzuecken« (Pritzkow [Pseud.], NKWD, S. 109).

471 Archiv Sachsenhausen, M. H.-J., Protokoll vom 7. Mai 1990.

472 Kempowski berichtet aus Bautzen, dass sich die Häftlinge mit Decken kleine Verhaue in ihren »Bunkbetten« bauten, an deren imaginäre Tür anzuklopfen war (Kempowski, Im Block, S. 123). Decken gab es allerdings frühestens ab 1947.

473 BArchK B 289 VA 295/10/14, S. 4; und Archiv Sachsenhausen, R. P., Protokoll vom März 1997.

474 T. E. berichtet, dass es in Zone II bis in den Sommer 1947 gar keine Spazierzeiten gab (Archiv Sachsenhausen, T. E., Erinnerungsbericht, S. 2).

475 Archiv Sachsenhausen, K. A., Protokoll vom Mai 1990.

der Tag in einen Morgen- und Abendappell im Freien, die ungeachtet des Wetters mitunter Stunden andauerten, und in die Ausgabe der Essensrationen. Der Rest der Zeit bestand aus Warten.[476]

Der Gedanke an eine Entlassung oder ein Leben außerhalb der streng gesicherten Lagermauern erschien zunehmend irreal, das Leben schrumpfte auf die Existenz im Lager, zumal sich das Strafmaß der Verurteilten in Sachsenhausen in der Regel auf bis zu 15 Jahre belief – ein Zeitraum, der zumindest für die verurteilten Jugendlichen in etwa ihrem Lebensalter entsprach. Den Internierten fehlte hingegen jegliches Wissen über Maß und Dauer ihrer Haftzeit.

> »Es gab auch wegen der jahrelangen Trennung von Familie und Angehörigen, ebenso wegen der geistigen Tiefhaltung im Lager, neben der physischen Unterdrückung, eine sich stark bemerkbar machende psychische Verkümmerung. Gedanken und Gesprächsstoffe reduzierten sich bei vielen Kameraden auf die Vorstellungen primitivster Lebenserhaltung. Essen und Kleidung, eben die Dinge von Lebensnotwendigkeit, die im Lager Mangelware waren.«[477]

In dieser Situation gaben sich manche auf, andere knüpften ihre Hoffnungen an Stalins Geburtstage oder Revolutionsfeiertage, die Anlass für Gerüchte (»Parolen«) bevorstehender Amnestien boten.

> »Einer erzählte mir: ›Das Lager wird aufgelöst. Hier kommen Kriminelle rein, und wer von uns will, wird als Aufseher eingestellt.‹ Ich hörte mir das an. Nach einer Weile fragte er: ›Weißt du nichts neues?‹ Ich erwiderte: ›Nein.‹ Da sagte er: ›Du weißt doch von der Lagerauflösung.‹ Als ich ärgerlich meinte, ›das hast du mir doch erzählt‹, erwiderte er: ›Erzähl du das auch, dann glaube ich es.‹«[478]

Ob derartige »Parolen«, wie es bei André Sonnet heißt, absichtlich von der sowjetischen Lagerleitung in Umlauf gebracht wurden, »um die Häftlinge seelisch mürbe zu machen«, ist nicht abzuschätzen.[479]

---

476 »Der Tagesablauf der Häftlinge der Baracke 43 [in Zone II, B. G.] bestand aus Warten! Wir saßen an den Bänken und Tischen und warteten« (Archiv Sachsenhausen, W. K., Erinnerungsbericht, S. 4).

477 Archiv Sachsenhausen, K. H., Erinnerungsbericht, S. 5.

478 Wosny, Erlebnisse, S. 69f.

479 Sonnet, Bolschewismus, S. 84. Über die zermürbenden Folgen von »Parolen« berichtet auch Pfeiffer: »Als dann der große Tage der Oktoberrevolution vorüberging, ohne dass sich auch das geringste Anzeichen einer Entlassungsaktion wahrnehmen ließ, brach für viele eine Welt zusammen. Die Folgen waren verheerend. Plötzlich meldeten sich bei jedem Ambulanzgang 30 bis 40 Barackeninsassen krank. Natürlich

Sicher ist jedoch, dass sie für viele eine Hoffnung auf Überleben in einem zeitlichen Vakuum darstellten: »Man glaubte, die sowjetischen Besatzungsbehörden hätten uns hier schlicht vergessen und wir müssten bis zum Ende unserer Tage hierbleiben.«[480] Das »Ende der Tage«, den Tod, hatten die Häftlinge permanent vor Augen – ob sie nun den Bettnachbarn bei der »morgendlichen Bettkontrolle steif und still« neben sich liegen sahen[481] oder dem Tod im Dutzend begegneten:

> »Ich bekam den Auftrag, Heizmaterial in die einzelnen Stationen [des Lazaretts, B.G.] zu tragen. [...] Man sagte mir, dass die Kohlen im Keller der Pathologie lägen. In den Keller führte eine Rampe. Ich fand gekachelte Räume vor. In dem Raum, den ich zuerst betrat, lagen etwa zwanzig Tote, mit einem Zettel zwischen den Zehen, auf einem Holzrost. [...] Ich sah die Toten noch Tage und Nächte vor mir. Dieses Erlebnis brachte mir die Lage, in der ich mich befand, so richtig ins Bewusstsein. Werde ich das hier überleben? Komme ich hier wieder raus? Wenn ich sterbe, wissen meine Angehörigen nicht mal, wo ich verscharrt worden bin.«[482]

In dieser zeit- wie zukunftslosen Enge einer anonymen Masse, dem Gestank, Gezeter, der Verrohung der Sprache und der Umgangsformen sowie der zwangsweisen Gewöhnung an den allgegenwärtigen Tod bot sich dem Häftling als Abgrenzungsmöglichkeit und zur Sicherung des eigenen Überlebens nur der Rückzug auf sich selbst. Seine Vereinzelung war das Produkt und nicht der Gegensatz zu der »Masse Mensch«, die ihn Körper an Körper umgab.

Es nimmt daher wenig wunder, dass in den Erinnerungsberichten allenfalls die Rede davon ist, dass »man sich nur im engsten Kreis um seinen Nebenmann kümmerte«.[483] Man sprach sich mit »Kamerad« und »du« an, teilte sich des Nachts zu Dritt eine Decke, so dass wenigstens der abwechselnd in der Mitte Schlafende gewärmt wurde. Lern- und Erzählgruppen bildeten sich, mitunter auch religiöse Zirkel. In den Erinnerungsberichten werden diese Beispiele häufig als Belege einer solidarischen Kameradschaft bewertet. Doch wie schon

---

konnte das Lazarett diesen Ansturm nicht fassen. Viele Kranke mussten auf die Baracke zurück, viele, die eine Aufnahme im Lazarett erreichten, sahen wir nie mehr wieder« (Pfeiffer, Abgeholt, S. 69).

480 Archiv Sachsenhausen, S. H.-D., Erinnerungsbericht, S. 353.

481 Pritzkow (Pseud.), NKWD, S. 95.

482 Steinhaus, Verlorene Jugend, S. 54.

483 Archiv Sachsenhausen, R. E., Erinnerungsbericht, S. 51.

in den »GPU-Kellern« mussten viele Häftlinge auch in den Lagern erfahren, dass es sich bei diesen Hilfestellungen um Leistungen von Zweckgemeinschaften handelte, die zeit- und sachgebunden waren. Oder wie es bei K. H. heißt: Die Beziehungen der »Normal-Lagerinsassen untereinander [waren] im allgemeinen nur soweit kameradschaftlich [...], wie nicht lebenserhaltende Interessen berührt wurden«.[484] Sobald sich dem Einzelnen verbesserte Möglichkeiten des Selbsterhalts boten, löste sich die Zweckgemeinschaft auf. Diese Erfahrung machte zum Beispiel Arnulf Putzar noch im Alt-Strelitzer Gefängnis. Zwei seiner Freunde, mit denen er zusammen verurteilt worden war und eine Zelle teilte, hatten Posten auf dem Krankenrevier ergattert. Von ihnen erhoffte er sich vergebens einen kleinen Anteil ihrer verbesserten Verpflegungssätze. Was er zu hören bekam, waren Ausflüchte. Dann ging man ihm aus dem Weg.[485]

Das eindringlichste Beispiel für die Zweckgemeinschaften unter den Häftlingen markiert der Tauschhandel. Hauptwährung war eine Tagesration Brot, die als Kuhle bezeichnet wurde. Für drei oder vier Kuhlen waren eine Decke oder ein Paar Schuhe zu erstehen, eine »aktive« Zigarette kostete eine halbe Kuhle Brot.[486] Die zweite Hauptwährung war Machorka-Tabak (als »passive« Zigarette). Trotz der strikten Abschottung wurde zonenübergreifend mit allem und vor allen Dingen mit verbotenen Gegenständen gehandelt: Auf Bestellung strickten die Frauen aus aufgeribbelten Stoffen oder Mehlsäcken Pullover für die Männer,[487] Bücher, Papierfetzen und Stifte waren gegen Kuhlen im Umlauf,[488] auch die heimlichen Gottesdienste mussten mitunter mit Brot bezahlt werden.[489]

Selbst Fiktionen wurden verkauft: »Es gab Bauern, manchmal auch nur solche, die vorgaben, Bauern zu sein und einen schönen Hof zu besitzen. Sie verkauften jetzt einen Sack voll Kartoffeln oder Hafer oder was sich gerade anbot und ließen sich mit einer Kuhle Brot bezahlen.«[490] Arnold Bacmeister berichtet aus Buchenwald, dass

---

484 Archiv Sachsenhausen, K. H., Erinnerungsbericht, S. 5.

485 Putzar, Im Schatten, S. 180f.

486 Das System der Konzentrationslager von 1945 bis 1950, S. 102.

487 Prieß, Sachsenhausen, S. 403.

488 Prieß, Speziallager Nr. 7, S. 75.

489 Archiv Sachsenhausen, R. E., transkribiertes Interview vom September 1997, S. 34.

490 Berner, Spezialisten, S. 105.

»Gutscheine« für französischen Rotwein, um dessen bisher unentdecktes Versteck der Käufer angeblich wusste, gegen Brot getauscht wurden.[491] Ein weiteres Beispiel für den Missbrauch erinnert Putzar. Vom »Hören-Sagen« weiß er um den Tod eines Kameraden, der Flieger-Willi genannt wurde: »Infolge langdauernder Durchfallerkrankung war der so weit geschwächt gewesen, dass ihm ein skrupelloser Mithäftlinge Läusepulver oder so etwas als unfehlbares Stopfmittel hatte andrehen können. Im Tausch gegen Brot natürlich.«[492]

Auch die Neuankömmlinge wurden unmittelbar nach ihrer Ankunft im Lager in den Tauschhandel einbezogen. Als André Sonnet im Mai 1947 in Quarantäne lag, machten sich an den rückwärtigen und vergitterten Fenstern der Baracken »Internierte bemerkbar, die sich flüsternd unterhalten, was sie [die Neuzugänge, B.G.] zu verkaufen haben. Gefragt werden seidene Hemden, seidene und wollene Unterwäsche, neue Schuhe, Hüte, Krawatten und dergleichen. Alle diese Dinge werden gegen Brot und Tabak getauscht. Die Händler sind Beauftragte der Prominenz, der Bäcker, Köche, Schuster und Schneider, die vermöge ihres Kontaktes mit den Offizieren der Lagerverwaltung über die begehrten Güter verfügen.«[493]

Dass manche Funktionäre mitunter enge Handelsbeziehungen zu den sowjetischen Wachmannschaften und auch der Lagerleitung unterhielten, wird später aufzuzeigen sein. Dass sie den Tauschhandel dominierten, sei hingegen schon hier erwähnt. So hatten zum Beispiel die Funktionäre, die in der Küche arbeiteten, Zugriff auf Essgeschirr, ein Gut, das allen Häftlingen erst ab 1946 gestellt wurde.[494] Bis zu diesem Zeitpunkt waren die Gefangenen auf leere Konservendosen oder Ähnliches aus der Küche angewiesen, die von den Neuzugängen erst zu erstehen beziehungsweise zu organisieren waren. Für die erste Ausgabe einer warmen Mahlzeit im Lager – der ersten seit zwei oder mehr Tagen – war ihnen erlaubt worden, sich Schüsseln zu teilen. »In Zukunft [aber], also ab morgen, sollte keiner mehr etwas zu essen bekommen, der nicht ein Essgeschirr besaß.«[495] Mit dieser Androhung

491 Bacmeister, Der lange Weg, S. 206.

492 Putzar, Im Schatten, S. 232.

493 Sonnet, Bolschewismus, S. 82.

494 Pritzkow (Pseud.), NKWD, S. 96.

495 Berner, Spezialisten, S. 88. Ob diese Anweisung von der sowjetischen Lagerleitung oder den Funktionshäftlingen ausgegeben wurde, erwähnt er nicht.

sahen sich die Neuankömmlinge in eine Zwangssituation versetzt, die die Lagerexistenz der gemeinen Häftlinge dauerhaft definierte. Denn während sich die ohnehin privilegierten Funktionäre ein Zubrot verdienten, mussten sie sich auf einen Tauschhandel einlassen, um ihr Überleben abzusichern. Genau das aber war mit einem hohen persönlichen Risiko verbunden, weil es den Häftlingen laut Lagerordnung verboten war, »zu tauschen und zu handeln«.[496]

> »Ich als Melder konnte ja zwischen der Vorzone und drinnen im Lager immer pendeln und da habe ich dann Schuhe mitgenommen, bis – ich weiß nicht, ob mich einer verpfiffen hat, der V. hat die Schuhe gemacht und ich habe sie geschmuggelt und bin in den Karzer gekommen. Zehn Tage, bei halber Ration.«[497]

Der Berichtende, Jahrgang 1929, nahm als Melder eine privilegierte Position innerhalb des Lagergeschehens ein. Vorher hatte er dem Arbeitskommando in der Schuhmacherei angehört. Er verfügte daher über Kontakte und den notwendigen Zugang zu Waren, die sich »im größeren Stil« an den Mann bringen ließen. Und er war in ein Netzwerk eingebunden, das ihm, nachdem er aufgeflogen war, Schutz bot. Statt der zehn Tage, die ihm als Strafe auferlegt worden waren, musste er daher nur zwei oder drei Tage im Karzer verbringen. »Denn der Vernehmungsoffizier, der Kolowatinko [Golowatenko, B.G.], der hatte drei Paar neue Stiefel bei uns in der Schuhmacherei in Arbeit.« Der Kommandoführer, ein sowjetischer Häftling namens W., nutzte die Gelegenheit, bei Golowatenko zu intervenieren: »Du musst den Kleinen wieder rauslassen aus dem Bau, der kann am besten die Hinterklappen einnähen.«[498]

An diesem Beispiel wird deutlich, dass das Risiko, das ein Häftling mit einer Transaktion einging, nicht zuletzt von seiner Position innerhalb des sozialen Gefüges des Lagers abhing. Je höher die Position war, desto größer waren also nicht nur die Möglichkeiten, einen Handel abzuschließen, sondern mitunter auch die Chance, mit einer abgemilderten Strafe davonzukommen oder diese wegen der bisher genossenen Zusatzverpflegung besser zu überstehen. Wer aber weder der Funktionselite noch einem Arbeitskommando angehörte, lief Gefahr, ein

---

496 »Provisorische Lagerordnung« vom 20. Oktober 1946, Punkt V.6.h, vgl. *Beiträge zur Geschichte der Arbeiterbewegung* (4/1991), S. 535.

497 Archiv Sachsenhausen, S. A., transkribiertes Interview, S. 9. Leider berichtet er nicht, was er im Gegenzug für den Schuhschmuggel kassierte.

498 Ebenda.

Handelsgeschäft mit dem Leben zu bezahlen, weil die Karzerstrafe bei verminderten Rationen den Tod bedeuten konnte. Doch gerade die, die über keine Vergünstigungen verfügten, waren gezwungen, das Handelsverbot zu brechen. Zwar erwuchsen aus dieser Notwendigkeit sach- und zeitgebundene Zweckgemeinschaften unter den gemeinen Häftlingen, jedoch handelten Käufer und Verkäufer auf eigene Gefahr, was die Vereinzelung der Gefangenen wiederum beförderte.

So zweckgebunden die Bindungen unter den gemeinen Häftlingen auch waren – »niemand«, wie es bei Erika Riemann heißt, konnte »es sich unter den Bedingungen eines Gefangenenlagers leisten, aus der Gemeinschaft ausgeschlossen zu werden. Allein überlebt[e] man nicht.«[499] Die Kameradschaft kam einer Überlebensversicherung gleich, die jedoch durch drei Aspekte, die wegen ihrer grundlegenden Bedeutung für das Lagergeschehen in eigenen Kapiteln dargestellt werden, gefährdet war: durch den allgegenwärtigen Hunger, die erzwungene Untätigkeit und das seitens der »Operativ-Gruppe« des NKWD alimentierte Spitzelwesen. Zusammengenommen begründeten sie ein unhintergehbares Misstrauen.

> »Natürlich war auch wegen der Spitzeltätigkeit meist ein vorsichtiges Verschweigen persönlicher Angelegenheiten vorhanden. Aber auch der infolge des Hungertriebes stark vorhandene Egoismus verhinderte eine weitergehende Bindung, wenn man sich nicht von draußen her kannte oder eine gegenseitige ›Gewissheit‹ besaß.«[500]

Bestrafungen

Mit Blick auf das Haftreglement unterscheiden sich die Lagerordnungen des NKWD vom Juli 1945 und Oktober 1946 kaum. Nur zwei Ergänzungen finden sich in der überarbeiteten Version. Sie betreffen das Handelsverbot für die Gefangenen sowie die Vorgabe, Funktionshäftlinge in die lagerinterne Verwaltung einzubinden. Die Lagerordnungen waren auf das Notwendigste beschränkt und umfassten lediglich drei Ge- und acht Verbote, mit denen vornehmlich die Besitztümer der Häftlinge geregelt wurden. So war ihnen der Besitz von Toilettenartikeln, Essgeschirr und Brettspielen wie Dame und Schach erlaubt, spitze und scharfe Gegenstände, Glücksspiele

---

499 Riemann, Schleife, S. 112.

500 Archiv Sachsenhausen, K. H., Erinnerungsbericht, S. 5.

und Alkoholika sowie beschriebenes und unbeschriebenes Papier waren verboten.[501] Vorangestellt war diesem Katalog die pauschale Verpflichtung aller Häftlinge, dem sowjetischen Lagerpersonal höflich zu begegnen,[502] ihren Forderungen Folge zu leisten, den Tagesablauf einzuhalten und für die Sauberkeit der Baracken und des Lagers selbst verantwortlich zu sein.

Das Hauptziel beider Lagerordnungen bestand in der Verhinderung von Fluchten. Um sie von vornherein zu unterbinden, waren die Insassen von der Außenwelt zu isolieren und innerhalb des Lagers in ihrer Bewegungsfreiheit sowie in ihrer Kommunikation in einer für die Lagerleitung fremden Sprache einzuschränken. Entsprechend waren laut der Lagerordnungen Kontakte zur Außenwelt, also Besuche oder Briefe, verboten. Innerhalb des Lagers durften sich die Gefangenen nur in festgelegten Bereichen bewegen. Das Betreten anderer als der eigenen Baracke war untersagt. Zudem wurde die schon erwähnte Barackensperre praktiziert. Diese Maßnahme wurde jedoch von keiner der Lagerordnungen vorgegeben. Es ist daher denkbar, dass ein weiteres, bis heute nicht bekanntes Reglement existierte, das sich speziell Sicherheitsfragen widmete. In diese Richtung weisen auch alle Verbote, mit denen die persönlichen Kontakte der Gefangenen untereinander eingeschränkt wurden. Darunter fallen das Sprechverbot während der »Spazierzeiten« wie auch das Verbot von Lerngruppen oder Interessengemeinschaften, in denen die Häftlinge sich gegenseitig Unterricht erteilten oder Filme, Bücher oder Reisen nacherzählten. Oder wie es bei R. E. heißt: »Es war gefährlich, Freundschaftsgruppen zu bilden.«[503] Auch die Ausübung religiöser Rituale war untersagt. Explizit verboten war jedoch nur das »Singen und Lärmen«. Beide Lagerordnungen erweisen sich daher als nur bedingt aussagekräftig, um das gesamte existierende Regelwerk zu erfassen.

Informativer erscheint auf den ersten Blick die offizielle Statistik über im Lager verhängte Disziplinarstrafen, die in sowjetischer Dik-

---

501 Die einzige Ausnahme stellte die Quittung dar, die den Neuankömmlingen im Lager bei der Abgabe ihrer Wertsachen angeblich ausgestellt wurde. Zudem erhielten die Gefangenen seit Herbst 1947 Zeitungen.

502 Dabei handelte es sich um die »Grußpflicht der Häftlinge gegenüber sowjetischen Offizieren und Soldaten« (Das System der Konzentrationslager von 1945 bis 1950, S. 61).

503 Archiv Sachsenhausen, R. E., Protokoll vom Februar 1999.

tion als »administrative Strafen« bezeichnet wurden. Ein entsprechendes Formular ist beispielsweise für den Januar 1950 publiziert.[504] Stichwortartig werden in ihm ein Dutzend möglicher Verstöße aufgelistet, die zur Bestrafung anstanden, und die sich in zwei Kategorien aufteilen lassen: in Vergehen gegen die sowjetische Autorität und in interne Regelverstöße. »Angriffe auf Aufseher«, »Beleidigung eines Aufsehers«, »Banditismus«, »Rowdytum« und »Fluchtversuch« zählten ebenso wie »Raub von Staatseigentum« und »Beschädigung von Staatseigentum« zu den zu bestrafenden Ordnungswidrigkeiten gegen die sowjetische Lagermacht. Als interne Verstöße galten »Kameradendiebstahl«, »Beziehungen zu Frauen«, »Verletzung der Lagervorschriften«, »Verletzung der Arbeitsdisziplin« und »Aufbewahrung verbotener Gegenstände«. Mit dieser Auflistung ist der Rahmen der sowjetischerseits geahndeten Vergehen detaillierter abgesteckt als mit dem Verbotskatalog der beiden Lagerordnungen.

Zusätzlich gibt die Statistik zu erkennen, dass Regelverstöße je nach Schwere des Vergehens unterschiedlich sanktioniert wurden. Sie weist gestaffelte Strafsätze und verschiedene Strafmaßnahmen auf, die sich im günstigsten Fall auf einen Tag »Karzerhaft ohne strenge Isolierung« belaufen konnten. Im schlimmsten Fall wurde der Häftling zwecks Verurteilung an ein SMT überstellt. Möglich war ferner die mehrmonatige Einweisung in eine Sperrbaracke oder »Karzerhaft mit strenger Isolierung«. Sie konnte von einem Tag bis zu 20 Tage und mehr andauern.[505]

Einer genauen Befragung hält diese Statistik gleichwohl nicht stand. Die sowjetischen Angaben sind schlicht zu pauschal. So bleibt beispielsweise unklar, was unter dem allgemeinen Stichwort »Verletzung der Lagervorschriften« verstanden wurde. Welche Vergehen wurden darunter erfasst? Wurden sie härter bestraft als die anderen aufgelisteten internen Vergehen? Dem Dokument ist lediglich zu

504 Speziallager Sachsenhausen/Katalog, S. 350f.

505 An Disziplinar- bzw. Administrativstrafen werden in diesem Dokument »Karzerhaft ohne strenge Isolierung«, »Karzerhaft mit strenger Isolierung, »Haft in Arrest-Zone [Sperrbaracke, B.G.]«, »Übergabe ans Gericht« und, als letzter Punkt, »Andere« genannt. Die Strafdauer war nach Tagessätzen (bzw. im Falle einer Verurteilung nach Jahren) gestaffelt. Sie belief sich auf »einen bis fünf Tage/Jahre, fünf bis zehn Tage/Jahre oder zehn bis 20 Tage/Jahre« und auf »20 und mehr« (ebenda).

entnehmen, dass »Verletzung[en] der Lagervorschriften« im Januar 1950 in 21 Fällen und in drei Fällen »Beziehungen zu Frauen« mit »Karzerhaft mit strenger Isolation« abgestraft wurden und dass sich die verhängten Strafsätze auf maximal zehn Tage beliefen. Ebenso bleibt undeutlich, ob ein Verstoß gegen die sowjetische Autorität strenger bestraft wurde als die lagerinternen Vergehen. So wurde im gleichen Zeitraum auch die »Beschädigung von Staatseigentum« in einem Fall durch »Karzerhaft mit strenger Isolation« geahndet. Über die Dauer dieser Strafe ist einzig in Erfahrung zu bringen, dass sie nicht länger als zehn Tage währte.[506]

Der heutige Versuch, das Regelwerk zu erfassen, kann sich daher nur an den Berichten orientieren, in denen ehemalige Lagerinsassen erlittene Strafen für Vergehen gegen die Lagerordnung erinnern. Dabei ist davon auszugehen, dass ihnen das Reglement zunächst nur in den Auszügen bewusst war, die der Barackenälteste beim ersten Appell und der Einforderung des Gehorsams unter Umständen bekannt gegeben hatte. Auch war die Lagerordnung nicht wie eine Hausordnung »in einer Jugendherberge an die Tür genagelt«.[507] Die jeweiligen Vorgaben werden sich dem Häftling daher vielfach erst erschlossen haben, wenn er unwissentlich gegen sie verstoßen hatte, erwischt und bestraft wurde. Hinzu kam, dass die Gefangenen gezwungen waren, Regelbrüche zu begehen. Am Beispiel des Tauschhandels unter den Häftlingen wurde schon gezeigt, dass sie nur durch Verstöße gegen die Ordnung zu ihrer eigenen Existenzsicherung beitragen konnten. Die Frage nach dem Risiko, das sie damit eingingen, ist zugleich die Frage nach dem Lagerregime. Welches Vergehen wurde durch wen geahndet und wer war für die Erkennung und Bestrafung einer Verfehlung verantwortlich?

Die Disziplinargewalt im Speziallager lag bei der »Operativ-Gruppe« des NKWD, die lange Zeit von Oberleutnant Stepan Golo-

---

506 Ebenda.

507 Archiv Sachsenhausen, I. L., transkribiertes Interview vom Dezember 1997. Laut Lagerordnung war an der Barackentür der vom sowjetischen Lagerkommandanten erstellte Tagesablauf angebracht. Sonnet berichtet, dass in den Baracken »gedruckte Bestimmungen« aushingen, denen ein Häftling entnehmen konnte, welche und wie viel Gramm Nährmittel ihm zustanden (Sonnet, Bolschewismus, S. 81). Einzig Schulz erinnert für das Lager Buchenwald, dass in der Baracke eine Tafel hing, »die etwa 20 Verbote aufzählte« (Schulz, Drei Jahre, S. 74).

watenko angeführt wurde.[508] Dass sein Name besonders häufig in den Erinnerungsberichten fällt, nimmt daher wenig wunder. Dabei muss jedoch offenbleiben, ob er sich auf einen festgelegten Strafkatalog bezog oder nach freiem Ermessen entschied, was weder anhand der angeführten Strafstatistik zu beantworten ist noch auf Grundlage der Erinnerungsberichte. Ausweislich dieser konnte der Besitz einer halben Rasierklinge mit 27 Tagen Karzer bestraft werden,[509] Schuhschmuggel mit zehn Tagen[510] und der Diebstahl von Nahrungsmitteln aus der Küche mit acht Tagen.[511] Ein Häftling, der einem »Kumpel, der in die Strafbaracke kam, ein Brot zusteckte«, wurde mit einem halbjährigen Arbeitsverbot und dem Verlust des Postens als Küchenmelder bestraft.[512]

»Karzerhaft ohne strenge Isolierung« wird in den Erinnerungsberichten zu den leichteren Strafen gezählt, abzusitzen bei geminderten Verpflegungssätzen in Gemeinschaftszellen. Strafverschärfend konnte im Winter angeordnet werden, dass die Zellenfenster geöffnet sein mussten. Dieser Schikane bediente man sich mitunter auch im Rahmen der »Karzerhaft mit strenger Isolierung«, die als Einzelhaft zu verstehen ist. Sie wurde vor allem dann verhängt, wenn ein Häftling beim Versuch der Kontaktaufnahme nach draußen erwischt wurde. Der versuchte Bau eines Radioempfängers wurde in einem Fall mit 30 Tagen strenger Karzerhaft abgestraft,[513] im Fall des Häftlingskommandanten Konrad M. folgte der Karzerstrafe wie erwähnt die Überstellung in eine Sperrbaracke und anschließend die Deportation in die Sowjetunion. Als schwerer Ordnungsverstoß galt ferner das Schreiben, da Texte jeder Art als chiffrierte Nachrichten interpretiert wurden. Ob Kochrezepte oder Liebesbriefe, die Verfasser mussten mit zehn Tagen Karzer rech-

---

508 Ebenfalls sind Strafen durch den stellvertretenden Lagerkommandanten Oberleutnant Rudenko überliefert (vgl. Archiv Sachsenhausen, M. H.-J., Erinnerungsbericht, passim, der mehrfach sowohl von Rudenko als auch durch Golowatenko bestraft wurde).

509 BArchK B 289, nicht codierte Aussage von Walter W. vor der KgU in Gießen im Februar 1951, S. 2.

510 Archiv Sachsenhausen, S. A., transkribiertes Interview, S. 9.

511 Archiv Sachsenhausen, D. H., Protokoll vom März 1991.

512 Archiv Sachsenhausen, M. H.-J., Erinnerungsbericht, S. 8.

513 Archiv Sachsenhausen, L. I., transkribiertes Interview vom Dezember 1997, S. 4.

nen.[514] Für den Schmuggel von Kassibern haben »manche monatelang im Karzer gesessen«,[515] der Besitz einer Bibel wurde mit 30 Tagen geahndet.[516] Die Verdächtigung, man wolle sich nach der Entlassung in die amerikanische Besatzungszone absetzen, konnte 60 Tage Karzerhaft bedeuten.[517] Abfällige Bemerkungen über die sowjetische Besatzungsmacht wurden in einem Fall mit 18 Tagen Karzer bestraft.[518] Ein gescheiterter Fluchtversuch konnte in einer (Neu-)Verurteilung »nicht unter 25 Jahren« enden,[519] in einem anderen Fall werden 90 Tage Karzer erinnert.[520]

Wer von den Häftlingen oder Funktionären unter Fluchtverdacht stand oder der sowjetischen Lagerleitung wiederholt aufgefallen war, wurde für Wochen oder Monate in eine Sperrbaracke eingewiesen. Damit waren sie vom Rest des Lagers isoliert. Zudem war diese Strafe mit dem Verlust der Arbeitserlaubnis verbunden. Der volle Verpflegungssatz wurde aber weiterhin gewährt; ein »dementsprechend gutes Leben« war auf den Sperrbaracken im Bereich des Möglichen.[521] Ganz anders im Karzer: Die Halbierung der ohnehin unzureichenden Essensrationen wurde von den Häftlingen gefürchtet.[522]

Karzer

Auch die Karzerverwaltung unterstand der »Operativ-Gruppe« des NKWD. Für die äußere Sicherung der jeweiligen Gebäude waren sowjetische Wachsoldaten abgestellt; intern führten Kalfaktoren das

---

514 Just, Die sowjetischen Konzentrationslager, S. 46.

515 Ebenda.

516 Merz, Kalter Krieg, S. 91.

517 BArchK B 289 SA 295/10–30/24, S. 1.

518 Archiv Sachsenhausen, Z. P., Erinnerungsbericht, S. 5.

519 Just, Die sowjetischen Konzentrationslager, S. 46.

520 Putzar, Im Schatten, S. 253.

521 Nach einem achttägigen Karzeraufenthalt wegen Diebstahls von Weißkohl wurden zwei jugendliche Häftlinge in eine Sperrbaracke verlegt, »wo nur 30 ehemalige Baracken- und Zugführer und weitere Personen saßen, die in ihrer Funktion irgendwas verkehrt gemacht hatten. Wir wurden ihre Putzer und wir hatten durch ihre Verbindungen ein dementsprechend gutes Leben« (Archiv Sachsenhausen, D. H., Protokoll vom März 1991).

522 In BArchK B 289 SA 295/10–30/10 wird von einer Herabsetzung der Ration im Karzer auf ein Viertel berichtet.

Kommando, darunter deutsche Häftlinge, die als Funktionshäftlinge für den organisatorischen Ablauf in den Karzern und somit auch für die Ernährung der Karzerhäftlinge verantwortlich waren. In den Erinnerungsberichten wird vielfach der Verdacht geäußert, dass die Halbierung der Rationen auf das Konto der Karzerfunktionäre ging.

> »Wir hatten im [Frauen-]Bataillon eine Sperrbaracke mit Karzer, in die die Frauen kamen, die Verstöße gegen die Lagerordnung begangen hatten. Von der Küche wurde für die Frauen volle Verpflegung geliefert, aber nur die halbe Verpflegung ausgeliefert. Die andere Hälfte wurde [...] an den Stab bzw. die Polizei (Frauen, die von Frau Lydia B. eingesetzt waren) und an sonstige Günstlinge bzw. Häftlinge, die Spitzeldienste leisteten, ausgegeben.«[523]

Dass das jeweilige Karzerkommando tatsächlich frei über die Rationen verfügen durfte, steht zu bezweifeln. So soll der Häftlingskommandant des zentralen Lagergefängnisses gegenüber dem Chef der »Operativ-Gruppe« verpflichtet gewesen sein, über die »übriggebliebenen halben Rationen« Rechenschaft abzulegen.[524] Doch auch dann boten sich Möglichkeiten der Unterschlagung oder für den Handel mit Nahrungsmitteln. Denn wie sollte sich ein im Karzer einsitzender Häftling gegen eine weitere Beschneidung seiner Rationen durch die Funktionäre wehren?[525]

Der lebensbedrohliche Hunger ist jedoch nicht der einzige Grund, warum viele Häftlinge als Folge der Karzerhaft starben oder warum »von den Dreien, die [für den versuchten Bau eines Radios, B. G.] 30 Tage in den Karzer kamen, nur einer« überlebte.[526] Vor allem in der Anfangszeit des Lagers müssen dort noch in anderer Hinsicht katastrophale Zustände geherrscht haben, wie ein Häftling berichtet,

---

523 BArchK B 289 SA 295/10–30/24, S. 3.

524 Just, Die sowjetischen Konzentrationslager, S. 23.

525 Deren Hilflosigkeit zeigt sich im Besonderen an diesem Beispiel: »Wenn schlechtes Wetter war, bekamen die Häftlinge im Erdbunker überhaupt keine Verpflegung, was Aufgabe der [Karzerfunktionäre, B.G.] E. und G. gewesen wäre« (BArchK B 289 SA 295/10–30/24, S. 4). In verschiedenen Variationen findet sich der folgende Vorwurf: »Außerdem ist mir bekannt, dass R. [als Karzerkommandant, B.G.] die im Karzer eingelieferten Häftlinge um ihre Lebensmittel betrogen und diese gegen Arbeitsleistung (Anzugschneidern usw.) an seine Freunde im Lager verschoben hat« (BArchK B 289 SA 295/10–30/5).

526 Archiv Sachsenhausen, L. I., transkribiertes Interview vom Dezember 1997, S. 4.

der als Sanitäter im zentralen Lagergefängnis, dem T-förmigen Steinbau, tätig war.

> »Dort selbst waren Tag und Nacht Vernehmungen, Vergewaltigungen von Frauen und jungen Mädchen sowie Häftlinge, die in unmenschlicher Weise misshandelt wurden und deren Hilferufe weit hörbar waren. Einige Häftlinge wurden zu Tode geprügelt und ich selbst musste das Blut aufwischen und Erste Hilfe leisten, was meistens zu spät war.«[527]

Erst ab 1946 habe sich die Situation entspannt, heißt es weiter. Das bedeutet jedoch nicht, dass die Gewalt, der die Häftlinge im Karzer ausgesetzt waren, damit ein Ende gehabt hätte. Sie ging jetzt zunehmend von den Karzerfunktionären aus.

> »Ich kam in den Karzer in Zelle 2, und Zelle 3 war ebenfalls besetzt von einem mir unbekannten Häftling. Als dieser hörte, dass die Tür ging, rief der betreffende Häftling ›Hunger, Hunger‹. Paul H. ging zu dem Häftling hinein und hat ihn furchtbar geschlagen. Ich hörte ein stundenlanges Stöhnen und dann verstummte es. Am nächsten Tag wurde er tot herausgetragen.«[528]

In den Erinnerungsberichten findet sich immer wieder der Vorwurf, dass es sich bei den Misshandlungen durch deutsches Karzerpersonal »nicht um die Durchführung der bösartigen Befehle Golowatenkos, sondern auch um Eigenmächtigkeiten« gehandelt habe.[529] Zwar liegen keine Hinweise vor, dass deutsches Karzerpersonal bei den Verhören durch sowjetische Offiziere gewalttätige Unterstützung geleistet hätte. Sehr wohl aber finden sich zahlreiche Verdachtsmomente, dass die sowjetische Führung nicht gegen die Misshandlung der Häftlinge eingeschritten ist. So soll Paul H. vor den Augen eines sowjetischen Sergeanten geprügelt haben.[530] Die Karzerhaft war also auch lebensbedrohlich, weil den Funktionären Macht über die Häftlinge zugesprochen worden war, die durch wenige gezielte Schläge gegen einen ausgemergelten Körper zur Tötungsmacht werden konnte. Das Karzerpersonal, das bis 1948 ausschließlich aus Internierten bestand, agierte als Stellvertreter der Lagerleitung und war dabei aus Sicht der Betroffenen »zum Teil schlimmer als die Russen«.[531]

---

527 BArchK B 289 SA 295/10–30/24.

528 BArchK B 289 SA 295/10–30/26, S. 1.

529 BArchK B 289 VA 295/10–49/4.

530 BArchK B 289 SA 295/10–30/26, S. 1.

531 Archiv Sachsenhausen, R. E., Erinnerungsbericht, S. 56.

Wie viele Karzerinsassen infolge von Misshandlungen ihr Leben ließen, ist nicht zu bestimmen. Zunächst steht zu bezweifeln, dass diese Fälle überhaupt schriftlich fixiert wurden. Aber wichtiger ist noch, dass die sowjetischen Statistiken, in denen erst ab Frühjahr 1948 die Todesursache eines Häftlings genannt werden musste, oft »subjektiv oder inkompetent formulierte Diagnosen« anführten. Krankheitssymptome wurden vielfach als direkte Todesursache aufgeführt.[532] Auch enthalten sie keinen Hinweis auf den Todesort – Stammbaracke, Karzer oder Lazarett.

Die Motive des Karzerpersonals sind ebenfalls schwer greifbar. Das »Ausleben« der verliehenen Gewalt und Tötungsmacht mag in einigen Fällen schlicht auf sadistische Veranlagung oder schiere Lust zurückzuführen sein. Auch wird die moralische Verrohung durch die Lagerbedingungen und die Allgegenwärtigkeit des Todes eine Rolle gespielt haben. Mit Wolfgang Sofsky ist ferner anzuführen, dass Tötungsmacht immer auch ein Akt des Triumphes ist, denn: »Wer den anderen fällt, fühlt, dass er noch da ist und der andere nicht.«[533] Wer also über die Macht verfügt, anderen Schmerzen zuzufügen oder sie zu erniedrigen, spürt, dass er lebt. Gewaltanwendung mit und ohne Todesfolge wird somit zur Überlebensstrategie.

Wer töten oder Gewalt anwenden konnte, gehörte immer auch zur Elite im Lager – einer Elite, deren Zusammenhalt folgender Auszug aus einer Aussage vor der KgU demonstriert. Der Internierte Kurt S. hatte während eines Karzeraufenthalts erlebt, wie andere Häftlinge durch die Karzerfunktionäre Otto E. und Franz Q. misshandelt worden waren.

> »Ich erzählte […] meinem Bettnachbarn Fritz L. [davon]. Dieser meinte, dass ich diese Sachen unbedingt melden müsste. […] Ich ging aus der Baracke, um zu unserem deutschen Batl.-Führer Hans P. zu gehen, kam aber nicht mehr dazu, da draußen der stellvertretende Batl.-Führer Peter E. stand. Nach meiner Aussage meinte Peter E., er würde das erledigen. Dann ging E. zum russischen Militärkommandanten und sprach dort mit dem dort beschäftigten deutschen Häftling Wilhelm Sch. […] Eine Stunde später erschienen Peter E., Wilhelm Sch., Otto E. und Franz Q. in unserer Baracke und teilten Fritz L. und mir mit, wir sollten mit in den Karzer kommen. Dort sperrte man uns erst zusammen in eine

532 Jeske, Versorgung, S. 109f.
533 Sofsky, Ordnung des Terrors, S. 173.

Zelle. Dann erschienen sie mit Gummiknüppeln, peitschten und schlugen uns. Dann kamen wir in Einzelzellen. Von den erwähnten Leuten wurde ich dann laufend geschlagen. Ich wurde auf einen Tisch gezogen, dann legte man mir eine Decke über den Kopf und dann wurde auf mich eingeschlagen mit Knüppel und Peitsche.«[534]

Anschließend verbrachte Kurt S. 20 Tage im Karzer. Es ist davon auszugehen, dass er diesen Aufenthalt nicht der sowjetischen Karzerführung, sondern seinen Peinigern verdankte. Gegen ihr Netzwerk und ihre Schutzmechanismen war kein Ankommen.[535]

Die »Parias« waren der »Lageraristokratie« auch deshalb ausgeliefert, weil Letztere für die Aufdeckung und Meldung von Regelverstößen zuständig war. Zugführer und Barackenälteste, Bataillons- und Zonenkommandanten hatten an der Seite der deutschen Lagerpolizei für Ordnung zu sorgen und die »Operativ-Gruppe« des NKWD einzuschalten. Dabei scheint jedoch ein gewisser Ermessensspielraum bestanden zu haben, wie er hier von H. H. beschrieben wird:

»Ich hatte keinen Mantel [...] dann bot mir einer einen Mantel und sagte, er hätte zwei und könnte mir einen verkaufen und Verkaufen war immer gegen Brot, gut, ich habe also Brot bezahlt und kriegte den Mantel. Einige Tage später musste ich zum Bataillonskommandeur, der Deutsche, der hieß W. [...], er sagte mir, hör mal, man hat mir zugetragen, du hast ein Tauschgeschäft, das ist verboten, das gibt es nicht. Du gibst den Mantel zurück und dein Brot bist du los, das ist die Strafe, die ich dir verhänge. Das war

---

534 BArchK B 289 SA 296/10–168/11, S. 2.

535 Ein ähnliches Beispiel für den schlagkräftigen Zusammenhalt der Funktionäre gegenüber den gemeinen Häftlingen bietet M. H.-J. Bevor er nach Sachsenhausen verlegt worden war, hatte er in Hohenschönhausen Folgendes beobachtet: »Eines Tages, die Frauen hatten Ausgang, hatte der Häftling W. H. eine Heckenrose gepflückt und gab diese einem Mädel. Das sahen die Lagerpolizisten, stürzten in unsere Baracke, wo der W. H. lag, rein, und prügelten auf diesen ein. Unser Baracken-Sani, W. E. (ehem. Deutscher Meister im Mittelgewicht) erstattete über diesen Vorfall beim Kommandanten Meldung. Die Polizisten hörten davon, kamen wieder in unsere Baracke und schlugen alle acht Mann auf W. E. ein. Kameraden, die helfen wollten, wurden ebenfalls geschlagen. W. E. hatte Gehirnerschütterung und einen Messerstich im Rücken« (Archiv Sachsenhausen, M. H.-J., Erinnerungsbericht, S. 4).

also gnädig, normalerweise ging das weiter und dann gab's Karzer. Also habe ich ihn abgegeben und war ihn los. Aber einige Tage später hat er mich zu sich gerufen und gab mir einen Mantel, den hatte er aus Lagerbeständen und die hatten ja die Kleiderverteilung, die Bataillonskommandeure [...], da bekam ich einen Mantel.«[536]

Wo aber lagen die Grenzen eines solchen Spielraums? Welche Vergehen mussten zwingend gemeldet werden, in welchen Fällen sprachen die Funktionäre selbst Strafen aus? Aus Sicht der Betroffenen gab es eine klare Trennlinie: Der Ermessensspielraum der Funktionäre begrenzte sich auf Regelverstöße, mit denen sich die Gefangenen selbst schädigten.[537] Obwohl in der oben zitierten sowjetischen Strafstatistik auch »Kameradendiebstahl« aufgelistet wird, dürfte gerade dieses Vergehen mehrheitlich von den Barackenältesten oder auch den Häftlingen selbst abgestraft worden sein. Zu den Vergehen, für die sich die »Operativ-Gruppe« interessierte, zählten Fluchtversuche und Kontakte zur Außenwelt sowie politische Bemerkungen über die Siegermächte. Kein Funktionär wird in solchen Fällen auf eine Meldung verzichtet haben. Sonst hätte er sich dem Verdacht ausgesetzt, sie zu decken.

Offen muss bleiben, ob die Funktionäre direkt Karzerstrafen aussprechen konnten. Die Erinnerungsberichte erweisen sich in dieser Frage als widersprüchlich. So berichtet der Internierte H. H., dass in Zone I Karzerstrafen ausschließlich von der »Operativ-Gruppe« verhängt wurden. In Zone II hätten jedoch auch Funktionäre diese Macht gehabt.[538] Diese Einschätzung wird von anderen Häftlingen weitgehend bestätigt.[539] Mitunter finden sich jedoch Stimmen, die

---

536 Archiv Sachsenhausen, H. H., transkribiertes Interview vom Dezember 1996, S. 32.

537 Just, Die sowjetischen Konzentrationslager, S. 46.

538 »Übrigens, diese Horrormeldungen über die Zone II, wo Kriminelle und andere Elemente das Sagen hatten, die [hatten] ja auch einen eigenen Karzer. Die [verhängten] auch Karzerstrafen, da kam man rein, denn sonst hier in der Zone I kam man eigentlich nur rein, wenn man von den Russen Karzerstrafen bekam, sonst kam man da nicht rein. Und in der Zone II haben die ihre eigenen Leute reingeschickt, das hab ich ab 1947, also da war ich in der Zone I, nicht erlebt« (Archiv Sachsenhausen, H. H., transkribiertes Interview vom Dezember 1996, S. 32).

539 Archiv Sachsenhausen, M. H.-J., Protokoll vom Mai 1990; BArchK 289 SA 295/10–14/1, S. 1.

auch den Funktionshäftlingen in Zone I eine größere Machtfülle zuschreiben. So hätten die dortigen Bataillonsführer Karzerzettel bis zu fünf Tagen und die Zivilkommandantur bis zu 15 Tagen ausfüllen dürfen.[540] Doch auch diese Aussage erscheint zweifelhaft, da laut Hermann Just nicht einmal die Lagerpolizei über die Kompetenz verfügte, Karzerstrafen auszusprechen.[541]

Warum sich die Erinnerungsberichte in dieser Frage widersprechen, erklärt folgender Vorwurf, der gegen den Zivilkommandanten der Zone II vor der KgU erhoben wurde:

> »Eugen Sch. […] ist Schuld am Tod von Heinrich W. Dieser bekam 20 Tage Karzer bei $\frac{1}{4}$ Verpflegung, da Sch. ihn erwischte, dass er Fußlappen behielt bei der Filzung, die nicht sein Eigentum waren und die abgegeben werden sollten.«[542]

Diese Aussage verdeutlicht, dass sich im Vollzug der Meldepflicht die Ebenen der Verantwortlichkeit verschoben haben beziehungsweise von den Häftlingen nicht mehr auseinandergehalten werden konnten: Für eine Strafverhängung wurde nicht derjenige verantwortlich gemacht, der sie ausgesprochen, sondern derjenige, der sie ausgelöst hatte. Denn in jedem Fall verfügten die Funktionäre über eine indirekte Tötungsmacht, die auch bewusst ausgespielt werden konnte:

> »Die Häftlinge […], wenn sie sich lediglich gegen die Willkürakte und den Machtmissbrauch der sogenannten Barackenscheiche zur Wehr setzten oder sich beschweren wollten – sie wanderten unweigerlich in den Karzer.«[543]

Und von Alex F., der im Ostlager der Zone II als Barackenältester, Zugführer, Sanitäter und zeitweise als Schließer[544] tätig war, heißt es, dass er »im Sommer 1948 über vier bis sechs Wochen täglich ca. zehn Häftlinge, an einem Tag sogar 18 Häftlinge durch Falschmeldung in den Karzer brachte«.[545] Prägend blieb die Abscheu darüber, dass die

540 BArchK B 289 VA 295/10/14, S. 5.

541 Just, Die sowjetischen Konzentrationslager, S. 46.

542 BArchK B 289 SA 295/10–30/11.

543 Archiv Sachsenhausen, der Berichtende möchte namentlich nicht genannt werden.

544 Als Schließer werden in den Erinnerungsberichten jene Funktionäre bezeichnet, die dem internen Wachdienst angehörten. Sie kontrollierten die Tore innerhalb des Lagers und führten Aufsicht bei den Appellen. Vermutlich handelte es sich um Einheiten der Lagerpolizei.

545 Das System des kommunistischen Terrors, S. 51.

Funktionäre »ihre eigenen Leute« – ihre Landsleute – »in den Karzer reinschickten« und deren Tod in Kauf nahmen.[546]

Die Funktionshäftlinge ihrerseits waren zur Kollaboration mit der sowjetischen Lagerleitung gezwungen, um ihre privilegierte Position abzusichern. Das heißt, dass sie um des persönlichen Machterhalts und um materieller Vergünstigungen willen vor der Wahl standen, mitunter über Leben und Tod anderer zu entscheiden. Dabei musste keinesfalls eine politische oder ideologische Übereinstimmung mit der sowjetischen Lagerleitung gegeben sein. Stattdessen greifen die von Sofsky angeführten Strategien des Selbsterhalts, wie das Beispiel Heinrich K. zeigt. Als Chef der Lagerpolizei soll er »die meisten Männer in den Karzer gebracht« und sich selbst als »größter Kommunist Deutschlands« und ehemaliger KZ-Häftling gerühmt haben.[547] In den Akten des Berlin Document Center aber ist er als Parteigenosse der NSDAP vermerkt,[548] und von den Sowjets war er wegen »Diskreditierung der Roten Armee« interniert worden.[549] Für sein Verhalten im Lager spielte jedoch weder das eine noch das andere eine Rolle. Wenn er seiner Rolle als effizienter Polizeichef gerecht werden wollte, musste er so viele Meldungen wie möglich zu Papier bringen.

Die Selbstbrutalisierung von Funktionären war also vielfach dem Lagersystem selbst geschuldet. So wurden viele Schikanen und Brutalitäten auch erst durch die Anwesenheit sowjetischer Aufseher ausgelöst. Ein Häftling aus Zone II:

> »Am 23. 12. 1946 wurde mein väterlicher Freund E. A. von dem Barackenältesten R. R. totgeschlagen. Grund: weil Besagter vom Wachposten angeschrieen wurde, dass wir nicht schnell genug aus der Baracke [zum Appell, B. G.] kamen. E. A. konnte durch Wasser bis zum Herzen nicht mehr gehen und starb ein paar Stunden später.«[550]

Vergehen gegen die Lagerordnung nicht anzuzeigen, konnte für die Funktionshäftlinge riskant sein. Im August 1949 hatte der Häftling Hans A. einen Fluchtversuch unternommen, bei dem er von dem für ihn zuständigen Barackenältesten Erwin R. erwischt wurde:

---

546 Archiv Sachsenhausen, H. H., transkribiertes Interview vom Dezember 1996, S. 32.

547 Archiv Sachsenhausen, M. J.-H., Erinnerungsbericht, S. 10.

548 BArch/BDC 3200 K 0021–6818654.

549 Archiv Sachsenhausen, GARF f. 9404, op. 1, d. 384, l. 57.

550 Archiv Sachsenhausen, P. G., nicht paginierter Erinnerungsbericht.

»Dass R. den A. schlagen und misshandeln musste, war uns allen klar, da ihn sonst die Russen bestraft hätten. A. wurde anschließend in den Karzer gesteckt und lebte dort vielleicht noch 14 Tage.«[551]

Erwin R., so war allen Beteiligten klar, hatte seine Haut gerettet, indem er einen anderen opferte.

Von einer generellen Tötungsmacht der Funktionäre kann trotzdem nicht die Rede sein. Es scheint vielmehr so, dass Erniedrigungen und Misshandlungen der ihnen unterstellten Häftlinge gebilligt wurden – deren Tod durch die Hand eines Funktionärs jedoch nicht. Das verdeutlichen Erinnerungsberichte, in denen es heißt, dass den Kompanieführern und Sanitätern »mächtig Ärger« für Todesfälle auf den Baracken drohte.[552] Funktionäre wurden auch »streng bestraft, wenn in ihrem Bereich Selbstmorde vorkamen«.[553] Mit Sofsky ließe sich daraus schließen, dass sich die Lagerleitung besonders durch derartige finale »Diversionsakte« in ihrer Machtfülle sabotiert fühlte.[554] Doch die Gründe scheinen viel schlichter: Zu sterben hatten die Häftlinge im Lazarett, auf dass sich möglichst wenige Häftlinge ein genaues Bild von den Todeszahlen machen konnten.

Wie an den Handelsbeziehungen zwischen Bewachten und Bewachern – und insbesondere am Goldhandel mit dem Wachpersonal und namentlich mit Oberleutnant Stepan Golowatenko, dem Leiter der »Operativ-Gruppe« – deutlich wird, war das Regime der Funktionäre auch von Interessenüberschneidungen mit Teilen des sowjetischen Lagerpersonals geprägt. Manche Funktionäre dienten als »Spürhunde« nach Edelmetallen:

»Als Lagerleiter der Zone II hatten die Russen einen deutschen Offizier namens B. eingesetzt. [...] Zusammen mit seinem Stellvertreter Paul H., einem ehemaligen aktiven Polizeioffizier, fungierten sie vor allem als Goldbeschaffer für die Sowjets. In uner-

551 BArchK B 289, nicht codierte Aussage vor der KgU Göttingen vom 7. April 1951, S. 4.

552 Steinhaus, Verlorene Jugend, S. 61.

553 Das System der Konzentrationslager 1945 bis 1950, S. 100. Selbstmorde werden unter anderem erwähnt von Pfeiffer, Abgeholt, S. 85; und in Archiv Sachsenhausen, Z. B., Erinnerungsbericht, S. 15.

554 Sofsky, Ordnung des Terrors, S. 35.

müdlicher Kleinarbeit filzten die beiden Baracke für Baracke nach Uhren und Eheringen.«[555]

Das bekam auch der ehemalige Kriegsgefangene P. G. zu spüren, Häftling in Zone II. Er hatte bei der Einlieferung seinen Trauring und einen Ring seines Vaters in einem Rucksack versteckt, wobei er jedoch beobachtet und verraten worden sein muss. Denn am Folgetag kamen »der deutsche Lagerkommandant (klein und zackig), sein Adjutant (Paul H.) und der Lagerdolmetscher (ein widerlicher Knabe) und verlangten die Herausgabe der Ringe«.[556]

Für welchen Gegenwert Schmuckstücke oder Zahngold lebender wie verstorbener Häftlinge an die Sowjets weitergegeben wurden, ist nicht bekannt. Allein in einem Fall wird berichtet, dass Jonny W., der Mithäftlingen mit Nägeln oder Scheren Zahngold herausbrach, dafür »Lebensmittel und Tabak« erhielt.[557] Auch bleibt offen, mit welchen Druckmitteln den Häftlingen ihre Wertsachen abgeknöpft oder ob sie für Brot abgekauft wurden. Beides wird vorgekommen sein. Überliefert ist ein Fall aus dem Speziallager Bautzen. Von Jonny W., der sowohl in Sachsenhausen, Bautzen und Torgau einsaß, unter Druck gesetzt, sich Zahngold herausbrechen zu lassen, soll sich der Häftling Gebhard von P. das Leben genommen haben.[558]

Inwieweit solche »Handelspartnerschaften« Vorteile oder Schutz für Funktionäre boten, ist nicht zu klären. Ob die Handelsbeziehungen der genannten Karl B. und Paul H. tatsächlich der Grund dafür sind, dass beide als vormalige Wehrmachtsangehörige Mitte 1946 von der Deportation in die UdSSR verschont blieben, entzieht sich jeder Überprüfung. Auch sollte der erwähnte Jonny W. trotz seiner Verbindungen bis 1955 in Torgau einsitzen. Fraglich ist ferner, warum zum Beispiel Golowatenko, der die Goldbeschaffung angeblich in

---

555 Archiv Sachsenhausen, Z. H., Erinnerungsbericht, S. 4. Bei jenem B. handelt es sich um den oben vorgestellten Funktionär in »Teddy-Uniform«.

556 Archiv Sachsenhausen, P. G., Erinnerungsbericht, S. 2.

557 Archiv Sachsenhausen, P. O.-H., polizeiliches Vernehmungsprotokoll in Sachen Jonny W., München, 5. Januar 1957.

558 Vgl. Archiv Sachsenhausen, B. H.-G., Protokoll. Der »Projektgruppe Speziallager« des Museums und der Gedenkstätte Sachsenhausen danke ich für den Hinweis, dass Jonny W. 1967 wegen versuchter räuberischer Erpressung im Fall von P. und wegen Anstiftung zur versuchten räuberischen Erpressung in Tateinheit mit vollendetem Raub während seiner Speziallagerhaft von einem bundesdeutschen Gericht zu fünf Jahren Zuchthaus verurteilt wurde.

Auftrag gab,[559] überhaupt individuellen Schutz anbieten sollte. Schließlich ist davon auszugehen, dass die Handelspartner aus der Riege der Funktionäre frei austauschbar waren. Auch war Golowatenko nur bedingt auf die Mitarbeit deutscher Funktionäre angewiesen. So berichtet Wolfgang Pritzkow aus eigener Anschauung, dass Häftlinge, bei denen man Schmuck vermutete, in das T-förmige Steinhaus, also in den Karzer, überstellt wurden.

> »Dann kam die Reihe an mich. In klassischem Sowjetisch hieß es: ›Wo Du Ringe?‹ Ich streifte die Handschuhe ab und ließ mir [von] gierigen Händen die Schmuckstücke von den Händen ziehen. ›Gut, dass Du nicht lügst‹, wurde mir gesagt, ›denn sonst Lazarett‹. Der ›Handlanger‹ war einer der Polen, Koluwadenko [Golowatenko, B.G.] stand in der Ecke.«[560]

Es mag effektiver gewesen sein, deutsche Funktionäre für die Zuarbeit in Sachen Goldbeschaffung einzuspannen, an ihrer Entbehrlichkeit und Austauschbarkeit änderte das jedoch nichts. Es scheint daher naheliegend, dass sich die Funktionäre auf diese Handelsbeziehungen einließen, um ihre unmittelbaren Lebensumstände zu verbessern. Gehandelt wurde dabei nicht wie bei den Häftlingen zum Lebenserhalt, sondern zur Lebensverbesserung. So entdeckten die Frauen, denen Lydia B. im Auftrag von Golowatenko Gold und Silber abgenommen haben soll, »schwere silberne Knöpfe an ihrer weißen Strickjacke«, während Golowatenko nun goldene Uniformknöpfe gehabt hätte.[561] Hier wie in anderen Berichten wird angedeutet, dass sich die Wachmannschaften aus dem eingeschmolzenen Edelmetall Uniformknöpfe machen ließen, um das Gold sicher in die Heimat zu bringen. Allerdings unterstand auch die sowjetische Lagerleitung der Überwachung und konnte für ihre Bereicherung bestraft werden.[562] So soll »Lt. Golowatenko […] zu 25 Jahren Zwangsarbeit verurteilt worden sein wegen Goldschmuggel und seine Frau wegen Mitwisserschaft zu zehn Jahren.«[563]

---

559 Archiv Sachsenhausen, B. W., Protokoll.

560 Pritzkow (Pseud.), NKWD, S. 87f.

561 BArchK B 289 SA 295/10–30/24, S. 2.

562 In BArchK B 289 VA 295/10/14, S. 2 werden insgesamt sechs – darunter auch Golowatenko – strafversetzte Angehörige der sowjetischen Lagerleitung aufgezählt. Die Gründe, die zur Versetzung führten, waren dem Berichtenden jedoch nicht bekannt.

563 Ebenda.

Die sowjetische Lagerleitung erreichte das Ziel der Bewachung und Beherrschung der Inhaftierten durch ein bestechend einfaches Prinzip: Sie spielte die Funktionäre und Häftlinge gegeneinander aus, da die eine Seite zwecks Sicherung ihres Überlebens zur Überschreitung der Regeln gezwungen war, während die andere Seite zur Erhaltung ihrer Überlebenschancen diese Vergehen melden musste. Ausschlaggebend war die Duldung und Billigung des Terrors einer Minderheit, die in der Mangelsituation des Lagers ein zerstörerisches Regime zu Lasten der Mehrheit führte. Dieses Regime kann nur exemplarisch dargestellt werden, da es aufgrund der direkten Abhängigkeit vom jeweiligen Funktionär von Baracke zu Baracke, ja von Zug zu Zug unterschiedlich ausfiel. Eine graduelle Differenzierung ist allenfalls nach Zonen aufzuzeigen. Die Anzahl der Opfer dieses Regimes zu benennen, ist unmöglich. Jedoch handelte es sich um Opfer instrumentalisierter Funktionäre, die sich aus verschiedenen Motiven dem sowjetischen Machtzentrum andienten und bewusst oder unbewusst in dessen Sinne agierten.

Zum Alltag im Speziallager Sachsenhausen

Hunger

Hunger entzieht sich jeder Beschreibung. Und doch nehmen die Darstellungen dieser Qual und der vielfach vergeblichen Versuche, ihr zu begegnen, den breitesten Raum in den Überlebensberichten ein. Sie zeigen vor allem eines: Hunger hat man nicht, sondern der Hunger hat einen fest in seiner Gewalt. Seine Macht über die Häftlinge zeigen die Rekapitulationen der im Speziallager so bezeichneten »Gastro-Onanie«.[564] Der Hunger beherrschte die Zeit, da die Uhrzeit nach den Stunden bis zur nächsten Essensausgabe angegeben wurde.[565] Er bestimmte die Gedanken, da in der Zwangsvorstellung aller der andere immer das größere Stück Brot oder mehr »Dickes« in der Suppe zu haben schien.[566] Er diktierte die Gesprächsthemen: »Wo drei zu-

---

564 Ein Sachsenhausener Häftling, zit. nach Just, Die sowjetischen Konzentrationslager, S. 84.

565 »Fragte man nachts unseren Barackenposten nach der Uhrzeit, dann hieß es für gewöhnlich ›noch neun Stunden bis zum Brot!‹ Dann war es ein Uhr nachts« (ebenda, S. 85).

566 Ebenda, S. 88.

sammenstanden, [wurde] über Essen gesprochen.«[567] Der Hunger spaltete die Häftlinge in Gruppen unterschiedlicher Überlebensphilosophien und damit Überlebensstrategien, die immer und immer wieder diskutiert wurden: Sollten Kalorien durch Bewegungslosigkeit gespart oder die Muskulatur durch Gymnastik gestärkt werden? War die Ration sofort nach der Essensausgabe zu verzehren oder über den Tag zu verteilen? War das Brot zu rösten, die Suppe zu löffeln oder zu trinken?[568] Und in der Hoffnung auf bessere Verpflegung auf der Krankenstation schluckten manche der Gefangenen Löffel oder Messer.[569]

Die »Dystrophiker«,[570] wie die Hungerkranken genannt wurden, litten infolge der einseitigen, vitamin- und eiweißarmen Ernährung an Ödemen, eiternden Furunkeln, Gesichts- und Gürtelrosen und anderen Hautkrankheiten, Tuberkulose, Typhus und Ruhr grassierten.[571] Die Häftlinge »bekamen einen Blick dafür, wie lange Schwerkranke noch zu leben hatten«.[572] Vorhersehbar schien auch die eigene Lebensdauer, »denn bei der Lagerverpflegung konnte man sich ausrechnen, wann man hier verreckt ist«.[573] Mindestens 12000 der 60000 Häftlinge in Sachsenhausen starben an Hunger und hungerbedingten Folgekrankheiten.

Anfänglich oblag die Verpflegung der Inhaftierten der »Gruppe der Sowjetischen Besatzungstruppen« (GSBT) und entsprach auf dem Papier der Versorgungsnorm für Kriegsgefangene.[574] Noch im

---

567 Das System der Konzentrationslager von 1945 bis 1950, S. 99.

568 Pritzkow (Pseud.), NKWD, S. 82f.

569 Archiv Sachsenhausen, T. I., Protokoll.

570 Dystrophie bezeichnet den Gesamtzustand eines hungernden Organismus, der zu Persönlichkeitsveränderungen, Kräfteverfall, Abmagerung, Impotenz, Durchfall, Ödemen usw. führt. Dystrophie ist existenzgefährdend und schwächt das Immunsystem, das wiederum für andere lebensbedrohende Krankheiten wie Ruhr oder Typhus höchst anfällig wird (vgl. Gries, Abbau der Persönlichkeit, bes. S. 44).

571 Zur gesundheitlichen Situation vgl. Die Straflager und Zuchthäuser der Sowjetzone; Krypczyk/Ritscher, Jede Krankheit konnte tödlich sein.

572 Pritzkow (Pseud.), NKWD, S. 97.

573 Archiv Sachsenhausen, Z.B., Erinnerungsbericht, S. 13.

574 Nach dieser Norm erhielt ein Häftling neben Salz, Pfeffer, Tomatenmark und Tee täglich 600 g Brot, 90 g Nährmittel, 10 g Makkaroni, 30 g Fleisch, 100 g Fisch, 15 g Fett und 15 g Öl (vgl. Jeske, Versorgung, S. 196).

September 1945 wurde diese Norm teilweise verändert.[575] Im Vergleich zu den Lebensmittelrationen, die am 1. November 1945 für die Zivilbevölkerung der SBZ in sechs Bezugskategorien festgelegt wurden, erhielten die Inhaftierten nun mehr Brot, Gemüse und Nährmittel als die Schwerstarbeiter der Versorgungskategorie I. Die Zuteilung an Fett und Fleisch entsprach hingegen den offiziellen Verpflegungssätzen der Kategorien V für Kinder und VI für »sonstige Bevölkerungsgruppen«, die ihre Arbeitskraft entweder als Invaliden oder Rentner dem Neuaufbau der Besatzungszone nicht zur Verfügung stellen konnten oder es als ehemalige Mitglieder nationalsozialistischer Organisationen nicht durften.[576]

Diese »Mischkalkulation« der Ernährungsnorm aus der höchsten und der untersten Kategorie der offiziellen Bezugssätze ist nicht zu erklären. Sie spricht jedoch für eine uneinheitliche Definition des Status der Speziallagerhäftlinge, die einerseits wie Kriegsgefangene und andererseits wie nicht arbeitende ehemalige Nationalsozialisten in Freiheit gesehen wurden. Der Status der »Nichtarbeitenden« sollte sich durchsetzen, als die Verantwortlichkeit für die Verpflegung der Häftlingskontingente im Oktober 1946 von der GSBT auf die SMAD übertragen wurde: Die SMAD – die ausweislich der überlieferten Dokumente von dem Wechsel der Ernährungszuständigkeit überrascht wurde[577] und planwirtschaftlich kaum flexibel reagieren konnte – senkte die Verpflegungssätze für alle Häftlinge zum 1. November 1946. Zusätzlich staffelte sie die gesenkten Rationen nach den Kategorien »arbeitende« und »nicht arbeitende Häftlinge«.[578] Für

---

575 Der entsprechende Befehl des Chefs der Rückwärtigen Dienste der Roten Armee enthält keinerlei Begründung für die Veränderung der Ernährungsnorm. Mit Jeske steht sie jedoch im Zusammenhang mit den organisatorischen Veränderungen innerhalb der GSBT im August 1945. Ebenfalls scheinen die Aufgabe der »Mobilisierungen« wie wohl auch Ersparnisgründe eine Rolle gespielt zu haben (ebenda, S. 196f.).

576 Vgl. Gries, Die Rationen-Gesellschaft, S. 94, 100.

577 Vgl. Jeske, Versorgung, S. 208.

578 Die Verpflegungssätze wurden nun in fünf Gruppen festgelegt: kriegsgefangene Offiziere, kriegsgefangene Soldaten, arbeitende Häftlinge, nicht arbeitende Häftlinge und Kranke. Nicht arbeitenden Häftlingen standen nun pro Tag offiziell 300 g Brot, 35 g Graupen-Mehl, 400 g Kartoffeln, 15 g Zucker, 40 g Fleisch und Fisch, 20 g Fette und 200 g Gemüse zu. Die arbeitenden Häftlinge erhielten 100 g mehr Brot und eine zusätzliche Zuckerzuteilung von 20 g. Die Verpflegungssätze aller Katego-

gut 90 Prozent der Gefangenen, also für jene, die nicht zu einem der Arbeitskommandos gehörten oder zur Funktionselite zählten, war dieser Einschnitt dramatisch: Statt der täglichen 600 g Brot standen ihnen jetzt nur noch 300 g zu. Die Konsequenzen dieser Maßnahme spiegeln sich in den Todeszahlen. Da sie für Sachsenhausen nicht getrennt vorliegen,[579] seien hier die Zahlen aus allen Lagern genannt, in denen sich zu diesem Zeitpunkt etwa 80000 Männer und Frauen befanden. Wurden im September 1946 397 Todesfälle registriert, waren es im Dezember 1120 und im Februar des Folgejahres 4280. Erst im August 1947 sollte die Zahl auf 703 zurückgehen, nachdem die Verpflegungssätze im Februar wieder leicht angehoben worden waren.[580]

Doch zu diesem Zeitpunkt war der Gesundheitszustand aller Häftlinge bereits nachhaltig ruiniert. Wer nicht mehr an Hunger verstarb, drohte hungerbedingten Folgekrankheiten zu erliegen, die aufgrund der katastrophalen medizinischen Versorgung, dem Mangel an Hygiene und wegen des Ungeziefers epidemische Ausmaße annahmen. Auch forderte das Klima seinen Preis. Die Herabsetzung der Verpflegungssätze fiel mit einem der härtesten Winter des vergangenen Jahrhunderts zusammen, auf den ein besonders heißer Sommer folgte. Hatten Kälte und Mangelernährung den körperlichen Verfall beschleunigt, verstärkte die Sommerhitze die Ausbreitung von Tuberkulose. Allein im Juli 1947 waren 65 Prozent aller Todesfälle in Sachsenhausen auf diese Krankheit zurückzuführen.[581] Sowjetischerseits wurde daraufhin die Kalorienzahl erhöht. »Mitte Juli 1947 [kam] endlich die lang erhoffte Essensaufbesserung«.[582] Im Herbst des Jahres wurden zudem Zahnbürsten sowie Decken und Stroh-

---

rien sind abgedruckt in von Plato, Geschichte, S. 37. Die Ernährungssätze in Kalorien anzugeben, erscheint wenig sinnvoll, da eine solche Rechnung von Lebensmitteln bestimmter Qualität abhängig ist.

579 Einen Eindruck der Hungerkatastrophe in Sachsenhausen vermitteln jedoch folgende schon erwähnte Zahlen: Im Dezember 1946 hatte Stalin 27500 Arbeitskräfte aus allen Speziallagern angefordert. Nach einer ersten Untersuchung waren in Sachsenhausen 5800 Häftlinge für arbeitsfähig befunden worden, die auf Transport geschickt werden sollten. Ende Januar 1947 konnten wegen Entkräftung und Auszehrung nur noch 869 Internierte und 366 SMT-Verurteilte deportiert werden.

580 Zahlen zit. nach von Plato, Geschichte, S. 39.

581 Jeske, Versorgung, S. 215.

582 Just, Die sowjetischen Konzentrationslager, S. 121.

säcke an die Häftlinge verteilt.[583] Medizinische und diagnostische Gerätschaften wie Röntgenapparate und Mikroskope sollten jedoch erst nach der Übernahme des Speziallagersystems durch die GULAG in allen Lagern zur Verfügung stehen, also seit dem Sommer 1948. Wirksam einzudämmen oder gar zu kurieren waren die Ansteckungskrankheiten jedoch auch dann nicht.

Die Nahrungsmittel, die jedem Häftling offiziell zustanden, waren äußerst knapp bemessen; ihre Qualität war ebenfalls mangelhaft. Dennoch ist davon auszugehen, dass die Todeszahlen weniger drastisch ausgefallen wären, wenn der einzelne Häftling all das erhalten hätte, was ihm auf dem Papier zugedacht war. Nach Berücksichtigung der Lieferengpässe[584] und der Reduktion der Sätze durch plan-

---

583 Die Häftlinge erinnern die Ausgabe von Seife, Decken und dergleichen als Folge der zunehmenden öffentlichen Auseinandersetzung mit den Speziallagern in den Medien, die seit 1947 auch im Lager gehört und gelesen werden durften. »In dem Paradeblatt der SMAD, der *Täglichen Rundschau* befand sich […] oft ein kleiner Artikel mit der Überschrift FIPS: Hier wurden mit wohlzensierter Spöttigkeit irgendwelche Belanglosigkeiten getadelt. Einmal ist dem Zensor doch wohl etwas durchgegangen und das ausgerechnet zu unseren Gunsten. An einem Abend nach dem Appell wurde wie immer vorgelesen, natürlich auch FIPS. Da stand dann wahrhaftig: ›Böse Münder aus westlichen Gefilden behaupten, in den Konzentrationslagern der sowjetischen Zone liefen die Menschen zerlumpt herum und lägen auf kahlen Brettern‹. […] Am nächsten Tag schon wurden Bettzeug, Laken und Kopfkissen ausgegeben. Auch Hosen, Mäntel, Schuhe und Wäsche [aus dem Leichenfundus, B.G.] sowie Decken waren auf einmal da« (Pritzkow [Pseud.], NKWD, S. 111; vgl. auch Archiv Sachsenhausen, Sch. K., Erinnerungsbericht, S. 8). Bei Sonnet heißt es, dass sich die Häftlinge die plötzliche Geschäftigkeit der sowjetischen Lagerleitung durch einen Artikel erklärten, der in der *Stuttgarter Zeitung* erschienen war. »Mit affenartiger Geschwindigkeit [wurden] Strohsäcke und Stroh herangeholt« und weitere Verbesserungen eingeführt (Sonnet, Bolschewismus, S. 107).

584 Trotz des errechneten Bedarfs von 1800 t Kartoffeln für den Winter 1945/46 wurden dem Lager Sachsenhausen bis Oktober 1945 Lieferscheine für nur 650 t ausgestellt. Wegen der Entfernung zum GSBT-Depot und mangelndem Treibstoff wurden schließlich lediglich 250 t Kartoffeln angeliefert (Jeske, Versorgung, S. 198). Noch für Pfingsten 1949 berichtet ein ehemaliger Küchenangestellter: »Die Centralküche der Zone I kochte für etwa 9000 bis 10000 Menschen. Pfingsten 1949 erhielt sie dafür etwa 250 Kalbs- und Rinderköpfe« (BArch B 289 SA 295/10–68/1).

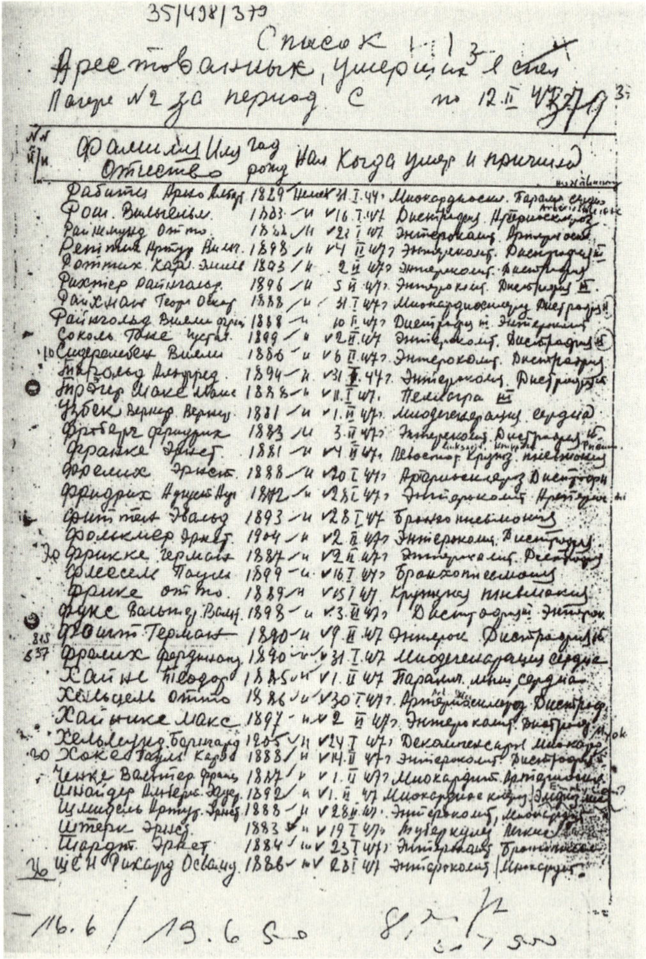

Die sowjetischen Totenlisten – wie die hier faksimilierte aus dem Speziallager Buchenwald vom Februar 1947 – enthalten lediglich minimale Angaben: Name, Vorname, evtl. Vorname des Vaters, Geburtsjahr und Todesdatum des Verstorbenen. Die Todesursache wurde seit 1947 mitunter ebenfalls vermerkt; ihre Richtigkeit muss als zweifelhaft gelten. (»Das sowjetische Speziallager Nr. 2 1945–1950.« Katalog zur ständigen historischen Ausstellung, hrsg. von Bodo Ritscher u.a., Göttingen 1999, S. 137).
Seit Anfang 2007 kann im Berliner Museum »Haus am Checkpoint Charlie« eine Aufstellung aller derzeit namentlich bekannten Speziallagertoten eingesehen werden. Sie umfasst 43045 Namen.

wirtschaftlich nicht erfasste Neuzugänge[585] stellt sich daher auch die Frage, wie die Nahrung, die tatsächlich im Lager ankam, an die Häftlinge verteilt wurde. So wurden aus der angelieferten Menge zunächst diejenigen bevorzugt bedient, die im Lager über einen Sonderstatus verfügten, also allen voran die Funktionshäftlinge und die »Spezialisten«. Des Weiteren gehörten dazu Personen, die für eine Deportation in die Sowjetunion »aufgepäppelt« wurden, sowie alle, die einem Arbeitskommando angehörten. Was sie an zusätzlicher Verpflegung erhielten, wurde dem Gesamtkontingent der Nahrungsmittel entnommen. Auch mussten die Zuträger im Lager entlohnt werden. Für sie wurden die »eingesparten« Rationen der Karzerhäftlinge verwendet. Irina Scherbakova spricht zudem von einer Verfügung, laut deren ein gesonderter Nahrungsmittelfonds für die Lagerspitzel eingerichtet werden sollte.[586]

Bei der Verarbeitung der Lebensmittel gab es »Schwund«. »[Wir sahen aus] als hätten wir Gelbsucht«, erinnert sich ein Häftling aus dem Lager Mühlberg, der zu einem Küchenkommando gehörte, das Mohrrüben putzte und sich heimlich an dem Gemüse bediente.[587] Auch die »grauen« Handelsbeziehungen sowohl der sowjetischen Wachmannschaften[588] als auch der deutschen Funktions-

---

585 »Die Ankunft von neuen Häftlingen bedeutete immer eine Verschlechterung der Situation für die anderen Insassen: ›Man verlor zu viel, der Zugang zu den sanitären Anlagen wurde noch schwieriger, die Verpflegung noch schmaler, die Überlebenschancen noch geringer‹« (zit. nach Jeske, Versorgung, S. 199f.).

586 Scherbakova berichtet, dass sich »im [Dokumenten-]Bestand der Sonderlager des NKWD in Deutschland eine Verfügung über die Schaffung eines kleinen Lebensmittelfonds zugunsten der Zuträger« befinde. Sie bietet jedoch keine weiteren Angaben über dieses Dokument noch eine Quellenangabe (Scherbakova, Erinnerung und die Strategie des kollektiven und individuellen Überlebens, S. 86). Dass spezielle Vorräte für Spitzel angelegt werden sollten, erwähnt auch Alexander von Plato. Er verdeutlicht jedoch, dass es sich dabei um einen Vorschlag handelte, dessen Realisierung ungewiss ist (von Plato, Geschichte, S. 65).

587 Schulz, Drei Jahre, S. 79.

588 »Natürlich sind Lebensmittel massenweise verschoben worden. Angefangen vom Hauptmagazin, wo die [sowjetischen, B.G.] Sergeanten auf Kosten des Lagers kistenweise Schnaps, Bier, Zigaretten und Luxusartikel sowie Gold eingehandelt haben. Für Fleisch und Fett war alles zu haben. Mehl ist sackweise und Kartoffeln tonnenweise verschoben worden« (BArchK B 289 VA 295/10/14, S. 4).

häftlinge bedeuteten eine Verringerung der Lebensmittel.[589] Letztere verfügten aufgrund ihrer Position nicht nur über Sonderzulagen, sondern, sofern sie mit Verwaltung und Verteilung der Nahrungsmittel selbst betraut waren, auch über entsprechende Zugriffsmöglichkeiten, sei es, um sich selbst satt zu essen oder Lebensmittel gegen Dienstleistungen wie zum Beispiel Näharbeiten zu tauschen.[590]

Fritz Steinhaus wurde im August 1946 »Putzer« eines Dolmetschers. Damit war er eine Art persönlicher Diener des Übersetzers, der den Jugendlichen mit den Resten seiner Sonderzulage entlohnte. Steinhaus erinnert sich, dass auch die Funktionäre von der Absenkung der Rationen Anfang November 1946 betroffen waren: »Die ›üppige‹ Verpflegung des Dolmetschers fiel weg. Er bekam zwar immer noch mehr als wir, für mich aber blieb so gut wie nichts übrig.«[591] Ein anderer Häftling erinnert den Tod zweier Privilegierter im Jahr 1946, »trotzdem sie jeden Tag auf ›höheren Befehl‹ einen Mittagschlag mehr bekamen«.[592] Dies verdeutlicht die Zuspitzung der ohnehin desaströsen Ernährungssituation für die gemeinen Häftlinge, die in einem Erinnerungsbericht mit den Worten »dicht am Kannibalismus« umschrieben wird.[593]

Die Mangelsituation verschärfte sich, weil die Nahrung, die tatsächlich auf den Baracken ankam, nicht immer den Häftling erreichte.

---

589 In einem anderen der KgU gemeldeten Vorgang wird berichtet, dass zwei der Karzerfunktionäre 1946 Handel außerhalb des Lagers betrieben. Mit Hilfe sowjetischer Offiziere sollen Wertsachen, die entweder eingetauscht oder durch »Filzungen« in ihren Besitz geraten waren, in die Privatwohnung eines Funktionärs verbracht worden sein (BArchK B 289 SA 295/10–30/24, S. 4).

590 Ein Beispiel für den Eigenverbrauch von Nahrungsmitteln beschreibt ein damals Jugendlicher, der bei der lagerinternen Feuerwehr tätig war. Bei seinen nächtlichen Wachgängen entdeckte er in der Baracke der Funktionäre der Zone I eine Küche und dort Lebensmittel. Nachdem er etwa zwei Wochen lang »Gulasch, auch Buletten, einmal sogar Koteletts« abgegriffen hatte, wurde er erwischt und verprügelt: »Auch ich sah nun, wer mich da entdeckt hatte. Es war der Kommandant der Inneren Ordnung Konrad M.« (Archiv Sachsenhausen, Z.B., Erinnerungsbericht, S. 25f.).

591 Steinhaus, Verlorene Jugend, S. 65.

592 BArchK B 289 VA 295/10/14, S. 5.

593 Archiv Sachsenhausen, I. L., transkribiertes Interview vom Dezember 1997, S. 5.

Denn bevor es zur allgemeinen Essenausteilung kam, bedienten sich zahlreiche der Barackenältesten – sei es zum Eigenverzehr oder um ihre Klientel vom »Putzer« bis zum Rollkommando zu entlohnen, oder um damit zu handeln. Dass diese Übergriffe im Hungerwinter 1946/47 stark zunahmen, steht außer Frage. Diskretion bewiesen dabei jene Funktionäre, die »hinter verschlossenen Stubentüren«[594] das Fett der Suppe abschöpften[595] oder mit einem Sieb die festen Bestandteile herausfischten.[596] Von Isidor W., dem Ältesten der Baracke 47 in Zone II, ist der Ausspruch überliefert: »Erst kriegt Isidor, dann kriegen [die] Schweine«, womit die Häftlinge gemeint waren.[597] Leute wie er waren auch zur Folter der besonderen Art fähig: Essen wurde zum Fenster hinausgeworfen[598] oder im Winter so lange vor die Tür gestellt, bis es gefroren und ungenießbar war.[599]

Das Brot und die Suppe, die nach Abzug der Sonderzulagen und nach der Selbstbedienung durch Teile der Funktionselite für die Häftlinge übrig blieben, wurden nach »heiligen Ritualen«[600] unter

---

594 »Bei der Essensausgabe für sich und seinen ›Stab‹ mussten alle Türen geschlossen werden« (Archiv Sachsenhausen, K. A., Erinnerungsbericht, S. 34).

595 »Sein Gehilfe war der Zugführer P. Er hat den Gefangenen Essen entzogen, das Fett abgeschöpft und das andere [Rest-]Essen den Häftlingen gegeben« (BArchK B 289 SA 295/10–30/26 [2], S. 1 [die Archivnummer ist doppelt vergeben]).

596 »Bei der Essensausgabe wurde unser Essen täglich im Beisein und wahrscheinlich im Auftrage des W. durch ein Sieb geschüttet, so dass die fetten Bestandteile des Essens entzogen wurden. Das im Sieb verbliebene Essen wurde von Jonny W. und dem übrigen Stab gegessen« (Archiv Sachsenhausen, K. H., Protokoll der polizeilichen Vernehmung in Sachen Jonny W. vor der Gendarmerie Bingen, 20. Juli 1956).

597 Archiv Sachsenhausen, R. E., transkribiertes Interview vom September 1997, S. 34.

598 »Aber die deutschen Aufseherinnen durchbohrten unsere Strohsäcke mit Eisenstangen und warfen Lebensmittel zum Fenster heraus« (Archiv Sachsenhausen, T. I., Protokoll).

599 »Im Winter 1946/47 hat Paul H. das Essen solange vor der Tür stehen lassen, bis die Suppe in den Kübeln gefroren war. Als wir die Suppe in die Baracken bekamen, mussten wir ein Brett von der Pritsche lösen, um die Suppe zu zerschlagen« (zit. nach Just, Die sowjetischen Konzentrationslager, S. 80).

600 Ebenda, S. 88.

den Häftlingen verteilt, die mitunter Stunden andauerten.[601] Millimetergenaue Lineale wurden gebastelt, um das Kastenbrot mit (verbotenen) Drahtschlingen in gleiche Stücke zu teilen. In einem festgelegten Turnus durfte immer ein anderer zuerst entscheiden, welches Stück des Brotlaibes er wollte, dass »mal für acht, mal für 12, ja für 16 Personen pro Tag [...] und ab März 1946 regelmäßig für sechs bis sieben Personen ausgeteilt« wurde.[602] Genau festgelegt war auch, in welcher Reihenfolge die Suppe von den Barackenbewohnern empfangen wurde. Dabei durfte der »Auskeller [...] den Essensempfänger nicht anblicken, um eine subjektive Beeinflussung des Schlages zu vermeiden. Senkrecht hob der Auskeller die lange Kelle und setzte sie vorschriftsmäßig auf den Boden [des Kübels, B.G.] auf. Erst jetzt durfte er sie neigen; war der Inhalt etwas dicker, musste sie ausgeklopft werden. Darüber entschied der Barackenführer nach kurzer Beratung mit dem Furier und den beiden Zugführern. In Zweifelsfällen entschied der Bataillonsführer. [...] Was außen an der Kelle hing, gehörte mit in die Schüssel. Wehe, wenn die Hand des Auskellers zitterte. Eine Barackenrevolte war sicher und ein neuer Auskeller wurde gewählt.«[603]

Die zahlreichen Berichte dieser detaillierten Systeme zur Essenausgabe, die sich von Baracke zu Baracke unterschiedlich gestalteten, geben zu erkennen, dass es sich dabei um Versuche der Fairness und gerechten Verteilung handelte. Beaufsichtigt wurden sie in der Regel von Funktionären, deren Autorität in dieser Frage akzeptiert wurde. Dass sogar der Bataillonsführer als »Schiedsrichter« angerufen werden konnte, wenn eine gerechte Verteilung der Rationen angezweifelt wurde, verdeutlicht die Intensität, mit der in »erhitzten Debatten [und] in übelster Form unter Flüchen und Beschimpfungen« um Nahrung gestritten wurde.[604] Allerdings findet sich einzig bei Pritzkow die Beschreibung einer Hungerrebellion. In seiner Baracke war beschlossen worden, die sogenannte Stalinspende, also seltene Nachschläge, nur an verheiratete Männer auszuteilen. Im Gegensatz zu den anwesenden Junggesellen, so das Argument, müssten sie sich für ihre Familien erhalten.

---

601 Dass allein die Brotverteilung auf der Baracke »gut eineinhalb Stunden beanspruchte«, berichtet Pritzkow (Pseud.), NKWD, S. 77.

602 BArchK B 289 VA 295/10/14, S. 4.

603 Zit. nach Just, Die sowjetischen Konzentrationslager, S. 88.

604 Ebenda.

»Und wir beiden jungen Leute hatten [...] schon mehrmals neidvoll beobachtet, wie sich die älteren Herrschaften ihren Essensnachschlag abholten. Uns plagte der gleiche Hunger und wir bekamen nichts. [...] Als es das nächste Mal wieder ›Stalinspende‹ gab, sprangen wir wie die Indianer, bewaffnet mit je einem Schemelbein und natürlich unseren Ess-Konserven zwischen die Leute, die sich um den Essensausgeber drängten, und drohten, jedem den Schädel zu massieren, der uns daran hindern würde, Nachschlag zu empfangen.«[605]

Eine Ahnung davon, wie sich die Häftlinge vor hungerprovozierten Übergriffen aus den eigenen Reihen zu schützen suchten, vermitteln die Berichte über die selbstverhängten Strafen für Brotdiebe. Der Kameradendiebstahl nahm im ersten Hungerwinter 1945/46 ein derartiges Ausmaß an, dass sich die sowjetische Kommandantur angeblich per Befehl eingeschaltet haben soll: Bei »nachgewiesenem Brotdiebstahl« sei der »Dieb öffentlich auszupeitschen«.[606] In keinem der vorliegenden Haftberichte wird jedoch die Umsetzung eines solchen Befehls erwähnt.[607] Auch legen die Erinnerungsberichte nahe, dass die sowjetische Lagerleitung den selbstschädigenden Vorgängen unter den Gefangenen nur ein geringes Interesse entgegenbrachte. So dürfte dieses Vergehen mehrheitlich von den Häftlingen selbst geahndet worden sein. Zu den harmloseren Strafen gehörten dabei Schilder um den Hals, die verkündeten: »Ich bin ein Dieb«.[608] Prügel, »zehn oder 15 Schläge auf's Hinterteil«, wurden ebenfalls verabreicht.[609]

---

605 Pritzkow (Pseud.), NKWD, S. 96.

606 BArchK B 289 VA 295/10/14, S. 5.

607 Allerdings berichtet Schulz aus seiner Haftzeit in Mühlberg, dass »es eine Zeitlang üblich war, [...] Häftlinge an den Pranger zu stellen, die Diebstähle und andere Vergehen sich hatten zuschulden kommen lassen«. Ob diese öffentliche Strafe auf Initiative der sowjetischen oder deutschen Lagerleitung durchgeführt wurde, ist seinem Bericht nicht zu entnehmen (Schulz, Drei Jahre, S. 75).

608 Wosny, Erlebnisse, S. 130.

609 BArchK B 289 VA 295/10/14, S. 5; vgl. auch: »Ein Brotdieb wurde auf der Baracke erwischt und einer Bestrafung zugeführt. Mit dem nackten Hintern musste er über einen Schemel und hat einige harte Schläge bekommen. Zur allgemeinen Abschreckung wurde die Pose auf Leinwand gemalt, ausgestickt und als Bildnis im Raum aufgehängt« (Archiv Sachsenhausen, R. E., Erinnerungsbericht, S. 42).

Erika Riemann berichtet, dass die Frauen Strafen mit einem »durchaus alttestamentarischen Charakter« über Brotdiebe aussprachen: »Der Übeltäter muss[te] beide Hände auf einen heißen Ofen legen.« Schwerer wog nach ihrer Darstellung die zusätzliche Verachtung der Kameradinnen und der Ausschluss aus der Hilfsgemeinschaft.[610] Dass auch Todesstrafen im Bereich des Möglichen lagen, zeigt folgender Bericht: »Mundraub war eines der schwersten Vergehen. Ging meistens mit dem Tode aus. Wurde in der Regel zusammengeschlagen mit dem Hammer, ins Lazarett und nie wieder.«[611] Ein anderer Häftling erinnert »mehrere Fälle [...], dass Diebe auf der Baracke erschlagen [...] oder nachts aus dem Fenster gestoßen [wurden]. Barackenältester rief Turmposten an: ›Achtung! Flüchtling!‹ Wurde sofort erschossen.«[612]

Nachvollziehbar ist auch Putzars Einschätzung, dass sich die Häftlinge mit »hart bestraftem Diebstahl nicht lange aufhielten« – »ein erwischter Dieb durfte nicht auf Mitgefühl hoffen«,[613] hatte er doch, wie es bei Riemann ergänzend heißt, »eines der schwersten Vergehen gegen unseren eigenen Kodex« begangen.[614] Gestraft werden konnte jedoch nur in der eigenen »Kaste« und dort auch nur das schwächste Glied, das vor Hunger der Versuchung erlegen war, Brot zu stehlen. Ansonsten erinnerten die physischen Auseinandersetzungen unter den körperlich geschwächten Häftlingen an »asiatische[s] Schattenboxen«, wie Putzar es nennt.[615] Ein anderer SMT-Verurteilter erklärt: »Schlägereien, ach wissen Sie, Schlägereien, die haben einmal zugehauen und dann sind sie beide umgefallen vor Schwäche.«[616] Derart geschwächt, war eine solidarische Gegenwehr gegen jene Funktionäre, die sich zu Lasten der Häftlinge bereicherten, unmöglich. Lethargie machte sich breit: »Ich [war] bemüht, Schweinereien und Unterschleife in der Barackenführung zu verhindern«, erinnert sich Z.W. »Doch meine sogenannten ›Kameraden‹ haben mich nicht

---

610 »Allein überlebt man nicht«, Riemann, Schleife, S. 112.

611 Archiv Sachsenhausen, I. L., transkribiertes Interview vom Dezember 1997, S. 5.

612 Archiv Sachsenhausen, M. M., Erinnerungsbericht, S. 11.

613 Putzar, Im Schatten, S. 225.

614 Riemann, Schleife, S. 112.

615 Putzar, Im Schatten, S. 251.

616 Archiv Sachsenhausen, H. H., transkribiertes Interview vom Dezember 1996.

unterstützt. Sie sahen nur zu wie in einer Arena, wenn ich wegen meiner Bemühungen schmählich zusammengeschlagen wurde.«[617]

Beschäftigungslosigkeit

Arbeit war ein Privileg. Lediglich etwa fünf Prozent der Häftlinge hatten das Glück, einem Arbeitskommando anzugehören.[618] Für zahlreiche von ihnen begrenzte sich die Zugehörigkeit zu einem Kommando auf Tage oder Wochen.[619] Andere kamen längerfristig unter[620] oder wurden von einer Arbeitsstelle zur nächsten durchgereicht.[621] Dabei konnten manche der Tätigkeiten für den Einzelnen eine schwere Last bedeuten. Besonders deutlich wird das bei den Angehörigen des Beerdigungskommandos. Sie litten nicht nur unter der körperlichen Anstrengung, sondern auch darunter, ihren verstorbenen Mithäftlingen auf dem Weg in die Massengräber das letzte Geleit zu geben.[622] Andere fühlten sich ihren deutschen Brigadieren brutal ausgeliefert.[623] Und wiederum andere sagten, »für den Russen arbeiten wir nicht«[624]

617 Archiv Sachsenhausen, Z. W., Erinnerungsbericht, S. 9.

618 Kühle/Titz, Speziallager Sachsenhausen, S. 25.

619 Manche Arbeiten wie Hilfsdienste in der Küche (Kartoffelschälen, Holzhacken und dergleichen) wurden im Rotationsprinzip vergeben.

620 So vor allem im Theaterkommando oder dem Spezialistenbüro.

621 M. J.-H., Jahrgang 1929, gehörte zunächst einem Arbeitsbataillon an, kam dann in der Schneiderei unter, wechselte in die Gärtnerei und wurde schließlich (Küchen-)Melder (Archiv Sachsenhausen, M. J.-H., Erinnerungsbericht, passim).

622 Siehe die Erinnerungen von Klotz, der in Buchenwald zeitweise dem Beerdigungskommando angehörte (Klotz, So nah der Heimat, S. 144f. Das entsprechende Kapitel findet sich auch in den KgU-Akten unter BArchK B 289 SA 434/10–30/5).

623 »Gerade dieser [Kommandoführer, B.G.], ein ehemaliger SS-Gruppenführer, war das größte Schwein. Er war es, der eine Norm einführte. Das heißt, er machte dem Russen klar, wie man noch mehr aus den Menschen herausschinden konnte. Wir waren mehr als 14–16 Stunden auf der Baustelle. Es gab dann eine zusätzliche Ration Brot und Fett (Butter in Natura) sowie auch einen Liter Mittagessen. Also, wir wurden satt. Doch wer von so einer Schinderei auf den Bau (Schlafraum) zurückkam, der kam kaum noch vor Erschöpfung auf seinen Strohsack« (Archiv Sachsenhausen, Z.B., Erinnerungsbericht, S. 14). Der Berichtende arbeitete ein Dreivierteljahr in einem Baukommando außerhalb des Lagers. Gebaut wurden Kasernen für die Rote Armee.

624 Wosny, Erlebnisse, S. 64.

oder hatten keine Lust, »sich als Helot der Russen zu ruinieren«.[625] So mancher befürchtete auch den Neid oder die Verachtung seiner nicht arbeitenden Kameraden.[626] Trotzdem: Arbeit war ein begehrtes Gut.

Denn Arbeit bedeutete Beschäftigung, die mit einer erhöhten Essensration entlohnt wurde. Und da sich die Arbeitsstätten mehrheitlich in der Vorzone oder dem Industriehof befanden, verfügten die Angehörigen dieser Kommandos über eine gewisse Bewegungsfreiheit innerhalb des Lagers. Trotz der verschärften »Filzungen«, denen sie beim Wiedereinrücken auf die Baracken unterlagen,[627] konnten in den Werk- und Arbeitsstätten verwertbare Gegenstände »organisiert« werden, die das Leben im Lager erleichterten oder zum Handel taugten. Zudem konnten Kontakte zu anderen Häftlingen geknüpft werden, die für Handelstransaktionen oder für den Austausch von Neuigkeiten bedeutsam waren. Ein Arbeitskommando konnte auch Raum und Zeit für Erholung und Gesundung bieten: »In der Schneiderei [...] konnte ich bleiben und habe mich dort auch gut erholt. Da war der Chef der Schneiderei, er war Russe, der mir und den anderen immer etwas mehr Suppe oder auch Brot zukommen ließ.«[628] Den Angehörigen der Kommandos, die außerhalb des Lagers tätig waren, waren mitunter sogar Kontakte zu Familienangehörigen möglich. Manche von ihnen schmuggelten Kassiber,[629] anderen gelang die Flucht.[630] Genau aus diesem Grund wurden die Außenkommandos 1946 eingestellt.

---

625 Sonnet, Bolschewismus, S. 97.

626 Bacmeister, Der lange Weg, S. 193.

627 »Ich kam jetzt ins Arbeitsbataillon 5, Baracke 5. Mein Kompanieführer hieß L. Wenn wir morgens zur Arbeit in die Vorzone gingen, filzte er uns, wenn wir abends reinkamen, wurden wir von L. gefilzt, nicht von den Russen« (Archiv Sachsenhausen, M. H.-J., Erinnerungsbericht, S. 7).

628 Ebenda.

629 Vgl. dazu auch die Kassiber, in denen heimliche Treffen mit Familienangehörigen außerhalb des Lagers von Kommandoangehörigen vereinbart wurden (Agde, Sachsenhausen, bes. S. 78–82).

630 Siehe den Inspektionsbericht der GULAG-Kommission vom Frühjahr 1948, in dem bemängelt wird, dass die meisten der 114 offiziell registrierten Fluchten aus allen Speziallagern »während der Arbeit unter Bewachung«, also während eines Außenkommandos, stattgefunden hatten (Possekel, Lagerpolitik, S. 89).

Mindestens 90 Prozent der Gefangenen waren indes zur Beschäftigungslosigkeit verdammt; sie zählten weder zu den Funktionshäftlingen noch waren sie in einem Arbeitskommando untergekommen. Eine Verbesserung oder zumindest Veränderung der eigenen Situation lag für sie außer Reichweite. Besonders galt dies in Zone II, wo die Haftbedingungen härter waren als in Zone I. Die SMT-Verurteilten konnten ihre persönliche Lage vielfach nur dann verändern, wenn sie sich jenen andienten, die in ihrer Zone als Funktionäre oder Angehörige des »Essens-Kommandos« über Sonderzulagen verfügten.

> »Sie waren [in Zone II, B.G.] nur eingesperrt in Steinbaracken. [...] Auch waren sie den Launen der Stubenältesten oder Barackenführer ausgesetzt. Es gab sogar Schläge von den Barackenältesten. Die paar, die Arbeit hatten und dadurch etwas Zusätzliches zum Beißen, machten die anderen zu ihren Sklaven. Sie mussten ihre Betten (Pritschen) sauber halten, Knöpfe annähen, einfach alles tun, was die wollten. Dafür bekamen sie von ihnen Reste vom Essen, und, wenn vorhanden, auch mal eine Kippe zu rauchen. Es waren aber auch alles Deutsche. Meistens suchten die ›Satten‹ sich [als] ihre ›Kulis‹ einen Jugendlichen aus. Denn die hatten den größten Hunger und gingen auf alles ein. Es entstanden richtige Liebschaften. Der eine aus Sexgier, der andere aus Hunger.«[631]

Ob der Berichtende Z.B., der in Zone I einsaß, hier eigenes Erleben oder Gerüchte aus zweiter Hand wiedergibt, ist nicht zu entscheiden. An seiner Gesamteinschätzung bestehen ausweislich der Haftbedingungen in Zone II jedoch keine Zweifel. Die Verurteilten standen in direkter Abhängigkeit von dem individuellen Regime ihrer Funktionäre.

Homoerotische Beziehungen waren Ausdruck dieser Notlage. Zwar werden in beiden Zonen auch sogenannte »echte Homosexuelle« eingesessen haben, für die der gleichgeschlechtliche Akt keine Ersatzhandlung im Sinne der »Not-Homosexualität« war.[632] Entscheidend ist jedoch, dass jegliche Sexualität im Lager, ob hetero-, homo- oder nothomosexuell, während der ersten Hungerjahre als Beleg des Machtgefüges unter den Gefangenen verstanden werden muss: Studien über Dystrophie zeigen, dass sexuelle Bedürfnisse

---

631 Archiv Sachsenhausen, Z.B., Erinnerungsbericht, S. 17.

632 Zu den Begriffen der »echten Homosexualität« und der »Not-Homosexualität« siehe Stöckle-Niklas, Das Gefängnis, S. 97.

einen gewissen Ernährungsstand voraussetzen.[633] Das heißt, dass hauptsächlich diejenigen sexuelle Sehnsüchte empfinden konnten, die als Funktionshäftlinge über eine bestimmte Konstitution verfügten. Aufgrund ihrer gehobenen Position standen ihnen zur Befriedigung dieser Sehnsüchte überdies Entlohnungsmöglichkeiten offen. Sie waren also körperlich und materiell in der Lage, vornehmlich jugendliche Häftlinge zu Gespielen aus Hunger zu machen.[634] So erinnert sich Putzar an einen jugendlichen Mitgefangenen, der »bereit [war], für den [Essens-]Nachschlag dem B. die Stange zu halten«.[635] Am häufigsten aber findet sich in den Erinnerungsberichten folgendes Bild:

»Wir hatten mal einen Barackenältesten, einen Älteren, bisschen begilen [sic!] Mann, aber Kommunist und jedenfalls prahlte er damit. [...] Der machte natürlich Schweinereien mit Jungs. Der schmierte sich Marmelade auf den Penis und ließ sich ablecken von so kleinen Jungs. [...] Wo er die ganze Marmelade hergehabt hat, die muss er uns ja geklaut haben. Das kam erschwerend hinzu.«[636]

Abwehr und Vorhaltungen prägen die seltenen Erzählungen über homosexuelle Beziehungen auch dort, wo es sich nach der relativen

---

633 Der Heimkehrerfragebogen, den Ulrich Gries 51 ehemaligen Kriegsgefangenen zur Erkundung der Persönlichkeitsveränderungen infolge von Dystrophie vorlegte, enthält zwei Fragen, die diesen Zusammenhang verdeutlichen. Die Frage Nr. 55 lautete: »Hatten Sie sexuelle Bedürfnisse während der Kriegsgefangenschaft?« und Frage Nr. 56: »Wenn ›Nein‹, wie empfanden Sie die sexuelle Impotenz und Bedürfnislosigkeit im Hinblick auf die Zukunft, die Heimkehr, Ihre Ehefrau? Machten Sie sich Sorgen? Fühlten Sie sich dadurch beeinträchtigt? War es Ihnen gleichgültig?« Die Antworten auf die Frage Nr. 55 ergeben sich durch die Antworten auf die Frage Nr. 56, die von allen befragten Heimkehrern beantwortet wurde. 24 von ihnen hatten sich während der Gefangenschaft Sorgen über die sexuelle Schwäche gemacht, 27 von ihnen war sie gleichgültig gewesen. Alle der Befragten waren somit aufgrund der schlechten Ernährung ohne sexuelle Bedürfnisse oder impotent gewesen (Gries, Abbau der Persönlichkeit, S. 165, 176).

634 »Überhaupt hat man sich mit den Jugendlichen sehr stark sexuell beschäftigt« (Archiv Sachsenhausen, Z.B., Erinnerungsbericht, S. 17).

635 Putzar, Im Schatten, S. 217.

636 Archiv Sachsenhausen, E. H., transkribiertes Interview vom Februar 1991. Vgl. auch Archiv Sachsenhausen, Z.B., Erinnerungsbericht, S. 17; oder Archiv Sachsenhausen, M. H., Protokoll der polizeilichen Vernehmung in Sachen Jonny W., Heilbronn, 21. Oktober 1957.

Stabilisierung der Ernährungssituation nicht um gekaufte Dienste, sondern um Zuneigung handelte.[637] Ein seltenes Eingeständnis, sich zu einem Häftling des gleichen Geschlechts hingezogen gefühlt zu haben, findet sich bei Riemann.[638] Wo es aber um gekaufte Gefälligkeiten geht, von denen ausschließlich aus der Perspektive von Beobachtern berichtet wird, bezieht sich die Abscheu nicht allein auf die vermeintliche sexuelle Abnormität, sondern immer auch darauf, dass es, wie es bei Z. B. hieß, »aber auch alles Deutsche waren«, die diese Dienste einforderten. Sie nutzten nicht nur die Zwangslage jugendlicher Häftlinge aus, denen keine alternativen Möglichkeiten offenstanden, dem Hunger zu begegnen. Sie dachten sich mitunter auch sexuelle Erniedrigungen aus: »Der Zugführer B. zwang einen Häftling zum öffentlichen Onanieren.«[639]

Wie eng Sex und Macht zusammenhängen, zeigt sich auch an den Vergehen an Frauen, wobei zwischen Vergewaltigungen und dem Handel mit sexuellen Dienstleistungen zu unterscheiden ist. So war der Anblick von nackten Frauen unter der Dusche für die sowjetischen Wachmannschaften käuflich zu erwerben: »Deutscher Gefangener, der als Bademeister eingesetzt war, nahm Schnaps von den Sowjets, damit diese die Frauen beim Baden oder Duschen beobachten konnten.«[640] Ferner sollen Funktionäre Frauen in den Karzer

637 Sofern homosexuelle Beziehungen unter den Häftlingen überhaupt angesprochen werden, dann mehrheitlich als etwas Abnormes. Die sexuelle Präferenz eines Mithäftlings wird dann zumeist als Ausweis seines negativen Charakters angeführt. So wird, um ein Beispiel zu nennen, der Barackenälteste G. R. als »homosexueller katholischer Priester« beschrieben, der »vor 1945 als Schwuler (§ 175) im KZ [gesessen hat] und nach 1945 wegen illegaler Schnapsbrennerei. Er hielt Messen [und] hatte ein Schlägerkommando« (Archiv Sachsenhausen, M. G., Protokoll vom September 1991). Erstaunlich differenziert werden die homosexuellen Beziehungen unter den Gefangenen in der Autobiographie des von 1949 bis 1955 in Bautzen einsitzenden »DDR-Spions« Hans Voelkner geschildert, die 1989 noch vor dem Mauerfall erschienen ist (Voelkner, Salto Mortale, S. 192f.). Dieter Rieke, der ebenfalls in Bautzen einsaß, hat der »eingesperrten Sexualität« der Häftlinge einen Aufsatz gewidmet. Darin erinnert er nicht nur an gleichgeschlechtliche Beziehungen, sondern auch an heterosexuelle Sehnsüchte und Bedürfnisse, die während der Haft unerfüllt blieben (Rieke, Die Not der eingesperrten Sexualität).

638 Riemann, Schleife, S. 134–136.

639 BArchK B 289 SA 295/10–30/28.

640 Archiv Sachsenhausen, V. L., Protokoll vom Mai 1990.

verbracht haben, um sie dort dem sowjetischen Lagerpersonal zuzuführen.[641] Zu sexuellen Dienstleistungen für die sowjetischen Posten soll es dank der Beziehungen mancher Funktionäre auch auf den Baracken gekommen sein.[642] Auf diese Weise traten Funktionäre als Zuhälter auf. Ob die Frauen dafür Gegenleistungen in Form von Naturalien erhielten, ist den Erinnerungsberichten nicht zu entnehmen.[643] Auch steht fest, dass die sowjetischen Posten sexuelle Dienste ohne Gegenleistung erzwingen oder, sofern sie im Offiziersrang standen, bis etwa 1947 auf das »Tanzmädchenkommando« zurückgreifen konnten.[644] Die Motive der zahlenden Nutznießer dieses Sys-

---

641 »G. A. holte willkürlich Leute in den Karzer. [...] Es handelte sich um Eigenmächtigkeiten, besonders Frauen gegenüber, die er auf diese Weise für die Nacht im Karzer sowjetischen Sergeanten zur Verfügung stellen wollte« (BArchK B 289 VA 295/10–49/4).

642 »Frau G. S. versicherte mir gegen Paul H. folgendes: Paul H. stand in Verbindung mit dem als besonders roh bekannten sowjetischen Posten I. (Spitzname unter den Häftlingen: Schweinebacke). I. und H. nahmen gemeinsam den Häftlingen gehöriges Nachschlagessen weg, um es Frauen zu geben, die sich in der Not der KZ-Zeit ihnen körperlich dafür hingaben. H. ließ nach Angaben der Frau G. S. wiederholt die Frauen beim Antreten bis zu einer Stunde stehen, um in dieser Zeit gemeinsam mit I. und anderen Posten seiner Lust mit Frauen, die sich krank gemeldet hatten und während dieser Zeit auf der Baracke bleiben durften, zu frönen« (BArchK B 289 SA 295/10–30/26).

643 Als einziges Beispiel, in dem eine Entlohnung angesprochen wird, siehe ebenda.

644 »Jeden Sonnabend und Sonntag wurden [in der Vorzone, B.G.] ›Tanzabende‹ veranstaltet. Das Frauenbataillon erhielt vom wachhabenden Offizier den Befehl: ›30 Frauen zum Tanzen antreten‹. So wurden Frauen ohne Wahl und nur bis zum Alter von 30 Jahren geholt. Während des Tanzes wurde dann diese oder jene noch mal woanders [hin] geholt. Es gab viel Tränen. Zuerst wurde die Frau mit Brot, Fleisch, Zucker, Zigaretten und Schnaps angelockt. Wenn das nicht half, dann mit Gewalt. Dieses habe ich von den Russen selbst erfahren, als ich 1946 Wirtschaftsführer [...] wurde« (BArchK B 289 VA 295/10/14, S. 4). Ganz anders klingen die Worte, die die schon erwähnte Führerin des Frauenbataillons der Zone II, Lydia B., über das »Tanzmädchenkommando« fand: »Als ich meinen Dienst in Sachsenhausen anfing, gingen noch gelegentlich Frauen nach der Arbeit [...] zu Tanzveranstaltungen. Ich habe im Einvernehmen mit Leutnant Golowatenko dagegen gewirkt, da ein solches Verhalten der Frauen den gegebenen Befehlen widersprach« (BArchK B 289 SA 295/10–174/1, S. 1). Dass Frauen durch

tems sind daher schwer zu fassen. Zwar war der Gesundheitszustand der Frauen besser als der der Männer.[645] Abgemagert und krank aber waren auch sie. Begehren und Erregung dürfte ihre körperliche Verfassung kaum geweckt haben.

Wie schon bei den Erinnerungen an die »GPU-Keller« wird Vergewaltigungen seitens der berichtenden Frauen und Männer ein unterschiedlicher Stellenwert eingeräumt. Sexuelle Übergriffe werden in den Berichten weiblicher Inhaftierter kaum angesprochen: Es habe »keine generellen Vergewaltigungen der Sowjets, aber einzelne Übergriffe« in Sachsenhausen gegeben, heißt es bei V. L.[646] Es sind stattdessen die Männer, die wiederholt von Notzuchtverbrechen an Frauen berichten. Auch wenn einer von ihnen erinnert, dass die Übergriffe mit der Ankunft der russischen Ehefrauen nachließen[647] – die Beanspruchung dieses Themas durch männliche Inhaftierte gibt wie zuvor bei den Schilderungen der Untersuchungshaft zu erkennen, dass gerade sie unter der Ohnmacht litten, den weiblichen Mithäftlingen nicht helfen und ihrer Männerrolle nicht gerecht werden zu können. Es steht zu vermuten, dass sie diese Ohnmacht im Speziallager noch deutlicher empfanden, waren doch ihre eigenen Leute die Zuhälter.

Prostitution versuchten, ihre Lebenssituation zu verbessern, soll nicht bezweifelt werden. Um ein freiwillig gesuchtes Amüsement zwecks Abwechslung im tristen Lageralltag, wie es Lydia B. dargestellt hat, dürfte es sich jedoch wohl kaum gehandelt haben. Zu erwähnen ist ferner, dass es zu Liebesbeziehungen zwischen sowjetischen Wachposten und Frauen gekommen ist, aus denen auch Kinder hervorgingen. Vgl. dazu Latotzky, Kindheit hinter Stacheldraht.

645 Dass Frauen die desaströsen Haftbedingungen körperlich besser verkrafteten als Männer, wird sowohl in den Erinnerungsberichten als auch von der Forschung wiederholt angesprochen. Bestätigt wird diese Einschätzung durch den Vergleich der Mortalität unter Frauen und Männern. So starben in dem Lager Jamlitz etwa 31 Prozent aller Insassen, aber nur zwei Prozent der dort internierten Frauen. In Buchenwald kamen mehr als 7000 Lagerinsassen ums Leben, also etwa ein Viertel der Gesamtbelegung; von den dort internierten 1000 Frauen überlebte etwa ein Dutzend die Haft nicht (vgl. Mühe, Frauen in sowjetischen Speziallagern, S. 633).

646 Archiv Sachsenhausen, V. L., Protokoll vom 11. Mai 1990.

647 Den Zeitpunkt, an dem die Ehefrauen der Offiziere eintrafen, benennt der Berichtende jedoch nicht (BArchK B 289 VA 295/10/14, S. 4).

Denunziation

Dass von »jedem Lagerinsassen [...] monatlich mindestens drei Denunziationen verlangt« wurden, heißt es ohne nähere Angaben in »Das Jahrhundert der Lager«.[648] Alexander von Plato zufolge lautete die Vorgabe, auf 50 Häftlinge einen »Agenten« anzuwerben. Gleichwohl sollen sich Ende Oktober 1946 lediglich 890 Spitzel unter den insgesamt etwa 80000 Gefangenen in allen Lagern befunden haben.[649] Wie viele Zuträger es in den Lagern gab, ist auch anhand der Erinnerungsberichte nicht nachzuvollziehen – obwohl sie keinerlei Zweifel daran aufkommen lassen, dass es sich bei der Anregung zum gegenseitigen Verrat um das erfolgreichste Beherrschungsinstrument der sowjetischen Lagerleitung handelte: »Man durfte dem Nachbarn nicht trauen, [...] man musste sich vorsehen, was man anderen erzählte.«[650] Ob es sich dabei um politische Meinungsäußerungen handelte oder um einen Hinweis auf eine frühere politische Tätigkeit oder NS-Funktion, ob es um das Versteck eines verbotenen Gegenstandes ging oder darum, dass man eine Handelsbeziehung aufgetan hatte oder ob man bei Fluchtvorbereitungen oder dem Bau eines Radios beobachtet worden war – alles konnte vom Pritschennachbarn für ein Stück Brot, Suppe oder Tabak an die »Operativ-Gruppe« weitergetragen werden. Und obwohl »es wahrscheinlich weniger Spitzel [gab], als man allgemein annahm«,[651] misstrauten die Gefangenen einander. Für verbotene Aktionen oder vertrauliche Gespräche bedurfte es der »gegenseitigen Gewissheit« möglichst schon »aus Zeiten vor der Inhaftierung«.[652] Für eine weiterreichende Solidarisierung unter den Häftlingen genügte das jedoch nicht.

Bis weit in das Jahr 1948 hinein, vor allem aber während der ersten beiden Hungerwinter kam es zu einer »wahren Spitzel-Inflation«.[653] Mangels alternativer Möglichkeiten, dem Hunger zu begegnen, verkauften zahlreiche Häftlinge Informationen über ihre Mitgefangenen gegen Brot oder Suppe.

---

648 Kotek/Rigoulot, Das Jahrhundert der Lager, S. 483.

649 von Plato, Geschichte, S. 65.

650 Archiv Sachsenhausen, R. E., Protokoll vom Februar 1999, S. 1.

651 Ebenda.

652 Archiv Sachsenhausen, K. H., Erinnerungsbericht, S. 5.

653 Just, Die sowjetischen Konzentrationslager, S. 48.

»Eine Serie schlechter Schläge [Kelleninhalt bei der Essenausgabe, B.G.] zeigte sich dann dadurch, dass beim Appell viele Männer umfielen, weil sie diese Stunde des Stehens nicht mehr aushielten, auch stieg die Todesziffer sofort an. Kein Wunder, wenn ein Verhungernder in einer Vorstufe des Wahnsinns auch die letzten Maßstäbe menschlicher Anständigkeit verlor und als Spitzel für einen halben Liter Wassergrütze seine Kameraden verriet. Das war ›gemein‹, ja, aber gemeiner noch handelten die, welche sich den Hunger zunutze machten.«[654]

Der Verrat eines Mithäftlings an einen Funktionär oder direkt an die »Operativ-Gruppe« konnte dessen Tod zur Folge haben. Ob er den Karzer überlebte, hing von der Dauer der unweigerlich verhängten Strafe und seinem Gesundheitszustand ab. Dieser Umstand war allen Häftlingen bewusst. Doch als Opfer des Hungers wurden sie als »Gelegenheits-Spitzel« zu Tätern aus Hunger.

Mangels Erinnerungsberichten, in denen Häftlinge ihre Motive für eine Denunziation offenlegen beziehungsweise eine solche überhaupt eingestehen, kann über weitere Gründe, die zu einem Verrat führten, nur spekuliert werden. Denkbar ist beispielsweise das Verlangen, die neue politische Ordnung durch »revolutionäre Vorsicht« im Lager zu unterstützen und sich als Antifaschist oder überzeugter Kommunist zu beweisen, sei es aus Überzeugung oder in der Hoffnung, Hafterleichterungen zu erwirken. Ebenfalls könnte Neid auf die Überlebensstrategie eines anderen Häftlings ein Motiv gewesen sein. All dies verblasst allerdings gegenüber der manipulativen Gewalt des Hungers, welche die Lagerleitung in die Lage versetzte, Informationen gegen Tabak oder Brot abzuschöpfen oder bei entsprechenden Verdachtsmomenten einen oder mehrere Zuträger auf einen Lagerinsassen anzusetzen.[655]

Um über verbotene Aktionen, geplante Fluchten, eventuelle Häftlingsaufstände sowie über die allgemeine, auch politische Stimmung im Lager informiert zu sein, bediente sich die »Operativ-Gruppe« nicht allein der »Gelegenheits-Spitzel«. Sie installierte auch ein Netz regelmäßiger Informanten, für die aller Wahrscheinlichkeit nach der gesonderte Nahrungsmittelfonds gedacht war, von dem Irina Scherbakova spricht. Rekrutiert wurden sie anscheinend primär aus dem Kreis der Funktionäre.

---

654 Ein Häftling, zit. ebenda, S. 89.

655 Das System der Konzentrationslager 1945 bis 1950, S. 105.

»Es gab auch unter denen, die genug zu essen hatten, Zinker. Das waren die Spitzel von Offizieren. Jede Woche bekamen die Offiziere ihren Bericht von diesen Leuten, sonst verloren auch sie ihren Posten.«[656]

Ob diese Berichte, die ins Russische übersetzt wurden,[657] tatsächlich wöchentlich abzuliefern waren, sei dahingestellt.[658] Die Zwangslage der Zuträger ist hingegen offensichtlich: Sie mussten Informationen liefern, da sie andernfalls ihrer privilegierten Position enthoben wurden. Da die Degradierung zum gemeinen Häftling vor allem während der ersten Hungerwinter einem Todesurteil gleichkommen konnte, war ihre Entscheidung über Leben und Tod anderer immer auch eine Entscheidung über das eigene Überleben.

Der plötzliche Besitz von zusätzlicher Nahrung oder Tabak blieb den anderen Häftlingen freilich nicht immer verborgen. Deren wütende Reaktionen entsprachen mitunter der gewalttätigen Ächtung von Brotdieben. »Rigoroses Vorgehen der Häftlinge. Gehört: Häftling erschlug im Holzfällerkommando einen Denunzianten mit einer Axt. Gesehen: Frauen erschlugen fast eine Spitzelin.«[659] Oft blieb den Verratenen jedoch nur die Genugtuung, dass der Verräter zwar auf einen Posten spekuliert hatte, aber nur etwas Tabak bekam.[660] Seitens der sowjetischen Lagerleitung wurde den Zuträgern kein Schutz gewährt:

»Die vielen Spitzel, die es in jedem Bataillon, jeder Kompanie, jeder Stube gab, waren zum größten Teil labile Personen, die sich gern das Leben durch Denunziation erleichtern wollten. Sie erreichten es nicht. Die sowjetischen Offiziere hatten zu ihren Spitzeln weder Vertrauen noch Achtung vor ihnen. Sie schätzten ihren Charakter ganz richtig ein. Sie nahmen die Spitzel auch nie in Schutz, wenn Kameraden, die ihre Denunziation entdeckten, sie

---

656 Archiv Sachsenhausen, M. H.-J., Erinnerungsbericht, S. 8.

657 Vgl. Just, Die sowjetischen Konzentrationslager, S. 45.

658 In einem anderen Bericht heißt es: »Die im KZ einsitzenden Spitzel wurden von Zeit zu Zeit zu den ›Operativ-Offizieren‹ befohlen, wo sie mündlich oder häufiger noch schriftlich Bericht zu erstatten hatten« (Das System der Konzentrationslager von 1945 bis 1950, S. 105). Alexander von Plato gibt an, dass die Informanten laut Befehl mindestens zwei Mal im Monat Bericht erstatten sollten (von Plato, Geschichte, S. 64).

659 Archiv Sachsenhausen, F. L., Protokoll.

660 Archiv Sachsenhausen, M. H.-J., Erinnerungsbericht, S. 9.

verprügelten. Sie bekamen hin und wieder Brot und Suppe. Das war aber auch alles.«[661]

Dass Denunziationen eine gravierende Störung des Vertrauensverhältnisses der Häftlinge untereinander zur Folge hatten, ist offensichtlich. Die Furcht vor Bespitzelung verhinderte auch die Bildung organisierter Widerstandsgruppen gegen die sowjetischen Bewacher. Zwar sind der Handel unter den Häftlingen oder der Schmuggel von Kassibern als Ausdruck des passiven Widerstands zu verstehen,[662] Belege für aktiven Widerstand gegen das sowjetische Machtzentrum finden sich in den Erinnerungsberichten hingegen äußerst selten. Gingen sie von den gemeinen Häftlingen aus, handelte es sich zumeist um eher spontane Aktionen: »Überraschenderweise waren es die im Frauenbataillon vereinigten weiblichen Häftlinge, die eines Tages die Annahme minderwertiger Verpflegung verweigerten.«[663] Dem Hungerstreik der Frauen im Jahr 1947 war tatsächlich ein kleiner Erfolg beschieden – die Nahrung verbesserte sich, wenn auch nur für zwei Tage.[664] Der Hungerstreik auf der Männerbaracke 44 in Zone II im Sommer 1949 wurde hingegen hart bestraft: Es wurde eine eineinhalbmonatige »Barackensperre« verhängt und den Bewohnern das Kopfhaar geschoren. Zudem wurden einige Häftlinge aus der »44« willkürlich herausgegriffen und für 30 Tage in den Karzer gesperrt.[665]

An konspirativen Aktionen, die einer längerfristigen Planung bedurften, waren in der Regel privilegierte Gefangene beteiligt, die eine Funktion ausübten oder einem Arbeitskommando angehörten. So gelang vier namentlich nicht bekannten Häftlingen im Juli 1948 die Flucht. Sie hatten einen Tunnel gegraben, dessen Einstieg sich im Bauhof befand, womit offensichtlich ist, dass sie einem Arbeitskom-

---

661 Frau von H., Sekretärin des Chefs der »Operativ-Gruppe«, zit. nach Das System der Konzentrationslager von 1945 bis 1950, S. 105.

662 Das gilt ebenfalls für die in den Erinnerungsberichten vielfach erwähnten Gedanken an eine Flucht, wobei sich mitunter die Frage stellt, ob diese Hinweise nicht eher der Ausdruck einer nachträglichen Selbstbehauptung sind.

663 Ebenda, S. 119.

664 »Eines Tages verweigerten wir die Essensannahme, weil es nur aus Wasser bestand. Es erschien darauf ein sowjetischer Offizier, wir brachten unsere Beschwerde vor und erhielten dann 2 Tage besseres Essen und dann wurde es wieder schlechter« (BArchK B 289 SA 295/10–18/4, S. 2).

665 Vgl. Das System des kommunistischen Terrors, S. 47.

mando angehörten.[666] Zuständig für die Zerkleinerung der Holzabfälle aus der Tischlerei, verfügten sie nicht nur über das notwendige Werkzeug, sondern auch über die zusätzlichen Rationen, die sie ausweislich des Fluchtberichtes als Bestechungsgelder einsetzten oder gegen neue Kleidungsstücke eintauschten, um nach geglückter Flucht in der Öffentlichkeit nicht aufzufallen.[667] Wenige Monate später, im November 1948, gelang eine weitere Tunnelflucht. Die Beteiligten um Erich Maedler hatten den Sand in Kissenbezügen auf dem Dachboden der Baracke versteckt, unter der sich der Einstieg in den Tunnel befand.[668] Laut Werner Pfeiffer gehörten Maedler und seine Mitstreiter einem Arbeitskommando an, ausweislich eines anderen Berichts war er kurz vor der Flucht seiner Position als Barackenzugführer enthoben worden.[669] Maedler selbst erklärt, Wirtschaftsführer gewesen zu sein.[670]

Die Beteiligung privilegierter Häftlinge steht auch in den beiden nachfolgenden Fällen von Widerstandsaktivitäten zu vermuten, über die gleichwohl nur Indizien vorliegen und die nicht zu verifizieren sind. So schreibt Maedler in seinem Fluchtbericht, dass etwa 60 sowjetische Wachsoldaten »am Revolutionsfeiertag [1948] mit den deutschen Häftlingen zusammen den Ausgang aus dem Lager erzwingen« wollten. Eine Denunziation soll dieses Vorhaben zunichtegemacht haben; die Wachkompanie wurde Maedler zufolge am 5. November abgelöst.[671] Wenige Wochen zuvor sollen sich einige Männer zu einer bewaffneten Widerstandsgruppe während der »Ber-

---

666 »Meine Flucht aus Sachsenhausen. Serienbericht über die Zustände in den ostdeutsch-sowjetischen Konzentrationslagern«, *Welt am Sonntag* vom 1., 8. und 15. Januar 1950, jeweils S. 9.

667 Ebenda, *Welt am Sonntag* vom 15. Januar 1950, S. 9.

668 Maedler, Flucht aus Sachsenhausen, S. 10. Von beiden Fluchten berichtet auch Sonnet, Bolschewismus, S. 149f.

669 Pfeiffer, Abgeholt, S. 120 und BArchK B 289 VA 295/10/10. Bei Letzterem handelt es sich um einen »Leserbrief« an die KgU, die den Fluchtbericht Maedlers publiziert hatte. In diesem Brief werden Details der veröffentlichten Fluchtgeschichte in Zweifel gezogen. Auch erhebt der Briefschreiber unter angedrohter Nennung von 30 Zeugen schwere Vorwürfe gegen Maedler bis hin zum Totschlag, der seine Position als Zugführer ausgenutzt und als Spitzel tätig gewesen sein soll.

670 Maedler, Flucht aus Sachsenhausen, S. 10.

671 Ebenda.

lin-Blockade«[672] zusammengeschlossen haben. Angesichts der im Lager erwarteten kriegerischen Auseinandersetzung zwischen den Amerikanern und der Sowjetmacht, rüsteten sie sich mit »primitiven Hieb- und Stichwaffen und einigen Brandflaschen«, da man im Kriegsfall »befürchtete, dass die Häftlinge des KZ [...] erschossen werden könnten«.[673] Die Zielsetzung der Männer war also die Selbstverteidigung; es ging ihnen nicht um eine Erhebung gegen die sowjetische Lagermacht. Dennoch liegen mit diesen beiden Beispielen die einzigen Hinweise auf widerständige Aktivitäten vor, deren Motive sich als politisch deuten lassen. Ansonsten soll es, folgt man den Erinnerungsberichten, unter den Häftlingen keinerlei politische Gespräche gegeben haben. Mehr noch, »es fehlte unter den Internierten vor allem auch jede Bereitschaft zum politischen Gespräch, wie ehemalige Häftlinge immer wieder hervorheben«.[674] Das gegenseitige Misstrauen, das aufgrund des Spitzelnetzes und der »Gelegenheitszuträger« unter den Gefangenen herrschte, dürfte die Bereitschaft zum politischen Gedankenaustausch auf ein absolutes Minimum beschränkt haben.

Unter der Leitung der GULAG

Es ist kein Zufall, dass die raren Beispiele spontaner wie geplanter Widerstandsakte gegen die Lagerleitung in ihrer Mehrheit auf den Sommer 1948 und später datiert werden. Der Sommer 1948 steht für den Zeitpunkt, an dem sich die Haftbedingungen verbesserten, weil das Speziallagersystem im August des Jahres unter die Leitung der GULAG gestellt wurde. Vorangegangen war dem neuen Unterstellungsverhältnis die Entlassung von 28000 Internierten aus allen Lagern, mehr als 5000 von ihnen kamen aus Sachsenhausen. Dort wurde nun auch die strikte Trennung der beiden Lagerzonen und das besonders strenge Haftregime in Zone II aufgehoben. Alle Gefangenen erhielten mehr Bewegungsfreiheit, da die Stacheldrahtbarrieren zwischen den »Bataillonen« und Baracken entfernt wurden. Dass

672 Die Häftlinge erfuhren von der »Berlin-Blockade« aus der ihnen zur Verfügung gestellten Presse. Auch sollen die amerikanischen »Rosinenbomber« bei entsprechenden Windverhältnissen im Lager zu hören gewesen sein.

673 Das System der Konzentrationslager von 1945 bis 1950, S. 118f.

674 Ebenda.

Entlassungen überhaupt möglich gewesen waren, wirkte überdies wie ein Motivationsschub für die desillusionierten Gefangenen: Man hatte sie nicht vergessen. Arbeit wurde auch für SMT-Verurteilte zugänglich, die nunmehr die größte Gruppe unter den Lagerinsassen stellten. Gleiches galt für Funktionärsposten, die durch die Entlassungen frei geworden waren. Relativ gesehen verbesserte sich die medizinische Versorgung wie auch die Ernährungssituation.

Die veränderten Haftbedingungen erleichterten das Leben im Lager vor allem in einer Hinsicht: Die Hilflosigkeit, deretwegen man vor dem Barackenältesten, vor »einem kleinen Mann aus Jena [...] mehr zitterte als vor den russischen Soldaten«,[675] schwand zunehmend. Den Häftlingen wurde es möglich, der Brutalität mancher Funktionäre entweder räumlich auszuweichen oder Netzwerke zur Selbsthilfe zu bilden. So berichtet ein Häftling über einen Rachefeldzug gegen einen Zugführer, bei dem er Angehörigen eines anderen »Zuges« behilflich war:

> »Dieser Zugführer, der [war] Pfarrer [...], der hat geklaut, Zucker, Butter, alles, was er kriegen [konnte]. Und zu wem der sich ins Bett legte. An einem Sonntag haben wir ihn uns gegriffen [...] und von der Baracke auf unseren Flügel geschleppt, haben ihn auf den Tisch gepackt, haben ihn verkeilt mit Lederriemen, bis auf's rohe Fleisch, in dem Gebälk, da haben die Jugendlichen gehangen und haben gebrüllt: ›Dieses Schwein! Dieser Pfaffe!‹, der hatte einen Ziegenbart wie Ulbricht, den haben wir zur Hälfte abgeschnitten, die andere Hälfte haben wir stehen lassen. Zur Belohnung haben wir ihn eingeschmiert am Körper mit meinem Lederfett und gesagt, wenn du uns verpfeifst, wir halten zehn Tage Bau noch aus, aber ob du die durchhältst, das wollen wir mal sehen.«[676]

Die veränderten Haftbedingungen hatten die Funktionäre ihres folgenschwersten Druckmittels beraubt, mit dem sie ihre Gewalt über die Häftlinge ausübten: die Androhung von Karzer, der für die gemeinen Gefangenen an Schrecken verloren hatte. Zunehmend traute man sich zu, den Hunger im Karzer und auch Schläge zu überstehen.

Ferner bedienten sich die Gefangenen des Mittels der Anzeige. Dabei wird es sich in den seltensten Fällen um die Meldung einer Misshandlung durch einen Funktionär gehandelt haben, da deren Bestrafung durch die »Operativ-Gruppe« weiterhin ungewiss blieb.

---

675 Archiv Sachsenhausen, S. L., Erinnerungsbericht, S. 14.
676 Archiv Sachsenhausen, S. A., transkribiertes Interview, S. 19.

Der wohl sicherste Weg, eine Bestrafung zu erwirken, war, ein Vergehen zu melden, an dem ein Strafinteresse seitens der Sowjetmacht vorausgesetzt werden konnte. So berichtet ein Häftling, dass ein Mitgefangener nach seiner Entlassung aus dem Karzer erzählte, den dort tätigen Jonny W. »als Kamerad bei der Wehrmacht wiedererkannt [zu haben], denn derselbe war mit Jonny W. im Osten zur Bekämpfung von Partisaneneinheiten eingesetzt gewesen. [...] Er erzählte, dass Jonny W. bei diesem Einsatz drei russische Partisanenfrauen ohne jeden Grund erschossen hätte. Am anderen Tag ließ sich [ein] zweite[r] Mitgefangene[r] bei der russischen politischen Leitung des Lagers melden und brachte derselben diese Vorgänge zur Kenntnis. Jonny W. wurde sofort in Einzelhaft gebracht, dann aus dem Lager Sachsenhausen abtransportiert und der russischen Justiz übergeben.«[677]

Ob Jonny W. verleumdet wurde oder ob die gegen ihn erhobenen Vorwürfe den Tatsachen entsprechen, ist nicht zu ermitteln.[678] Da er jedoch als ursprünglich Internierter bis 1955 in Haft verblieb, spricht viel dafür, dass diese Meldung zu einer Nachverurteilung während der Gefangenschaft geführt hatte.[679]

Als weiteres Mittel der Selbstbehauptung und Rache an den Funktionären sei die Selbstjustiz angeführt. Als Lynchjustiz wird sie in den Erinnerungsberichten immer dann deutlich, wenn, wie im Falle des Ablebens des B. in Teddy-Uniform, von »dunklen Umständen« die Rede ist, unter denen ein Funktionär den Tod fand.[680] Für diese Maßnahme scheint es jedoch von Vorteil gewesen zu sein, den Abzustrafenden außerhalb des Lagers zu erwischen. So liegen Berichte vor, dass vormalige Peiniger auf dem »Transport in die UdSSR von einigen Kameraden erschlagen« oder »in der SU durch Selbstjustiz ge-

---

677 Archiv Sachsenhausen, P. O.-H., zit. aus dem polizeilichen Vernehmungsprotokoll in Sachen Jonny W., Berlin, 5. Januar 1957.

678 Bekannt ist jedoch, dass er laut Selbstauskunft während des Krieges an der Ostfront stand (Archiv Sachsenhausen, Zusammenfassung der rund 1300 Seiten umfassenden Strafprozessakte zu Jonny W. durch Karen Geusen von der »Projektgruppe Speziallager« des Museums und der Gedenkstätte Sachsenhausen).

679 Die Prozessakten des Jonny W. liefern darauf keine eindeutige Antwort (ebenda). Bei Sonnet heißt es, dass Jonny W. »später«, also während der Haft, »von einem Tribunal zu 15 Jahren verurteilt« wurde und spurlos verschwand (Sonnet, Bolschewismus, S. 79).

680 Vgl. Archiv Sachsenhausen, Sch. H.-D., Erinnerungsbericht, S. 361.

richtet« wurden.[681] Kaum entlassen, wurde der Führer des 4. Bataillons der Zone I, wie drei Häftlinge unabhängig voneinander berichten, »am 20. 8. 1948 vor dem S-Bahnhof Oranienburg im Beisein des [stellvertretenden, B.G.] Lagerkommandanten Rudenko zusammengeschlagen und von Rudenko danach ins Krankenhaus gefahren«.[682] Doch gerade der Umstand, dass mit einer Abrechnung in vielen Fällen bis zur Entlassung oder Verlegung aus dem Lager gewartet wurde, zeigt, dass die Macht der Funktionäre trotz der Verbesserung der Lebensbedingungen der gemeinen Häftlinge nicht gebrochen, sondern nur gemindert war.

681 Siehe Archiv Sachsenhausen, P. G., Erinnerungsbericht, S. 2.
682 Pritzkow (Pseud.), NKWD, S. 141, Sonnet, Bolschewismus, S. 117; und Archiv Sachsenhausen, I. L., transkribiertes Interview vom Dezember 1997.

Bruchstücke

Die Häftlingsgesellschaft war eine äußerst heterogene Zwangsgemeinschaft, mit vielfältig gebrochenen Konfliktlinien. Dies zeigt sich nicht zuletzt mit Blick auf die politische Vorgeschichte der Lagerinsassen: Auf engstem Raum saßen sich Angehörige politischer Gruppierungen gegenüber, die während des »Dritten Reiches« erklärte Feinde gewesen waren. Wen machten die Anhänger des Nationalsozialismus für ihre Inhaftierung verantwortlich? Und wer war aus Sicht der NS-Verfolgten, die unter Repressalien gelitten, Konzentrationslager überlebt, dem »Nationalkomitee Freies Deutschland« angehört oder im Exil gewesen waren, für ihr Los haftbar zu machen? Wurden Schuldige innerhalb des Speziallagers gesucht, die dafür verantwortlich zu machen waren, dass man sich als vorgeblich »kleiner Pg« in einer lebensbedrohenden Situation wiederfand? Wirkte der in den NS-Organisationen eingeübte politische Blick in den Lagern fort oder erzwang die Lagerrealität das (Lippen-)Bekenntnis zur politischen Ordnung der Siegermacht? Gab es politische Gruppierungen innerhalb des Lagers, und kam es Auseinandersetzungen zwischen ihnen? Wurde über Straf- und Sühnemaßnahme für Kriegsverbrechen und das nationalsozialistische Regime gestritten? Oder waren es politische Scheingefechte um materielle Vorteile?

All diese Fragen, die das Konfliktpotential innerhalb der Zwangsgesellschaft nur grob umreißen, haben eine Gemeinsamkeit: Sie sind anhand der Erinnerungsberichte nicht zu beantworten. Denn in ihrer überwiegenden Mehrheit geben die Berichtenden – egal, ob sie in Sachsenhausen oder andernorts eingesessen haben – zu verstehen, dass Politik in den Speziallagern keine Rolle spielte. Angeblich beeinflusste sie weder den Umgang der verschiedenen Gefangenengruppen untereinander noch bot sie Anlass zu Auseinandersetzungen unter den gemeinen Häftlingen. Dass dieses Bild nicht der Realität entspricht, ist nur wenigen Erinnerungswerken zu entnehmen. Und dort auch nur in Bruchstücken.

Auf die fehlende Bereitschaft der Gefangenen zum politischen Gespräch wurde bereits im Zusammenhang mit den Lagerspitzeln hingewiesen. Wer ständig in Furcht vor Denunziationen lebte, dürfte in der Tat wenig Neigung zur politischen Auseinandersetzung gehabt haben. Auch sind Hunger, Kälte und Krankheit als überzeugende Gründe zu verstehen, die Internierte wie SMT-Verurteilte von politischen Reflexionen über die nationalsozialistische Vergangenheit wie über die Zukunft des besetzten Deutschlands abhielten, man hatte andere, existenzbedrohende Sorgen und »konzentrierte sich auf das Überleben«.[683] Vor allem für die Internierten kam die Entwertung des Zeit- und Wertgefüges hinzu, wie sich Ernst-E. Klotz erinnert. Ohne die eigene NS-Parteigenossenschaft zu erwähnen, beschreibt er Buchenwald als ein »Lager der Parteiangehörigen«, in dem anfänglich eine »Stimmung ernsthafter Selbstbesinnung« geherrscht habe; er selbst hielt heimlich Ethik-Vorträge über »Gut und Böse«.

> »Es war aber zu dieser Zeit noch etwas Tieferes im Spiel als das Bereitsein zum Ertragen von Vergeltungsmaßnahmen und zur Aufnahme einer politischen Unterweisung. Das war das weitverbreitete Gefühl tiefer Scham, hervorgerufen durch den Blick auf die mit Kriegsende offenkundig werdenden nationalsozialistischen Greuel.«[684]

Während der ersten Wochen der Internierung wähnten sich die Buchenwald-Häftlinge auf sowjetische Fehlinformation hin in einem Entlassungslager. Doch es vergingen Tage, Wochen und Monate, und es passierte nichts. Die Folge war Resignation. Denn wer sich, so Klotz, mit der Vergangenheit »auseinandersetzt, hofft noch auf eine Zukunft, in der er die Lehren aus der Vergangenheit anwenden will. Als wir an keine Zukunft mehr glaubten, gaben wir die Vergangenheit auf.«[685]

In »Das System der Konzentrationslager von 1945 bis 1950« wird das Schweigen während der Internierung durch das »psychologisch verständliche Motiv« begründet, »dass das Krisenerlebnis des verlorenen Krieges und des nationalsozialistischen Debakels [...] vielen Häftlingen politische Selbstsicherheit und das Gefühl der moralischen Überlegenheit genommen« habe. Diese Desillusionierung sei mit dem Eingeständnis einhergegangen, an den NS-Verbrechen »mitverantwortlich, wenn auch persönlich schuldlos« zu sein.[686] Dem unbekannten Verfasser zufolge war Politik für die Internierten also

---

683 Vgl. Archiv Sachsenhausen, G. W., Erinnerungsbericht, S. 2.

684 Vgl. Klotz, So nah der Heimat, S. 50–53, Zitat S. 48.

685 Ebenda, S. 27.

686 Das System der Konzentrationslager von 1945 bis 1950, S. 118.

Anathema, weil, auch wenn es die Falschen traf, eine grundsätzliche Strafakzeptanz gegeben war, die auch bei Klotz anklingt. An eine pauschale Schuldabwehr erinnert sich hingegen Herta Kretschmer. Die 1903 geborene Beamtentochter und spätere Studienrätin und Biologiedozentin war 1933 der NSDAP beigetreten. 1945 diente sie wenige Monate als kommissarische Leiterin des rassepolitischen Amtes der NSDAP-Kreisleitung in Cottbus, eine Tätigkeit, für die sie auch ihre bildungspolitischen Aufsätze über Rassenkunde in der Mädchenerziehung vorbereitet haben dürften. Im Januar 1946 wurde sie, so die Haftakten, als »geheimer Mitarbeiter der Straforgane ›SD‹« verhaftet und bis Anfang 1950 in den Lagern Jamlitz, Mühlberg und Buchenwald interniert.[687] 1990 erklärte sie in der *Berliner Zeitung*: »Man suchte nach einer neuen Formel, nachdem die alte nichts mehr galt, und pochte auf die eigene Unschuld. Überlegungen um Mitverantwortung und dass man vielleicht stellvertretend für das deutsche Volk im Lager war, wurden verdrängt. [...] Man war von der eigenen Tüchtigkeit und Richtigkeit überzeugt.«[688] Weil man gemeinsam der Überzeugung war, zu Unrecht inhaftiert zu sein, musste über Politik und Verantwortung nicht gestritten werden.

Ob pauschale Schuldabwehr oder das Eingeständnis einer Mitverantwortung – welche dieser beiden Positionen die Haftrealität besser trifft, soll hier nicht interessieren. Wichtiger ist, dass Anregungen zur individuellen Auseinandersetzung mit der Vergangenheit oder zur politischen Standortbestimmung nur von den Gefangenen selbst kommen konnten. Den Internierten wurde kein Anlass gegeben, sich mit der eigenen »Tüchtigkeit und Richtigkeit« auseinanderzusetzen, sei es selbstkritisch oder zur persönlichen Rechtfertigung. Weder gab es Entnazifizierungsverfahren noch wurden sie mit Dokumentarfilmen oder Bildern deutscher Verbrechen konfrontiert.[689] Ebenso wenig wurden sie zu Straf-, also zu Aufräum- oder Aufbauarbeiten herangezogen. Auch die SMT-Verurteilten wurden sich selbst über-

---

687 Zur Biographie Herta Kretschmers siehe: Weigelt, Umschulungslager, S. 176f.

688 Zit. nach Fischer, Last des Schweigens, S. 13.

689 Einzig Ernst Zander erinnert sich daran, dass 1949 »einem kleinen Teil der Gefangenen« im Speziallager Buchenwald der Film »Der Nürnberger Prozeß« sowie die Verfilmung des »FDJ-Tornisterromans« »Wie der Stahl gehärtet wurde« gezeigt wurde (Zander, Unschuldig eingesperrt, S. 76).

lassen. Politische Schulungen, wie sie für die Kriegsgefangenenlager in der Sowjetunion bekannt sind, wurden in den Speziallagern nicht durchgeführt.[690]

Die Haftbedingungen, die Angst vor Verrat, Resignation, Desillusionierung, die solidarisierende Überzeugung, zu Unrecht inhaftiert zu sein – all das sind Gründe, die dem in zahlreichen Erinnerungsberichten sowohl von Internierten als auch von SMT-Verurteilten gezeichneten Bild eines in politischer Hinsicht spannungsfreien Verhältnisses unter den gemeinen Häftlingen Glaubwürdigkeit verleihen. Trotzdem sind Zweifel angebracht. Diese nähren sich zum einen aus den Spitzelberichten, deren Auswertung und Veröffentlichung bis dato aussteht. Der begrenzte Einblick, den Alexander von Plato in diese Berichte ermöglicht, zeigt jedoch deutlich, dass zumindest tagespolitische Entwicklungen von den Häftlingen diskutiert wurden.[691] Vor allem aber haben die Ausführungen über das in zwei Lager gespaltene Sachsenhausen Zweifel geweckt. Sie haben vor Augen geführt, dass politische Differenzen zwischen den Internierten und den SMT-Verurteilten bestanden: »Zwischen den Insassen der Zone I und der Zone II bestand eine Feindschaft. Die Leute aus der Zone II hielten die aus Zone I für Nazis, und die von Zone I die von Zone II für Kriminelle.«[692] Aus Sicht der SMT-Verurteilten geschah es den »Nazis« in Zone I ganz recht, dass sie wegen »ihrer braunen Vergangenheit [...] hinter Stacheldraht gelandet« waren.[693] Zudem machten sie sich, wie sich der Internierte Sonnet beklagt, »einen Sport daraus, die Internierten als politische Verbrecher zu bezeichnen«.[694] Und

---

690 Allein Pritzkow berichtet, dass es 1948 in Sachsenhausen Schulungen für jene Internierten gab, die sich zwecks Entlassung auf den »Quarantäne-Baracken« befanden: »Die sich ständig wiederholenden Schlagworte hießen Monopolkapitalismus, Junker, Ausbeutung, Imperialismus und Dialektik« (Pritzkow [Pseud.], NKWD, S. 132).

691 Voraussetzung war freilich, dass den Häftlingen die Lektüre ostzonaler Presseorgane erlaubt worden war. Gleichzeitig ist anzumerken, dass diese Stimmungsberichte auf ihrem Weg von den jeweiligen Lagern über Karlshorst bis nach Moskau gekürzt bzw. zusammengefasst und dabei mit Blick auf die jeweils nächsthöhere Instanz verfasst wurden. Ihre historiographische Aussagekraft ist daher von vornherein als begrenzt zu werten (von Plato, Geschichte, S. 64–68).

692 Archiv Sachsenhausen, R. E., Protokoll vom Februar 1999, S. 3.

693 Pfeiffer, Abgeholt, S. 45.

694 Sonnet, Bolschewismus, S. 126.

zwar, wie mit Putzar zu ergänzen ist, als »Verbrecher«, die dafür verantwortlich zu machen waren, dass man selbst zum Opfer einer Besatzungsmacht geworden war, die es ohne »braune Vergangenheit« nicht gegeben hätte.[695]

Diese Vorwürfe sprechen für eine politisch angespannte Stimmung unter den Gefangenen. Dass die SMT-Verurteilten zudem härteren Haftbedingungen ausgesetzt waren als die Internierten, dürfte diese Spannung intensiviert haben. Es gibt jedoch keinen einzigen Erinnerungsbericht, in dem davon die Rede wäre, dass sie sich Bahn gebrochen hätte – auch nicht nach der Entlassung von gut 5000 Internierten im Sommer 1948, die mit einer Aufhebung der strikten Trennung beider Haftkontingente einherging. Es heißt stattdessen, dass sich deren Verhältnis »gelöst« habe.[696] Obwohl die SMT-Verurteilten nunmehr 80 Prozent der Lagerbelegschaft stellten und obwohl sie mangels Einsicht in die sowjetischen Entscheidungen davon ausgehen mussten, dass die Internierten, die im Lager verblieben, nicht zu den »Minderbelasteten« zählten, scheinen die vorherigen Schuldzuweisungen plötzlich keine Rolle mehr gespielt zu haben. Ist diese Entspannung allein dadurch zu erklären, dass sich die Haftbedingungen für die SMT-Verurteilten relativ verbessert hatten? Oder resultierte sie aus einer gruppenübergreifenden und solidarisierend wirkenden Erkenntnis, die sowohl Internierte als auch SMT-Verurteilte als unschuldige Opfer der Politik der Siegermacht auswies? Die Erinnerungsberichte geben darauf keine Antwort.

Auch innerhalb der jeweiligen Lagerzonen soll es weder vor noch nach 1948 zu politisch motivierten Auseinandersetzungen unter den Internierten beziehungsweise den SMT-Verurteilten gekommen sein. Zu sagen, dass dadurch das Bild zweier politisch homogener Gruppen gezeichnet würde, trifft nicht den Kern. Es ist vielmehr so, dass sowohl die Internierten als auch die SMT-Verurteilten als politikfern dargestellt werden. In vielen Berichten werden die Mithäftlinge ausschließlich über ihren Zivilberuf vorgestellt.[697] Sofern ein Hinweis

695 Vgl. Putzar, Im Schatten, S. 194.

696 Archiv Sachsenhausen, R. E., transkribiertes Interview vom September 1997, S. 35.

697 Nur ein Beispiel: »Die zwei setzen sich [zu uns]. Der Rotblonde, Jüngere, ist H. vom Scherl-Verlag. Kein Redakteur, kein Aktionär. Er kommt aus der Inseratenabteilung. Der Fünfziger ist L. V., ein Verleger von Volks- und Wanderliedern« (Volker [Pseud.], Sibirien, S. 57).

auf politische Tätigkeiten eines anderen Gefangenen während des Nationalsozialismus (selten) oder der SBZ (häufiger) erfolgt, geschieht dies im Rahmen seiner als willkürlich gekennzeichneten Verhaftungsgeschichte. Für den Lageralltag aber erscheint das politische Vorleben ohne Belang. Die Folge: Die politische Heterogenität beider Haftkontingente wird in den weitaus meisten Haftberichten beschwiegen.

Von den wenigen Ausnahmen stammen die meisten aus Bautzen, dem Speziallager, in dem SMT-Verurteilte mit Strafsätzen über 15 Jahre festgehalten wurden. So berichtet Manfred Klein, CDU-Mitglied und Vertreter der katholischen Jugend im Zentraljugendausschuss der SBZ und im Zentralrat der FDJ, der 1948 in Bautzen eingewiesen wurde:

> »Ganz von selbst fanden sich die zueinandergehörigen politischen Gruppen […]: Die sozialdemokratischen Freunde hielten besonders eng zusammen. Die Katholiken bildeten eine verschworene Gemeinschaft, und es gab natürlich auch einen ›braunen Ring‹, dem allerdings kaum junge Leute angehörten.«[698]

Klein bestätigt mit diesen Worten nicht nur die politische Vielfalt unter den Bautzener SMT-Verurteilten. Er verdeutlicht auch, dass es Probleme zwischen diesen Gruppierungen gab. Denn warum sonst hätten sich »verschworene Gemeinschaften« gebildet? Wie sich der Umgang dieser Gruppen mit welchen Konsequenzen für den Haftalltag gestaltete, führt er jedoch nicht aus.

Einzig Hans Voelkner, ein Mithäftling Kleins im Bautzener »Gelben Elend«, spricht in dieser Hinsicht klare Worte. Der spätere Top-Agent der DDR wurde wenige Wochen vor der Gründung der DDR zu 25 Jahren Arbeitslager verurteilt. Er war illegal in das Land eingewandert, an dessen Aufbau er sich aus politischer Überzeugung beteiligen wollte.[699] Wie Klein erinnert sich Voelkner »an Grüppchen, die sich so zusammenfanden«, darunter auch »›geschlossene Gesellschaften‹, die ehemalige Offiziere, SS-Leute oder sonstige Nazis vereinten. Sie waren auf der Hut, hielten sich noch nicht für endgültig ge-

698 Klein, Jugend zwischen den Diktaturen, S. 93.

699 Für eine politische Kurzbiographie des 1928 geborenen Hans Voelkner, dessen Eltern der kommunistischen Untergrundbewegung »Rote Kapelle« angehörten und 1943 von den Deutschen in Paris hingerichtet wurden, siehe Wolfram Adolphi, Verweigertes Gedenken, bes. S. 753.

schlagen.«[700] Doch er scheint nicht nur von diesen »Gesellschaften« zu sprechen, wenn er sich an den Hass erinnert, der ihm und anderen Kommunisten entgegenschlug, weil man sie für »gekaufte Spitzel und Verräter« hielt. Ihm dürften vielmehr die mitverurteilten Sozialdemokraten vor Augen stehen, wenn er eine Feindschaft unter den Gefangenen konzediert, bei der es »nicht nur um politische Differenzen« ging, sondern »um zwei grundsätzlich verschiedene Einstellungen zu unserer Lage. Entweder Schlussfolgerungen zu ziehen aus Faschismus und Krieg, einen neuen Weg zu beschreiten – oder den Kampf gegen den ›Bolschewismus‹ fortzusetzen.«[701]

Dass Voelkner auf Konflikte mit Sozialdemokraten anspielt, legen die Vorwürfe nahe, die er gegenüber dem »Feind« erhebt. Er spricht von »Latrinenparolen« über angebliche Epidemien, von dramatisierten Zahlen Tuberkulosekranker, gefälschten Krankenständen und dergleichen mehr. Diese »widerliche[n] Parolen«[702] zum Zwecke politischer Irreführung der Öffentlichkeit dürfte Voelkner (ohne sie beim Namen zu nennen) sozialdemokratischen Gefangenen zuschreiben, da diese im März und April 1950 zwei Briefe aus dem Gefängnis geschmuggelt hatten – und die im Westen als »Hilferufe aus Bautzen« bekannt wurden. Entstanden waren die Briefe nach den beiden Hungeraufständen vom 13. und 31. März des Jahres, von denen der zweite von der Volkspolizei blutig niedergeknüppelt wurde. Die Schilderung dieser Unterwerfung steht im Mittelpunkt des zweiten »Hilferuf«-Briefs, den Herbert Wehner, damals Vorsitzender des Bundestagsausschusses für gesamtdeutsche Fragen, im Mai 1950 auf einem SPD-Parteitag verlas.[703]

Ohne die beiden Aufstände zu erwähnen, scheint Voelkner also auf Vorgänge anzuspielen, die sich nach der Übergabe des Gefängnisses an die Vollzugsbehörden der DDR im Februar 1950 ereigneten. Das heißt jedoch keinesfalls, dass die Streitfrage, sich entweder zum Antifaschismus oder gegen den Bolschewismus zu bekennen, erst ab diesem Zeitpunkt zu Spannungen unter den Gefangenen geführt

700 Voelkner, Salto Mortale, S. 181.
701 Ebenda, S. 185.
702 Ebenda.
703 Obwohl die Entstehungsgeschichte der »Hilferufe« sowohl unter den Häftlingen wie in der Forschung umstritten ist, wird hier auf die Lesart von Dieter Rieke verwiesen (Rieke, Geliebtes Leben, S. 174–189). Dort findet sich auch ein Abdruck des zweiten Briefes.

hätte. Und so bedauert Voelkner auch, dass das »Wachpersonal, sowohl das sowjetische als auch später das der DDR«, in allen Häftlingen unterschiedslos Verurteilte erkannte, ihn und seine Mitstreiter also nicht in ihrem »Kampf« unterstützte, einem Kampf gegen »mehr als eine illegale Organisation«. Doch während er den Gegnern, sofern sie als Ärzte oder Sanitäter tätig waren, unterlassene Hilfeleistung gegenüber überzeugten Kommunisten unterstellt, hält er sich mit Blick auf die Methoden bedeckt, die sie selbst ergriffen haben. Dazu vermerkt er lediglich: »Die Feinde [...] konnte man ja nicht beseitigen, verschwinden lassen. Man musste sie neutralisieren.«[704]

Voelkners Bericht ist eine Rarität, weil er die politisch motivierten Auseinandersetzungen unter den Häftlingen aus Sicht eines Akteurs schildert. Die ohnehin bruchstückhaften Hinweise auf derartige Konflikte beruhen ansonsten auf Hörensagen. Über den Tod des ihm bekannten Landrats J. weiß zum Beispiel André Sonnet nur aus zweiter Hand zu berichten:

> »J. war überzeugter Antifaschist. Daraus ergaben sich häufige Konflikte mit den SS-Leuten, die sich in der gleichen Hundertschaft befanden. Aus den politischen Gegensätzen entstand eine Schlägerei, in der J. von einem SS-Mann mit einem Schemel erschlagen wurde.«[705]

Sonnet hatte diese Geschichte von einem Sachsenhausener Mithäftling erfahren, der wie J. zuvor im Lager Mühlberg interniert gewesen war. Auf Hörensagen beruht auch die folgende Schilderung über Auseinandersetzungen in Sachsenhausen, die bei G.W. überliefert ist:

> »In der Zone II waren Angehörige der SS (u.a. solche, die in Jugoslawien waren) und Berufsverbrecher, [...] aber auch ehemalige KZ-Häftlinge, Funktionäre der KPD und SPD. Vor allem durch die SS-Angehörigen und Berufsverbrecher gab es einen gnadenlosen ›Machtkampf‹, es wurden einige Inhaftierte physisch und psychisch fertig gemacht (bis etwa 1947).«[706]

---

704 »Mehr als eine illegale Organisation musste bekämpft werden, die auch aus Ärzten und Sanitätern bestand, die den Eid vergessen hatten, der zu ihrem Beruf gehört« (Voelkner, Salto Mortale, S. 185f.).

705 Sonnet, Bolschewismus, S. 122.

706 Archiv Sachsenhausen, G. W., Erinnerungsbericht, S. 2. Mit »Berufsverbrechern« sind Häftlinge gemeint, die zur NS-Zeit als »befristete Vorbeugehäftlinge« (BV) in Konzentrationslagern eingewiesen wurden.

Während Sonnets Erinnerungen auf politische Meinungsverschiedenheiten zwischen einem »überzeugten Antifaschisten« und »SS-Leuten« schließen lässt, wirft der Bericht von G. W. Fragen auf. Wird hier ein »gnadenloser Machtkampf« beschrieben, der unterschiedlichen politischen Auffassungen entsprang? Diese Lesart ist denkbar. Schließlich trafen mit den SS-Angehörigen und den im NS so bezeichneten »befristeten Vorbeugehäftlingen« oder »Berufsverbrechern« zwei Gruppen aufeinander, von denen Letztere zu den Verfolgten unter dem NS-Regime gehört hatten. Als »kriminell« und »asozial« stigmatisiert, wurden sie in Konzentrationslagern inhaftiert und standen nun, Jahre später, im Speziallager unter Umständen ihren vormaligen Bewachern gegenüber.[707] Angesichts der besonders harten Haftbedingungen in dieser Lagerzone ist jedoch ebenfalls vorstellbar, dass es bei dem skizzierten Machtkampf hauptsächlich um die Sicherung knapper materieller Vorteile ging.

Fragen ergeben sich ebenfalls aus der Formulierung von G. W., dass der Machtkampf »vor allem durch« diese beiden Gruppierungen ausgetragen wurde. Bekämpften sich auch die verurteilten Kommunisten und Sozialdemokraten mit den von G. W. genannten Konsequenzen? Wenn ja, dann stellt sich die Frage, ob diese Auseinandersetzungen ebenfalls unter der von Voelkner für Bautzen aufgezeigten Feindschaft standen, die auf pro- und antisowjetischen Überzeugungen beruhte. Denkbar ist jedoch auch, dass G. W. Koalitionen andeutet.

---

707 Eine solche Konstellation, in der sich Bewacher und Bewachte aus KZ-Zeiten während der Speziallagerhaft gegenüberstanden, ist – wie in der Einleitung erwähnt – für Bautzen überliefert: Auf einem Saal (in Sachsenhausen: Baracke) lagen der SS-Major Gustav Wegner, im KZ Buchenwald Kommandant der Außenwachmannschaften, und der Sozialdemokrat Gerhard Weck, der als Buchenwald-Häftling ein Jahr lang als »Putzer« in Wegners Unterkunft gearbeitet hatte. Die publizierten Verlautbarungen verlieren kein Wort über die Spannungen, die sich aus diesem Zusammentreffen ergaben. Stattdessen sprechen sie von einer kameradschaftlichen und disziplinierten Zusammenarbeit, als Wegner 1950 zum Saalältesten und Weck zu seinem Stellvertreter gewählt wurde. Bei dieser Wahl wurde der Sozialdemokrat Fritz Uhlmann zum »Saalpolizisten« bestimmt und zum »Saalsanitäter« Oswald Kaduk, der zur SS-Mannschaft in Auschwitz gehört hatte und Anfang der 1960er Jahre in der Bundesrepublik zu sechsmal lebenslänglich verurteilt wurde (vgl. Kreutzer, in: Das Gelbe Elend, S. 194; sowie Boll, Sprechen als Last und Befreiung, S. 374).

Dann hätte es sich – aus welchen Gründen auch immer – um eine Auseinandersetzung zwischen ehemaligen politischen Konzentrationslagerhäftlingen auf der einen und SS-Angehörigen sowie den sogenannten Vorbeugehäftlingen auf der anderen Seite gehandelt. Mangels weiterer, zumal aus Sicht eines Beteiligten verfasster Hinweise auf derartige Konflikte sind diese Fragen für Sachsenhausen nicht zu beantworten.[708] Festzuhalten bleibt daher allein, dass es politische Gruppierungen unter den gemeinen Häftlingen gegeben hat. Gleichgesinnte fanden, so Klein und Voelkner, wie selbstverständlich zueinander – eine Selbstverständlichkeit, die darauf schließen lässt, dass die politische Herkunft über die Zugehörigkeit zu einer dieser informellen Gemeinschaften bestimmte.

So wenig über die Konflikte zwischen diesen Gruppierungen im Speziallager Sachsenhausen bekannt ist, so wenig ist auch über deren internen Zusammenhalt, personelle Zusammensetzung oder Anführer festzustellen.[709] Dass es innerhalb dieser Gruppierungen zu ideologischen Kontroversen kommen konnte, ist für Sachsenhausen nur einem einzigen Haftbericht zu entnehmen. Es ist überdies das einzige Erinnerungswerk, in dem von einem vollständigen Bruch mit der bisherigen »Weltanschauung« berichtet wird, für die der Autor, André Sonnet, zeit seines Lebens »gekämpft und gelitten« hatte[710] – und

---

708 Diese Fragen stellen sich auch angesichts des folgenden Zitats: »Es gab im Lager die verschiedensten Gruppen von Häftlingen. Professoren, etc. Es gab auch einige wirklich Kriminelle. [...] Es gab auch Konflikte zwischen verschiedenen anderen Gruppen. Es wurden durch die Intrigengeschichten Leute auf der Latrine aufgehängt. Das sah dann nach Selbstmord aus. [...] Es wurden dann Wachen in der Latrine aufgestellt, aber die konnten auch nichts verhindern, denn wenn bullige Kerle ankamen, konnte man ja selbst aufgehängt werden« (Archiv Sachsenhausen, R. E., Protokoll vom Februar 1999, S. 3). Der Hinweis auf die »bulligen Kerle« lässt an die »Rollkommandos« einiger Funktionäre denken. Ob jedoch mit den »verschiedenen anderen Gruppen« als Auftraggeber politische Gruppierungen gemeint sind oder wirtschaftliche Interessengruppen, die ihre Handelsbeziehungen verteidigen wollten, oder, als weitere Möglichkeit, Gruppierungen, die ihre materiellen Interessen hinter dem Schild politischer Auffassungen austrugen, bleibt Spekulation.

709 Anders verhält es sich für Bautzen und dort im Besonderen für die Gruppe derer, die aufgrund ihrer sozialdemokratischen Überzeugungen verurteilt worden waren.

710 Sonnet, Bolschewismus, S. 11.

zwar zuletzt als kommunistischer Landtagskandidat der SED. Wenige Wochen vor der Wahl im Herbst 1946 war er als vermeintlicher »französischer Spion« interniert worden und verbrachte vier Jahre in Sachsenhausen.[711] »Bekämpft den Bolschewismus, wo ihr ihm begegnet. Denn auch der Geringste unter uns hat ein unschätzbares Gut zu verteidigen, das Recht auf Menschlichkeit und das Recht auf die persönliche *Freiheit*!«[712] Mit diesem Appell endet Sonnets Haftbericht aus dem Jahr 1951. Noch während der Verhöre, so schreibt er, »wagte er nicht auszudenken«, dass seine Verhaftung nicht dem »Übergriff eines Fanatikers« geschuldet war, »der in seiner Spionagepsychose seine Macht missbraucht[e]«. Lange hätte er sich dem Gedanken verweigert, dass seine Internierung einem »System« folgte, das so »brutal wie der Nazismus« war. Alle Erfahrungen jedoch, die er im Verlauf seiner Internierung machte, hätten ihm bestätigt, »dass die Gaskammern und die Genickschussmethoden der Nazis noch längst nicht der Höhepunkt der Brutalität und Unmenschlichkeit gewesen sind«.[713]

Wiederholt klagt Sonnet sich selbst in diesem Bericht an, »bisher alle in sein Weltbild nicht hineinpassenden Erscheinungen des Kommunismus kurzerhand eliminiert« und sich als »Mithelfer, als Mitarbeiter diesem System verschrieben« zu haben[714] – einem »ausgeklügelten System«, das »mörderisch, vernichtend« ist, das »unschuldige Menschen verschleppt und verhungern« lässt und dessen »Gott der Staatsräson, dem Bolschewismus, nicht Hunderte, nein, Tausende, Hunderttausende [...] geopfert« werden.[715] Vor dem Hintergrund dieser Selbstbezichtigungen rechnet Sonnet auch mit mitinternierten Kommunisten ab, auf die die »Erfahrungen der Praxis des Bolschewismus« keinen Eindruck machten und die »ungehemmt jeden Andersdenkenden als ›Trotzkisten‹ und ›Sozialfaschisten‹« beschimpften. Sein Paradebeispiel dafür ist der als Lagerspitzel gefürchtete

---

711 Sonnet selbst macht keine Angaben zu seinem Alter. Da er von einer Auszeichnung erzählt, die er im Ersten Weltkrieg erhielt, dürfte er zum Zeitpunkt seiner Verhaftung Anfang 50 oder auch älter gewesen sein. Zu den Stationen seines politischen Engagements für die KPD/SED in der Mark Brandenburg siehe ebenda, S. 15.

712 Ebenda, S. 165 (Hervorhebung im Original).

713 Ebenda, S. 11, 67.

714 Ebenda, S. 33, 72.

715 Ebenda, S. 67, 76f.

Rumäne K., den Sonnet als »Urbild des Zeloten, eines Fanatikers des Marxismus« beschreibt. Wegen seiner Sturheit gingen K. »selbst die alten Genossen« aus dem Weg.[716]

Die Streitfrage pro- oder antisowjetischer Einstellungen stellte sich also auch in Sachsenhausen. Im Gegensatz zu Voelkners Ausführungen über Bautzen entzweiten sie dort jedoch auch die kommunistischen Häftlinge. Zudem sei, so Sonnet, seitens der sowjetischen Lagerleitung die Bildung eines »antifaschistischen Blocks« untersagt worden. Es hätten sich daher mehrere kleine Kreise gebildet, die zwar über keinen starken Zusammenhalt verfügten, in einem »gewisse[n] Kurt Haupt« aber ihren »unbestrittene[n] Leiter« gefunden hätten. Ihm wirft Sonnet vor, während der »Nazizeit mit der DAF lukrative Geschäfte gemacht« zu haben, womit er Haupt als Opportunisten darstellt, der zeit seiner Internierung nie versuchte, »sich für seine Genossen einzusetzen«.[717] Sonnets Distanzierung beruhte also nicht allein auf einer politischen Desillusionierung über den Charakter des Kommunismus. Sondern auch auf der Enttäuschung über den Charakter mancher mitinternierter Genossen. Dass sein Kurswechsel Konsequenzen gezeitigt, ihm also Vor- oder Nachteile während der Haft erbracht hätte, ist seinem Bericht jedoch nicht zu entnehmen. Von dem Rumänen K., den er als Fanatiker und Zeloten skizziert, lieh er sich trotzdem Bücher aus, die heimlich im Lager kursierten.[718] Anderen scheint er lediglich aus dem Weg gegangen zu sein, da er berichtet, im Winter 1948/49 »so nach und nach wieder in engere Berührung mit dem Kreis der alten Kommunisten« gekommen zu sein.[719] Die Neuaufnahme dieses Kontakts bestätigte Sonnet in seinem persönlichen Fazit: »Innere Haltung, persönliche Integrität, ethische Gesinnung, echte Kameradschaft und Hilfsbereitschaft [fand] er gerade bei seinen politischen Gegnern« – nicht aber bei seinen Genossen.[720] So konnte sich auch zwischen ihm und dem »Nationalsozialisten Gert Siegert« eine »enge Freundschaft« entwickeln. »Weil beide über alle politischen Gegensätze hinweg von dem Glauben an ethische Werte getragen« wurden.[721]

716 Ebenda, S. 104.
717 Ebenda, S. 141f.
718 Ebenda, S. 104.
719 Ebenda, S. 141.
720 Ebenda, S. 142.
721 Ebenda, S. 67.

Sonnet ist mit diesem Haftbericht im Westdeutschland der 1950er Jahre angekommen. Schon der Titel »Bolschewismus nackt. Ein Kommunist erlebt sowjetisches KZ« seines 1951 erschienenen Buches weist ihn als Kronzeugen des Kalten Krieges aus – eine Rolle, die er nicht allein durch die Abrechnung mit dem Kommunismus und dem Bekenntnis zu den freiheitlichen Werten des Westens erfüllt. Sondern vor allem dadurch, dass er kaum ein Wort über die NS-Zeit verliert. Stattdessen bescheinigt er mitinhaftierten NS-Anhängern ethische Werte, persönliche Integrität und dergleichen mehr. Diese menschliche Anständigkeit zeichnet sie als Opfer aus, deren individuelle Vorgeschichten ebenso irrelevant sind wie die deutschen Verbrechen angesichts »marxistischer Zeloten« und der Unmenschlichkeit des Bolschewismus. Sonnet legt daher mit seinem Haftbericht nicht nur die Geschichte der politischen Läuterung eines Kommunisten vor. Er führt auch vor Augen, dass für die Frage, wer Opfer ist und wer Täter, der Nationalsozialismus keine Rolle spielt. Opferschaft definiert sich allein über die Gegnerschaft zum Kommunismus.

Die Bedrohung durch den Kommunismus war im Kalten Krieg eine feste Größe. Im Westdeutschland vor allem der 1950er Jahre bestand daher kein Klärungsbedarf, wer Opfer und wer Täter war: Der Kommunismus beglaubigte die Opferschaft aller Häftlinge – ungeachtet ihrer politischen Biographien und damit auch ungeachtet ihrer eventuellen Verstrickung und/oder Täterschaft im NS. Dessen Anhänger waren Opfer wie die anderen Häftlinge auch, weshalb politische Differenzen unter den gemeinen Gefangenen keiner Erwähnung wert waren. Soll heißen: Dass derartige Auseinandersetzungen in den Erinnerungsberichten kaum Niederschlag finden, ist weder durch die Haftbedingungen noch durch Resignation oder die anderen weiter oben ausgeführten Gründe allein zu erklären. Es scheint vielmehr so, dass mit dem Schweigen über die Vergangenheit das angstbesetzte Bild des Kommunismus in der Gegenwart bedient wurde, weshalb Horst von Schlichting alias Hagen Volker in seinem 1958 erschienenen Haftbericht auch behaupten konnte: »Ob Christ, ob Jude, ob Arbeiter, ob Akademiker – die Sowjets schmieden hier [im Lager, B.G.] Zellen deutscher Einigkeit, die frei von Nationalismus sind.«[722]

722 Volker (Pseud.), Sibirien, S. 105.

Erst in den 1990er Jahren zeichnet sich, wie im Detail noch darzustellen ist, eine Differenzierung dieser Interpretation von Opferschaft in den mündlichen und schriftlichen Erinnerungsberichten ab. Sie stammen zumeist von Häftlingen, die als Jugendliche interniert oder verurteilt worden waren und die nun, seit dem Mauerfall und dem Auffinden der Massengräber nahe der ehemaligen Haftorte, mit ihren Erinnerungen an die Öffentlichkeit traten – eine Öffentlichkeit, die sie bis heute mit NS-Vorwürfen konfrontiert und die Opferschaft nicht mehr über den Gegensatz zum Kommunismus, sondern über die Ferne zum Nationalsozialismus definiert. Opfer ist, wer kein Nazi war.

»Sicher befanden sich damals auch stramme Nazis unter uns«, heißt es beispielsweise in der 2002 erschienenen Autobiographie von Wolfgang Pintzka, Jahrgang 1928. Für sich selbst und seine gleichaltrigen Mitverurteilten sprechend, erinnert er sich:

> »Wir wunderten uns damals über manche Bemerkung von ein paar offensichtlich Unbelehrbaren, Uneinsichtigen, die von den ›Asiaten‹ und von ›Mongolenpack‹ sprachen [...]. Wir merkten auch sehr schnell, wie diese Leute ihre gewohnte Befehlsdiktion beibehalten wollten. Die Konflikte zwischen uns lagen auf der Hand.«[723]

Auf welche Weise diese Konflikte ausgetragen wurden, führt Pintzka nicht aus. Die Andeutung ist Signal genug an seine Leserschaft: Er und die anderen seines Alters waren keine »strammen Nazis«. Weder mit Blick auf Pintzka noch hinsichtlich seiner Generation ist an dieser Aussage zu zweifeln. Obwohl vielfach fanatisiert, entbehrt der pauschale Vorwurf einer NS-Täterschaft gegenüber dieser Generation jeglicher Realität. Trotzdem: Gerade ihnen wird heute der Nachweis abverlangt, keine Nazis gewesen zu sein.

Diesen Nachweis zu führen, ist indes nicht einfach, wie die Erinnerungsberichte zeigen, die seit 1989/90 verfasst und publiziert wurden. Wer die politische Binnendifferenzierung anspricht oder wie Pintzka gar auf Konflikte mit »strammen Nazis« aufmerksam macht, läuft Gefahr, genau jene NS-Vorwürfe zu bestätigen, deren man sich eigentlich erwehren will. Sobald die Speziallagerhaft zudem in den Kontext der Entnazifizierung gestellt wird, droht ihr willkürlicher Charakter relativiert zu werden oder gänzlich verloren zu gehen – um den Preis, das auch der repressive Kern der sowjetischen

---

723 Pintzka, Sibirien, S. 60f.

Politik in der SBZ verschleiert wird. Wie es scheint, ist dieses Dilemma nicht zu lösen, am wenigsten von jenen, deren Inhaftierung wie bei den verfolgten Sozialdemokraten in keinem Zusammenhang mit den Nationalsozialismus stand.[724]

Offensiv wird die Speziallagerhaft nur von einem einzigen ehemaligen Internierten in den Kontext der Entnazifizierung gestellt. Die Rede ist von dem 1913 geborenen Karl-Heinz Gerstner, einem der bekanntesten Fernsehjournalisten der DDR, der sechs Monate im Speziallager Nr. 3 Berlin-Hohenschönhausen verbrachte. Seine frühe Entlassung im Januar 1946 verdankte er Bürgschaften von Angehörigen der französischen *Résistance*, die er, wie Gerstner in seiner 1999 erschienenen Autobiographie schreibt, während seiner Zeit an der deutschen Botschaft im besetzten Paris unterstützt hatte. Er war also Opfer eines »Irrtums«, für den sich der sowjetische Vernehmungsoffizier bei ihm in aller Form entschuldigt haben soll. Im Rückblick auf die Haft sieht Gerstner sich als Außenseiter unter »Tausenden [...] aktiven Nazis«, deren »Reden [...] sie als unverbesserliche Faschisten« auswiesen. Ihre »Verfolgung und Bestrafung [...] für gerechtfertigt« haltend, kehrte er daher auch »mit vollem Verständnis für die Sowjets, die die Faschisten verfolgten«, in die Freiheit zurück.[725] Jenseits seiner persönlichen Selbstverortung als Antifaschist pflegt Gerstner also ungerührt den antifaschistischen Gründungsmythos der DDR. In anderen Worten: Der Hinweis auf »unverbesserliche Faschisten« ist weniger ein Beitrag zur historischen Rekonstruktion denn als Baustein einer politischen Selbststilisierung zu sehen – und damit als Selbstversicherung einer Biographie, die durch das Ende der DDR in Frage gestellt wurde. Weder Gerstner noch andere Zitierte sind hier in ihren Lebensentwürfen – angefangen vom Verbleib in der SBZ und DDR nach der Entlassung über ihr parteipolitisches Engagement für die SED bis hin zu beruflichen Karrieren – zu hinterfragen. Es geht vielmehr darum, auf die Vielschichtigkeit der mündlichen und schriftlichen Erinnerungstexte aufmerksam zu machen, da mit ihnen immer auch auf die Gegenwart reagiert wird.

---

724 So liest sich die Autobiographie des 1925 geborenen Dieter Rieke aus dem Jahr 1999 ausschließlich als Verfolgungsgeschichte der Sozialdemokratie in der SBZ und DDR; Nazis kommen in Riekes Ausführungen über seine achtjährige Inhaftierung in Bautzen nicht vor (Rieke, Geliebtes Leben, S. 141–232).

725 Gerstner, Sachlich, S. 213–233.

Zumeist werden politische Differenzen unter den Häftlingen in den Rahmen von Generationskonflikten gestellt. Dieser Zugang erlaubt seltene Einblicke in das politische Gefüge innerhalb der Baracken, wie die Worte des 1929 geborenen Karl Heinz Reuter zeigen. Er war 1945 zusammen mit Freunden als »Werwolf« interniert worden, nachdem sie eine Frau und zwei Mädchen vor einer Vergewaltigung durch sowjetische Soldaten beschützt hatten.[726] In Sachsenhausen wurden sie in eine Baracke eingewiesen, in der sich unter anderen vormalige Mitarbeiter des Reichssicherheitshauptamtes und des Reichskriminalamtes, ehemalige NSDAP-Ortsgruppenleiter und Polizeioffiziere befanden, die während des Ostfeldzuges hinter der Front im Einsatz gewesen waren.[727]

> »In unserer Baracke gab es damals Inhaftierte, die wir als kleine Hitlerjungen vor der Niederlage des Dritten Reichs als Vorbilder bewundert hatten. Männer, von denen man annehmen musste, dass der Ausgang der letzten Kriegsmonate für sie klar war. Diese Männer, die uns noch als Kinder und Jugendliche zum Kampf befohlen haben und [uns] nicht etwa als Kinder oder Hitlerjungen ansprachen, nein, wir wurden junge, stolze und tapfere Soldaten genannt. Diese Männer haben uns noch zu Tausenden in die Panzergräben geschickt und verbluten lassen. Für einen Teil dieser ehemaligen Herren waren wir plötzlich keine tapferen jungen Soldaten mehr, nein, wir waren plötzlich vor dem Alter respektlose Rotzjungen. Wir waren wach geworden und durch Folter und Misshandlungen durch die NKWD-Vernehmer hart geworden. Das verursachte manche Reibungspunkte zwischen uns und verschiedenen Betonköpfen, wie wir sie nannten. Zum Beispiel haben solche Betonköpfe es für selbstverständlich gehalten, dass die Jungen die Baracke, den Waschraum und die total überforderten Toiletten säubern müssten. Das brachte mich zur Weißglut und ich gab dieser Gruppierung von Betonköpfen die entsprechende Antwort.«[728]

Wie Reuter wählt auch Walter Meyer, Jahrgang 1929 und von 1945 bis 1950 in den Lagern Mühlberg und Buchenwald interniert, den generationellen Zugang:

---

726 Nach einem gescheiterten Fluchtversuch wurde Reuter 1947 zu 20 Jahren Arbeitslager verurteilt.

727 Vgl. Boll, Sprechen als Last und Befreiung, S. 369f.

728 Archiv Sachsenhausen, K. H. R., Erinnerungsbericht, S. 8. Vgl. auch Reuter, Opferweg eines Fünfzehnjährigen, S. 15f.

»Es gab Mitinternierte, wenn auch nur vereinzelt, die uns Jugendlichen einzureden versuchten, wir seien der beste Teil der deutschen Jugend. [...] Das zog aber nicht. Unter uns hieß es, ›die haben wohl einen Vogel‹. Die Ablehnung hatte wohl vor allem zur Ursache, dass gerade einige von denen, die uns ideologisch in Nazimanier orientieren wollten, versagten im Lageralltag. Überhaupt wurde die Verhaltensweise eines Großteils der älteren Generation zum Maßstab dafür, wie wir zur erlebten Vergangenheit bis 1945 standen. Männer, die im Leben etwas darstellten, zu denen wir mit Achtung aufblicken wollten, ehemalige Offiziere und Angehörige der Wehrmacht bzw. SS, Lehrer, Amtsträger, Sprecher im Großdeutschen Rundfunk, Vorsitzende von Komitees u.a. stritten um ein Krümel Brot, um einen Löffel Suppe. Nicht wenige versuchten, sich vor der Arbeit zu drücken, stahlen. Kameradendiebstahl war für uns aber das schlimmste. Hunger war keine Entschuldigung.«[729]

Die vormaligen Autoritäten versagten im Lageralltag, sie hielten als Vorbilder der Lagerrealität nicht stand.

Als Enttäuschung erwies sich aus Sicht der Jugendlichen noch eine weitere Gruppe von Häftlingen: »Moderne Antifaschisten« nennt sie der 1927 geborene Ernst Zander. Dabei lässt er offen, ob der beobachtete Gesinnungswandel der so Beschriebenen unmittelbar bei Kriegsende eintrat oder während der Haft. Fest steht jedoch, dass die Jugendlichen diese Erwachsenen als »Wendehälse« wahrnahmen, die den Hitler-Jungen überdies den Vorwurf machten, bis zuletzt gekämpft zu haben. Diesen Fanatismusvorwurf zahlten die Jugendlichen mit gleicher Münze heim: »Wenn Ihr Hitler nicht gewählt hättet, wäre nie ein Zusammenbruch gekommen!«[730] Steht diese »Retourkutsche« für eine antinazistische Bewusstseinsbildung, wie auch Meyer und Reuter andeuten? Oder ist sie ein Reflex auf den politischen Opportunismus, den manche Erwachsene an den Tag legten und der den Achtungsverlust gegenüber der älteren Generation beschleunigte?

Folgt man Zanders 1951 als Examensarbeit verfassten und gut 50 Jahre später veröffentlichten Erinnerungen,[731] dann führte das

---

729 Meyer, Meine Erlebnisse, S. 804.

730 Zander, Unschuldig eingesperrt, S. 48.

731 Boll zufolge sind die redaktionellen Veränderungen, die Zander vor der Veröffentlichung vornahm, marginal (Boll, Sprechen als Last und Befreiung, S. 364).

Verhalten der Erwachsenen unmittelbar dazu, dass sich die Jugendlichen den Älteren moralisch überlegen fühlten: Die »Jungen und Jüngsten [haben] den Älteren eine Eigenschaft voraus, die ihnen den Weg durch dieses Elend erleichtert«, heißt es bei ihm. »Es ist ihr Gemeinschaftssinn und ihr Zusammengehörigkeitsgefühl, das ihnen immer wieder Kraft gibt.« Denn ob sie nun als »Wendehälse« oder als »NS-Betonköpfe« auftraten – die Älteren denunzierten und bestahlen einander, Verhaltensweisen, die unter den Jugendlichen mit einem Tabu belegt waren. Das machte jedoch nicht den einzigen Unterschied zwischen den Generationen aus: Die Jugendlichen suchten den Zusammenhalt. Nach Möglichkeit auf den Baracken getrennt von den Älteren liegend, spendeten sie einander Trost oder erzählten sich gegenseitig von der Kindheit, dem Krieg und einschlägigen Besatzungserfahrungen mit sowjetischen Soldaten. Gedichte, ob in der Schule gelernt oder im Lager verfasst, wurden aufgesagt, kleine Geburtstagsfeiern organisiert. Man sang gemeinsam, heimlich, weil Singen verboten war. Aber auch, weil es sich, wie Zander eingesteht, bei manchen Liedern um HJ-Lieder handelte (die »sogar ältere Gefangene« aufmunterten).[732] Das Ziel dieser Bemühungen: »Zusammenhalten bis zur Heimkehr oder bis in den Tod!«[733]

Zander, der vier Jahre als angeblicher »Werwolf« in den Lagern Jamlitz, Ketschendorf und Buchenwald interniert war, verschweigt dabei nicht, dass das Zusammengehörigkeitsgefühl dieser Generation auf ihrer HJ-Sozialisation beruhte. Die Jugendlichen »wuchsen im Jungvolk oder der Hitlerjugend auf, in Zeltlagern und auf Fahrten. In Kriegseinsätzen und beim Endkampf haben die Jugendlichen noch wenig Enttäuschung erlebt, ja bewahrten sich Kameradschaft und Ehrbegriffe. Die Gemeinschaft, in der die Jugendlichen erzogen wurden, hält sie in der Gefangenschaft noch zusammen, und etwas Besseres kennen sie noch nicht.«

Dieses Eingeständnis ist singulär. Dass die nationalsozialistische Erziehung zahlreichen Jugendlichen einen Gemeinschaftssinn vermittelte, der sie in die Lage versetzte, die Haftzeit als kameradschaftliche Bewährungsprobe zu verstehen und nach Möglichkeit zu bestehen, wird in dieser Deutlichkeit nirgendwo sonst formuliert. Dabei

---

732 Bacmeister erzählt von Landserliedern, die als Ausdruck der Selbstbehauptung auch vor sowjetischen Wachposten gesungen wurden (Bacmeister, Der lange Weg, S. 252).

733 Zander, Unschuldig eingesperrt, S. 22, 76.

versteht Zander diese aus HJ-Zeiten stammende und im Lager vertiefte Solidarität im Grundsatz als apolitisch. Denn mitunter, so schreibt er, führten erst die Hafterfahrungen zu einer Faschisierung: »Es konnte vorkommen, dass mancher Junge erst im Gefangenenlager meinte, ein Anhänger des Nationalsozialismus werden zu müssen, als er selbst die Grausamkeit der neuen ›demokratischen‹ Ordnung kennenlernte.« Und wie zur Bestätigung der von Meyer angeführten Versuche mancher Internierter, die Jungen »in Nazimanier« auf die Vergangenheit einzuschwören, heißt es auch bei Zander: »Unterstützt wurde diese Meinung [...] oft noch durch die älteren Gefangenen.«[734]

Wiederum andere versuchten die Jugendlichen auf die Zukunft einzustimmen, standen ihren Fragen Rede und Antwort. So erinnert Zander an einen KPD-Funktionär, der ihm und seinen Freunden vergeblich den Unterschied zwischen Kommunismus und Bolschewismus zu erklären suchte.[735] Eberhart Schulz, Jahrgang 1928, berichtet von Gesprächen mit erwachsenen Internierten im Lager Mühlberg über die »Ursachen der Katastrophe für unser Volk und über die Frage, wie es in und mit Deutschland weitergehen sollte«. Auch hielten sie nicht hinter dem Berg mit »Tatsachen von faschistischen Verbrechen«. Zwar macht Schulz keine Angaben zu der parteipolitischen Herkunft seiner Gesprächspartner. Ihre Offenheit aber verhalf ihm zu den ersten Schritten »in Richtung auf die Entwicklung antifaschistischer Einstellungen«, wie es bei ihm heißt. Denn sie wogen »die vielen einzelnen Beispiele persönlichen Versagens und charakterlicher Erbärmlichkeit« auf, die sein Vertrauen in die »Führer der faschistischen Bewegung« zerstörten.[736]

Das Verhalten der Erwachsenen gegenüber den Jugendlichen wie ihre Versuche, die jüngeren Häftlinge politisch zu beeinflussen, waren also keinesfalls einheitlich. Sie reichten von der Einschwörung auf den Nationalsozialismus bis zu einer Fehlerdiskussion über »die Ursachen der deutschen Katastrophe«, die nicht nur von Sozialdemokraten oder Kommunisten geführt wurde, sondern, eingedenk der Erinnerungen von Ernst-E. Klotz, anfänglich auch unter Nationalsozialisten. Ob zwischen diesen beiden Polen hinsichtlich der Frage, ob und in welche politische Richtung die Jugend aufzuklären

734 Ebenda, S. 22.
735 Ebenda, S. 46.
736 Schulz, Rückkehr, S. 34.

sei, Konflikte bestanden, ist keinem Erinnerungsbericht zu entnehmen. Anders gesagt: Die Streitigkeiten zwischen den Generationen, die von den Jugendlichen beschrieben werden, erlauben nur begrenzte Einblicke in die politisch motivierten Differenzen unter den Erwachsenen. Letztlich ist ihnen in dieser Hinsicht nicht mehr zu entnehmen, als dass, wie es bei Zander heißt, die älteren Gefangenen die »verschiedensten Meinungen« vertraten.[737]

Die mündlichen wie schriftlichen Erinnerungsberichte setzen dem heutigen Versuch, dem politischen Gefüge in den Speziallagern auf die Spur zu kommen, enge Grenzen. Daran ändert sich auch nichts, wenn man sie nicht mehr ausschließlich auf Parteilichkeiten und Auseinandersetzungen unter den gemeinen Häftlingen befragt, sondern auch die Funktionshäftlinge mit einbezieht. Dennoch ist der Unterschied eklatant: Während die gemeinen Gefangenen weitgehend als politikfern dargestellt werden, finden sich ungezählte Hinweise auf Funktionäre, die ihre Vormachtstellung über die gemeinen Gefangenen politisch legitimierten oder diese unter Berufung auf ihre persönliche Vorgeschichte vor Kriegsende misshandelten. Der tatsächliche politische Gehalt dieser Schilderungen ist jedoch nicht immer nachvollziehbar: Bedeutet der Vorwurf, dass eine »Kommunistin [den Tausch von Mantelfutter, B. G.] denunziert« habe,[738] dass die Barackenälteste aus politischer Überzeugung Meldung machte? Oder wird sie als Kommunistin bezeichnet, weil sie einen Verrat begangen hat?

Vor allem in den Unterlagen der Kampfgruppe gegen Unmenschlichkeit (KgU) aus den frühen 1950er Jahren werden schwere Vorwürfe gegenüber Kommunisten erhoben. Vielfach finden sich Warnungen vor entlassenen Funktionshäftlingen, die der »Russifizierung« bezichtigt werden: Der »Korps-Führer des 3. (Internierten)-Bataillons […] Otto W. hat sich im Lager als vollkommen sowjet-hörig erwiesen. Sobald er in West-Berlin auftaucht, ist damit zu rechnen, dass er mit einem Auftrag des MWD kommt.« Der hier Berichtende warnte auch vor T., dem Kommandanten des Bauhofes: »Hat Häftlinge geschlagen und misshandelt. Steht vollkommen unter dem Einfluss des Sowjets. D.h.: er hat sich ihnen verschrieben!

---

737 Zander, Unschuldig eingesperrt, S. 48.
738 BArchK B 289 SA 295/10–18/4, S. 1.

Wurde vor ungef. 14 Tagen entlassen und wechselt in West-Berlin dauernd seine Wohnung.«[739]

Über Alfred H., den Kommandanten der Lazarettwache in Sachsenhausen, heißt es vor der KgU, dass er Internierte als »deutsche Schweine und faschistische Verbrecher« beschimpft und gequält habe.[740] Die dreiseitige Tirade gegen H., der als Leiter des Theater-Kommandos Bilder von Stalin und Lenin im Theaterbüro aufgehängt haben soll, endet mit den Worten:

> »Der Häftling M. kannte Alfred H. von früher und wusste von ihm zu sagen, dass er sich nach 1933 von seiner früheren Frau hat scheiden lassen, die Jüdin war. Seine jetzige Frau soll Mitglied der Frauenschaft gewesen sein, er selbst sei Verfasser vieler antibolschewistischer Schriften. Außerdem war er auch Mitglied der KPD, [vorher, B.G.] vielleicht auch der NSDAP.«[741]

André Sonnet berichtet über Alfred H. als einem »der übelsten Typen im Lager«, dass er »während der Nazizeit antibolschewistische Gedichte verfasst hat, was ihn aber nicht hinderte, sich 1945 als alter Antifaschist bei den Sowjets aufzuspielen. Er wurde dann auch prompt Bürgermeister.«[742] Gegen Alfred H. wird also der Vorwurf erhoben, ein Opportunist zu sein, der sich den wechselnden Machthabern anpasste und durch sein Verhalten entlang der jeweiligen Parteilinien zu beweisen suchte.

Keine dieser Anschuldigungen lässt sich auf ihren Wahrheitsgehalt überprüfen. Stattdessen zeigt sich, dass auch diese Vorwürfe primär auf die Attestierung der Opferschaft des Berichtenden abzielen. Leitete sich diese Beglaubigung Anfang der 1950er Jahre aus der Zuschreibung kommunistischer Haltungen ab, so finden sich nach dem Mauerfall von 1989/90 vereinzelt Anspielungen, mit denen Funktionshäftlinge im Nationalsozialismus verortet werden. So wird beispielsweise von der schon mehrfach erwähnten Lydia B. behauptet, sie sei »mit dem 2. Kommandanten von Mauthausen verheiratet gewesen«.[743] Sofern der im Speziallager Sachsenhausen und vor der Kampfgruppe gegen Unmenschlichkeit von Lydia B. angegebene Nachname der Name ihres Mannes ist, so kann jener im heute be-

739 BArchK B 289 SA 295/10–30/9.

740 BArchK B 289 VA 295/10–71/1, S. 1, 3.

741 BArchK B 289 VA 295/10–71/1, S. 3.

742 Sonnet, Bolschewismus, S. 96.

743 Archiv Sachsenhausen, F. L., Protokoll.

kannten Kommandanturstab des KZ Mauthausen nicht nachgewiesen werden.[744] Trotzdem: Über den Umweg ihres Ehemannes wird Lydia B. eine Unmenschlichkeit gegenüber den verurteilten Frauen attestiert. Auch sie hätte, wie es über eine andere Vorsteherin der Zone II in den Quellen heißt, »schon in der Nazizeit in einem Konzentrationslager Aufseherin sein können«.[745]

Eines aber haben diese politischen Attributierungen gemein: Sie wurden durch das gewalttätige und als verräterisch gedeutete Auftreten der Funktionäre ausgelöst. Dann nämlich stellten die Häftlinge Spekulationen über die Vorgeschichte ihrer Peiniger an:

> »Keiner wusste, wo [der Bataillons-Kommandant K., B.G.] her kam. Man meinte, er wäre vom ehemaligen Rest der vor uns Einsitzenden hiergeblieben, um sich an den neuen Insassen zu rächen. [...] Er sei hier im Lager Kapo gewesen. Andere behaupteten, er sei von der Wachmannschaft und habe sich nicht rechtzeitig absetzen können.«[746]

Die Brutalität wurde also entweder als Rache vormaliger Konzentrationslagerhäftlinge oder als Versuch eines Funktionärs gedeutet, die eigene Position innerhalb des NS-Regimes durch vorauseilenden Gehorsam und Andienung an das neue Machtsystem zu relativieren. Diese Erklärungen perpetuierten sich häufig als Lagergerüchte, deren Wahrheitsgehalt heute ebenfalls nicht mehr nachvollziehbar ist. Das gilt auch für die Fälle, in denen Gewalttätigkeit nicht politisch, sondern im Anschluss an die NS-Rede von »Berufsverbrechern« als Ausdruck krimineller Veranlagung gedeutet wurde.[747] So wurde die Tätowierung von drei Punkten zwischen Daumen und Zeigefinger

---

744 Für diese Überprüfung danke ich dem Archiv der KZ-Gedenkstätte Mauthausen im Bundesministerium für Inneres der Republik Österreich, das mir freundlicherweise rekonstruierte Namenlisten des Kommandanturstabes Mauthausen der Jahre 1939/40 und 1943 sowie die Aufstellung von 818 Namen militärischer und ziviler Angestellter des KZ aus der Publikation von Evelyn Le Chêne, Mauthausen. The History of a Death Camp, London 1971, überlassen hat.

745 Archiv Sachsenhausen, T. I., Protokoll.

746 Velten (Pseud.), Dawai, S. 92.

747 Zu den Wahrnehmungsbildern von Kriminellen und sozialen Randgruppen im KZ vgl. Wagner, Vernichtung der Berufsverbrecher, bes. S. 105f. Dass sich diese Wahrnehmungsbilder über das Kriegsende hinaus auch in der Öffentlichkeit erhalten haben und daher auch in den Speziallagern Geltung finden konnten, liegt nahe.

eines als besonders brutal beschriebenen Funktionärs fälschlicherweise von den Häftlingen als »Kennzeichnung der Berufsverbrecher im Dritten Reich« gedeutet.[748]

Benannt sind damit die Erklärungen, mit denen die Häftlinge gemeinhin das Auftreten ihrer Peiniger begründeten. In der Regel waren sie dabei auf Spekulationen angewiesen – auch in scheinbar offensichtlichen Fällen:

> »Es genügte schon, wenn ein Neuzugang auf die Frage des [Zugführers, B.G.] Herbert B., ob er Kommunist sei, mit ›Nein‹ antwortete, dass er den Häftling zu Boden schlug und ihm mit den Absätzen noch den Kopf und den Rücken bearbeitete.«

Trotz dieses »Gesinnungstests« ist denkbar, dass der Zugführer B. kein Kommunist war. Zwar soll er schon zur »Hitlerzeit im KZ gesessen« haben, wie der Berichtende erklärt, »nach eigenen Angaben« jedoch als »Berufsverbrecher«.[749] Der von ihm praktizierte »Initiationsritus« diente dann eher der demonstrativen Selbstinszenierung.

Auch gegenüber den Aussagen, die Funktionären in den Erinnerungsberichten zugeschrieben werden, ist somit Skepsis angebracht. Manche scheinen sich ihrer »antifaschistischen Einstellung« zur Selbstautorisierung bedient zu haben. Er sei »von der Antifa«, erklärte ein anderer Zugführer den Häftlingen beim ersten Appell. »Er kenne sich hier im Lager aus, denn er wäre jahrelang hier drin gewesen.«[750] Als somit »alter Häftling« verfügte er nicht nur über Erfahrungen, die den »Lagerneulingen« fehlten und die seine Position innerhalb der Lagerhierarchie legitimierten, sondern auch über die moralische Berechtigung, über den anderen zu stehen. Der Barackenälteste Heinz G., KZ-Häftling von 1939 bis 1945, stellte sich mit seiner Vergangenheit offensichtlich eine Lizenz zu moralisch legitimierter Gewalttätigkeit aus – gegenüber allen, »für die er jetzt und schon zur Nazizeit bluten musste«.[751] Mit welcher Art »Antifaschismus« man es hier zu tun hat, sei dahingestellt.

---

748 Archiv Sachsenhausen, K. H., polizeiliches Vernehmungsprotokoll in Sachen Jonny W. vor der Gendarmerie Bingen, 30. Juli 1956. Derartige Tätowierungen sind aus der kriminellen Subkultur bekannt; zu den Häftlingsmarkierungen in den KZ zählten sie nicht.

749 BArchK B 289 SA 295/10–30/28, S. 1.

750 Velten (Pseud.), Dawai, S. 89.

751 Archiv Sachsenhausen, G. H., Recherchen von Ines Reich von der Gedenkstätte und Museum Sachsenhausen.

Klarer sieht man in zwei anderen Fällen. Der schon mehrfach erwähnte Otto B., der 1955 wegen diverser Vergehen an Mithäftlingen in der Bundesrepublik vor Gericht stand, soll »nach eigener Aussage Kapo im KZ Buchenwald-Steinbruch« gewesen sein.[752] In der Prozessberichterstattung heißt es, er sei »1945 im KZ Sachsenhausen von den einmarschierenden Russen befreit« worden.[753] Laut heutiger Aktenlage ist Otto B. weder als Insasse Sachsenhausens noch Buchenwalds nachzuweisen.[754] Zwar liegen in den Gedenkstätten keine vollständigen Haftlisten vor, dennoch ist nicht auszuschließen, dass eine vorangegangene KZ-Haft zwecks Selbstlegitimierung erfunden wurde. Im Fall von Heinrich K., dem Chef der Lagerpolizei, scheint dies erwiesen. K. war nachweislich Parteigenosse der NSDAP. Den Gefangenen präsentierte er sich als »größter Kommunist Deutschlands«, der zudem angeblich als »BV« im Konzentrationslager eingesessen hatte.[755] Eine solche Inhaftierung hätte jedoch unweigerlich zu einer Löschung seiner NSDAP-Mitgliedschaft geführt, was ausweislich seiner Karteikarte im Berlin Document Center nicht der Fall ist.[756] Die Einschätzung mancher Häftlinge, dass nationalsozialistische Funktionäre »unter den Augen der Sowjets [...] die Rolle der Bekehrten« spielten und sich »bolschewistischer als die Bolschewiken« gaben,[757] scheint auf realen Beispielen zu basieren.

Ganz anderes berichtet Margret Bechler in ihren 1979 publizierten Hafterinnerungen über die Speziallager Jamlitz und Mühlberg. Vor allem Mühlberg beschreibt sie als ein »Nazilager«, also als ein Lager, das »nicht nur von Nationalsozialisten bevölkert«, sondern »auch von ihnen im alten Geiste regiert [wurde], so, als hätte es den Zusammenbruch nie gegeben«.[758] Hier gaben sich nationalsozialistisch gesinnte Funktionäre nicht als verkappte Bolschewisten, die sich, wie es für Sachsenhausen behauptet wird, »körperlich und geistig [...] prostituierten« und hintenrum, »wenn sie unter sich waren, noch

752 Archiv Sachsenhausen, T. E., Erinnerungsbericht, S. 2.

753 »Ehemaliger Lager-Kapo angeklagt«, *Hannoversche Allgemeine Zeitung* vom 24. November 1955.

754 Für die Überprüfung des Otto B. in den zugänglichen Haftlisten danke ich Sabine Stein von der Gedenkstätte Buchenwald und Winfried Meyer von der Gedenkstätte und dem Museum Sachsenhausen.

755 Archiv Sachsenhausen, M. H.-J., Erinnerungsbericht, S. 10.

756 BArch/BDC 3200 K 0021.

757 Sonnet, Bolschewismus, S. 124.

758 Bechler, Warten auf Antwort, S. 128.

Entschuldigungen für die Barbarei des Nazismus fanden«.[759] Ausweislich Bechlers Erfahrungen herrschte in Mühlberg stattdessen phasenweise ein Regime, das sich offen zum Nationalsozialismus bekannte und den gemeinen Gefangenen eine NS-Beglaubigung abverlangte: Internierte, die wie Bechler über keine derartige Beglaubigung verfügten, wurden von den ohnehin raren Arbeitskommandos ausgeschlossen. Wer also dem Nationalsozialismus ferngestanden hatte, sei es aus politischer Überzeugung oder, wie Bechler es für sich in Anspruch nimmt, aus Desinteresse an Politik, wurde von der wichtigsten Quelle abgeschnitten, das eigene Überleben zu sichern. Die politische Überzeugung ging vor – auch um den Preis eines möglichen Todes.

In Bechlers Fall kam erschwerend hinzu, dass im Lager Informationen über ihren Ehemann Bernhard Bechler durchsickerten. In Stalingrad in sowjetische Kriegsgefangenschaft geraten, hatte der Wehrmachtsmajor 1943 zu den Gründungsmitgliedern des Bundes Deutscher Offiziere gehört. »Kein Wunder, dass der Krieg verloren gegangen sei bei solchen Verrätern«, wurde ihr seitens eines deutschen Häftlingsarztes beschieden, als sie sich vergeblich um Arbeit im Mühlberger Lazarett bemühte. Weil zudem bekannt geworden war, dass ihr Mann nach seiner Rückkehr in die SBZ eine steile Politkarriere vorlegte,[760] ließ sich der Funktionär zu einer Erklärung herab: Bechler »sei hier in einem nationalsozialistisch geführten Lager, schon als Nichtmitglied hätte [sie] keinerlei Chance; der Frau eines kommunistischen Parteifunktionärs gegenüber aber könne man nicht vorsichtig genug sein«.[761]

Dergleichen ist für Sachsenhausen nicht überliefert. Weder finden sich Hinweise darauf, dass seitens der Funktionäre von den Gefangenen eine NS-Beglaubigung abverlangt wurde, wenn sie sich um einen Posten in einem Arbeitskommando bemühten, noch wird einem einzigen Funktionär nachgesagt, dass er seine Autorität offensiv durch ein NS-Bekenntnis legitimiert hätte. Allenfalls finden sich Zuschreibungen, die die nationalsozialistische Überzeugung der Funktionäre

759 Sonnet, Bolschewismus, S. 124.

760 Bechler wurde zunächst Vizepräsident der Provinzialregierung der Mark Brandenburg. Zu seiner späteren militärischen Karriere in der DDR siehe: Lapp, Ulbrichts Helfer, bes. S. 47–52, 213.

761 Bechler, Warten auf Antwort, S. 134f.

aus dem Drill »wie beim Barras«[762] ableiten oder deren Brutalität mit der von KZ-Aufsehern gleichsetzen. In anderen Fällen wird ihnen ein Lippenbekenntnis zur politischen Ordnung der Siegermacht unterstellt. So heißt es auch bei H. E., dass der Barackenälteste Kommunist war, »jedenfalls prahlte er damit und wurde dann also von den Russen auch da gefördert«.[763] Wie diese Förderung im Einzelnen aussah, erwähnt H. E. nicht. Es ist daher nicht auszuschließen, dass hier lediglich von den Privilegien die Rede ist, die jedem Funktionär zustanden. Die Lippenbekenntnisse zum Kommunismus dürften deshalb vielmehr einem Umstand geschuldet gewesen sein, der weiter oben ausgeführt wurde: Den Funktionären war nicht bewusst, dass die sowjetische Lagerleitung Anhänger des Nationalsozialismus und andere erklärte Feinde der Sowjetunion in privilegierten Positionen duldete. Sich als Kommunist zu geben und dadurch vom »Dritten Reich« zu distanzieren, war also eine reine Sicherheitsmaßnahme – auch und vor allem dann, wenn ein Funktionär um seine NS-Verstrickung wusste.

Dass es galt, eine derartige Vergangenheit vor den gemeinen Häftlingen geheim zu halten, ist offensichtlich. Als Funktionär war sicherzustellen, dass man keine Angriffsfläche für Denunziationen bot. Umgekehrt mag in manchen Fällen die Selbststilisierung als KZ-Opfer oder Kommunist auch als Deckmantel gedient haben, sadistische Neigungen auszuleben. Mehrheitlich aber dürfte der vorgebliche Gesinnungswandel oder die angebliche »Verfolgten-Vita« Bestandteil einer Selbstautorisierung gewesen sein, die nicht nur vor den Häftlingen gewaltsam in Szene gesetzt wurde, sondern vor allem mit Blick auf die sowjetische Lagerleitung, der man zum Selbsterhalt vorauseilenden Gehorsam signalisierte. Fraglich ist jedoch, inwieweit diese sich von den lagerintern so bezeichneten »modernen Antifaschisten« beeindrucken ließ. Es steht zu vermuten, dass die Lagerführung die politischen Absicherungsversuche dieser Funktionäre als eigenen Sicherheitsvorteil verbuchte. Denn alles, was eine Solidarisierung der Gefangenen verhinderte, kam der sowjetischen Lagerleitung zupass.

Dabei ist jedoch zu bedenken, dass die Funktionäre ihre Vormachtstellung nicht nur gegenüber den Häftlingen oder der Lagerleitung le-

---

762 Velten (Pseud.), Dawai, S. 92; oder Archiv Sachsenhausen, Sch. H.-D., Erinnerungsbericht, S. 353.

763 Archiv Sachsenhausen, E. H., transkribiertes Interview vom Februar 1991.

gitimieren mussten. Sie mussten ihre Stellung auch innerhalb der Funktionselite selbst absichern, die sich keinesfalls nur aus »modernen Antifaschisten« zusammensetzte. Zwar ist die Gewichtung der politischen Gruppierungen innerhalb des Funktionsapparates anhand der Erinnerungsberichte nicht nachvollziehbar. Denkbar ist dennoch, dass es innerhalb der Hierarchie zu Streitigkeiten um begehrte Posten kam. Ebenso ist vorstellbar, dass eine dieser Gruppierungen versuchte, die anderen zu dominieren oder um die materiellen Vorteile zu bringen. Nicht auszuschließen ist dabei, dass im Rahmen dieses materiellen Machtkampfes politische Rechnungen beglichen wurden, die aus der Zeit des »Dritten Reiches« stammten. All das aber sind Spekulationen, die anhand der Erinnerungsberichte nicht zu bestätigen sind. Denn ob politisch oder materiell motiviert – Konflikte innerhalb des Funktionsapparates werden nirgends erwähnt.

Festzuhalten bleibt daher, dass politische Konflikte – so sie denn überhaupt zur Sprache gebracht werden – in den Erinnerungsberichten auf Kontroversen zwischen den gemeinen Gefangenen und den Funktionshäftlingen reduziert werden. Dass deren Wahrheitsgehalt kaum zu überprüfen ist, wurde deutlich. Doch es kann und soll hier auch nicht entschieden werden, ob und inwieweit die jeweiligen Anschuldigungen zutreffen. Wichtiger erscheint, dass die Fixierung auf die »politisierten« Funktionshäftlinge innerhalb der Haftberichte eine Möglichkeit darstellt, sich nicht mit der eigenen Biographie auseinanderzusetzen, egal, ob durch den Nationalsozialismus belastet oder nicht. Eine derartige Reflexion ist überflüssig, weil mit dem Verhalten der Funktionäre von einer Verratserfahrung berichtet wird, die alles dominiert. Angefangen von der Denunziation, mit der zahlreiche Häftlinge ihre Verhaftung erklären, bis hin zu den Funktionshäftlingen – es waren die eigenen Landsleute, die diesen Verrat begangen haben. Im Grundsatz ist es daher auch irrelevant, ob die Funktionäre entlang der jeweils zeitgenössischen Beglaubigungsmuster von Opferschaft eher dem Kommunismus oder dem Nationalsozialismus zugeschrieben werden: Es waren Deutsche, die sich an Deutschen vergingen und es waren Deutsche, die durch diesen Verrat die Macht des Siegers und die Ohnmacht des Verlierers bestätigten. Denn diese Frauen und Männer haben, wie es bei Sonnet heißt, »um ein Linsengericht ihren Charakter und, was noch viel schlimmer ist, die Würde ihrer Nation verraten«.[764]

764 Sonnet, Bolschewismus, S. 124.

Dritter Teil
Hafterinnerungen

Die Erinnerung schreibt Romane,
keine dokumentarischen Wahrheiten.

Gerhard Roth,
Das Alphabet der Zeit, 2007

In Freiheit

Die Auflösung der Speziallager 1950

»Wir halten es für zweckmäßig, die bestehenden Straflager in der Ostzone aufzulösen«, vermerkte Wilhelm Pieck am 19. September 1949 in einer Diskussionsvorlage für Stalin. Vier Tage nach der Wahl Konrad Adenauers zum Bundeskanzler hielt sich der SED-Vorsitzende zusammen mit Otto Grotewohl und Walter Ulbricht in Moskau auf, um mit der sowjetischen Staatsführung letzte Details für die Gründung der DDR zu besprechen. In diesem Diskussionspapier unterbreitete Pieck Stalin ferner den Vorschlag, die »von den Sowjetorganen abgeurteilten Verbrecher nach der Sowjetunion zu deportieren und die Übrigen«, also die Internierten, »den deutschen Organen zu übergeben«.[1]

»Zweckmäßig« war diese Eingabe angesichts eines jahrelangen aufgestauten Legitimationsdrucks, der auf der SED lastete und mit dem sie auf Dauer nicht fertig wurde – zumal angesichts der Unruhe in der Bevölkerung, die durch das zumeist plötzliche Verschwinden von Ehepartnern, Kindern oder Nachbarn aufgekommen war. Die zahlreichen Eingaben und Verbleibsnachfragen an die SED wurden in der Regel ausweichend oder gar nicht beantwortet,[2] weil sich die Partei der Tabuisierung der sowjetischen Haftpraxis verschrieben hatte. Zwecks Legitimierung der Speziallager hatte die SED phasenweise über die Inszenierung von Schauprozessen nachgedacht und war zu diesem Zweck in Moskau vorstellig geworden.[3] Vom »Nor-

---

1 Zit. nach Badstübner/Loth (Hg.), Wilhelm Pieck, S. 297.

2 Vgl. dazu Speziallager Buchenwald/Katalog, S. 148–151; oder die Auswertung von Verbleibsnachfragen an die sächsische Innenbehörde durch Helga Schatz, die teilweise beantwortet wurden (Schatz, Die gesellschaftliche Wahrnehmung der sowjetischen Speziallager).

3 Tatsächlich resultierte diese Bitte in dem Beschluss des Ministerrats, »von Zeit zu Zeit öffentliche Gerichtsprozesse gegen inhaftierte Deutsche« durchzuführen. Es blieb jedoch bei den geheimen Verhandlungen (vgl. Hilger/Petrov, Schmutzarbeit, S. 119f.; und den Auszug aus dem Beschluss des Ministerrats Nr. 1029–355ss »Deutschland betreffende Fragen« vom 31. März 1948 [GARF, f. 7317, op. 7, d. 65, l. 106–107, in: Sowjetische Speziallager 2, Dok. 87, S. 321f.]).

weger Prozess«[4] und dem anschließend in DEFA-Wochenschauen gezeigten »Berliner Prozess« abgesehen,[5] beide 1947, ließ sich Moskau auf diesen Vorschlag jedoch nicht ein. Denkbar, dass es für weitere öffentliche Inszenierungen schlicht an prozesstauglichem Belastungsmaterial mangelte.

»Zweckmäßig« war die Eingabe Piecks vom September 1949 nicht zuletzt angesichts des Umstands, dass die Lager weiter existierten, obwohl im Februar 1948 die Entnazifizierung offiziell für beendet erklärt worden war. Auch waren – was der Öffentlichkeit ebenso wenig zu vermitteln war – weiterhin Verhaftungen vorgenommen worden. Hatte man sich mit der Entlassung von rund 28000 Internierten im Sommer 1948 eine Entlastung versprochen,[6]

---

4 245 Angehörige des 9. Polizei-Reservebataillons (Berlin-Spandau) waren von der britischen Besatzungsmacht an die sowjetischen Behörden übergeben und im Januar 1947 im vormaligen SS-Bereich des KZ Sachsenhausen untergebracht worden. Im Speziallager wurden sie als »Norweger« bekannt, weil das 9. Polizei-Bataillon in Norwegen stationiert gewesen war. Dort war es 1941/42 an Massenerschießungen von sowjetischen Zivilisten und Juden beteiligt. Von den 245 Angehörigen dieses Bataillons wurden 170 im August 1947 verurteilt und entweder in die UdSSR deportiert oder in das Speziallager Bautzen eingewiesen. Die Einladung an die Journalisten – und die Bereitstellung von zwei Bussen für die Fahrt nach Sachsenhausen – erfolgte auf der Pressekonferenz, die im Anschluss an das nicht öffentliche Verfahren abgehalten wurde (Prieß, Sachsenhausen, S. 400f.). In den 1950er und 1960er Jahren wurden in Westdeutschland Ermittlungsverfahren und Prozesse gegen Angehörige dieses Bataillons angestrengt, darunter auch gegen Personen, die im August 1947 verurteilt worden waren. Wegen schwerer Haftfolgeschäden konnten sich die verurteilten Täter nun als Opfer der sowjetischen Justiz präsentieren (vgl. Jeske/Schmidt, Verfolgung von Kriegsverbrechen, S. 184).

5 Im »Berliner Prozess« – auch bekannt als »Sachsenhausen-Prozess« – wurden sechs SS-Offiziere, darunter der letzte Lagerkommandant SS-Standartenführer Anton Kaindl, sieben Unterführer, ein Zivilist und zwei ehemalige Häftlinge wegen Verbrechen im KZ Sachsenhausen verurteilt. Zu dem öffentlichen Prozess, der vom 23. Oktober bis 1. November 1947 dauerte, waren die internationale Presse sowie die (Polit-)Prominenz der SBZ geladen (Prieß, Sachsenhausen, S. 401f.). Zwei der Verurteilten, Gustav Sorge und Wilhelm Schubert, wurden 1958 in Bonn erneut vor Gericht gestellt und verurteilt (vgl. KZ-Verbrechen vor Gericht, S. 151–510).

6 Zu den Gründen und Gegenmaßnahmen gegen das »russische Image« der SED in der Öffentlichkeit: Bonwetsch/Bordjugov/Naimark (Hg.), Sowjetische Politik in der SBZ, S. L ff.

so zeigte sich alsbald, dass auch diese Rechnung propagandistisch nicht aufging. Zwar hatte man den Entlassenen – wie auch später bei der Lagerauflösung – unter Androhung einer erneuten Verhaftung ein Redeverbot erteilt. Das hielt jedoch nur wenige von ihnen ab, Angehörigen von Mitinhaftierten Verbleibsnachrichten zu übermitteln. Vor allem aber überbrachten sie Todesnachrichten. Die SED wurde daraufhin mit Eingaben und Anfragen regelrecht »überschüttet«.[7] Zusätzlich setzten ihr jene Internierten zu, die 1948 in die Westzonen entlassen worden waren oder dorthin abwanderten. Sie nämlich fanden in den Westmedien und Organisationen wie der Kampfgruppe gegen Unmenschlichkeit (KgU) Unterstützer, die – wie noch zu sehen sein wird – ihre Hafterfahrungen zunehmend in die Öffentlichkeit trugen. Anlässlich der Reise Thomas Manns im Goethejahr 1949 nach Weimar war es deshalb zum Eklat gekommen. Thomas Mann wurde Ende Juli 1949 von Eugen Kogon, der das Konzentrationslager Buchenwald überlebt und 1946 den »SS-Staat« veröffentlicht hatte, in einem offenen Brief in der *Frankfurter Neuen Presse* aufgefordert, seine Reise abzusagen oder vor Ort »hörbar zu schweigen« – wegen der »12000 politischen Gefangenen im nur acht Kilometer entfernt gelegenen Konzentrationslager Buchenwald«.[8]

Piecks Bitte wurde im Grundsatz positiv beschieden. Die Lager sollten, so die sowjetische Diktion, liquidiert werden. Moskau behielt sich jedoch die Entscheidung vor, wer von den Speziallagerhäftlingen in die UdSSR deportiert, in ostdeutschen Gewahrsam

7 Speziallager Buchenwald/Katalog, S. 295.

8 Vgl. Stachorski (Hg.), Thomas Mann, S. 91. Auf den offenen Brief Kogons vom 30. Juli 1949 reagierte Wolfgang Harich zwei Tage später in der Ostberliner *Täglichen Rundschau* mit den Worten: »Freche Missbilligung und ›wohlmeinende Ratschläge‹ seitens der Spalter Deutschlands haben Thomas Mann nicht in seinem Beschluss beirren können, auch nach Weimar zu kommen. Er hat den von der Reaktion aus Lügen und Verleumdungen fabrizierten ›Eisernen Vorhang‹ durchbrochen.« Den Anlass zum Eklat – die Lager – erwähnt Harich nicht (zit. nach: »Als der Krieg zu Ende war«, S. 494). Dass sich Thomas Mann der Missstände in der DDR bewusst war, zeigen seine Briefe an Johannes R. Becher und Walter Ulbricht, in denen er unter anderem um Gnade für die Waldheim-Verurteilten bittet (Stachorski [Hg.], Thomas Mann, S. 162–171).

überstellt oder entlassen werden sollte. Entsprechend wurde am 31. Oktober 1949 per Beschluss des ZK der KPdSU eine hochrangige Kommission aus Vertretern der Ministerien für innere Angelegenheiten (MWD) und Staatssicherheit (MGB) sowie der Staatsanwaltschaft einberufen. Ihr wurde die Aufgabe übertragen, die knapp 30000 Internierten und SMT-Verurteilten, die sich zu diesem Zeitpunkt in den drei verbliebenen Speziallagern Bautzen, Buchenwald und Sachsenhausen befanden, mit Blick auf ihre Entlassung oder Überstellung an deutsche und sowjetische Behörden zu überprüfen.[9]

Die Kriterien, nach denen die sowjetische Kommission diese Überprüfung vorgenommen hat, sind bis heute nicht bekannt.[10] Nachvollziehbar ist allein, dass Entlassungen auf jenen Personenkreis begrenzt wurden, der nach sowjetischer Auffassung »für die demokratische Ordnung in Deutschland gegenwärtig keine Gefahr« darstellte.[11] Die Frage, warum jemand inhaftiert worden war und ob er zu der Kategorie der Internierten oder der SMT-Verurteilten gehörte, spielte für die Kommissionstätigkeit also keine Rolle. Von Bedeutung war, ob er oder sie Ende 1949 als Sicherheitsrisiko eingeschätzt wurde. Gemäß dieser Schwerpunktsetzung nahm die Kommission eine »listenmäßige«, als reines Zahlenwerk ausgewiesene Erfassung aller Lagerhäftlinge vor und sortierte diese in drei Gruppen: »geringfügige Verbrecher«, »gefährliche Verbrecher« und

---

9 Politbürobeschluss zur »Überprüfung der Fälle der in sowjetischen Speziallagern und Gefängnissen inhaftierten Personen« vom 31. Oktober 1949 (CChSD, f. 89, per. 75, Nr. 20, zit. nach Sowjetische Speziallager 2, Dok. 105, S. 357).

10 Weder der ZK-Beschluss, der die Kommissionstätigkeit vor Ort in den drei Lagern initiierte, noch der Abschlussbericht der Kommission enthalten entsprechende Angaben. Vgl. ebenda sowie die »Meldung des Leiters der Abteilung Speziallager über die Ergebnisse der Überprüfung der Gefangenen in den Speziallagern und Gefängnissen« vom 10. Dezember 1949 und das Schreiben der Minister Abakumov, Kruglov und Safonov an Stalin »zur Erläuterung des Entwurfs für einen Politbürobeschluss über die Liquidierung der Speziallager« vom 27. Dezember 1949 (GARF, f. 9409, op. 1, d. 42, l. 10–11 und CChSD, f. 89, per. 75, Nr. 22, beide: ebenda, Dok. 107 und 108, S. 362–365).

11 Zit. nach CChSD, f. 89, per. 75, Nr. 20, in: ebenda, Dok. 105, hier S. 358.

»besonders gefährliche Verbrecher«.[12] Der ZK-Beschluss zur »Liquidierung der Speziallager in Deutschland« bestätigte schließlich am 30. Dezember 1949, dass die »geringfügigen Verbrecher« zu entlassen, die »gefährlichen Verbrecher« in ostdeutschen Gewahrsam zu überstellen und gegebenenfalls nachzuverurteilen waren. Die »besonders gefährlichen Verbrecher« waren in die UdSSR zu deportieren.[13]

Am 17. Januar 1950 wurde die Lagerauflösung offiziell bekannt gegeben – in Form eines im *Neuen Deutschland* abgedruckten Briefwechsels zwischen Vasilij Cŭjkov, dem Vorsitzenden der Sowjetischen Kontrollkommission in Deutschland (SKK), und Walter Ulbricht, dem stellvertretenden Ministerpräsidenten der DDR.[14] Diesem Briefwechsel war zu entnehmen, dass 9634 Internierte und 5404 SMT-Verurteilte – insgesamt also 15038 Häftlinge – entlassen wurden.[15] Damit hatte Stalin seinen Machtanspruch erneut untermauert: Wie schon bei den Entlassungen des Sommers 1948 kam auch jetzt nur die Hälfte aller Häftlinge frei.[16]

Nicht zur Entlassung vorgesehen waren insgesamt 14594 Personen. Von ihnen wurden 649, so das *Neue Deutschland*, wegen »besonders große[r], gegen die Sowjetunion gerichtete[r] Verbre-

---

12 Ebenda, S. 357f.; und CChSD, f. 89, per. 75, Nr. 22, in: ebenda, Dok. 108, S. 364f.

13 Politbürobeschluss »zur Liquidierung der Speziallager in Deutschland« vom 30. Dezember 1949 (CChSD, f. 89, per. 75, Nr. 23, in: ebenda, Dok. 109, S. 365f.).

14 »Interniertenlager aufgelöst«, *Neues Deutschland* vom 17. Januar 1950, S. 1. Ministerpräsident Otto Grotewohl weilte zu diesem Zeitpunkt im Urlaub.

15 Tatsächlich wurden 600 Männer und Frauen weniger entlassen als angekündigt. Hinzu kommt, dass während der Entlassungsaktion, die von Mitte Januar bis Anfang März währte, mehr als 500 jüngst Verurteilte in die Lager eingewiesen wurden. Diese Korrekturen ändern jedoch nichts an dem Gesamtbefund: Fast jeder zweite Speziallagerhäftling blieb weiterhin in Haft (zu den korrigierten Zahlen: Lipinski, Das sowjetische Speziallager Nr. 2 Buchenwald, hier S. 93 [Tabelle], 95).

16 7153 von ihnen hatten zuletzt als Internierte in Buchenwald eingesessen (ebenda). Aus Bautzen kamen mindestens 742 Lagerhäftlinge frei, aus Sachsenhausen 1902 Internierte und 5151 SMT-Verurteilte (Buddrus, »... im Allgemeinen ohne besondere Vorkommnisse«, S. 16; Speziallager Sachsenhausen/Katalog, S. 419).

chen« deportiert.[17] 10513 SMT-Verurteilte wurden in Gefängnisse der DDR überstellt und 3432 Internierte in das sächsische Waldheim verbracht. Für Letztere »erinnerte man sich«, wie Lutz Niethammer schreibt, »des Kriegsverbrecher-Arguments und ließ die Betroffenen [im Frühjahr 1950, B. G.] in Schnellverfahren durch Sondergerichte gewöhnlich nach Kontrollratsdirektive Nr. 38 bzw. SMAD-Befehl Nr. 201 oder auch nach Kontrollratsgesetz Nr. 10 als Kriegsverbrecher aburteilen«.[18] Die ad hoc einberufenen Justizfunktionäre wurden zudem darauf eingeschworen, dass sich das Strafmaß dieser Verfahren an der sowjetischen Praxis der Militärtribunale zu orientieren hatte[19] – mit dem Ergebnis, dass zwischen dem 21. April und 17. Juli 1950 in fast ausschließlich unter Ausschluss der Öffentlichkeit durchgeführten Prozessen mindestens »35000 bis 40000 Jahre Zuchthaus« über gut 3300 vormalige Internierte verhängt und 31 Todesurteile ausgesprochen wurden (von denen 24 vollstreckt wurden).[20] Die Auflösung der Lager ging also mit dem Beginn der DDR-Willkürjustiz einher.

In den Gefängnissen des DDR-Innenministeriums wurden zum Stichtag 30. Juni 1950 15001 Gefangene festgehalten, darunter 1472 Frauen, von denen 664 zwischen 21 und 30 Jahre alt waren. Unter den männlichen Häftlingen befanden sich 100 Jugendliche unter 18 Jahren, 7440 Häftlinge waren 40 Jahre und älter. Knapp 5000 aller Gefangenen hatten vor dem Mai 1945 der NSDAP angehört, etwa 3700 hatten sich nach Kriegsende in politischen Organisationen der SBZ engagiert. Mit Blick auf die Sozialstruktur stellten Arbeiter fast die Hälfte der Inhaftierten. Gut ein Drittel aller Häftlinge war zu Strafsätzen von 20 bis 25 Jahre verurteilt, 720 zu einer lebenslänglichen Haftstrafe. 3614 Gefangene befanden sich wegen »Naz. Verbrechen vor dem 9. Mai 1945« in Haft, 6096 wegen Delikten danach. 1346 hatten gegen SMAD-Befehle verstoßen, 544 galten als »kriminelle

---

17 »Interniertenlager aufgelöst«, *Neues Deutschland* vom 17. Januar 1950, S. 1. Von den 649 zu Deportierenden waren 473 Internierte ohne Urteil (CChSD, f. 89, per. 75, Nr. 23, in: Sowjetische Speziallager 2, Dok. 109, hier S. 366).

18 Niethammer, Alliierte Internierungslager, in: Sowjetische Speziallager 1, S. 106. Grundlegend zu diesen Prozessen: Eisert, Die Waldheimer Prozesse. Siehe auch: Otto, Die Waldheimer Prozesse.

19 Ebenda, S. 540.

20 Finn, Die politischen Häftlinge, S. 86.

Der Konzentrationslager-Schwindel ist endgültig geplatzt

Jetzt beginnt ein neues Leben

Auch im Lager Bautzen erfolgt die Entlassung reibungslos

So logen sie …

Die wirklichen Zahlen widerlegen die lügnerischen „Eigenberichte" der Hetzpresse

Die wahren Zahlen:

Aus Buchenwald entlassen

Sechs ehemalige Internierte verlassen dank der Großmut der Sowjetunion das Internierungslager. Der Weg zum Aufbau steht ihnen jetzt offen

So lebten sie in Buchenwald

Ehemalige Internierte berichten aus dem Alltagsleben des Lagers

Tatsachen

So lebte es im „Schreckenslager" Sachsenhausen aus. Einer der Ärzte, wegen Vergehens gegen die Besatzungsmacht zu 7 Jahren Strafarbeit verurteilt, im freien Gespräch mit den Besuchern. An sichtbarer Stelle vor der Küche ist der Speiseplan aufgehängt. Von „Hungerrationen" ist nicht die Rede.

„Ich möchte mich wieder anmelden"

Adam Kittelberger kam wieder nach Lichtenberg

22. Januar 1950 / NEUES DEUTSCHLAND / Nr. 19, Seite 4

Neues Deutschland vom 22. Januar 1950, Nr. 19, S. 4

Verbr.«.[21] Dergleichen Angaben für die entlassenen Häftlinge liegen nicht vor.

In einer groß angelegten Kampagne beeilte sich die Presse der DDR, die Lagerauflösungen als einen »Akt des Großmuts und des Vertrauens der Sowjetregierung [...] in die demokratische Ordnung« des jungen Staates zu feiern.[22] Sonderkorrespondenten wurden nach Bautzen, Buchenwald und Sachsenhausen geschickt, um live über die Entlassungen zu berichten. »Du bist Dir darüber bewusst, dass alles, was Du siehst, ein strenges Staatsgeheimnis ist«, war dem damals 22-jährigen Dieter Borkowski mit auf den Weg gegeben worden, der als Radiojournalist nach Sachsenhausen entsandt wurde.[23] Dass seine persönlichen Erfahrungen dieses Tages in eklatantem Widerspruch zu den offiziellen Berichten etwa im *Neuen Deutschland* oder der *Täglichen Rundschau* standen, versteht sich von selbst. Sein im Lager gewonnenes Wissen um Massengräber[24]

---

21 Buddrus, »... im Allgemeinen ohne besondere Vorkommnisse«, S. 20. Die von ihm ausgewertete Statistik bezieht sich auf die MdI-Strafanstalten Bautzen (wo knapp 40 Prozent aller SMT-Verurteilten einsaßen), Hoheneck (für Frauen), Luckau, Torgau, Untermaßfeld und Waldheim. Vgl. auch die durch Oleschinski und Pampel ausgewertete Statistik aus dem Jahr 1953 für die genannten Gefängnisse sowie Brandenburg und Halle: Von den zu diesem Zeitpunkt 11773 inhaftierten SMT-Verurteilten (darunter 1147 Frauen) war etwa ein Drittel wegen »Spionage«, etwas mehr als ein Viertel wegen »Kriegsverbrechen« oder »Verbrechen gegen die Menschlichkeit« und etwa ein Fünftel wegen »antisowjetischer Propaganda« oder »Teilnahme an antisowjetischen Organisationen und Gruppen« verurteilt worden. Die Frauen in Hoheneck waren vor allem unter dem Vorwurf der Spionage verurteilt worden, nur neun Prozent von ihnen galten als »Kriegsverbrecher(innen)« (Oleschinski/Pampel, Nazis, Spione, Sowjetfeinde, S. 458).

22 »Akt des Großmuts«, *Neues Deutschland* vom 18. Januar 1950, S. 1.

23 Borkowski, Für jeden kommt der Tag, S. 210. Zum Lebenslauf Borkowskis, der von 1960 und 1962 sowie von 1971 bis zu seinem »Freikauf« in die Bundesrepublik Ende 1972 wegen »staatsfeindlicher Hetze« im Gefängnis gesessen hatte, siehe: Fricke u.a. (Hg.), Opposition und Widerstand, S. 271–276 (Beitrag von Hartmut Jäckel).

24 Borkowski und sein Chef wurden in Begleitung eines sowjetischen Offiziers einem der deutschen Lagerärzte vorgestellt. Dieser sprach in Anwesenheit des Offiziers zunächst lobend über die medizinische Versorgung im Lager. In dessen Abwesenheit und aufgrund der Fragen von Borkows-

und Willkür[25] hatte keinen Platz in einer Reportage, die »von höchster Stelle gewünscht worden« war.[26] Erwünscht waren stattdessen Dementis der »falschen Mitleidskampagne« der »Kriegshetzer in Westberlin und ihrer amerikanischen Hintermänner«,[27] also Verlautbarungen gegen »die Presse der Kriegshetzer«, die »jahrelang [...] ›Berichte‹ über die Internierungslager gebracht [habe], die von Verhältnissen ›wie in nationalsozialistischen Konzentrationslagern‹ sprachen«.[28] Dass der »Konzentrationslager-Schwindel endgültig geplatzt« sei, so der Aufmacher im *Neuen Deutschland*,[29] sollten auch Fotografien derer belegen, die nun entlassen wurden. Auf diesen sehen sie – wie auch auf dem Titelblatt der *Neuen Berliner Illustrierten*[30] – gut genährt und anständig gekleidet aus, sie lächeln, scheinen zu scherzen. Alle mussten – in einigen Fällen auch unter Angabe ihres Namens und ihrer Adresse[31] – bezeugen, dass »gerade

---

kis Chef, ob »alles im Sinne der Humanität geschehen« sei, um den »Erkrankten hervorragend zu helfen«, verlor der Arzt die Beherrschung: »Mein Gott, fragen Sie doch Ihre russischen Genossen mal, wie viele Menschen hier täglich starben, wie sie verscharrt wurden, Nacht für Nacht in den Kalkgruben bei Schmachtenhagen« (Borkowski, Für jeden kommt der Tag, S. 213).

25 »Ich musste plötzlich daran denken, dass auch ich als ehemaliger Hitlerjunge hier«, in einem solchen Lager, »hätte landen können« und »mir fiel mit einem Mal wieder die Furcht ein, die man in Berlin, selbst unter den Genossen, seit Jahren empfunden hatte, wenn von den Lagern Sachsenhausen oder Buchenwald die Rede war, in die Stalins Geheimpolizei nach der Befreiung vom Faschismus viele Missliebige, wirkliche und vermeintliche Gegner des Kommunismus verschleppt hatte« (ebenda, S. 211 f., 214).

26 Ebenda, S. 210.

27 »Das ist kein Konzentrationslager«, *Neues Deutschland* vom 22. Januar 1950, S. 4.

28 »Der Konzentrationslager-Schwindel ist endgültig geplatzt«, *Neues Deutschland* vom 22. Januar 1950, S. 4.

29 Ebenda.

30 Mit der Bildunterschrift »Fahrt in die Freiheit« zeigt das Titelbild eine Gruppe von entlassenen Häftlingen des Lagers Sachsenhausen, die, mit Taschen bepackt, einen Bus besteigen, der sie zum Bahnhof Oranienburg bringt (*Neue Berliner Illustrierte* [6/1950], abgedruckt in: Speziallager Buchenwald/Katalog, S. 175).

31 »Die Feststellungen von Dibelius und Grüber sind wahr«, *Neues Deutschland* vom 20. Januar 1950, S. 2. Probst Grüber, vormaliger KZ-Häftling in Sachsenhausen, hatte in seiner Funktion als Bevollmächtigter der Evangelischen Kirche in Deutschland bei der Regierung der DDR

die Internierungslager [...] ein nicht wegzuleugnender Beweis der Humanität der Sowjetmenschen sind«.[32]

Die DDR, so der Tenor dieser Presseberichte, sei nunmehr gefestigt genug, »aus eigener Kraft mit ihren Feinden fertig zu werden«.[33] Daher könnten nun auch alle entlassen werden, die »heute, da die demokratische Ordnung gesichert ist, [...] keine Gefahr mehr dar[stellen]«.[34] Tatsächlich wurden die Entlassenen, Internierte wie SMT-Verurteilte, in der Presse als »kleine Nazis« oder, wie es in der *Frau von heute* hieß, als »dritte Garnitur von einst« vorgeführt.[35] Die nicht Entlassenen wurden dadurch öffentlich kriminalisiert. »Mitleid« ihnen gegenüber sei »völlig ungerechtfertigt«, stand beispielsweise am 16. Februar 1950 im *Thüringer Volk* über SMT-Verurteilte, die in das Gefängnis Untermaßfeld überstellt worden waren. Sie seien zu »70 Prozent Kriminelle, der Rest setzt sich aus ehemaligen Soldaten, Angehörigen der SS oder SA zusammen, die Verbrechen gegen die Menschlichkeit begangen haben. Bei den mitgekommenen Jugendlichen handelt es sich meistens um solche, die Morde, Raubüberfälle oder Diebstähle mit der Waffe ausgeführt haben.«[36]

Insgesamt zeichnete man das Bild eines besseren Deutschland, eines Staates, der sich im Unterschied zur Bundesrepublik dem Antifaschismus verschrieben und die Wahrung des Friedens zu seinem obersten Ziel erklärt hatte.

Die SED lud ihrerseits am 17. Januar 1950 Journalisten aus Ost und West zu einer Pressekonferenz. Diese Gelegenheit wurde eben-

---

Weihnachten 1949 einen Gottesdienst in Sachsenhausen abhalten dürfen. Seine Beobachtungen über die Lebensbedingungen im Lager, die im *Neuen Deutschland* veröffentlicht wurden, riefen und rufen noch heute einen Sturm der Entrüstung unter den ehemaligen Häftlingen hervor – sie seien beschönigend (»Sachsenhausen 1940 und 1949«, *Neues Deutschland* vom 5. Januar 1950, S. 1f.).

32 »Das ist kein Konzentrationslager«, *Neues Deutschland* vom 22. Januar 1950, S. 4.

33 »Die Auflösung der Internierungslager«, *Tägliche Rundschau* vom 18. Januar 1950, S. 1.

34 »Der Konzentrationslager-Schwindel ist endgültig geplatzt«, *Neues Deutschland* vom 22. Januar 1950, S. 4.

35 »Knarrend öffnet sich das Lagertor«, *Frau von heute*, Nr. 3 (1. Februarheft) 1950.

36 »Die Wahrheit über die Vorgänge in Untermaßfeld«, *Thüringer Volk* vom 16. Februar 1950, zit. nach Koch, Eibenstock, S. 34.

falls zu einer propagandistischen Betonung der angeblich auch mittels der Lager erreichten Entnazifizierung genutzt. So verwies man auf das Potsdamer Abkommen vom August 1945, mit dem die Alliierten die Internierung »nazistische[r] Parteiführer, einflussreiche[r] Nazianhänger und [der] Leiter der nazistischen Ämter und Organisationen und alle[r] anderen Personen, die für die Besatzung und ihre Ziele gefährlich sind«, als Bestandteil der Entnazifizierung vereinbart hatten.[37] Zusätzlich bemühte man die Kontrollratsdirektive Nr. 38 vom 12. Oktober 1946, um die Speziallager in den Kontext der alliierten Entnazifizierungsbeschlüsse zu stellen. Oder, wie es im *Neuen Deutschland* hieß: »Man [darf] nicht vergessen, dass sowohl Internierte als auch Strafgefangene [SMT-Verurteilte, B. G.] gefangene ehemalige Nazis, HJ-Führer, SS-Männer und Werwölfe sind, die gemäß den Kontrollratsbeschlüssen in Sicherheitsverwahrung genommen wurden.«[38]

Gleichzeitig bediente sich die SED auf dieser Pressekonferenz einer Argumentation, die noch nicht einmal formal etwas mit den alliierten Entnazifizierungsintentionen zu tun hatte. Im Gegenteil, sie kündigte jedwede Übereinstimmung der Alliierten mit Blick auf die Zerschlagung des Nationalsozialismus und der Bestrafung seiner Täter auf, indem sie die Lager als ein Kampfinstrument gegen die vormaligen Verbündeten interpretierte. Erstmals hatte Wilhelm Pieck diese politische Umdeutung der Haftpraxis als ein Instrument des Kalten Krieges im Juni 1949 auf einer von Tausenden besuchten Veranstaltung in Ostberlin vorgestellt. Die *Tägliche Rundschau* berichtete damals: »Im weiteren Verlauf seiner Ausführungen ging Pieck auf das Gerede ein, es gäbe in der sowjetischen Besatzungszone immer noch Konzentrationslager. In der Ostzone, so versicherte er, gibt es niemanden, der wegen seiner politischen Gesinnung im Kerker sitze. Nur solche Leute habe man hinter Schloss und Riegel gebracht, die einen neuen Krieg über Deutschland bringen wollen und das Ziel verfolgen, Deutschland unter die Herrschaft des Monopolkapitalismus zu zwingen. Wer durch Sabotage oder Spionage versuche, das fortschrittliche Werk der Werktätigen in der Ostzone zu

37 So im Anhang A (politische Grundsätze) des Potsdamer Abkommens vom 2. August 1945, zit. nach Benz, Potsdam 1945, S. 213.

38 »Das ist kein Konzentrationslager«, *Neues Deutschland* vom 22. Januar 1950, S. 4.

Bewachte Eingangstür der Kampfgruppe gegen Unmenschlichkeit in Berlin-Zehlendorf, 1949.
Winfried Ranke, »Deutsche Geschichte kurz belichtet. Photoreportagen von Gerhard Gronefeld 1937–1965«, Deutsches Historisches Museum, Berlin 1991, S. 246.

zerstören, müsse allerdings damit rechnen, dass ihm das Handwerk gelegt werde.«[39]

Sieben Monate später diente diese Konstruktion von Klassen- und Friedensfeinden als primäre Legitimation der sowjetischen Haftmaßnahmen. So erklärte Gerhart Eisler in seiner Funktion als »Vorsitzender des Amtes für Information des Ministerrates der DDR« auf der Pressekonferenz, dass »Spionen und Saboteuren, die [...] im Auftrage ausländischer Dienste arbeiten, [...] das Handwerk gelegt wird, ganz gleich, ob sie frühere Nazis sind oder zur Tarnung ein SPD-Parteibuch vorlegen«. Und er fügte hinzu: »Wir aber hoffen, dass alle aus den Interniertenlagern Entlassenen sich niemals wieder von angloamerikanischen Kriegstreibern und der deutschen Reaktion missbrauchen lassen.«[40] Damit war die Funktion der Lagerhaft im Ost-West-Konflikt verortet.

Die Kampfgruppe gegen Unmenschlichkeit (KgU)

Im *Stern* erschien am 14. August 1949 eine Fotoreportage über die ein gutes Jahr zuvor von Rainer Hildebrandt in Westberlin gegründete Kampfgruppe gegen Unmenschlichkeit (KgU)[41] – eine schillernde Organisation an der propagandistischen Frontlinie des Kalten Krieges, die als Widerstandsgruppe zu beschreiben unzulänglich erscheint. Vielmehr handelte es sich um einen teilweise vom amerikanischen Geheimdienst finanzierten Nachrichtendienst, der sein Wissen entweder für organisierte Widerstandsakte verwendete oder publizistisch umsetzte.

Die Fotos von Gerhard Gronefeld für den *Stern* dokumentierten den Anspruch und die Rolle dieser Organisation im frühen Kalten Krieg.[42] So zeigt eines seiner Bilder Hilfesuchende aus der sowjetischen Besatzungszone, die sich am Empfang des KgU-Büros in Berlin-Zehlendorf melden. Auf einem anderen ist Rainer Hildebrandt zu

---

39 »Gerhart Eisler ruft zum Kampf für Max Riemann«, *Tägliche Rundschau* vom 9. Juni 1949, S. 1.

40 »Internierten-Entlassungen haben begonnen«, *Tägliche Rundschau* vom 18. Januar 1950, S. 1.

41 »Kampf gegen die Unmenschlichkeit«, *Der Stern*, Nr. 33 vom 14. August 1949, S. 10–11.

42 Siehe auch Ranke, Deutsche Geschichte kurz belichtet, S. 242ff.

erkennen, der sich zusammen mit einem ehemaligen Häftling des Speziallagers Sachsenhausen über einen Lageplan des Lagers beugt. Sein Gesprächspartner hält sich eine Zeitung vor das Gesicht, um sein Inkognito zu wahren. Ein drittes Bild ist dem Herz der KgU gewidmet: den Karteikästen, in denen die Aussagen von Informanten verschlüsselt gesammelt wurden. Schließlich hat Gronefeld einen bewaffneten Wachmann abgelichtet, postiert vor der Eingangstür des Büros. Seine bloße Anwesenheit verweist auf den besonderen Status einer Organisation, von der es in dem Artikel heißt: »Die von Dr. Rainer Hildebrandt geleitete Kampfgruppe gegen Unmenschlichkeit hat sich die Aufgabe gestellt, alle Nachrichten über Konzentrationslager der Ostzone, Namen und Aufenthaltsort von Häftlingen, Namen von Spitzeln, Denunzianten und Menschenräubern zu erfassen.«[43] Mit dem Ziel, die Weltöffentlichkeit, so Hildebrandts eigene Worte, über die »Zustände unter der kommunistischen Gewaltherrschaft« zu informieren.[44]

Margret Bovaris zeitgenössischen Ausführungen über die Motive des KgU-Gründers bleibt nicht viel hinzufügen: »Willkürliche Verhaftungen [waren] immer noch an der Tagesordnung und die Konzentrationslager wieder in Betrieb, wenn auch unter neuem Vorzeichen.«[45] Nachdem im Juli 1948 rund 28000 Internierte aus den Speziallagern entlassen worden waren, erklärte Hildebrandt in einem Interview mit dem *Tagesspiegel*: »Die Welt kann die Wahrheit hören. Diesmal soll niemand sagen können, er habe nichts gewusst.«[46] Wenige Jahre nach Kriegsende ging es der KgU also nicht darum, durch die Anklage des kommunistischen Regimes die nationalsozialistischen Verbrechen vergessen zu machen. Ihr Anliegen lautete vielmehr, den Widerstandswillen aller Deutschen in Ost und West durch Aufklärung »diesmal« rechtzeitig zu mobilisieren.[47] Die »Bevölke-

43 Ebenda, S. 242, 246f.

44 Zit. nach Merz, Kalter Krieg, S. 41.

45 Bovari, Der Verrat im XX. Jahrhundert, Bd. 2, S. 138.

46 Zit. nach Merz, Kalter Krieg, S. 48.

47 So Hildebrandt 1949 in einer Rede vor Berliner Studenten: »Man hat uns vorgeworfen, wir hätten zu viel geschwiegen, wir seien nicht aufgestanden, wir hätten alles über uns ergehen lassen.« Um genau diesen Vorwurf geht es auch in der etwa zeitgleich erschienenen Veröffentlichung »Berichte aus Mitteldeutschland von der Kampfgruppe gegen Unmenschlichkeit«: »Die Kampfgruppe ist von Deutschen gegründet worden, die ihrem

rung muss wachgerüttelt […] und über die grausamen Vorgänge in der Ostzone unterrichtet werden«.[48] Das war die historische Lehre, die Hildebrandt wie auch sein Partner und Nachfolger als Leiter der »Kampfgruppe«, Ernst Tillich, aus der NS-Zeit gezogen hatten. Beide hatten damals dem Widerstand angehört und dafür mit Konzentrationslager beziehungsweise mit Gefängnis bezahlt, der eine, Tillich, als Angehöriger der Bekennenden Kirche, und der andere, Hildebrandt, wegen seiner Kontakte zu Albrecht Haushofer und dem »20. Juli«.[49] Sie standen mit ihren Biographien für den programmatischen Appell, mit dem die KgU 1948 auf der politischen Bühne der »Frontstadt« Berlin auf sich aufmerksam machte: »Schweigen ist Selbstmord – Nichtstun ist Mord«.[50]

Zeit ihres gut elfjährigen Bestehens zog die durch den amerikanischen Geheimdienst finanziell unterstützte »Kampfgruppe«[51] auf verschiedene Weise den Unmut der DDR-Regierung auf sich – allem voran durch Widerstands- und Sabotageakte.[52] Hier aber interessiert ein anderer Aspekt ihrer Tätigkeit: das Engagement der KgU für die Speziallagerhäftlinge, galten ihr die Lager doch als die schlimmste Ausformung des sowjetischen Terrorregimes. Ihr erstes Ziel lautete daher, die Nachrichtensperre, die sowjetischerseits über die Lager verhängt worden war, öffentlichkeitswirksam zu unterlaufen. Ein Beispiel dafür liefert der von der KgU eingerichtete Suchdienst. Ursprünglich als Hilfsdienst für die Angehörigen Verhafteter gegründet, entwickelte er sich binnen Monaten zu einem Instrument, mit dem die KgU ihre Arbeit treffsicher auf einen Haftaspekt ausrichten konnte, an dessen Geheimhaltung der sowjetischen Besatzungsmacht besonders gelegen war: die hohe Sterblichkeit unter den Gefangenen.

Der Suchdienst glich Verbleibsanfragen von Angehörigen mit den Aussagen entlassener Häftlinge ab, die, wie in der Reportage des *Stern* beschrieben, vor der KgU Angaben über den Aufenthaltsort

---

Volk nicht noch einmal nachsagen lassen wollen, dass es Verbrechen gegen die Menschlichkeit tatenlos geduldet habe« (zit. nach ebenda, S. 64f.)

48 Hildebrandt Ende Oktober 1949 auf einer Pressekonferenz in Bremen, zit. nach ebenda, S. 85.

49 Weitere biographische Angaben zu Hildebrandt und Tillich ebenda, S. 13f.

50 Finn, Nichtstun, S. 11. Nachdem Finn, Jahrgang 1930, 1948 nach dreijähriger Internierung unter »Werwolf«-Verdacht aus Buchenwald entlassen worden war, arbeitete er für den Suchdienst der KgU.

51 Murphy/Kondrashev/Bailey, Battleground Berlin, S. 107.

52 Merz, Kalter Krieg, S. 34f.

oder den Tod von Mitinsassen zu Protokoll gaben. Welche Bedeutung diese Arbeit – die phasenweise vom Bundesministerium für Gesamtdeutsche Fragen finanziert wurde[53] – für die Fragesteller aus West wie Ost hatte, begründet sich durch die Informationspolitik der sowjetischen Besatzungsmacht, die über die Haftgründe und den Aufenthaltsort der Verhafteten keinerlei Angaben machte. Auch erhielten die Angehörigen keine amtlichen Todesmeldungen – eine Praxis, die nach der Auflösung der Speziallager von der DDR-Führung bis zum Mauerfall aufrechterhalten wurde. Erst die einzige frei gewählte Regierung der DDR sollte der UdSSR 1990 eine offizielle Stellungnahme abverlangen, in der die Lagertoten zumindest numerisch angegeben sind.[54] Heute liegen in einigen der Gedenkstätten sogenannte Totenbücher vor, in denen die Namen der Verstorbenen erfasst sind.[55] Überdies kann seit Anfang 2007 in dem von Rainer Hildebrandt gegründeten Berliner Museum »Haus am Checkpoint Charlie« eine Aufstellung aller derzeit namentlich bekannten Speziallagertoten eingesehen werden. Sie umfasst 43045 Namen.

Die KgU beschränkte sich nicht darauf, ihre Ermittlungsergebnisse den Hinterbliebenen mitzuteilen. Sie veröffentlichte ihr Wissen auch in der Absicht, das politische System in der SBZ/DDR zu destabilisieren. Seit Anfang Juli 1949 wurden auf ihre Initiative die Namen verstorbener Häftlinge regelmäßig in der *Neuen Zeitung* abgedruckt. Zu diesem Zeitpunkt hatte der RIAS bereits eine Sendereihe eingerichtet, in der zweimal wöchentlich die von der KgU erstellten Todeslisten verlesen wurden. »In drei Stunden übermitteln wir Ihnen die Namen von hundert Opfern des MWD«, hieß es in den Ankündigungen. Oder: »Wissen Sie, dass in Buchenwald zwischen 1945 und 1947 durchschnittlich fünfzig Menschen am Tag zugrundegegangen sind?«[56]

---

53 Finn, Nichtstun, S. 15.

54 In der Denkschrift des Innenministeriums der UdSSR vom Juli 1990 ist die Rede von insgesamt 42889 Lagertoten (»Berichte über sowjetische Internierungslager in der SBZ«, in: *Deutschland Archiv* 23 [2/1990], S. 1804–1810, hier S. 1805).

55 Totenbücher liegen vor für die ehemaligen Speziallager Bautzen, Buchenwald, Jamlitz und Sachsenhausen.

56 Vgl. Merz, Kalter Krieg, S. 73. Die KgU, so ist anzumerken, veröffentlichte jedoch nicht nur die Namen verstorbener Häftlinge im RIAS. Um die Schwarzhörer in der DDR zu warnen, ließ sie dort beispielsweise auch die Namen von Spitzeln verlesen (ebenda, S. 72).

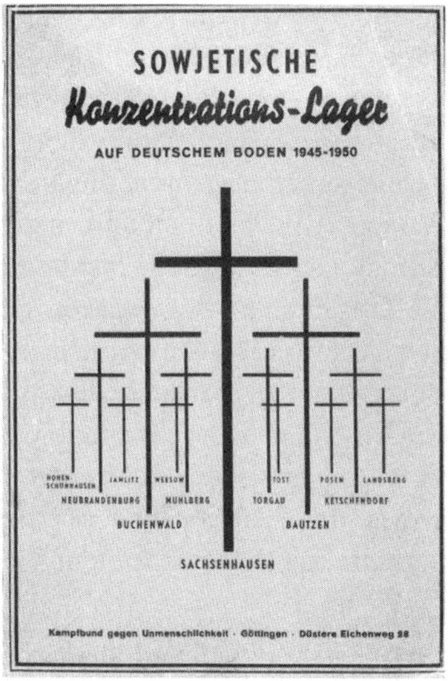

Publikationen der Kampfgruppe gegen Unmenschlichkeit

Dass diese Radiosendungen in der SBZ/DDR für Aufsehen sorgten, steht nicht nur wegen der sowjetischen Nachrichtensperre über die Speziallager außer Frage. Sondern auch, weil sie die KgU über die unmittelbar Betroffenen hinaus allen Schwarzhörern des Senders als Westberliner Anlaufstelle bekannt machten, die sich um die Belange »der Menschen hinter dem Eisernen Vorhang« kümmerte.[57] Dieses Engagement reichte so weit, dass die KgU etwa 1953 zusammen mit dem Untersuchungsausschuss freiheitlicher Juristen (UfJ)[58] und dem Bund der Verfolgten des Naziregimes (BVN)[59] eine Broschüre unter

57 Ernst Tillich zufolge leistete die KgU »›politische Seelsorge‹ für die Menschen hinter dem Eisernen Vorhang« (zit. nach Boveri, Verrat, S. 141).

58 Zu Geschichte und Profil des 1949 in der DDR gegründeten und dann nach Westberlin ausgewichenen UfJ siehe Hagemann, Untersuchungsausschuss; siehe auch Mampel, Der Untergrundkampf des Ministeriums für Staatssicherheit.

59 Dass zwischen der BVN und der KgU keine Berührungsängste bestanden, zeigen mehrere Anfragen, mit denen der BVN Informationen über Speziallagerhäftlinge einholte. Eine solche Anfrage betraf beispielsweise die unter dem Vorwurf der »Verbrechen gegen die Menschlichkeit« zu zehn Jahren Lagerhaft verurteilte Stella Kübler-Issakson. Sie hatte als

dem Titel »Wir dürfen nicht schweigen« herausgab, in der den ostdeutschen Lesern Ratschläge im Falle einer Verhaftung unterbreitet wurden.[60] Zwischen 1949 und 1954 suchten fast eine Viertelmillion »angereiste Besucher« aus der DDR die KgU auf, um dort über Verhaftungen zu berichten, die Namen von Spitzeln anzugeben oder ihr Wissen über Personen und Institutionen der DDR zu unterbreiten.[61] Zumal der ostdeutsche Staatssicherheitsdienst im gleichen Zeitraum die Gegenmaßnahmen gegen die KgU intensivierte, eine Visite bei der Organisation also zunehmend mit einem Risiko verbunden war, ist das eine beeindruckende Zahl.

Die größte Resonanz fand die KgU zweifellos in Westberlin, wo sie Kundgebungen veranstaltete, auf denen »nach Berlin geflüchtete Opfer des sowjetischen Terrors« zu Wort kamen und Erlebnisberichte vortragen konnten, die anschließend publiziert wurden.[62]

»Greiferin« Berliner Juden an die Gestapo ausgeliefert (BArchK B 289 SA 390/22–01/08 und Wyden, Stella).

60 Der westdeutschen Leserschaft wurde »ein Rundgang durch die Haftanstalten der Sowjetzone«, gemeint war die DDR, geboten (vgl. Wir dürfen nicht schweigen).

61 Zu den Besucherzahlen siehe Finn, Nichtstun, S. 27. Die KgU war also nicht nur eine Anlaufstelle für die Angehörigen von Verhafteten, sondern auch für andere Bürger der DDR, die Hilfestellung im Alltag suchten, sich über eine Flucht in den Westen informieren wollten, sich mit Flugblättern versorgen ließen oder als Aktivisten für Sabotageakte zur Verfügung stellten. Vor allem aber berichteten sie der KgU über Verhaftungen und über Personen wie Institutionen der DDR. 1955 umfasste ihre sogenannte Zentralkartei Angaben zu »492400 Personen« der DDR, »darunter 44542, die als Spitzel des MfS angegeben worden waren« (ebenda, S. 27). Schon das Ausmaß dieser frei Haus gewonnenen Informationen verdeutlicht, dass die KgU als Widerstandsorganisation nur unzulänglich beschrieben ist. Vielmehr handelte es um einen Nachrichtendienst, der sein Wissen entweder für organisierte Widerstandsakte verwendete oder publizistisch umsetzte.

62 So erschien etwa Anfang 1949 die KgU-Broschüre »Auch das ist Deutschland. Berichte von drüben«. In diesem Auftaktheft der »Hefte der Kampfgruppe« findet sich auch das Zitat. Die Überschriften ihrer Erlebnisberichte lauten unter anderem: »Eine ›Untersuchungsgefangene‹ berichtet«, »Erlebnisse eines Neubrandenburg-Häftlings«, »Sachsenhausen – Vorhof zur Hölle. Der Alltag im KZ« oder »Todeslager Buchenwald« (vgl. Merz, Kalter Krieg, S. 65f. Dort auch Näheres zum weiteren Inhalt der Broschüre, die sich auch der Deportationen in die UdSSR sowie den deutschen Kriegsgefangenen in der Sowjetunion annahm).

Zusätzlich betrieb die KgU einen Pressedienst und einen Pressestammtisch für Berliner Journalisten. Die »Kampfgruppe« dürfte daher mitverantwortlich dafür sein, dass die Speziallager ein gewichtiges Medienthema in der »Frontstadt« Berlin darstellten. So waren 63,9 Prozent der 3332 von Wolfram von Scheliha recherchierten Zeitungsartikel, die weltweit zwischen 1945 und 1961 über die sowjetische Verhaftungspraxis und über die Speziallager erschienen waren, in Westberliner Presseorganen publiziert worden. In der Bundesrepublik waren es nur 15,7 Prozent.[63] Dennoch war die KgU auch dort auf vielfältige Weise politisch präsent. Zu ihrem Programm gehörten Kundgebungen, Vortragsreisen und Ausstellungen, auch richtete sie nach der Gründung der DDR Dependancen in Westdeutschland ein. Hinzu kam eine Vielzahl von Publikationen, entweder als hauseigene Broschüren[64] oder als Veröffentlichungen in einflussreichen Organen wie dem *Monat*.[65] Insgesamt kann daher davon ausgegangen werden, dass sich die interessierte Öffentlichkeit in Westdeutschland infolge der Initiativen und Aktionen der KgU bis weit in die 1950er Jahre hinein detailliert über die Speziallager informieren konnte – dem Anschein nach übrigens genauer als über die nationalsozialistischen Konzentrations- und Vernichtungslager. In diese Richtung weist zumindest eine Auswertung des *Spiegels*: Zwischen 1945 und 1956/57 wurde in der Hamburger Zeitschrift »etwa zehnmal häufiger über sowjetische als über nationalsozialistische KZ und deren Opfer berichtet«.[66]

Auf die politische Entwicklung konnte die KgU gleichwohl keinen Einfluss nehmen. Zwar spricht vieles dafür, dass Stalin die gerade gegründete DDR mit der Auflösung der Speziallager Anfang 1950 um eine politische Hypothek und um ein »Imageproblem« entlasten wollte. Dass, wie Günther Birkenfeld damals im *Monat* schrieb,

---

63 Im sowjetischen Sektor Berlins waren 12,9 Prozent und in der SBZ/DDR 0,8 Prozent der Artikel erschienen. Auf das westliche Ausland entfielen 6,5 Prozent und auf den sowjetischen Machtbereich beziehungsweise die Sowjetunion 0,2 Prozent (von Scheliha, Die sowjetischen Speziallager, S. 11).

64 Zu den Themen der »Hefte der Kampfgruppe« und dem »KgU-Archiv«, den beiden von der KgU publizierten Periodika, siehe Finn, Nichtstun, S. 18f.

65 Birkenfeld, Der NKWD-Staat.

66 Auswertung von Konrad Schuller, zit. nach Boll, Sprechen als Last und Befreiung, S. 218.

»Pieck und Genossen die Auflösung der KZ's auf deutschem Boden von der Sowjetregierung erbitten mussten«, weil die KgU die ostdeutsche Führung durch Medienkampagnen unter Druck gesetzt habe, ist indes zweifelhaft.[67]

Kronzeugen in eigener Sache

Auf der tagespolitischen Agenda der KgU rückte das Thema Speziallager nach deren Auflösung in den Hintergrund; sie konzentrierte sich zunehmend auf den ostdeutschen Strafvollzug. Gleichwohl blieb die Organisation die wohl wichtigste Anlaufstelle entlassener Häftlinge, sie war ihnen Sprachrohr und Forum, vor allem, um ein Versprechen einzulösen, das manchem von ihnen während der Haft zum Überlebensmotiv geworden war: die Toten der Speziallager nicht zu vergessen und in ihrem Namen Klage zu erheben.[68] Doch galt diese Verpflichtung nicht allein den Verstorbenen. Jeder der Freigekommenen wusste die eigene Entlassung als Gnadenakt im Sinne einer bedrohlichen Machtdemonstration zu deuten: »Die spielten mit uns Russisches Roulette«, heißt es etwa bei Wolfgang Schuster, »entweder du bist [...] unter den Glücklichen oder du hast die Kugel im Revolver erwischt«.[69] Wer wie er zu den »Glücklichen« zählte und freikam, ließ immer andere zurück: nach den Entlassungen des Sommers 1948 in den Speziallagern Bautzen, Buchenwald und Sachsenhausen oder nach deren Auflösung Anfang 1950 im ostdeutschen Strafvollzug. Auch wer im Verlauf der 1950er Jahre entlassen wurde – meist durch eine Amnestie anlässlich des Gründungstages der DDR oder im Vorfeld politischer Großereignisse wie der alliierten Außenministerkonferenz von 1954 –, wusste um die Verzweiflung der Zurückgebliebenen.[70] Für sie galt es einzutreten.

67 Birkenfeld, Der NKWD-Staat, S. 643.

68 Zum Totengedenken als Überlebensmotiv siehe etwa das Nachwort von Gisela Gneist in Räbiger, Allenfalls kommt man für ein halbes Jahr in ein Umschulungslager, S. 105. Vgl. auch Volker (Pseud.), Sibirien, S. 138: »Ich muss die Sinne wach halten und die Augen offen, dass ich Zeugnis geben kann, wenn einmal das Leben mich wieder freundlich willkommen heißen sollte.«

69 Schuster, Im Konzentrationslager, S. 189.

70 Siehe unter anderem die Aussage von Frau Dr. Hildegard R. vor der KgU. Sie gehörte im Oktober 1952 zu den 70 Frauen, die per Amnestie aus Waldheim entlassen wurden: »Die letzte Nacht vor der Entlassung

 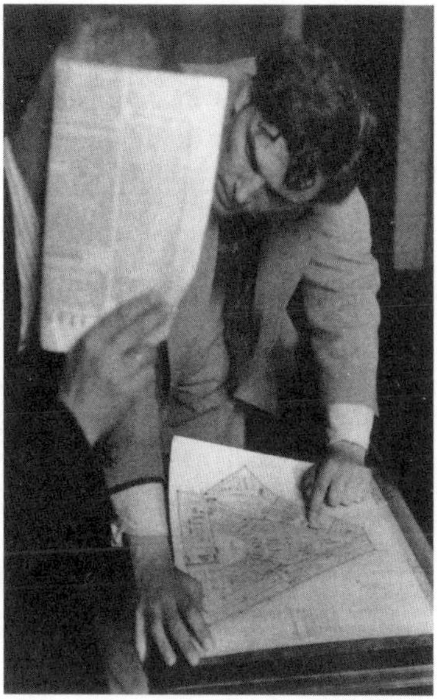

Das Herzstück der KgU: die Karteikästen.
KgU-Gründer Rainer Hildebrandt beugt sich zusammen mit einem entlassenen Häftling über den Lageplan der Speziallagers Sachsenhausen.
Winfried Ranke, »Deutsche Geschichte kurz belichtet. Photoreportagen von Gerhard Gronefeld 1937–1965«, Deutsches Historisches Museum, Berlin 1991, S. 247.

Zwar scheuten anfänglich, also 1948, viele der Entlassenen vor einer Aussage bei der KgU zurück. Sie befürchteten, dass das »Kampfgruppen«-Motto »Schweigen ist Selbstmord« in ihrem Fall als »Reden ist Selbstmord« zu deuten wäre, weil ihnen unter Androhung einer erneuten Verhaftung ein Redeverbot auferlegt worden war. Von dieser Angst kündet auch die im *Stern* abgedruckte Fotografie, auf der sich ein ehemaliger Häftling das Gesicht mit einer Zeitung verdeckt. Doch schon 1950, als die Lager Bautzen, Buchenwald und Sachsenhausen binnen weniger Wochen aufgelöst wurden, musste die »Kampfgruppe« mehrfach ihre Pforten für den Publikumsver-

---

sind diese 70 Frauen von ihren zurückbleibenden Schicksalsgenossinnen isoliert worden, haben aber dennoch Gelegenheit gehabt, die Verzweiflung und tiefe Depression derselben festzustellen und durch Klopfzeichen Grüße und Bestellungen an die Angehörigen von ihnen anzunehmen« (BArchK B 289 SA 390/22–53/12, S. 1).

kehr schließen, so groß war der Andrang. Trotz der Repressionen, die den Entlassenen auch diesmal angedroht worden waren, hatte sich die KgU als ihre selbstverständliche Anlaufstelle etabliert. Das wird auch daran deutlich, dass ihr bis 1952 zusätzlich zu den Verbleibsmeldungen über Verstorbene oder weiterhin Inhaftierte die Haftberichte von 3988 ehemaligen Speziallagerinsassen vorlagen.[71]

Von insgesamt etwa 43000 aus den Speziallagern Entlassenen hatten damit knapp neun Prozent bei der KgU vorgesprochen und ihre Hafterinnerungen zu Protokoll gegeben oder in eidesstattlichen Erklärungen festgehalten. Dabei ist davon auszugehen, dass es sich bei ihnen mehrheitlich um Häftlinge handelte, die nach ihrer Entlassung einen Neuanfang im Westen versuchen wollten. Wie viele ehemalige Häftlinge der DDR insgesamt den Rücken kehrten, ist jedoch nicht mehr zu bestimmen.[72] Die einzig verlässliche Angabe, die bis heute über die Abwanderung in die Bundesrepublik vorliegt, stammt vom Juli 1950. Damals hatte das Innenministerium der DDR für die Sowjetische Kontrollkommission festgestellt, dass von den rund 14400 Männern und Frauen, die zu Beginn des Jahres entlassen worden waren, 1866 das Land verlassen hatten.[73] Dass sie ihre Ankunft im Westen mit einer Aussage vor der »Kampfgruppe« verbanden, steht außer Frage. Für sie war ein Besuch bei der Organisation nachgerade obligatorisch.

---

71 Vgl. Just, Die sowjetischen Konzentrationslager, S. 134.

72 So vermutete das Arbeits- und Sozialministerium des Landes Nordrhein-Westfalen 1956, dass seit 1948 etwa 60000 Häftlinge aus sowjetischem Gewahrsam entlassen worden wären. 25000 von ihnen hätten ihren Wohnsitz in der Bundesrepublik und in Westberlin genommen, 35000 wären in der DDR geblieben (Die Betreuung der politischen Häftlinge, S. 10). Diese Schätzung entstand im Rahmen des noch zu diskutierenden Häftlingshilfegesetzes (HHG) aus dem Jahr 1955, dessen Förderzahlen jedoch keine Verifizierung erlauben, da neben Betroffenen auch Angehörige leistungsberechtigt waren. Bis zum 1. Juni 1976 waren das 82000 Personen (Korspeter/Haack, Politik für Vertriebene, S. 286). Weiterhin auf Schätzungen angewiesen, sei daher auf Ritscher verwiesen, der davon ausgeht, dass »wahrscheinlich die Mehrheit der ehemaligen Lagerinsassen im Osten« und damit in der DDR verblieben ist. Christian Widmaier meint hingegen, dass »der überwiegende Teil der politischen Häftlinge die DDR verließ und in die Bundesrepublik kam, solange ihnen dieser Weg noch offen stand« (Ritscher, Abteilung Speziallager, S. 135; Widmaier, Häftlingshilfegesetz, S. 76).

73 Buddrus, »… im Allgemeinen ohne besondere Vorkommnisse«, S. 17.

Jedem Versuch, ein soziales oder politisches Profil der KgU-Informanten zu erstellen, sind enge Grenzen gesetzt. Dass der Gesamtbestand der Akten nur in Teilen überliefert ist, erscheint dabei noch als das geringere Problem.[74] Schwerer wiegt, dass die KgU die Berichte ihrer Informanten auf Wunsch anonymisierte. Dieses Angebot war als Sicherheitsmaßnahme gedacht und richtete sich vornehmlich an Aussagewillige, die in der DDR wohnten oder dort lebende Familienangehörige schützen wollten. Ihre Anzahl unter den KgU-Besuchern ist jedoch nicht näher zu bestimmen. Der Vermerk »Quelle: Entl. polit. Gefangener, glaubwürdig«[75] kann sich genauso gut auf jemanden beziehen, der sein Inkognito nicht nur mit Blick auf mögliche Repressionen in der DDR gewahrt wissen wollte.

Weil ein Gutteil der KgU-Informanten von diesem Angebot Gebrauch machte, sind zudem nur grobe Rückschlüsse auf das Alter und das Geschlecht der Aussagenden möglich. Ferner fehlen auch in zahlreichen der nicht anonymisierten Berichte nähere Angaben zu den Umständen der Verhaftung, der Haftkategorie (Internierter oder SMT-Verurteilte), der Haftdauer und zum Haftgrund. So lässt sich am Beispiel der vorliegenden Aussagen ehemaliger Insassen Sachsenhausens allenfalls festhalten, dass es überwiegend Männer waren, die bei der KgU vorsprachen. Der jüngste von ihnen wurde 1925 geboren, der älteste 1894.[76] Doch schon die Frage, ob sie mit oder ohne Urteil in dem Lager festgehalten worden waren, ist schwieriger zu beantworten.[77] Sie erschließt sich oftmals nur aus der Aussage, in welcher der beiden Lagerzonen Sachsenhausens der Berichtende eingesessen hat, oder aus dem Zeitpunkt der Verhaftung. Demzufolge hielten sich Internierte und SMT-Verurteilte in etwa die Waage.[78] Letztlich aber ist davon auszugehen, dass insgesamt mehr Internierte als Verurteilte bei der KgU vorsprachen, da von den Entlassungs-

---

74 Vgl. dazu das »Vorläufige Verzeichnis KgU« B 289 im Bundesarchiv Koblenz.

75 BArchK B 289 SA 390/22–31/35.

76 BArchK B 289 SA 295/10–30/13 und SA 295/10–30/26.

77 Für die anderen Lager ist diese Frage leichter zu beantworten, da in Buchenwald internierte Häftlinge und in Bautzen fast ausschließlich SMT-Verurteilte festgehalten wurden. Bei den »Waldheimern« handelte es sich mehrheitlich um vormalige Internierte, die 1950 verurteilt worden waren.

78 Von den 19 namentlich gekennzeichneten Berichten stammten je acht von Internierten und SMT-Verurteilten; in drei Fällen ließen sich gar keine Hinweise auf die Haftkategorie finden.

aktionen der Jahre 1948 und 1950 mehrheitlich Internierte profitiert hatten.

Befragt man die Protokolle nach dem politischen Profil der KgU-Besucher, werden die Probleme, die dieses Quellenmaterial bietet, erst recht offenbar. In keinem der Sachsenhausener Berichte wird eine Parteizugehörigkeit oder NS-Funktion erwähnt. Lediglich einige der Frauen – ohnehin eine Minderheit der Zeugen aus diesem wie aus allen anderen Lagern – machten Berufsangaben, die auf eine Verbindung zum NS-Regime schließen lassen. So war eine von ihnen als »Sekretärin bei der Sicherheits-Polizei«, eine andere, eine gebürtige Bulgarin, als »Dolmetscherin für sechs Sprachen bei der deutschen Polizei und Wehrmacht« tätig.[79] Günther Birkenfeld, der in unverkennbarer Analogie zu Eugen Kogons »Der SS-Staat« im März 1950 im *Monat* einen Aufsatz über die Speziallager unter dem Titel »Der NKWD-Staat« publizierte, hatte so gesehen Glück: Zwei seiner 25 Zeugen bekannten sich zu einer Parteimitgliedschaft. Man gewinnt aber den Eindruck, dass Birkenfeld die Angaben seiner Gewährsleute allzu unkritisch übernahm. Dass etwa ein von ihm erwähnter Hochschuldozent ebenso wie ein hoher Finanzbeamter und Jurist oder auch eine Kriminalkommissarin nicht schon qua ihrer Berufe in die NSDAP eingebunden waren, ist nur schwer vorstellbar. Ähnlich verhält es sich mit dem 16-Jährigen, den Birkenfeld als Beispiel für die Verhaftungen gänzlich Unbelasteter anführt. Schon aus Altersgründen hätte – ungeachtet der daraus zu ziehenden Schlüsse – die Frage nach einer Betätigung in der HJ gestellt werden müssen.[80]

Es steht außer Frage, dass die in den KgU-Akten attestierte Ferne zum Nationalsozialismus nicht der Realität entspricht.[81] Mitläufer –

---

79 BArchK B 289 SA 295/10–30/24 und SA 295/10–18/4.

80 Birkenfeld, Der NKWD-Staat, S. 628.

81 Fraglich ist, inwieweit die Berichtenden dabei von der KgU unterstützt wurden. Ausweislich eines Fragebogens aus dem Jahr 1948 wurden sie u.a. nach ihrer parteipolitischen Bindung und Funktion im »Dritten Reich« befragt (vgl. Merz, Kalter Krieg, S. 39f.). Die vorliegenden Quellen zeigen jedoch, dass diese Frage entweder nicht gestellt oder deren Antwort nicht protokolliert wurde (wie insgesamt festzustellen ist, dass der Fragebogen anscheinend nicht konsequent umgesetzt wurde, da sich auch die anderen Fragen, so nach den Modalitäten der Verhaftung, nur in wenigen Berichten nachvollziehen lassen). Dass die KgU der Frage nach der NS-Nähe ihrer Gesprächspartner keine große Bedeutung beimaß, zeigt sich aber vor allem daran, dass sie, so sie in den Protokollen über-

also »kleine Pgs« und niedere Zivilfunktionäre wie Block- und Zellenwarte – stellten die Mehrheit der Speziallagerhäftlinge. Dass sie auch das Gros der Berichtenden vor der KgU ausmachten, liegt vor allem aus einem Grund nahe: Wer beispielsweise wegen sozial- oder christdemokratischen Engagements eingesessen hatte, wurde in der Bundesrepublik von Parteifreunden aufgefangen. Der sozialdemokratische Kurt-Schumacher-Kreis ist dafür nur ein Beispiel.[82] Weil sie also über eigenständige politische Multiplikatoren verfügten, bedurften sie der KgU nicht. Oder anders gesagt: Die KgU war Anlaufstelle und Sammelbecken derjenigen, die über keine politische Anbindung (mehr) verfügten.

An den Protokollen ist nicht allein auffällig, dass die Berichtenden ihre politische Vergangenheit im »Dritten Reich« beschweigen. Mit drei Ausnahmen lassen sich in den Aussagen der ehemaligen Sachsenhausen-Häftlinge auch keine Distanzierungen vom Nationalsozialismus finden. Was auch immer von der Aussage eines Arztes vom Oktober 1952, um nur ein Beispiel zu benennen, zu halten ist, der unter anderem Kontakte zu dem Stabschef von Canaris und zu anderen »gleichfalls antinazistisch« eingestellten Männern gepflegt haben will – sie lässt sich immerhin als Kritik am Nationalsozialismus deuten.[83] Selbst wenn es dem Arzt dabei lediglich um eine Exkulpation seiner Person ging, so ist er immer noch einer der wenigen, der dergleichen überhaupt für notwendig erachtete.[84] Vor der KgU

---

haupt einmal vermerkt wurde, häufig in Parenthese gesetzt wurde. So in BArchK B 289 SA 434/10–18/13, S. 1: »Ich wurde am 25. 5. 1945 in Weipert, wo ich mein Geschäft hatte, verhaftet (ich war vor 1943 Ortsgruppenleiter in Weipert und nehme an, dass ich aus diesem Grunde verhaftet wurde).« Ebenso in BArchK B 289 SA 390/22–53/9: J. A. »wurde am 27. April 1945 als Geisel verhaftet (ehemaliger stellvertretender Ortsgruppenleiter)« oder in BArchK B 289 SA 295/10–30/24: »Ich bin am 14. 7. 1945 in Berlin verhaftet worden (ich habe als Sekretärin bei der Sicherheits-Polizei gearbeitet).«

82 Heute nennt er sich »Arbeitskreis ehemaliger politischer Häftlinge in der SPD« und vereint die sozialdemokratischen Opfer sowohl nationalsozialistischer als auch stalinistischer Verfolgung.

83 BArchK B 289 VA 295/22/4, S. 1.

84 Die zweite »Distanzierung« stammt von einem ehemaligen SS-Hauptsturmführer, der in Buchenwald interniert war und vor der KgU erklärte: »Ich habe nicht teilgenommen an irgendwelchen verbrecherischen Handlungen der SS, wie Liquidation von Gefangenen, Misshand-

spielte die verbrecherische Vergangenheit Deutschlands keine Rolle, sie war es nicht einmal wert, sich davon zu distanzieren. Daraus zu schließen, dass sich die Mehrheit der KgU-Besucher allenfalls als Mitläufer betrachtete, mag gewagt erscheinen. Damals aber enthob die Zuschreibung Mitläufer seinen Träger von jeglicher Verantwortung; sie galt als Ausweis persönlicher Unbescholtenheit und fügte sich nahtlos in das Bild einer von Hitler und seiner Clique verführten Gesellschaft.[85]

Die KgU war nicht die einzige Instanz in Westdeutschland, die sich für die Erfahrungen der Entlassenen interessierte. Auch der amerikanische und der britische Geheimdienst interviewten die (Neu-)Ankömmlinge im Westen; ein solches Interview war fester Bestandteil des sogenannten Notaufnahmeverfahrens in der Bundesrepublik und wurde dem Vernehmen nach seitens der Amerikaner mit einem Freiflug von Berlin nach Westdeutschland abgegolten. Diese Gespräche waren jedoch ausschließlich auf geheimdienstlich relevante Informationen ausgerichtet. Sie betrafen die Bewachung der Speziallager, die sowjetischen Offizierskader oder beispielsweise das »Konstruktions- und Übersetzungsbüro« im Zuchthaus Bautzen unter ostdeutscher Führung. Im letzteren Fall – der im Bestand der amerikanischen National Archives dokumentiert ist – ging es um ehemalige Mitarbeiter dieses Büros, die sich nach ihrer Entlassung im Jahr 1956 in der (vormaligen) amerikanischen Zone niedergelassen hatten. Nach ihren Hafterfahrungen wurden sie nicht gefragt, oder die Protokollanten notierten es nicht. Interessant war allein, ob die »Quellen« als zuverlässig gelten konnten und was sie über die Organisation und Tätigkeit des Büros, über weitere Mitarbeiter und deren

---

lungen, KZ-Bewachung etc.«; dafür aber will er technische Zeichnungen von Peilgeräten und dergleichen »kopiert und an einen Holländer verkauft haben«, wofür er 1942 oder 1943 zu zweieinhalb Jahren Zuchthaus verurteilt worden sei (BArchK B 289 VA 434/10/25, S. 1f.). Der dritte, 1952 aus Waldheim entlassen, gibt an, dass er 1940 in einem Brief nach Hause von der »schlechten Behandlung der Polen durch die Deutschen« in Krakau, wo er als Angehöriger der Waffen-SS stationiert war, berichtet hätte. Nach Strafeinweisungen in Dachau, Danzig-Matzkau und Prag sowie einem Fluchtversuch sei er dann unehrenhaft aus der Waffen-SS entlassen worden (BArchK B 289 SA 390/22–53/10, S. 1).

85 Schwan, Der Mitläufer.

Aufenthaltsort zu berichten wussten. Alles andere spielte im Tunnelblick des Kalten Krieges keine Rolle.[86]

Doch die Mehrheit der Entlassenen verfügte über kein Spezialwissen, das für den amerikanischen oder auch den britischen Geheimdienst von Interesse gewesen wäre. Stellvertretend für sie spricht die Anfang 1950 entlassene Gisela Gneist: »Die Engländer und die Amerikaner, die konnten mit mir ja auch nichts anfangen. Die wollten ja andere Informationen haben.« Obwohl sie »sehr entgegenkommend waren und das [die Inhaftierung, B.G.] ja auch schlimm fanden und das ja auch zum Ausdruck gebracht haben«, der Unterschied zur KgU hätte größer nicht sein können. Denn »die KgU, die war ja auf unserer Seite. Die haben uns ja geholfen.« Gneist bezieht sich explizit auf den Suchdienst und erwähnt auch die Veröffentlichungen von Namen verstorbener Häftlinge.[87] Für sie bestand die Hilfe und besondere Attraktivität der KgU also genau darin: Sie gewährte die Möglichkeit, öffentlich Klage zu führen. Mehr noch, die Organisation räumte den ehemaligen Häftlingen die Möglichkeit ein, das Thema ihrer Ausführungen selbst zu bestimmen und eigene Schwerpunkte zu setzen.

Abrechnung mit Mitgefangenen

Den Tod und das Leid anderer öffentlich zu machen heißt auch, der selbst durchlittenen Ohnmacht einen Kontrapunkt zu setzen: Wer nach seiner Entlassung bei der KgU vorsprach, war kein passives Opfer mehr, sondern Akteur. Er hatte überlebt und konnte Zeugnis ablegen – über Ereignisse, die sich zwar auf die Vergangenheit bezogen, wegen der andauernden Haftmaßnahmen in der DDR jedoch in der Gegenwart von politischer Relevanz waren. Eine Aussage vor der KgU war also nicht nur ein Schritt, sich den eigenen haftbedingten Verletzungen erzählerisch zu stellen oder ihnen gar einen Sinn abzutrotzen. Es war auch ein Schritt, der der eigenen Person einen Rückgewinn an Bedeutung versprach: Man war nicht in erster Linie Opfer, sondern Kronzeuge gegen den Kommunismus.

---

86 National Archives, College Park, Maryland, Record Group 319, Records of the Army Staff IRR Case Files, Impersonal Files 1946–1976, Box 142: File Soviet Prisons.

87 Gespräch der Verfasserin mit Gisela Gneist vom 29. April 2002, transkribiertes Interview, S. 25.

Wer die KgU aufsuchte, betrat, wie das Foto von Gerhard Gronefeld belegt, einen von bewaffneten Wachmännern abgeschirmten Raum. Wer beim Westberliner Untersuchungsausschuss freiheitlicher Juristen (UfJ) vorstellig wurde, fand eine angespannte, wenn nicht konspirative Stimmung vor. Der Besucher, so heißt es in einem Bericht, »wird sich wundern, dass er bei seinem Einritt gemustert, sein Ausweis einer kritischen Prüfung unterzogen wird. Er wird staunen, dass die großen Warteräume überfüllt sind. Die Treppen hinauf bis zum Boden sitzen Menschen oft stundenlang und warten, bis irgendeine mysteriöse Zahl genannt wird: A 36, C 17! An den Wänden hängen Plakate: ›Vorsicht bei Gesprächen!‹ Es werden keine Namen genannt. Manche bedecken ihre Gesichter mit Händen.«[88]

Diese Schilderung trifft auch die Atmosphäre bei der KgU. Wie erwähnt, wurden zahlreiche der Protokolle ehemaliger Häftlinge auf Wunsch anonymisiert. Doch das »Kronzeugenschutzprogramm« der KgU reichte weiter. Alle Aussagen und Haftberichte wurden nach einem komplizierten System verschlüsselt, das nur von drei Mitarbeitern der Organisation dechiffriert werden konnte.[89] Es war also schon das *setting*, das den Berichtenden die Bedeutung ihrer Aussagen innerhalb des Systemkonflikts zwischen Ost und West offenbarte.

Vor diesem Hintergrund stünde zu erwarten, dass die Entlassenen der KgU Belastungsmaterial gegen die sowjetische Besatzungsmacht (beziehungsweise die Regierung der DDR) lieferten, dass sie die Chance für eine Abrechnung ergriffen und ihrer Wut Ausdruck verliehen. Oder dass sie sich wie Richard H. verhielten, der sich im September 1956 bei der KgU für die Glückwünsche zu seiner Entlassung bedankte: »Die elf Jahre reichten, um aus mir einen fanatischen Gegner der roten Pest zu machen.«[90] Tatsächlich aber wird die sowjetische Besatzungsmacht in den Aussagen vor der KgU kaum erwähnt. Zwar kommt deren Willkür und Brutalität durchaus vor: so zum Beispiel in den wenigen Protokollen und eidesstattlichen Erklärungen, in denen die Verhaftungen als Zufallsfestnahmen vor der Haustür, vom Fahrrad herunter und bei Ausweiskontrollen[91] oder die bruta-

88 Wir dürfen nicht schweigen, S. 30.

89 Merz, Kalter Krieg, S. 39f.

90 BArchK B 289 SA 390/22–30/10, S. 1.

91 Vgl. etwa BArchK B 289 SA 295/10–30/24, VA 295/22/4, S. 1 und SA 295/10–168/12, S. 1. In mindestens ebenso vielen Fällen wurde die Verhaftung durch eine Verleumdung oder Denunziation begründet.

len Verhörmethoden in den »GPU-Kellern« detailliert geschildert werden.[92] Mitunter finden sich auch mehrseitige Haftberichte, in denen die sowjetischen Speziallager mit den nationalsozialistischen Konzentrationslagern verglichen oder unter dem Aspekt einer gezielten Vernichtung von Menschen diskutiert werden.[93] Doch auch diese im Duktus von Expertisen gehaltenen Texte können nicht darüber hinwegtäuschen, dass das Gros der Aussagen vor der »Kampfgruppe« nicht auf eine Generalabrechnung mit dem Kommunismus hinauslief. Die Mehrheit der Vorsprechenden setzte nämlich zu einer Abrechnung ganz anderer Art an – zu einer Abrechnung unter den Häftlingen.

Das deutet sich schon in dem Protokoll von Hildegard G. an, die Anfang 1950 aus Buchenwald entlassen worden war. Es endet mit den Worten: »Leider sind mir durch die große Körper- und Nervenschwäche die meisten Namen der Toten, Spitzel und Denunzianten entfallen.«[94] Andere verfügten über ein besseres Namensgedächtnis – mit dem Ergebnis, dass sich die KgU-Quellen wie ein *Who ´s who* von Häftlingen und Häftlingsfunktionären lesen, die des Verrats an der Haftgemeinschaft[95] oder des Todes von Inhaftierten[96] be-

92 So in BArchK B 289 SA 434/10–18/7, S. 1, SA 434/10–18/6, S. 1 oder SA 434/10–18/5, S. 1.

93 BArchK B 289 SA 434/10–19/9 (»KZ Buchenwald in der Nazizeit bis 1945 und unter dem Sowjetterror 1945–1950«) und SA 434/10–19/8 (»Im KZ Buchenwald 1945–1948. Teuflische Schikanen und Strafmaßnahmen und ihr Ziel: Menschenvernichtung«).

94 BArchK B 289 SA 434/10–19/12, S. 3.

95 »Maria [...] hielt zum Russen, indem sie ihre Kameradinnen verriet und nicht für sie eintrat« (ebenda, S. 2).

96 »Eugen Sch. [...] ist Schuld am Tod von Heinrich W. Dieser bekam 20 Tage Karzer bei ¼ Verpflegung, da Sch. ihn erwischte, dass er Fußlappen behielt bei der Filzung, die nicht sein Eigentum waren, und die abgegeben werden sollten« (BArchK B 289 SA 295/10–30/11). Hans-Jürgen L. beschuldigte Walter H., zwei todkranken Häftlingen den Zugang zum Lazarett verwehrt zu haben. Er soll die beiden in den Waschraum gebracht und dort bedroht haben: »Hoffentlich seid ihr Friedhofs-Gemüse bald verreckt, sonst schlage ich euch mit dem Knüppel tot!« Die beiden verstarben laut Aussage von Hans-Jürgen L. in der Folgenacht (BArchK B 289 SA 295/10–30/13). Die Aussage von Heinz D. beginnt nach einer kurzen Selbstvorstellung mit den Worten: »Ich möchte Ihnen zwei Personen zur Anzeige bringen, die in Bautzen als sogenannte Kapos eingesetzt waren und indirekt Mitschuld an dem

zichtigt werden. Doch die Vorwürfe bezogen sich bei weitem nicht allein auf das Verhalten Mitinhaftierter während der Haft. Es wurden auch Warnungen vor Spitzeln im Westen ausgesprochen. So heißt es beispielsweise über Otto W.: »Sobald er in West-Berlin auftaucht, ist damit zu rechnen, dass er mit einem Auftrag des MWD kommt.«[97]

Es wurde schon erwähnt, dass der KgU-Bestand nur in Teilen überliefert ist. Dass die überwiegende Mehrheit der eingesehenen Aussagen ehemaliger Häftlinge aus Bautzen, Buchenwald, Sachsenhausen und Waldheim gegen vormalige Mitinhaftierte gerichtet ist, könnte daher dem archivalischen Zufall geschuldet sein. Dafür spricht, dass in einigen Protokollen und eidesstattlichen Erklärungen die nachträgliche Lieferung eines ausführlichen Haftberichts oder einer »Milieuschilderung« vereinbart wurde, die auch »die Unterhaltungsthemen [der Häftlinge, B.G.] sowie deren Hoffnungen und Utopien« berücksichtigen sollten.[98] Dergleichen findet sich jedoch nur äußerst selten in dem ausgewerteten Bestand. Mehrheitlich liegen (zum Teil anonymisierte) Kurzberichte vor, in denen der Berichtende stichwortartige Angaben über ein Opfer, dessen Peiniger, zumeist ein Funktionshäftling, und den Tathergang macht. Einige Darstellungen konzentrieren sich auf nur eine Person, deren vermeintliche Vergehen über mehrere Seiten geschildert werden.[99] Andere umfassen bis zu 25 Namen von Inhaftierten und skizzieren deren Verhalten »zum Schaden und Nachteil der Häftlinge« in wenigen Sätzen.[100] Zur besseren Identifizierung der Bezichtigten wurden gelegentlich Angaben zum Geburtsjahr, dem Wohnort oder auch der Physiognomie ange-

---

Tod vieler Kameraden haben« (BArchK B 289 VA 288/10/17). Ähnlich lautende Vorwürfe werden in vielen Fällen auch gegenüber den deutschen Ärzten in den Lagern erhoben. Ein Beispiel soll hier genügen: »Dr. A. hat [an Darmverschluss leidende, B.G.] Patienten jammervoll dahin sterben lassen, ohne sie zu operieren« (BArchK B 289 SA 434/10–30/4).

97 BArchK B 289 SA 295/10–30/9. Weitere Beispiele folgen.

98 So in BArchK B 289 SA 390/22–19/58.

99 Vgl. BArchK B 289 VA 295/10–71/1 oder SA 295/10–30/13.

100 Überschrieben ist diese Aufstellung mit den Worten »Kurzer Bericht über Personen, die direkt oder indirekt mit dem Bewachungspersonal der Volkspolizei zum Nachteil und Schaden der Häftlinge der Strafanstalt Bautzen zusammenarbeiteten« (BArchK B 289 SA 288/22–168/33).

fügt.[101] In wiederum anderen Protokollen wurde gar keine Begründung für den erhobenen Vorwurf angeführt. In der Betreffzeile findet sich dann beispielsweise der Verweis: »Spitzelbericht, Spitzel aus Waldheim«. Darauf folgt die Quellenangabe »entl. polit. Gefangener, glaubwürdig, persönl. gefragt« und der Name, das Geburtsdatum sowie die »jetz. Anschr.« des Bezichtigten in der Nähe von Helmstedt.[102] Darüber hinaus wurde nicht in allen Fällen aus der Opferperspektive oder aus der Sicht eines Augenzeugen berichtet. Häufig wurde nur darauf verwiesen, dass die Brutalität eines Häftlings »lagerbekannt« oder dass er »wegen grober Tätlichkeiten gefürchtet« gewesen sei.[103]

Dass nur wenige ausführliche Haftberichte überliefert sind, mag, wie gesagt, der Aktenführung der KgU oder anderen Zufälligkeiten geschuldet sein. Kein Zufall ist jedoch, dass eine übergroße Anzahl von Kurzberichten vorliegt, in denen Entlassene schwere Vorwürfe gegenüber anderen Häftlingen erheben. Schließlich wurden derartige Beschwerden nicht nur vor der KgU vorgebracht – die Organisation erwies sich vielmehr als zentrale Sammelstelle dieser Informationen, die sie auf Nachfrage den Sozialbehörden oder der Justiz vermittelte. So finden sich in den KgU-Akten diverse Anfragen des Magistrats von Groß-Berlin, der um die Klärung von Bezichtigungen bittet, die Entlassene in der Abteilung Sozialwesen vorgebracht hatten.[104] Zusätzlich ist den Akten zu entnehmen, dass nicht nur entlassene Häftlinge Prozesse gegen sogenannte Kameradenschinder anstrengten, sondern auch die KgU selbst, die darüber hinaus in anderen Fällen die Anklage mit Belastungsmaterial unterstützte.[105] Es ist nicht be-

---

101 Nur ein Beispiel: »Walter R., etwa 1922 geboren, etwa 1,82 m groß, blond, sehr kräftig gebaut, brutales Aussehen« (BArchK B 289 SA 295/10–30/31).

102 BArchK B 289 SA 390/22–31/31.

103 Zitate nach BArchK B 289 SA 295/10–30/26 und SA 288/22–168/42.

104 Die frühesten Anfragen sind für die erste Februarwoche 1950 überliefert. Zu diesem Zeitpunkt waren die Lagerauflösungen noch nicht abgeschlossen (BArchK B 289 SA 295/10–30/14, 15 und 16).

105 »Wegen der Vorfälle [im Zuchthaus Torgau, B.G.] wurde von mir beim Durchgang durch das Lager Friedland bei der Kriminal-Pol. Anzeige erstattet« (BArchK B 289 SA 390/22–30/2, S. 9; Ausgang des Verfahrens unbekannt), im März 1950 erstattete die KgU Strafanzeige gegen den vormaligen Buchenwald-Internierten Dr. A. Das Verfahren wurde im August vom Berliner Generalstaatsanwalt eingestellt (BArchK B 289 SA 434/10–30/4). Im Juli 1950 wurde Paul H. vom Berliner Landesgericht

kannt, wie viele solcher Prozesse geführt wurden; Schätzungen belaufen sich auf ein gutes Dutzend.[106] Im Gegensatz zu den etwa 100 »Kameradenschinderprozessen«, die zwischen 1948 und 1956 in Verurteilungen von Rückkehrern aus sowjetischer Kriegsgefangenschaft resultierten, liegt kein geschlossener Bestand der Prozessakten vor.[107] Vergleichbares Material für die juristische Aufarbeitung der Gewalt unter den Speziallagerhäftlingen konnte nicht recherchiert werden. Gleiches gilt für jene Verfahren, die nach § 241a angestrengt wurden. Dieser Paragraph – dem zufolge mit bis zu fünf Jahren Haft bestraft werden konnte, wer andere durch »politische Verdächtigungen« der Gefahr der Verfolgung aussetzte – war 1951 in das StGB der Bundesrepublik aufgenommen worden. Registriert sind 2960 einschlägige Vorermittlungsverfahren, die ehemalige DDR-Häftlinge gegen »Zelleninformatoren« oder wegen der Denunziation eines Fluchtvorhabens nach ihrer Ankunft in Westdeutschland anstrengten.[108] Doch auch ohne vergleichbares Material wird deutlich, dass es den ehemaligen Speziallagerhäftlingen ein Bedürfnis war, mit ihren unmittelbaren Peinigern in den Lagern abzurechnen. Oder wie ein Belastungszeuge im Prozess gegen Otto B. 1955 vor der Presse erklärte: »Den toten Kameraden habe ich geschworen, dass sie nicht umsonst gestorben sind: nur darum habe ich Otto B. angezeigt.«[109]

---

zu 18 Monaten Gefängnis verurteilt; die KgU hatte Belastungsmaterial zur Verfügung gestellt (BArchK B 289 SA 295/10–30/26).

106 Für diesen Hinweis danke ich der »Projektgruppe Speziallager« des Museums und der Gedenkstätte Sachsenhausen.

107 »Die Zahl der Ermittlungsverfahren übertraf die Zahl der Prozesse um ein Vielfaches« (Biess, »Russenknechte« und »Westagenten«, S. 62f., Zitat Anm. 10).

108 Grasemann, Reanimation eines Fossils, S. 61.

109 »Auf meinen Eid: B. hat T. mit Riemen geschlagen«, *Hildesheimer Presse* vom 8. Dezember 1955, S. 10. Dass viele der Entlassenen ausweislich ihrer Aussagen vor der KgU oder der von ihnen angestrengten Prozesse eine zivile und auf rechtsstaatlichen Gepflogenheiten basierende Form der Abrechnung anstrebten, ist ihnen nicht zuletzt wegen der zwangsweisen Erfahrungen der sowjetischen Rechtsbeugung hoch anzurechnen. Der Wunsch nach einer aggressiveren Form der Abrechnung wird nur in einem einzigen Fall angesprochen, und dort auch nur nach dem Vermerk darauf, dass man schon Strafanzeige erstattet habe: »Wäre ich in Berlin, ich würde ihn totschlagen, diesen Mörder und Sadisten« (BArchK B 289 VA 295/10/10, S. 2).

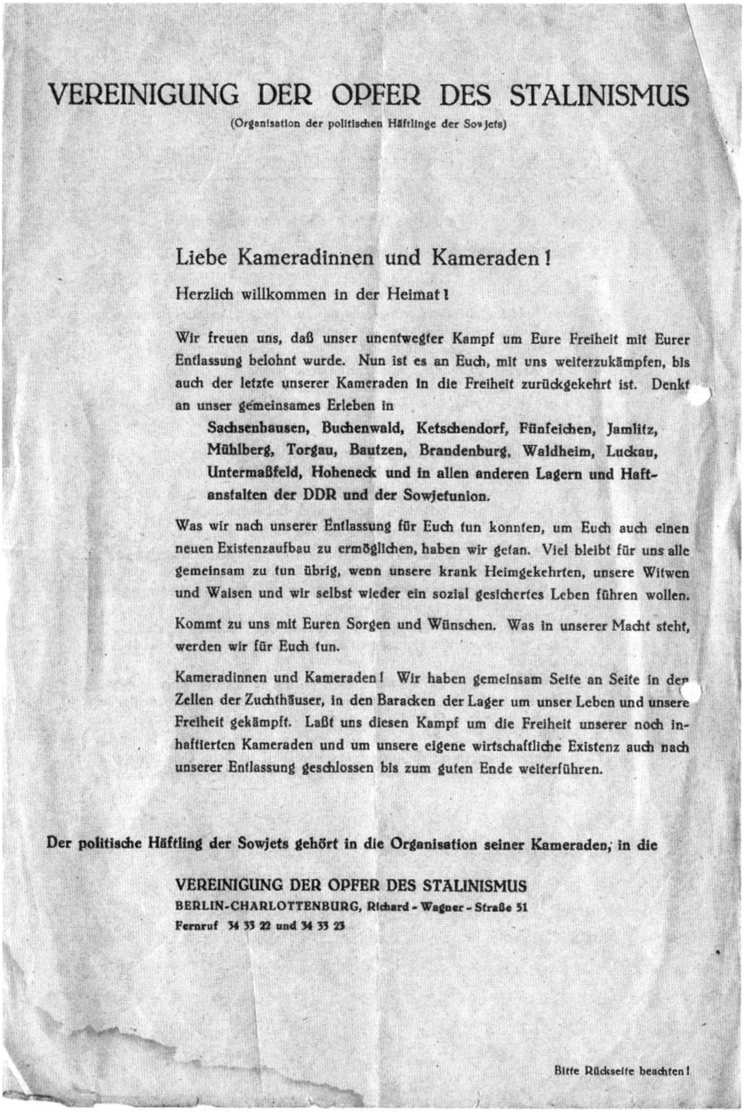

VEREINIGUNG DER OPFER DES STALINISMUS

(Organisation der politischen Häftlinge der Sowjets)

Liebe Kameradinnen und Kameraden!

Herzlich willkommen in der Heimat!

Wir freuen uns, daß unser unentwegter Kampf um Eure Freiheit mit Eurer Entlassung belohnt wurde. Nun ist es an Euch, mit uns weiterzukämpfen, bis auch der letzte unserer Kameraden in die Freiheit zurückgekehrt ist. Denkt an unser gemeinsames Erleben in

Sachsenhausen, Buchenwald, Ketschendorf, Fünfeichen, Jamlitz, Mühlberg, Torgau, Bautzen, Brandenburg, Waldheim, Luckau, Untermaßfeld, Hoheneck und in allen anderen Lagern und Haftanstalten der DDR und der Sowjetunion.

Was wir nach unserer Entlassung für Euch tun konnten, um Euch auch einen neuen Existenzaufbau zu ermöglichen, haben wir getan. Viel bleibt für uns alle gemeinsam zu tun übrig, wenn unsere krank Heimgekehrten, unsere Witwen und Waisen und wir selbst wieder ein sozial gesichertes Leben führen wollen.

Kommt zu uns mit Euren Sorgen und Wünschen. Was in unserer Macht steht, werden wir für Euch tun.

Kameradinnen und Kameraden! Wir haben gemeinsam Seite an Seite in der Zellen der Zuchthäuser, in den Baracken der Lager um unser Leben und unsere Freiheit gekämpft. Laßt uns diesen Kampf um die Freiheit unserer noch inhaftierten Kameraden und um unsere eigene wirtschaftliche Existenz auch nach unserer Entlassung geschlossen bis zum guten Ende weiterführen.

Der politische Häftling der Sowjets gehört in die Organisation seiner Kameraden, in die

VEREINIGUNG DER OPFER DES STALINISMUS
BERLIN-CHARLOTTENBURG, Richard-Wagner-Straße 51
Fernruf 34 33 22 und 34 33 23

Bitte Rückseite beachten!

Die Vereinigung der Opfer des Stalinismus, 1950 gegründet, ist noch heute die mitgliederstärkste Interessenvertretung der ehemaligen Häftlinge. Privatbesitz.

Die KgU bot sich den entlassenen Häftlingen also auch in dieser Hinsicht als Vermittler an.[110] Wie aus einem handschriftlichen Brief eines ehemaligen Bautzen-Häftlings an die Organisation vom Mai 1949 deutlich wird, hatte sie zu diesem Zweck schon im Frühjahr 1949 in Westberliner Zeitungen eine Annonce geschaltet und dazu aufgefordert, »Namen von Personen anzugeben, welche sich [...] unmenschlich gegen ihre Leidensgenossen benommen haben«. Der Briefschreiber nannte daraufhin sechs Namen und skizzierte das angebliche Fehlverhalten dieser Häftlinge.[111] Auch die im Februar 1950 in Westberlin gegründete und bis heute größte Interessenvertretung der Speziallagerhäftlinge, die Vereinigung der Opfer des Stalinismus (VOS),[112] nutzte die Medien, um belastende Informationen über »Kameradenschinder« zu erhalten. Deutlich wird das in einem Schreiben der KgU an die VOS vom Oktober 1950, in dem die KgU der VOS unter Bezugnahme auf einen solchen Aufruf in der *Neuen Zeitung* »drei von einander unabhängig bei uns eingelaufene Meldungen« über einen Häftling aus Sachsenhausen übersandte.[113] So gesehen geben die überlieferten KgU-Akten ein realistisches Bild der damaligen Situation wieder: Die Abrechnung mit den Peinigern

110 Deutlich wird das auch in dem Protokoll mit einem deutschen Lagerarzt, der sich als Einziger selbst bezichtigte, im Lager »menschlich und ärztlich nicht so gehandelt zu haben, wie es richtig gewesen wäre«. Der KgU-Mitarbeiter, der dieses Protokoll aufgenommen hatte, kommentierte, dass sich der Arzt reumütig zeige und dass er seine Vergehen durch seine insgesamt siebenjährige Haft in Sachsenhausen und Waldheim wohl abgegolten habe. Unmittelbar neben diesem Satz befindet sich jedoch der handschriftliche Vermerk eines weiteren KgU-Mitarbeiters: »Dieses zu beurteilen dürfte einzig und allein Sache der Staatsanwaltschaft sein!« (BArchK B 289 VA 295/22/4).

111 Dieser Aufruf war nicht zu recherchieren, da der Briefschreiber weder den Veröffentlichungsort noch das Erscheinungsdatum angibt (BArchK B 289 ohne Signatur [Fiche 09485/1]).

112 Die Geschichte der VOS harrt sowohl hinsichtlich ihres politischen Programms als auch ihres Mitgliederprofils der Aufarbeitung. Der in Dresden vorliegende Aktenbestand wurde eingesehen; von einer Auswertung des unsortierten und teilweise in Müllsäcken gelagerten Materials wurde jedoch Abstand genommen. Zu verweisen ist daher auf die Selbstdarstellung der Organisation anlässlich ihres 50. Gründungstages (Vereinigung der Opfer des Stalinismus e.V. [Hg.], Vergesst uns nicht) sowie auf Siegmund, Opfer ohne Lobby, bes. S. 49f.

113 BArchK B 289 SA 295/10–168/4.

während der Haft war den Entlassenen ein wichtiges Anliegen. Und zwar so wichtig, dass sich weder die KgU noch die VOS – deren beider Hauptanliegen die Offenlegung des kommunistischen Terrors war – scheuten, mit entsprechenden Aufrufen an die Öffentlichkeit zu gehen.[114]

Die KgU wird bei der Auswertung der ihr angetragenen Meldungen über Spitzel und gewalttätige Häftlinge vor ähnlichen Problemen gestanden haben, wie sie sich heute bei der Lektüre stellen: Ihr Wahrheitsgehalt ist nicht zu ermitteln. Es verwundert daher nicht, dass sich das Berliner Mutterhaus der KgU bei ihrer Dependance in Friedland beschwerte, dass ein von ihr weitergeleiteter »Spitzelbericht *wieder* so unpräzise ist, dass wir mit dem Satz ›hat Meldung über einen Arzthelfer gemacht, worauf minderwertige Kräfte eingestellt wurden‹ nicht viel anfangen können«.[115] Erst recht irritiert das allfällige Namedropping vieler KgU-Besucher. Dergleichen legt zum einen den Verdacht nahe, dass so manche Aussage dazu diente, von eigenem Fehlverhalten abzulenken; zu beweisen ist das natürlich nicht.[116] Zum anderen rückt es viele der vorliegenden Berichte in

114 Beide Organisationen mussten überdies feststellen, dass sich entsprechende Rückmeldungen auch unerwartet in Form von Leserbriefen einstellen konnten, mit denen entlassene Häftlinge auf Publikationen sowohl der KgU wie der VOS reagierten. So hatte Erstere Anfang 1949 den Fluchtbericht Erich Maedlers veröffentlicht. Wie erwähnt, ging daraufhin ein Leserbrief bei ihr ein, der sich als wütende Generalabrechnung mit Maedler liest: »Im Interesse des gemeinsamen Kampfes gegen die Unmenschlichkeit« widerlegte der Absender nicht nur Details der Fluchtgeschichte. Unter angedrohter Nennung von 30 Zeugen artikulierte er auch schwere Vorhaltungen gegenüber Maedler, darunter den Totschlag zweier Mithäftlinge (BArchK B 289 VA 295/10/10). Eine ähnliche Reaktion lief bei der VOS ein, als sie 1956 in ihrem Vereinsorgan, der *Freiheitsglocke*, einen Bericht über die Haftanstalt Bautzen veröffentlichte (BArchK B 289 SA 288/22–168/48).

115 BArchK B 289 SA 288/22–168/5 (Hervorhebung durch die Verf.).

116 Nachvollziehbar ist jedoch, dass eine nachteilige Aussage vor der KgU eine Lawine von weiteren Bezichtigungen auslösen konnte. So wurde vor der KgU von dem in Sachsenhausen unter dem Spitznamen bekannten »Karl May« behauptet, dass »die Zahl der Menschenleben, die er auf dem Gewissen habe, beträchtlich« sei. Über jenen Karl May existiert eine Akte im Archiv Sachsenhausen. In dieser befinden sich Kopien seiner Korrespondenz mit vormaligen Mithäftlingen, die in vorliegenden eidesstattlichen Erklärungen Verdächtigungen gegen weitere ehemalige

die Nähe von Verleumdungen, die sich – wie auch die zahlreichen Namenlisten – nur geringfügig von jenen Meldungen unterscheiden dürften, denen viele der Speziallagerhäftlinge ihre eigene Verhaftung zuschreiben.

Zumeist folgen die Anwürfe einem einfachen Muster: Wer während der Haft gewalttätig aufgetreten war oder andere Häftlinge denunziert hatte, musste auch jetzt, nach der Entlassung und im Westen angekommen, ein Spitzel sein. So heißt es in einem Postskriptum zu einem Brief an die KgU vom Februar 1950: »Als ich heute beim DRK in Zehlendorf war, traf ich im Vorzimmer einen Mann namens Anton R., der auch in Bautzen war. Dieser Mann galt im Lager allgemein als Spitzel, er spricht russisch und hat eine Stunde vor der Entlassung noch einem Vertreter des Neuen Deutschland eine Unterredung gewährt, bei der ich zugegen war. Also Vorsicht vor diesem Mann.«[117]

Von einem ehemaligen Funktionshäftling, der in Sachsenhausen Häftlinge »geschlagen und misshandelt« haben soll, wurde behauptet, dass er in »in West-Berlin dauernd seine Wohnung« wechselt – »Beweis« genug, dass er sich »den Sowjets [...] verschrieben« habe.[118] Und über einen ehemaligen Bautzen-Häftling, der ebenfalls als »Kameradenschinder« verschrien war, wurde berichtet, dass er in München über »größere Geldmittel sowie ein[en] neuen Opelwagen« verfüge. Von dieser Behauptung war es nur ein kleiner Schritt zum Vorwurf der Spionage. Denn wie es in dem Schreiben weiter heißt, würde er »in etwa zehn Tagen durch seine Verbindungsleute in seine Wohnung geschleust« werden.[119] In einem ähnlichen Fall wurde der

---

Lagerinsassen, die gegen Karl May ausgesagt hatten, erheben. Auch der KgU-Informant, der Karl May belastet hatte, ist im Archiv Sachsenhausen mit einer Akte vertreten. Darin finden sich nachteilige Aussagen gegen wiederum andere Häftlinge (vgl. BArchK B 289 SA 295/10–168/11; Archiv Sachsenhausen, M. R., Brief vom 11. Juni 1959; und Archiv Sachsenhausen, S. K., Zeugenaussage vor dem Untersuchungsgericht Berlin vom 7. August 1962).

117 BArchK B 289 VA 288/10/42.

118 BArchK B 289 SA 295/10–30/9. Als »Beweis« konnte auch angeführt werden, dass ein Anfang 1950 Entlassener »in einem Privatauto zum Bahnhof gefahren [wurde] mit viel Gepäck« (BArchK B 289 SA 295/10–100/6, S. 3).

119 Schreiben der VOS, Bonn, an die KgU vom 23. November 1956 (BArchK B 289 SA 288/168/43).

KgU 1954 nicht nur die Automarke, ein DKW-Meisterklasse, sondern auch das Autokennzeichen mitgeteilt.[120]

»Hoffentlich hat es sich nicht nur um ein Gerücht gehandelt«, vermerkte ein Sachbearbeiter der »Kampfgruppe«, nachdem man das Berliner Landesamt für Verfassungsschutz über Vorwürfe gegen den ehemaligen Buchenwald-Internierten Erich G. informiert hatte. Ein KgU-Besucher hatte behauptet, dass jener G.

---

120 BArchK B 289 SA 288/168/39. Erst für das Jahr 1957 sind Vordrucke überliefert, die anzeigen, dass sich die KgU bemühte, die Spitzelvorwürfe zu systematisieren. Der als »Denunzianten-Meldung« überschriebene Fragenbogen umfasst fünf Punkte: 1. Name, Vorname, Wohnung, Geburtsdatum und -ort sowie eventuell bekannter Deckname des Verdächtigen. 2. Für wen arbeitet der/die Obengenannte als Spitzel? Für sowjetische oder sowjetzonale Organe (Personenangabe und Beschreibung)? 3. Woher wissen Sie, dass der/die Obengenannte als Spitzel tätig ist? 4. Welche Folgen hatte die Spitzeltätigkeit bisher? (Wurde jemand denunziert oder geschädigt?) 5. Haben Sie Zeugen (mit Anschrift), die Ihre Angaben bestätigen können? (vgl. BArchK B 289 SA 288/168/5 oder SA 288/22–168/42; beide 1957). Für die Jahre davor stößt mitunter der offensichtliche Eifer der KgU auf. So liegt eine – hausinterne? – Aktennotiz vor, in der es über Frau v. H. heißt, die in Sachsenhausen als Sekretärin des Chefs der »Operativ-Gruppe«, Oberleutnant Stepan Golowatenko, tätig war: »Da jedoch die Gerüchte im Umlauf sind, dass Frau v. H. sich im Lager unkorrekt verhalten hat, und darüber hinaus verlautet, dass sie im Lager als Spitzel fungiert hat, dürfte es angebracht sein, *trotz fehlender Beweise*, der Frau v. H. gegenüber sehr vorsichtig zu sein« (BArchK B 289 SA 390/22–01/21 [Hervorhebung durch die Verf.]). Gleichzeitig ist anzumerken, dass der frühe Kalte Krieg (insbesondere in Berlin) vornehmlich von den Geheimdiensten ausgetragen wurde; Agentenwarnungen gehörten quasi zum Alltag. Sie wurden nicht zuletzt deshalb von der KgU ernst genommen, weil sich eine unbekannte Anzahl entlassener Häftlinge bei der Polizei oder dem Verfassungsschutz selbst anzeigten. Sie würden ihre Freiheit einer abgepressten Einverständniserklärung verdanken, in Westdeutschland für den ostdeutschen Staatssicherheitsdienst zu arbeiten (vgl. BArchK B 289 SA 288/22–3/36 [Selbstbezichtigung vor der KgU nach offizieller Selbstanzeige] oder Peters, Stasi-Verfolgten-Syndrom, S. 258 [»Sie vertraute sich auch sogleich geeigneten Stellen an, allerdings nicht dem Bundesnachrichtendienst. Freunde von ihr hatten damit schlechte Erfahrungen gemacht (sic!)«]). Inwieweit andere Häftlinge über diese Vorgänge informiert waren, ist nicht abzuschätzen. Wie in BArchK B 289 SA 390/22–168/1 scheinen sie in vielen Fällen jedoch eher Gerüchte kolportiert zu haben.

»vor nicht allzu langer Zeit auf dem Flugplatz Schönefeld Quittung geleistet [hat] über
2 Kisten à 5000 Schuss Pistolenmunition 9 mm,
3 Kisten à 5000 Schuss verkürzte Patrone, Kaliber 7.9 mm für MP 44
und 280 Pistolen ›Walter‹ 7.65 mm mit je 1 Reservemagazin.«

Der Verfassungsschutz nahm sich der Sache an, weil besagter Erich G. bereits aktenkundig war – er hatte sich wiederholt als »höherer SS-Offizier« ausgegeben. Sollte der angezeigte Waffenkauf zutreffen, so versprach man sich »eine[n] der lange gesuchten Schlusssteine in dem Verfahren gegen die SRP [Sozialistische Reichspartei, B. G.] vorm Bundesverfassungsgericht«. So weit sollte es jedoch nicht kommen; der Verfassungsschutz verwarf die Meldung als »sehr zweifelhaft«, der vermeintliche Waffenschmuggler entpuppte sich bald als ehemaliger Kleinkrimineller, der während des NS-Zeit mehrfach in Haft gewesen war, und der nun lose Kontakte zur SRP hielt.[121]

Dass vor der KgU Vorwürfe wegen nationalsozialistischer Einstellungen erhoben wurden, ist indes die Ausnahme.[122] Hauptsächlich wurden ehemalige Mitinhaftierte belastet, die »russophil eingestellt« gewesen sein sollen.[123] Der Vorwurf konnte auch lauten: »Maria hielt zum Russen«.[124] Zum Beleg wurden mitunter vermutete Haftgründe ins Feld geführt. So soll eine der Bezichtigten »wegen angeblicher Spionage, insbesondere jedoch wegen verbotener Fraternisation« mit sowjetischen Besatzungssoldaten verhaftet worden sein.[125] Eine andere Entlassene berichtet, dass es vor allem SMT-verurteilte Frauen waren, die sich während der Haft als Denunziantinnen erwiesen hätten – »meist abenteuerliche Naturen, Besatzungsbräute«.[126]

---

121 BArchK B 289 VA 434/10–312/3.

122 Wie sich auch nur ein einziger Bericht findet, in dem es über brutale Funktionärshäftlinge heißt, dass sich darunter »in größerer Anzahl Angestellte der Polizei (Gestapo)« befunden hätten (BArchK SA 390/22–19/58).

123 BArchK B 289 SA 434/10–19/18 (in diesem Fall erwehrt sich ein ehemaliger Häftling ebendieses Vorwurfs).

124 BArchK B 289 SA 434/10–19/12, S. 2.

125 BArchK B 289 SA 390/22–168/12.

126 BArchK B 289 SA 390/22–53/12, S. 1.

Konstruktion einer antikommunistischen Gemeinschaft

Am Beispiel dieser Behauptungen lässt sich erkennen, dass es bei den Aussagen vor der KgU nicht nur darum ging, Unterstützung bei der Strafverfolgung brutaler Häftlinge oder von Spitzeln und Agenten zu leisten. Denn wer anderen vorwarf, »russophil eingestellt« zu sein, demonstrierte, dass er selbst eben nicht von dieser Geisteshaltung infiziert war. Und wer andere der Spionage im Westen bezichtigte, signalisierte, dass er sich nicht mit dem »Russen« gemeingemacht hatte. Die erhobenen Vorwürfe kamen also einem selbstausgestellten »Persilschein« gleich, mit dem der kleinste gemeinsame Nenner der ansonsten heterogenen Opfergruppe von Internierten und SMT-Verurteilten, von vormaligen Anhängern des Nationalsozialismus aller Belastungsgrade und tatsächlichen wie vermeintlichen Gegnern der sowjetischen Besatzungsmacht, beschworen wurde: der Antikommunismus. Die nachdrücklich betonte Distanz zum Kommunismus überdeckte die zahlreichen politischen und sozialen Unterschiede zwischen den Häftlingen; sie war die Voraussetzung zur Konstruktion eines homogenen Selbstbildes. Und sie bestimmte überdies den Status als »politische Häftlinge« oder als »Opfer des Kalten Krieges«, wie das damals gängige Schlagwort für die ehemaligen Häftlinge lautete.[127]

Wer diesen Nachweis nicht führen konnte oder wem er abgesprochen wurde, der gehörte nicht dazu – und gehört es bis heute nicht, wie folgendes Schreiben ehemaliger sozialdemokratischer Häftlinge um Hermann Kreutzer zu erkennen gibt, das Hans Voelkner, nach seiner Entlassung aus Bautzen als DDR-Agent in Frankreich tätig, im Februar 1991 in seinem Briefkasten fand. Voelkner hatte im Jahr zuvor mehrere Berichte ehemaliger Häftlinge unter dem Titel »Unschuldig in Stalins Hand« veröffentlicht.[128] In dem Brief hieß es:

> »Dass die tragischen Schicksale ehemaliger Regimegegner und politischer Häftlinge nun ausgerechnet von einem ehemaligen Kommunisten und hauptamtlichen Stasi-Agenten vermarktet werden, finden wir empörend und unerträglich. Wir warnen Dich, aus den Schicksalen unserer Freunde Profit zu schlagen und werden nicht scheuen, mit gezielten Aktionen die Verbreitung Deiner Publikation zu verhindern.«[129]

---

127 Die Betreuung der politischen Häftlinge, S. 9.

128 Hans und Rosemarie Voelkner (Hg.), Unschuldig in Stalins Hand.

129 Zit. nach Adolphi, Verweigertes Gedenken, S. 751.

Doch zurück in die 1950er Jahre. Auch in den KgU-Aussagen finden sich Anwürfe gegenüber Häftlingen, die sich nach ihrer Entlassung für einen Neuanfang in der DDR entschieden hatten. Zwar ist in diesen Fällen nicht nachvollziehbar, ob sie sich wie Voelkner tatsächlich staatlichen Organen zur Verfügung stellten. Genau das aber wurde ihnen vor der KgU von ihren nun dauerhaft im Westen lebenden Kameraden vorgehalten, samt der Unterstellung, sie bereiteten sich womöglich auf eine Spionagetätigkeit im Westen vor. So berichtete ein ehemaliger Buchenwald-Internierter 1952: »Der damalige stellv. Lagerkommandant Karl-Heinz K. soll nach meinen Informationen seit seiner Entlassung immer noch bei der Regierung in Erfurt tätig sein.« Weiter gab er über den Lagerkommandanten Sch. zu Protokoll, dass jener »jetzt als Hauptbuchhalter bei der HO in Weimar« arbeite.[130] Für einen ehemaligen Internierten und vormaligen Polizeikommandeur ist das eine Karriere, die, so wird hier insinuiert, nur durch politische Anpassung an die neuen Machthaber zu erklären ist. Unterschwellig wurde also schon vor der KgU eine Auseinandersetzung ausgetragen, die nach der Wiedervereinigung für starke Spannungen in den Opferverbänden sorgte und bis heute sorgt. Dabei geht es um den Vorwurf, dass all jene, die in der DDR geblieben sind, sich dort »weitestgehend angepasst und dem System untergeordnet hätten«.[131]

---

130 BArchK B 289 SA 434/10–19/11. Vgl. auch BArchK B 289 SA 288/22–168/46: Der aus Bautzen entlassene »Viktor V. stammte aus Gera [...] und wird sich wohl mit seinem schweren Schuldkonto schwerlich in den Westen wagen.« Genau das aber tat Viktor V., handelt es sich bei ihm doch um den Mann, dem wie erwähnt vorgeworfen wurde, in München über »große Geldmittel und einen Opelwagen« zu verfügen und in eine Wohnung »geschleust« zu werden.

131 Der Bundesvorsitzende der Vereinigung der Opfer des Stalinismus (VOS), Klaus Schmidt, fasst mit diesen Worten Ende der 1990er Jahre die abwertenden Feststellungen von ehemaligen Häftlingen aus den alten Bundesländern zusammen, zit. nach Sigmund, Opfer ohne Lobby, S. 64. Mitunter schießen die Ostdeutschen nicht minder scharf zurück. Vor die Entscheidung gestellt, in den Westen zu gehen oder im Osten zu bleiben, heißt es bei Walter Meyer (Meine Erlebnisse, S. 807): »Die einen wollte ich nicht mehr, das war mit dem enttäuschenden Zusammenleben mit Würdenträgern des Dritten Reichs [im Speziallager, B.G.] verbunden, und die neue Macht, die der Arbeiter und Bauern, wollte mich noch nicht.« Wer also in den Westen ging, machte sich mit den Faschisten gemein. Vergleichsweise versöhnlich klingt da Horst Wiener (Anklage:

Aus der vor der KgU beschworenen Gemeinschaft von Antikommunisten wurde noch eine weitere Gruppe von Häftlingen ausgeschlossen – jene, die wegen krimineller Vergehen inhaftiert worden waren. Der Haftgrund spielte also doch eine Rolle, wenn auch nur in dieser Hinsicht. Um zur »Aufklärung von kriminellen Elementen« beizutragen, erschien im Juni 1954 Paul R. vor dem Verband der Heimkehrer in Berlin, der ihn aufgefordert hatte, über den im Februar 1950 aus Sachsenhausen entlassenen Hans K. auszusagen. Eine Kopie dieser Aussage befindet sich im KgU-Bestand, eine weitere wurde an den Verfassungsschutz weitergeleitet. Darin heißt es: »Es erweckt den Anschein, dass Hans K. aus rein kriminellen Gründen derzeit verhaftet worden ist« – hätte er doch nach seiner Entlassung Paul R. und dessen Ehefrau erzählt, »dass er wegen einer Messerstecherei, nach einer Alkoholentziehungskur […], zu einem Jahr nach Bautzen abgeholt worden ist. Außerdem wäre er später wegen Schwarzhandel und Schwarzschlachterei in das KZ Sachsenhausen gebracht worden.«[132] Für Paul R. war Hans K. also in zweifacher Hinsicht kriminell. Einmal, weil er nicht aus politischen Gründen verhaftet worden war. Und dann, weil er sich den Status eines politischen Häftlings und die damit verbundenen Versorgungsleistungen erschleichen wollte.

Die Abgrenzung vom Kommunismus implizierte auch eine Selbststilisierung als Widerständler gegen den Kommunismus. Dieser Befund ist umso bedeutsamer, als weiter oben die Vermutung angestellt wurde, dass die KgU mehrheitlich von ehemaligen Häftlingen aufgesucht wurde, die dem Milieu der NS-Mitläufer zuzurechnen sind. Mit der Selbststilisierung zum Widerständler scheint also wiederum eine Immunisierung gegenüber der nationalsozialistischen Vergangenheit vorzuliegen. Hierbei ist jedoch zu bedenken, dass gerade die Speziallagerhäftlinge, die 1950 in den ostdeutschen Strafvollzug überstellt worden waren, von unmittelbar Erlebtem geleitet wurden. Auch wenn hier nicht der Ort ist, ihre Hafterfahrungen unter ostdeutscher Ägide zu skizzieren, so bleibt festzuhalten,

---

Werwolf, S. 154): »Mir fehlt jede rationale Begründung und jede Erklärung, […] warum ich nicht vor vierzig Jahren in die BRD ›abgehauen‹ bin, wie das dafür geläufige Wort sagt. Ich stelle nur fest, dass gegenüber meiner Haltung meine alten Freunde in der BRD vielfach noch Äußerungen tun, die sich im Grunde aus dem Wunsch nach Rache speisen.«

132 BArchK B 289 VA 288/10/13.

dass sie von ihren eigenen Landsleuten als »Faschisten« und als »Schwerverbrecher« verhöhnt, schikaniert oder offen misshandelt wurden. Ihr Selbstbild als aktive Antikommunisten definierte sich über diese Erfahrungen, wie folgender Auszug aus einem KgU-Protokoll vor Augen führt:

> »Der größte Fehler [des W.] sei sein Arbeitseifer gewesen, wobei er nicht in Rechnung stellte, für wen er eigentlich arbeite. [...] Ob aus Feigheit oder Strebsamkeit – jedenfalls nicht aus Hinterlist und charakterlicher Gemeinheit habe W. mehr getan, als es ein anständiger politischer Gegner des kommunistischen Regimes eigentlich tun dürfe.«[133]

Inwieweit sich diese Gegnerschaft an tradierten nationalsozialistischen Feindbildern orientierte, ist anhand der KgU-Akten nicht zu beantworten. Entsprechende Rückbezüge finden sich nicht. Die »bewusst stolze Ablehnung gegenüber dem Regime der SBZ«, die laut Aussage eines stellvertretenden Ortsgruppenleiters, der nach fast fünfjähriger Internierung in Waldheim zu 12 Jahren Zuchthaus verurteilt worden war, unter den Häftlingen bestanden haben soll, nährte sich angeblich ausschließlich aus der Haftgegenwart.[134] Ob das zutrifft oder nicht – mit ihren antikommunistischen Bekenntnissen stellten sich ehemalige Parteigänger der NSDAP auf eine Stufe mit jenen Häftlingen, die für ihren antikommunistischen Widerstand mit mehrjähriger Haft oder mit ihrem Leben bezahlt hatten.

Vor der KgU wurde in anderen Worten das Eintrittsbillett in die westdeutsche Nachkriegsgesellschaft gelöst, eine Gesellschaft, die sich keinen Diskussionen um kollektive oder individuelle Schuld und Verantwortung an der nationalsozialistischen Vergangenheit stellen wollte. Sie wünschte deshalb auch keine Ausdifferenzierung der Häftlingsgesellschaft nach Haftgründen. Sie war vielmehr auf der Suche nach einer homogenen Opfergruppe, die sich durch ihren Antikommunismus auszeichnete, was für eine demokratische Einstellung Ausweis genug war. Das verdeutlicht auch das Häftlingshilfegesetz (HHG) aus dem Jahr 1955, das vom Gesetzgeber als Chance begriffen wurde, die Bundesrepublik durch »die Hilfe für die augenfälligsten Opfer des ostdeutschen Regimes [...] als Gegenbild des Unrechtssystems darzustellen«.[135] Auch wenn ihnen mit dem HHG

---

133 BArchK B 289 SA 390/22–19/74, S. 1f.

134 BArchK B 289 SA 390/22–53/9, S. 2.

135 Heidemeyer, Flucht und Zuwanderung, S. 241.

de jure keine Haftentschädigung eingeräumt wurde, so verbriefte es einen eigenständigen Rechtsanspruch auf Versorgungsleistungen und Eingliederungshilfen.[136] Anspruchsberechtigt waren laut HHG alle Deutschen, die »nach dem 8. Mai 1945 in der sowjetischen Besatzungszone oder im sowjetischen Sektor von Berlin [...] aus politischen und nach freiheitlich-demokratischer Auffassung von ihnen nicht zu vertretenden Gründen in Gewahrsam genommen« worden waren.[137] Gemäß dieser Definition waren also nicht aktive Widerstandshandlungen Voraussetzung für einen Leistungsbezug, sondern, sofern keine kriminellen Vorwürfe geltend gemacht wurden, allein die Inhaftierung. Ehemalige Nationalsozialisten galten daher ebenso wie tatsächliche oder vermeintliche Gegner der sowjetischen Besatzungsmacht vor dem Gesetzgeber unterschiedslos als »politische Häftlinge«.[138] Oder in den Worten Carola Sterns: Mit diesem Status wurde ihnen pauschal ein »Attest demokratischer Gesinnung« ausgestellt.[139]

Nach Lektüre der KgU-Akten klingen die gesetzlichen Bestimmungen zur Anerkennung als politischer Häftling vertraut. Das gilt gleichermaßen für die Ausschlusskriterien nach HHG, die bis zum 31. Dezember 1960 in etwa 6600 Fällen (von insgesamt 55000 Anträ-

---

136 Für die Häftlinge bedeutete das HHG eine soziale Besserstellung, da sich die bisherigen Regelungen nach dem Heimkehrergesetz (Gesetz über Hilfsmaßnahmen für Heimkehrer, kurz HkG) und dem Bundesversorgungsgesetz (BVG) in der Praxis als mangelhaft erwiesen hatten. So war das HkG an das Notaufnahmegesetz (NAG) gekoppelt, weshalb nur »ca. die Hälfte der in den Westen geflüchteten ehemaligen politischen Häftlinge« über einen entsprechenden Anspruch verfügte (Widmaier, Häftlingshilfegesetz, S. 77). Hinzu kam, dass das BVG keine Versorgungsleistungen für gesundheitliche Folgeschäden gewährte, wenn der Antragsteller »nicht aus *kriegsursächlichen*, sondern aus Gründen in Gewahrsam genommen [worden war], die durch die *politische Entwicklung der Nachkriegszeit* bedingt« waren (Die Betreuung der politischen Häftlinge, S. 13; Hervorhebungen im Original).

137 Ebenda, S. 17.

138 Mit diesem Begriff wurde lediglich eine Unterscheidung der ehemaligen Speziallagerhäftlinge sowohl von den »politischen Flüchtlingen« aus der DDR, den Kriegsgefangenen und kriminellen Häftlingen angestrebt. Das HHG definierte »politische Häftlinge« also nicht positiv, sondern negativ (vgl. Widmaier, Häftlingshilfegesetz, S. 82; und Die Betreuung der politischen Häftlinge, bes. S. 12f.).

139 Stern, Doppelleben, S. 179.

gen) wirksam geworden waren.[140] Allerdings ist eine Ausnahme anzuzeigen: Der Gesetzgeber schloss »wegen führender nationalsozialistischer Betätigung Inhaftierte«[141] von staatlichen Hilfsleistungen aus, mithin ein Ausschließungsgrund, der nicht in einer einzigen der KgU-Aussagen zur Sprache gekommen war. Ansonsten findet sich alles wieder. Oder anders gesagt: Wenn die KgU beispielsweise dem Bonner Kreisflüchtlingsamt auf Nachfrage mitteilte, dass über einen bestimmten Häftling keine »Ausschließungsgründe nach HHG § 2, Abs. 1 Ziff. 1 und 2« vorliegen,[142] dann stellte sie ihm ein positives Zeugnis aus – und zwar des Inhalts, dass er von ehemaligen Mithäftlingen weder als »Kameradenschinder« noch als jemand dargestellt worden war, der dem Kommunismus vor seiner Verhaftung »in verwerflicher Weise Vorschub geleistet« oder der sich nach seiner Entlassung und im Westen angekommen weiterhin »zu Gunsten des hinter dem ›Eisernen Vorhang‹ herrschenden politischen Systems« betätigt hat.[143]

Die Anerkennungs- wie Ausschließungsgründe nach HHG stimmten also mit dem vor der KgU vorgetragenen Selbstbild der ehemaligen Häftlinge weitgehend überein. Das HHG in seiner Fassung von 1955 steht damit für die Übereinstimmung des Selbstverständnisses der politischen Häftlinge mit ihrer öffentlichen Wahrnehmung und Würdigung.

Die weiteren Debatten um das HHG sollten verdeutlichen, dass dieser Konsens nicht auf Dauer angelegt war. Aufgekündigt wurde er durch jene Häftlinge, die als Sozialdemokraten oder Angehörige anderer Parteien tatsächlichen Widerstand gegen die sowjetische Besatzungsmacht geleistet hatten. Sie machten sich den Vorschlag des Gesamtverbandes der Sowjetzonenflüchtlinge aus dem Jahr 1957 zu eigen, der eine finanzielle Gleichstellung aller Häftlinge mit den

---

140 Bis zum 31. Dezember 1960 wurden 55107 Anträge nach HHG gestellt, von denen 42957 bearbeitet waren. Davon waren 31404 Fälle positiv beschieden und 6572 abgelehnt worden. Der Rest war »anderweitig erledigt«, was vermutlich zu bedeuten hat, dass der Antragsteller zwischenzeitlich verschieden war (Heidemeyer, Flucht und Zuwanderung, S. 261 und Anm. 130).

141 Widmaier, Häftlingshilfegesetz, S. 83.

142 BArchK B 289 OA 434/3, S. 2.

143 Zitate aus dem HHG, abgedruckt in: Die Betreuung der politischen Häftlinge, S. 17–30, hier S. 19f.

Opfern des Nationalsozialismus verlangt hatte.[144] Sie forderten nun ihrerseits eine besondere Würdigung als Widerstandskämpfer, da sie wie die NS-Opfer »aufgrund ihrer Haltung politisch verfolgt worden« seien.[145] Zwar lehnte der Bundestag die pauschale Gleichstellung der Opfer des Nationalsozialismus und des Stalinismus ab.[146] Mit der zweiten Novellierung des HHG im Jahre 1960 erkannte er die Forderungen der politischen Häftlingsverbände, allen voran aus den Reihen der SPD und der CDU, jedoch an. Fortan erhielten jene, die »nur wegen [ihres] persönlichen Verhaltens nach dem 8. Mai 1945« verhaftet worden waren, also »nur die politischen Häftlinge im eigentlichen oder engeren Sinne«, erhöhte Leistungen.[147] Nunmehr nach HHG § 9b versorgt, wurden ihre Bezüge fast verdoppelt (womit sie weiterhin unterhalb des 1956 erlassenen Bundesentschädigungsgesetzes [BEG] für NS-Opfer lagen).[148]

Damit war die Unterscheidung nach Haftgründen gesetzlich festgeschrieben, was eine Zurücksetzung aller bedeutete, die nicht nachweisen konnten, wegen aktiver Widerstandshandlungen inhaftiert worden zu sein und daher von der neuen Regelung ausgeschlossen blieben. Überraschenderweise betraf das weitaus mehr ehemalige Häftlinge, als seitens der zuständigen Ministerien angenommen worden war. Sie waren davon ausgegangen, dass etwa 16000 der 34000 bis Ende 1960 nach HHG anerkannten Häftlinge von der Novellierung

---

144 Vgl. Heidemeyer, Flucht und Zuwanderung, S. 256ff. Der Beihilfebetrag für einen Haftmonat wäre demnach von 30 auf 150 Deutsche Mark gestiegen (ebenda, S. 257 Anm. 100).

145 Die vereinigten Arbeitsgemeinschaften der ehemaligen politischen Häftlinge bei der CDU, SPD und FDP begründeten ihre Forderung damit, dass »beide Gruppen den gleichen Tatbestand erfüllten: Beide seien aufgrund ihrer Haltung politisch verfolgt worden« (ebenda).

146 »Die Bundesrepublik als Nachfolgestaat des Deutschen Reiches trägt zwar keine Schuld an dem, was unter der nationalsozialistischen Gewaltherrschaft an Rechtswidrigkeiten und Verbrechen geschehen ist, sie hat sich aber vor dem deutschen Volk und der Weltöffentlichkeit verpflichtet, für diese Taten die Haftung zu übernehmen und deshalb in einem besonderen Gesetz die Opfer zu entschädigen [...]. Eine solche Haftung kann die Bundesrepublik gegenüber den Unrechtstaten der Gewalthaber in der SBZ nicht übernehmen; das ist ihr weder juristisch noch moralisch zuzumuten. Um der politischen Klarheit willen müssen deshalb die beiden Fragen getrennt bleiben« (zit. nach Widmaier, Häftlingshilfegesetz, S. 84).

147 Ebenda.

148 Heidemeyer, Flucht und Zuwanderung, S. 262.

profitieren würden.[149] Tatsächlich konnte jedoch nicht einmal ein Zehntel von ihnen den erforderlichen Nachweis erbringen. Mehr als 90 Prozent galten damit nicht als »echte« Widerstandskämpfer.[150] Sie galten jedoch weiterhin als politische Häftlinge, da der Gesetzgeber mit dem neuen HHG § 9a weder ihren Status noch ihre Bezüge antastete. So gesehen hielt sich ihre Zurücksetzung in Grenzen, auch wenn es das staatliche »Attest demokratischer Gesinnung« (Carola Stern) jetzt in zwei Güteklassen gab.

---

149 Widmaier, Häftlingshilfegesetz, S. 83.

150 Während Widmaier von 34000 positiv beschiedenen Anträgen bis Ende 1960 ausgeht (ebenda), spricht Heidemeyer von 31404. Davon waren weniger als ein Zehntel (2336 Anträge) nach HHG § 9b als »echte« Widerständler anerkannt worden (Heidemeyer, Flucht und Zuwanderung, S. 262). Einschränkend ist anzumerken, dass dieser Nachweis nicht einfach zu erbringen war. Hinzu kommt, dass die Handhabung des HHG § 9b im Ermessen der jeweiligen Länder lag – mit dem Ergebnis, dass in Schleswig-Holstein nur 0,5 Prozent der Anträge nach HHG § 9b anerkannt wurden, in Hessen, als Spitzenreiter, 19,4 Prozent (ebenda).

Der Preis der Anerkennung

»Leere« Erinnerungsorte: Zur politischen und gesellschaftlichen Dethematisierung der Speziallager

1959 löste sich die Kampfgruppe gegen Unmenschlichkeit (KgU) auf. Das Ende der Organisation läutete eine Entwicklung ein, die auch von der Vereinigung der Opfer des Stalinismus (VOS) weder aufgehalten noch korrigiert werden konnte: Die sowjetischen Speziallager wurden zu einem randständigen Thema im kollektiven Gedächtnis der Deutschen – und sind es im Grunde noch heute.

Nirgends wird das deutlicher als in der Belletristik. Dass sich in der Literatur ostdeutscher Autoren allenfalls Andeutungen auf das sowjetische Lagersystem finden lassen,[151] hat mit den politischen Zwängen zu tun, denen sie in der DDR unterlagen.[152] Doch auch in der westdeutschen Belletristik hat die stalinistische Verfolgung in der SBZ/DDR keine »Schmerzensspur« hinterlassen, um W. G. Sebalds Diktum über die mangelnde Präsenz des Luftkrieges in der Literatur aufzugreifen.[153] Zwar wurde Sebalds Einschätzung umgehend widerlegt[154] – für die Gewalterfahrung der Speziallagerhaft aber trifft sie ins Schwarze: Heinrich Cresspahl, Protagonist in Uwe Johnsons

---

151 So in Brigitte Reimanns 1974 postum in der DDR erschienenen Roman »Franziska Linkerhand«. Dort heißt es über zwei Bekannte des Vaters Linkerhand: »Der eine ist später an der Ostfront gefallen. Der andere wurde gleich nach der Kapitulation von der GPU verhaftet und starb im Lager« (Reimann, Franziska Linkerhand, S. 14).

152 So erklärt de Bruyn nicht ohne Selbstkritik über sein literarisches Schaffen in der DDR: »Über Krieg und Nachkrieg zu schreiben, war in den fünfziger und sechziger Jahren, wenn man gedruckt werden wollte, nur mit Verschweigen und Lügen möglich; denn alles, was uns in diesen Jahren Angst gemacht hat, war tabuisiert. Kein Sowjetsoldat durfte in Deutschland geplündert und vergewaltigt haben, kein nach dem Krieg Internierter in Buchenwald, Ketschendorf oder Sibirien verendet sein« (de Bruyn, Vierzig Jahre, S. 117).

153 Sebald, Luftkrieg und Literatur, S. 12.

154 Hage, Zeugen der Zerstörung. Siehe auch Frevert, »Die Rückkehr der Opfer im Land der Täter«, *Neue Zürcher Zeitung* vom 30. August 2003.

»Jahrestage« (1973), war für Jahrzehnte die einzige literarische Figur, deren Geschichte teilweise in einem Speziallager spielt.[155] Es dauerte mehr als 30 Jahre, bis ihm mit den beiden Berliner Schulfreunden Paul Scholz und Julian Sternberg zwei fiktive Häftlinge an die Seite gestellt wurden – in dem Jugendbuch »Julians Bruder« des preisgekrönten Kinder- und Jugendbuchautors Klaus Kordon.[156]

Die Dethematisierung der Speziallagerhaft ist darüber hinaus an verschiedenen politischen und gesellschaftlichen Faktoren ablesbar. Zusammengenommen verdeutlichen sie, dass es in der alten Bundesrepublik keiner repressiven Geschichtspolitik wie in der DDR bedurfte, um die Verfolgungserfahrungen dieser Opfergruppe unsichtbar zu machen. Im wiedervereinten Deutschland hat sich daran wenig geändert. Trotz intensiver Forschungsanstrengungen und trotz der Beteiligung des Bundes an den Diskussionen um nationale Gedenkstättenkonzepte sind die Speziallager ein »leerer« Erinnerungsort geblieben.[157]

Wie bereits dargelegt, kann kein Zweifel daran bestehen, dass Informationen über die Speziallager »insofern im Nachkriegsdeutschland Aufmerksamkeit erregten, als sie in die Wahrnehmungsmuster des Kalten Krieges eingepasst werden konnten«.[158] Trotzdem war ihre Bedeutung für die Rezeption der politischen Repression in der SBZ/DDR schon früh denkbar gering. Dafür ist nicht zuletzt die

---

155 Johnson, Jahrestage. Angemerkt sei, dass sich die Spur von Johnsons nach Kriegsende verhaftetem und im Speziallager Fünfeichen internierten Vater in einem Lager in der Sowjetunion verliert.

156 Kordon, Julians Bruder. Interessanterweise verfügt auch Kordon über persönliche DDR-Erfahrungen. Im Gegensatz zu Johnson hat er sie – nach einem gescheiterten Fluchtversuch und mehrjähriger Haft in den 1970er Jahren – nur durch »Freikauf« verlassen können.

157 Haustein bietet einen detaillierten Überblick über die Diskussionen der Expertenkommissionen seit 1991 sowie über die Anhörungen unter Beteiligung des Innenausschusses des Deutschen Bundestages 1994 in der Gedenkstätte Sachsenhausen, 1996 in der Gedenkstätte Buchenwald und 1997 in Berlin und deren Niederschlag in den Veröffentlichungen der beiden Enquete-Kommissionen des Deutschen Bundestages zu »Geschichte und Folgen der SED-Diktatur« und »Überwindung der Folgen der SED-Diktatur im Prozess der deutschen Einheit« (Haustein, Geschichte im Dissens, S. 91–206).

158 Niethammer, Alliierte Internierungslager, in: Sowjetische Speziallager 1, S. 100.

DDR verantwortlich, die der jungen Bundesrepublik mit dem 17. Juni 1953 zu einem Nationalfeiertag verhalf, der Widerstand und Repression in sich vereinte. Mit dem Mauerbau am 13. August 1961 setzte die DDR dieser Gedenkkultur überdies ein mit Stacheldraht bewehrtes und für jedermann erfahrbares Mahnmal, das in seiner Konkretheit nicht zu übertreffen war. Hinter diesem Symbol verschwanden jedoch die individuellen Opfer des DDR-Regimes, was unter anderem auf den seit etwa Mitte der 1950er Jahre praktizierten Freikauf politischer Häftlinge zunächst gegen Waren, dann gegen in Westdeutschland inhaftierte Kommunisten und schließlich gegen harte Devisen zurückzuführen ist. Keiner der beiden deutschen Staaten hatte ein Interesse daran, die Dimension oder die individuellen Schicksale hinter dieser »Handelsbeziehung« offenzulegen. In aller Stille durchgeführt, verfügten die insgesamt bis 1989 mehr als 33000 »freigekauften« Männer und Frauen über kein Gesicht in der Öffentlichkeit. Und schließlich verloren auch der 17. Juni wie der 13. August in der westdeutschen Öffentlichkeit alsbald an Bedeutung. Allen politischen Ritualen zum Trotz verbreitete sich ein allgemeines Desinteresse an der DDR.

Nach dem Mauerfall und dem Auffinden der für die Toten der Speziallager angelegten Massengräber Anfang 1990 sollte sich die Situation für die ehemaligen Häftlinge für kurze Zeit ändern. Plötzlich standen sie im Rampenlicht. Dabei handelte es sich jedoch um ein mediales Strohfeuer, da die fast zeitgleich einsetzende und auf Täter fixierte Diskussion über die Staatssicherheit oder die sogenannten Mauerschützen dazu führte, dass die öffentliche Aufmerksamkeit schnell wieder abebbte.[159] Trotz der breiten und fundierten wissenschaftlichen Auseinandersetzung mit der DDR im Allgemeinen und den Speziallagern im Besonderen hat sich daran bis heute wenig geändert. Deutlich wird das etwa in der Anfang 2006 neu eröffneten Dauerausstellung des Deutschen Historischen Museums in Berlin. Suchte man dort anfänglich vergebens nach Hinweisen auf dieses Lagersystem, wird es zwischenzeitlich – drei Jahre später – immerhin mit einem ganzen Satz bedacht. Auch andere Kapitel der Repressionsgeschichte in der DDR werden in der Ausstellung stiefmütterlich abgehandelt: Die ohnehin raren Informationen zu den Waldheimer Prozessen des Jahres 1950 und mithin über die Geburtsstunde

159 Vgl. Boll, Thesen zur Wahrnehmung der politischen Repression, S. 23f.

der ostdeutschen Willkürjustiz müssen sich die Besucher mühselig in ausliegenden Pappmappen zusammensuchen.[160]

Die Wahrnehmung der stalinistischen Verfolgung in der alten Bundesrepublik wurde zweifelsohne durch die politische Großwetterlage beeinflusst. Der etwa Mitte der 1960er Jahre einsetzende Politikwechsel, der auf die Entspannung des Verhältnisses der beiden deutschen Staaten setzte und untrennbar mit den Namen des späteren Bundeskanzlers Willy Brandt verbunden ist, führte die ehemaligen Häftlinge ins politische Abseits. Waren sie 1955 noch als augenfälligste Opfer des DDR-Unrechts mit dem Häftlingshilfegesetz (HHG) ausgestattet worden, betraf die neue Agenda vor allem jene unter ihnen, die sich 1960 mit der Novellierung ebendieses Gesetzes einen Sonderstatus erstritten hatten, der ihren politischen Widerstand in der SBZ/DDR würdigte. Ein gutes Jahrzehnt später liefen sie ob ihrer nachvollziehbaren Kritik an der neuen Ostpolitik Gefahr, als letzte Kalte Krieger angesehen zu werden, die »nicht mehr in die politische Landschaft passen« – Worte, die Willy Brandt persönlich gegenüber Dieter Rieke geäußert haben soll, der seinen sozialdemokratischen Widerstand in der SBZ mit mehr als sechs Jahren Haft bezahlt hatte.[161] Die politische Räson bremste konfrontative Themen aus. Dazu passt auch, dass das Bundesverteidigungsministerium 1969 den geheimen Auftrag an den Rowohlt-Verlag stornierte, eine Sonderauflage des soeben erschienenen Haftberichts »Im Block« von Walter Kempowski zu drucken, in dem er seine fast achtjährige Inhaftierung in Bautzen schildert. Ursprünglich hatte man die Bücher an Ballons gebunden über die Grenze fliegen lassen wollen.[162]

In den 1960er Jahren veränderte sich die Bundesrepublik jedoch nicht nur politisch, sondern auch gesellschaftlich. Entscheidenden Anteil daran hatte die Studentenbewegung. In ihren Reihen findet sich die extremste Ausformung des Desinteresses an der Speziallagerhaft. Als zeittypisch kann die Reaktion des heutigen Lektors Rudi Deuble auf den 1975 erschienenen Haftroman »Ein Kapitel für sich« von Walter Kempowski gelten. Durch den Roman, so das damalige Mitglied des MSB-Spartakus und AStA-Chef an der Philipps-

---

160 Stand: Februar 2009.

161 Rieke, Geliebtes Leben, S. 250.

162 Offiziell wurde die Stornierung dadurch begründet, dass kurz zuvor bei rororo aktuell ein Band über das Recht zur Kriegsdienstverweigerung erschienen war (vgl. Kraushaar, Aus der Protest-Chronik, S. 106).

Universität Marburg, »erfuhr ich erst, dass Kempowski in der DDR im Gefängnis gesessen hatte, dass er also gegen den Sozialismus gearbeitet hatte. Von da an erschien er mir als politischer Feind. [... Das] war eine weit verbreitete Haltung in den Kreisen, denen ich angehörte.«[163]

Die Studentenbewegung liebäugelte jedoch nicht nur mit sozialistischem Gedankengut, das manchem die DDR als besseres Deutschland erschienen ließ. Vielen von ihnen galt die Teilung des Landes darüber hinaus wenn nicht als gerechte Strafe für Auschwitz, so doch als logische Konsequenz der nationalsozialistischen Verbrechen.[164] Damit ist das Stichwort benannt, mit dem insbesondere die »68er« die deutsche Erinnerungskultur nachhaltig beeinflussten. Im Nachgang zu den großen NS-Prozessen seit den späten 1950er Jahren[165] klagten sie die moralische »Aufarbeitung« des Nationalsozialismus und mit ihr eine Diskussion über Täter und ihre Nachkriegskarrieren ein.[166] Längst herrscht Einvernehmen darüber, dass diese Diskussion gleichermaßen von der »moralischen Rigorosität der Nachgeborenen« geprägt war wie von der »abwehrende[n] Verstocktheit der Attackierten«.[167] Einerseits ist es dem Insistieren der jüngeren Generation zu verdanken, dass der Verweis auf eigene Leidenserfahrungen nicht mehr als Ausweis einer persönlichen Unschuld an den deutschen Verbrechen akzeptiert wird oder Letztere zu relativieren vermag. Andererseits geriet die Thematisierung deutscher Gewalterfahrungen – ob Bombenkrieg, Flucht und Vertreibung oder Speziallagerhaft – in den Verdacht einer billigen, von rechtskonservativen oder rechtsrevisionistischen Kreisen betriebenen Exkulpation.

Auf die Auseinandersetzungen um deutsche Täter folgte alsbald die Hinwendung zu dem Leben und Sterben ihrer Opfer. Die Aufmerksamkeit richtete sich also zunehmend auf eine Verfolgungsgeschichte ganz anderer Art. Dieser Umschwung sollte die breite Öffentlichkeit spätestens im Januar 1979 mit der Ausstrahlung der amerikanischen TV-Serie »Holocaust« im deutschen Fernsehen er-

---

163 Zit. nach Hempel, Walter Kempowski, S. 150.

164 König, Zukunft, bes. S. 62.

165 Zu den »großen Prozessen« gehören allem voran der Ulmer Einsatzgruppenprozess (1958), der Jerusalemer Eichmann-Prozess (1961) und die drei Frankfurter Auschwitz-Prozesse (1963–1966).

166 Vgl. Schildt, Die Eltern auf der Anklagebank, bes. S. 325.

167 König, Zukunft, S. 35.

reichen.[168] Was das für die stalinistisch Verfolgten wie für andere deutsche Opfergruppen bedeutete, liegt auf der Hand.

Die weiteren, von intensiver zeithistorischer Forschung und Debatten wie dem »Historikerstreit« begleiteten Etappen des Vergangenheitsdiskurses müssen hier nicht ausgeführt werden.[169] Sie trugen allesamt dazu bei, dass die Anerkennung deutscher Verbrechen und die Würdigung der Opfer heute die unhintergehbare Grundlage der deutschen Erinnerungskultur darstellen. Jede Verletzung dieses Konsenses – sei es durch den Schriftsteller Martin Walser anlässlich seiner Rede bei der Verleihung des Friedenspreises des Deutschen Buchhandels 1998 oder durch den baden-württembergischen Ministerpräsidenten Günther Oettinger im Rahmen der Grabrede auf den ehemaligen Marinerichter Hans Filbinger 2007 – wird zu Recht öffentlich geahndet. Mehr als 60 Jahre nach Kriegsende und zwei Jahrzehnte nach dem Mauerfall bleibt eine Frage indes noch immer unbeantwortet: »Welchen Platz nehmen die sowjetischen Speziallager und das SED-Unrecht insgesamt in der deutschen Erinnerungskultur ein und in welchem Verhältnis steht es zur Erinnerung an die nationalsozialistischen Konzentrationslager?«[170]

In den frühen 1990er Jahren wurde um diese Frage erbittert gestritten – anlässlich der Neukonzeption der Gedenkstätten in den neuen Bundesländern, die wie in Buchenwald oder Sachsenhausen vor der Herausforderung standen (und stehen), sowohl NS-Opfern als auch stalinistisch Verfolgten gerecht zu werden und darüber hinaus eine Antwort auf die DDR-Gedenkkultur zu finden, die diese Orte für Jahrzehnte geprägt hatte. Im Zuge dieser Auseinandersetzungen mussten die ehemaligen Speziallagerhäftlinge feststellen, dass die Geschichte nicht auf sie gewartet hat.[171] Stattdessen sahen sie sich mit der »Abwehr der jüngeren Generation« wie der »Kritik der Holocaust-Überlebenden« konfrontiert,[172] die sich lautstark dagegen

168 Vgl. Brandt, Wenig Anschauung?

169 Aus der Fülle an Literatur über erinnerungskulturelle wie geschichtspolitische Vergangenheitsdiskurse seit 1945 bis zur »Berliner Republik« sei neben König, Zukunft, verwiesen auf: Assmann/Frevert, Geschichtsvergessenheit; Dubiel, Niemand ist frei von Geschichte.

170 von Scheliha, Sackgasse Totalitarismus, S. 284.

171 Zu den Kontroversen an den Gedenkorten Buchenwald und Sachsenhausen: Zimmer, Der Buchenwald-Konflikt; Haustein, Geschichte im Dissens.

172 von Plato, Lebensgeschichte, S. 159.

verwahrten, »das Gedenken an die KZ-Haft mit der verdienten Haft der KZ-Aufseher zu vermischen«.[173] Die historischen Forschungsanstrengungen um das sowjetische Speziallagersystem haben diesen und andere Vorwürfe zwischenzeitlich entkräften können. Die Faulenbachsche Formel, weder die NS-Verbrechen zu relativieren noch die stalinistische Verfolgung zu bagatellisieren,[174] tat ihr übriges, dem Streit die emotionale Schärfe zu nehmen.

Eines stellte sich jedoch nicht ein: Trotz der Berufung hochrangig besetzter Historikerkommissionen und der Beteiligung des Bundes an den Debatten um die Erinnerung an die beiden deutschen Diktaturen und ihre Opfer, hinterließen diese Kontroversen keine Spuren in der Öffentlichkeit. Sie bleiben an die jeweiligen Gedenkorte gebunden, weshalb auch Petra Haustein, die mit »Geschichte im Dissens« eine ebenso exzellente wie detaillierte Studie über die Auseinandersetzungen um die Gedenkstätte Sachsenhausen nach dem Ende der DDR vorlegt hat, in einer Hinsicht zu widersprechen ist. Denn so groß die mediale Aufmerksamkeit für das Ende 2001 in Sachsenhausen eröffnete Speziallagermuseum auch war – sie in einem Atemzug mit der Ausstellung »Vernichtungskrieg. Verbrechen der Wehrmacht« des Hamburger Instituts für Sozialforschung seit 1995 zu nennen,[175] geht an der Sache vorbei: Letztere provozierte gesamtgesellschaftliche und generationsübergreifende Debatten, was von der Ausstellung in Sachsenhausen keinesfalls behauptet werden kann.

Jenseits der Gedenkstätten zeigte sich stattdessen, dass die Erinnerungsstränge an deutsche Täterschaft und deutsche Leidenserfahrungen nach wie vor unvermittelt und unvereinbar nebeneinanderste-

173 Mironenko/Niethammer/von Plato, Vorwort der Herausgeber, in: Sowjetische Speziallager 1, S. 11.

174 »Mir ist die gespannte Atmosphäre unvergesslich, die bei der ersten von der Kommission [zur Erarbeitung von Empfehlungen zur Neukonzeption der brandenburgischen Gedenkstätten, B.G.] veranstalteten Anhörung im November 1991 herrschte. Die Lager-Komitees wollten in den früheren Häftlingen der Speziallager nur ehemalige Nazis sehen, die Stalinismus-Opfer in den Repräsentanten der Komitees Kommunisten, die für ihr Leiden verantwortlich waren. [...] In dieser Situation improvisierte ich dann den Satz [...]: ›Die NS-Verbrechen dürfen nicht mit Hinweis auf das Nachkriegsunrecht relativiert, dieses Unrecht aber auch nicht umgekehrt angesichts der NS-Verbrechen bagatellisiert werden‹« (Faulenbach, Konkurrenz der Vergangenheiten?, S. 25).

175 Haustein, Geschichte im Dissens, S. 14.

hen. So brachte Günter Grass' Novelle »Im Krebsgang« über den Untergang der Wilhelm Gustloff oder Jörg Friedrichs Studie »Im Brand« über den Bombenkrieg in Deutschland (beide 2002) wissenschaftliche und feuilletonistische Reaktionen hervor, in denen die Thematisierung deutscher Gewalterfahrungen mitunter als böswillig, zumindest aber als geschichtsrevisionistisch denunziert wurde – eben als Verleugnung deutscher Täterschaft.[176] 2005, als sich das Kriegsende zum sechzigsten Mal jährte, erhielt diese Deutung neuen Auftrieb. Als gelte es, die breite gesellschaftliche Akzeptanz deutscher Verbrechen gegen vermeintlich machtvolle Revisionisten zu verteidigen, wurde nun das Schreckgespenst einer »Renaissance der deutschen Opfertümelei« an die Wand gemalt. Wie schon in den 1950er Jahren, so wurde insinuiert, wollten sich die Deutschen durch den Verweis auf eigene Leiden vor der Verantwortung an den nationalsozialistischen Verbrechen drücken und die Erkenntnis negieren, dass sie »auch und vor allem Täter« waren.[177]

Das Thema Speziallager spielte in diesen Diskussionen überhaupt keine Rolle. Nimmt man die populärwissenschaftlichen Veröffentlichungen der *Zeit*, des *Spiegel*, der *Süddeutschen Zeitung*, der *Frankfurter Rundschau* oder von *GeoEpoche* anlässlich des 60. Jahrestages des Kriegsendes zur Hand, so findet sich allein in der *Süddeutschen Zeitung* ein Beitrag zur Nachkriegsinhaftierung in der sowjetischen Besatzungszone.[178] Die Erinnerung an die Speziallager wird also nicht nur von der Erinnerung an die Opfer der Deutschen überlagert. Sie steht auch hinter Themen wie Kriegsgefangenschaft, Bombenkrieg oder Flucht und Vertreibung zurück. Walter Kempowski

---

176 Zwei Beispiele aus der Presse: Goschler/Ther, »Nach jüdischem Vorbild. Die Vertriebenen nutzen die Konjunktur der Opferdiskurse«, *Süddeutsche Zeitung* vom 1. Dezember 2003, S. 17; Winkler, Nun singen sie wieder, *Süddeutsche Zeitung* vom 27. November 2002, S. 14; an wissenschaftlichen Veröffentlichungen seien erwähnt: Heer, Vom Verschwinden der Täter; Welzer, Von der Täter- zur Opfergesellschaft. Diskursiver: Kettenacker (Hg.), Ein Volk von Opfern?; und Moeller, Germans as Victims?

177 Jostmann, Die neue Opfertümelei, *Süddeutsche Zeitung* vom 13. Dezember 2004. K. Eric Franzen spricht gar von einer »Wiederkehr des Opferdiskurses der fünfziger Jahre in neo-nationalem Gewand« (Franzen, In der neuen Mitte der Erinnerung, S. 52).

178 »Die zwei Wahrheiten von Sachsenhausen«, *Süddeutsche Zeitung* vom 13. Juli 2006 (Befreit. Besetzt. Geteilt. Deutschland 1945–1949).

machte darauf schon in seinem Anfang der 1980er Jahre verfassten Roman mit dem ironischen Titel »Herzlich Willkommen« aufmerksam, in dem er seine ersten Jahre in Freiheit Ende der 1950er Jahre in Hamburg schildert: »Schauerliche Gefangenschaftserlebnisse wurden mir erzählt, Workuta und so weiter, und ich kam mir mit meinen acht Jahren Zuchthaus ziemlich kümmerlich vor.«[179] Süffisanter lässt sich die Hierarchie deutscher Leidenserfahrungen nicht ausdrücken.

Unabhängig vom Stellenwert, den die stalinistisch Verfolgten unter den deutschen Opfern einnehmen – wie allen anderen schlägt ihnen ein diffuses Misstrauen entgegen. Ihr Zeugnis gilt noch immer als diskreditiert. Und zwar nicht nur, weil sie als vormalige »NS-Volksgenossen« unter Tat- oder Mitläuferverdacht stehen, sondern auch, weil ihnen unterstellt wird, den erinnerungskulturellen Konsens aus revisionistischen oder anderen niederen Motiven untergraben zu wollen. Dieses hintergründige Misstrauen könnte auch die unfreiwilligen Relativierungen seitens jener erklären, die sich seit den frühen 1990er Jahren um die Speziallagerforschung verdient gemacht haben. So beschreibt Alexander von Plato die Erfahrungen der Häftlinge mit der Formulierung: »Langeweile, Isolation, Hunger, schlechte sanitäre Verhältnisse, Krankheiten und deren tödliche Bedrohung waren bestimmend.«[180] Angesichts des Umstandes, dass ein Drittel aller Inhaftierten starb, erscheint es unangebracht, von einer »tödlichen Bedrohung« zu sprechen. Hinzu kommt, dass sich die erzwungene »Langeweile« der Gefangenen zweifellos als Psychofolter begreifen lässt. Sie an den Anfang dieser Auflistung zu stellen und dadurch als wichtigsten Aspekt der Haft zu kennzeichnen, erscheint trotzdem unangemessen – von Plato unterläuft dies im gleichen Text noch ein zweites Mal.[181] Ähnlich relativierend liest sich die Einladung der Stiftung Brandenburgische Gedenkstätten anlässlich des 60. Jahrestages der »Inbetriebnahme« des vormaligen Konzentrationslagers Sachsenhausen als Speziallager vom August 2005. Dort ist die Rede von einem »langen beschwerlichen Fußmarsch« – eine Formulierung, die sich angesichts des fast 40 km langen Gewaltmarsches mehrerer Tausend Häftlinge als realitätsferner Euphemismus liest.

---

179 Kempowski, Herzlich Willkommen, S. 226.

180 von Plato, Geschichte, S. 35.

181 Ebenda, S. 47.

»Opfer zweiter Klasse« oder: Die selbstgewählte Isolation

Vor diesem Hintergrund ist es nicht verwunderlich, dass das Selbstbild der ehemaligen Verfolgten von Enttäuschung und Verbitterung geprägt ist. Daran ändern auch die wenigen Versuche einer Popularisierung ihrer Leidensgeschichte nichts. Für einen solchen Versuch steht die gleichnamige Verfilmung von Walter Kempowskis Haftroman »Ein Kapitel für sich«.[182] An den Weihnachtstagen 1979 im ZDF ausgestrahlt, stellt dieser Film bis heute den einzigen Spielfilm über die sowjetischen Haftmaßnahmen dar. Während der Dreharbeiten im Januar 1979 – also zeitgleich zur Ausstrahlung der TV-Serie »Holocaust« – kam es zu einem Zwischenfall, von dem Stefan Schwartz berichtet, der, Jahrgang 1951, den jungen Kempowski im Film spielt. Inkognito verbrachte er zusammen mit einem Schauspielerkollegen eine frühmorgendliche Drehpause in einer Kneipe in Berlin-Kreuzberg:

> »Es dauert nicht lange, da setzt sich ein Mann mittleren Alters an unseren Tisch und fängt an, um es harmlos auszudrücken, uns zu belästigen. Er ist stark angetrunken. [...] Zuerst ist er uns unangenehm, aber nach und nach kommen wir ins Gespräch. [...] Durch Zufall kommt das Gespräch auf Holocaust. Sofort verkrampft sich die Atmosphäre, er wird sehr aggressiv und droht, die Scheiben einzuschmeißen: ›Alles redet jetzt von den Juden, von den KZ, und wir, die wir in Bautzen gesessen haben, da weiß doch keiner was davon.‹ Er brüllt: ›Du hast doch keine Ahnung, Junge, nichts weißt du doch!‹«

Schwartz und seinem Kollegen gelingt es schließlich den Mann zu beruhigen, indem sie ihm von den Dreharbeiten erzählen. Dabei stellt sich sogar heraus, dass er mit Walter und dessen Bruder Robert Kempowski auf einem Saal in Bautzen gelegen hat.

> »Er hat plötzlich das Gefühl, ihm würde Gerechtigkeit widerfahren. Aber: Die KZ und Bautzen, das ist doch wohl ein Unterschied! Das können wir ihm nicht klarmachen. Wir lassen ihn lieber reden.«[183]

---

182 Tatsächlich beruht die Verfilmung (Regie Eberhardt Fechner) auf mehreren Büchern Kempowskis: dem Haftbericht »Im Block«, dem Haftroman »Ein Kapitel für sich« und dem Roman »Uns geht's ja noch Gold«, in dem die ersten drei Nachkriegsjahre in Rostock unter sowjetischer Besatzung aus der Perspektive der Familie Kempowski geschildert werden.

183 Kempowski/Fechner, Tadellöser & Wolff, S. 173f.

Diese Kneipenszene fängt viele der Faktoren ein, die zur Dethematisierung der Speziallager beigetragen haben. Erwähnenswert aber ist sie vor allem, weil sie mit Blick auf das Selbstbild der stalinistisch Verfolgten auf Allgemeines schließen lässt. Sie sehen sich als Opfer einer erneuten Ausgrenzungserfahrung, die heute ihren Ausdruck in der Selbstbezeichnung als »Opfer zweiter Klasse« findet. Dabei geben sie vor, »schon immer«, also seit den frühen 1950er Jahren, in der öffentlichen Wahrnehmung hinter den NS-Opfern rangiert zu haben, genauer noch, sie betrachten ihre Vergangenheit, »als ob sie immer so behandelt worden wären wie heute«.[184] Dazu passt, dass die KgU als Hilfsorganisation für die entlassenen Häftlinge lediglich in einem einzigen Erinnerungsbericht namentlich erwähnt wird[185] und andere, beispielsweise staatliche Hilfsleistungen gänzlich unter den Tisch fallen.[186]

Trotzdem scheint es, als hätten die stalinistisch Verfolgten diesen Status nolens volens über vier Jahrzehnte hingenommen – zumindest, wenn man ihre literarischen Wortmeldungen zum Maßstab nimmt: Bis 1989/90 wurden lediglich 17 Haftberichte und -romane[187]

---

184 von Plato, Lebensgeschichte, S. 159; vgl. ders., Opfer-Konkurrenten, bes. S. 89.

185 So bei Schwollius, Todeszelle, S. 57f. Ansonsten erwähnen lediglich Pfeiffer, Riemann und Schuster, dass ihnen Unterstützung durch den Staat oder Häftlingsverbände zu teil geworden ist. Allerdings werden diese Leistungen in allen drei Fällen angeführt, um das Desinteresse der Öffentlichkeit sowie staatlicher Stellen gegenüber den ehemaligen Häftlingen zu betonen (Pfeiffer, Abgeholt, S. 216; Riemann, Schleife, S. 191; Schuster, Vom Speziallager Buchenwald in den Goldenen Westen, S. 103, 227).

186 Diese Beobachtung korreliert mit den Erfahrungen von Platos: Sein Oral-History-Projekt brachte Mitte der 1990er Jahre zum Vorschein, dass sich seine westdeutschen Gesprächspartner erst auf explizite Nachfrage an den anfänglichen Medien- und Politikrummel erinnerten, der um sie als Opfer des Kalten Krieges gemacht worden war (von Plato, Lebensgeschichte, S. 158).

187 In der Reihenfolge ihres Erscheinens: Sonnet, Bolschewismus; Eichler, Ein Wort; Volker (Pseud.), Sibirien; Müthel, Für dich blüht kein Baum; Noebe, Wie es wirklich war; Griese, Der Wind; Bedau, Menschen im Regal; Klein, Jugend zwischen den Diktaturen; Kempowski, Im Block; ders., Ein Kapitel für sich; Wilhelm, Ohne Stein und ohne Namen; Stern, Der Westen schweigt; Bechler, Warten auf Antwort; Kleinhardt, Jedem das Seine; Podolski, Verlorene Zeit; Grabe, Drei Stationen Rot;

sowie zwei Sammelberichte veröffentlicht, worunter Zusammenstellungen mehrerer Zeitzeugenberichte zu verstehen sind.[188] Rechnet man die Berichte von André Sonnet, Wolfgang Eichler, Horst von Schlichting alias Hagen Volker und Will Noebe, die autobiographischen Romane von Eva Müthel und Friedrich Griese sowie das publizierte RIAS-Hörspiel von Georg Bedau heraus, die sämtlich vor 1961 erschienen sind, wurden parallel zur Dethematisierung der Speziallagerhaft sogar nur zehn monographische Hafterinnerungen publiziert, von denen zwei von Walter Kempowski stammen.

Mit dem Roman »Ein Kapitel für sich« gelang Kempowski Anfang 1980 für vier Wochen sogar der Sprung in die Bestsellerliste des *Spiegels*[189] – zweifellos eine Folge der an den Weihnachtsfeiertagen zuvor ausgestrahlten Verfilmung seines Buches, in das er – anders als in seinem literarischen Debüt »Im Block« aus dem Jahr 1969 – auch die Perspektive seines mitinhaftierten Bruders Robert wie seiner wegen angeblicher Mitwisserschaft verurteilten Mutter Margarethe aufgenommen hat. 1978 erschien ein weiterer Haftbericht, der sich wie »Ein Kapitel für sich« als Longseller erweisen sollte: Margret Bechlers »Warten auf Antwort« liegt inzwischen in der 22. Auflage vor und wurde bis Oktober 2007 192379-mal verkauft.[190] Dieser Erfolg dürfte nicht zuletzt darin begründet sein, dass es sich bei Bechlers Buch um eine Doppelbiographie handelt: Parallel zu ihrer fast zwölfjährigen Inhaftierung wird, Kapitel für Kapitel, die steile Karriere ihres Ehemanns Bernhard nachgezeichnet. In Stalingrad in Kriegsgefangenschaft geraten, gehörte der vormalige NS-Parteigenosse zu den Gründungsoffizieren des Nationalkomitees Freies Deutschland (NKFD), weshalb er von den Nazis in Abwesenheit zum Tode verurteilt wurde. Den Preis für seinen »Seitenwechsel« zahlte gleichwohl seine Frau: Von der Gestapo wegen der Treue zu ihrem Mann unter Druck gesetzt und durch die Sticheleien linientreuer Nachbarn zermürbt, verschuldete sie 1944 die Verhaftung und anschließende Hinrichtung eines Kommunisten – und wurde deshalb im Juni 1945

Range, Das Konzentrationslager Fünfeichen. Nicht mitgezählt sind zwei Veröffentlichungen in den USA, auf die später zurückzukommen sein wird: Noble, I was a Slave; ders., I Found God in Russia.

188 Zwischen Waldheim und Workuta. Erlebnisse politischer Häftlinge; Taege (Hg.), Die Gefesselten.

189 *Der Spiegel*, Nr. 4 bis 7, 1980.

190 Für diese Angabe danke ich dem Ullstein-Verlag, Berlin.

auf Drängen der Angehörigen des Opfers (noch unter amerikanischer Besatzung) interniert, später in Waldheim zunächst zum Tode und dann zu lebenslanger Haft verurteilt. Ihr Mann indes, der bereits 1947 die Scheidung eingereicht hatte, überließ sie ihrem Schicksal, obwohl er in der SBZ/DDR Karriere machte und sich kraft seiner politischen und militärischen Ämter mit guten Aussichten auf Erfolg für sie hätte verwenden können.[191] Diese »Doppelgeschichte« findet ausweislich der Verkaufszahlen noch heute Anklang, verweist doch der Gegensatz von unpolitischer Ehefrau und Mutter und ihrem überaus karrierebewussten Ehemann auf die Tragik eines Frauenschicksals in einer von Männern dominierten Welt.

Obwohl sich sowohl Kempowskis Roman wie Bechlers Bericht gut verkauften, lässt sich nicht behaupten, dass sie zu einer nachhaltigen Diskussion um den Opferstatus stalinistisch Verfolgter beigetragen hätten. Die anderen in den Jahrzehnten vor dem Mauerfall publizierten Hafterinnerungen verhallten erst recht – wohl auch, weil sich einige dieser Texte dem Zeitgeist der Entspannungspolitik widersetzten. So ist Manfred Kleins »Jugend zwischen den Diktaturen« aus dem Jahr 1969 als zeitnaher Beitrag zu den Diskussionen um eine Politik zu lesen, die sich dem »Wandel durch Annäherung« verschrieben hatte. Ihm geht es um eine politische Gegenposition, was schon daran zu erkennen ist, dass Klein von seiner neunjährigen Haft von 1947 bis 1956 wenig Aufhebens macht: Die Schilderung dieser Jahre nimmt lediglich die letzten 20 seines etwa 100 Seiten starken Berichts ein, während die ersten 80 Seiten seiner zunehmend den eigenen demokratischen Vorstellungen widersprechenden Tätigkeit in der Jugendarbeit in der SBZ gewidmet sind. Er tritt damit als Experte auf, der den »guten Willen […] ›zur weltanschaulichen Koexistenz‹« im Lichte eigener Erfahrung hinterfragt.[192]

---

191 Vgl. Lapp, Ulbrichts Helfer, bes. S. 47–52, 213.

192 Klein, Jugend zwischen den Diktaturen, S. 9. Kleins Bericht ist noch in weiterer Hinsicht als aktuelle Antwort auf den politischen und gesellschaftlichen Wandel der 1960er Jahre zu verstehen. Obwohl er sein Buch »der Jugend im anderen Teil Deutschlands« widmet, richtet sich der nunmehr 43-Jährige explizit an die Jugend in Westdeutschland: »Da es aber in Deutschland zu den Vorwürfen zwischen den Generationen zählt, dass man nicht genügend achtsam gewesen wäre oder gar aus der Vergangenheit nichts lernen wolle, möchte ich für meinen Teil dem Vorwurf insoweit entgegenwirken, dass ich jedem, der seine Schlüsse aus diesem geschichtlichen Geschehen ziehen will, dazu Gelegenheit gebe« (ebenda).

ANNEROSE MATZ-DONATH
DIE SPUR DER ROTEN SPHINX
DEUTSCHE FRAUEN VOR SOWJETISCHEN MILITÄRTRIBUNALEN
Verlag S. Bublies

Manfred Klein
Jugend zwischen den Diktaturen
1945/56
v. Hase & Koehler

WALTER PRITZKOW
NKWD
Sonderlager Nr. 7
Sachsenhausen

DIE SCHLEIFE AN STALINS BART
Erika Riemann

Wolfgang Schuster
Im Konzentrationslager
1945 - 1950
Ein Zeitzeugenbericht

WOLFGANG SCHUSTER
VOM SPEZIALLAGER BUCHENWALD IN DEN GOLDENEN WESTEN
EIN NEUANFANG NACH JAHREN IN SOWJETISCHER HAFT

Der Schauspieler Joachim R. Stern, der seit 1947 als 19-jähriger Neulehrer wegen angeblicher Spionage sieben Jahre in Haft verbracht hatte, ging 1975 mit »Und der Westen schweigt!« noch einen Schritt weiter und legte eine emotionale Denunziation der Entspannungspolitik vor. Eigene Erfahrungen werden in diesem Buch mit einer Vielzahl offizieller Dokumente über die politische Repression in der SBZ und DDR zu einer Anklageschrift gegen die Bundesregierung verwoben, die aus Sterns Sicht mit der neuen Ostpolitik eine reine »Gefälligkeitspolitik« betrieb, aus falscher Rücksichtnahme die »Wahrheit« verschwieg und die Opfer verhöhnte.[193] Dabei verwandeln sich bei ihm auch Nazis – eine Bezeichnung, die er mitunter in Anführungszeichen setzt[194] – unter der Hand in demokratische Freiheitskämpfer gegen die Politik der sowjetischen Besatzungsmacht – eine Verkürzung, die umso bitterer aufstößt, weil Stern sein Pamphlet in einem rechtsradikalen Verlag veröffentlichte, der zeitgleich den Massenmord an den europäischen Juden leugnende Bücher publizierte.[195] Mit der Wahl eines solchen Verlages stand Stern damals nicht allein da.[196] Oder anders gesagt: Mit Blick auf Inhalt und Verlagsort war die Isolation der ehemaligen Häftlinge in der Bundesrepublik auch eine selbstgewählte.[197]

Ein letzter Versuch: Die Publikationsoffensive nach 1989/90

Erst die Wende des Jahres 1989/90 sollte von den stalinistisch Verfolgten als Möglichkeit wahrgenommen werden, sich aus eigener Kraft an eine breite Öffentlichkeit zu wenden – sei es, weil sich nun die Gelegenheit ergab, die Geschichte der DDR neu zu interpretieren, sei es, weil sie sich vor dem Hintergrund der in den Gedenkstätten geführten Debatten um die »doppelte Vergangenheit« in die NS-Ecke ge-

---

193 Stern, Der Westen schweigt, S. 11, 295.

194 Ebenda, S. 84.

195 Vgl. Wippermann, Konzentrationslager, S. 112 (Fußnote 10).

196 Auch Wilhelm, Ohne Stein; und Taege (Hg.), Die Gefesselten.

197 Erstaunlicherweise erfuhr die Erinnerungsliteratur ehemaliger DDR-Häftlinge zeitgleich eine »Blütezeit«. Allein zwischen 1980 und 1986 erschienen 14 Titel über die Stasi-Haft (vgl. Bilke, Unerwünschte Erinnerungen, hier S. 804f.).

drängt sahen. Was auch immer den Ausschlag gegeben hat: Binnen fünf Jahren wurden 17 Erinnerungsberichte veröffentlicht – also ebenso viele wie in den 40 Jahren zuvor. Bis zum Jahr 2007 sind noch einmal 41 Publikationen hinzugekommen, so dass einschließlich zweier in den USA veröffentlichter Berichte insgesamt 77 autobiographische Erzählungen (von 69 Autoren) vorliegen.[198] Zusätzlich sind seit der Wiedervereinigung 34 Sammelbiographien erschienen, so dass bis heute insgesamt 36 Zusammenstellungen mehrerer Haftberichte ediert wurden.[199] Diese Publikationsoffensive basiert teilweise auf Texten, die unmittelbar nach der Entlassung für die Schublade verfasst worden waren – und zwar sowohl in Ost wie West.[200] In ihrer überwiegenden Mehrheit aber handelt es sich um Berichte, die nach dem Mauerfall und im Abstand mehrerer Jahrzehnte niedergeschrieben wurden. Ihre Verfasser waren als Jugendliche oder junge Erwachsene verhaftet worden und befanden sich nun im Rentenalter.

Dabei wurden und werden sie von namhaften Verlagen unterstützt. Nachdem vor 1989/90 Haftberichte unter anderem bei Rowohlt, Fischer oder Suhrkamp erschienen waren, zogen jetzt weitere große Verlage nach, so dass heute jedes der bekannteren Verlagshäuser mindestens einen Erinnerungstext im Programm hat; Dietz, der ehemalige SED-Verlag, sogar drei.[201] In Verlagen mit rechtslastigem

---

198 Zu diesen Zahlenangaben siehe die gesonderte Bibliographie im Anhang dieser Arbeit. Nicht aufgenommen wurden Texte, deren Verfasser zu den »Mobilisierten« zählen oder die unmittelbar nach ihrer Verurteilung in die UdSSR deportiert wurden (zu diesem Autorenkreis siehe Jenker, Erinnerungen politischer Häftlinge). Mit der vorliegenden Aufstellung wird kein Anspruch auf Vollständigkeit erhoben. Sie basiert in Teilen auf den Bibliographien von Bilke, Eberhardt und Finn, wobei hier jedoch gewährleistet wird, dass ausschließlich Titel aufgenommen wurden, deren Verfasser auch tatsächlich zu dem genannten Opferkreis gehören. So finden sich in der Bibliographie Eberhardts u.a. die Erinnerungen des nach Kriegsende in den Niederlanden internierten Juden Friedrich Weinreb (Bilke, Unerwünschte Erinnerungen, S. 796–825; Eberhardt, Verschwiegene Jahre, S. 369–374; Finn, Bericht zur neueren Literatur, S. 205–244).

199 Siehe auch hier die Bibliographie im Anhang, mit der kein Anspruch auf Vollständigkeit erhoben wird.

200 Nur je ein Beispiel: Kathke, Jugend (Ost); und Pritzkow (Pseud.), NKWD (West).

201 Fischer, Schweigen; dies., Last des Schweigens; dies., Im eigenen Land verschollen.

Profil wurden seit dem Mauerfall ebenfalls drei Hafterinnerungen und ein Sammelbericht publiziert.[202] Unterstützung wurde den Autoren ferner durch die Gedenkstätten in den neuen Bundesländern und die jeweiligen »Landesbeauftragten für die Unterlagen des Staatssicherheitsdienstes der DDR« zuteil. Deren Publikationsreihen stellen heute die wichtigste gesellschaftspolitische Plattform für die Verfasser von Erinnerungsberichten dar – jedoch mit begrenzten Kapazitäten und mit Broschüren, die häufig nicht im freien Buchhandel erhältlich sind.

Mehr als die Hälfte der jüngeren Veröffentlichungen wurde hingegen ohne institutionelle Förderung oder fern etablierter Verlagshäuser publiziert. Dabei griffen die Autoren selten auf die neuen Medien und damit auf kostengünstige Internetpublikationen oder Book-on-Demand-Lösungen zurück.[203] Häufiger finanzierten sie die Veröffentlichung in Selbstverlagen, kleinen Heimatverlagen oder beim Berliner Frieling-Verlag, der gegen Entgelt Autoren sucht. Allein bei Frieling sind seit 1989/90 sieben Berichte erschienen, in Selbst- und Heimatverlagen wurden mehr als 22 Bücher veröffentlicht. Das ist ein Vielfaches der Publikationen unter der kostenfreien Trägerschaft der Gedenkstätten oder »Landesbeauftragten«, die fünf monographische Erinnerungstexte veröffentlicht haben.[204] Diese Zahlen sagen nichts über den Umfang der tatsächlich verfassten, aber niemals veröffentlichten Erinnerungstexte.[205] Wohl aber führen sie die Dringlichkeit vor Augen, mit der sich die letzten Träger der lebendigen Erinnerung in der Diskussion zu positionieren versuchen, die mit dem Mauerfall über sie hereinbrach.

---

202 In der Reihenfolge ihres Erscheinens bei Grabert, Verlagsgemeinschaft Berg, S. Bublies und Förster: Schirmer, Sachsenhausen – Workuta; Klemke, Geiseln; Matz-Donath, Sphinx; Noble, Verbannt und verleugnet.

203 Vgl. Book on Demand: Schuster, Im Konzentrationslager; Schmitz, Bautzen.

204 Unter dieser Trägerschaft sind jedoch neun Sammelberichte erschienen sowie ein auf lebensgeschichtlichen Interviews beruhendes Porträt: Kilian, »From Special Camp No. 1 to U.S.«.

205 Allein in der Gedenkbibliothek für die Opfer des Stalinismus in Berlin finden sich mehr als 20 unveröffentlichte Manuskripte; weitere sieben nicht publizierte Texte wurden für das Kapitel »Hafterfahrungen« ausgewertet.

Die nachfolgende Betrachtung stützt sich auf jene 77 autobiographischen Erinnerungstexte, die seit der Auflösung der Speziallager bis 2007 publiziert worden sind. Gänzlich ausgeklammert werden Haftgedichte.[206] Vereinzelt wird auch auf Sammelberichte zurückgegriffen,[207] insgesamt aber liegt der Schwerpunkt auf der selbstverfassten Prosa ehemaliger Häftlinge, wobei kein Unterschied zwischen Haftberichten und Haftromanen gemacht wird. Ihre Verfasser wurden allesamt vor der Staatsgründung der DDR verhaftet und verbrachten zumindest einen Teil ihrer Haftzeit in einem sowjetischen Speziallager. Einige von ihnen wurden während des Haftverlaufs in die UdSSR deportiert, 1950 in Waldheim (nach)verurteilt oder als SMT-Verurteilte in ostdeutschen Gewahrsam überstellt. Dabei gilt folgende Faustregel: Je älter die Verfasser zum Zeitpunkt ihrer Inhaftierung waren, desto wahrscheinlicher ist es, dass sie zu den Internierten zählten (und gegebenenfalls in Waldheim verurteilt wurden). Je jünger sie waren, desto größer ist die Wahrscheinlichkeit, dass sie vor einem SMT gestanden haben (und im Zuge der Lagerauflösungen 1950 nicht entlassen wurden).

Nur drei der insgesamt 69 Autoren wurden vor der Jahrhundertwende geboren, weitere 13 vor Ausbruch des Ersten Weltkrieges, einer 1918, alle anderen in den 1920er Jahren, die meisten zwischen 1925 und 1930. Deutlicher lässt sich kaum anzeigen, dass die Speziallagerliteratur insgesamt kein repräsentatives Bild von der Haft wiedergibt, da die Perspektive derer überwiegt, die in den Lagern in zweifacher Hinsicht eine Minderheit stellten: als Jugendliche oder junge Erwachsene und als SMT-Verurteilte.[208] Diese Perspektivver-

---

206 Gleichwohl schließe ich mich dem Urteil von Wolfgang Natonek an, dem Mitherausgeber eines Bandes von Haftgedichten. Selbst von 1948 bis 1956 inhaftiert, schreibt er, dass die Gedichte nicht als Lyrik zu lesen sind, sondern dass sie sich durch ihre Unmittelbarkeit der Aussage auszeichnen (Pförtner/Natonek [Hg.], Ihr aber steht im Licht, bes. S. 6).

207 Voraussetzung ist in diesen Fällen, dass die jeweiligen Textbeiträge von ehemaligen Häftlingen verfasst wurden. Ausgeklammert werden also Veröffentlichungen, die auf transkribierten Interviews beruhen und von Dritten – zumeist Mitarbeitern von Gedenkstätten – thematisch nach verschiedenen Haftaspekten oder zu Kurzporträts der Verfolgten aufbereitet wurden. So etwa in: Hunger – Kälte – Isolation; oder Drescher, Haft am Demmlerplatz.

208 Ebenfalls anzumerken ist, dass verhältnismäßig viele Erinnerungen weiblicher Häftlinge vorliegen.

schiebung kündigte sich Ende der 1960er Jahre an, als Manfred Klein und Walter Kempowski binnen Jahresfrist ihre Hafterinnerungen veröffentlichten. 1925 und 1929 geboren, waren beide von einem SMT abgeurteilt worden.[209] Mit der Publikationsoffensive seit 1989/90 verfestigte sich dieser Trend – mit dem Ergebnis, dass Erinnerungstexte derer, die in den Lagern in der Mehrheit waren, deutlich unterrepräsentiert sind. Daran ändern auch die sechs Berichte aus der Feder erwachsener Internierter nichts, die nach dem Mauerfall – teils postum – veröffentlicht worden sind.[210]

Die Altersdifferenz der Autoren kann bis zu 40 Jahre betragen: Der 1890 geborene Friedrich Griese war zu Beginn seiner Internierung 55 Jahre alt; Arnulf H. Putzar, einer der jüngsten SMT-Verurteilten unter den Verfassern, wurde während der Untersuchungshaft 15 Jahre alt. Trotzdem wirkt die Gruppe der Autoren insgesamt relativ homogen. Das gilt zunächst mit Blick auf ihr politisches Profil, auch wenn dessen Erfassung enge Grenzen gesetzt sind. Soweit ersichtlich, lässt sich jedoch festhalten, dass keinem von ihnen – ob jung oder alt – nationalsozialistische Verbrechen oder Verbrechen gegen die Menschlichkeit nachzuweisen sind. Nach dem anderen Extrem – also nach aktiven Widerständlern gegen den Nationalsozialismus – sucht man unter den erwachsenen Häftlingen ebenfalls vergebens.[211] Mit Ausnahme Margret Bechlers scheint aus dieser Altersgruppe auch niemand mit dem nationalsozialistischen Repressionsapparat konfrontiert worden zu sein. Nicht einmal André Sonnet, der wie geschildert im Speziallager mit dem Kommunismus brach, deutet dergleichen an. Stattdessen handelt es sich bei den Verfassern, die als Erwachsene interniert worden waren, fast durchgän-

---

209 Klein, Jugend zwischen den Diktaturen; und Kempowski, Im Block. Eine Vorläuferin hatten sie in Müthel, Für dich blüht kein Baum.

210 Bacmeister, Der lange Weg; Berner, Spezialisten; Napol (Pseud.), Ein Gebet wird erhört; Schirmer, Sachsenhausen – Workuta. Postum von den Söhnen veröffentlicht: Klotz, So nah der Heimat; Weisshuhn, Ich komme wieder.

211 Das heißt jedoch nicht, dass sich in den Lagern keine Widerständler befunden hätten. Zu den Prominentesten zählen vermutlich Justus Delbrück und Ulrich Freiherr von Sell (»20. Juli«) sowie Horst von Einsiedel (Kreisauer Kreis). Alle drei verstarben während der Haft. Beispiele für doppelte Verfolgungserfahrungen von Kommunisten und Sozialdemokraten finden sich in: Boll (Hg.), Verfolgung und Lebensgeschichte.

gig um Parteigänger der NSDAP, von denen einige auch parteipolitisch aktiv waren – sei es wie Paul Weisshuhn als Blockleiter oder wie Horst von Schlichting alias Hagen Volker als stellvertretender Ortsgruppenleiter.[212] Letzterer gehörte seit 1937 auch der SA an, die er laut Selbstauskunft wegen beruflicher Überbelastung 1941 im Rang eines Sturmführers z.b.V. verlassen haben will.[213] Von Arnold Bacmeister ist bekannt, dass er 1936 der SS beigetreten war.[214]

Ähnlich verhält es sich mit der jüngeren Altersgruppe unter den Verfassern. Dass auch ihr Organisationsgrad innerhalb des »Dritten Reichs« als hoch einzuschätzen ist, liegt schon wegen der seit dem 1. Dezember 1936 obligaten Einbindung in die nationalsozialistischen Jugendorganisationen nahe. Inwieweit sie dabei Funktionen ausübten, ist jedoch nur in Einzelfällen nachvollziehbar – also dann, wenn sie wie Ursula Fischer, Gruppenführerin einer Jungmädelgruppe, explizit darauf zu sprechen kommen.[215] Andererseits finden sich in dieser Altersgruppe einige wenige, die den Nationalsozialismus von seiner verbrecherischen Seite kennengelernt hatten. Das gilt insbesondere für Robert Zeiler, der als sogenannter Halbjude im Konzentrationslager Buchenwald inhaftiert worden war.[216] Über Hafterfahrungen verfügten auch Hans-Peter Range wegen defätistischer Äußerungen, Walter Hoffmann wegen unerlaubter Entfernung aus einem Wehrertüchtigungslager und Manfred Klein wegen seiner Zugehörigkeit zur katholischen Jugend.[217]

Manfred Klein ist noch in einer anderen Hinsicht als Ausnahmefall anzuführen. Er gehört zu den wenigen Verfassern, die ihre Erinnerungen aus der Perspektive politischer Dissidenten niedergeschrieben haben, die, nach anfänglichem Engagement für einen demokratischen Neuanfang, zu Widerständlern in der SBZ wurden. Man will kaum glauben, dass insgesamt nur fünf solcher Berichte vorliegen, von denen zwei, darunter Kleins, vor 1968 und drei nach 1990 er-

---

212 Weisshuhn, Ich komme wieder, S. 30; für die Angaben zu Horst von Schlichting alias Hagen Volker danke ich Bodo Ritscher von der Gedenkstätte Buchenwald.

213 Ebenda.

214 Kirsten, Landsberg, S. 100.

215 Fischer, Schweigen, S. 13.

216 Zeiler, Eingesperrt von meinen Befreiern.

217 Hoffmann, Henker sind unsterblich; Range, Konzentrationslager Fünfeichen; Klein, Jugend zwischen den Diktaturen.

schienen sind.[218] Erwähnenswert ist ferner, dass vier dieser fünf Autoren nach ihrer Entlassung in den Westen übersiedelten, wo sie weiterhin politisch aktiv waren – sei es wie Manfred Klein als Abgeordneter und Fraktionsgeschäftsführer der Westberliner CDU oder wie Dieter Rieke, der für den *Vorwärts* journalistisch tätig war und sich für den »Sozialdemokratischen Arbeitskreis ehemaliger politischer Häftlinge der SBZ/DDR« engagierte.[219] Allein über diese kleine Gruppe – drei Männer und eine Frau – liegen verlässliche Angaben zu ihren politischen Lebenswegen vor.

Zwar wird in einigen Erinnerungsberichten ostdeutscher Verfasser eine parteipolitische Entscheidung angesprochen, die sie heute – nach 1989/90 – in Erklärungsnöte bringt. Gemeint ist ihr Beitritt zur SED.[220] Wie in jeder Diktatur ist der Eintritt in eine Staatspartei jedoch nicht zwingend als Ausdruck politischer Übereinstimmung zu werten und führt bei dem Versuch, das politische Profil der Autoren dieser Altersgruppe zu erfassen, nicht wirklich weiter. Was bleibt, ist die Vermutung, dass sie in ihrer überwiegenden Mehrheit zu rechtskonservativen Haltungen neigen. Wichtigstes Indiz ist dabei der erfahrungsgesättigte Antikommunismus vieler stalinistisch Verfolgter, der sich in ihren Texten oftmals in einer einseitigen, auf den Kommunismus fixierten Totalitarismusinterpretation niederschlägt. Extreme Positionen sind ihnen deshalb noch lange nicht nachzusagen. Das beste Beispiel dafür ist Walter Kempowski. Von ihm ist hinlänglich bekannt, dass er sich »seine Feindschaft gegenüber dem ersten Arbeiter- und Bauernstaat auf deutschem Boden« immer bewahrte.[221] Ihn deshalb am rechten Rand des politischen Spektrums zu verorten, wäre jedoch nachgerade absurd.

Leichter ist es, den Bildungshintergrund der Autoren zu erfassen, der insgesamt als gut bis gehoben zu bezeichnen ist. Das gilt im Besonderen für die Altersgruppe der vor dem Ersten Weltkrieg Geborenen. Hier finden sich mit Ernst-E. Klotz und dem SS-Angehörigen Arnold Bacmeister promovierte Akademiker, die zudem durch ihren Beruf mit Textarbeit vertraut waren: Ersterer im Schuldienst und der

218 In der Reihenfolge ihres Erscheinens: Müthel, Für dich blüht kein Baum; Klein, Jugend zwischen den Diktaturen; Bordihn, Bittere Jahre; Rieke, Geliebtes Leben; Ewald, Ein guter Kampf.

219 Vgl. Fricke u.a. (Hg.), Opposition und Widerstand, S. 84–89 und 162–165.

220 Vgl. Fischer, Schweigen, S. 197; oder Schulz, Rückkehr, S. 37.

221 Rutschky, Unbelebte Erinnerung, S. 129.

Lehrerausbildung, Letzterer als Leiter der Filmprüfstelle des Reichspropagandaministeriums von 1938 bis 1945.[222] Andere wiederum hatten das Schreiben zu ihrem Beruf gemacht. Horst von Schlichting, der seine Hafterinnerungen 1958 unter dem Pseudonym Hagen Volker veröffentlichte, war nicht als Einziger aus diesem Kreis in der Reichschrifttumskammer organisiert.[223] Mit Friedrich Griese, interniert im Speziallager Nr. 9 Fünfeichen, ist zudem der berühmteste NS-Schriftsteller überhaupt benannt. Aus heutiger Sicht gilt er zwar als einer der »schlichtesten Köpfe unter den NS-Literaten«, vor Kriegsende aber zählte er »zu den am häufigsten mit Literaturpreisen ausgezeichneten Autoren«.[224]

Auch die Verfasser, die als Jugendliche oder junge Erwachsene inhaftiert worden waren, verfügen in vielen Fällen über eine akademische Ausbildung – selbst dann, wenn sie sich nach der Entlassung für ein Leben in der DDR entschieden hatten.[225] Unabhängig davon, ob

---

222 Vgl. die vom Sohn erstellte Kurzvita: Klotz, So nah der Heimat, S. 168; zu Bacmeister: Kirsten, Landsberg, S. 100.

223 Für diesen Hinweis danke ich Bodo Ritscher von der Gedenkstätte Buchenwald. Neben Horst von Schlichting waren auch Suse von Hörner-Heinze und Gertrud Lehmann-Waldschütz in der Kammer organisiert. Beide Frauen hatten sich während der NS-Zeit mit Heimatromanen hervorgetan, Hörner-Heintze zum Beispiel mit einem Lebensroman einer Frontschwester (»Die große Kameradin«, 1940) oder der Darstellung eines wolhyniendeutschen Schicksals (»Weit war der Weg«, 1942). Zu den Romanen Lehmann-Waldschütz' zählen »Regine und ihr See« (1942) und »Fremder Vogel« (1943). Hafterlebnisse werden erzählt in Hörner-Heintze: Zwischen Waldheim und Workuta, S. 19–22, 26–29; sowie in Taege (Hg.), Die Gefesselten, S. 15–17, 135f. Dort finden sich auch Beiträge von Lehmann-Waldschütz (ebenda, S. 18–23, 128).

224 Busch, NS-Autoren, S. 13, 44.

225 Diese Beobachtung ist nicht ohne weiteres zu verallgemeinern. Die Haftdauer (nach der Überstellung in ostdeutschen Gewahrsam 1950) wie auch gesundheitliche Haftfolgeschäden stellen Einflussfaktoren dar, die den Einstieg ins Berufsleben und weitere Karriereschritte behindern konnten. Andererseits hat Tina Kwiatkowskis Studie über den Werdegang von mehr als 250 aus dem Speziallager Buchenwald entlassenen jugendlichen Häftlingen in Ost und West ergeben, dass ihnen das Bildungssystem in der DDR höhere Abschlüsse ermöglichte als das in der Bundesrepublik (Kwiatkowski, Nach Buchenwald, S. 84). Auch Eva Ochs spricht angesichts der späteren beruflichen Karrieren ehemals jugendlicher Häftlinge in Ost und West von einem »Enttypisierungsschock«: »Den Ostdeutschen ging es lange nicht so schlecht, den West-

die Autoren ihr Erwachsenenleben in Ost- oder Westdeutschland verbracht haben, finden sich unter ihnen Ärzte, Universitätsprofessoren und Lehrer.[226] Musische Berufe wie Schauspieler oder Theaterregisseur wurden ebenfalls hier wie dort ausgeübt.[227] Hinzu kommt eine ganze Reihe von Journalisten, auch wenn sie mehrheitlich im Westen tätig waren.[228] Die zweite große Berufsgruppe unter den Verfassern dieses Alters stellen technische und kaufmännische Angestellte, die – ob in West oder Ost – nicht selten in leitenden Funktionen tätig waren.[229] Im Gegensatz zu der Altersgruppe der vor dem Ersten Weltkrieg Geborenen finden sich unter den Autoren der jüngeren Haftgeneration also auch zahlreiche, die weder durch ihre Ausbildung noch von Berufs wegen mit Textarbeit vertraut sind. Sie stellten sich dieser Herausforderung zum ersten Mal, als sie ihre Hafterinnerungen im Rentenalter niederschrieben.

»Graue Literatur«

Doch auch den nach der Wende publizierenden Häftlingen war es nicht vergönnt, eine breite Öffentlichkeit zu erreichen. Nur ein einziger der

---

deutschen nicht so gut, wie man erwartet hatte« (Ochs, Heute kann ich das ja sagen, S. 324).

226 Um nur einige Namen zu nennen: Wolfgang Hardegen praktizierte in der Bundesrepublik als Arzt, Horst Wiener in der DDR. Mit Walter Meyer und Eberhart Schulz sind zwei ostdeutsche Universitätsprofessoren bzw. Dozenten der Geschichtswissenschaft benannt. Walter Kempowski und Werner Pfeiffer ließen sich in Westdeutschland zu Lehrern ausbilden, Ursula Fischer in Ostdeutschland.

227 Der Schauspieler Joachim R. Stern, der nach seiner Entlassung in den Westen gegangen war, wurde spätestens 1998 mit der Verfilmung von Strittmachers »Der Laden« bundesweit bekannt. Wolfgang Pintzka war am Berliner Ensemble als Regisseur ausgebildet worden.

228 Annerose Matz-Donath, Eva Müthel und Dieter Rieke arbeiteten in der Bundesrepublik als TV- oder Printjournalisten, Karl-Heinz Gerstner, der allerdings nur sechs Monate interniert war, zählte zu den beliebtesten Fernsehjournalisten der DDR.

229 So leitete Waltraud Marschhausen eine Filiale der ostdeutschen Handelsorganisation Industriewaren (HO), Gerhard Nattke war für die Disposition in einem westdeutschen Unternehmen verantwortlich (Marschhausen, Das Auf und Nieder einer Frau aus Ketschendorf; und Nattke, Vom Mittelschüler über Buchenwald zum DDR-Eisenbahner).

seit 1989/90 veröffentlichten Haftberichte konnte an die Erfolge von Margret Bechler und Walter Kempowski anknüpfen: »Die Schleife an Stalins Bart. Ein Mädchenstreich, acht Jahre Haft und die Zeit danach« von Erika Riemann. 2002 erschienen, stand die Lebensgeschichte dieser Frau, die als 14-Jährige inhaftiert worden war, weil sie aus Jux und Dollerei ein Porträt Stalins in der Schule mit Lippenstift »verschönert« hatte, zum Jahreswechsel 2003/2004 für mehrere Wochen auf den Bestsellerlisten des *Spiegels* und der *Welt*.[230] Zuvor war Riemann bei *Kerner* und *Stern TV* aufgetreten. Diese Human-Interest-Formate vermochten ihr Buch vor dem Hintergrund des seit der Jahrtausendwende zunehmenden Interesses an kriegsbedingten Kinderschicksalen zu popularisieren. Dennoch fällt Riemanns Text aus dem Rahmen, wie der Vergleich mit Peter Bordihn zeigt. Dessen Buch »Bittere Jahre am Polarkreis. Als Sozialdemokrat in Stalins Lagern« – 1990 als erster Haftbericht aus der Feder eines Ostdeutschen veröffentlicht[231] – wurde zwar vom *Spiegel* und in zahlreichen Tageszeitungen wie auch in wissenschaftlichen Zeitschriften als Zeugnis einer sozialdemokratischen Widerstandstradition gewürdigt, beim Publikum aber fiel das Buch durch: Bis Ende 1994 wurden 1769 Exemplare verkauft[232] – ein ähnlich enttäuschendes Ergebnis wie im Fall Walter Kempowskis. Sein von der Kritik hochgelobter Erstling »Im Block« aus dem Jahr 1969 hatte sich innerhalb von vier Jahren 3000-mal verkauft.[233]

---

230 *Der Spiegel*, Nr. 42, 44, 49 (2003) und Nr. 2, 5, 7 (2004); *Die Welt* vom 18. Oktober und 6. Dezember 2003. Rezensiert wurde sie weder in dem einen noch dem anderen Presseorgan.

231 Genau genommen teilt sich Bordihn diesen Status mit dem Ostdeutschen Kurt Berner, dessen Bericht ebenfalls 1990 publiziert wurde (Berner, Spezialisten).

232 Für diese Angaben danke ich Bordihns Verleger Christoph Links, der mir auch Einblick in die Presseakte gewährte. Neben dem *Spiegel*-Porträt (»Das bessere Deutschland«, *Der Spiegel* [15/1991], S. 154–167, bes. S. 160f.) wurde Bordihns Buch 1990 und 1991 unter anderem in der *Berliner Zeitung*, der *Schwäbischen Zeitung*, der *Neuen Osnabrücker Zeitung*, dem *Deutschen Allgemeinen Sonntagsblatt*, der *Zeitschrift für Geschichte* und den *Beiträgen zur Geschichte der Arbeiterbewegung* positiv besprochen. Ein Auszug aus dem Buch – über den Aufstand in Workuta, wohin Bordihn aus dem Speziallager Sachsenhausen deportiert worden war – wurde im *Deutschland Archiv* nachgedruckt.

233 Zu den Verkaufszahlen von »Im Block« siehe Hempel, Walter Kempowski, S. 126, 140.

Nach dem Mauerfall setzte sich also fort, was schon in der alten Bundesrepublik gang und gäbe war: Von wenigen Ausnahmen abgesehen, handelt es sich bei den Erinnerungsberichten der stalinistisch Verfolgten um eine Nischen- beziehungsweise »Graue Literatur«, die heute allenfalls von Historikern oder von den Angehörigen in den Lagern Verstorbener wahrgenommen wird, die sich ein Bild von dem Schicksal ihrer Verwandten machen wollen.[234] Vor allem aber wird sie von den ehemaligen Häftlingen selbst gelesen, sei es zwecks Auffrischung oder Bestätigung eigener Erinnerungen.[235] Entgegen ihrer Intention dienen die Texte also primär der Binnenkommunikation der Opfergruppe – ansonsten laufen sie ins Leere.

Wie erklärt sich dieses jahrzehntelange Scheitern? Warum findet sich keine breite Leserschaft?

Auf die politische Seite des Problems wurde schon aufmerksam gemacht. Diskussionswürdig ist jedoch ebenfalls die literarische Qualität dieser Memoirenliteratur wie auch die selbstgewählte Isolation durch Publikation in rechtslastigen Verlagshäusern.

Auch wenn über den Stil der Speziallagerliteratur im Detail erst später zu sprechen sein wird, ist dennoch schon an dieser Stelle auf die mangelnde Literarizität vieler Texte aufmerksam zu machen. In ihrer überwiegenden Mehrheit sind sie von bemerkenswert geringem literarischem Anspruch wie Ausdruck. Sicherlich werden Erinnerungsberichte von Gewaltopfern nicht um ihrer literarischen Qualitäten willen gelesen, dennoch findet die Frage, warum die Memoirenliteratur über die Speziallagerhaft kaum rezipiert wird, hier zumindest

234 So zitiert Fischer aus einem Leserbrief auf ihren ersten Haftbericht: »Ihr Buch *Zum Schweigen verurteilt* hat mich sehr erschüttert, da ich durch Ihren Leidensweg das Schicksal meiner [im Speziallager verstorbenen, B.G.] Schwester nachempfinden kann« (Fischer, Verschollen, S. 162f.).

235 Wie einzig bei Berner, Spezialisten, S. 4 ersichtlich, kann sich diese Lektüre auch in Distanzierungen niederschlagen. Er ist der Auffassung, dass die damals jugendlichen Häftlinge heute, 40 Jahre später, »vieles falsch beurteilen und nicht richtig wiedergeben. Für sie ist seinerzeit eine Welt zusammengebrochen. Was mit ihnen geschah, haben sie nicht verkraftet und schildern daher manches, was es nicht gab. [...] Sie wollten gewiss nichts Falsches aussagen, die seelischen Belastungen in den Lagerjahren lässt es sie heute so empfinden. Da ich damals bereits ein Mann Mitte Dreißig war, dürfte meine Darstellung dieser Lagerzeit realer sein.«

eine Teilantwort. So kann es kein Zufall sein, dass zwei der drei publizistisch erfolgreichen Erinnerungsbücher von Ghostwritern verfasst wurden: Margret Bechlers »Warten auf Antwort« und Erika Riemanns »Die Schleife an Stalins Bart«. Doch auch bei diesen beiden Büchern steht die reine Nacherzählung des Gewaltgeschehens im Mittelpunkt. Nur ein einziger Erinnerungstext bricht mit diesem Erzählmuster: der Haftroman »Jedem das Seine«, den der 1930 geborene und seit 1956 in den USA lebende Werner Kleinhardt 1982 veröffentlichte. Dieser semibiographische Roman – in dem der Protagonist 30 Jahre nach seiner Entlassung in die DDR reist und sich erneut verhaften lässt – ist eine eindrucksvolle Allegorie auf die lebenslange Unfreiheit dessen, dem die Freiheit einmal gewaltsam genommen wurde. »Jedem das Seine« ist ein literarischer Solitär, der auch intellektuell besticht. Denn im Unterschied zu den anderen Texten zielt dieses Buch nicht auf eine fakten- und detailgesättigte Beglaubigung von Opferschaft, womit genau der Aspekt benannt ist, an dem diese Literatur krankt und sich selbst immer wieder als »Graue Literatur« bestätigt.

Hinzu kommt, dass es den ehemaligen Speziallagerhäftlingen an literarisch wie intellektuell kompetenten und öffentlich anerkannten Fürsprechern fehlt. Dafür hätte sich beispielsweise Eduard Zimmermann angeboten. Der in Westdeutschland beliebte Moderator von *Aktenzeichen XY ... ungelöst* war 1949 als Journalist einer schwedischen Zeitung in der DDR verhaftet worden und hatte als verurteilter Spion viereinhalb Jahre in Bautzen verbracht. Doch er trat zu keinem Zeitpunkt als Unterstützer stalinistisch Verfolgter in Erscheinung.[236] Auch der bekennende Antikommunist Walter Kempowski hätte

---

236 Zwar strahlte seine wie Walter Kempowskis Berühmtheit kurzfristig auf die ehemaligen Häftlinge ab. »Mit Kempowski und Eduard Zimmermann in Bautzen« titelte etwa die *Brunsbütteler Zeitung* gut drei Wochen nach der Ausstrahlung von »Ein Kapitel für sich« über Walter Sch., der seit seiner Entlassung aus Bautzen in Brunsbüttel lebte (ich danke Walter Sch., der mir diesen Artikel vom 12. Januar 1980 zur Verfügung stellte). Mehr als 20 Jahre später gaben Kempowski und Zimmermann ein gemeinsames Interview (»Weißt du noch, damals in Bautzen?«, *Frankfurter Allgemeine Sonntagszeitung* vom 4. November 2001, S. 24f.); ansonsten aber begrenzten sich Zimmermanns öffentliche Bekenntnisse zu seiner Inhaftierung auf die Yellow Press, in der er seine 2005 erschienenen Memoiren »Auch ich war ein Gauner« vorstellte (vgl. *Bild* vom 8. September 2005 oder *Die Bunte* Nr. 8 [2004], S. 60f.).

kraft seines literarischen Vermögens und seines seit den 1970er Jahren beachtlichen öffentlichen Erfolgs die vakante Stelle eines Beglaubigers einnehmen können.[237] Aber er konnte und wollte diese Rolle nicht spielen – ausweislich seiner erklärten Absicht, kein »Klagelied« anstimmen zu wollen, sondern das Augenmerk seiner Leser auf das Absurde und Groteske der Haftsituation zu lenken.[238] Auch hat er nie einen Hehl daraus gemacht, dass er die Haftzeit als »stellvertretende Buße« für die deutschen Verbrechen verstand[239] – Verbrechen, die ihm Anlass gaben, die eigene Inhaftierung wie die der Mutter und die des Bruders »gebührend zu relativieren«.[240]

Darüber hinaus liegt die Vermutung nahe, dass sich, wie oben ausgeführt, die in einigen Fällen getroffene Wahl des Verlagsorts nachteilig auf alle Veröffentlichungen auswirkt. Die Rede ist von rechtsradikalen Verlagen wie K. W. Schütz, Askania oder S. Bublies. Bis heute sind in diesen und anderen einschlägigen Häusern fünf Erinnerungsbücher und zwei Sammelberichte erschienen.[241] Sie stellen also

---

237 So hätte Zander gern einen Beitrag Kempowskis in seinen Sammelbericht über jugendliche Häftlinge und deren weiteres Leben aufgenommen; rechtliche Gründe hätten dies aber verhindert (Zander, Jugend hinter Stacheldraht, S. 116f.).

238 Vgl. Hempel, Walter Kempowski, S. 164. Siehe auch: Kempowski, Zeitgeschichte und Biographie, bes. S. 201.

239 Zuletzt im gemeinsamen Interview mit Zimmermann »Weißt du noch, damals in Bautzen?«, *Frankfurter Allgemeine Sonntagszeitung*, 4. November 2001, S. 24f.

240 So im Vorwort von Walter Kempowski, Haben Sie davon gewusst? Siehe auch: »Durch dieses Buch [Haben Sie davon gewusst?, B.G.] erreichte ich, dass für den Leser, der das alles liest, die politische Haft, in die der Bürger nach 1945, ob zu Recht oder zu Unrecht, geriet, plötzlich relativiert wurde. Der Leser dieser Bücher konnte plötzlich feststellen, aha, das da, die KZs in der Nazizeit, das war ja viel schlimmer; das Schicksal der Kempowskis wurde dadurch relativiert. Nun konnte ich weiterarbeiten« (Kempowski, Zeitgeschichte und Biographie, S. 203).

241 In der Reihenfolge ihres Erscheinens: Wilhelm, Ohne Stein; Stern, Der Westen schweigt; Schirmer, Sachsenhausen – Workuta; Klemke, Geiseln; John H. Noble, Verbannt und verleugnet. Sammelberichte: Taege (Hg.), Die Gefesselten; Matz-Donath, Sphinx. Diese Zählung gilt mit der Einschränkung, dass nicht für alle Verlage das politische Profil recherchiert werden konnte. Das gilt zum Beispiel für den Berliner Arani-Verlag, wo Horst von Schlichting alias Hagen Volker 1958 »Sibirien liegt in Deutschland« veröffentlichte. Beim Eugen-Diederichs-Verlag

eine Minderheit dar – aber der »Stallgeruch« dieser Verlage trägt wohl dazu bei, dass die Speziallagerliteratur generell »meist mit Missachtung bestraft« wird.[242] Dabei ist jedoch nicht zwingend davon auszugehen, dass diese Verleger ihren Autoren eine politische Heimat bieten. Ein gutes Beispiel dafür ist Annerose Matz-Donath, deren »Die Spur der roten Sphinx« 2000 bei S. Bublies erschienen ist. Die Verfasserin – eine für ihren Widerstand in der SBZ allseits gewürdigte Frau[243] – hegt, wie ihre Ausführungen über die nationalsozialistischen Konzentrationslager nahelegen, keinerlei Sympathien für die politische Rechte.[244] Und dennoch veröffentlichte sie ihr Buch, für das sie 130 ehemals mitinhaftierte Frauen befragt hatte, bei dem Republikaner Siegfried Bublies[245] und gewährte der *Jungen Freiheit* ein Interview.[246]

Lieber diese Öffentlichkeit als gar keine? Sind derartige Allianzen lediglich als Reaktion auf eine indifferente Gesellschaft zu verstehen, die diese Opfergruppe an den rechten Rand drückt? Und die dort womöglich wider Willen als Kronzeugen eines geschichtsrevisionistischen Weltbildes vereinnahmt werden? Angesichts der nimmermüden Versuche rechtsextremer Kreise, das Thema Speziallager für ihre Zwecke zu besetzen,[247] scheint sich diese Lesart aufzudrängen. Ob sie tatsächlich zutrifft, ist eine andere Frage. Und wie auch immer

---

wiederum, der Friedrich Grieses »Der Wind weht nicht wohin er will« 1960 herausbrachte, besagt der während der Nazizeit gesetzte Schwerpunkt auf völkische Titel nichts über das Verlagsprofil nach 1945/49.

242 Wippermann, Konzentrationslager, S. 112, Fußnote 10.

243 Annerose Matz-Donath, in: Fricke u.a. (Hg.), Opposition und Widerstand, S. 282–288 (Beitrag von Ulrich Schacht).

244 Ebenda, S. 283.

245 Zu Siegfried Bublies' politischem und beruflichem Werdegang siehe den »Informationsdienst gegen Rechtsextremismus«. Dort findet sich auch ein Auszug aus dem Verlagsprogramm (lexikon.idgr.de [10. August 2009]).

246 »Netz der Angst. Annerose Matz-Donath schrieb das erste Buch über deutsche Frauen in sowjetischen Kerkern«, *Junge Freiheit* vom 22. September 2002. Siehe auch die Rezension zu ihrem Buch im *Ostpreußenblatt*, einer Zeitung, die auf Bublies' Initiative zurückgeht (»Die unbekannte Seite der Medaille«, *Das Ostpreußenblatt* vom 17. März 2001).

247 Vgl. etwa die frühen Veröffentlichungen Nichtbetroffener bzw. Dritter bei Arndt aus Kiel und der Verlagsgesellschaft Berg am Starnberger See: Grewe, Lager des Grauens; Preisinger (Hg.), Von Sachsenhausen bis Buchenwald; Hartenstein, … und nachts Kartoffeln schälen.

Hans Hermann Wilhelm
Ohne Stein und ohne Namen
Aufzeichnungen aus stalinistischen Todeslagern in Deutschland
DRUFFEL

Werner Kleinhardt
Jedem das Seine
JEDEM DAS SEINE
Erstausgabe
suhrkamp taschenbuch

Horst Wiener
Die Gewalt der frühen Jahre oder Wie ich Stalins Lager überlebte
Anklage: Werwolf
rororo
AKTUELL

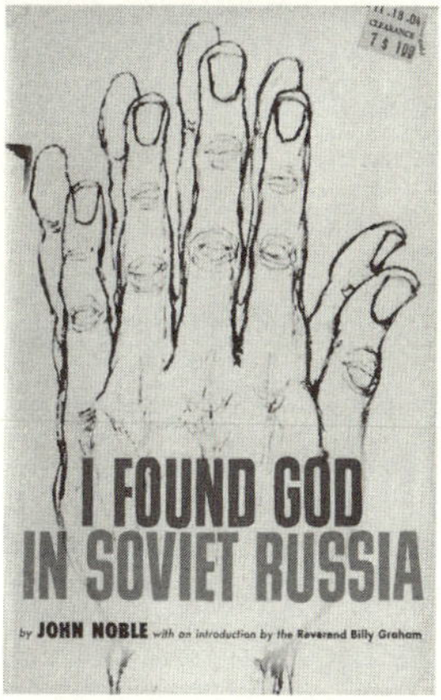
I FOUND GOD IN SOVIET RUSSIA
by JOHN NOBLE with an introduction by the Reverend Billy Graham

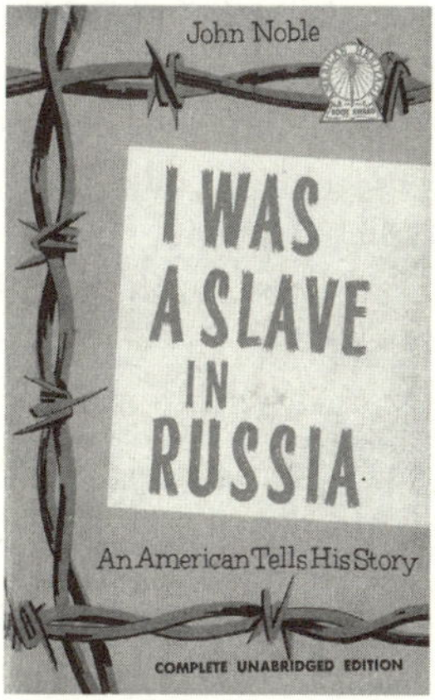
John Noble
I WAS A SLAVE IN RUSSIA
An American Tells His Story
COMPLETE UNABRIDGED EDITION

JOHN H. NOBLE
Verbannt und verleugnet

man sie beantwortet – es bleibt unbegreiflich, dass die Bundesstiftung zur Aufarbeitung der SED-Diktatur die Veröffentlichung Matz-Donaths im S.-Bublies-Verlag finanziert hat. Dank dieser Entscheidung steht »Die Spur der roten Sphinx« nun unter anderem neben den ebenfalls von Bublies veröffentlichten Lebenserinnerungen des letzten Reichsjugendführers Artur Axmann. Damit hat die wichtigste staatliche Institution zur Erinnerung an das SED-Regime die Memoirenliteratur über die Speziallagerhaft als das bestätigt, was sie ist – als »Graue Literatur«.

Gleichwohl greifen alle bisher angeführten Begründungen zum Verständnis des Problems zu kurz. Die Dethematisierung der Geschichte der Speziallager und die Nichtanerkennung der Erfahrungen der dort Inhaftierten erfordert einen anderen Zugang. Vonnöten ist eine Reflexion über die Möglichkeiten und Grenzen der Kommunikation über Opferschaft und Leid. Welche Bedingungen müssen erfüllt sein, damit Opfer menschengemachter Gewalt gesellschaftliche Akzeptanz und Anerkennung erfahren?

Opfer in der Abhängigkeitsfalle

Wie andere Gewaltopfer auch konfrontieren die ehemaligen Speziallagerhäftlinge ihre Umwelt mit einer moralischen Herausforderung: Sie warten mit Erfahrungen auf, deren Leugnung und Dissoziation Selbstschutz bedeutet. Während Täter durch ihr Schweigen an das universelle Bedürfnis appellieren, nichts Böses zu sehen, zu hören oder zu sagen, erwarten die Opfer vom Zuschauer, »dass er die Last des Schmerzes mitträgt. Das Opfer verlangt Handeln, Engagement und Erinnerungsfähigkeit«.[248] Diese Intention ist in jedes Erinnerungszeugnis, sei es mündlich oder schriftlich, eingeschrieben. Die Adressaten sollen sich gegen den Täter und für das Opfer entscheiden; Neutralität ist moralisch unmöglich. Es genügt daher nicht, wie vor allem in der Oral History üblich, in den Erzählungen »Formen des lebensgeschichtlichen Umgangs mit der Verfolgung und damit der Bewältigung« zu erkennen.[249] Denn so wichtig und richtig diese

248 Herman, Die Narben der Gewalt, S. 18.

249 Boll, Sprechen als Last und Befreiung, S. 20. Für schriftliche Erinnerungszeugnisse folgt dieser Lesart: Reiter, Auf das sie entsteigen der Dunkelheit.

Lesart auch ist – es geht um viel mehr. Der Adressat soll zum »Mitträger« und zum »Mitzeugen« des dargestellten Gewaltgeschehens werden, weil allein in der moralischen Mitzeugenschaft anderer das Versprechen von Anerkennung und Kommemoration liegt. In den Worten von Geoffrey H. Hartman: »Das ganze Projekt beruht auf der Hoffnung, einen Zeugen für den Zeugen zu gewinnen.«[250]

Es ist diese Hoffnung, die so manchem Gewaltopfer die Kraft gegeben hat, zu überleben. Auch bei Walter Kempowski schimmert sie durch – er will in der Einzelhaft auf Englisch geübt haben, was später den Journalisten von der *New York Times* über die Haft zu erzählen sei: »Dass man dann nicht rumstottert und die Leute sagen: was will der Kerl bloß? (Und dann das schreckliche Wort: ›Lauter!‹)«[251] Ob diese Szene aus »Ein Kapitel für sich« seiner literarischen Imagination entsprungen ist oder eine reale Erinnerung darstellt, spielt keine Rolle. Denn sie transportiert die Überzeugung vieler Überlebender extremer Gewalt: »Dass sie etwas zu sagen hätten, was gesagt und gehört werden müsste (auch wenn einige von ihnen Jahrzehnte brauchten, ehe sie es zu Papier brachten und das Papier in Umlauf).«[252] Und zwar auch auf die Gefahr hin, kein Verständnis zu finden. Kempowski antizipiert dergleichen während seiner Interviewübungen in Einzelhaft: »Und Leid, was das ist, muss man ihnen auch erklären.«[253]

Die Welt soll »Mitzeuge« sein, weshalb sich Kempowski ein Interview mit einer der bekanntesten Zeitungen der freien Welt erträumt. Vielleicht erkennt er in ihr sogar eine Institution westlicher Demokratien, die ihrer moralischen Verpflichtung 1946 in Nürnberg nachgekommen waren und die er nun erneut in die Pflicht nehmen will. Darum legt er Zeugnis ab – was bedeutet, »die eigene Person für die Wahrheit der Geschichte einzusetzen und das eigene Wort zum Bezugspunkt einer Realität zu bestimmen, die man selbst erfahren oder beobachtet hat«.[254] Heute, zu Beginn des 21. Jahrhunderts, mag man diese Erzählhaltung von Gewaltopfern als Selbstverständlichkeit wahrnehmen. Tatsächlich aber wurde sie erst durch das gewaltge-

---

250 Hartman, Die Wunde lesen, S. 89. Zur »sekundären Zeugenschaft« siehe auch Baer, Einleitung.

251 Kempowski, Ein Kapitel für sich, S. 380.

252 Reemtsma, Die Memoiren Überlebender, S. 231.

253 Kempowski, Ein Kapitel für sich, S. 380.

254 Baer, Einleitung, S. 7.

prägte 20. Jahrhundert zur vollen Entfaltung gebracht;[255] mehr noch, sie ist Ausdruck und Reaktion auf die extreme Gewalt des vergangenen Jahrhunderts. Und sie hat eine neue Literaturgattung hervorgebracht: die Memoiren Überlebender, in deren Zentrum die Tatsache steht, »dass ihre Verfasserinnen und Verfasser Opfer von extremer Gewalt geworden« sind.[256]

Neu an diesen autobiographischen Texten ist also der Umstand, dass die Betroffenen in eigener Person und für die eigene Person berichten, dass sie ihren Schmerz- und Überwältigungserfahrungen selbst Ausdruck verleihen. Sie verzichten auf die bis dahin traditionelle literarische oder künstlerische Vermittlungsinstanz von Leidenserfahrungen: Autor und Opfer sind ein und dieselbe Person – was heißt, dass die Berichtenden den Lesern keine personale Distanz zu ihren Erzählungen erlauben. Die Adressaten werden stattdessen direkt angesprochen, genauer noch, sie werden innerhalb dieser Kommunikationssituation aufgefordert, das dargestellte Gewaltgeschehen als moralische Tradierungsinstanz in die Gegenwart zu übersetzen.

Aber aus welchen Gründen nehmen die Adressaten diese Aufforderung an? Unter welchen Bedingungen lassen sie sich zu Mitzeugen eines vergangenen Gewaltgeschehens machen? Es erstaunt, dass diese Fragen kaum Aufmerksamkeit finden – sowohl die Literaturwissenschaft als auch die Oral History haben es bisher versäumt, den Adressaten schärfer in den Blick zu nehmen.[257] Einschlägige Untersuchungen zur Mitzeugenschaft Nachgeborener wie Nichtbetroffener sind rar; überdies beziehen sie sich sämtlich auf Darstellungen jüdischer Opfer. Inspiriert sind sie nicht selten durch den sich abzeichnenden Verlust der letzten Träger der lebendigen Erinnerung an die Shoah und hinterfragen daher wie bei Ulrich Baer die Möglichkeiten und Risiken einer »sekundären Zeugenschaft« oder »Zeugen-

255 Vgl. Wieviorka, Die Gewalt, S. 81–95.

256 Vgl. Reemtsma, Die Memoiren Überlebender, S. 229.

257 In der Oral History geht der Verweis auf die Bedeutung des Rezipienten meist nicht über die Feststellung hinaus, dass es sich bei den Interviewtexten um »lebensgeschichtlich verarbeitete und auf den Adressaten des Erzählens hin formulierte Geschichten« handelt (Boll, Sprechen als Last und Befreiung, S. 16; vgl. auch Welzer, Das Interview als Artefakt, S. 60). Der Rezipient bleibt auch bei Jureit unterbelichtet, wiewohl sie stärker auf den diskursiven Charakter von Interviews eingeht (Jureit, Erinnerungsmuster, S. 76–80, bes. S. 79).

schaft der Erinnerung« durch Nachgeborene.[258] Andere, wie der amerikanische Psychologe Dori Laub, Mitbegründer des »Holocaust Survivor Film Project« und späteren »Fortunoff Video Archive« an der Yale-Universität, konzentrieren sich auf die mäeutische Rolle des Rezipienten, also auf die Hilfestellung, die der Zuhörer Überlebenden für ihre Zeugenschaft bieten kann. Obwohl diese Forschungen teilweise sehr spezifische Fragestellungen verfolgen und obendrein durch einen anderen Verfolgungszusammenhang bedingt sind, bieten sie hier wichtige Impulse. Das gilt allem voran für die Beobachtung Laubs, dass sich Zeugnisse als sozialer Akt beschreiben lassen. Denn »von einer traumatischen Erfahrung Zeugnis abzulegen ist ein Prozess, der den Zuhörer mit einschließt. [...] Zeugenaussagen sind keine Monologe; sie können nicht in der Einsamkeit stattfinden. Die Zeugen sprechen *zu jemandem*, sie sprechen zu jemandem, auf den sie lange gewartet haben.«[259] Ungeachtet dessen, dass diese Kommunikationssituation zeitlich begrenzt und obendrein von der Ungleichheit der Erfahrungen der Beteiligten geprägt ist, wird eine Aussage »erst dadurch zu einem Zeugnis, dass sich der Zeuge an einen anderen richtet«, wie es bei Ulrich Baer heißt.[260] Die Berichtenden bekennen sich damit zu etwas, das jedwede Gewalt auszulöschen sucht: Ihre mündlichen wie schriftlichen Zeugnisse sind Bekenntnisse zum Dialog und zum Miteinander[261] – weshalb »alle diese Geschichten von etwas beseelt sind, das über das historische Wissen hinausgeht: von dem Streben, einen Rezipienten, eine ›affektive Gemeinschaft‹ wiederzugewinnen oder wieder aufzubauen«.[262]

Erst diese affektive Gemeinschaft macht das Zeugnis, macht Erinnerung möglich. Es irritiert daher, dass Laub die Rolle des Adressaten in ein statisches Bild übersetzt: Für ihn fungiert der Zuhörer als »leere Fläche, auf der das Ereignis [...] eingeschrieben wird«.[263] Er ist also ein unbeschriebenes Blatt. Tatsächlich aber gehört zu den Pro-

258 Baer, Einleitung.

259 Laub, Zeugnis ablegen, S. 80 (Hervorhebung im Original).

260 Baer, Einleitung S. 7. Vgl. auch: »Indem der Patient die Geschichte seines Traumas wahrheitsgetreu berichtet, legt er letztlich Zeugnis ab« (Herman, Die Narben der Gewalt, S. 256).

261 Vgl. von der Lühe, Wie bekommt man »Lager«?, S. 72.

262 Hartman, Die Wunde lesen, S. 85. Diese Beobachtung bzw. Gemeinsamkeit erklärt auch, warum hier nicht systematisch zwischen mündlichen und schriftlichen Zeugnissen unterschieden wird.

263 Laub, Zeugnis ablegen, S. 68.

duktionsbedingungen eines Zeugnisses das, was man in der Literaturwissenschaft als aktives Publikum bezeichnet. Soll heißen: Der Empfänger muss über ein Vorverständnis verfügen, da er sonst nicht mehr als ein Voyeur ist (wobei mit Susan Sonntag anzumerken ist, dass wir als Nichtbetroffene immer, ob wir wollen oder nicht, Voyeure bleiben[264]). Dieses Vorverständnis begründet sich jedoch gerade nicht in einem etwaigen Faktenwissen über die Verfolgung oder gar die Gewalt selbst. Es zeigt sich vielmehr in der Dialog- und Bündnisbereitschaft des Adressaten, die schon vor beziehungsweise jenseits der jeweiligen Kommunikationssituation ausgebildet sein muss. Ohne diese Bereitschaft kann kein »moralischer Pakt« geschlossen werden, der die Grundvoraussetzung für jede Lektüre darstellt und doch nur eine einzige Bedingung kennt: Der Leser muss es »für richtig halte[n]«,[265] er muss ebenfalls der Überzeugung sein, dass das Opfer etwas zu sagen hat, was gehört werden muss. Es geht also um seine Bereitschaft, »dieser Art von Lektüre einen besonderen außerästhetischen, sowohl moralischen wie kognitiven, Rang einzuräumen«.[266]

Aber worin gründet diese Bereitschaft? Welche Bedingungen müssen erfüllt sein, damit Opfer extremer Gewalt auf ein solches Vorverständnis stoßen? In der bisher zitierten Literatur über die Zeugnisse jüdischer NS-Opfer werden diese Fragen merkwürdigerweise kaum problematisiert. Das gilt ebenfalls für die noch grundsätzlichere Frage, warum sich Nachgeborene überhaupt zu Mitzeugen von Gewalt und Leid machen wollen. Zwar verweist Ulrich Baer darauf, dass wir andernfalls »eine wichtige Gelegenheit versäumen, das von anderen erlittene Leid im Verhältnis zur eigenen Geschichte zu sehen und uns somit der eigenen Rolle und Verantwortung in dieser Geschichte und *in der Gegenwart* bewusst zu werden«. Für ihn scheint es eine Selbstverständlichkeit zu sein, diese Verpflichtung anzunehmen: »Um sowohl den Opfern als auch uns selbst gerecht zu werden«.[267] Jan Philipp Reemstma wählt einen anderen Ansatz. Er begründet die Teilhabe an diesen Texten mit Scham. Denn sie »setzt die Einheit des Menschengeschlechts voraus. In der Scham verbirgt

264 Sontag, Das Leiden anderer betrachten, S. 51.

265 von Matt, Der moralische Pakt, S. 37. Grundsätzlicher zur Kommunikationstheorie: Hall, Encoding/Decoding.

266 Reemtsma, Die Memoiren Überlebender, S. 231f.

267 Baer, Einleitung, S. 8, 18 (Hervorhebung im Original).

sich das Ideal einer in Auschwitz zerstörten Zivilisation, das aber in dieser Zerstörung nicht widerlegt worden ist.« Für ihn verbindet daher »das Empfinden von Scham den Lesenden mit den Texten – sofern er nicht vergisst, dass es etwas anderes ist, diese Scham als jemand zu empfinden, dem es angetan worden ist, denn als jemand, der nur durch ein Buch Zeuge unsagbaren Leids geworden ist«.[268]

Reemtsmas Ausführungen über die Scham, die in Auschwitz nicht zerstört wurde, sind in diesem Zusammenhang besonders aufschlussreich. Mehrfach bezieht er sich auf Primo Levi, aus dessen Buch »Atempause« Reemtsma die Schilderung der Befreiung von Auschwitz zitiert. Levi beschreibt hier die vier sowjetischen Soldaten zu Pferde, die beim Anblick der Häftlinge befangen wirkten. Weil sie »jene Scham« empfanden, »die die Deutschen nicht kannten, die der Gerechte empfindet vor einer Schuld, die ein anderer auf sich lädt und die ihn quält, weil sie existiert, weil sie unwiderruflich in die Welt der existenten Dinge eingebracht ist und weil sein guter Wille nichts oder nicht viel gilt und ohnmächtig ist, sie zu verhindern«.[269]

Levi und mit ihm Reemtsma sprechen hier von Gewissensqualen, die den »Gerechten« kennzeichnen – und von Empfindungen, die »die Deutschen nicht kannten«. Dass damit nicht nur die SS-Männer im Lager gemeint sind, verdeutlicht Reemtsma durch ein weiteres Zitat Levis, diesmal aus »Die Scham«: Es gibt »Menschen, die der Schuld anderer oder der eigenen den Rücken kehren, damit sie sie nicht sehen oder sich von ihr berührt fühlen müssen: so haben es die meisten Deutschen in den zwölf Jahren der Hitler-Herrschaft gemacht, in der Illusion, dass Nicht-Sehen gleichbedeutend sei mit Nicht-Wissen und dass das Nicht-Wissen ihren Anteil an der Komplizenschaft oder der stillschweigenden Duldung verringern würde«.[270]

Reemtsma gibt mit diesen Zitaten indirekt zu verstehen, worauf die Bereitschaft beruht, sich als Nachgeborener zum Mitwisser der »Schuld anderer« zu machen: Dadurch, dass er »hin-sieht« und über die Fähigkeit oder den Willen zur Scham verfügt, vermag er sich von den Tätern und passiven »Weg-Sehern« abzugrenzen – er ist anders, als es »die Deutschen« damals waren. Durch seine Mitzeugenschaft am Leid anderer wird er zum Beglaubiger seiner selbst, da er seine eigene Humanität und moralische Integrität noch nachträglich unter

268 Reemtsma, Die Memoiren Überlebender, S. 253.
269 Levi, Atempause, S. 8; Reemtsma, Die Memoiren Überlebender, S. 252.
270 Levi, Die Scham, S. 85f.; Reemtsma, Die Memoiren Überlebender, S. 252.

Beweis stellen kann. Oder wie es bei Baer hieß: Mitzeugenschaft hat viel damit zu tun, »uns selbst gerecht zu werden«.

Nur aus diesem Grund wird Gewaltopfern und ihren Texten eine besondere und – wie Reemtsma zu Recht anmerkt – »sonderbare« Deutungsautorität eingeräumt.[271] Denn sie basiert auf der Unterstellung, dass Extremerfahrungen in ein positives Wissen zu übertragen wären. Als Folge dieses Irrtums wird den Betroffenen ein Status zugeschrieben, als wären »sie Helden gewesen und als hätten sie, wenn sie etwas über die Situation des Opfers zu sagen haben, etwas Wesentliches über die Welt zu sagen«.[272] Leid wird also nicht betrauert, sondern geadelt. Wo aber der Opferstatus nobilitiert wird, werden in Opfern positive Identifikationsobjekte gesehen[273] – Identifikationsobjekte, an denen der Rezipient die eigene Moralität und Menschlichkeit beweisen kann. Denn je größer die Deutungsautorität ausfällt, die man Opfern einräumt, desto positiver fällt auch die Selbstbeschreibung dessen aus, der auf ihre Bitte um Mitzeugenschaft eingeht und ihnen dadurch Anerkennung zollt. Die Anerkennung zuvor positiv umdefinierter Erfahrungswerte erlaubt es dem Rezipienten, »moralisches Kapital« für sich selbst zu verbuchen.[274]

Das funktioniert jedoch nur unter einer Voraussetzung: Als potentielle Identifikationsobjekte müssen Opfer unschuldig gelitten haben. Diese Bedingung kündet von einem veränderten, nunmehr passiven Opferbegriff, der ebenfalls als kulturelles Novum des 20. Jahrhunderts zu verstehen ist. Opfer werden gemäß dem neuen Opferbegriff nicht mehr als aktive oder passionierte Handlung dargebracht. Stattdessen kennzeichnet sie das ohnmächtige und passive Erleiden fremder Gewalt, die als Zumutung und als illegitime Schädigung gedeutet wird.[275]

---

271 Ebenda, S. 230.

272 Reemtsma, Trauma, S. 209.

273 Zum Phänomen der »Pseudoidentifikation« bzw. »hysterischen Identifikation« mit NS-Opfern siehe auch: Rosenthal, Nationalsozialismus und Antisemitismus, bes. S. 352f.; oder Schneider, Der Holocaust als Generationsobjekt, bes. S. 68.

274 Lamott, Das Trauma als symbolisches Kapital, S. 57.

275 Vgl. Münkler/Fischer, »Nothing to kill or die for …«, bes. S. 345f. Siehe auch: Koselleck, Die Diskontinuität der Erinnerung, bes. S. 215f. Zum »Opferbegriff des 20. Jahrhunderts« als »individuelle[m] Lebensmodell und gesellschaftliche[m] Ordnungsmodell«: Reiter, Opferphilosophie. Zu den Folgen dieses veränderten Opferbegriffs in der deutschen Sprache bzw. Grammatik: Haß, Mahnmaltexte 1945 bis 1988, bes. S. 144f.

Es ist also die Illegitimität der Schädigung – und nicht die Schädigung selbst –, die den Opferstatus beweist. Ein Opfer kann deshalb nur dann Anerkennungs- und Entschädigungsansprüche gegenüber der Gesellschaft anmelden, wenn es unschuldig zu Schaden gekommen ist. Diese Voraussetzung wird von den Opfern mitgetragen. Selbst anerkennen zu können, ohne eigenes Zutun gelitten zu haben, dient ihnen der Wiederherstellung – zumindest aber dem Versuch der Wiederherstellung – ihrer gewaltsam beschädigten Integrität und Würde.[276] Seitens der Rezipienten aber verbirgt sich hinter dem passiven Opferverständnis die Erwartungshaltung, durch die Anerkennung eines guten, weil unschuldigen Opfers selbst zu den Guten zu gehören. Um des »moralischen Kapitals« willen sind Ambivalenzen und Zwischentöne nicht akzeptabel.

Aufgrund des passiven Opferbegriffs befinden sich Gewaltopfer in einer Abhängigkeitsfalle. Sie wenden sich mit ihren mündlichen oder schriftlichen Dialogangeboten an die Öffentlichkeit, um moralische Mitzeugenschaft zu etablieren. Diese Aufgabe aber lassen sich die Adressaten »bezahlen«. Denn nur durch Anerkennung »guter« Opfer können sie sich noch im Nachhinein auf der richtigen Seite der Geschichte verorten – ein Bedürfnis, das angesichts der Gewaltgeschichte des 20. Jahrhunderts besonders dringlich erscheint. Vor diesem Hintergrund erlaubt die Mitzeugenschaft an zuvor positiv umgedeuteten Erfahrungen die Herstellung einer Eindeutigkeit, an der die Anerkennenden ihre eigene moralische und/oder politische Identität festmachen. Das aber heißt, dass die seitens der Opfer gewünschte Anerkennung einer dauerhaften Derealisierung ihrer Erfahrungen von Terror und Todesnähe äußerst dienlich ist. Denn seitens der Rezipienten wird weniger die durchlittene Gewalt verhandelt, als vielmehr ihre Identität und Integrität als Mitzeugen. Das ist der unhintergehbare Preis der Anerkennung, den alle Opfer von Gewalt zu zahlen haben.

Dieses Problem lässt sich exemplarisch an der Geschichte der öffentlichen Wahrnehmung der stalinistisch Verfolgten zeigen. Je größer der zeitliche Abstand zu ihrer Leidensgeschichte wird, desto weniger werden sie als positive Identifikationsobjekte erkannt. Allein der Umstand, dass sie in Lagern festgehalten wurden und in ihren Reihen auch belastete Nazis zu finden sind, scheint sie allesamt

---

276 Zum Phänomen des »omnipotenten Opfers« siehe: Oliner, Die externalisierende Funktion von Gedenkstätten.

in Täterverdacht zu bringen. Mehr noch, es scheint fast, als würden sie für die Sinnsuche der Nachgeborenen als Täter »gebraucht«, um vor dem Hintergrund der deutschen Gewaltgeschichte das Bedürfnis nach Eindeutigkeit zu befriedigen. Davon kündet die ebenso weit verbreitete wie abschätzige Rede von den »Leiden ehemaliger ›Volksgenossinnen und -genossen‹«.[277] Dass diese Reduktion pikanterweise nach genau jenem Diktionsmuster funktioniert, mit dem Deutsche ihre Opfer zu einem anonymen Kollektiv machten, sei hier nur am Rande erwähnt. Wichtiger ist das Prinzip, dass »Volksgenossen«, so diese Lesart, nicht unschuldig (oder selbst schuld) sind. Ihre Leiden anzuerkennen, würde bedeuten, sich selbst auf der falschen Seite der deutschen Gewaltgeschichte zu verorten – auf Seiten der Täter. Auch hier geht es also nicht um Gewalterfahrungen, sondern um die Identität der Nachgeborenen. Denn der Fingerzeig auf (schuldige) Täter erlaubt einen ebenso großen moralischen Zugewinn wie die Identifikation mit (unschuldigen) Opfern.[278]

Mit Nachsicht wird Speziallagerhäftlingen wie anderen deutschen Opfergruppen allenfalls unter einer Voraussetzung begegnet: Um der Eindeutigkeit willen müssen sie versuchen, mit ihren Erinnerungszeugnissen die Moralität ihrer Rezipienten zu beantworten. Das erreichen sie, indem sie das erfahrene Leid selbst historisch kontextualisieren und durch das Eingeständnis oder die Erwähnung vorangegangener Schuld und Verantwortung für deutsche Täterschaft moralisch relativieren. In den 1970er Jahren bezeichnete man diese Erzählhaltung als Entspannungsliteratur, gegenwärtig spricht man von »anderen« Opfern.[279] Sie sind »anders«, weil sie durch dieses Eingeständnis für die Sinnsuche ihrer Rezipienten vereinnahmbar sind. Sollten sie es jedoch bis heute nicht geschafft haben, die Welt des Nationalsozialismus zu hinterfragen, dann kann es sich bei ihren Erinnerungen, wie Harald Welzer meint, nur um »nervtötende Erzählungen« handeln.[280]

Aus der Falle des passiven Opferverständnisses kommen die ehemaligen Speziallagerhäftlinge nicht heraus. Als potentielle Identifi-

---

277 So bei Welzer u.a., Opa war kein Nazi, S. 97.

278 »Anerkennung durch andere« ist nicht nur »Konstitutionsbedingung« von Opfern oder Helden, sondern selbstverständlich auch von Tätern (Giesen, Das Tätertrauma der Deutschen, S. 17).

279 Hahn/Hahn, Flucht und Vertreibung, S. 346f.

280 Welzer, Nervtötende Erzählungen, S. 1.

kationsobjekte spricht gegen sie, dass sie, ob sie sich nun als Internierte oder als SMT-Verurteilte in den Lagern befanden, zu den »Volksgenossen« gehörten und als solche Verantwortung an den deutschen Verbrechen tragen. Dabei liegt ihre Geschichte jedoch in einer diffusen Grauzone. So wird sich niemals eindeutig klären lassen, wie viele Nazis sich unter ihnen befanden. Gleiches gilt für die Frage, wie viele von ihnen sich tatsächlich Verbrechen schuldig gemacht haben. Doch der passive Opferbegriff verträgt sich nicht mit solchen Ambivalenzen. Deshalb können auch weder die sowjetische Willkürpraxis noch der nachweisliche Mangel einer antifaschistischen Legitimation dieses Lagersystems das Bedürfnis erschüttern, eindeutig zwischen (schuldigen) Tätern und (unschuldigen) Opfern zu unterscheiden. Mit dem Ergebnis, dass sich die stalinistisch Verfolgten noch heute zu zweierlei gezwungen sehen: Sie müssen nicht nur ihre Unschuld als Opfer beweisen, sondern, grundsätzlicher noch, dass sie Opfer extremer Gewalt sind. Beides ist in ihre Selbstzeugnisse eingeschrieben und gibt ihnen ihr unverwechselbares Profil.

»Dokumentarismus« als Erzählstil

Unabhängig von ihrem Entstehungszeitpunkt weisen die Erinnerungsberichte über die Speziallagerhaft große Gemeinsamkeiten auf – und zwar sowohl in inhaltlicher wie in stilistischer Hinsicht. Ersteres erklärt sich durch den Charakter dieser Texte, die als Überlebensgeschichten zu lesen sind und sämtlich von den Anstrengungen der Selbstbehauptung in einer Extremsituation künden. Es sind Geschichten von Würde und Anstand, der sich die Berichtenden nachträglich zu versichern suchen. Besonders deutlich wird das bei den schriftlichen Rekonstruktionen der Verhöre, deren grundsätzlich szenische Darstellung an ein Kammerstück erinnert – an ein beklemmendes, auf die Demonstration von Ohnmacht ausgelegtes Kammerstück. Es macht daher auch keinen Unterschied, ob es tatsächlich stimmt, dass Walter Kempowski, wie er behauptet, statt der Namen seiner angeblichen Komplizen die Namen von Charakteren aus Shakespeares »Hamlet« preisgab.[281] Es ist auch nicht wichtig, ob

281 Kempowski, Im Block, S. 12.

Annerose Matz-Donath ihrem Vernehmungsoffizier wirklich einen Spionagethriller nacherzählte, der damals in den Kinos lief.[282] Ausschlaggebend an diesen Schilderungen ist allein das Selbstbild der Berichtenden. Denn ob sie nun tatsächlich so gewieft waren oder es gerne gewesen wären – sich gegenüber den Peinigern zu behaupten, ist eine Anstrengung, die die Gepeinigten über die Haftzeit hinaus ein Leben lang begleitet.

In der literarischen Selbstbehauptung spielt die Figur des »anderen Häftlings« eine bedeutende Rolle. So bezichtigt sich kaum einer der Berichtenden, selbst gegen die Regeln der Haftkameradschaft verstoßen zu haben. Es ist stattdessen der »andere Häftling«, der Brot geklaut oder für einen halben Liter Suppe einen Verrat begangen hat. Und so selten sie überhaupt erwähnt werden: Tränen als Zeichen vermeintlicher Schwäche werden erst eingestanden, wenn auch andere weinten.[283] Gleichzeitig aber ist der »andere Häftling« eine Art literarische Instanz, an der dem Leser eigene Ängste vorgeführt werden. Er ist es, der in den Erzählungen einen physischen oder psychischen Zusammenbruch erleidet, stirbt und in einem Massengrab verscharrt oder, wie es bei Arnulf Putzar heißt, »weggeschmissen« wird.[284] Diese Darstellungen fehlen in keinem einzigen Bericht. Sämtlich verdeutlichen sie die Hilflosigkeit und Ohnmacht der Häftlinge angesichts des Massensterbens in den Lagern. Ob es sich bei den Sterbenden um Unbekannte handelte oder wie im Fall von Alfred Jank um den mitinhaftierten Bruder[285] – sie konnten nichts tun, sie konnten nur zusehen. Diese Schilderungen vermitteln dem Leser, worüber die Verfasser der Haftberichte ansonsten nicht offen sprechen: ihre Todesangst.[286]

Auch wenn Psychologen nicht davon ausgehen, dass die stalinistisch Verfolgten an dem Phänomen der Überlebensschuld leiden[287] –

---

282 Vgl. »Netz der Angst«, *Junge Freiheit* vom 22. September 2000.

283 »Der scheinbare Frieden hinter der Mauer [des Gefängnisses Alt-Strelitz, B.G.] trieb auch anderen Tränen in die Augen« (Putzar, Im Schatten, S. 173).

284 Ebenda, S. 212.

285 Jank, Die längsten Jahre, S. 87.

286 Diese Beobachtung korrespondiert mit den Erfahrungen von Friedhelm Boll und Andreas Eberhardt, die in den 1990er Jahren mehr als 100 Interviews mit ehemaligen Speziallagerhäftlingen führten. Auch in diesen Interviews sprach »niemand von der eigenen Todesangst« (Boll, Emotionen und Gedenken, S. 108).

287 Peters, Stasi-Verfolgten-Syndrom, S. 253.

diese Erzählungen geben immer auch diffuse Schuld- und Schamgefühle ob des Todes von Mitgefangenen zu erkennen. Kaum ein Bericht, der nicht den »unzähligen Mithäftlingen« gewidmet ist, die »nicht heimkehren konnten«.[288] In einigen Texten finden sich überdies Fotografien zwischenzeitlich gesetzter Gedenksteine, bei Benno Prieß sogar eine Aufnahme der Suchgrabungen nahe des Speziallagers Sachsenhausen vom Frühjahr 1990, auf der freigelegte Schädel und Gebeine Verstorbener deutlich zu erkennen sind.[289] Ihr Tod ist den Überlebenden Verpflichtung, in ihrem Namen gilt es, von der Haftzeit zu berichten.

Dieser Verpflichtung wird in einer Art und Weise nachgekommen, die in stilistischer Hinsicht starke Ähnlichkeit mit jenen Erinnerungszeugnissen überlebender NS-Opfer aufweist, die in den ersten Jahren nach Kriegsende entstanden sind. Sie konnten sich damals nicht darauf verlassen, dass man ihnen Gehör schenken würde, weshalb sie sich, wie Habbo Knoch festhält, »in ihren Texten explizit mit den Abwehrmechanismen einer ungläubigen und ihnen nicht immer wohlgesinnten Zuhörerschaft auseinandersetzen«. Nachvollziehbar ist das an ihrem Bemühen, »individuelles Zeugnis, authentischen Bericht und objektive Darstellung miteinander zu verbinden«. Knoch zufolge führte also der »von außen gesetzte Druck zum dokumentarischen Bericht zu einem verbreiteten Erzählschema«, mit dem das Lager »in seinen verschiedenen Aspekten systematisch dargestellt, einzelne Situationen [...] szenisch in realistischem Duktus beschrieben« und »individuelle Erlebnisse [...] zugunsten der Fiktion eines registrierenden Beobachtens zurückgestellt« wurden.[290] Knoch beschreibt hier die frühen, unmittelbar unter dem Eindruck der Haft verfassten Erinnerungszeugnisse überlebender Opfer des Nationalsozialismus. Gleichzeitig legt er damit eine zutreffende Charakterisierung der Speziallagerliteratur vor, mehr noch, er konzediert, dass die frühen und von der Kampfgruppe gegen Unmenschlichkeit (KgU) in Umlauf gebrachten Texte »nicht nur inhaltlich, sondern auch in der Authentizität suggerierenden Form ein Pendant zu den KZ-Berichten der Nachkriegszeit« waren.[291]

288 Hier zit. nach Kathke, Jugend (Widmung).

289 Prieß, Unschuldig, unpag. Anhang.

290 Knoch, Die Tat als Bild, S. 243.

291 Ebenda, S. 311. Knoch begründet diese Ähnlichkeit durch ein gesellschaftliches Phänomen, dem sich auch Moeller und Brink angenommen

Im Gegensatz zur KZ-Literatur hat das dokumentarische Erzählschema der Speziallagerliteratur jedoch bis heute keine Veränderung erfahren – jeder einzelne Bericht über die Inhaftierungen in der sowjetischen Besatzungszone, sei er in den 1950er Jahren entstanden oder im neuen Jahrtausend, lässt sich mit genau den Worten beschreiben, mit denen Knoch die frühen KZ-Erinnerungen charakterisiert. Ob ihre Verfasser vor 1900 geboren wurden oder im Jahr von Hitlers Machtantritt ihren dritten Geburtstag feierten – das Erzählmuster ist das Gleiche. Es macht auch keinen Unterschied, aus welchem Grund die Autoren gleich welchen Geschlechts wie lange als Internierte oder SMT-Verurteilte in Haft waren – der Berichtsmodus stimmt überein. Ob der Text einige wenige Seiten oder mehrere hundert umfasst – das Erzählschema gilt hier wie dort. Ob der Verfasser in der ersten Person Singular erzählt oder ein Alias in der dritten Person Singular wählt, ob der Bericht primär für die Familie verfasst war und dann veröffentlicht wurde oder von vornherein für eine Veröffentlichung angelegt worden war – es gibt keine Abweichung. Ob der Verfasser aufgrund seines Berufes beispielsweise als Journalist über Erfahrungen beim Erstellen von Texten verfügte oder ob er sich dieser Herausforderung erstmals stellte – der Erzählmodus ist einheitlich. Dabei handelt es sich bei den meisten Publikationen um eine im historischen Präsenz oder Imperfekt gehaltene und zudem streng chronologische Rekonstruktion der »reinen« Haftzeit, sie setzen also mit der Verhaftung ein und enden mit der Entlassung aus dem Lager oder der Rückkehr zur Familie. Diese Texte folgen dem gleichen Schema wie jene, in denen der Berichtszeitraum nach vorne und/oder nach hinten durchbrochen wird – und das unabhängig davon, ob ihre Verfasser nach der Entlassung in der DDR geblieben sind oder in den Westen abwanderten.[292] Die dokumentarische Erzählhaltung ist also nicht nur ein generationsübergreifendes, sondern auch ein gesamt-

haben. Gemeint ist die Inanspruchnahme visueller und narrativer Darstellungen des Leids der NS-Opfer als eine um ihren Entstehungszusammenhang bereinigte Erinnerungsfolie deutscher Leidenserfahrungen – mit dem Ziel der Selbstviktimisierung der vormaligen »Volksgemeinschaft« in der frühen Nachkriegszeit (vgl. Moeller, War Stories, bes. S. 1029; Brink, Ikonen der Vernichtung).

292 Mitunter ist die Herkunft der Verfasser sogar nur dann zweifelsfrei zu bestimmen, wenn sie im Vor- oder Nachwort erwähnen, ihr Manuskript in der DDR versteckt gehabt zu haben.

deutsches Phänomen. Und sie greift sogar dort, wo der Sohn eines im Speziallager Verstorbenen die Haftgeschichte seines Vaters fiktiv nacherzählt.[293]

Bedeutet das nun, dass die Berichtenden nach wie vor die Erzählmuster der ersten KZ-Berichte »abkupfern«? Oder werden sie wie ehemals die überlebenden NS-Opfer durch die Abwehr ihrer Umwelt noch heute in diese Erzählhaltung gedrängt? Für welche Antwort man sich auch immer entscheidet – sie wirft in beiden Fällen ein bezeichnendes Licht auf die individuellen Ver- und Bearbeitungsversuche der ehemaligen Speziallagerhäftlinge mehr als ein halbes Jahrhundert nach Auflösung dieses Lagersystems. Denn im Gegensatz zu den NS-Verfolgten, deren Literatur mit zunehmendem Abstand zum Gewaltgeschehen einen wachsenden Abstraktionsgrad zu erkennen gibt, den Michel Pollak dadurch erklärt, dass die Berichtenden mehr und mehr auch um des eigenen Verstehens willen schreiben,[294] sind die stalinistisch Verfolgten weiterhin damit beschäftigt, Dritten Leid und Leiden zu beweisen. Aus diesem Grund herrscht noch immer ein Berichtsmodus vor, in dem nicht ein »reflektierendes Ich« Erklärungen sucht, sondern ein »beobachtendes Ich« das vergangene Gewaltgeschehen für Dritte memoriert und dokumentiert. Deren Abwehr – und das heißt genauer noch: die seitens der eigenen Landsleute erfahrene oder unterstellte Ablehnung – steht im Zentrum dieser Texte, die von einer nachgerade enzyklopädischen Faktizität geprägt sind. Diese reicht so weit, dass die Enge der Schlafstätte oder der Gefängniszelle zentimetergenau beschrieben wird, oder dass neben präzisen Datumsangaben selbst Uhrzeiten penibel vermerkt werden.[295] Besonders genau sind auch alle Hinweise, die sich

---

293 Lahmann, Warten ohne Wiedersehen.

294 Pollak, Die Grenzen des Sagbaren, S. 113f.

295 Gleichzeitig ist anzumerken, dass der Verlust von Zeit als Zeichen lebensweltlicher Normalität in vielen Berichten dadurch deutlich wird, dass der Haftverlauf einzig durch die Erwähnung der in Gefangenschaft verbrachten Weihnachtstage strukturiert wird. Dem stehen ebenso oft Präzisierungen wie die folgende gegenüber: »Von 23 bis 24 Uhr liegt das Fangergebnis um 120 Wanzen. Zwischen 0 Uhr und 1 Uhr früh bringe ich es auf gut 140 zerquetschte Tierchen. In zwei Stunden schaffe ich niemals weniger als 245 Wanzen. Innerhalb der Nachtzeit ist jeder einzige von uns 400 Attackierten mindestens eine Stunde im Abwehrkampf, mit Erfolg: 120! Das sind 400 mal 120 = 48 000 Wanzen. Bei besagtem Pritschenreinigen wird mindestens die gleiche Anzahl vernichtet. Seit Tagen, seit

auf die Quantität der Nahrungsmittel beziehen. Dass die tägliche Ration Suppe »einen Becher [füllte], in den ein großer Junge seine Hand stecken konnte«, fällt dabei als singuläre Abstraktion auf.[296] Denn die geringe Menge an Brot oder Suppe wird sonst immer in Gramm oder Halblitern angegeben.

Dass diese dokumentarische Verengung der Erzählperspektive, die an Fakten und Details ausgerichtete Beweisführung menschlichen Leids, Konsequenzen für die Literarizität der Texte zeitigt, steht außer Frage. Tatsächlich geht die gleichzeitig Authentizität und Objektivität suggerierende Erzählhaltung mit dem schon angedeuteten Mangel an literarischem Anspruch oder Ausdruck einher. Einzig die Texte von Arnold Bacmeister und Horst von Schlichting alias Hagen Volker künden zumindest dahingehend von literarischer Finesse, als sie sich beide des Kunstgriffs bedienen, den Leser direkt anzusprechen – Ersterer, um dessen mangelndes Mitgefühl zu kritisieren,[297] und Letzterer, um ihn zu vereinnahmen: »Was ein Flaschenhintern ist? Sie suchen vergeblich im Lexikon, auch kein Speziallexikon der Medizin hilft dabei. Das ist nur bei der NKWD zu lernen!«[298] Ansonsten aber überwiegt die nüchterne Darstellung der Geschehnisse. Dabei bieten nur die wenigsten Autoren Einblick in ihre Gedanken- oder Gefühlswelt während der Haft – und wenn, dann sind diese seltenen inneren Monologe meist religiösen Empfindungen vorbehalten.[299] Auch Stilmittel wie Idiome oder Metaphern fehlen fast ganz. Selbst der Tod, der das zentrale Thema aller Berichte ist, wird nur in Ausnahmefällen als »Sensenmann« oder »Spielmann Tod« umschrieben.[300]

---

drei Wochen schon« (Volker [Pseud.], Sibirien, S. 69f.). Vgl. auch Jank, Die längsten Jahre, S. 56: »Zwischen 22 und 24 Uhr schaffe ich genau 47 [Läuse, B.G.], wobei das nicht einmal der Rekord ist.«

296 Griese, Der Wind, S. 195.

297 »Von Hunger, lieber Freund im Wirtschaftswunderland – hast du es nie erfahren oder schon wieder vergessen? – von Hunger kannst du erst sprechen, wenn dir ein altes, vertrocknetes, verschimmeltes Stückchen Brot als köstliche Speise erscheint« (Bacmeister, Der lange Weg, S. 31. Ein weiteres Beispiel für seine kritische Ansprache an den Leser findet sich auf S. 50).

298 Volker (Pseud.), Sibirien, S. 18. Weitere Beispiele für dessen direkte, auf Vereinnahmung abzielende Ansprache finden sich auf den Seiten 63f., 103.

299 So bei Pfeiffer, Abgeholt, S. 71f., 75–80.

300 Jank, Der längste Tag, S. 43; und Fischer, Schweigen, S. 140.

Bescheinigung

Hiermit wird bescheinigt, dass Herr, Frau Friedrich Roth
(Vor- und Zuname)

aus dem Internierungslager entlassen ist und sich auf dem Heimwege nach Berlin-Wannsee Sandwerder-Str. 18 befindet.
(genaue Adresse)

Diese Bescheinigung berechtigt Obengenannten, die Eisenbahn zu benutzen. Als Personalausweis kann sie nicht dienen.

„17." Januar 1950.

Landespolizeichef
des Landes Brandenburg
I.A.

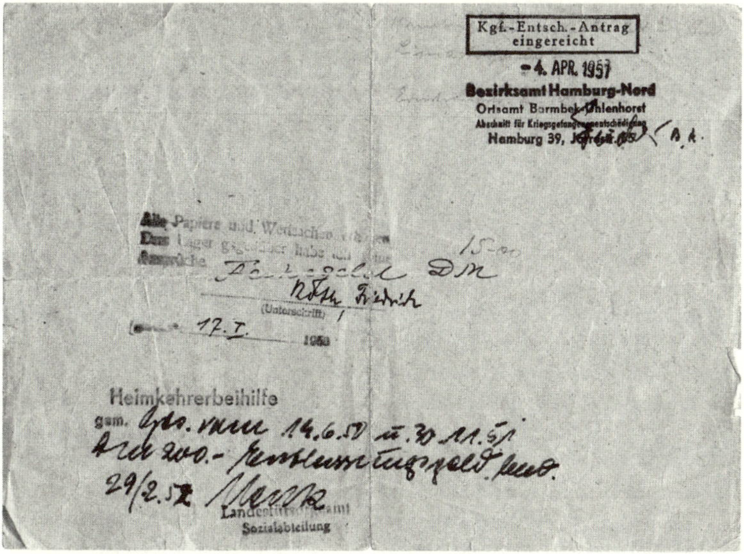

Kgf.-Entsch.-Antrag eingereicht
- 4. APR. 1957
Bezirksamt Hamburg-Nord
Ortsamt Barmbek-Uhlenhorst
Abschnitt für Kriegsgefangenenentschädigung
Hamburg 39

DM 15.–

(Unterschrift)
17. I. 1950

Heimkehrerbeihilfe
gem.

Landesfürsorgeamt
Sozialabteilung

Privatbesitz

Der stilistische »Dokumentarismus« wird in vielen Erinnerungsberichten durch einschlägige Zitate aus der westlichen Sekundärliteratur oder Presse unterfüttert.[301] Seit Öffnung der russischen Archive Anfang der 1990er Jahre finden sich in den Publikationen darüber hinaus zunehmend personenbezogene Dokumente wie beispielsweise Auszüge aus Verhörprotokollen. Vielfach werden auch Entlassungsscheine abgedruckt, denen bezeichnenderweise weder die inhaftierende Macht noch die Gründe oder die Dauer der Haft zu entnehmen sind. Die SMT-Verurteilten unter den Autoren verfügen infolge der DUMA-Gesetzgebung von 1993 über ein weiteres Dokument, das die Willkür der sowjetischen Besatzungsmacht belegen soll: ihre Rehabilitierungsbescheinigung durch die russische Generalstaatsanwaltschaft. Häufig sowohl im russischen Original wie in deutscher Übersetzung abgedruckt, handelt es sich bei dieser Bescheinigung nach dem Verständnis der Betroffenen um den unwiderlegbaren, weil vom Rechtsnachfolger der vormaligen Gewahrsamsmacht ausgestellten Beweis ihrer Unschuld. Das aber ist ein Missverständnis. Denn mit diesem Dokument wird zwar bestätigt, dass die Verurteilten politisch repressiert wurden,[302] über ihre Schuld oder Unschuld besagt sie gleichwohl nichts.

Darüber hinaus findet sich in zahlreichen Erinnerungsbüchern auch Bildmaterial. Da keine Fotos aus den Speziallagern überliefert sind,[303] handelt es sich dabei meist um unmittelbar nach der Entlas-

---

301 In seiner Annäherung an die Erinnerungstexte von drei ehemaligen Speziallagergefangenen und acht ehemaligen DDR-Häftlingen versteht Eberhardt unter »Dokumentationen« ausschließlich jene Berichte, in die auch dokumentarisches Material eingeflossen ist. Sein Begriff der Dokumentation unterscheidet sich somit von dem hier vorgestellten, der sich auf den Erzählmodus bezieht (vgl. Eberhardt, Verschwiegene Jahre, S. 48f.).

302 So heißt das entsprechende Gesetz vom 18. September 1991 bzw. 3. September 1993 auch Gesetz der Russischen Föderation »Über die Rehabilitierung von Opfern politischer Repression« (vgl. Wagenlehner, Die russischen Bemühungen um die Rehabilitierung).

303 Einen sensationellen Fund in russischen Archiven stellen Fotografien aus dem Speziallager Fünfeichen dar, bei denen es sich allerdings um idealisierte und teilweise gestellte Darstellungen des Lagerlebens und des Lagerbetriebes handelt. Für übergeordnete Stellen in Moskau aufgenommen und in einem Album zusammengestellt, werden sie der Not, Verzweiflung und dem Elend der Häftlinge nicht gerecht. Gleiches gilt für die überlieferten privaten Fotografien des sowjetischen Lagerleiters in Sachsenhausen (vgl. Die Opfer von Fünfeichen. Gedanken und Erinnerungen, S. 265–287; Speziallager Sachsenhausen/Katalog, passim).

ГЕНЕРАЛЬНАЯ ПРОКУРАТУРА
РОССИЙСКОЙ ФЕДЕРАЦИИ

ГЛАВНАЯ ВОЕННАЯ ПРОКУРАТУРА

«27» июля 2000 г.

№ 7уд-276-00

103160, Москва, К-160, Хользунов пер., д.14

СПРАВКА
(о реабилитации)

Гражданин (ка) Шуман Рудольф
Год и место рождения 1928, с.Ботендорф Кверфуртского уезда
Гражданин (ка) какого государства Германии
Национальность немец Место жительства до ареста по месту рождения
Место работы и должность (род занятий) до ареста рабочий
Дата ареста 3 марта 1946 г.
Когда и каким органом осужден (а) (репрессирован/а) 21 апреля 1946 г. приговором военного трибунала 3-ей ударной армии

Квалификация содеянного и мера наказания (основная и дополнительная) ст.ст.58-8, 58-9 и 58-II УК РСФСР к высшей мере наказания – расстрелу, с конфискацией имущества

Дата освобождения Приговор приведен в исполнение 20.06.46
На основании ст. 3,п. "а" Закона РФ «О реабилитации жертв политических репрессий» от 18 октября 1991 года гражданин(ка) Шуман Рудольф реабилитирован (а).

ПРИМЕЧАНИЕ: Решение о реабилитации не может служить основой для имущественных требований граждан Германии, идущих вразрез с действующим законодательством и международными обязательствами.

Начальник отдела реабилитации
Главной военной прокуратуры А.В.Чичуга

Aus: Diktaturwechsel und seine Folgen im Kreis Querfurt und Umgebung, zusammengestellt von Hans-Joachim Hantsche, hrsg. von der Landesgruppe Sachsen-Anhalt der Vereinigung der Opfer des Stalinismus, Magdeburg 2003, S. 193, 194.

Übersetzung

Generalstaatsanwaltschaft
der Russischen Föderation

Militärhauptstaatsanwaltschaft

27. Juli 2000
Nr. 7ud-276-00
103160 Moskau K-160, Cholsunow per. 14

Rehabilitierungsbescheinigung

Herr/Frau	***SCHUMAN, Rudolf***
Geburtsjahr und -ort:	***1928, Botendorf, Kreis Querfurt***
Staatsangehörigkeit	***deutsch***
Volkszugehörigkeit	***deutsch***
Vor Inhaftierung wohnhaft:	***am Geburtsort***
letzter Arbeitgeber vor der Inhaftierung / beschäftigt als:	***Arbeiter***
wann inhaftiert:	***3.März 1946***
wann und durch wen verurteilt/verfolgt:	***21. April 1946 von einem Militärtribunal der 3. Stoßarmee***
der Verurteilung zugrundeliegende Paragraphen und Strafmaß (Grund- und Zusatzstrafen):	***Art. 58-8, 58-9 und 58-11 des Strafgesetzbuches der RSFSR zur Höchststrafe - Tod durch Erschießen mit Konfiszierung des Eigentums***
Datum der Haftentlassung:	***Das Urteil ist am 20.06.46 vollstreckt worden.***

Gemäß Artikel 3 Pkt. „a" des Gesetzes der Russischen Föderation "Über die Rehabilitierung der Opfer politischer Repressionen" vom 18. Oktober 1991 wurde Herr/Frau Rudolf Schuman rehabilitiert.

Anmerkung: Die Entscheidung über die Rehabilitierung kann nicht als Grundlage für nicht im Einklang mit den geltenden gesetzlichen Bestimmungen und internationalen Verpflichtungen stehende Vermögensansprüche deutscher Staatsangehöriger dienen.

Leiter der Abteilung Rehabilitierung
der Militärhauptstaatsanwaltschaft:
[Siegel, Unterschrift] A.W.Tschitschuga

[*Bitte beachten*: Die Namensschreibung auf diesem Formblatt erfolgt aufgrund der Schreibweise im russischen Original. Bei der Rückübertragung in lateinische Buchstaben kann es daher u.U. zu kleineren Unterschieden in der Schreibweise kommen.]

Rehabilitierungsbescheinigung für Rudolf Schuman, der 18-jährig am 20. Juni 1946 als angeblicher »Werwolf« hingerichtet wurde.

sung handgezeichnete Lagepläne der Haftorte oder um seit dem Mauerfall aufgenommene Fotografien. Sie zeigen zwischenzeitlich gesetzte Gedenksteine für die Toten oder bauliche Überreste der Lager, die dem Betrachter mitunter eine hohe Empathieleistung abfordern.[304] Keinesfalls unerwähnt bleiben dürfen Abbildungen, die dem Leser eine Übersetzungsleistung ganz anderer Art abverlangen. Dazu zählen nachgestellte Erschießungsszenen, die zwei kniende, bis auf die Unterhose entkleidete Jugendliche und einen Mann in sowjetischer Uniform zeigen, der mit einer Pistole auf ihre Hinterköpfe zielt.[305] Auf ein weiteres Bildmotiv wird später zurückzukommen sein: Aufnahmen von Leichenbergen in befreiten nationalsozialistischen Konzentrationslagern.[306]

Horst von Schlichting alias Hagen Volker war 1958 der Erste, der seinen Haftbericht »Sibirien liegt in Deutschland« um Pressezitate über die Speziallager und Erkenntnisse des Untersuchungsausschusses freiheitlicher Juristen ergänzte.[307] Diese Fremdinformationen flossen jedoch nicht in den Text ein, sie wurden den jeweiligen Kapiteln (kursiv abgesetzt) vorangestellt. Er vertraute also weiterhin auf die Aussagekraft und Autorität seiner Zeugenschaft, die durch die zusätzlichen Informationen lediglich illustriert wurde. 1975 verzichtete Joachim R. Stern erstmals auf die Wahrung der Zentralperspektive des Zeitzeugen. In »Und der Westen schweigt!« wurden Fremdinformationen unmittelbar in den Erinnerungstext integriert – ein Stilmittel, das Schule machen sollte und über das Selbstbild der Autoren Auskunft gibt: Irgendwann in den gut zwei Jahrzehnten zwischen diesen beiden Veröffentlichungen haben die stalinistisch Verfolgten das Vertrauen in ihre Deutungsautorität als Gewaltopfer verloren. Sie sahen und sehen sich zunehmend gezwungen, ihre persönliche Wahrheit durch Informationen aus zweiter Hand abzusichern.

Das trifft auch für Ursula Fischer zu, die als 20-jährige Kindergärtnerin und vormalige BDM-Führerin 1945 in Haidmühl inter-

---

304 Das gilt beispielsweise für die Aufnahme einer Zellentür, die nach über 50 Jahren noch vorhanden ist (vgl. Matz-Donath, Sphinx, S. XXV, XXVIII). Über die Bedeutung dieser Tür für all jene, die hinter ihr eingesperrt wurden, muss nicht gesprochen werden. Nichtbetroffenen aber zeigt diese Aufnahme »nur« eine verstärkte Kellertür.

305 Prieß, Erschossen im Morgengrauen, S. 18.

306 Noble, Verbannt und verleugnet, S. 57.

307 Volker (Pseud.), Sibirien, S. 72f., 160.

niert worden war. Sie wertete Anfang der 1990er Jahre die ihr in der DDR nicht zugängliche Literatur über die Speziallager aus – auf der Suche nach »Gründe[n] für meine Inhaftierung«.[308] Ihre Selbstwahrnehmung wurde von dieser historischen Spurensuche indes nicht tangiert, im Gegenteil – sie war und blieb der Leitfaden bei der Lektüre. »Keinesfalls wäre ich auf die Idee gekommen, dass es mich betreffen könnte. [...] Was hatte ich, was hatten die anderen vier Haidmühler Mädchen, die Welzower Jungen, meine Ketschendorfer Lagergefährten, was hatte die überwiegende Zahl der Internierten [mit den im alliierten Kontrollratsgesetz Nr. 10 fixierten, B.G.] Verbrechen zu tun? Nichts!«[309] In den Publizisten Karl-Wilhelm Fricke und Gerhard Finn fand sie hingegen neutrale Instanzen, die ihre eigenen Erinnerungen an den »gnadenlosen politischen Terror der sowjetischen Besatzungsmacht« und die »Teilhabe deutscher Kommunisten an der Verfolgung« bestätigten.[310] Aus diesem Grund werden sie auch als Zeugen für die Zeugin in das Erinnerungsnarrativ implementiert. Es ist offensichtlich, was hier passiert: Die vermeintliche Objektivierung soll die subjektive Glaubwürdigkeit attestierten und gegen Zweifel von außen immunisieren.[311] Die persönliche Spurensuche wird von der Erwartungshaltung Dritter bestimmt.

Weil sie überdies Historikern und deren vermeintlicher »Definitionsgewalt« misstrauen, treten viele der im jugendlichen Alter Verhafteten zunehmend auch als Historiker in eigener Sache auf. Annerose Matz-Donath, deren Buch auf 130 lebensgeschichtlichen Interviews mit inhaftierten Frauen beruht, begründet ihr »Mammut-Projekt« mit der »beleidigenden Verfälschung« und der »unangemessene[n]«, weil relativierenden Darstellung der Geschichte des Speziallagers Sachsenhausen seitens der Mitarbeiter der Gedenkstätte.[312] Dass die etablierte historische Wissenschaft den stalinistisch Verfolg-

308 Fischer, Schweigen, S. 209.

309 Ebenda, S. 209f.

310 Ebenda, S. 215.

311 Die Rückversicherung über Dritte bedarf nicht immer anerkannter Instanzen. So bedankt sich Siegfried Rulc bei einem Freund, der ihm seine Tagebuchaufzeichnungen aus dem Jahr 1945 zur Verfügung gestellt hat. Dieser Dank antizipiert Zweifel an Rulcs Erinnerungsleistung fünf Jahrzehnte nach dem Gewaltgeschehen, er soll die Glaubwürdigkeit seiner Ausführungen signalisieren (Rulc, Unvollständige Chronik).

312 Vgl. »Netz der Angst«, *Junge Freiheit* vom 22. September 2000.

ten im Gegensatz zu den NS-Opfern jede Deutungsautorität über die eigene Vergangenheit abspricht und für die ausbleibende Anerkennung verantwortlich ist, hält auch Werner Pfeiffer für ausgemacht. »Spitzeln und Denunzianten«, selbst »SED-Funktionären« gegenüber zeigt er sich versöhnlich.

> »Nur einer Sorte Mensch kann und will ich nicht vergeben. Es sind diejenigen, dic im Westen nie ein totalitäres Regime am eigenen Leibe erfahren haben, die den Sozialismus nur aus Büchern kennen, aber in ihrer ideologischen Verblendung jeden zum ›Faschisten‹ stempeln, der vor linkem Totalitarismus warnt. Diese Anwälte der ›political correctness‹ sehe ich als Wegbereiter einer Meinungsdiktatur, die über kurz oder lang zwangsläufig zu neuen politischen Prozessen und zu Konzentrationslagern führen muss, in denen Andersdenkende zum Schweigen gebracht werden. Auf sie fällt das Wort zurück, das sie selbst in Bezug auf den Nationalsozialismus so gern im Munde führen: ›Der Schoß ist fruchtbar noch, aus dem das kroch.‹«[313]

Gerhard Finn haut in die gleiche Kerbe. Seiner Meinung nach sei »bis heute« noch nicht allen Historikern klar, dass die Speziallager Teil der »Sowjetisierung« waren. Sie würden stattdessen »noch immer nach Erklärungs- und Entschuldungsgründen für das unmenschliche Vorgehen der sowjetischen Besatzungsmacht suchen« – und dabei nach wie vor auf den »Hautgout von Nazi- und Kriegsverbrechen« hereinfallen, mit dem die sowjetische Propaganda die Speziallager »geschickt« versehen habe.[314] Kurt-Peter Schäfer will gar einen »neu entflammten Historikerstreit« erkennen, als deren Protagonisten er »Historiker um Alexander von Plato« auf der einen und »Jan Lipinski nahestehende Geschichtsforscher« auf der anderen Seite ins Feld führt. Dabei ist nicht schwer zu erraten, welcher Seite er den Vorzug gibt. Denn während Letzterer die Speziallager als einen »vorgeschobenen GULAG auf deutschem Boden« deutet, verfechte von Plato die »Theorie der Singularität nationalsozialistischer Verbrechen«. Schaefer unterstellt von Plato, dass er die Speziallager deshalb »als legitime Mittel zur Entnazifizierung im Sinne von Sühnelagern der Westalliierten« interpretiere. Als Anhänger dieser Theorie würde er die hohen Todeszahlen in den Speziallagern fälschlicherweise »nicht auf Vernichtungsabsichten wie z.B. in Auschwitz«, sondern

313 Pfeiffer, Abgeholt, S. 219.
314 Finn, Nichtstun, S. 20.

auf »administrative Willkür, Kompetenzchaos und logistisches Versagen« zurückführen.[315]

Unbeschadet des Umstandes, dass die historische Recherche in eigener Sache mitunter zu beachtenswerten Ergebnissen geführt hat,[316] bleibt insgesamt festzuhalten, dass die nach der Wende publizierte Literatur eine seit den 1950er Jahre etablierte Betrachtung und Erzählhaltung fortschreibt. Wie frühere Autoren fixieren sich auch die als Jugendliche Verhafteten ausschließlich auf den Totalitarismus sowjetischer Prägung. Sowjetische Willkür gerät ihnen zum einzigen Kriterium von Opferschaft. Selbstredend ist diese Willkür ein unhintergehbares Faktum. Aber darüber die nationalsozialistische Vorgeschichte auszublenden und ausnahmslos alle Speziallagerhäftlinge zu unschuldigen Opfern zu erklären, bestätigt heute genau die Abwehr, um deren Auflösung willen die Haftberichte überhaupt erst geschrieben werden.

»Wechselrahmungen« und andere »Erzählbilder«

Wie um Anerkennung gestritten wird und warum sich die Speziallagerhäftlinge dabei ständig selbst in die Quere kommen, ist jenseits ihres dokumentarischen Stils auch an ihren »Erzählbildern« zu erkennen – an narrativen Motiven, die ebenfalls der Erwartungshaltung ihrer Adressaten und deren Bedürfnis nach positiver Selbstverortung geschuldet sind. Um der Abwehr imaginierter Leser zu begegnen, wird der Beweis, unschuldig gelitten und mit dem Nationalsozialismus in keiner Weise etwas zu tun gehabt zu haben, auf mehreren Ebenen geführt. Die in dieser Absicht formulierten »Erzählbilder« sind auf vielfältige Art und Weise in die Berichte eingewoben; wie zu zeigen sein wird, ergeben sie sich mitunter aus der Struktur des Textes, manchmal genügt auch ein einziges »Erkennungswort«. Immer aber handelt es sich um Angebote an den Leser, sich durch morali-

---

315 Schaefer, Folter in der Jugend, S. 159.

316 Das gilt für Achim Kilians »Einzuweisen zur völligen Isolierung«, das seit 1994 in der zweiten Auflage vorliegt, sowie vor allem für seine historische Studie »Mühlberg 1939–1948« aus dem Jahr 2001. Mit teilweise deutlichen Abstrichen sind auch Prieß, Erschossen im Morgengrauen; Hantsche, Diktaturdurchsetzung; und Matz-Donath, Sphinx zu nennen.

sche Mitzeugenschaft der eigenen Untadeligkeit zu versichern. Und es sind Angebote, mit denen die Berichtenden ihre Narrative an jeweils aktuelle gesellschaftliche Vorstellungen passiver Opferschaft anzupassen versuchen, da sie andernfalls nicht dechiffriert und den Bedürfnissen der Nachgeborenen oder Nichtbetroffenen entsprechend vereinnahmt werden können.

Gegenwärtig scheinen solche »Erzählbilder« den größten Erfolg zu versprechen, die in der Forschung als »Wechselrahmungen« bezeichnet werden.[317] Mit ihnen werden Motive aufgerufen, die dem Adressaten aus einem ganz anderen Verfolgungszusammenhang bekannt sind – handelt es sich doch um Bilder, die das Leid der Opfer des Holocaust dokumentieren. Sie dienen als Wechselrahmen oder Folien, vor deren Hintergrund Mitleid und Empathie eingefordert werden. Denn mit diesen »doppelten Bildern« wird dem Leser oder Zuhörer suggeriert, dass der Berichtende *selbst* Opfer des NS-Systems war – weshalb er auch, wie Harald Welzer zu Recht betont, »vor jedem Verdacht geschützt [ist], Akteur oder gar Profiteur [des Nationalsozialismus, B.G.] gewesen zu sein«.[318] Bei den »Wechselrahmungen« handelt es sich in anderen Worten um »Erzählbilder«, mit denen ein gesellschaftlich bereits anerkannter Opferstatus usurpiert wird. Was Welzer dabei nicht erwähnt: Die Rahmungen entsprechen den Erwartungshaltungen der Rezipienten, weil sie ihnen genau jene Bilder vor Augen führen, die ihrer positiven Selbstverortung Genüge tun.

Dergleichen findet sich verstärkt in den Erinnerungsberichten ehemaliger Speziallagerhäftlinge, die seit der Jahrtausendwende verfasst und publiziert wurden. Ein auf den ersten Blick extremes, aber gleichwohl – wie noch zu zeigen sein wird – für den Gesamtzusammenhang aufschlussreiches Beispiel ist dem Haftbericht »Verbannt und verleugnet« von John H. Noble aus dem Jahr 2004 zu entnehmen. Noble, 1923 in den USA geboren, kam 1938 mit seiner Familie nach Dresden. Sein Vater hatte die dortigen Kamerawerkstätten gekauft, die nach beider Verhaftung Anfang Juli 1945 enteignet wurden. Vater und Sohn waren zunächst in Mühlberg und seit September

---

317 Vgl. Welzer u.a., Opa war kein Nazi, S. 82f. Dass »Wechselrahmungen« kein rein deutsches Phänomen sind und überdies generationsübergreifend zunehmend Anwendung finden, zeigen Levy/Sznaider, Erinnerung im globalen Zeitalter, bes. S. 189–195. Siehe auch: Jeismann, Die Holocaust-Erinnerung als Passepartout.

318 Welzer u.a., Opa war kein Nazi, S. 82.

1948 in Buchenwald interniert. 1950 wurde der Vater nach Waldheim verlegt und 1952, nach einer (faktisch rückwirkenden) Verurteilung zu einer siebenjährigen Haftstrafe, entlassen. John H. Noble wurde 1950 von einem sowjetischen Militärtribunal zu 15 Jahren verurteilt und in die UdSSR deportiert. Nach seiner Entlassung im Jahr 1955 kehrte er in die USA, wo seine Familie inzwischen lebte, zurück. Seit 1990 wohnte er, zumindest teilweise, wieder in Dresden. Anfang 2007 ist er verstorben.

In »Verbannt und verleugnet« schildert Noble die Verlegung vom Speziallager Mühlberg in das Lager Buchenwald im September 1948 als Zugreise in den Tod:

> »Zwei Tage lebten wir in einem Viehwaggon. Es war unerträglich, Gestank, Dreck, kaum Luft zum Atmen und kein Platz. [...] Drei Tage waren wir unterwegs. [...] Am nächsten Morgen wurden wir an den ehemaligen Verwaltungsbaracken der SS vorbeigetrieben, die jetzt die gleiche Funktion für das NKWD erfüllten. Als ich das Tor des Lagers Buchenwald mit der Aufschrift ›Jedem das Seine‹ passierte, kochte ich vor Zorn über diesen Zynismus. Einer nach dem anderen musste an Dr. Katz [dem sowjetischen Lagerarzt Kaz, B.G.] vorbei, der mit einem Blick den Gesundheitszustand des jeweiligen Häftlings prüfte und damit über seine Überlebenschancen entschied.«[319]

Im Viehwaggon zur Selektion, so diese »Wechselrahmung«. Unnötig zu sagen, dass es in den Speziallagern keine Selektionen gegeben hat, es wurde nicht wie an der Rampe von Auschwitz durch das Kopfnicken eines SS-Arztes über Leben und Tod der Neuankömmlinge im Lager entschieden. Die Bilder von der Rampe in Auschwitz aber nehmen heute einen wichtigen Platz in dem gesellschaftlich akzeptierten Bildfundus ein, mit dem über extreme Gewalt kommuniziert wird. Wer in diesem Bild Täter ist und wer unschuldiges Opfer, bedarf keiner Erläuterung. Der Adressat weiß, welcher Seite er Anerkennung zollen will.

Wie zum Beweis wartet Noble zusätzlich noch mit einem Bilddokument auf: der Fotografie eines Leichenbergs; im Hintergrund sind schemenhaft Baracken auszumachen. Unter der Abbildung steht in Anführungszeichen das Wort: Verhungert.[320] Noble insinuiert damit eine sowjetische »Tötungsabsicht«, womit er, wie ausge-

---

319 Noble, Verbannt und verleugnet, S. 54.
320 Ebenda, S. 57.

führt, nicht alleinsteht. Angesichts der dramatischen Todeszahlen in den Speziallagern und der individuell erfahrenen Todesnähe während der Haft scheint diese Lesart vieler stalinistisch Verfolgter verständlich. Trotzdem kann nicht oft genug betont werden, dass der Sowjetmacht eine solche Absicht, wie sie die Deutschen mit und in den nationalsozialistischen Vernichtungslagern verfolgten, nicht nachzuweisen ist. Diese Unterstellung wird bei Noble jedoch durch die Abbildung verrenkter, chaotisch übereinanderliegender, noch im Tode ihrer Würde beraubter Körper verstärkt. Dabei kommt die Fotografie dem Leser vertraut vor. Obwohl auf ihr kein Bulldozer zu sehen ist, erinnert die Aufnahme unmittelbar an jenes Bild aus dem nationalsozialistischen Konzentrationslager Bergen-Belsen, das der Grafiker Klaus Staeck 1972 während der Debatte um die Ostverträge auf einem Wahlkampfplakat für die SPD publikumswirksam verwendete. Und tatsächlich: Sie zeigt nachweislich einen Leichenberg, den britische Soldaten nach der Befreiung von Bergen-Belsen aufgenommen haben.[321] Um diesen Kontext aber ist die Abbildung in Nobles Bericht bereinigt. Es zählt allein das Bild des unschuldigen Opfers.

Das ist eine ebenso amoralische wie ahistorische Anmaßung. Und doch führt Noble mit seiner Vorgehensweise vor Augen, dass die erstrebte Mitzeugenschaft Dritter nur um den Preis der Instrumentalisierung zu haben ist: Nur dem »guten« Opfer wird Anerkennung gezollt, weil allein das Opfer, dessen Erfahrungen positiv aufgeladen wurden, dem Anerkennenden »moralisches Kapital« verspricht. Je stärker sich heute eine Erzählung über die Speziallager an den bekannten Bildern nationalsozialistischer Verfolgung orientiert und deren Bildsprache imitiert, desto wahrscheinlicher ist es – so die offensichtliche Erwartung –, dass sich der Adressat auf die Seite des Berichtenden stellt.

Noble versteht sich besonders gut darauf, seine »Bildvorlagen« dem Zeitgeist entsprechend zu wählen. So enthält sein Buch aus dem Jahr 2004 ein noch aktuelleres »Erzählbild« anerkannter Opferschaft. Auf dem Transport in die UdSSR im Jahr 1950 will er »gefesselte Häftlinge mit Säcken über ihren Köpfen« gesehen haben.[322] Ist es übertrieben, hier an die Medienbilder der Gefangenen in Guantánamo zu denken, die seit 2002 um die Welt gehen? Richtig ist, dass

321 Für die Bestätigung danke ich Klaus Tätzler, Archiv und Gedenkstätte Bergen-Belsen.

322 Noble, Verbannt und verleugnet, S. 61.

Anfang 1950 eine kleinere Gruppe von Speziallagerhäftlingen deportiert wurde, die nach sowjetischem Verständnis besonders schwere Verbrechen begangen haben sollen. Die von Noble beschriebene »Sonderbehandlung« könnte daher durchaus der historischen Realität entsprechen. Allein, sie wird in keinem anderen Haftbericht erwähnt[323] – auch nicht in den Haftberichten, mit denen sich Noble selbst Ende der 1950er Jahre erstmals an die Öffentlichkeit wandte: Weder in »I was a Slave in Russia« (1958), das sich bis heute 1,3 Millionen Mal in den USA verkaufte, noch in »I Found God in Soviet Russia« (1959) ist die Rede von gefesselten Häftlingen mit Säcken über den Köpfen. Bei diesem »Erzählbild« handelt es sich also um eine mehr als 45 Jahre verspätete »Spezifizierung«, die nicht zwingend der Realität, definitiv aber einem der gegenwärtig akzeptierten Bilder passiver Opferschaft entspricht.[324]

Gleichwohl findet sich in Nobles Büchern aus den 1950er Jahren ein zeitgemäßes, unschuldige Opferschaft aufrufendes »Erzählbild«. Zumal Buchenwald damals in der amerikanischen Wahrnehmung den Stellenwert innehatte, den Auschwitz heute weltweit einnimmt, kann kein Zweifel daran bestehen, dass es vor dem Hintergrund des Kalten Krieges zwecks Werbung um Anerkennung eingesetzt wurde. So heißt es in »I was a Slave in Russia«: »Der Name Buchenwald hat sich als wahrhaftiger Nazi-Schlachthof eingebrannt. Und trotzdem: Von Häftlingen, die sowohl unter den Nazis als auch unter den Kommunisten in dem Lager einsaßen, hörte ich wiederholt, dass es jetzt sogar noch schlimmer war.«[325] In »I Found God in Soviet Russia« untermauert Noble diese Aussage mit vergleichenden Todeszahlen.[326]

---

323 Gerhart Schirmer wurde ebenfalls nach fast fünf Jahren Internierung 1950 in die UdSSR deportiert, nachdem er wie Noble durch ein Moskauer OSO-Gericht verurteilt worden war. Auch wenn dahingestellt bleiben muss, ob beide auf demselben Transport waren, finden sich bei Schirmer keine Hinweise auf eine solche Behandlung (Schirmer, Sachsenhausen – Workuta, S. 17).

324 Dazu passt, dass weder der Transport von Mühlberg nach Buchenwald noch die Ankunft im Lager in den beiden Veröffentlichungen Nobles aus den 1950er Jahren überhaupt erwähnt werden. Die Beschreibung seines dortigen Aufenthalts nimmt in dem einen wie dem anderen Bericht überdies nur wenige Absätze ein. Auch finden sich keine Hinweise auf Selektionen, eine entsprechende Abbildung fehlt.

325 Noble, I was a Slave, S. 63.

326 Noble, I Found God in Russia, S. 84.

Noble wandte sich mit diesen Ausführungen an ein amerikanisches Lesepublikum. Doch auch seine vormaligen Mithäftlinge, die ihre Hafterinnerungen etwa zeitgleich in der jungen Bundesrepublik veröffentlichten, wollten vom frühen Kalten Krieg profitieren, um sich der Öffentlichkeit als Kronzeuge passiver Opferschaft zu präsentieren. Daher fügten sich ihre Berichte nahtlos in das große Bild klar konturierter antikommunistischer Stereotype ein, wofür mitunter schon die Wahl des Buchtitels, wie zum Beispiel »Bolschewismus nackt. Ein Kommunist erlebt sowjetisches KZ«, genügte. Dass sich die Speziallagerhäftlinge diesen Kronzeugenstatus mit den deutschen Kriegsgefangenen in der UdSSR teilen mussten,[327] führt der Titel eines Haftberichts vor Augen, der 1958 und damit drei Jahre nach Adenauers »Rückholaktion« der letzten deutschen Kriegsgefangenen aus der Sowjetunion erschienen ist: »Sibirien liegt in Deutschland« – ein Titel, der gleich in mehrfacher Hinsicht als »Erzählbild« funktioniert. Er holt die Erlebniswelt der Kriegsgefangenschaft nach Deutschland und spielt zugleich auf die nationalsozialistische Durchhaltepropaganda an, die »Sibirien oder Tod« androhte. Im Präsens gehalten, verlängert er beide Motive in die Gegenwart und signalisiert eine Botschaft, die Zeitgenossen auf den ersten Blick zu dechiffrieren wussten: Noch 13 Jahre nach Kriegsende steht der Feind im Land, wir alle sind seine unschuldigen Opfer.

Der Verfasser dieses Berichts heißt Horst von Schlichting, der unter dem an Nibelungentreue gemahnenden Pseudonym Hagen Volker veröffentlichte. Von Schlichting wurde 1945 interniert und 1950 in den Waldheimer Prozessen zu 15 Jahren verurteilt. 1954 vorzeitig entlassen, blickte er auf neun Jahre Haft zurück, die er in seinem Bericht streng chronologisch nacherzählt. Dabei verwendet er eine ganze Reihe von »Erzählbildern« passiver Opferschaft, wie sie für die frühen Erinnerungstexte typisch sind. So erfährt der Leser nichts Konkretes über das Leben, das der Berichtende vor Kriegsende führte. Von Schlichting verzichtet jedoch nicht nur auf persönliche Angaben (wie Alter, Beruf oder Wohnort), sondern er unterschlägt auch alle Details seiner zivilen Funktionstätigkeit im »Dritten Reich«. Dass er 1937 der SA beigetreten war und 1941 im Rang eines Sturmführers wieder ausschied, teilt er seinen Lesern nicht mit. Glei-

327 Zur selbstentlastenden, weil die nationalsozialistische Vergangenheit ausklammernden Wahrnehmung der Rückkehrer aus der Kriegsgefangenschaft in der UdSSR siehe Biess, Survivors of Totalitarism.

ches gilt für seine Mitgliedschaft in der NSDAP, in der er 1941 zum stellvertretenden Ortsgruppenleiter aufgestiegen war.[328] Um die Vorgehensweise der ostdeutschen Justizbehörden wie seine vorangegangene Internierung unter sowjetischem Gewahrsam ad absurdum zu führen, lässt von Schlichting seine Leser jedoch wissen, welche Funktionen er im »Dritten Reich« nicht ausübte:

> »Wenn ich nur wüsste, auf wen eigentlich die Staatsanwaltschaftsrede [während der Waldheimer Prozesse, B. G.] gemünzt ist. Leiter des NS-Lehrerbundes bin ich nie gewesen. Über die Herrenphilosophie Nietzsches habe ich auch kein Buch geschrieben. Dass ich als Schiedsrichter im Deutschen Fußballbund die Bataillone für den Überfall auf die friedliebende, harmlose Sowjetunion vorbereitet habe – ich muss gestehen, dessen bin ich mir allerdings nie bewusst gewesen.«[329]

Auch in »Der lange Weg nach Buchenwald«, so der Titel des Haftberichts von Arnold Bacmeister, SS-Angehöriger und in leitender Funktion im Reichspropagandaministerium tätig, sucht der Leser vergebens nach Informationen zur Person des Verfassers. Wie von Schlichting wurde Bacmeister nach fast fünfjähriger Internierung nach Waldheim überstellt, wo er zu 18 Jahren Haft verurteilt wurde, von denen er fast sieben Jahre absaß.[330] Sein autobiographischer Bericht, den er Anfang oder Mitte der 1960er Jahre verfasste und 1992 veröffentlichte, umfasst gleichwohl nur die Jahre von 1945 bis 1948.[331] Im Gegensatz zu von Schlichting gibt Bacmeister immerhin sein Alter preis. Dass er bei Kriegsende 37 Jahre alt war, ist für den Leser allerdings überraschend. Schließlich hatte sich Bacmeister auf den ersten Seiten seines Erinnerungsbuchs als »Überlebender einer Volkssturmeinheit« vorgestellt[332] – eine Anspielung, die keinesfalls auf einen Mittdreißiger schließen lässt, der aufgrund seiner politischen Funktion vermutlich bis kurz vor Kriegsende UK-gestellt war.

---

328 Für diese Angaben danke ich Bodo Ritscher von der Gedenkstätte Buchenwald; sie basieren auf der Aussage, die Horst von Schlichting 1950 vor ostdeutschen Justizbehörden in Waldheim machte.

329 Volker (Pseud.), Sibirien, S. 167.

330 Zu den Lebensdaten Bacmeisters siehe Kirsten, Landsberg, S. 100.

331 Dass Bacmeister seine Erinnerungen zeitnah zur Entlassung verfasste, legt die Veröffentlichung der VOS aus dem Jahr 1967 nahe, in der sich Ausschnitte aus seinem 1992 publizierten Buch finden (Zwischen Waldheim und Workuta, S. 12–14, 15–18).

332 Bacmeister, Der lange Weg, S. 13; sein richtiges Alter verrät er auf S. 67.

Weitere Beispiele für diese Erzählhaltung ließen sich mühelos anführen. Sämtlich würden sie folgende Regel bestätigen: Je zeitnaher die Erinnerungstexte zur Entlassung entstanden sind, desto weniger erfährt der Leser über die Berichtenden.[333] Sie stellen sich als kontur- und profillose »Jedermänner« dar, die sich von ihren Zeitgenossen nur in einer einzigen Hinsicht unterscheiden: Sie hatten das Pech, verhaftet zu werden. Der »Jedermann« ist in anderen Worten Ausdruck und Sinnbild der Willkür stalinistischen Zuschnitts, die tatsächlich jeden treffen konnte. Mit diesem »Erzählbild« wird also auch eine reale Erfahrung transportiert. Sie geht in diesen frühen Texten jedoch fast immer mit einer radikalen Entkontextualisierung des Gewaltgeschehens einher, die schon in der Struktur der Berichte angelegt ist, denn diese begrenzen sich auf die reine Haftzeit – es gibt keine Vor- und keine Nachgeschichte. Mitunter wird zwar wie bei Alfred Kathke die vorangegangene Kriegsgefangenschaft bei den Amerikanern oder wie bei André Sonnet die Flucht in den Westen wenige Wochen nach der Entlassung erwähnt,[334] an dem Gesamteindruck ändert das freilich wenig: Die Speziallager werden als etwas dargestellt, das wie eine Naturkatastrophe über die Menschen hereinbrach, sie scheinen mangels historischem Kontext wie vom Himmel gefallen – ein offensichtliches »Erzählbild« unschuldiger Opferschaft.

Der Mangel an Selbstreflexion und politischem Kontext hinterlässt gerade bei den Verfassern, deren Verstrickung in den Nationalsozialismus wie bei Bacmeister oder von Schlichting evident ist, einen schalen Nachgeschmack. Offensichtlich wird hier etwas beschwiegen, das für das Verständnis der sowjetischen Haftmaßnahmen von grundsätzlicher Bedeutung ist. Tatsächlich lesen sich die haftnah entstandenen Berichte als gelinde gesagt unterkomplex, wenn es darum geht, die eigene Inhaftierung mit der nationalsozialistischen Vorgeschichte in Verbindung zu setzen. Weiter als die Einsicht, sich, wie es bei Bacmeister heißt, mit dem Nationalsozialismus einer »großen Sache« verschrieben zu haben, die sich dann als »eitel

333 Als Ausnahme hat der biographische Haftroman von Eva Müthel aus dem Jahr 1958 zu gelten, die wegen Unterstützung der SPD zusammen mit ihrem Ehemann verhaftet worden war. Sie ist die Einzige, die auch die Vorgeschichte ihrer beider Verhaftung schildert und dabei die NS-Zeit nicht ausblendet (Müthel, Für dich blüht kein Baum, S. 18–66).

334 Kathke, Jugend, S. 7; Sonnet, Bolschewismus, S. 164.

Trug und Blendwerk« erweisen sollte,[335] reicht die Selbsterkenntnis der Autoren dieser frühen Erinnerungstexte in der Regel nicht. Nicht minder typisch lesen sich auch Bacmeisters Gedanken über eine mögliche Flucht:

> »Aber wozu sich überhaupt verstecken? Bin ich denn ein Verbrecher? Habe ich diesen wahnsinnigen Krieg angezettelt, oder war es nicht vielmehr diese winzige Clique, die keinen, aber auch nicht einen einzigen Deutschen gefragt hat, ob er dieses Vabanquespiel billigt?«[336]

Auslassungen dieser Art sind in ihrem apologetischen wie relativierenden Charakter für den westdeutschen Vergangenheitsdiskurs der 1950er Jahre hinlänglich bekannt. So gesehen sind die haftnah entstandenen Erinnerungstexte ein Produkt ihrer Zeit.[337] Die Berichtenden verstehen sich als Kronzeugen deutscher Opferschaft und Multiplikatoren zeitgemäßer Entlastungsstrategien, mit denen sich die westdeutsche Nachkriegsgesellschaft der eigenen Untadeligkeit zu versichern suchte. Diese Komplizenschaft findet jedoch nicht nur im Beschweigen der nationalsozialistischen Vergangenheit und der eigenen Rolle ihren Ausdruck, sondern auch in der Fixierung auf den Täter, dem in den frühen Texten ein Gesicht mit hohem Wiedererkennungswert verliehen wird. Es ist die aus der Propaganda des Nationalsozialismus wie des Kalten Krieges bekannte Fratze des »Bolschewiken«, hinter der alles andere verblasst.

Dem »Bolschewiken« wird zunächst die moralische Eignung abgesprochen, über die Deutschen zu richten. Schließlich gehöre »das niedergetretene Banner der Menschlichkeit in unsere [deutschen, B.G.] Hände«, da, wie es bei Arnold Bacmeister heißt, »die Sünden anderer Völker, die sich in ähnlicher Weise an der Würde der Menschheit vergangen« haben, offensichtlich sind.[338] Horst von Schlichting weiß dies kürzer zu fassen. Er bezeichnet das Speziallager Jamlitz als »laut-

---

335 Bacmeister, Der lange Weg, S. 67.

336 Ebenda, S. 24.

337 Zu einem ähnlichen Ergebnis kommt Streim, der Erinnerungsberichte über westalliierte Internierung diskutiert (Streim, Die »andere« Lager-Literatur). Dass auch für die Belletristik der Zeit »the many forms of *Schweigen*, of silence, between writers and readers« reflektiert werden müssen, verdeutlicht: Trommler, Creating a Cocoon of Public Acquiescence, S. 316.

338 Bacmeister, Der lange Weg, S. 97.

loses Katyn«.[339] Was genau darunter zu verstehen ist, lässt von Schlichting dem Leser durch einen sowjetischen Major in direkter Rede erklären: »Warum schießen? So viel schießen ist zu laut. Sie kommen ins Lager, ganz still, und viel Suup, Suup, Suup – mit alles Wasser, dann dicke Beine, dann hoch voll und leise kaput!«[340] Der Täter in diesem »Erzählbild« zeichnet sich also durch eine besonders perfide Tötungsabsicht aus. Sie nimmt nicht nur den deutschen Verbrechen ihre Singularität, da »Karlshorst weiß, was es anstellt«, um die Häftlinge »nach genau ausgeklügelten Methoden fallreif für die Chlorkalkgruben« zu machen.[341] Sie schafft auch automatisch unschuldige Opfer.

Den Täter charakterisiert noch eine zweite Besonderheit: Er ist der deutschen Sprache nicht mächtig. Mit Müh und Not kann er seinen barbarischen Plan kommunizieren. Die mangelnde Sprachkompetenz der sowjetischen Ermittlungs- und Untersuchungsorgane hat sich den Speziallagerhäftlingen tief eingeschrieben. Sich nicht erklären zu können beziehungsweise einem Gegenüber ausgeliefert zu sein, das nicht verstehen will – diese Ohnmachtserfahrung geben noch die in jüngster Zeit publizierten Haftberichte wieder: Der »Russe« radebrecht bis heute. Dergleichen fügt sich zusammen – mit der kindlichen Angst des »Russen« vor Seuchen (seiner medizinischen Rückständigkeit also) und seiner Ignoranz gegenüber kulturellen und christlichen Werten[342] – zum stereotypen »Erzählbild« kultureller Unterlegenheit, wenn nicht Minderwertigkeit.[343]

---

339 Volker (Pseud.), Sibirien, S. 39.

340 Ebenda, S. 41.

341 Ebenda, S. 128, 133.

342 Aus der Vielzahl dieser »Russenbilder« sei hier allein auf den Bericht von Ernst-E. Klotz über das Beerdigungskommando in Buchenwald verwiesen. Darin wird geschildert, dass es den in diesem Kommando beschäftigten Häftlingen verboten war, den Toten die letzte Ehre durch ein Gebet oder das Abnehmen der Kopfbedeckung zu erweisen (worüber man sich heimlich hinwegsetzte). Auch die Wachmannschaften – die mal als »tollende Kinder« auftraten, mal eine »widerwärtige Brutalität« an den Tag legten – verhielten sich nicht dem Anlass angemessen, sondern demonstrierten vielmehr »die Angst dieser Menschen vor Tod und Nacht« (Klotz, So nah der Heimat, S. 144).

343 Interessanterweise werden auch die ostdeutschen Wachmannschaften, denen die Bewachung der Inhaftierten nach 1950 oblag, häufig direkt und in sächsischem oder thüringischem Dialekt zitiert. Dadurch wirken sie etwas dümmlich, was wohl auch Ziel dieser Darstellungen ist (vgl. Pfeiffer, Abgeholt, S. 136; oder Putzar, Im Schatten, S. 277).

Dieses Bild hat über die Jahrzehnte gleichwohl Ergänzungen erfahren. Heute erscheint kaum ein Bericht, in dem die Menschlichkeit zumindest der sowjetischen Wachmannschaften nicht erwähnt würde. Auch das ist eine reale Hafterfahrung, die in vielfältiger Weise – vom abgelaufenen Stiefelabsatz bis zum Heimweh der Bewacher – ihren schriftlichen Niederschlag findet. Sie kündet von Mitleid mit dem Bewacher, der ebenfalls Mitleid mit dem Bewachten zeigte und sich manches Mal als Kumpel in der Not erwies. Dadurch wird das »Erzählbild« sowjetischer Brutalität und Unberechenbarkeit zwar relativiert, gleichzeitig aber kennzeichnet den nunmehr als menschlich gezeichneten »Russen« die Hilflosigkeit wie Heimlichkeit seiner Gesten. Er ist ohnmächtig, er ist ein kleines Rädchen im System – ein Bild wie maßgeschneidert zur moralischen Selbstvergewisserung sowohl der Berichtenden als auch ihrer Leserschaft, signalisiert es doch den passiven Opferstatus des kleines Mannes, der, egal in welchem System, immer den Kürzeren zieht.

Als Opfer der Deutschen aber taucht der »Russe« in den Haftberichten nicht auf. Zwar sind in den vergangenen 20 Jahren einige wenige Berichte erschienen, in denen die deutschen Verbrechen in der Sowjetunion angesprochen werden. Gemeinhin finden sich diese ohnehin seltenen Hinweise jedoch ausschließlich in Pro- oder Epilogen und nicht in den Erinnerungstexten selbst.[344] Dort würde ein als Opfer ausgewiesener »Russe« genau jene Eindeutigkeit sprengen, die mit diesen Texten hergestellt werden muss, um moralische Mitzeugenschaft zu etablieren. Dabei kommt den Berichtenden zupass, dass es Jahrzehnte dauerte, in der westdeutschen Öffentlichkeit ein Bewusstsein dafür zu verankern, dass die Sowjetunion im Zweiten Weltkrieg den größten zivilen und militärischen »Blutzoll« über-

---

344 Zu den Ausnahmen gehört Pritzkow (Pseud.), NKWD, S. IIf. In der Anfang der 1990er Jahre verfassten, seinem etwa 1949 entstandenen Haftbericht vorangestellten Einleitung schreibt er: »Weil es bei dem hitlerdeutschen Einmarsch in die Sowjet-Union besonders schmutzig herging, darf man zwar eine gewisse Härte der sowjetischen Sieger – noch dazu in östliche Mentalität übersetzt – beklagen, braucht sich darüber jedoch nicht zu wundern.« Pritzkow bezieht in dieser Einleitung noch eine weitere Ausnahmeposition, da er betont, dass das »nationalsozialistische Vernichtungssystem trotz aller gegenteiligen Behauptungen nach wie vor ein Unikat auf dieser Erde« ist (ebenda).

haupt entrichtete.[345] Auch in dieser Hinsicht lesen sich die Erinnerungstexte als Duplikat öffentlichen Schweigens.

Je undurchsichtiger der Täter, desto unschuldiger das Opfer – auch Walter Kempowski spielt im Vertrauen auf die antikommunistischen Reflexe seiner Leser mit diesem »Erzählbild«. So eröffnet er seinen Haftbericht »Im Block« aus dem Jahr 1969 mit den Worten: »Sie kamen im Morgengrauen. Zwei trugen Lederjacken. Da haste was zu melden, wenn du wieder rüberkommst, dachte ich.«[346] Augenscheinlich beschreibt Kempowski mit diesen drei Sätzen nur seine Verhaftung in den frühen Morgenstunden eines Märztages im Jahr 1948. Tatsächlich aber leistet er viel mehr: Er etabliert sich als Zeuge eines Gewaltgeschehens, das er überlebt hat – das »wenn« im zweiten Teilsatz ist nicht temporal, sondern konditional zu lesen. Deshalb hat er »was zu melden«, worum andere wissen müssten. Gleichzeitig holt er den Leser mit diesem Einstieg mit in das Gewaltgeschehen hinein, er macht ihn zu einem Mitzeugen, der schon jetzt, bei der Lektüre der ersten Zeilen, genau weiß, wer Täter und wer Opfer ist und mit wem er sich in diesem »Erzählbild« solidarisieren muss, um selbst auf der richtigen Seite der Geschichte zu stehen. Und er weiß dies aufgrund eines einzigen Wortes: dem Verb »rüberkommen«.

Zwar hat dieses Wort heute, ähnlich der Formulierung »rübermachen«, viel von seiner zeitgebundenen Assoziationskraft verloren. Damals aber, 1969, war diese kürzestmögliche Anspielung auf die deutsche Teilung für die Zeitgenossen unmittelbar zu dechiffrieren – weshalb Kempowski im weiteren Verlauf seines Berichts auch darauf verzichten konnte, den Leser darüber aufzuklären, warum er überhaupt verhaftet wurde. Zwar fällt das Wort »Spionage«, jedoch nur als nachgerade absurde Referenz: Der Vernehmungsoffizier »fummelte an meinem *Identification Pass* und zählte es mir an den Fingern her: Aus dem Westen gekommen, Labor Company der *US Army*, Ami-Hemd – also Spion«.[347] Dass Kempowski sowjetische Frachtpapiere in den Westen geschmuggelt und den Amerikanern übergeben hatte, erfährt der Leser nicht – wie ihm überhaupt denkbar wenig

345 Vgl. Niethammer, Juden und Russen im Gedächtnis der Deutschen, bes. S. 125–131. Zur Langzeitwirkung des von der NS-Propaganda forcierten Russlandbildes siehe: Wette, Das Russlandbild in der NS-Propaganda, bes. S. 58, 78.

346 Kempowski, Im Block, S. 7.

347 Ebenda, S. 8, Zitat S. 11.

über die Person des Verhafteten mitgeteilt wird. Alter, Beruf, Familienstand, Wohnort – der Häftling Kempowski ist und bleibt für den Leser ein in jeder Hinsicht unbeschriebenes Blatt.[348]

Strenggenommen liegt nur ein einziger Bericht vor, der nicht auf die eine oder andere Art und Weise diese Eindeutigkeit zwischen bösem Täter und gutem Opfer herzustellen versucht. Die Rede ist von dem 1960 publizierten autobiographischen Haftroman »Und der Wind weht nicht wohin er will« des 1890 geborenen Friedrich Griese, seines Zeichens der meistausgezeichnete Heimatschriftsteller der NS-Zeit. Er war nach gut zehnmonatiger Internierung im März 1946 auf Betreiben Johannes R. Bechers und anderer Kulturschaffender der späteren DDR aus der Haft entlassen worden. Sie scheinen also keinen Anstoß daran genommen zu haben, dass Griese 1942 der NSDAP beigetreten war. Noch scheint sie gestört zu haben, dass ihm unter diesem Regime Ehrungen zuteil geworden waren, »die er in einem demokratischen Gemeinwesen niemals erhalten hätte«.[349] Letztlich aber dürfte Marcel Reich-Ranickis Einschätzung Griese am ehesten charakterisieren. Er bezeichnet ihn als einen Autor, »der kein Prophet des Nationalsozialismus war, wohl aber dessen williges Werkzeug«.[350]

Griese selbst verstand sich und seine Literatur zeit seines Lebens als unpolitisch.[351] Dennoch beschreibt er sein Verhalten während der NS-Zeit als einen faulen Kompromiss: »Auch ich hatte nicht nein gesagt; wohl hatte ich halbe Absagen und ganze Vorbehalte gemacht, die aber schon damals weniger als ihren halben Wert und jetzt gar keinen hatten.«[352] Obwohl Griese sich hier lediglich der Inaktivität bezichtigt, dient ihm die Selbstbeschreibung als Mitläufer nicht als

---

348 Kempowski holt dies gleichwohl mit der »Deutschen Chronik« nach, also mit jener Serie familienbiographischer Romane, mit denen er fast das ganze 20. Jahrhundert umfasst und die eigene Inhaftierung wie die seiner Angehörigen als »Ein Kapitel für sich« ausweist.

349 Busch, NS-Autoren, S. 77.

350 Zit. nach ebenda, S. 41.

351 »Hinter dem Polizeibeamten hat sich die Tür geschlossen, er will ein mich belastendes Buch vorlegen, das dann aber nicht da ist, auch gar nicht da sein kann« (Griese, Der Wind, S. 97).

352 Ebenda, S. 95. Mit Ausnahme Grieses findet sich dieses kritische Selbstbild allein bei Eichler, Ein Wort ging um in Buchenwald, S. 7: »Mir wird schrecklich klar, dass auch ich nicht unschuldig bin, auch wenn ich nicht aktiv für den Nationalsozialismus tätig war […]; denn ich habe geschwiegen.«

Entlastungsargument. Denn der Mitläufer ist jemand, der nicht nein gesagt hat – so wie er, als an seinem Heimatort in Mecklenburg jüdische Mitbürger misshandelt wurden oder als er das Gleiche 1941 auf einer »Dichterfahrt« in der UdSSR beobachtete.[353] Diese Selbsteinschätzung hebt ihn auch deshalb von den anderen Autoren ab, weil er die deutschen Verbrechen nicht nur erwähnt,[354] sondern auch als legitimen Grund der sowjetischen Haftmaßnahmen anerkennt. Er bezeichnet sie als ein »allgemeines Strafgericht, an dem ich beteiligt sein muss«, auch er habe »in den allgemeinen Fall mit hinein müssen«.[355] Sicherlich, ein klares Bekenntnis zur Verantwortung liest sich anders. Trotzdem: Griese geht nicht nur hinsichtlich der »Anerkennung persönlicher Schuld und der Verantwortung Deutschlands für das Leid, das von Deutschen verursacht worden war, viel weiter als andere Autoren des Nationalsozialismus«.[356] Er lässt auch seine schreibenden Mithäftlinge hinter sich. Zumal er, wie verbrämt auch immer, deutlich macht, dass die Verbrechen der Deutschen nicht durch deutsches Leiden relativiert werden.[357]

---

353 Griese, Der Wind, S. 15f., 60, 85.

354 Griese unterscheidet sich bis heute von den anderen Autoren auch dadurch, dass er den Leser darauf aufmerksam macht, dass manche der Haftorte über eine Vorgeschichte verfügten, eine Vorgeschichte deutscher Verbrechen. So erwähnt er im Zusammenhang mit seinem Zwangsaufenthalt im Speziallager Fünfeichen: »Bis zum Kriegsende war dies ein Lager für Gefangene, und es ist nicht abzuschätzen, wieviele Tausende hier eingeliefert wurden und gestorben sind.« Sie haben ihre Bekleidung zurückgelassen – »das wahrhaftigste Andenken an unsere Vorgänger: in jeder Hose und dem dazugehörigen Rock ist einer von ihnen an Typhus gestorben« (ebenda, S. 179f.). Diese Andeutung funktioniert jedoch nur, wenn der Adressat weiß, dass Fünfeichen vor Kriegsende als Kriegsgefangenenlager genutzt wurde, in dem nach heutigen Schätzungen etwa 10000 Rotarmisten ihr Leben ließen.

355 Ebenda, S. 81, 310.

356 Busch, NS-Autoren, S. 81.

357 »Ich mag nicht mehr vergleichen, auch die zerstörten Häuser nicht, die wir unterwegs [auf Transport ins Lager, B.G.] antreffen, nicht mit dem, was ich in jenem Herbst [1941 auf ›Dichterfahrt‹ in der UdSSR, B.G.] angetroffen habe. […] Es war die nicht zu überhörende Lehre dieses Krieges, die sich dabei ergab, dass die historische Aufgabe, die ihm gestellt worden war, hatte gelöst werden können: dem deutschen Menschen zu zeigen, was es heißt, den Krieg im eigenen Lande zu haben« (Griese, Der Wind, S. 126f.).

Wie unzeitgemäß Grieses Haftroman 1960 gewesen sein muss, wird an einem »Erzählbild« passiver Opferschaft kenntlich, dass Horst von Schlichting alias Hagen Volker zwei Jahre zuvor erstmals eingeführt hatte: der »jüdische Kronzeuge«. In »Sibirien liegt in Deutschland« teilt dieser »Kronzeuge« mit: »Wenn ich als Jude und KZ-Mann der Hitlerzeit sage, diese Menschen hier [im Speziallager, B. G.] sind harmlose Schießbudenfiguren, ohne Einfluss auf Entscheidungen gewesen, irregeführt und mit ihrem Glauben missbraucht, dann kann ich das vertreten.«[358] Absolution wird noch von einem weiteren »KZ-Mann der Hitlerzeit« erteilt, diesmal von einem »Mischling ersten Grades«. Auch er bescheinigt: »Was Hitler verbrochen hat, habt Ihr bestimmt nicht gewollt.«[359]

Ähnliches klingt in dem 1974 erschienenen Haftroman »Ohne Stein und ohne Namen« des 1892 geborenen Schriftstellers Hans Hermann Wilhelm an. Bei ihm ist es ein sowjetischer Leutnant, der den Lesern – bezeichnenderweise in lupenreinem Hochdeutsch – bescheinigt, »von Hitler verführt« worden zu sein.[360] Was hingegen das »Erzählbild« des »jüdischen Kronzeugen« angeht, so hat es bei Wilhelm eine Weiterentwicklung erfahren: Gefragt ist nun nicht mehr dessen Absolution, sondern seine Expertise als Verfolgungsopfer. Dazu wird dem »kleinen, melancholisch dreinblickenden Juden« namens Bloch gleich ein ganzes Kapitel gewidmet, in dem er »gerechterweise« feststellt, dass »es damals wie jetzt derselbe circulus diabolicus [war], nur dass die Nationalsozialisten in ihrer Weise aufrichtiger, die Bolschewiken hinterhältiger und verlogener waren«.[361] Detaillierter braucht Bloch mit diesem Vergleich nicht zu werden. Nur wenige Seiten zuvor informierte ein anderer Häftling, der ebenfalls bereits vor 1945 in Buchenwald festgehalten worden war, den Leser über die zahlreichen »Vorteile«, die die KZ-Haft im Ge-

358 Volker (Pseud.), Sibirien, S. 55. Mit Andreas Weigelt ist davon auszugehen, dass es sich bei dem von Volker hier zitierten »Kr.« um Georg Krausz (1894–1973) handelt, der bis 1945 als »Politischer Jude« im Konzentrationslager Buchenwald und von 1945 bis 1948 in den Speziallagern Ketschendorf, Jamlitz und Mühlberg festgehalten wurde. Ob er diese Worte tatsächlich gesagt hat, ist damit freilich nicht belegt (vgl. Weigelt, Umschulungslager, S. 178).

359 Volker (Pseud.), Sibirien, S. 177.

360 Wilhelm, Ohne Stein, S. 167.

361 Ebenda, S. 262f.

gensatz zur Speziallagerhaft auszeichneten.[362] Bloch wendet sich stattdessen mit einer Frage an den Leser, auf die es Wilhelm ankommt: »Ist nicht auch jetzt wieder derselbe stumpfe und grausame Vernichtungswille am Werk gegen alle, die anders denken und glauben als die, die sich zu Zwingherren der Völker aufwerfen?«[363] Damit hat der »jüdische Kronzeuge« aus allen Häftlingen demokratische Freiheitskämpfer gemacht. Mit diesen Identifikationsangeboten kreuzen sich die Bedürfnisse der Berichtenden und ihrer Adressaten gleich mehrfach.

Dergleichen bieten auch die beiden »Kronzeugen«, die Margret Bechler in ihrem 1978 erschienenen Haftbericht »Warten auf Antwort« auftreten lässt. Nach mehr als viereinhalb Jahren Internierung gerade in Waldheim angekommen, hörte sie das Gespräch zweier Wächter, die sie des Nachts durch den Spion in der Zellentür beobachteten. Dadurch erfuhr Bechler, dass sie – noch bevor die Prozesse begonnen hatten – in eine Todeszelle eingewiesen worden war.

> »Da liegt sie nun und schläft so ruhig. Wenn sie wüsste, dass sie sterben muss ... Was sie wohl getan hat?
> Pech gehabt. Wie die anderen auch.
> Wie alt die wohl ist?
> So Mitte Dreißig.
> So alt war meine Frau auch, als sie sie im KZ umgebracht haben.
> Siehste, nun machen sie hier dasselbe. Alles Vergeltung.
> Wenn sie das tun, wenn sie das wirklich tun, dann will ich hier nicht mehr mitmachen.
> Das Licht ging aus.
> Was machst du da?
> Damit sie besser schlafen kann.
> Der andere protestierte. Wir müssen doch aufpassen, dass sie sich nichts antut.

---

362 Zu den aufgezählten »Vorteilen« gehören: Kontakte zur Familie, Geldsendungen, Hygienemittel, Lagerbibliothek, Bewegungsfreiheit, Bordell und ausweislich der Waffenlager und Aufstände die Möglichkeit zur Selbstbehauptung. Und während es im KZ Galgen gab, die unter sowjetischer Führung demontiert wurden, wäre das Speziallager ein riesiger, nur für die »infolge einer raffiniert ausgeklügelten Mangelverpflegung zu jahrelangem Sterben verurteilt[en]« Gefangenen erkennbarer Hungergalgen gewesen (ebenda, S. 260f.).

363 Ebenda, S. 266.

Das Licht ging wieder an.

Stille.«[364]

Hans Hermann Wilhelm vermochte die Botschaft dieser Szene kürzer zu fassen. Er lässt den schon erwähnten sowjetischen Leutnant sagen: »Verbrechen gegen Verbrechen – das geht nicht.«[365]

Wenige Jahre zuvor war der bis heute einzige Haftbericht erschienen, in dem dieses »Kronzeugenbild« demontiert und in sein Gegenteil gewendet wird. Gemeint ist Walter Kempowskis »Im Block« aus dem Jahr 1969. Dort wird ein jüdischer Hutfabrikant namens Mersky erwähnt, der sich beim Waschen »das Handtuch über die Auschwitz-Nummer« legte. Seinen Bautzener Mithäftlingen versicherte er: »Hier lebt man wie im Paradies« – Grund genug für sie, Mersky zu schikanieren, »seinen Löffel fand er leider immer wieder mit Seife beschmiert, und hin und wieder fehlten ihm Schachfiguren. Rosenthal, ein Fuhrmann mit angeborenem Mundzucken, kein Jude, schiss ihm des Nachts in seine Schuh.«[366] Kempowski widersetzt sich mit dieser Szene den gängigen »Erzählbildern«, mit denen die Opfer der Deutschen instrumentalisiert werden, um die nationalsozialistischen Verbrechen zu relativieren und die Deutschen von ihrer Vergangenheit freizusprechen. Mehr noch, mit den Reaktionen der Mithäftlinge auf Mersky deutet er die gesellschaftliche Verweigerungshaltung an, sich der Verantwortung für die deutschen Verbrechen zu stellen.

Es ist daher nur schwer vorstellbar, dass sich Kempowski über das Lob eines Rezensenten der *Deutschen Zeitung* freute, der »Ein Kapitel für sich« noch 1984 mit den Worten anpries, dass in diesem Roman »ein Stück deutscher Nachkriegsgeschichte […] durchsichtig gemacht [wird], und zwar nicht als bloßes individuelles Schicksal, sondern als Teil des Schicksals einer Nation, als Schicksal von Menschen, die in einen Prozess hineingeraten sind, der einmal mit Überheblichkeit begonnen hatte«.[367] Dabei dürfte ihn nicht nur die Argumentation als solche gestört haben, sondern auch die Vereinnahmung der Gruppe der stalinistisch Verfolgten zwecks Beglaubigung deutscher Opferschaft insgesamt. Umso erstaunlicher, dass sich diese Worte auf der Rückseite des Schutzumschlags seines Romans in der Auflage von 1984 finden. Dort stehen sie als später Beleg dafür, dass

---

364 Bechler, Warten auf Antwort, S. 232.

365 Wilhelm, Ohne Stein, S. 167.

366 Kempowski, Im Block, S. 74.

367 Ders., Kapitel, Schutzumschlag.

es nach wie vor ein Bedürfnis in der Öffentlichkeit gab, sich primär als Opfer und nicht als Täter wahrzunehmen.

Trotzdem konnten sich die ehemaligen Speziallagerhäftlinge längst nicht mehr darauf verlassen, dass man ihre »Erzählbilder« unschuldiger Opferschaft dechiffrieren konnte oder wollte. Die politische Annäherung an die DDR hatte ihnen ihr wichtigstes Standbein in der Öffentlichkeit genommen: die Virulenz antikommunistischer Feindbilder. Durch die politischen wie generationellen Brüche seit den späten 1960er Jahren in der Defensive, genauer gesagt durch die öffentliche Thematisierung individueller Schuld und kollektiver Verantwortung zu Zeiten des Nationalsozialismus, liefen die bisherigen Identifikationsangebote der ehemaligen Speziallagerhäftlinge zunehmend ins Leere. Vor diesem Hintergrund verstummten viele Speziallagerhäftlinge. Einige wenige suchten sich wie erwähnt Nischen, in denen ihre »Erzählbilder« noch Anklang fanden. Ob aus tatsächlicher Überzeugung oder dem Mangel an Alternativen: Publiziert wurde (und wird auch heute wieder) bei Verlagen, die sich dank ihres einschlägigen Programms einer rechtslastigen Leserschaft erfreuen. Diese Entwicklung hatte insgesamt zur Folge, dass die »Erzählbilder« passiver Opferschaft konserviert wurden und vornehmlich der Binnenkommunikation und Selbstvergewisserung der Opfergruppe dienten. Von einer nachhaltigen Wagenburgmentalität zu sprechen, scheint nicht übertrieben.

Selbstgestellte Anerkennungsfallen – Erinnerungsberichte nach 1989/90

Bei den seit dem Mauerfall 1989 publizierten Erinnerungsberichten fällt auf, dass der Berichtszeitraum erweitert und hauptsächlich um ein Thema ergänzt wird. Egal, ob die Verfasser ihr Erwachsenenleben in der DDR oder in der Bundesrepublik verbracht haben und unabhängig davon, ob sie zu den Internierten oder SMT-Verurteilten gehörten – Kindheit und Jugend im Nationalsozialismus wird ihnen seither zu einem wichtigen Thema.[368] Von einem biographi-

368 Ein zweites wichtiges Thema stellt das Leben nach der Haft dar. Wolfgang Schuster hat dazu eine eigenständige Veröffentlichung und Ernst Zander biographische Skizzen ehemaliger Mithäftlinge herausgebracht,

schen Selbstinteresse zu sprechen, fällt allerdings schwer. Vielmehr drängt sich der Eindruck auf, dass die stalinistisch Verfolgten auf eine nach 1989/90 virulente Debatte reagieren, nicht zuletzt auf die vielfach vorgetragenen Bedenken, dass die Gedenkstätten einer verfehlten Erinnerungspolitik folgen und »das Gedenken an die KZ-Opfer mit der verdienten Haft der KZ-Aufseher« – also der Speziallagerhäftlinge – vermischen könnten.[369] Unter dem Eindruck dieses zeitgenössischen Vergangenheitsdiskurses und dem Anspruch, dass von Speziallagern nur sprechen dürfe, wer den Nationalsozialismus nicht verschweige, bemühen sich die ehemaligen Häftlinge um eine glaubwürdige Distanz zum Nationalsozialismus. Und gehen, an Arnulf Putzars Beschreibung des Jahres 1945 anknüpfend, dagegen an, das »am Ende nur sie selbst, die, die Jungvolk- oder Hitlerjungen gewesen waren, als Verantwortliche für das Vergangene übrig« bleiben.[370]

»Wir haben Hitler nicht gewählt.«[371] Sofern sie als SMT-Verurteilte Anfang 1950 in den ostdeutschen Strafvollzug überstellt wurden, lassen sich die Autoren ihre Jugend durch die Wachmänner bestätigen. So erinnert sich Putzar an ein Gespräch mit einem ostdeutschen Posten, der an der Uniform ein Abzeichen der Vereinigung der Verfolgten des Naziregimes (VVN) trug:

---

andere haben ihre Hafterinnerungen von vornherein stärker lebensgeschichtlich angelegt (Schuster, Vom Speziallager Buchenwald in den Goldenen Westen; Zander [Hg.], Jugend hinter Stacheldraht). Bei diesen Schilderungen steht ein Motiv im Vordergrund: dass man aus eigener Kraft etwas aus sich gemacht hat – trotz der Schwierigkeiten und Drangsalierungen bei der Wiedereingliederung in der DDR und trotz des kontinuierlichen, angeblich schon seit den frühen 1950er Jahren ausgeprägten Desinteresses an den Hafterfahrungen in der Bundesrepublik. Der Nachweis persönlicher wie politischer Integrität spielt dabei eine wichtige Rolle, so dass sich insgesamt der Eindruck aufdrängt, als ob die Autoren ost- und westdeutscher Herkunft miteinander kommunizieren, wenn nicht darum konkurrieren, in welchem der beiden deutschen Staaten ihnen schmerzhaftere Ausgrenzungserfahrungen zugemutet wurden.

369 Mironenko/Niethammer/von Plato, Vorwort der Herausgeber, in: Sowjetische Speziallager 1, S. 11.

370 Putzar, Im Schatten, S. 119.

371 Zander, Unschuldig eingesperrt, S. 48. Siehe auch Putzar, Im Schatten, S. 119, der ironisch fragt: »Wo hatten die Nationalsozialisten in den frühen dreißiger Jahren nur all ihre Stimmen hergeholt?«

»›Waren Sie im KZ?‹ – ›Ja.‹

Ein Kamerad […] mischte sich ein: ›Im KZ – wie wir hier!‹ Aber das ließ der Blaue nicht gelten: ›Das hier is geen Ga-Zet‹, sächselte er erregt, ›un Sie hier, so was wie Sie war dort im Ga-Zet Wache, SS-Scherje, verstanden?!‹

Einen Moment war jeder verblüfft, sprachlos, bis einer beiläufig fragte: ›Wann waren Sie denn im KZ – und wie lange?‹ Man merkte dem Wachmann an, dass er mit sich kämpfte, ob er antworten sollte. Aber er gab Auskunft: ›Von Siem'dreißig bis Neun'dreißig, fast drei Jahre; un danach in'n Strafbataillon …‹ Er wollte nicht mehr sagen.

›Sehen Sie, Herr Wachtmeister‹, meinte der Fragesteller von vorhin, ›von allen meinen Kameraden hier war zu der Zeit, als Sie im KZ saßen, keiner älter als zehn oder zwölf Jahre. Hatten Sie so junge Schergen im KZ?‹«[372]

Werner Pfeiffer, der wie Putzar nach Untermaßfeld verlegt worden war, berichtet ebenfalls von einem Wachmann, der im KZ eingesessen hatte. Er soll dem Anstaltsleiter seine Schulterstücke vor die Füße geworfen und ihn angebrüllt haben: »Dafür habe ich nicht 5 Jahre im KZ gesessen, dass ihr hier die unschuldigen Jungs einsperrt.«[373] Bei allen Autoren finden sich zudem Passivformulierungen wie die, dass man allein aufgrund des Geburtsjahrgangs »voll in diese Gesellschaftsordnung« hineingeschlittert sei.[374] Gleiches gilt für die eingestandene Begeisterung als Krad- oder Fliegerfähnlein bei der immer als obligatorisch ausgewiesenen, den »Erlebnisdurst und die Abenteuerlust« gleichwohl befriedigenden HJ.[375] Der BDM habe hingegen den sozialen, musischen oder sportlichen Neigungen der Mädchen entsprochen. Bekannt klingt auch das folgende Eingeständnis: »Wir Pimpfe glaubten [an den Endsieg, B.G.], weil wir in dieser Zeit politisch erzogen worden waren, ohne darüber nachdenken zu dürfen. Wir wollten auch kämpfen, siegen und Orden und Ehrenzeichen tragen.«[376]

Umstandslos von einer Verweigerungshaltung gegenüber der deutschen »Tätergeschichte« zu sprechen, wäre vorschnell. Die hier schreiben, waren zum Zeitpunkt ihrer Verhaftung Kinder oder Ju-

372 Ebenda, S. 277.
373 Pfeiffer, Abgeholt, S. 141.
374 Wagner, Melder am Tor, S, 9.
375 Rieke, Geliebtes Leben, S. 14.
376 Ochs, Gestohlene Zeit, S. 6.

gendliche, die mit Blick auf den Nationalsozialismus nicht mit den für die ältere Generation gültigen Maßstäben beurteilt werden können.[377] Ihre zum größten Teil als Schock erfahrene Haft dürfte, auch wenn sie nicht explizit darauf zu sprechen kommen, ein traumatisches Erlebnis gewesen sein. Für sie gilt also, was seitens der Traumaforschung grundsätzlich für alle Opfer extremer Gewalt betont wird: Der Blick auf das Leben davor unterliegt einer Art Idealisierungszwang und verharrt im positiven Referenzrahmen einer »heilen Welt«.[378] Für die damals jugendlichen Häftlinge kommt hinzu, dass die »heile Welt« des Nationalsozialismus gleichzeitig für die »heile Welt« ihrer Kindheit steht. Allen Versuchen, sich dieser Vergangenheit kritisch – zumal auf äußeren Druck – anzunähern, sind daher von vornherein biographisch enge Grenzen gesetzt.

Dessen ungeachtet erscheinen diese »Erzählbilder« über Jugend im »Dritten Reich« auffällig vertraut. Ob über den BDM, HJ oder das »Jungvolk« berichtet wird, über Kriegseinsätze als »letztes Aufgebot« oder als letzte regulär eingezogene Jahrgänge – die Erzählungen unterscheiden sich kaum von den Erinnerungen ihrer Altersgenossen, denen die Inhaftierung in einem Speziallager erspart blieb. Sie fügen sich nahtlos in das kollektive Gedächtnis der »Flakhelfer-Generation«, das gleichermaßen auf die Normalität jugendlichen Lebens unter dem Hakenkreuz und den unverschuldeten Missbrauch der Ideale einer ganzen Generation abstellt.[379] Egal, ob die Autoren ihre Erinnerungen an die Jugendzeit mit dem Jahr 1933 beginnen lassen oder nur die letzten Kriegswochen in den Blick nehmen – sie bringen Bitten um Einverständnis zu Papier. Wir, so signalisieren ihre Erzählungen, unterscheiden uns nur in einer Hinsicht von den anderen unserer Altersgruppe, die nicht zum nationalsozialistischen Täterkreis gehörte: Wir wurden verhaftet. Drehten sich die in

377 Diese Einschätzung gilt unbeschadet des Umstandes, dass es sich, wie Nolzen mit einer Soziologie der HJ-Gewalt zeigt, bei den Angehörigen dieser Generation nicht nur um »verführte Opfer« handelte (Nolzen, Der Streifendienst der Hitlerjugend, bes. S. 36–40).

378 Bettelheim, Individuelles und Massenverhaften, S. 78f.; Lewis, Trauma, S. 181. Grenzen und Möglichkeiten psychologischer Phänomene für sozialgeschichtliche Fragestellungen erkunden Förster/Beck, Post-Traumatic Stress Disorder and World War II.

379 Vgl. Bude, Deutsche Karrieren; Hübner-Frank, Loyalität und Verblendung; Schörken, Jugend 1945; Schildt, Die Eltern auf der Anklagebank, bes. S. 319.

den 1950er Jahren publizierten Haftberichte um den von den Russen gequälten »Jedermann«, so zeichnen die seit dem Mauerfall verfassten Texte den »Jedermann« in HJ- oder BDM-Uniform. In beiden Fällen hat man es mit Deutungen und »Erzählbildern« zu tun, die mit ihrem argumentativen Inventar scheinbar passgenau den Selbstbildern und Erwartungen des jeweiligen gesellschaftlichen Umfelds entsprechen.

»Opa war kein Nazi«: Auffälligerweise greifen die ehemals jugendlichen Häftlinge auch auf dieses populäre »Erzählbild« zurück. Zwar finden sich vereinzelt Hinweise auf die Lebenslüge jener Erwachsenen, die im Mai 1945 »nicht mehr Nazis gewesen sein« wollen.[380] Auch halten viele mit ihrer Enttäuschung über das »Zusammenleben mit Würdenträgern des Dritten Reiches« im Lager nicht hinter dem Berg oder machen den älteren Häftlingen den Vorwurf, Hitler gewählt zu haben.[381] Sofern aber das Verhalten der eigenen Eltern im Nationalsozialismus angesprochen wird, wird ihnen ein gutes Zeugnis ausgestellt.[382] Ursula Fischer etwa betont, dass ihr Vater »nicht ›politisch‹ sein wollte«. Zum Beleg führt sie an, dass er sich über ihren »Deutschen Gruß« lustig machte, wenn sie aus der Schule kam und im elterlichen Hausflur »gewohnheitsmäßig« die Hand hob. Ihre Mutter hingegen »scheute sich nicht, mit einem Korb voller Obst durch den Ort zu gehen«, um die Familie eines verhafteten Kommunisten zu unterstützen.[383] Und als Erika Rie-

---

380 Putzar, Im Schatten, S. 119. Vgl. auch Ochs, Gestohlene Zeit, S. 73: »Man krempelte den ganzen Hausrat um, bis unter den Dachboden. Nur nichts dalassen, was irgendeine Verbindung zur Partei, HJ oder Hitler herstellen könnte. Jeder wollte von einem Tag zum anderen nicht mehr davon wissen. Einfach das Hemd wechseln oder ausziehen. Den biederen Bürger spielen!«

381 Vgl. die Ausführungen von Walter Meyer im Kapitel »Bruchstücke«, S. 317.

382 In den weitaus meisten Berichten wird das politische Verhalten der Eltern während des Nationalsozialismus nicht hinterfragt. Sie symbolisieren stattdessen die »heile Welt«, in die der Entlassene zurückkehrt und unter Tränen willkommen geheißen wird. Dem Leser wird mit diesen Erzählungen – die häufig am Ende des Berichts stehen – das biblische Bild des verlorenen Sohns vorgeführt, mit dem denkbare Konflikte in den »Heimkehrerfamilien« zugedeckt werden (vgl. Prieß, Unschuldig, S. 74; oder Wagner, Melder am Tor, S. 113).

383 Fischer, Schweigen, S. 12f.

mann als Zehnjährige jüdische Kinder auf der Straße verhöhnte, tauchte ihr Großvater sie mit dem Kopf in eine Regentonne und drohte, sie zu ertränken. Zudem unterstützte er (wie später auch Riemanns Mutter) die deutsche und infolge der Verhaftung ihres jüdischen Ehemanns alleinerziehende Mutter eben dieser Kinder mit Lebensmitteln.[384] Ob diese Erzählungen zutreffend sind oder nicht[385] – sie sind in zweierlei Hinsicht bedeutsam. Zunächst stehen sie für die seltenen Andeutungen in der Erinnerungsliteratur, dass der Nationalsozialismus überhaupt ein verbrecherisches Regime war, dessen Vergehen überdies im Alltag miterlebt werden konnten. Deshalb werden sie in diesen Texten aber nicht angeführt. Sie dienen vielmehr als Ausweis einer moralischen und politischen Integrität, die von den Eltern auf die (verhafteten) Kinder abfärbt und es ihnen erlaubt, sich vom Nationalsozialismus zu distanzieren. Eben weil die Konstruktion familiärer Anständigkeit ein akzeptiertes »Erzählbild« der Gegenwart ist, dürfte es kein Zufall sein, dass sich die hier angeführten Beispiele meist gleich auf den ersten Seiten der Erinnerungsbücher finden.

Andererseits stellen sich die Autoren nolens volens eine argumentative Falle: Ihr auf die Beglaubigung der eigenen und familiären Integrität fixiertes Selbstgespräch läuft nämlich auf eine grundsätzliche Beschönigung des Nationalsozialismus hinaus.[386] Jenseits der attestierten Anständigkeit scheint es keine Welt der Gewalt, des Krieges und der Verbrechen gegeben zu haben.[387] So ist nur in einem ein-

---

384 Riemann, Schleife, S. 15.

385 Ausweislich der Studien von Harald Welzer über den Nationalsozialismus und den Holocaust im Familiengedächtnis scheint eine gewisse Skepsis gegenüber solchen Geschichten angebracht: »In den Familien wird nach wie vor (oder wieder) ein Bild kultiviert, in dem Nazis immer die anderen, niemals aber Mitglieder der eigenen Familien sind« (Welzer u.a., Opa war kein Nazi; ders., Von der Täter- zur Opfergesellschaft, S. 101).

386 Bei Hardegen wird dies auch auf die Wehrmacht übertragen, was sich als zeitnahe Reaktion auf die »Wehrmachtsausstellung« liest: »Schließlich kennen wir ja unsere Väter, Brüder und Nachbarn, die als Soldaten für uns kämpften, ihr Leben oder ihre Gesundheit für uns opferten. Das sollen alles Verbrecher sein?« (Hardegen, Gefangen, S. 117f.).

387 Bezeichnend sind auch die Reaktionen ehemals jugendlicher Häftlinge, die für den Dokumentarfilm von Rainer Burmeister »Schicksal Fünfeichen. Das sowjetische Speziallager Nr. 9« aus dem Jahr 2005 interviewt

zigen Erinnerungsbuch, einem Sammelbericht aus dem Jahr 1995, davon die Rede, dass es auch »wirklich schuldhaft Inhaftierte« gegeben hat.[388] Einen Grund für diese Zurückhaltung benennt Karl Heinz Reuter, der als 15-Jähriger in Sachsenhausen interniert worden war. In seinen 2002 publizierten Erinnerungen vertritt er die Auffassung, dass ein Drittel der dort Internierten »mehr oder weniger an den Verbrechen der Nazis direkt oder indirekt beteiligt oder verstrickt« war. Und fügt dann hinzu, dass er sich mit dieser Beobachtung »Feinde schaffen« werde,[389] weil sie in den Augen seiner ehemaligen Leidensgenossen all jenen in die Hände spiele, die in den Speziallagern ein legitimes Instrument der Entnazifizierung erkennen wollen.

Diese Sorge könnte erklären, warum der historische Hintergrund der sowjetischen Haftmaßnahmen noch heute in den Berichten ausgeblendet wird, warum die Ursachen und Anlässe, die die Besatzungsmacht überhaupt erst ins Land brachten, keine Erwähnung finden. Einzig und allein »der Russe« scheint für ihr Schicksal verantwortlich – eine Engführung, die ausweislich der mehr als 100 Oral-History-Interviews, die Alexander von Plato mit stalinistisch Verfolgten führte, im Verlauf der 1990er Jahre immer weiter um sich gegriffen hat.[390] Denn während seine Gesprächspartner die Spezial-

---

wurden. Keiner von ihnen kam auf die NS-Zeit oder die nationalsozialistische Belastung ehemals Inhaftierter zu sprechen (vgl. Greiner, Gedenkstättenarbeit und Oral History, S. 145). Eigene Interviewerfahrungen bestätigen diesen Eindruck: So erwähnte einer meiner Gesprächspartner seine Schulzeit auf einer »Nationalsozialistischen Erziehungsanstalt« (Napola) erst, als das Interview beendet und das Tonband ausgestellt war (Interview mit Hans-Joachim H. vom 1. Oktober 2002). Putzar hingegen beschreibt seine Schulzeit auf einer Napola recht freimütig. Dass dort nur Mathematik, Deutsch, Englisch und Latein auf dem Stundenplan gestanden haben sollen, macht indes stutzig (Putzar, Im Schatten, S. 30–98; zur Napola als »Erinnerungsort« ihrer Schüler siehe Schneider/Stilke/Leineweber, Das Erbe der Napola).

388 »Vom Roten Ochsen geprägt«, S. 3. Dazu gibt es nur einen einzigen – indirekten – Vorläufer aus dem Jahr 1962. Der Verband ehemaliger Rostocker Studenten (VERS) betont, dass sie in ihre Aufstellung zu Unrecht verhafteter Professoren und Studenten »selbstverständlich« keine Personen aufgenommen haben, »die wegen nazistischer Tätigkeit oder Verbrechen gegen die Menschlichkeit« inhaftiert worden waren (Namen und Schicksale, S. 6).

389 Reuter, Opferweg, S. 14.

390 von Plato, Opfer-Konkurrenten, S. 88; ders., Lebensgeschichte, S. 158f.

lagerhaft zu Beginn des Jahrzehnts durchaus mit der nationalsozialistischen Vergangenheit in Verbindung gebracht hatten, scheint die nicht zu leugnende Willkür der Besatzungsmacht und die »tägliche vollkommene Wehr- und Rechtlosigkeit« der Besetzten[391] gegen Ende der 1990er Jahre zu einer zeit- und geschichtslosen Erfahrung geronnen zu sein. Ob diese Umakzentuierung als Versuch zu lesen ist, sich gegen die nicht verstummenden Vorwürfe einer NS-Belastung zur Wehr zu setzen, ob sie gegen eine ihres Erachtens verharmlosende Darstellung der Geschichte der SBZ und der DDR im wiedervereinten Deutschland anreden wollen,[392] oder ob sie vor dem Hintergrund der nach der Wende geführten Totalitarismusdebatte der Meinung sind, aus dem noch immer verfänglichen Urbild von den »bösen Russen«, »vor denen man *zu Recht* Angst hatte«,[393] argumentatives Kapital schlagen zu können, sei dahingestellt. In jedem Fall zeigt ihr verengter, den Nationalsozialismus verharmlosender Blickwinkel, dass die innere Zeitrechnung der Speziallagerhäftlinge noch heute (oder: heute wieder) mit der sowjetischen Besatzung einsetzt. Und dass sie ebenso wie ihre Adressaten, die eine unzweideutige Reflexion des Nationalsozialismus anmahnen, keine Ambivalenzen zulassen können – nur eben unter anderen Vorzeichen. Sie reagieren auf das Eindeutigkeitsbegehren ihrer Umwelt mit einer ihrerseits behaupteten Eindeutigkeit.

Den Mauerfall hat auch der »jüdische Kronzeuge« literarisch überstanden – in dem 1992 erschienenen Haftbericht »Sachsenhausen – Workuta« zaubert der 1913 geborene Gerhart Schirmer, der nach seiner Entlassung aus zehnjähriger sowjetischer Haft bei der Bundeswehr Karriere gemacht hatte, den Brief eines ehemaligen jüdischen Mithäftlings aus dem Hut, der auf Wunsch Schirmers im Jahr 1964 festhielt: »Der Aufenthalt in Sachsenhausen von 1945–50 unter den Sowjets war noch quälender und härter als unter dem Hitlerregime.«[394] Im Gegensatz zu den bis dato bemühten »jüdischen Kron-

---

391 Putzar, Im Schatten, S. 137.

392 Möglicherweise ein Grund, warum verfolgte Sozialdemokraten wie Dieter Rieke oder Christdemokraten wie Ewald Ernst mit keinem Wort erwähnen, dass sie zusammen mit vormaligen Nazis inhaftiert waren – würde doch dieser Hinweis ihr teuer bezahltes demokratisches Engagement schmälern.

393 Welzer u.a., Opa war kein Nazi, S. 143 (Hervorhebung im Original).

394 Schirmer, Sachsenhausen – Workuta, S. 8, 13, 47.

zeugen« ist Schirmers Gewährsmann also keine literarische Figur, der Aussagen in den Mund gelegt werden. Sein Zeuge, der Augenarzt Dr. med. Fritz Hirschfeld, ist eine reale Person, die als »Verfolgungsexperte« zweier Totalitarismen vorgestellt wird. Dieses »Erzählbild« hat jedoch einen brisanten Fehler: Neuesten Forschungen zufolge war Hirschfeld während der Nazizeit als Jude zwar Repressionen ausgesetzt. Er überstand sie jedoch, ohne je in einem Konzentrationslager festgehalten worden zu sein.[395] Gerhart Schirmer geht noch einen Schritt weiter. Er stellt Hirschfeld überdies fälschlicherweise als »Führer der Juden Berlins« von 1938 bis 1942 vor, als »Vorgänger des Herrn Galinsky [sic!]«,[396] der von 1949 bis zu seinem Tod 1992 Vorsitzender der jüdischen Gemeinde Berlins war. Die Intention liegt auf der Hand: In der hitzigen Debatte um Gedenkorte mit »doppelter Vergangenheit«, wie sie nach dem Auffinden von Massengräbern mit Speziallageropfern auf dem Gelände ehemaliger Konzentrationslager geführt wurde, sollen Hirschfeld wie Galinski bezeugen, dass nicht nur die Nazis Juden verfolgten, sondern auch die Sowjets – und mithin den Nazi- und Tätervorwurf gegen die Speziallagerhäftlinge entkräften.

Jenseits dieser Extremposition Schirmers ist zu beobachten, dass sich die Verwendung des »jüdischen Kronzeugen« in der Erinnerungsliteratur verändert hat. In den Veröffentlichungen der letzten Jahre dient dessen Expertenstatus als Verfolgungsopfer nicht mehr der Relativierung deutscher Verbrechen. Er wird vielmehr als Beglaubiger der These eingespannt, dass die Speziallagerhäftlinge genauso gelitten haben und deshalb die gleiche Anerkennung verdienen. »Denn im Grunde ist ja das, was die [Gefangenen, B.G.] erlebt haben, überall das Gleiche gewesen«, meint auch Gertrud Lehmann-Waldschütz 1994 im Interview mit Eva Ochs.[397] 1945 als 41-Jährige interniert, 1950 in Waldheim zu zehn Jahren Haft verurteilt und 1952 amnestiert, gehörte sie Mitte der 1980er Jahre zu den Initiatorinnen eines Buchprojekts, in dem neben Texten weiblicher Internierter Berichte jüdischer Frauen über ihre Erfahrungen in nationalsozialistischen Konzentrationslagern abgedruckt werden sollten. Diese Idee

395 Jäckel/Simon (Hg.), Berliner Juden 1941, S. 60, 142f. (Beitrag von Anna Kaminsky).

396 Schirmer, Sachsenhausen – Workuta, S. 8, 13.

397 Gertrud Lehmann-Waldschütz, zit. nach Ochs, Heute kann ich das ja sagen, S. 208.

scheiterte an der Einrede der NS-Opfer. Auch verweigerte der »Heimkehrerverband« die Finanzierung. Doch die Gruppe um Lehmann-Waldschütz ließ sich nicht beirren: Unter Verzicht auf jüdische Biographien veröffentlichten die Frauen 1987 ihre Hafterinnerungen unter dem Titel »Die Gefesselten. Deutsche Frauen in sowjetischen Konzentrationslagern« im rechtsradikalen Askania-Verlag. Inhaltlich löst das Buch die Ankündigung des Verlegers ein, dass der Leser bei der Lektüre verstehen werde, »weshalb wir sagen, dass diese Frauen auf ihr Unglück traten, um höher zu stehen, wenn dieses Wort Alfred Jodls zu übernehmen erlaubt ist«.[398] Denn es trieft geradezu von nationalsozialistischem Pathos, mit dem weibliche Werte, Mütterlichkeit, Familie und Antikommunismus gefeiert werden.

Die Auffassung, dass Leid gleich Leid sei, findet sich jedoch nicht nur bei Verfassern, denen wie Lehmann-Waldschütz und ihren Mitautorinnen eine innere Distanz zum Nationalsozialismus abzusprechen ist.[399] So findet sich bei Ursula Fischer ein Dialog mit ihrem Ehemann Günter, an den sie sich etwa 1992 mit den Worten wendet:

> »›Das Verbrechen an den Juden steht ohne Beispiel in der Geschichte. Mir wurde durch die Schilderungen der Jüdin, Frau K., die [im Speziallager Ketschendorf, B.G.] in unserem Zimmer lag, die ganze Tragweite dieses Unrechts bewusst …‹
> Günter unterbricht mich: ›Ja, du hast erzählt, dass Frau K. verschont blieb, aber …‹, er legt eine bedeutungsvolle Pause ein, ›nach der Befreiung fiel sie einem anderem Verstoß gegen die Menschlichkeit zum Opfer‹.«[400]

Das Verständnis hinter solch »bedeutungsvollen Pausen« lässt sich kürzer fassen: »Es ist egal, in welchem System das war«[401] – »geplanter, heimtückischer Mord« war es hier wie dort,[402] Leid ist gleich Leid und erfordert immer die gleiche Anerkennung. Dass diese Gleichset-

---

398 Taege (Hg.), Die Gefesselten, S. 10.

399 Friedhelm Boll machte 1998 im Interview mit Lehmann-Waldschütz eine gegenteilige Erfahrung. Er erlebte die nunmehr 95-Jährige als »stärker reflektiert und partiell selbstkritisch«, als er ausweislich ihrer Veröffentlichung aus dem Jahr 1987 erwartet hatte: »Diese Weiterentwicklung ihres politischen Bewusstseins erscheint angesichts des hohen Alters der Interviewgeberin beachtenswert« (Boll, Sprechen als Last und Befreiung, S. 393).

400 Fischer, Last des Schweigens, S. 147.

401 Uterhardt, Inhaftiert, S. 77.

402 Fischer, Schweigen, S. 159.

zung ebenfalls eine Form der Relativierung ist, muss im Grunde nicht betont werden. Doch es ist das »Erzählbild« unschuldiger Opferschaft, das vom Totalitarismusvergleich übrig geblieben ist – und das sich umso zäher behaupten kann, je entschiedener die Speziallagerhäftlinge das Selbstbild pflegen, dass ihr eigenes Leid von anderen relativiert wird.

Untermauert wird dieses »Erzählbild« durch begriffliche Gleichsetzungen, mit denen die sowjetischen Speziallager in Anspielung auf den nationalsozialistischen Verfolgungs- und Vernichtungsapparat als »Konzentrations-«, »Vernichtungs-« oder als »Todeslager« bezeichnet werden.[403] Dergleichen findet sich in fast allen Publikationen – und zwar unabhängig davon, ob sie in den 1950er oder 1990er Jahren veröffentlicht wurden. Zielten sie in den frühen Haftberichten jedoch darauf ab, die deutschen Verbrechen zu relativieren, geht es heute darum, sich mit derlei Gleichsetzungen gegen eine Bagatellisierung ihrer Erfahrungen und die unterstellte Ausgrenzung als »Opfer zweiter Klasse« zu wehren. In diesem Sinne hat es sich auch Hubertus Knabe, Leiter der Gedenkstätte Hohenschönhausen, nicht nehmen lassen, das vormalige Speziallager Nr. 3 als »Dachau des Kommunismus« zu bezeichnen.[404] Es sind also nicht nur die Häftlinge selbst, die sich der »Wechselrahmungen« bedienen.

Wie es scheint, stoßen sich die ehemaligen Speziallagerhäftlinge mehr und mehr daran, dass es zum Beleg ihres Gleichsetzungsbegehrens keine visuelle Evidenz gibt. Im Gegensatz zu zahlreichen nationalsozialistischen Verbrechensorten liegen keine Fotografien vor, die das Elend und das Sterben der Häftlinge für die Nachwelt dokumentieren. Dass die stalinistisch Verfolgten derartigen Bildern schon während der Haft eine besondere Bedeutung beimaßen, gibt ein Erinnerungsbericht zu erkennen, der Anfang der 1950er Jahre verfasst, jedoch erst 1992 postum publiziert wurde. In »So nah der Heimat« von Ernst-E. Klotz, der von 1945 bis 1948 in Buchenwald interniert war, heißt es: »In der Anfangszeit [der Haft, B.G.] war ein jeder entschlossen, am Tage der Entlassung daheim zum Photographen oder zum Arzt zu gehen, um einwandfreie Dokumente seines Zustandes

---

403 Hier sei exemplarisch auf die Titel der seit dem Mauerfall publizierten Haftberichte von Kathke, Jugend; Prieß, Unschuldig; Schuster, Im Konzentrationslager verwiesen.

404 Zit. nach von Scheliha, Sackgasse Totalitarismus, S. 290.

zu schaffen.«[405] Auch wenn – im Unterschied zu westalliierten Internierungslagern – in den Speziallagern keine *re-education*-Filme gezeigt oder Aufnahmen aus Mauthausen oder anderen KZ in den Baracken aufgehängt wurden, so dürften derartige Bilder den Häftlingen doch präsent gewesen sein. Sie dienten also schon damals als »Vergleichsfolie«. Fraglich ist jedoch, ob die Rezipienten der »einwandfreien Dokumente«, von denen Klotz spricht, das Leid der Opfer oder die Unmenschlichkeit der Täter vergleichen sollten.

Letzteres beantwortet Annerose Matz-Donath fast 50 Jahre nachdem Klotz seine Erinnerungen niedergeschrieben hat: Es geht um das Leiden. In die »Spur der roten Sphinx« bezeichnet sie die Fotografien von NS-Opfern als Bilder, die »schreien« und die »mehr sagen als Worte je ausdrücken könnten«.[406] Mit Blick auf die Speziallagerhäftlinge schreibt sie weiter:

> »Von [den] Verhungerten und vielen, vielen todesmatten Jammergestalten auf dem Weg ins Sterben gibt es keine Bilder. [...] Wenn es auch kein Photo gibt, um der Nachwelt auch diese Geschehen in seiner ganzen Grausamkeit vor die Augen zu stellen – in Sinn und Erinnerung der Überlebenden haben sich die schrecklichen Bilder tief eingegraben. Nur in Worten können sie sie zu malen versuchen, den Toten zum Gedächtnis.«

Aber auch, weil »das Wegsehen [...] ein Ende haben« muss.[407] Weil Leid gleich Leid ist und obwohl die ehemaligen Speziallagerhäftlinge ihr Elend »nur in Worten malen« können – die Öffentlichkeit soll genauso aufmerksam hinsehen wie bei den NS-Opfern, die nicht nur über historische, sondern auch – ausweislich einschlägiger Spielfilme – fiktionale Bilder ihres Leids verfügen.

> »Ehe ich auch nur versuchen kann zu verstehen, drängen wir uns in einem fensterlosen, bis zur Decke gekachelten Raum zusammen. Fast alle weinen, die Panik verschlingt die gesamte Atemluft. ›Da, das Gas! Ich sehe es!‹ Alle Blicke sind nun zur Decke gerichtet. Kleine Düsen sind dort oben angebracht, und auch ich glaube, etwas herausströmen zu sehen. Gebete werden laut, Rufe nach Müttern oder Kindern, Körper drängen sich Schutz su-

---

405 Klotz, So nah der Heimat, S. 139. Siehe auch in einer Publikation aus dem Jahr 1998: »Hier sollte man einmal Bilder machen« (Jank, Die längsten Jahre, S. 57).

406 Matz-Donath, Sphinx S. 351.

407 Ebenda, S. 351 f.

chend aneinander, bis dann plötzlich heißes Wasser auf uns herabrieselt.«[408]

Diese szenische Schilderung stammt aus Erika Riemanns Buch »Die Schleife an Stalins Bart«. Nachdem es Ende 2003 für mehrere Wochen auf den Bestsellerlisten des *Spiegels* und der *Welt* gestanden hatte, liegt es mittlerweile auch als Hörbuch vor und soll dem Vernehmen nach verfilmt werden. Man darf gespannt sein, wie die hier geschilderte »Duschszene«, die im Speziallager Sachsenhausen spielt, umgesetzt wird. Handelt es sich doch um eine lupenreine »Wechselrahmung« aus Steven Spielbergs Film »Schindlers Liste« aus dem Jahr 1993. Riemann erzählt hier genau jene Szene nach, in der eine nach Auschwitz deportierte Gruppe von Frauen in die Duschen geführt wird, wo sie ihre Vergasung befürchten müssen und doch von Wasser, das unerwarteterweise aus den Duschköpfen kommt, erlöst werden. Doch damit nicht genug: Die »Duschszene« markiert in Riemanns Geschichte den Höhepunkt eines Spießrutenlaufs entlang von Bergen von Kinderschuhen, Haaren und Brillengestellen, wie sie aus Auschwitz bekannt sind. Nichts von alldem, was Riemann beschreibt, ist historisch verbürgt. Andere Zeitzeuginnen bestreiten ihre Darstellung vehement. Das gilt auch für die Drohung eines sowjetischen Soldaten, den Mädchen und Frauen das anzutun, was die Deutschen »Tausenden« (sic!) von Menschen angetan haben: sie zu vergasen.[409]

Es ist eine Herausforderung, angesichts dieses und der anderen aufgezeigten »Erzählbilder« passiver Opferschaft nicht von dumpfer Exkulpation auszugehen. Hinzu kommt, dass keines dieser Bilder ohne (latenten) Antisemitismus oder, mit Blick auf die »Russenbilder«, Rassismus zu denken ist. Jedoch zeigen all diese Bilder auch, dass Opfer gezwungen sind, ihre Erinnerungen in eine lesbare und akzeptable Form zu übersetzen – in eine Form, die es dem Rezipienten ermöglicht, sich durch Identifikation mit dem Opfer der eigenen Unschuld in der deutschen Gewaltgeschichte zu vergewissern. Andernfalls ist der Preis der Anerkennung nicht zu begleichen. Konnten die Speziallagerhäftlinge den Bedürfnissen ihrer Umwelt in den 1950er Jahren durch eine Ausblendung des Nationalsozialismus entsprechen, müssen sie sich heute von demselben glaubhaft distanzieren, um für ihre Adressaten ansprechbar, akzeptabel und verein-

408 Riemann, Schleife, S. 99.
409 Ebenda, S. 98.

nehmbar zu sein. Dabei erweist sich der Bezug auf NS-Opfer als unhintergehbar, weil die Nachgeborenen durch deren Vereinnahmung ihre eigene Untadeligkeit demonstrieren. Genau deshalb ist letztlich auch die Frage unerheblich, ob die »Erzählbilder« als bewusste und damit böswillige Manipulation des Rezipienten genutzt werden oder ob sie eher unbewusst entstanden sind und verwendet werden. Denn unabhängig davon, dass dieser Erzählmodus weder zu relativieren noch zu entschuldigen ist, muss die Frage doch lauten, über wen all diese »Erzählbilder« unschuldiger Opferschaft mehr aussagen: über die berichtenden Gewaltopfer oder über die Adressaten, deren moralische Mitzeugenschaft sie zu »bezahlen« haben?

Zum historischen Ort der Speziallager

Welchem Lagertypus ähneln die sowjetischen Speziallager? Sind sie als »Außenposten des Archipel GULAG« und damit als Lager zu deuten, die hauptsächlich der Durchsetzung der sowjetischen Ordnungspolitik mit terroristischen Mitteln dienten? Oder muss die Inhaftierung von (nach offiziellen Angaben) 122671 Deutschen primär im Rahmen der Entnazifizierung gesehen werden? Wie aber ist dann der Willkür und dem Terror stalinistischen Zuschnitts gerecht zu werden, der dieses Lagersystem kennzeichnete? Und wie passt diese Zielsetzung mit den menschenverachtenden Zuständen in den Lagern zusammen, mit der dramatischen Sterblichkeit unter den Gefangenen? Liegt gar eine Tötungsabsicht vor, die womöglich mit der nationalsozialistischen Vernichtungspolitik gleichzusetzen ist?

Zwanzig Jahre nach dem Auffinden zahlloser Massengräber nahe der ehemaligen Lagerorte scheint der Streit um diese Fragen abgeflaut, umstrittene oder auch missliebige Positionen werden nicht mehr automatisch als Ausdruck einer politisierten Geschichtsblindheit abgetan, die sich – ob aus Dummheit oder Bosheit – wahlweise den Verbrechen des Nationalsozialismus oder des Stalinismus verschließt. Fast könnte man meinen, dass den Kontrahenten im Zuge der wissenschaftlichen Versachlichung die Lust an einer öffentlichen Auseinandersetzung abhandengekommen ist. Zumindest aber kommt keine Seite mehr an der Erkenntnis vorbei, dass eindimensionale Antworten dem Thema nicht gerecht werden, dass es kein Entweder-oder gibt.[410] Was bleibt, ist die Frage nach den Übergangs- und Mischformen dieses Lagersystems.

Erstaunlicherweise findet diese Frage gegenwärtig wenig Aufmerksamkeit. Ersten Anläufen des Vergleichs mit anderen Lager-

410 Dass diese Erkenntnis mitunter zu Unsicherheiten führt, zeigt beispielhaft das Vorwort der Herausgeber des ersten Bandes »Sowjetische Speziallager in Deutschland« (Mironenko/Niethammer/von Plato, Vorwort, in: Sowjetische Speziallager 1, S. 16).

typen folgte im vergangenen Jahrzehnt wenig bis gar nichts.[411] Bei der Bezeichnung »Speziallager« handelt es sich daher nach wie vor um einen nach 1990 eingeführten wissenschaftlichen Verständigungsbegriff, der zwar durch seine phonetische Nähe zur russischen Bezeichnung *specialny lagerei* besticht, nicht aber durch definitorische Schärfe. Doch der Faden sollte wieder aufgenommen werden – andernfalls ist der historische Ort dieses Lagersystems nicht näher zu bestimmen. Um dieser Diskussion neuen Anstoß zu geben, sollen die sowjetischen Nachkriegslager in Deutschland mit vier anderen Lagertypen in Beziehung gesetzt werden, die dem vergangenen Jahrhundert als »Jahrhundert der Lager« ihren Stempel aufgedrückt haben: die Internierungslager, hier zugespitzt auf die alliierten Internierungslager nach 1945, die Kriegsgefangenenlager, wobei der Schwerpunkt auf die sowjetischen Lager für Wehrmachtsangehörige gelegt wird, der »Archipel GULAG« und schließlich die nationalsozialistischen Konzentrationslager.

Internierungslager

Den alliierten Internierungslagern in Deutschland haftet als dem einzigen Lagersystem des vergangenen Jahrhunderts eine Art guter Leumund an. Er erklärt sich aus der Gewalt und den Menschheitsverbrechen, mit denen die Deutschen Europa und im Besonderen die Sowjetunion während des Zweiten Weltkriegs überzogen haben. Eingerichtet zwecks Festsetzung und Strafzuführung unmittelbarer Täter wie auch politisch Mitverantwortlicher, wird diesen Lagern eine besondere moralische Legitimität zugesprochen. Sie stehen für den seit der Moskauer Konferenz im Oktober 1943 wiederholt von allen Alliierten bekräftigten Anspruch, staatlich sanktioniertem Unrecht demokratische Rechtsstaatlichkeit entgegenzusetzen – ein Anspruch, den, so viel sei bereits gesagt, die sowjetische Besatzungsmacht nicht eingelöst hat. Hinsichtlich der politischen Zweckmäßigkeit und politischen Moral ihres Vorgehens hat sie auf ganzer Linie versagt.

Das oberste Gebot aller Siegermächte war die eigene militärische Sicherheit. In den ersten Nachkriegsmonaten wurden daher in allen

411 Vgl. dazu die Ausführungen zum Forschungsstand in der Einleitung, S. 9f.

Besatzungszonen NS-Aktivisten und andere festgesetzt, die als Gefährdung der Sicherheitslage eingeschätzt wurden. Am intensivsten soll sich die amerikanische Besatzungsmacht dieser summarischen Präventivmaßnahme bedient haben, dicht gefolgt von der sowjetischen.[412] Im Gegensatz zu ihr stellten die Amerikaner (und mit ihnen die anderen Westalliierten) ihr legitimes Sicherungsbedürfnis unter einen rechtspolitischen Vorbehalt und praktizierten die Internierungen als eine Art Untersuchungshaft. Aus einer vorläufigen Schutzmaßnahme wurde dadurch in der Praxis ein Instrument zur rechtlichen und politischen Disqualifizierung des NS-Regimes und dessen Parteigängern – ein Funktionswandel, dem die sowjetische Besatzungsmacht nicht folgen konnte oder wollte; sie stellte den Sicherungsaspekt auf Dauer. Und sie stellte ihn über jedwede Entnazifizierungs- oder Strafabsichten, die sie ursprünglich mit den Haftmaßnahmen verbunden haben mag. Angesichts der sowjetischen Prioritätensetzung sind sogar Zweifel erlaubt, ob derartige Absichten überhaupt je bestanden haben.

Schon die Proskriptionsliste des NKWD-Befehls Nr. 00315 vom 18. April 1945 wirft Fragen in diese Richtung auf. So kann man mit Lutz Niethammer in den Vorgaben Stalins und Berijas zur Verhaftung deutscher Zivilisten auf dem Gebiet der späteren Besatzungszone die »tschekistische Version der amerikanischen Internierungspolitik gegen Nazis, Systemträger und Sicherheitsrisiken« erkennen.[413] Jan Foitzik verweist mit den Befehlen Berijas zur Eingliederung der baltischen Republiken in den sowjetischen Staatsverband 1941 hingegen auf eine andere Dimension des Befehls Nr. 00315[414] – nämlich auf brachiale Besatzungspraktiken, den Export übersteigerter Sicherheitsprämissen und den Einsatz prophylaktischen Terrors. Zielten die summarischen Verhaftungen in der SBZ also eher auf die Befriedigung sowjetischer Sicherungsansprüche? Sollte Moskau im Gegensatz zu Washington in Entnazifizierung und Internierung zwei unterschiedliche und unabhängig voneinander umzusetzende Besatzungsinstrumente gesehen haben?

---

412 Angesichts der Schwierigkeiten, die Anzahl der in der SBZ Inhaftierten jenseits von Schätzungen näher zu bestimmen, irritiert es, dass Niethammer hier absolute Zahlen anbietet (Niethammer, Alliierte Internierungslager, in: Sowjetische Speziallager 1, S. 100).

413 Vgl. das Kapitel »Zum Primat der Pazifizierungspolitik«.

414 Foitzik, SMAD, S. 58.

Eine erste Antwort auf diese Frage liefert der Befehl Nr. 201 der Sowjetischen Militäradministration in Deutschland, kurz SMAD, vom August 1947. Dieser Befehl stellt die sowjetische Antwort auf die Kontrollratsdirektive Nr. 38 vom Oktober 1946 dar, mit der sich die Alliierten auf die Umsetzung der Nürnberger Organisationsurteile verständigten, indem sie Belastungsgrade (vom »Hauptschuldigen« bis zum »Entlasteten«) sowie entsprechende Sühnemaßnahmen definierten. Dass es fast zehn Monate dauerte, bis mit dem SMAD-Befehl eine in Moskau abgesegnete Handhabe zur Umsetzung alliierter Maximen vorlag, an deren Entstehung man zuvor selbst mitgewirkt hatte, soll hier nicht interessieren. Gleiches gilt für den Umstand, dass mit dieser Anordnung erstmals für die gesamte SBZ gültige Entnazifizierungsvorgaben vorlagen. Wichtiger ist, dass die Internierten in diesem Befehl mit keinem Wort erwähnt wurden. Sie unterlagen also weder den alliierten noch den spezifischen Entnazifizierungsbestrebungen unter sowjetischer Ägide. Im Februar 1948 wurde diese Tatsache erneut unter Beweis gestellt – als per SMAD-Befehl Nr. 35 die Entnazifizierung in der SBZ offiziell für beendet erklärt wurde. Auch dieser Befehl ignoriert die Existenz Zehntausender Internierter.

Dass zwischen dem Entnazifizierungsregime und der Internierungspraxis in der SBZ weder ein originärer noch ein funktionaler Zusammenhang gegeben war, verdeutlicht auch der Umstand, dass die Internierten zu keinem Zeitpunkt einer Überprüfung unterzogen wurden. Nicht einmal den Entlassungen war eine Untersuchung nationalsozialistischer Belastungen vorangegangen. Im Sommer 1948 und Anfang 1950 wurden stattdessen Gefangene freigelassen, die nicht länger als Gefährdung der Besatzungsmacht und des von ihr initiierten »demokratischen Neuanfangs« eingeschätzt wurden. Mehr als 3400 verblieben jedoch in den Lagern – an ihnen durfte die junge DDR nach Auflösung der Speziallager mit den »Waldheimer Nazi- und Kriegsverbrecherprozessen« eine Justizfarce im Namen des Antifaschismus inszenieren. Um die sowjetische Haftpraxis durch Verurteilungen rückwirkend als angebliche Untersuchungshaft zu legitimieren, griff man nun, im Frühjahr 1950, auf jene in den Vorjahren bedeutungslosen SMAD-Befehle, alliierten Direktiven und Kontrollratsgesetze zurück. Der Zynismus dieser Vorgehensweise wird jedoch erst vor dem Hintergrund des NKWD-Befehls Nr. 00315 vom 18. April 1945 in Gänze nachvollziehbar. Damals nämlich hatten Stalin und Berija beschlossen, jene Personengruppe, die zum offensichtlichsten Täterkreis des NS-Regimes gehörte, nicht in den Speziallagern festzusetzen. Militärische und politische Offiziers- und Mannschaftsgrade der nationalsozialistischen Terrororganisationen SS und SA sowie KZ-Wachmannschaften waren auf höchste Weisung als Kriegsgefangene in die Sowjetunion zu deportieren. Die Internierungen hatten also nie auf jenen Personenkreis abgezielt, deren strafrechtliche Verfolgung man als prioritär einschätzen würde.

Insgesamt bleibt festzuhalten, dass die Lagerpraxis stark von situativen Zweckmäßigkeitserwägungen bestimmt wurde. So waren – um zwei prominente Beispiele zu nennen – für die Entlassungen des Jahres 1948 sowie für die Lagerauflösungen Anfang 1950 deutschlandpolitische Erwägungen ausschlaggebend. Ausgelöst durch den Bruch des alliierten Bündnisses und die Gründung der DDR, basierten beide Entscheidungen nicht auf längerfristigen Planungen; sie stehen vielmehr für den vorsätzlichen Verzicht darauf. Den Preis für Dezisionismus und Willkür hatten die Häftlinge zu zahlen – mit ihrer Gesundheit und ihrem Leben.

Dass ein Drittel aller Gefangenen – nach heutigem Kenntnisstand mehr als 44000 Männer und Frauen – die Haftzeit nicht überlebten, ist in erster Linie dem vorsätzlichen Verzicht auf jedwede Planungen geschuldet, die über die unmittelbare Isolation der Gefangenen hinausgereicht hätten. Darin eingeschrieben ist die Unfähigkeit oder der Unwille, die Situation der Häftlinge allen Versorgungsengpässen der Nachkriegszeit zum Trotz zu verbessern; auch in dieser Hinsicht könnte der Unterschied zur Vorgehensweise der amerikanischen Besatzungsmacht nicht größer sein. Hinzu kommt Stalins und Berijas rätselhafte Entscheidung, die Häftlinge weder in der Besatzungszone noch in der Sowjetunion zu Arbeitszwecken einzusetzen – weshalb es auch keinen Grund für eine bessere Ernährung gab; sie hatten nichts zu bieten, was in Moskau eine grundlegende Revision der Internierungspraxis gerechtfertigt hätte. Ironischerweise kam es deshalb erst zu Verbesserungen der Haftbedingungen, nachdem die Speziallager unter die Verwaltung der GULAG gestellt worden waren.

Die Speziallager als Internierungslager zu bezeichnen, erscheint aus einem weiteren Grund verfehlt: Internierungen zeichnen sich grundsätzlich durch ihre Vorläufigkeit aus. Es handelt sich in anderen Worten um pauschale Maßnahmen, die an Kriegs- oder Krisensituationen gebunden und daher von vornherein zeitlich begrenzt sind. Dergleichen Einschränkung ist der sowjetischen Besatzungsmacht wahrlich nicht nachzusagen: Sie praktizierte den Ausnahmezustand als Dauerzustand – und zwar bis weit über die Gründung der DDR hinaus. Tatsächlich behielt sich Moskau bis 1955 das Recht vor, Deutsche vor Sowjetische Militärtribunale (SMT) zu stellen. Nach heutigem Kenntnisstand sprachen die Tribunale in den zehn Jahren nach Kriegsende etwa 35000 Urteile, davon knapp die Hälfte nach der Auflösung der Speziallager Anfang 1950.

In den Lagern hielt man nicht nur Personen fest, denen eine an rechtsstaatlichen Grundsätzen orientierte Überprüfung ihrer mutmaßlichen NS-Vergangenheit dauerhaft verweigert wurde. Sie dienten ebenfalls der Unterbringung ebenjener SMT-Verurteilter, die zu langjährigen, bis zu 25 Jahre umfassenden Haftstrafen verurteilt worden waren – vermeintlich überführt durch Geständnisse, die unter Folter erpresst worden waren, und in ihrer Mehrheit nach Gesetzen verurteilt, die (wie der berüchtigte innersowjetische Staatsschutzartikel 58 StGB der RSFSR von 1926 zur Ahndung »konterrevolutionärer Verbrechen«) weder in der Besatzungszone noch in der späteren DDR Rechtsgültigkeit besaßen. Daher müssen auch die SMT-Verurteilungen in erster Linie als ein Instrument zur politischen Disziplinierung vermeintlicher oder realer Gegner des Besatzungsregimes angesehen werden. Nur etwa ein Drittel aller Urteile scheint im Zusammenhang mit nationalsozialistischen Kriegsverbrechen und Verbrechen gegen die Menschlichkeit gestanden zu haben, wobei anzumerken ist, dass die politische Justiz stalinistischen Zuschnitts keine angemessene Aufklärung dieser Verbrechen leisten konnte; sie ahndete in diesen Fällen wie auch in allen anderen SMT-Verfahren keine Tatbestände, sondern Tatvorwürfe. Doch damit nicht genug: Im Verlauf der Besatzung verstärkten die Militärtribunale ihre Tätigkeit, was bedeutet, dass die Anzahl der Verurteilungen stetig zunahm. Gleichzeitig verschärften sie die Urteilssprüche. Diese Intensivierung des justiziellen Terrors hatte zur Folge, dass ein mutmaßliches NS-Verbrechen 1946 mit zehn Jahren geahndet wurde (nach sowjetischem Verständnis eine Bagatellstrafe); zwei Jahre später wurde der Vorwurf antisowjetischer Aktivitäten mit 25 Jahren Lagerhaft bestraft.[415]

---

415 Die Steigerung des sowjetischen Justizterrors endete nicht mit der Gründung der DDR: Die im Mai 1947 ausgesetzte Todesstrafe wurde im Januar 1950 für ausgewählte politische Vergehen wieder eingeführt; binnen drei Jahren wurden mindestens 1000 zu diesem Zweck nach Moskau verbrachte Deutsche hingerichtet.

Im Mai 1946 wurden erstmals SMT-Verurteilte in Speziallager eingewiesen. Was sich ausweislich der Quellen als Verlegenheitslösung deuten lässt, wurde seit September des Jahres zur festen Einrichtung. Von diesem Moment an lassen sich die Speziallager nicht mehr als Internierungslager verstehen, sie verwandelten sich in feststehende Institutionen für Gefangene mit langjährigen Strafen. Dieser Funktionswandel fand im Sommer 1948 seinen logischen Abschluss, als die Speziallager unter die Verwaltung der GULAG gestellt wurden. Zu diesem Zeitpunkt stellten die verurteilten Häftlinge – infolge der Sterblichkeit unter den Gefangenen, aber auch wegen der Entlassungen im Juni des Jahres – ohnehin die Mehrheit aller Lagerinsassen.

Im Grunde waren Internierte wie SMT-Verurteilte gleichermaßen Opfer einer politischen Geiselhaft. Für diese Lesart spricht auch, dass Stalin zwischen den beiden Gruppen augenscheinlich keinen Unterschied machte. Er behandelte alle Lagerinsassen als politische Verfügungsmasse, über die nach Bedarf entschieden wurde. Die Entlassungen des Sommers 1948 wie die Auflösung der Speziallager Anfang 1950 sind – wie bereits angeführt – die einschlägigsten Beispiele. Dass Stalin es obendrein verstand, beide Ad-hoc-Entscheidungen in Demonstrationen seiner Macht umzumünzen, indem er jeweils nur gut die Hälfte aller Gefangenen freiließ, verdeutlicht noch einmal den Gedanken der Geiselhaft. Vor allem aber gibt diese Vorgehensweise eine Parallele zwischen der Speziallagerhaft in Deutschland und der Kriegsgefangenschaft in der Sowjetunion zu erkennen: Hier wie dort wurden Entlassungen per »Salamitaktik« praktiziert, also nach situativer Zweckmäßigkeit und politischem Bedarf.

Kriegsgefangenenlager der GUPVI

35 Millionen Soldaten gerieten im Zweiten Weltkrieg in Kriegsgefangenschaft. Kein anderes Lagersystem des 20. Jahrhunderts hat dermaßen viele Menschen erfasst, Kriegsgefangenschaft war ein Massenschicksal. Abhängig von der jeweiligen Gewahrsamsmacht und dem Zeitpunkt der Festsetzung erwies sich auch der Tod in Gefangenschaft als Massenschicksal; allein in deutscher Kriegsgefangenschaft starben fast 60 Prozent der etwa 5,7 Millionen sowjetischen Soldaten. Doch auch in den sowjetischen Kriegsgefangenenlagern der GUPVI (»Hauptverwaltung für Angelegenheiten der Kriegsgefangenen und Internierten« beim NKWD/MWD) war der Tod ein Massenphäno-

men: Von ungefähr 3,2 Millionen gefangenen Wehrmachtsangehörigen kehrte etwa ein Drittel nicht zurück – eine mit den Speziallagern vergleichbare Sterblichkeitsquote. Man könnte daraus schließen, dass das NKWD/MWD seine zivilen und militärischen Gefangenen einem in Sachen Ernährung, Bekleidung und Hygiene ähnlichen und im Grundsatz an den Normen des GULAG orientierten Haftregime unterworfen hat. Einen Unterschied jedoch gab es: Stalins dauerhaftes und ungebrochenes Interesse an der »Reparationsarbeit« der Kriegsgefangenen. Sie starben trotz dieses Interesses, die Speziallagerhäftlinge, weil es nicht umgesetzt wurde.

Aus sowjetischer Sicht handelte es sich bei den Kriegsgefangenen um Strafgefangene, die durch ihrer Hände Arbeit Wiedergutmachung für Kriegs- und NS-Verbrechen in der Sowjetunion leisten sollten. Zügige Entlassungen nach Einstellung der Kampfhandlungen – wie sie in den Genfer Konventionen von 1929 vorgesehen sind[416] – traten hinter dieser Prioritätensetzung zurück. So erklärt sich auch, dass etwa 6000 ehemalige Wehrmachtsoffiziere, die 1946 aus amerikanischer Kriegsgefangenschaft entlassen worden waren, in der SBZ erneut verhaftet und in Arbeitslager in der Sowjetunion deportiert wurden. Um individuelle Schuld ging es bei keiner dieser Maßnahmen. Dass Sühneleistungen und wirtschaftliche Interessen in eins gesetzt wurden, zeigt auch die zweite Gruppe von Häftlingen, für die die GUPVI verantwortlich zeichnete: deutsche (oder deutschstämmige) Zivilisten, die während des Vormarsches der Roten Armee jenseits von Oder und Neiße »mobilisiert« worden waren. Nach heutigem Wissensstand handelte es sich dabei um mindestens 330000 zur Zwangsarbeit verschleppte Personen, meist Alte, Frauen und Kinder.

Moskau maß dem Arbeitspensum in den GUPVI-Lagern eine immense wirtschaftliche Bedeutung bei. Stalin selbst ließ sich regelmäßig über den Gesundheitszustand, die Ernährung sowie die medizinische Versorgung der Gefangenen unterrichten. Obwohl die Lebensmittelsituation in dem vom Krieg zerstörten Land in jeder Hinsicht prekär war und in den Lagern zeitweise der Ausnahmezustand ausgerufen werden musste, wurden die Gefangenen der GUPVI insgesamt besser verpflegt als die Häftlinge des GULAG, phasenweise auch besser als die Zivilbevölkerung der jeweiligen Re-

---

416 Obwohl sie formell die Genfer Konventionen nicht unterschrieben hatte, erkannte die UdSSR das Regelwerk aus Prestigegründen an.

gion. Im Rahmen dieser wirtschaftlichen Zweckrationalität tolerierte Stalin sogar Entlassungen aus Krankheitsgründen. Die Repatriierung der Kriegsgefangenen wuchs sich jedoch alsbald zu einer deutschlandpolitischen Frage aus, die, ähnlich der Haftpraxis in der sowjetischen Besatzungszone, ausschließlich nach Opportunität beantwortet wurde. So ließ die Sowjetunion im Sommer 1946 120000 Kriegsgefangene frei, zweifellos eine Maßnahme, die im Vorfeld der Herbstwahlen in der SBZ der jüngst gegründeten SED zugute kommen sollte. Im Folgejahr vereinbarten die Siegermächte, alle deutschen Kriegsgefangenen bis zum 31. Dezember 1948 zu entlassen – eine Vereinbarung, die Moskau nicht einhielt. Noch war Stalin nicht bereit, auf den Wirtschaftsfaktor Gefangenenarbeit zu verzichten; erst auf amerikanischen Protest hin sicherte er ein Ende der Kriegsgefangenschaft zum 31. Dezember 1949 zu. Tatsächlich kam es zu weiteren Entlassungen, die – und die Parallele zu den Speziallagern ist unverkennbar – als »Geschenk« Moskaus anlässlich der DDR-Gründung zu deuten sind. Zeitgleich wurden im November 1949 Militärtribunale aktiv: Auf Grundlage des innersowjetischen Staatsschutzartikels 58 oder des sowjetischen Kriegsverbrechergesetzes Ukas 43 wurden 15000 bis 20000 Gefangene in Schnellverfahren meist zu 25 Jahren »Besserungshaft« verurteilt. Infolge dieser Massenverurteilungen konnte Stalin im Mai 1950 behaupten, dass die Repatriierung deutscher Kriegsgefangener abgeschlossen sei – befanden sich doch nur noch verurteilte »Kriegsverbrecher« in sowjetischem Gewahrsam, von denen die letzten 1955 freikamen. Gesichert ist allein, dass ihre Verurteilungen nicht als Ausweis einer tatsächlichen Schuld zu verstehen sind. Ob Stalin sich mit den Mitteln der politischen Justiz ihre Arbeitskraft sichern oder die Gefangenen, wie es im Rückblick scheint, als »Faustpfand« einer auch nach Gründung der DDR uneindeutigen Deutschlandpolitik halten wollte, ist schwieriger zu entscheiden. Eine Demonstration seiner Macht war es so oder so, und es war eine Entscheidung, über die erst nach seinem Tod erneut verhandelt wurde.

Ob Deutsche in den Lagern der GUPVI oder in Speziallagern festgehalten wurden, die Parallelen sind unverkennbar: Statt in kurzfristiger Sicherheitsverwahrung wurden sie hier wie dort als Geiseln der sowjetischen Außenpolitik zwischen Großen Vaterländischem Krieg und Kaltem Krieg festgesetzt. Die wiederholte Anpassung an übergeordnete Interessen einer sich nur langsam herauskristallisierenden Deutschlandpolitik spricht in dieser Hinsicht Bände. Vor allem aber blieb dabei das Ansinnen, deutsche Verbrechen zu ahnden, auf der Strecke. Dass die sowjetische Justiz wegen ihres politischen Auftrags keine an Tatbeständen orientierte Aufarbeitung leisten konnte, ist eine Sache. Dass das legitime Strafbegehren zunehmend politischen Inszenierungen wie Ende 1949 in den Lagern der GUPVI oder auch den Waldheimer Prozessen 1950 geopfert wurde, die andere. Hinzu kommt, dass sich diese Vorgehensweise unmittelbar auf die Lebensumstände der Häftlinge auswirkte; in diesen wie in jenen Lagern waren sie Gefangene von Stalins Vorliebe für Ad-hoc-Entscheidungen, die bis zum jeweils nächsten Eingriff Zehntausenden Menschen das Leben kosten konnten. Bezeichnenderweise war es dabei unerheblich, ob Moskau die Arbeitskraft der Gefangenen ausbeutete oder nicht, in beiden Fällen starben etwa ein Drittel von ihnen.

Sowjetischer GULAG

In den Lagern der »Hauptverwaltung für Besserungsarbeitslager und -kolonien« des NKWD/MWD, die unter dem Akronym GULAG für ein gigantisches Geflecht von phasenweise mehr als 30000 Konzentrationslagereinheiten und zahllosen Strafkolonien in der Sowjetunion stehen, mussten seit 1923 Millionen von Menschen Zwangsarbeit leisten. Weder ihre Anzahl noch die der Toten wird sich je genau bestimmen lassen; die meist nur für bestimmte Zeitabschnitte vorliegenden Schätzungen sind umstritten. Einigkeit besteht allerdings dahingehend, dass »diese Lager mehr Opfer forderten als Ypres, die Somme, Verdun, Auschwitz, Majdanek, Dachau und Buchenwald zusammen«[417] – Millionen Tote, die, auch darüber besteht Einmütigkeit, selbst zu den Hochzeiten Stalinscher Repression keiner Vernichtungsabsicht anheimgefallen sind, wie sie die Deutschen in Treblinka, Sobibór, Bełżec oder anderen Todeslagern nachweislich verfolgten. Die Gefangenen der GULAG wurden Opfer einer hinlänglich dokumentierten Menschenverachtung und Gleichgültigkeit und mithin einer Haltung, die den Wert eines Menschen auf dessen Arbeitskraft begrenzte.

Allen sozialutopischen Ideen der »Besserungsarbeit« zum Hohn und wider jede wirtschaftliche Rentabilität, stellte Zwangsarbeit

417 Davies, Vorwort, in: Kizny, GULAG, S. 9–16, S. 9.

den Begründungszusammenhang des GULAG dar. Ohne die in den Konzentrationslagern geleistete Arbeit, so die Auffassung Moskaus, sei die sowjetische Wirtschaft weder modernisierungs- noch überlebensfähig – eine Einschätzung, die nach dem deutschen Überfall auf die Sowjetunion und angesichts der kriegsbedingten Zerstörung des Landes erst recht bekräftigt wurde. Stalins Interesse an der »Reparationsarbeit« der Kriegsgefangenen erklärt sich hier ebenso wie die nach Kriegsende wieder verschärfte Praxis, die eigenen Untertanen zwecks Abschöpfung ihrer Arbeitskraft unter dem Deckmantel der politischen Gefahrenabwehr massenhaft zu kriminalisieren. Die sowjetischen Strafsysteme sind ohne den Faktor Arbeit nicht zu denken. Einzig die Lager in der SBZ fallen aus dem Rahmen. Aber warum?

Mit Lutz Niethammer ist denkbar, dass Stalin und Berija in den Speziallagern eine Art »Arbeitskräftereservoir« sahen, dass sie, als sie im April 1945 per Befehl Nr. 00315 die Einrichtung dieses Lagersystems verfügten, daran dachten, die Gefangenen zu einem späteren, noch nicht näher definierten Zeitpunkt in das Arbeitsheer des GULAG oder der GUPVI in der Sowjetunion einzureihen.[418] Diese Lesart unterstellt eine gewisse wirtschaftliche Zweckrationalität, die begrenzte Transportkapazitäten bei Kriegsende ebenso berücksichtigt wie die negativen Erfahrungen mit der mangelhaften Arbeitskraft der bisher in Osteuropa aufgegriffenen und in die Sowjetunion verschleppten Deutschen. Zudem impliziert sie eine Mäßigung in der Wahl der Gewaltmittel, deren sich die Sowjetunion in jenen osteuropäischen Ländern bedient hatte, die nach der Befreiung von deutscher Besatzung direkt in den Herrschaftsbereich Moskaus eingegliedert wurden.

So zutreffend diese beiden Aspekte auch sein mögen, eine wichtige Frage bleibt offen: Wenn man tatsächlich an ein »Arbeitskräftereservoir« dachte, warum wurden die Speziallager dann nicht der GULAG- oder der GUPVI-Verwaltung zugeordnet? Warum haben Stalin und Berija im April 1945 in einer nächtlichen Ad-hoc-Entscheidung mit diesen Lagern ein drittes dem NKWD/MWD unterstelltes Haftsystem aus dem Boden gestampft? Unter Verzicht auf die Arbeitsleistung der Gefangenen und noch dazu außerhalb der eigenen Landesgrenzen, im Feindesland? Es gibt darauf keine Antwort.

---

418 Vgl. das Kapitel »Der NKWD-Befehl Nr. 00315 und das Ende der ›Mobilisierungen‹«, S. 55.

Dass die Speziallager 1948 schließlich doch unter die Leitung der GULAG gestellt wurden, erscheint als überfällige Rückkehr zu erprobten innersowjetischen Repressionspraktiken. Obwohl sich die Lebensumstände in den Lagern unter den neuen Verantwortlichen verbesserten, wurden weiterhin keine systematischen Deportationen zu Arbeitszwecken vorgenommen – angesichts der ruinierten Gesundheit und des Krankenstandes musste der bloße Gedanke daran schon absurd erscheinen. Andererseits kamen die Umstrukturierungen des Sommers 1948 den Lagerkommandanten offensichtlich entgegen, verfügten doch viele von ihnen über langjährige Diensterfahrungen bei der GULAG oder GUPVI. Allem voran aber verfestigte die offizielle Zuordnung der Speziallager in den vertrauten GULAG-Kosmos die an tschekistischen Praktiken orientierte und von imaginierten Feindbildern abhängige Praxis der sowjetischen Sicherheitsorgane in Deutschland. Nicht zuletzt legitimierte der beginnende Kalte Krieg die seit 1948 zu beobachtende Intensivierung des politischen Terrors in der SBZ: Jetzt »passte« die den Speziallagerhäftlingen zugewiesene Strafe erst recht zum unterstellten Vergehen.

Nationalsozialistische Lager

Die sowjetischen Speziallager waren keine Todeslager, und sie waren auch keine Vernichtungslager, wie sie die Nationalsozialisten in den eroberten Gebieten Polens und Weißrusslands betrieben haben. Das Kalkül, mit dem Menschen hier in den Tod geschickt wurden, ist dem sowjetischen System fremd. Der millionenfache Tod in den Lagern des GULAG oder auch den Kriegsgefangenenlagern der GUPVI ist stattdessen auf ein unsagbar zynisches Desinteresse am Leben oder Sterben der Gefangenen zurückzuführen; ob sie überlebten oder nicht, war völlig egal. Es ist diese Gleichgültigkeit in Verbindung mit organisatorischer Schlamperei, die auch in den sowjetischen Lagern in der SBZ ihren schrecklichen Tribut an Menschenleben forderte.

Weniger eindeutig fällt die Einordnung aus, wenn man die nationalsozialistischen Konzentrationslager im Altreich in den Blick nimmt, eine Vergleichsebene, die sich wegen der sowjetischen Nachnutzung Buchenwalds, Sachsenhausens oder auch des KZ-Nebenlagers Lieberose als Speziallager Nr. 6 in Jamlitz ohnehin aufdrängt. Die Dimension der Lager und die Gewaltdynamik verweisen jedoch auf wesentliche Unterschiede. Man denke beispielsweise an die funktionale und materielle Ausweitung der reichsdeutschen Lager, zumal nach der Umstellung auf die Kriegswirtschaft, oder an die Vielzahl der Verfolgtengruppen verschiedenster Nationalität, deren Inhaftierung politischen, sozialen oder ethnischen Zielen geschuldet war, die sich unmittelbar auf ihre Überlebenschancen auswirkten. Bekanntlich setzten deutsche Verfolger ihre Willkür und Brutalität in den Lagern fort. Weit davon entfernt, das Verhalten von SS-Wachen zu kopieren, überließ das NKWD/MWD die Häftlinge in den Speziallagern sich selbst. Nicht zuletzt steht der Kollaps des NS-Lagersystems samt seiner Begleiterscheinungen, etwa in Gestalt der Todesmärsche, für sich allein.

Auch die systematische Nutzung von Zwangsarbeit bei den Nazis einerseits und das von den Sowjets verhängte Arbeitsverbot andererseits prägten das Haftregime und den »Lageralltag« zweifellos auf je eigene Weise. Und dennoch waren die Hafterfahrungen – ein Blick auf das »Sozialgefüge« unter den Inhaftierten, auf Hierarchien und Abhängigkeiten belegt es – hier wie dort weitgehend dieselben. Ein wenig überraschender Befund, wenn man sich die Haftbedingungen und insbesondere den Umstand vor Augen führt, dass die Häftlinge unterschiedslos am Existenzminimum vegetierten. Folglich war die Mortalitätsquote in beiden Lagersystemen etwa gleich hoch, womit auch die offensichtlichste Gemeinsamkeit zwischen den nationalsozialistischen Konzentrationslagern im Altreich und den sowjetischen Speziallagern benannt ist.

Es versteht sich von selbst, dass diese Ausführungen nur Schlaglichter werfen können. Aber es sollte deutlich geworden sein, dass die sowjetischen Nachkriegslager in Deutschland mit Entnazifizierung kaum etwas zu tun hatten und deshalb auch nicht mit den Internierungslagern westalliierten Zuschnitts auf eine Stufe gestellt werden können. Moskaus Unwille oder Unfähigkeit, zwischen Sicherungshaft und Strafhaft zu unterscheiden, kann in diesem Zusammenhang nicht nachdrücklich genug betont werden. Daneben zeigt ein Vergleich mit den nationalsozialistischen Konzentrationslagern in der Summe mehr Unterschiede als Gemeinsamkeiten – auch wenn diese Differenz in der individuellen Perspektive vieler Häftlinge nicht ins Gewicht fällt. Am auffälligsten sind hingegen die Parallelen zu den Lagern der GULAG und der GUPVI. Ungeachtet zahlreicher nicht übereinstimmender Merkmale bietet es sich an, die Speziallager als eine eigentümliche Melange dieser sowjetischen Strafsysteme zu sehen.

Die Nähe zum GULAG und zu stalinistischer Willkür zu betonen, ist alles andere als selbstverständlich. Viele mit den Speziallagern befasste Historiker scheuen davor zurück – wie es scheint, weil in den überlieferten Dokumenten der Zusammenhang zwischen Haftmaßnahmen und der Errichtung der SED-Diktatur nicht explizit zur Sprache kommt oder weil der terroristische Sinn und Zweck der Lager in einschlägigen Direktiven aus Moskau nicht beim Namen genannt wird.[419] Anscheinend hat man es hier nicht allein mit dem bekannten Phänomen falsch verstandener Quellentreue zu tun. Offensichtlich spielt auch die Sorge eine Rolle, dass eine Betonung stalinistischer Ordnungspolitik den Blick auf den historischen Kontext der Speziallager verstellen könnte – auf den von den Deutschen entfesselten Krieg im Allgemeinen und im Besonderen auf die Tatsache, dass in den Lagern Nationalsozialisten festgehalten wurden. Ob diese Sorge der politischen Kultur im heutigen Deutschland noch Rechnung trägt oder eher ein Reflex vergangener Zeiten ist, sei dahingestellt. In jedem Fall trägt sie zur Fortschreibung einer irreführenden Begrifflichkeit bei. Bei aller gebotenen Abgrenzung zum Nationalsozialismus gibt es keinen Grund, die Speziallager nicht bei dem Namen zu nennen, der ihnen zusteht: Konzentrationslager. Und auch eingedenk des historischen Hintergrunds gibt es keine Veranlassung, die Gefangenen, Internierte wie SMT-Verurteilte, nicht als die Gruppe kenntlich zu machen, die sie tatsächlich waren: politische Häftlinge von Stalins Gnaden.

419 So etwa in: Mironenko/Niethammer/von Plato, Vorwort, in: Sowjetische Speziallager 1, S. 17.

Dank

Es ist mir eine große Freude, mich bei Abschluss dieses Buches bei all jenen zu bedanken, die mir in den vergangenen Jahren mit Rat und Tat zur Seite gestanden haben.

Dieser Dank richtet sich im Besonderen an mehr als 20 Männer und Frauen, die ich über ihre Hafterfahrungen in den sowjetischen Speziallagern habe befragen dürfen. Auch wenn diese Interviews entgegen meiner ursprünglichen Absicht nicht in die vorliegende Arbeit eingeflossen sind, so sind mir diese Gespräche bei der Niederschrift immer präsent gewesen. Denn es ist nicht nur Dank, den ich diesen Männern und Frauen gegenüber empfinde, sondern auch Demut angesichts ihrer Offenheit und Stärke.

Vielfache Unterstützung fand ich bei den Mitarbeitern der heutigen Speziallagergedenkstätten. Das gilt vor allem für Bodo Ritscher, dem Kustos für die Geschichte der sowjetischen Speziallager in der Gedenkstätte Buchenwald, der meine Fragen nimmermüde beantwortete. In der Gedenkstätte Sachsenhausen, wo ich das »Erinnerungsarchiv« ehemaliger Speziallagerhäftlinge einsehen durfte, standen mir Ines Reich und Wolfram von Scheliha zur Seite. In beiden Häusern waren mir desweiteren Sabine Stein, Holm Kirsten und Winfried Meyer behilflich, denen ich ebenso zu Dank verpflichtet bin wie dem Archiv der KZ-Gedenkstätte Mauthausen im Bundesministerium für Inneres der Republik Österreich und Klaus Tätzler von der Gedenkstätte Bergen-Belsen.

Thomas Dahnert von der Gedenkbibliothek zu Ehren der Opfer des Stalinismus e.V. in Berlin hat mich bei der Recherche nach der Erinnerungsliteratur ehemaliger Häftlinge unterstützt. Margit Mitter von den Ullstein Buchverlagen und Christoph Links vom Berliner Links Verlag verdienen ebenfalls eine besondere Erwähnung. Sie haben mir mit den Verkaufszahlen in ihren Häusern aufgelegter Erinnerungsbücher Informationen zukommen lassen, von denen sich andere Verlage aus Wettbewerbsgründen nicht trennen wollten.

Ein herzlicher Dank geht auch an Gregor Pickro im Bundesarchiv Koblenz, der mir den Zugang zu den Akten der Kampfgruppe gegen Unmenschlichkeit erleichtert hat. Im Bundesarchiv Berlin war es Heinz Fehlauer, der mich durch das NS-Ortsgruppen-Archiv des

Berlin Document Center geleitet hat. Richard Boylan von der militärhistorischen Abteilung der National Archives in College Park, Maryland, ist dafür zu danken, dass er mich von dem Ansinnen kurierte, die Befragungsprotokolle von Rückkehrern aus sowjetischer Gefangenschaft in Deutschland und in der UdSSR durch den US-amerikanischen Geheimdienst auszuwerten. Allein ob der schieren Masse dieser Protokolle wäre ich noch heute damit beschäftigt.

Meinen Gutachtern Stig Förster und Marina Cattaruzza von der Historischen Fakultät an der Universität Bern gebührt besonderer Dank. Beider kritischen Fragen waren mir gleichermaßen Herausforderung wie Bestätigung.

Die Stiftung zur Aufarbeitung der SED-Diktatur förderte diese Arbeit mit einem Stipendium. Anna Kaminsky und Ulrich Mählert waren mir überdies wichtige Ansprechpartner. In diesem Sinne danke ich auch Günter Morsch und Christoph Kleßmann, die mir mit ihren Colloquien Foren zur Diskussion meiner Thesen geboten haben. Gerrit Walczak hat sich hingegen als Kunsthistoriker durch seinen Blick von außen sehr um diese Arbeit verdient gemacht. Für den letzten Schliff danke ich meiner Lektorin Birgit Otte von der Hamburger Edition.

Umständehalber zum Kenner der Materie wurde mein Mann, Bernd Greiner. Ihm kann ich für kritische Anmerkungen und Anregungen sicherlich nicht genug danken. Vor allem aber möchte ich ihm dafür danken, dass er mir Mut gegeben hat. Oder wie Eric Domège, mein Schwager, sagte: »Love is all about encouragement.« Damit bin ich bei meiner Familie, die verstehen wird, warum ich diese Arbeit meiner Großmutter widme.

Berlin, den 13. November 2009

Abkürzungsverzeichnis

0, 00, s, ss	vor und nach einer sowjetischen Befehlsnummer verweisen die Kürzel auf den Geheimhaltungsgrad (russ. »sekretno« und »soverschenno sekretno«; »geheim« und »streng geheim«)
BArch/BDC	Bundesarchiv Berlin, Berlin Document Center
BArchK	Bundesarchiv Koblenz
BDM	Bund Deutscher Mädel
BDO	Bund Deutscher Offiziere
BEG	Bundesentschädigungsgesetz
BVG	Bundesversorgungsgesetz
BVN	Bund der Verfolgten des Naziregimes
CChSD	Centr chranenija sovremennoi dokumentatzii; Zentrum für die Archivierung zeitgenössischer Dokumente
CDU	Christlich-Demokratische Union Deutschlands
CDU(D)	Christlich-Demokratische Union Deutschlands
CIA	Counter Intelligence Agency; US-Geheimdienst
CIC	Counter Intelligence Council; US-Spionageabwehr
d.	russ. »delo«; (Archiv-)Akte
DAF	Deutsche Arbeitsfront
DRK	Deutsches Rotes Kreuz
f.	russ. »fond«; (Archiv-)Bestand
FDJ	Freie Deutsche Jugend
FRUS	Foreign Relations of the United States
FSB	Föderaler Sicherheitsdienst der Russischen Föderation
GARF	Gosudarstwenny archiv Rossiiskoi Federazii; Staatliches Archiv der Russischen Föderation, Moskau
Gestapo	Geheime Staatspolizei
GOKO	Gosudarstwenny komitet oborony; Staatliches Verteidigungskomitee (der UdSSR)
GPU	Gosudarstwennoje polititscheskoje uprawlenije; Staatliche politische Verwaltung (von 1922 bis 1934)
GPU-Keller	Umgangssprachlich gebräuchliche, historisch jedoch unzutreffende Bezeichnung für die örtlichen Vernehmungs- und Zwischenhaftstätten (des NKWD/MWD)
GSBT	Gruppe der sowjetischen Besatzungstruppen (in Deutschland)
GULAG	Glawnoje uprawlenije lagerei; Hauptverwaltung Lager (des NKWD/MWD der UdSSR)

GUPVI	Glawnoje uprawlenije po delam woiennoplennych internirowannych; Hauptverwaltung für die Angelegenheiten von Kriegsgefangenen und Internierten (beim NKWD/MWD der UdSSR)
HJ	Hitler-Jugend
HHG	Häftlingshilfegesetz
HkG	Gesetz über Hilfsmaßnahmen für Heimkehrer
KgU	Kampfgruppe gegen Unmenschlichkeit
KPD	Kommunistische Partei Deutschlands
KPdSU	Kommunistische Partei der Sowjetunion
KZ	Konzentrationslager
l.	russ. »list«; Blatt (in Archivakten)
LDPD	Liberal-Demokratische Partei Deutschlands
MdI	Ministerium des Inneren der DDR
MGB	Ministerstwo gosudarstwennoi besopasnosti; Ministerium für Staatssicherheit der UdSSR (seit 1946 Nachfolgeorganisation des NKGB)
MWD	Ministerstwo wnutrennych del; Ministerium für innere Angelegenheiten der UdSSR (seit 1946 Nachfolgeorganisation des NKWD)
NAG	Notaufnahmegesetz
NDPD	Nationaldemokratische Partei Deutschlands
NKGB	Narodny komissariat gosudarstwennoi besopasnosti; Volkskommissariat für Staatssicherheit (der UdSSR)
NKFD	Nationalkomitee Freies Deutschland
NKWD	Narodny komissariat wnutrennych del; Volkskommissariat für innere Anlegenheiten (der UdSSR)
NS	Nationalsozialismus; nationalsozialistisch
NSDAP	Nationalsozialistische Deutsche Arbeiterpartei
NSV	Nationalsozialistische Volkswohlfahrt
OdS	Opfer des Stalinismus
OG	Operativ-Gruppe des NKWD/MWD
OS	Operativer Sektor des NKWD/MWD
OSO pri	Osoboje Soweschtschanije pri NKWD-MWD/MGB; Sonderkollegium
op.	russ. »opis«; (Archiv-)Verzeichnis (d.h. Teilbestand)
Pg	Parteigenosse der NSDAP
RAD	Reichsarbeitsdienst
RIAS	Radio im amerikanischen Sektor
RSFSR	Russische Sozialistische Föderative Sowjetrepublik
SBZ	Sowjetische Besatzungszone
SD	Sicherheitsdienst des Reichsführers-SS
SED	Sozialistische Einheitspartei Deutschlands

SKK	Sowjetische Kontrollkommission
SMAD	Sowjetische Militäradministration in Deutschland
Smerš	russ. »smert schpionam«; »Tod den Spionen«, Sowjetische militärische Spionageabwehr
SMT	Sowjetisches Militärtribunal
SPD	Sozialdemokratische Partei Deutschlands
Spezlager	Speziallager
SRP	Sozialistische Reichspartei
SS	Schutzstaffel der NSDAP
Stasi	Staatssicherheitsdienst der DDR; umgangssprachlich für Ministerium für Staatssicherheit
StGB	Strafgesetzbuch
UdSSR	Union der Sozialistischen Sowjetrepubliken
UfJ	Untersuchungsausschuss freiheitlicher Juristen
VdN	Verfolgte des Naziregimes
VOS	Vereinigung der Opfer des Stalinismus
VVN	Vereinigung der Verfolgten des Naziregimes
ZK	Zentralkomitee

Quellen- und Literaturverzeichnis

Ungedruckte Quellen

Archiv Sachsenhausen
Erinnerungsarchiv der Gedenkstätte und Museum Sachsenhausen

BArch/BDC
Bundesarchiv Berlin/Berlin Document Center
Bestand 3200 – Ortsgruppenkartei der NSDAP

BArchK
Bundesarchiv Koblenz
B 209 Untersuchungsausschuss freiheitlicher Juristen (UfJ):
Das System der Konzentrationslager von 1945 bis 1950
(unveröffentlichtes Manuskript über politische Verfolgung
in der SBZ/DDR, vermutlich 1960)

B 289 – Kampfgruppe gegen Unmenschlichkeit (KgU)
288 – Bautzen
295 – Sachsenhausen
390 – Waldheim
434 – Buchenwald

National Archives, College Park (Maryland, USA)
Record Group 319 Records of the Army Staff
IRR Case Files, Impersonal Files 1946–1976, Box 142: File Soviet Prisons

Gedruckte Quellen

Agde, Günter, Sachsenhausen bei Berlin. Speziallager Nr. 7 1945–1950, Berlin 1994.

Amtsblätter des Alliierten Kontrollrats in Deutschland, Nr. 11 vom 31. Oktober 1946, hrsg. vom Alliierten Sekretariat, Berlin 1946.

Badstübner, Rolf/Loth, Wilfried (Hg.), Wilhelm Pieck – Aufzeichnungen zur Deutschlandpolitik 1945–1953, Berlin 1994.

Benz, Wolfgang, Potsdam 1945. Besatzungsherrschaft und Neuaufbau im Vier-Zonen-Deutschland, München 1994.

»Berichte über sowjetische Internierungslager in der SBZ (Denkschrift des Innenministeriums der UdSSR vom Juli 1990)«, in: *Deutschland Archiv* 23 (2/1990), S. 1804–1810.

Bonwetsch, Bernd/Bordjugov, Gennadij/Naimark, Norman M. (Hg.), Sowjetische Politik in der SBZ 1945–1949. Dokumente zur Politik der Propagandaverwaltung (Informationsverwaltung) der SMAD unter Sergej Tjul'panov (Archiv für Sozialgeschichte 20), Bonn 1997.

Buddrus, Michael, »› ... im Allgemeinen ohne besondere Vorkommnisse‹. Dokumente zur Situation des Strafvollzugs der DDR nach der Auflösung der sowjetischen Internierungslager 1949–1951«, *Deutschland Archiv* 29 (1/1996), S. 10–33.

DDR-Justiz und NS-Verbrechen. Sammlung ostdeutscher Strafurteile wegen nationalsozialistischer Tötungsverbrechen, Verfahrensregister und Dokumentenband, bearb. von F. C. Rüter, UP Amsterdam/München 2002.

Der Prozess gegen die Hauptkriegsverbrecher vor dem Internationalen Militärgerichtshof Nürnberg, 14. November 1945 bis 1. Oktober 1946, Bd. 1, Nürnberg 1947.

Die Entnazifizierungspolitik der KPD/SED 1945–1948. Dokumente und Materialien, hrsg. von Ruth-Kristin Rößler, Goldbach 1994.

Die UdSSR und die deutsche Frage 1941–1948. Dokumente aus dem Archiv für Außenpolitik der Russischen Föderation, Bd. 1: 22. Juni 1941 bis 8. Mai 1945; Bd. 2: 9. Mai 1945 bis 3. Oktober 1946; Bd. 3: 6. Oktober 1946 bis 15. Juni 1948, bearb. und hrsg. von Jochen P. Laufer und Georgij P. Kynin unter Mitarbeit von Viktor Knoll, Berlin 2004.

Dokumentation der Vertreibung der Deutschen aus Ost-Mitteleuropa, Bde. 1–5 und Beihefte 1–3, bearb. von Theodor Schieder u.a., hrsg. vom Bundesministerium für Vertriebene, Flüchtlinge und Kriegsgeschädigte, Wolfenbüttel 1951–1961.

Erler, Peter/Prieß, Lutz, »›Provisorische Ordnung der Internierungslager in der SBZ/DDR‹ vom 20. Oktober 1946«, in: *Beiträge zur Geschichte der Arbeiterbewegung* (4/1991), S. 530–535.

Foreign Relations of the United States 1945, Bd. 3, Washington D.C. 1968.

KZ-Verbrechen vor deutschen Gerichten. Dokumente aus den Prozessen gegen Sommer (KZ Buchenwald), Sorge, Schubert (KZ Sachsenhausen), Unkelbach (Ghetto Czenstochau), hrsg. von H. G. van Dam und Ralph Giordano, Frankfurt am Main 1962.

Niethammer, Lutz (Hg.), Der »gesäuberte« Antifaschismus. Die SED und die roten Kapos von Buchenwald. Dokumente, Berlin 1994.

Sowjetische Speziallager in Deutschland 1945 bis 1950, hrsg. von Sergej Mironenko, Lutz Niethammer und Alexander von Plato, Bd. 2: Dokumente zur Lagerpolitik, eingel. und bearb. von Ralf Possekel, Berlin 1998.

Teheran, Jalta, Potsdam. Die sowjetischen Protokolle von den Kriegskonferenzen der »Großen Drei«, hrsg. und eingel. von Alexander Fischer, Köln 1985.

Um ein antifaschistisch-demokratisches Deutschland. Dokumente aus den Jahren 1945–1949, hrsg. vom Ministerium für Auswärtige Angelegenheiten, Berlin (Ost) 1968.
Ursachen und Folgen. Vom deutschen Zusammenbruch 1918 und 1945 bis zur staatlichen Neuordnung Deutschlands in der Gegenwart, hrsg. und bearb. von Herbert Michaelis und Ernst Schraepler, Bde. 23 und 24, Berlin o.J.
»Vorläufige Ordnung über die Speziallager des NKWD auf dem besetzten Territorium Deutschlands« vom 27. Juli 1945, in: Sowjetisches Speziallager Nr. 7/Nr. 1 Sachsenhausen. Katalog der Ausstellung in der Gedenkstätte und Museum Sachsenhausen (Schriftenreihe der Stiftung Brandenburgische Gedenkstätten; 14), hrsg. von Günter Morsch und Ines Reich, Berlin 2005, S. 309–313.

Literatur

Adolphi, Wolfram, »Verweigertes Gedenken«, in: *Utopie kreativ* (Juli/August 2003), Hefte 153/154, S. 751–756.

»Akt des Großmuts«, *Neues Deutschland* vom 18. Januar 1950, S. 1.

»Als der Krieg zu Ende war«. Literarisch-politische Publizistik 1945 bis 1950. Eine Ausstellung des Deutschen Literaturarchivs im Schiller-Nationalmuseum Marbach a. N., Ausstellung und Katalog von Gerard Hay, Hartmut Rambaldo, Joachim W. Storck unter Mitarbeit von Ingrid Kussmaul und Harald Böck, Stuttgart 1973.

Applebaum, Anne, Der GULAG, Berlin 2003.

Armanski, Gerhard, Maschinen des Terrors. Das Lager (KZ und GULAG) in der Moderne, Münster 1993.

Assmann, Aleida, »Trauma und Tabu. Schattierungen zwischen Täter- und Opfergedächtnis«, in: Landkammer u.a. (Hg.), Erinnerungsmanagement, S. 235–253.

Assman, Aleida/Frevert, Ute, Geschichtsvergessenheit – Geschichtsversessenheit. Vom Umgang mit deutschen Vergangenheiten nach 1945, Stuttgart 1999.

»Auf meinen Eid: B. hat Tilo mit dem Riemen geschlagen«, *Hildesheimer Presse* vom 8. Dezember 1955.

Baberowski, Jörg, Der rote Terror. Die Geschichte des Stalinismus, Frankfurt am Main 2007.

Baer, Ulrich, »Einleitung«, in: ders. (Hg.), »Niemand zeugt für den Zeugen«. Erinnerungskultur und historische Verantwortung nach der Shoah, Frankfurt am Main 2000, S. 7–31.

Barth, Bernd-Rainer, »Wer war Noel Field? Die unbekannte Schlüsselfigur der osteuropäischen Schauprozesse«, in: Annette Leo/Peter Reif-Spirek (Hg.), Vielstimmiges Schweigen. Neue Studien zum DDR-Antifaschismus, Berlin 2001, S. 197–221.

Bauernkämper, Arnd (Hg.), »Junkerland in Bauernhand?« Durchführung, Auswirkungen und Stellenwert der Bodenreform in der Sowjetischen Besatzungszone (*Historische Mitteilungen im Auftrage der Ranke-Gesellschaft* 20), Stuttgart 1996.

Baumann, Tobias, »Das Speziallager Nr. 9 in Fünfeichen«, in: Sowjetische Speziallager 1, S. 426–444.

Benz, Wolfgang (Hg.), Deutschland unter alliierter Besatzung 1945 bis 1949/55. Ein Handbuch, Berlin 1998.

Biddiscombe, Perry, Werwolf! The History of the National Socialist Guerilla Movement 1944–1946, Toronto/Buffalo 1998.

Biess, Frank, »›Russenknechte‹ und ›Westagenten‹. Kriegsheimkehrer und die (De-)Legitimierung von Kriegsgefangenschaftserfahrungen in

Ost- und Westdeutschland nach 1945«, in: Klaus Naumann (Hg.), Nachkrieg in Deutschland, Hamburg 2001, S. 59–89.
Ders., Survivors of Totalitarism. Returning POWs and the Reconstruction of Masculine Citizenship in West Germany, 1945–1955, in: Schissler (Hg.), The Miracle Years, S. 57–82.
Bilke, Jörg-Bernhard, »Unerwünschte Erinnerungen – Gefängnisliteratur 1945/49 bis 1989«, in: Materialien der Enquete-Kommission »Aufarbeitung von Geschichte und Folgen der SED-Diktatur in Deutschland«, hrsg. vom Deutschen Bundestag, Bd. 3, Baden-Baden 1995, S. 796–825.
Birkenfeld, Günther, »Der NKWD-Staat«, in: *Der Monat* (1950) 3, S. 628–643.
Bode, Sabine, Die vergessene Generation. Die Kriegskinder brechen ihr Schweigen, Frankfurt am Main 2003.
Boll, Friedhelm, »Emotionen und Gedenken«, in: Stephan (Hg.), 1945 bis 2000, S. 105–118.
Ders., Sprechen als Last und Befreiung. Holocaust-Überlebende und politisch Verfolgte zweier Diktaturen (Veröffentlichungen des Instituts für Sozialgeschichte), Bonn 2001.
Ders., »Thesen zur Wahrnehmung der politischen Repression in der SBZ/DDR seit der Wende«, in: ders./Beatrix Bouvier/Patrick von zur Mühlen, Politische Repression in der SBZ/DDR und ihre Wahrnehmung in der Bundesrepublik (Gesprächskreis Geschichte 30), Bonn 1999, S. 23–34.
Ders. (Hg.), Verfolgung und Lebensgeschichte. Diktaturerfahrungen unter nationalsozialistischer und stalinistischer Herrschaft in Deutschland, Berlin 1997.
Bonwetsch, Bernd, »Der GULAG – das Vorbild für die Speziallager in der SBZ«, in: Reif-Spirek/Ritscher (Hg.), Speziallager, S. 62–80.
Ders., »GULAG«, in: Hamburger Institut für Sozialgeschichte (Hg.), 200 Tage und 1 Jahrhundert. Gewalt und Destruktivität im Spiegel des Jahres 1945, Hamburg 1995, S. 217–231.
Borkowski, Dieter, Für jeden kommt der Tag… Stationen einer Jugend in der DDR (1981), Berlin 1990.
Bothe, Wulf, »›Verzweifeln tue ich nicht!‹ Vor 60 Jahren erschoss die Gestapo die Leipziger Absolventin Margarete Bothe«, in: *Journal Universität Leipzig* (2005) 2, S. 42–43.
Bouvier, Beatrix, Ausgeschaltet! Sozialdemokraten in der Sowjetischen Besatzungszone und in der DDR 1945–1953, Bonn 1996.
Dies./Schulz, Horst-Peter (Hg.), »… die SPD aber aufgehört hat zu existieren«. Sozialdemokraten unter sowjetischer Besatzung, Bonn 1991.
Bovari, Margret, Der Verrat im XX. Jahrhundert. Für und gegen die Nation, Bd. 2, Hamburg 1956.

Dies., Tage des Überlebens. Berlin 1945, Berlin 2004.

Brandt, Susanne, »›Wenig Anschauung‹? Die Ausstrahlung des Films ›Holocaust‹ im westdeutschen Fernsehen (1978/79)«, in: Cornelißen u.a. (Hg.), Erinnerungskulturen, S. 257–268.

Brink, Cornelia, Ikonen der Vernichtung. Öffentlicher Gebrauch von Fotografien aus nationalsozialistischen Konzentrationslagern nach 1945, Berlin 1998.

Broszat, Martin, »Nationalsozialistische Konzentrationslager 1933 bis 1945«, in: Hans Buchheim/Martin Broszat/Hans-Adolf Jacobsen/Helmuth Krausnick (Hg.), Anatomie der SS (1967), München 1999, S. 323–445.

Brundert, Willi, Es begann im Theater, Berlin/Hannover 1958.

Bruyn, Günter de, Vierzig Jahre, Frankfurt am Main 2002.

Buber-Neumann, Margarete, Als Gefangene bei Hitler und Stalin. Mit einem Kapitel »Von Potsdam nach Moskau«, Stuttgart 1968.

Buchstab, Günter, »Vorwort«, in: Verfolgt und entrechtet. Die Ausschaltung Christlicher Demokraten unter sowjetischer Besatzung und SED-Herrschaft 1945–1961. Eine biographische Dokumentation, hrsg. von der Konrad-Adenauer-Stiftung, St. Augustin 1998, S. 7–8.

Bude, Heinz, Deutsche Karrieren. Lebenskonstruktionen sozialer Aufsteiger aus der Flakhelfer-Generation, Frankfurt am Main 1987.

Busch, Stefan, »›Und gestern, da gehörte uns Deutschland‹. NS-Autoren in der Bundesrepublik. Kontinuitäten bei Friedrich Griese, Werner Beumelburg, Eberhard Wolfgang Möller und Kurt Ziesel (Studien zur Literatur- und Kulturgeschichte, 13), Würzburg 1998.

Buschfort, Wolfgang, Das Ostbüro der SPD. Von der Gründung bis zur Berlin-Krise (Schriftenreihe der Vierteljahrshefte für Zeitgeschichte 63), München 1991.

Coburger, Marlies, »Ehemalige KZ-Aufseherinnen als Internierte und SMT-verurteilte Häftlinge im sowjetischen Speziallager Sachsenhausen (1945–1950)«, in: Simone Erpel (Hg.), Im Gefolge der SS: Aufseherinnen des Frauen-KZ Ravensbrück. Begleitband zur Ausstellung, Berlin 2007, S. 142–159.

Cornelißen, Christoph/Klinkhammer, Lutz/Schwentker, Wolfgang (Hg.), Erinnerungskulturen. Deutschland, Italien und Japan seit 1945, Frankfurt am Main 2003.

Courtois, Stéphane/Werth, Nicolas/Panné, Jean-Louis, Das Schwarzbuch des Kommunismus. Unterdrückung, Verbrechen und Terror, München/Zürich 1998.

Danyel, Jürgen, »Die SED und die ›kleinen Pg's‹. Zur politischen Integration der ehemaligen NSDAP-Mitglieder in der SBZ/DDR«, in: An-

nette Leo/Peter Reif-Spirek (Hg.), Helden, Täter und Verräter. Studien zum DDR-Antifaschismus, Berlin 1997, S. 177–196.
»Das ist kein Konzentrationslager«, *Neues Deutschland* vom 2. Januar 1950, S. 4.
Das sowjetische Speziallager Nr. 2 1945–1950. Katalog zur ständigen historischen Ausstellung, hrsg. von Bodo Ritscher/Rikola-Gunnar Lüttgenau/Gabriele Hammermann/Wolfgang Röll/Christian Schölzel im Auftrag der Gedenkstätte Buchenwald, Göttingen 1999.
Das System des kommunistischen Terrors in der Sowjetzone (Sopade-Informationsdienst 28), hrsg. vom Parteivorstand der Sozialdemokratischen Partei Deutschlands, Hannover 1950.
Davies, Norman, »Vorwort«, in: Thomas Kizny, GULAG, Hamburg 2004, S. 9–16.
Denis, Doris/Priebe, Stefan, »›Die Gesichter der Verhörer begleiten einen das ganze Leben lang ...‹ Psychische Folgeschäden nach politischer Haft in der SBZ und der DDR«, in: *Deutschland Archiv* 32 (6/1999), S. 912–920.
»Die Auflösung der Interniertenlager«, *Tägliche Rundschau* vom 18. Januar 1950, S. 1.
Die Betreuung der politischen Häftlinge (Der Wegweiser 29), hrsg. vom Arbeits- und Sozialministerium des Landes Nordrhein-Westfalen, 1956.
»Die Feststellungen von Dibelius und Grüber sind wahr«, *Neues Deutschland* vom 20. Januar 1950, S. 2.
Die Straflager und Zuchthäuser in der Sowjetzone. Gesundheitszustand und Lebensbedingungen der politischen Gefangenen (Sopade-Informationsdienst 55), hrsg. vom Vorstand der Sozialdemokratischen Partei Deutschlands, Bonn 1955.
»Die unbekannte Seite der Medaille. Annerose Matz-Donath über deutsche Frauen vor sowjetischen Militärtribunalen«, *Das Ostpreußenblatt* vom 17. März 2001.
»Die zwei Wahrheiten von Sachsenhausen« (Befreit. Besetzt. Geteilt. Deutschland 1945–1949), *Süddeutsche Zeitung* vom 13. Juli 2006.
Ditfurth, Christian von, Lüge eines Lebens. Stachelmanns vierter Fall, Köln 2008.
»Der Konzentrationslager-Schwindel ist endgültig geplatzt«, *Neues Deutschland* vom 22. Januar 1950.
Dubiel, Helmut, Niemand ist frei von Geschichte. Die nationalsozialistische Herrschaft in den Debatten des Deutschen Bundestages, München/Wien 1999.

Eberhardt, Andreas, Verschwiegene Jahre. Biographische Erzählungen von Gefangenschaft und dem Leben danach, Berlin 1998.

»Ehemaliger Lager-Kapo angeklagt«, *Hannoversche Allgemeine Zeitung* vom 24. November 1955.

Eisert, Wolfgang, Die Waldheimer Prozesse. Der stalinistische Terror 1950. Ein dunkles Kapitel der DDR-Justiz, München 1993.

Erler, Peter, »Relikt der Unmenschlichkeit. Die sowjetische Spionageabwehr und ihr Untersuchungsgefängnis in der Potsdamer Leistikowstraße 1«, in: *Zeitschrift des Forschungsverbundes SED-Staat* (2005) 18, S. 138–153.

Ders., »Zur Geschichte und Topographie der ›GPU-Keller‹. Arrestlokale und Untersuchungsgefängnisse sowjetischer Geheimdienste in Berlin (1945 bis 1949/50)«, in: *Zeitschrift des Forschungsverbundes SED-Staat* (17/2005), S. 79–94.

Ders., »Zur Tätigkeit der sowjetischen Militärtribunale in Deutschland«, in: Reif-Spirek/Ritscher (Hg.), Speziallager in der SBZ, S. 204–221.

Ders., »Zur Tätigkeit der sowjetischen Militärtribunale (SMT) in der SBZ/DDR«, in: Sowjetische Speziallager 1, S. 172–187.

Ders., »Berliner Sozialdemokraten und die Internierungspraxis des NKWD/MWD in der Nachkriegszeit«, in: Klaus Schroeder (Hg.), Geschichte und Transformation des SED-Staates. Beiträge und Analysen (Studien des Forschungsverbundes SED-Staat an der Freien Universität Berlin), Berlin 1994, S. 71–84.

Ders./Friedrich, Thomas, Das sowjetische Speziallager Nr. 3. Berlin-Hohenschönhausen (Mai 1945 bis Oktober 1946), hrsg. vom Verein »Biographische Forschungen und Sozialgeschichte e.V.« in Zusammenarbeit mit dem Heimatmuseum Berlin-Hohenschönhausen, Berlin 1995.

Errichtung des Arbeiter- und Bauernstaates der DDR 1945–1949, hrsg. von einem Autorenkollektiv unter der Leitung von Karl-Heinz Schöneburg, Berlin (Ost) 1983.

Faulenbach, Bernd, »Einleitung«, in: Der Freiheit verpflichtet. Gedenkbuch der deutschen Sozialdemokratie im 20. Jahrhundert, hrsg. vom Vorstand der Sozialdemokratischen Partei Deutschlands, mit einem Vorwort von Gerhard Schröder, Marburg 2000.

Ders., »Konkurrenz der Vergangenheiten? Die Aufarbeitung des SED-Systems im Kontext der Debatte über die jüngere deutsche Geschichte«, in: Stephan (Hg.), 1945 bis 2000, S. 17–32.

Fein, Elke/Leonhard, Nina/Niederhut, Jens, »Militärstädtchen Nr. 7. Zur Geschichte des sowjetischen Untersuchungsgefängnisses Potsdam-Neuer Garten«, in: *Deutschland Archiv* 33 (2000) 4, S. 582–590.

Fein, Elke/Leonhard, Nina/Niederhut, Jens/Höhne, Anke/Decker, Andreas, Von Potsdam nach Workuta. Das ehem. NKGB/MGB/KGB-Gefängnis Potsdam-Neuer Garten im Spiegel der Erinnerung deutscher und russischer Häftlinge, hrsg. von der Landeszentrale für politische Bildung Brandenburg, gemeinsam mit der Stiftung zur Aufarbeitung der SED-Geschichte und dem Förderverein für MEMORIAL St. Petersburg, Potsdam 1999.

Fellgiebel, Walther-Peer (Hg.), Die Träger des Ritterkreuzes des Eisernen Kreuzes 1939–1945. Die Inhaber der höchsten Auszeichnung des Zweiten Weltkrieges aller Wehrmachtsteile, Friedberg/H. 1990.

Fikentscher, Erdmuthe, »Denunziation und psychisches Trauma bei stalinistisch Verfolgten«, in: Günter Jerouschek/Inge Marßolek/Hedwig Rücklein (Hg.), Denunziation. Historische, juristische und psychologische Aspekte (Forum Psychohistorie 7), Tübingen 1997, S. 207–223.

Finn, Gerhard, Nichtstun ist Mord. Die Kampfgruppe gegen Unmenschlichkeit – KgU, Bad Münstereifel 2000.

Ders., »Bericht zur neueren Literatur (ab 1990) über Zahl, Verbleib und Zusammensetzung der Häftlinge nach Internierungsgründen in den sowjetischen Speziallagern der Jahre 1945 bis 1950«, in: Materialien der Enquete-Kommission »Überwindung der Folgen der SED-Diktatur im Prozess der deutschen Einheit«, hrsg. vom Deutschen Bundestag, Bd. 6, Baden-Baden 1999, S. 205–244.

Ders., Mauern – Gitter – Stacheldraht. Beispiele politischer Verfolgung in der Sowjetischen Besatzungszone und in der DDR. Begleitbroschüre der gleichnamigen Wanderausstellung der Union der Opferverbände Kommunistischer Gewaltherrschaft (UOKG), Bad Münstereifel 1996.

Ders., Die politischen Häftlinge der Sowjetzone 1945–1958, hrsg. von der Kampfgruppe gegen Unmenschlichkeit, Pfaffenhofen 1958 (Reprint Köln 1989).

Fippel, Günter, Demokratische Gegner und Willküropfer von Besatzungsmacht und SED in Sachsenhausen (1946 bis 1950). Das sowjetische Speziallager Sachsenhausen – Teil des Stalinschen Lagerimperiums, Leipzig 2008.

Fitzpatrick, Sheila, »Introduction to the Practices of Denunziation in Modern European History«, in: dies./Robert Gellately (Hg.), Accusatory Practices. Denunziation in Modern European History, 1789–1989, Chicago/London 1997, S. 1–21.

Förster, Alice/Beck, Birgit, »Post-Traumatic Stress Disorder and World War II. Can a Psychiatric Concept Help Us Unterstand Postwar Society«, in: Richard Bessel/Dirk Schumann (Hg.), Life after Death. Approaches to a Cultural and Social History of Europe During the 1940s and 1950s, Cambridge 2003.

Foitzik, Jan, Sowjetische Militäradministration in Deutschland (SMAD) 1945–1949. Struktur und Funktion (Quellen und Darstellungen zur Zeitgeschichte 44), Berlin 1999.

Ders., Der sowjetische Terrorapparat in Deutschland. Wirkung und

Wirklichkeit (Schriftenreihe des Berliner Landesbeauftragten für die Unterlagen des Staatssicherheitsdienstes der DDR 7), Berlin 1998.

Ders., »Die stalinistischen ›Säuberungen‹ in den ostmitteleuropäischen kommunistischen Parteien. Ein vergleichender Überblick«, in: Weber/ Staritz (Hg.), Kommunisten verfolgen Kommunisten, S. 401–423.

François, Etienne/Schulze, Hagen (Hg.), Deutsche Erinnerungsorte, München 2001.

Franzen, K. Eric, »In der neuen Mitte der Erinnerung. Anmerkungen zur Funktion eines Opferdiskurses«, in: *Leviathan* 51 (2003) 1, S. 49–53.

Frevert, Ute, »Die Rückkehr der Opfer im Land der Täter«, *Neue Zürcher Zeitung* vom 30. August 2003.

Fricke, Karl-Wilhelm, »›Kampf dem Klassenfeind‹: Politische Verfolgung in der SBZ«, in: Alexander Fischer (Hg.), Studien zur Geschichte der SBZ/DDR (Schriftenreihe der Gesellschaft für Deutschlandforschung 38), Berlin 1993, S. 197–193.

Ders., Politik und Justiz in der DDR. Zur Geschichte der politischen Verfolgung 1945–1968. Bericht und Dokumentation, Köln 1979.

Ders./Steinbach, Peter/Tuchel, Johannes (Hg.), Opposition und Widerstand in der DDR. Politische Lebensbilder, München 2002.

Fuhrmann, Reinhard, »Der Haftort Prenzlauer Allee von 1945 bis Mitte der Fünfziger Jahre«, in: *Zeitschrift für Geschichtswissenschaft* (2005) 17, S. 95–103.

»Gerhart Eisler ruft zum Kampf für Max Riemann«, *Tägliche Rundschau* vom 9. Juni 1949.

Geyer, Michael, »Das Stigma der Gewalt und das Problem der nationalen Identität in Deutschland«, in: Von der Aufgabe der Freiheit, hrsg. von Christian Jansen u. a., S. 673–698.

Gierth, Grit/Westfeld, Bettina, »Zur Tätigkeit sowjetischer Militärtribunale in Sachsen«, in: Sowjetische Militärtribunale 2, S. 539–570.

Giesen, Bernhard, »Das Tätertrauma der Deutschen. Eine Einleitung«, in: ders./Christoph Schneider (Hg.), Tätertrauma. Nationale Erinnerungen im öffentlichen Diskurs (Historische Kulturwissenschaft 2), Konstanz 2004, S. 11–53.

Goschler, Constantin/Ther, Philipp, »Nach jüdischem Vorbild. Die Vertriebenen nutzen die Konjunktur der Opferdiskurse«, *Süddeutsche Zeitung* vom 1. Dezember 2003, S. 17.

Gottberg, Bernd, »Die Gründung und die ersten Jahre der NDPD 1948–1953«, in: Jürgen Frölich (Hg.), Zur Geschichte von CDU, LPD(D), DBD und NDPD 1945 bis 1953, Köln 1994, S. 73–87.

GPU-Keller. Arrestlokale und Untersuchungsgefängnisse sowjetischer Geheimdienste in Berlin (1945–1949). Eine Dokumentation, zusam-

mengestellt und eingel. von Peter Erler unter Mitarbeit von Ekkehard Schulz, hrsg. vom Bund der Stalinistisch Verfolgten e.V., Berlin 2005.
Grasemann, Hans-Jürgen, »Reanimation eines Fossils – der Beitrag der zentralen Erfassungsstelle Salzgitter zur justiziellen Aufarbeitung des SED-Unrechts«, in: Stephan (Hg.), 1945 bis 2000, S. 55–68.
Greiner, Bettina, »Gedenkstättenarbeit und Oral History. Workshop in Berlin, 15./16. September 2006. Tagungsbericht«, in: *Deutschland Archiv* (1/2007), S. 144–147.
Greven, Michael Th., »Der vergessene Terror. Die Speziallager in der SBZ – historisches Wissen und geteilte Erinnerung in Ost und West«, in: *Vorgänge* (2007) 1, S. 125–133.
Gries, Rainer, Die Rationen-Gesellschaft. Versorgungskampf und Vergleichsmentalität: Leipzig, München und Köln nach dem Kriege, Münster 1991.
Gries, Ulrich, Abbau der Persönlichkeit. Zum Problem der Persönlichkeitsveränderungen bei Dystrophie in sowjetischer Kriegsgefangenschaft, München/Basel 1957.

Haase, Norbert/Oleschinski, Brigitte (Hg.), Das Torgau-Tabu, Wehrmachtsstrafsystem. NKWD-Speziallager. DDR-Strafvollzug, Leipzig 1998.
Ders./Bert Pampel (Hg.), Doppelte Last – doppelte Herausforderung. Gedenkstättenarbeit und Diktaturenvergleich an Orten mit doppelter Vergangenheit, Frankfurt am Main 1998.
Hage, Volker, Zeugen der Zerstörung. Die Literaten und der Luftkrieg, Frankfurt am Main 2003.
Hagemann, Frank, Der Untersuchungsausschuss freiheitlicher Juristen 1949–1969 (Rechtshistorische Reihe 125), Frankfurt am Main 1994.
Hahn, Eva/Hahn, Hans Henning, »Flucht und Vertreibung«, in: François/Schulze (Hg.), Deutsche Erinnerungsorte, S. 335–351.
Hall, Stuart, »Encoding/Decoding«, in: Centre for Contemporary Cultural Studies (Hg.), Culture, Media, Language, Birmingham 1980, S. 128–138.
Haritonow, Alexandr, »Zur Geschichte des Speziallagers Nr. 4 (3) in Bautzen«, in: Sowjetische Speziallager 1, S. 331–352.
Hartman, Geoffrey H., »Die Wunde lesen. Holocaust-Zeugenschaft, Kunst und Trauma«, in: Zeugnis und Zeugenschaft (Jahrbuch des Einstein-Forums), Berlin 1999, S. 83–108.
Haß, Ulrike, »Mahnmaltexte 1945 bis 1988«, in: *Dachauer Hefte* 6: Erinnern oder Verweigern. Das schwierige Thema Nationalsozialismus (1994), S. 135–161.
Haustein, Petra, Geschichte im Dissens. Die Auseinandersetzungen um

die Gedenkstätte Sachsenhausen nach dem Ende der DDR, Leipzig 2006.
Dies./Kaminsky, Annette/Knigge, Volkhard/Ritscher, Bodo (Hg.), Instrumentalisierung, Verdrängung, Aufarbeitung. Die sowjetischen Speziallager in der gesellschaftlichen Wahrnehmung 1945 bis heute, Göttingen 2006.
Heer, Hannes, Vom Verschwinden der Täter. Der Vernichtungskrieg fand statt, aber keiner war dabei, Berlin 2004.
Heidemeyer, Helge, Flucht und Zuwanderung aus der SBZ/DDR 1945/1949–1961. Die Flüchtlingspolitik der Bundesrepublik Deutschland bis zum Bau der Berliner Mauer (Beiträge zur Geschichte des Parlamentarismus und der politischen Parteien 100), Düsseldorf 1994.
Hempel, Dirk, Walter Kempowski. Eine bürgerliche Biographie, München 2004.
Henke, Klaus-Dietmar, Politische Säuberung unter französischer Besatzung: die Entnazifizierung in Württemberg-Hohenzollern (Schriftenreihe der Vierteljahrshefte für Zeitgeschichte 42), Stuttgart 1981.
Herbert, Ulrich/Orth, Karin/Dieckmann, Christoph (Hg.), Die nationalsozialistischen Konzentrationslager – Entwicklung und Struktur, Bd. 1, Göttingen 1998.
Herman, Judith Lewis, Die Narben der Gewalt. Traumatische Erfahrungen verstehen und überwinden, München 1993.
Hilger, Andreas, »›Die Gerechtigkeit nehme ihren Lauf‹? Die Bestrafung deutscher Kriegs- und Gewaltverbrecher in der Sowjetunion und der SBZ/DDR«, in: Norbert Frei (Hg.), Transnationale Vergangenheitspolitik. Der Umgang mit deutschen Kriegsverbrechern in Europa nach dem Zweiten Weltkrieg, Göttingen 2006, S. 180–246.
Ders., »Von Banden und Klassenfeinden: Stalins Tschekisten in Deutschland 1945–1955«, in: ders./Mike Schmeitzner/Clemens Vollnhals (Hg.), Sowjetisierung oder Neutralität? Optionen sowjetischer Besatzungspolitik in Deutschland und Österreich 1945–1955 (Schriften des Hannah-Arendt-Instituts für Totalitarismusforschung 32), Göttingen 2006, S. 143–167.
Ders., »›Haft in entlegenen Gebieten‹. Zum Problem der Deportationen verurteilter Deutscher«, in: Sowjetische Militärtribunale 2, S. 663–683.
Ders., »›Mit Konfiskation des Vermögens‹ – SMAD-Befehle zur Vollstreckung der Urteile sowjetischer Militärtribunale zur Vermögenseinziehung in der SBZ/DDR«, in: *Zeitschrift für offene Vermögensfragen* (2002) 2, S. 81–84.
Ders., »Die Tätigkeit der sowjetischen Militärtribunale gegen deutsche Zivilisten: Recht und Ideologie«, in: ders. u.a. (Hg.), Diktaturdurchsetzung, S. 79–90.
Ders./Petrov, Nikita, »›Erledigung der Schmutzarbeit‹? Die sowjetischen

Justiz- und Sicherheitsapparate in Deutschland«, in: Sowjetische Militärtribunale 2, S. 59–152.
Ders./Schmeitzner, Mike, »Einleitung: Deutschlandpolitik und Strafjustiz. Zur Tätigkeit sowjetischer Militärtribunale in Deutschland 1945–1955«, in: Sowjetische Militärtribunale 2, S. 7–33.
Ders./Schmeitzner, Mike/Schmidt, Ute, »Widerstand und Willkür. Studien zur sowjetischen Strafverfolgung parteiloser Zivilisten in der SBZ/DDR 1945–1955«, in: Sowjetische Militärtribunale 2, S. 193–263.
Ders./Schmeitzner, Mike/Schmidt, Ute (Hg.), Diktaturdurchsetzung. Instrumente und Methoden der kommunistischen Machtsicherung in der SBZ/DDR (Berichte und Studien des Hannah-Arendt Instituts für Totalitarismusforschung 35), Dresden 2001.
Ders./Schmidt, Ute, »›Russisch Roulette‹ oder empirische Forschung? Eine Replik auf Klaus-Dieter Müller (*Deutschland Archiv* 3/2000)«, in *Deutschland Archiv* 33 (2000) 4, S. 796–800.
Hübner-Frank, Sibylle, Loyalität und Verblendung. Hitlers Garanten der Zukunft als Träger der zweiten deutschen Demokratie (Potsdamer Studien 10), Potsdam 1998.
Hurvitz, Harold, Die Stalinisierung der SED. Zum Verlust von Freiräumen sozialdemokratischer Identität in den Vorständen 1946–1949. Unter Mitarbeit von Ursula Böhme und Andreas Malycha (Schriften des Zentralinstituts für sozialwissenschaftliche Forschung der Freien Universität Berlin 79), Opladen 1997.

»›Im Karzer darfst Du ihn totschießen.‹ Otto B. als krimineller Schläger bekannt – der 54. Zeuge«, *Norddeutsche Zeitung* vom 7. Dezember 1955.
»Internierten-Entlassungen haben begonnen«, *Tägliche Rundschau* vom 18. Januar 1950, S. 1.
»Interniertenlager aufgelöst«, *Neues Deutschland* vom 17. Januar 1950, S. 1.

Jäckel, Hartmut/Simon, Hermann (Hg.), Berliner Juden 1941. Namen und Schicksale, Teetz 2007.
Jeismann, Michael, »Die Holocaust-Erfahrung als Passepartout. Geschichte ohne Erfahrung – Erfahrung ohne Geschichte: wie das kollektive Gedächtnis der Gegenwart eine Prognose stellt«, in: Landkammer u.a. (Hg.), Erinnerungsmanagement, S. 257–263.
Jenker, Siegfried, Erinnerungen politischer Häftlinge an den GULAG. Eine kommentierte Bibliographie (Berichte und Studien des Hannah-Arendt-Instituts für Totalitarismusforschung 41), Dresden 2003.
Jeske, Natalia, »Versorgung, Krankheit, Tod in den Speziallagern«, in: Sowjetische Speziallager 1, S. 189–223.

Dies., »Kritische Bemerkungen zu den sowjetischen Speziallagerstatistiken«, in: Sowjetische Speziallager 1, S. 457–480.
Dies./Morré, Jörg, »Die Inhaftierung von Tribunalverurteilten in der SBZ«, in: Sowjetische Militärtribunale 2, S. 609–661.
Dies./Schmidt, Ute, »Zur Verfolgung von Kriegs- und NS-Verbrechen durch sowjetische Militärtribunale in der SBZ«, in: Sowjetische Militärtribunale 2, S. 155–192.
Johnson, Uwe, Jahrestage (1973), 3 Bde., Frankfurt am Main 1996.
Jostmann, Christian, »Die neue Opfertümelei«, *Süddeutsche Zeitung* vom 13. Dezember 2004.
Jureit, Ulrike, Erinnerungsmuster. Zur Methodik lebensgeschichtlicher Interviews mit Überlebenden der Konzentrations- und Vernichtungslager (Forum Zeitgeschichte 8), Hamburg 1999.
Just, Hermann, Die sowjetischen Konzentrationslager auf deutschem Boden 1945–1950, Hefte der Kampfgruppe gegen Unmenschlichkeit, 1952.
»Kameradenschinder leugnet beharrlich«, *Hannoversche Allgemeine Zeitung* vom 6. Dezember 1955.
Karner, Stefan, Im Archipel GUPVI. Kriegsgefangenschaft und Internierung in der Sowjetunion 1941–1956, Wien/München 1995.
Kempowski, Walter, Herzlich Willkommen, München/Hamburg 1984.
Ders., »Zeitgeschichte und Biographie. Der Zusammenhang meiner Romane«, in: Joachim Matthes/Arno Pfeifenberger/Manfred Stosberg (Hg.), Biographie in handlungswissenschaftlicher Perspektive, Nürnberg 1983, S. 199–205.
Ders., Haben Sie davon gewusst? Mit einem Nachwort von Eugen Kogon, Hamburg/München 1979.
Ders./Fechner, Eberhard, Tadellöser & Wolff. Ein Kapitel für sich. Materialien zu ZDF-Fernsehprogrammen, hrsg. von ZDF Information und Presse, München 1979.
Kerseboom, Heinz/Niethammer, Lutz, »›Kompromat 1949‹ – eine statistische Annäherung an Internierte, SMT-Verurteilte, antisowjetische Kämpfer und die Sowjetischen Militärtribunale«, in: Sowjetische Speziallager 1, S. 510–532.
Kettenacker, Lothar (Hg.), Ein Volk von Opfern? Die neue Debatte um den Bombenkrieg 1940–45, Berlin 2003.
Kilian, Achim, Mühlberg 1939–1948. Ein Gefangenenlager mitten in Deutschland, Köln/Weimar 2001.
Ders., Einzuweisen zur völligen Isolierung. NKWD-Speziallager Mühlberg/Elbe 1945–1948. Mit einem Vorwort von Hermann Weber, Leipzig 2000.
Kirsten, Holm, Das sowjetische Speziallager Nr. 4 Landsberg/Warthe, Göttingen 2005.

Kizny, Thomas, GULAG, Hamburg 2004.
Klein, Thomas, »Die Parteikontrolle in der SED als Instrument der Stalinisierung«, in: Lemke (Hg.), Sowjetisierung und Eigenständigkeit in der SBZ/DDR, S. 119–161.
Kleßmann, Christoph, Die doppelte Staatsgründung. Deutsche Geschichte 1945–1955, Göttingen 1991.
Klonovsky, Michael/Flocken, Jan von, Stalins Lager in Deutschland 1945–1950. Dokumentation, Zeugenberichte, München 1993.
»Knarrend öffnet sich das Lagertor«, in: *Die Frau von heute*, Nr. 3 (1. Februarheft), 1950.
Knigge-Tesche, Renate/Reif-Spirek, Peter/Ritscher, Bodo (Hg.), Internierungspraxis in Ost- und Westdeutschland nach 1945. Eine Fachtagung, Erfurt 1993.
Knoch, Habbo, Die Tat als Bild. Fotografien des Holocaust in der deutschen Erinnerungskultur, Hamburg 2001.
König, Helmut, Die Zukunft der Vergangenheit. Der Nationalsozialismus im politischen Bewusstsein der Bundesrepublik, Frankfurt am Main 2003.
Kogon, Eugen, Der SS-Staat. Das System der deutschen Konzentrationslager (1946), München 1974.
Kolkow, Wladimir K., »Die deutsche Frage aus Stalins Sicht (1947 bis 1952)«, in: *Zeitschrift für Geschichtswissenschaft* 48 (2000) 1, S. 20–49.
Kordon, Klaus, Julians Bruder, Weinheim/Basel 2004.
Korn, Salomon, »NS- und Sowjetverbrechen. Sandra Kalnietes falsche Gleichsetzung«, *Süddeutsche Zeitung* vom 31. März 2004.
Korspeter, Lisa/Haack, Walter, »Politik für Vertriebene, Flüchtlinge, Kriegsgeschädigte, Heimkehrer, politische Häftlinge und Aussiedler«, in: Wolfgang Bodenbender/Hardo Henkel/Renate Hüttel (Hg.), Sozialpolitik nach 1945. Geschichte und Analysen, Bonn-Bad Godesberg 1977, S. 275–294.
Koselleck, Reinhard, »Die Diskontinuität der Erinnerung«, *Deutsche Zeitschrift für Philosophie* 47 (1999) 2, S. 213–222.
Kotek, Joël/Rigoulot, Pierre, Das Jahrhundert der Lager. Gefangenschaft, Zwangsarbeit, Vernichtung, München 2001.
Kozlov, Vladimir A., »Die Operationen des NKWD in Deutschland während des Vormarsches der Roten Armee (Januar bis April 1945)«, in: Sowjetische Speziallager 1, S. 132–142.
Kraushaar, Wolfgang, »Aus der Protest-Chronik«, in: *Mittelweg 36* 16 (2007) 4, S. 105–110.
Krettenauer, Tobias, »Zur Bedeutung von Gerechtigkeitsüberzeugungen bei der Aufarbeitung von Viktimisierungserfahrungen«, in: Ulrich Baumann/Helmut Kury (Hg.), Politisch motivierte Verfolgung: Opfer von SED-Unrecht (Kriminologische Forschungsberichte aus dem

Max-Planck-Institut für Ausländisches und Internationales Strafrecht 84), Freiburg i. Br. 1998, S. 367–377.
Kühle, Barbara/Titz, Wolfgang, Speziallager Nr. 7 Sachsenhausen 1945–1950, hrsg. im Auftrag der Nationalen Mahn- und Gedenkstätte Sachsenhausen, Berlin 1990.
Kwiatkowski, Tina, Nach Buchenwald. Die Beeinflussung Jugendlicher durch ihre Internierung im Speziallager Nr. 2, Buchenwald, München/Mehring 2002.

Landkammer, Joachim/Noetzel, Thomas/Zimmerli, Walther Ch. (Hg.), Erinnerungsmanagement. Systemtransformation und Vergangenheitspolitik im internationalen Vergleich, München 2006.
Lamott, Franziska, »Das Trauma als symbolisches Kapital. Zu Risiken und Nebenwirkungen des Trauma-Diskurses«, in: *psychosozial* (2006) 1, S. 53–62.
Lapp, Peter Joachim, Ulbrichts Helfer. Wehrmachtsoffiziere im Dienste der DDR, Bonn 2000.
Latotzky, Alexander, Kindheit hinter Stacheldraht. Mütter mit Kindern in sowjetischen Speziallagern und DDR-Haft, Leipzig 2001.
Laub, Dori, »Zeugnis ablegen oder Die Kunst des Zuhörens«, in: Ulrich Baer (Hg.), »Niemand zeugt für den Zeugen«. Erinnerungskultur und historische Verantwortung nach der Shoah, Frankfurt am Main 2000, S. 68–83.
Lemke, Michael (Hg.), Sowjetisierung und Eigenständigkeit in der SBZ/DDR (1945–1953), Köln 1999.
Ders., »Einleitung. Sowjetisierung als Begriff und Forschungsproblem«, in: ders. (Hg.), Sowjetisierung und Eigenständigkeit in der SBZ/DDR, S. 11–30.
Lenzer, Gudrun, Frauen im Speziallager Buchenwald 1945–1950. Internierung und lebensgeschichtliche Einordnung (Agenda Geschichte 7), Münster 1996.
Leo, Annette, »Überlegungen zu einem Vergleich des nationalsozialistischen Konzentrationslagers Sachsenhausen 1937 bis 1945 mit dem sowjetischen Speziallager Sachsenhausen 1945 bis 1950«, in: Materialien der Enquete-Kommission »Überwindung der Folgen der SED-Diktatur im Prozess der deutschen Einheit«, Bd. 6, Baden-Baden 1999, S. 441–489.
Dies., »Konzentrationslager Sachsenhausen und Speziallager Nr. 7«, in: Günther Heydemann/Heinrich Oberreuther (Hg.), Diktaturen in Deutschland – Vergleichsaspekte. Strukturen, Institutionen und Verhaltensweisen, Bonn 2003, S. 249–283.
Levi, Primo, Atempause. Eine Nachkriegsodyssee [Turin 1963], Frankfurt am Main 1982.

Ders., »Die Grauzone«, in: ders., Die Untergegangenen und die Geretteten, München/Wien 1990, S. 33–68.
Ders., »Die Scham«, in: ders., Die Untergegangenen und die Geretteten, München/Wien 1990, S. 69–87.
Levy, Daniel/Sznaider, Natan, Erinnerung im globalen Zeitalter: Der Holocaust, Frankfurt am Main 2001.
Lipinski, Jan, »Speziallager Torgau. Verwaltung im Spiegel sowjetischer Akten«, in: Haase/Oleschinski (Hg.) Torgau-Tabu, S. 146–164.
Ders., »Das sowjetische Speziallager Nr. 2: Buchenwald 1945–1950«, in: *Historisch-politische Mitteilungen. Archiv für Christlich-Demokratische Politik* (1997), S. 73–193.
Lipinksi, Renate und Jan, Die Straße, die in den Tod führte. Zur Geschichte des Speziallagers Nr. 5 Ketschendorf/Fürstenwalde, hrsg. von der Initiativgruppe Internierungslager Ketschendorf, Leverkusen 1998.
Lorenz, Hilke, Kriegskinder. Das Schicksal einer Generation, München 2003.
Lühe, Irmela von der, »Wie bekommt man ›»Lager‹? Das Unbehagen an wissenschaftlicher Zurichtung von ›Holocaust-Literatur‹«, in: *Text + Kritik* (1999) 10, S. 67–78.

Maedler, Erich, »Flucht aus Sachsenhausen«, in: Auch das ist Deutschland. Berichte von drüben, Hefte der Kampfgruppe gegen Unmenschlichkeit 1949, S. 10.
Malycha, Andreas, Die SED. Geschichte ihrer Stalinisierung 1946–1953, Paderborn 2000.
Ders., Partei von Stalins Gnaden? Die Entwicklung der SED zur Partei neuen Typs in den Jahren 1946 bis 1950, Berlin 1996.
Mampel, Siegfried, Der Untergrundkampf des Ministeriums für Staatssicherheit gegen den Untersuchungsausschuss freiheitlicher Juristen in West-Berlin (Schriftenreihe des Berliner Landesbeauftragten für die Unterlagen des Staatssicherheitsdienstes der ehemaligen DDR 1), Berlin 1999.
Marßolek, Inge/Stieglitz, Olaf, »Denunziation: Zwischen Komparatistik und Interdisziplinarität«, in: *Historical Social Research* 26 (2001) 2/3, S. 4–15.
Matt, Peter von, »Der moralische Pakt«, in: ders., Verkommene Söhne, mißratene Töchter. Familiendesaster in der Literatur, München/Wien 1995, S. 36–38.
Mehlis, Damian van, Entnazifizierung in Mecklenburg-Vorpommern. Herrschaft und Verwaltung 1945–1948 (Studien zur Zeitgeschichte 56), München 1999.
»Meine Flucht aus Sachsenhausen. Serienbericht über die Zustände in den

ostdeutschen Konzentrationslagern«, *Welt am Sonntag* vom 1., 8. und 15. Januar 1950, jeweils S. 9.

Merz, Kai-Uwe, Kalter Krieg als antikommunistischer Widerstand. Die Kampfgruppe gegen Unmenschlichkeit 1948–1959 (Studien zur Zeitgeschichte 34), München 1987.

Moeller, Robert G., »War Stories. The Search for a Usable Past in the Federal Republic of Germany«, in: *American Historical Review* (1996) 101, S. 1008–1048.

Morsch, Günter, »Oranienburg – Sachsenhausen, Sachsenhausen – Oranienburg«, in: Ulrich Herbert u.a. (Hg.), Die nationalsozialistischen Konzentrationslager, S. 111–133.

Mühe, Kathrin, »Frauen in den sowjetischen Speziallagern in Deutschland 1945 bis 1950. Häftlingsalltag und geschlechtsspezifische Aspekte«, in: *Deutschland Archiv* 37 (2004) 4, 629–639.

Müller, Klaus-Dieter, »Die Aufarbeitung politischer Verfolgung zwischen Waldheim und Workuta – eine persönliche Zwischenbilanz«, in: Stephan (Hg.), 1945 bis 2000, S. 83–104.

Ders., »Annäherungen an einen unbekannten Haftort. Der Müncher Platz als Haft- und Gerichtsort der sowjetischen Geheimpolizei 1945–1950«, in: Norbert Haase/Birgit Sack (Hg.), Münchener Platz, Dresden. Die Strafjustiz der Diktaturen und der historische Ort, Leipzig 2001, S. 172–198.

Ders., »Nazis – Kriegsverbrecher – Spione – Diversanten? Annäherungen an die sowjetische Haft- und Urteilspraxis in der SBZ und DDR mithilfe sowjetischer Archivalien«, in: *Deutschland Archiv* 33 (2000) 3, S. 373–391.

Ders., »Bürokratischer Terror. Justizielle und außerjustizielle Verfolgungsmaßnahmen der sowjetischen Besatzungsmacht 1945–1956«, in: Roger Engelmann/Clemens Vollnhals (Hg.), Justiz im Dienste der Parteiherrschaft. Rechtspraxis und Staatssicherheit in der DDR (Analysen und Dokumente. Wissenschaftliche Reihe des Bundesbeauftragten für die Unterlagen des Staatssicherheitsdienstes der ehemaligen Deutschen Demokratischen Republik 16), Berlin 2000, S. 59–92.

Müller, Reinhard, Herbert Wehner – Moskau 1937, Hamburg 2004.

Ders., Menschenfalle Moskau. Exil und stalinistische Verfolgung, Hamburg 2001.

Münkler, Herfried/Fischer, Karsten, »›Nothing to kill or die for…‹ – Überlegungen zu einer politischen Theorie des Opfers«, in: *Leviathan* 28 (2000) 3, S. 343–362.

Murphy, David E./Kondrashev, Sergei A./Bailey, George, Battleground Berlin. CIA vs. KGB in the Cold War, New Haven/London 1997.

Naimark, Norman M., Die Russen in Deutschland. Die Sowjetische Besatzungszone 1945 bis 1950, Berlin 1999.

Namen und Schicksale der von 1945 bis 1962 in der SBZ/DDR verhafteten und verschleppten Professoren und Studenten, hrsg. vom Verband ehemaliger Rostocker Studenten e.V., o.O. 1962 [Reprint: Berlin 1994].

Naumann, Klaus, Der Krieg als Text. Das Jahr 1945 im kulturellen Gedächtnis der Presse, Hamburg 1998.

Neubert, Ehrhardt, Geschichte der Opposition in der DDR 1949–1989 (Schriftenreihe der Bundeszentrale für politische Bildung 346), Bonn 2000.

Neumann, Vera, »Häftlingsstruktur im Speziallager Buchenwald: Quellenbestand und Wertung«, in: Sowjetische Speziallager 1, S. 480–496.

»Netz der Angst. Opfer des Stalinismus: Annerose Matz-Donath schrieb das erste Buch über deutsche Frauen in sowjetischen Kerkern«, *Junge Freiheit* vom 22. September 2000.

Niethammer, Lutz, »Alliierte Internierungslager in Deutschland nach 1945: Ein Vergleich und offene Fragen«, in: Reif-Spirek/Ritscher (Hg.), Speziallager in der SBZ, S. 100–123.

Ders., »Alliierte Internierungslager in Deutschland nach 1945. Ein Vergleich und offene Fragen«, in: Sowjetische Speziallager 1, S. 97–116.

Ders., »Alliierte Internierungslager in Deutschland nach 1945. Vergleich und offene Fragen«, in: Von der Aufgabe der Freiheit, hrsg. von Christian Jansen u.a., S. 469–492.

Ders., »Juden und Russen im Gedächtnis der Deutschen«, in: Walter H. Pehle (Hg.), Der historische Ort des Nationalsozialismus, Frankfurt am Main 1990, S. 114–134.

Ders., Die Mitläuferfabrik: die Entnazifizierung am Beispiel Bayerns, Berlin/Bonn 1982.

Nolzen, Armin, »Der Streifendienst der Hitler-Jugend (HJ) und die »Überwachung der Jugend«, 1934–1945«, in: Christian Gerlach (Hg.), »Durchschnittstäter« (Beiträge zur Geschichte des Nationalsozialismus 16), Berlin 2002, S. 13–51.

Ochs, Eva, »Heute kann ich das ja sagen«. Lagererfahrungen von Insassen sowjetischer Speziallager in der SBZ/DDR, Köln 2006.

Oleschinski, Brigitte/Pampel, Bert, »›Nazis‹, ›Spione‹, ›Sowjetfeinde‹? Die SMT-Verurteilten in Torgau«, in: *Deutschland Archiv* 28 (1995) 8, S. 456–466.

Oliner, Marion M., »Die externalisierende Funktion von Gedenkstätten«, in: Margit Frölich/Yariv Lapid/Christian Schneider (Hg.), Repräsentationen des Holocaust im Gedächtnis der Generationen. Zur Gegenwartsbedeutung des Holocaust in Israel und Deutschland, Frankfurt am Main 2004, S. 42–61.

Organisationsbuch der NSDAP, hrsg. vom Reichsorganisationsleiter der NSDAP, München 1937.

Orth, Karin, Das System der nationalsozialistischen Konzentrationslager. Eine politische Organisationsgeschichte, Hamburg 1999.

»Otto B. auf freiem Fuß«, *Hannoversche Allgemeine Zeitung* vom 12. Dezember 1955.

Otto, Wilfriede, »Die Waldheimer Prozesse«, in: Sowjetische Speziallager 1, S. 533–553.

Pasternak, Peer/Glück, Anne/Hüttmann, Jens u.a., Gelehrte DDR. Die DDR als Gegenstand der Lehre an deutschen Universitäten 1990–2000 (HoF-Arbeitsberichte), Wittenberg 2001.

Peters, U. H., »Über das Stasi-Verfolgten-Syndrom«, in: *Fortschritte der Neurologie, Psychiatrie* 59 (1991) 7, S. 251–265.

Petershagen, Angelika, Entscheidung für Greifswald, Berlin (Ost) 1986.

Petershagen, Rudolf, Gewissen in Aufruhr (1956), Berlin (Ost) 1971.

Petrov, Nikita, »Zur Geschichte der sowjetischen Repressionsorgane (NKWD/MWD-MGB) in der SBZ 1945/46«, in: Hilger u.a. (Hg.), Diktaturdurchsetzung, S. 31–38.

Ders., »Die Apparate des NKVD/MVD und des MGB in Deutschland 1945–1953. Eine historische Skizze«, in: Sowjetische Speziallager 1, S. 143–157.

Pförtner, Kurt/Natonek, Wolfgang (Hg.), Ihr aber steht im Licht. Eine Dokumentation aus sowjetischem und sowjetzonalem Gewahrsam, Tübingen 1962.

Pingel, Falk, Häftlinge unter SS-Herrschaft. Widerstand, Selbstbehauptung und Vernichtung im Konzentrationslager (Historische Perspektiven 12), Hamburg 1978.

Plaggenborg, Stefan, »Stalinismus als Gewaltgeschichte«, in: ders. (Hg.), Stalinismus. Neue Forschungen und Konzepte, Berlin 1998, S. 71–112.

Plato, Alexander von, »Lebensgeschichte und Geschichte. Ein Beispiel aus der Opferkonkurrenz des Kalten Krieges«, in: *Kursbuch* 148 (Juni 2002), S. 149 162.

Ders., »Denunziation im Systemwechsel. Verhaftete, Deportierte und Lagerhäftlinge in der SBZ um 1945«, in: *Historical Social Research* 26 (2001) 2/3, S. 179–203.

Ders., »Opfer-Konkurrenten. Die Verfolgten des NS-Regimes und der sowjetischen Besatzungsmacht im Kalten Krieg und in der Entspannungspolitik«, in: Elisabeth Domansky/Harald Welzer (Hg.), Eine offene Geschichte. Zur kommunikativen Tradierung der nationalsozialistischen Vergangenheit, Tübingen 1999, S. 74–92.

Ders., »Zur Geschichte des sowjetischen Speziallagersystems in Deutschland. Einführung«, in: Sowjetische Speziallager 1, S. 19–75.
Poljan, Pavel, »Internierung und Deportation deutscher Zivilisten aus den besetzten deutschen Gebieten in die UdSSR«, in: Hilger u.a. (Hg.), Diktaturdurchsetzung, S. 39–53.
Pollak, Michel, Die Grenzen des Sagbaren. Lebensgeschichten von KZ-Überlebenden als Augenzeugenberichte und als Identitätsarbeit (Studien zur historischen Sozialwissenschaft 12), New York/Frankfurt am Main 1988.
Possekel, Ralf, »Stalins Pragmatismus: Die Internierungen in der SBZ als Produkt sowjetischer Herrschaftstechniken (1945–1950)«, in: Reif-Spirek/Ritscher (Hg.), Speziallager in der SBZ, S. 149–181.
Ders., »Strukturelle Grausamkeit. Die sowjetische Internierungspolitik in Deutschland als Produkt sowjetischer Herrschaftspraktiken 1945 bis 1950«, in: Klaus-Dieter Müller/Konstantin Nikischkin/Günther Wagenlehner (Hg.), Die Tragödie der Gefangenschaft in Deutschland und der Sowjetunion 1941–1956 (Schriften des Hannah-Arendt-Instituts für Totalitarismusforschung 5), Köln/Weimar 1998, S. 225–253.
Ders., »Einleitung. Sowjetische Lagerpolitik in Deutschland«, in: Sowjetische Speziallager 2, S. 15–110.
Prenzlauer Berg Museum/Gröschner, Annett (Hg.), »Ich schlug meiner Mutter die brennenden Funken ab«. Berliner Schulaufsätze aus dem Jahr 1946, Hamburg 2001.
Prieß, Lutz, »Das Speziallager des NKWD Nr. 7 (Nr. 1) Sachsenhausen«, in: Sowjetische Speziallager 1, S. 380–410.
Ders., »Deutsche Kriegsgefangene als Häftlinge in den Speziallagern des NKWD in der SBZ«, in: Sowjetische Speziallager 1, S. 250–263.
Ders., »Sachsenhausen – Speziallager Nr. 7 (August 1945-März 1950)«, in: Jörg Morré (Hg.), Speziallager des NKWD. Sowjetische Internierungslager in Brandenburg 1945–1950 (Brandenburgische Landeszentrale für politische Bildung 1997), mit Beiträgen von Gabriele Camphausen, Annette Kaminsky, Lutz Prieß, Andreas Weigelt, Potsdam 1997, S. 63–77.

Ranke, Winfried, Deutsche Geschichte kurz belichtet. Reportagen von Gerhard Gronefeld 1937–1965, Ausstellungskatalog, Berlin 1991.
Rathke, Heinrich, »Todesopfer des Stalinismus in der Sowjetischen Besatzungszone (SBZ) und in der DDR«, in: Björn Mensing/ders. (Hg.), Mitmenschlichkeit. Zivilcourage. Gottvertrauen. Evangelische Opfer von Nationalsozialismus und Stalinismus, Leipzig 2003, S. 323–346.
Reclams Lexikon des deutschen Films, hrsg. von Thomas Kramer, Stuttgart 1995.

Reemtsma, Jan Philipp, »Die Memoiren Überlebender. Eine Literaturgattung des 20. Jahrhunderts«, in: ders., Mord am Strand. Allianzen von Zivilisation und Barbarei, München 2000, S. 227–253.
Ders., »›Trauma‹ – Aspekte der ambivalenten Karriere eines Konzepts«, in: *Persönlichkeitsstörungen, Theorie + Therapie* (1999) 4, S. 207–214.
Reif-Spirek, Peter/Ritscher, Bodo (Hg.), Speziallager in der SBZ. Gedenkstätten mit »doppelter Vergangenheit«, Berlin 1999.
Reimann, Brigitte, Franziska Linkerhand (1974), Berlin 2002.
Reiter, Andrea, »Auf das sie entsteigen der Dunkelheit«. Die literarische Bewältigung von KZ-Erfahrung, Wien 1995.
Reiter, Michael, »Opferphilosophie. Die moderne Verwandlung der Opferfigur am Beispiel von Georg Simmel und Martin Heidegger«, in: Gudrun Kohn-Waechter (Hg.), Schrift der Flammen, Berlin 1991, S. 129–147.
Rieke, Dieter (Hg.), Sozialdemokraten als Opfer im Kampf gegen die rote Diktatur. Arbeitsmaterialien zur politischen Bildung, Bonn 1994.
Riess, Curt, Gustaf Gründgens. Eine Biographie. Unter Verwendung bisher unveröffentlichter Dokumente aus dem Nachlaß, Hamburg 1965.
Ritscher, Bodo, »Die Abteilung Speziallager. Anmerkungen zur Struktur und zum Funktionsbereich einer NKWD/MWD-Behörde in Deutschland«, in: Haase/Oleschinski (Hg.), Das Torgau-Tabu, S. 135–145.
Ritscher, Bodo, Spezlager Nr. 2 Buchenwald, hrsg. von der Gedenkstätte Buchenwald, Weimar-Buchenwald 1995.
Roginskij, Arsenij/Rudolph, Jörg/Drauschke, Frank/Kaminsky, Annette (Hg.), »Erschossen in Moskau …« Die deutschen Opfer des Stalinismus auf dem Moskauer Friedhof Donskoje 1950–1953, Berlin 2005.
Rosenthal, Gabriele, »Nationalsozialismus und Antisemitismus im intergenerationellen Dialog«, in: dies. (Hg.), Der Holocaust im Leben von drei Generationen. Familien von Überlebenden der Shoah und von Nazi-Tätern, Gießen 1997, S. 345–356.
Rosskopf, Annette, Friedrich Karl Kaul. Anwalt im geteilten Deutschland (1906–1981), Berlin 2002.
Rutschky, Michael, »Unbelebte Erinnerung. Der Schriftsteller Walter Kempowski«, in: *Merkur* 57 (2003) 2, S. 127–140.

Sacharov, Vladimir V./Filippovych, Dmitrij N./Kubina, M., »Tschekisten in Deutschland. Organisation, Aufgaben und Aspekte der Tätigkeit der sowjetischen Sicherheitsapparate in der Sowjetischen Besatzungszone Deutschlands (1945–1949)«, in: Manfred Wilke (Hg.), Anatomie der Parteizentrale. Die KPD/SED auf dem Weg zur Macht (Studien des Forschungsverbundes SED-Staat an der Freien Universität Berlin), Berlin 1998, S. 293–335.
Schatz, Helga, »Die gesellschaftliche Wahrnehmung der sowjetischen

›Speziallager‹ in der Nachkriegszeit«, in: Knigge-Tesche u.a. (Hg.), Internierungspraxis in Ost- und Westdeutschland nach 1945, S. 90–110.

Scheliha, Wolfram von, »Die sowjetischen Speziallager – ein Symbol des kommunistischen Unrechts in der publizistischen Auseinandersetzung zwischen Ost und West bis zum Bau der Mauer 1961«, in: Haustein u.a. (Hg.), Instrumentalisierung, Verdrängung, Aufarbeitung, S. 10–29.

Ders., »Sackgasse Totalitarismus. Die Forderung nach einem Gedenken an die sowjetischen Speziallager im Zeichen der Totalitarismustheorie führt ins erinnerungspolitische Abseits«, in: *Deutschland Archiv* 39 (2006) 2, S. 283–290.

Scherbakova, Irina, »Sowjetische Staatsangehörige und sonstige Ausländer in den Speziallagern«, in: Sowjetische Speziallager 1, S. 241–249.

Dies., »Erinnerung und die Strategie des kollektiven und individuellen Überlebens im GULAG«, in: Robert Streibel/Hans Schafranek (Hg.), Strategie des Überlebens. Häftlingsgesellschaften in KZ und GULAG, Wien 1996, S. 72–91.

Schildt, Axel, »Die Eltern auf der Anklagebank? Zur Thematisierung der NS-Vergangenheit im Generationskonflikt der bundesrepublikanischen 1960er Jahre«, in: Cornelißen u.a. (Hg.), Erinnerungskulturen, S. 317–332.

Schissler, Hanna (Hg.), The Miracle Years: A Cultural History of West Germany, 1949–1968, Princeton 2001.

Schmeitzner, Mike, »Genossen vor Gericht. Die sowjetische Strafverfolgung von Mitgliedern der SED und ihrer beiden Vorläuferparteien 1945–1954«, in: Sowjetische Militärtribunale 2, S. 265–344.

Schmidt, Ute, »›Vollständige Isolierung erforderlich …‹ SMT-Verurteilungen im Kontext der Gleichschaltung der Blockparteien CDU und LDP 1946–1953«, in: Sowjetische Militärtribunale 2, S. 345–394.

Dies., »Strafjustiz einer Siegermacht oder stalinistisches Repressionsinstrument? Zur Tätigkeit und Rolle der sowjetischen Militärtribunale in Deutschland (1945–1955)«, in: Hilger u.a. (Hg.), Diktaturdurchsetzung, S. 91–111.

Schmiechen-Ackermann, Detlef, »Der ›Blockwart‹. Die unteren Parteifunktionäre im nationalsozialistischen Terror- und Überwachungsapparat«, in: *Vierteljahrshefte für Zeitgeschichte* 48 (2000), S. 575–602.

Schneider, Christian, »Der Holocaust als Generationsobjekt. Generationsgeschichtliche Anmerkungen zu einer deutschen Identitätsproblematik«, in: *Mittelweg 36* 13 (2004) 4, S. 56–73.

Ders./Stilke, Cordelia/Leineweber, Bernd, Das Erbe der Napola. Versuch einer Generationsgeschichte des Nationalsozialismus, Hamburg 1996.

Schörken, Ralf, Jugend 1945. Politisches Denken und Lebensgeschichte, Frankfurt am Main 1995.

Schroeder, Friedrich-Christian, »Rechtsgrundlagen der Verfolgung deutscher Zivilisten durch Sowjetische Militärtribunale«, in: Sowjetische Militärtribunale 2, S. 37–58.
Schwan, Gesine, »Der Mitläufer«, in: François/Schulze (Hg.), Deutsche Erinnerungsorte, S. 654–669.
Sebald, W. G., Luftkrieg und Literatur, Frankfurt am Main 2002.
Semiryaga, Michail, »Wie Berijas Leute in Ostdeutschland die ›Demokratie‹ errichteten«, in: *Deutschland Archiv* 29 (1996) 5, S. 741–752.
Siegmund, Jörg, Opfer ohne Lobby? Ziele, Strukturen und Arbeitsweise der Verbände der Opfer des DDR-Unrechts, Berlin 2002.
Smith, Arthur L., Heimkehr aus dem Zweiten Weltkrieg. Die Entlassung der deutschen Kriegsgefangenen (Schriftenreihe der Vierteljahrshefte für Zeitgeschichte 51), Stuttgart 1985.
Sofsky, Wolfgang, Die Ordnung des Terrors: Das Konzentrationslager, Frankfurt am Main 1999.
Solschenizyn, Alexander, Der Archipel GULAG [Paris 1973], Reinbek bei Hamburg 1999.
Sontag, Susan, Das Leiden anderer betrachten, München/Wien 2003.
Sowjetische Militärtribunale, Bd. 2: Die Verurteilung deutscher Zivilisten 1945–1955 (Schriften des Hannah-Arendt-Instituts für Totalitarismusforschung 17/2), hrsg. von Andreas Hilger, Mike Schmeitzner und Ute Schmidt, Köln/Weimar/Wien 2003.
Sowjetische Speziallager in Deutschland 1945 bis 1950, hrsg. von Sergej Mironenko, Lutz Niethammer und Alexander von Plato, Bd. 1: Studien und Berichte, hrsg. und eingel. von Alexander von Plato, Berlin 1998 (Sowjetische Speziallager 1) und Bd. 2: Sowjetische Dokumente zur Lagerpolitik, eingel. und bearb. von Ralf Possekel, Berlin 1998 (Sowjetische Speziallager 2).
Sowjetisches Speziallager Nr. 7/Nr. 1 Sachsenhausen. Katalog der Ausstellung in der Gedenkstätte und Museum Sachsenhausen (Schriftenreihe der Stiftung Brandenburgische Gedenkstätten 14), hrsg. von Günter Morsch und Ines Reich, Berlin 2005.
Sowjetisches Speziallager Nr. 7/Nr. 1 1945–50, Informationsblatt 25, hrsg. von der Stiftung Brandenburgische Gedenkstätten 1999.
Sperk, Alexander, Entnazifizierung und Personalpolitik in der sowjetischen Besatzungszone Köthen/Anhalt. Eine Vergleichsstudie (1945–1948) (Beiträge zur Geschichte 2), Dössel 2003.
Stalin, Josef, Über den Großen Vaterländischen Krieg des Sowjetunion, Berlin 1945.
Stachorski, Stephan (Hg.), Thomas Mann. Fragile Republik. Thomas Mann und Nachkriegsdeutschland, Frankfurt am Main 1999.
Stark, Meinhard, »Die SED-Führung und die deutschen Opfer der ›Säuberung‹ in der UdSSR«, in: *UTOPIE kreativ* (1997) H. 85/86, S. 146–157.

Stephan, Annegret (Hg.), 1945 bis 2000. Ansichten zur deutschen Geschichte. Zehn Jahre Gedenkstätte Moritzplatz Magdeburg für die Opfer politischer Gewaltherrschaft 1945 bis 1989 (Landeszentrale für politische Bildung Sachsen-Anhalt), Opladen 2002.

Stern, Carola, Doppelleben, Reinbek 2002.

Stettner, Ralf, »Archipel GULAG«: Stalins Zwangslager. Terrorinstrument und Wirtschaftsgigant, Paderborn 1996.

Stöckle-Niklas, Claudia, Das Gefängnis – eine eingeschlechtliche Institution, Bonn 1989.

Streim, Gregor, »Die ›andere‹ Lager-Literatur. Literarische Darstellungen alliierter Internierungslager aus den 1950er Jahren«, in: *Mittelweg 36* 14 (2005) 5, S. 77–91.

Thonfeld, Christoph, Sozialkontrolle und Eigensinn. Denunziation am Beispiel Thüringens 1933 bis 1949, Köln/Weimar/Wien 2003.

Tjulpanov, Sergei I., »Die Rolle der SMAD bei der Demokratisierung Deutschlands«, in: *Zeitschrift für Geschichtswissenschaft* 15 (1967) 2, S. 240–252.

Trommler, Frank, »Creating a Cocoon of Public Acquiesence. The Author-Reader Relationship in Postwar German Literature«, in: Schissler (Hg.), The Miracle Years, S. 301–319.

Vereinigung der Opfer des Stalinismus e.V. (Hg.), Vergesst uns nicht – wenn auch die Tage wandern und die Jahre. Eine Festschrift zum 50-jährigen Bestehen der Vereinigung der Opfer des Stalinismus, Berlin 2000.

Verfolgt – verhaftet – verurteilt. Demokraten im Widerstand gegen die rote Diktatur. Fakten und Beispiele, hrsg. von Günther Scholz, Berlin/Bonn 1990.

Verfolgt und entrechtet. Die Ausschaltung Christlicher Demokraten unter sowjetischer Besatzung und SED-Herrschaft 1945–1961. Eine biographische Dokumentation, bearb. von Brigitte Kaff und Franz-Josef Kos, hrsg. von der Konrad-Adenauer-Stiftung, St. Augustin 1998.

Vollnhals, Clemens, »Internierung, Entnazifizierung und Strafverfolgung von NS-Verbrechen in der sowjetischen Besatzungszone«, in: Andreas Hilger/Mike Schmeitzner/Clemens Vollnhals (Hg.), Sowjetisierung oder Neutralität? Optionen sowjetischer Besatzungspolitik in Deutschland und Österreich 1945–1955 (Schriften des Hannah-Arendt-Instituts für Totalitarismusforschung 32), Göttingen 2006, S. 223–247.

Ders., »Politische Säuberung als Herrschaftsinstrument: Entnazifizierung in der Sowjetischen Besatzungszone«, in: Hilger u.a. (Hg.), Diktaturdurchsetzung, S. 127–138.

Ders. (Hg.), Entnazifizierung. Politische Säuberung und Rehabilitierung in den vier Besatzungszonen, 1945–1949, München 1991.
Von der Aufgabe der Freiheit. Politische Verantwortung und bürgerliche Gesellschaft im 19. und 20. Jahrhundert. Festschrift für Hans Mommsen, hrsg. von Christian Jansen/Lutz Niethammer/Bernd Weisbrod, Berlin 1995.

Wagenlehner, Günther, Die russischen Bemühungen um die Rehabilitierung der 1945–1956 verfolgten deutschen Staatsbürger. Dokumentation und Wegweiser, Bonn 1999.
Wagner, Patrick, »›Vernichtung der Berufsverbrecher‹. Die vorbeugende Verbrechensbekämpfung der Kriminalpolizei bis 1937«, in: Herbert u.a. (Hg.), Die nationalsozialistischen Konzentrationslager, S. 87–110.
Weber, Hermann, »Schauprozeß-Vorbereitungen in der DDR«, in: ders./ Staritz (Hg.), Kommunisten verfolgen Kommunisten, S. 436–449.
Ders./Staritz, Dietrich (Hg.), Kommunisten verfolgen Kommunisten. Stalinistischer Terror und »Säuberungen« in den kommunistischen Parteien Europas seit den dreißiger Jahren, Berlin 1993.
Ders., Geschichte der DDR, München 1989.
Wegner, Bernd, Hitlers Politische Soldaten: Die Waffen-SS 1933–1945. Studien zu Leitbild, Struktur und Funktion einer nationalsozialistischen Elite, Paderborn 1982.
Weigelt, Andreas, »Umschulungslager existieren nicht«. Zur Geschichte des sowjetischen Speziallagers Nr. 6 in Jamlitz 1945–1947 (Brandenburgische Historische Hefte 16), Potsdam 2001.
»Weißt du noch, damals in Bautzen? Die früheren Häftlinge Walter Kempowski und Eduard Zimmermann reden erstmals über ihre Vergangenheit und ihre abwesenden Väter«, *Frankfurter Allgemeine Sonntagszeitung* vom 4. November 2001, S. 24–25.
Welsh, Helga A., Revolutionärer Wandel auf Befehl? Entnazifizierungs- und Personalpolitik in Thüringen und Sachsen 1945–1948 (Schriftenreihe der Vierteljahrshefte für Zeitgeschichte 58), München 1989.
Welzbacher, Christian, »Idealstadt der Unterdrückung. Die Planung des Konzentrationslagers Sachsenhausen (1936)«, in: *kritische berichte* (2006) 1, S. 69–81.
Welzer, Harald, »Nervtötende Erzählungen«, *Frankfurter Rundschau* vom 7. Mai 2005, S. 1.
Ders., »Von der Täter- zur Opfergesellschaft. Zum Umbau der deutschen Erinnerungskultur«, in: Hans Erler (Hg.), Erinnern und Verstehen. Der Völkermord an den Juden im politischen Gedächtnis der Deutschen, Frankfurt am Main 2003, S. 100–106.
Ders., »Das Interview als Artefakt. Zur Kritik der Zeitzeugenforschung«, in: *BIOS* 13 (2000) 1, S. 51–63.

Ders./Moller, Sabine/Karoline Tschuggnall, »Opa war kein Nazi«. Nationalsozialismus und Holocaust im Familiengedächtnis, Frankfurt am Main 2002.
Wette, Wolfram, »Das Rußlandbild in der NS-Propaganda. Ein Problemaufriß«, in: Hans-Erich Volkmann (Hg.), Das Rußlandbild im Dritten Reich, Köln/Wien 1994, S. 55–78.
Widmaier, Christian, Häftlingshilfegesetz, DDR-Rehabilitierungsgesetz, SED-Unrechtsbereinigungsgesetze: Rehabilitierung und Wiedergutmachung von SBZ/DDR-Unrecht? (Europäische Hochschulschriften, Reihe 31, Bd. 382), Frankfurt am Main 1999.
Wieland, Günther, »Die Ahndung von NS-Verbrechen in Ostdeutschland 1945–1950«, in: DDR-Justiz und NS-Verbrechen. Sammlung ostdeutscher Strafurteile wegen nationalsozialistischer Tötungsverbrechen, Verfahrensregister und Dokumentenband, bearb. von F. C. Rüter, Amsterdam/München 2002, S. 13–90.
Wieviorka, Michel, Die Gewalt, Hamburg 2006.
Wille, Manfred, Entnazifizierung in der Sowjetischen Besatzungszone Deutschlands 1945–1948, Magdeburg 1993.
Winkler, Willi, »Nun singen sie wieder«, *Süddeutsche Zeitung* vom 27. November 2002, S. 14.
Wippermann, Wolfgang, Konzentrationslager. Geschichte, Nachgeschichte, Gedenken, Berlin 1999.
Wir dürfen nicht schweigen. Streiflichter aus den politischen Haftanstalten der Sowjetzone, hrsg. vom Untersuchungsausschuss freiheitlicher Juristen, dem Bund der Verfolgten des Naziregimes und der Kampfgruppe gegen Unmenschlichkeit, o.O. u.J. [Düsseldorf 1953].
Wyden, Peter, Stella, Göttingen 1995.

Zeidler, Manfred, Stalinjustiz contra NS-Verbrechen. Die Kriegsverbrecherprozesse gegen deutsche Kriegsgefangene in der UdSSR in den Jahren 1943–1952. Kenntnisstand und Forschungsprobleme (Berichte und Studien des Hannah-Arendt-Instituts für Totalitarismusforschung 9), Dresden 1996.
Zimmer, Hasko, Der Buchenwald-Konflikt. Zum Streit um Geschichte und Erinnerung im Kontext der deutschen Vereinigung (Agenda Zeitlupe 17), Münster 1997.
Zur Situation der Sozialdemokratie in der SBZ/DDR im Zeitraum zwischen 1945 und dem Beginn der 50er Jahre. Gutachten für die Sozialdemokratische Partei Deutschlands. Mit einem Vorwort von Björn Engholm und Inge Wettig-Danielmeier, erstellt von Helga Grebing/Christoph Kleßmann/Klaus Schönhoven/Hermann Weber, Marburg 1992.

Erinnerungsberichte

Haftberichte, Haftromane und Autobiographien ehemaliger Speziallagerhäftlinge[1]

Bacmeister, Arnold, Der lange Weg nach Buchenwald. Autobiographie, Berlin: Frieling 1992.

Bedau, Georg, Menschen im Regal – Szenischer Bericht (Hörspiel für den RIAS, 1958), Worms: Wunderlich 1961.

Bechler, Margret, Warten auf Antwort. Ein deutsches Schicksal [1978], München: Ullstein 2001.

Becker, Hermann, »Im Karzer«, in: Hubertus Knabe (Hg.), Gefangen in Hohenschönhausen. Stasi-Häftlinge berichten, Berlin: List 2007, S. 68–78.

Berner, Kurt, Spezialisten hinter Stacheldraht. Ein ostdeutscher Physiker enthüllt die Wahrheit, Berlin: Brandenburgisches Verlagshaus 1990.

Bordihn, Peter, Bittere Jahre am Polarkreis. Als Sozialdemokrat in Stalins Lagern, Berlin: Ch. Links 1990.

Delander, Arnold, Verlorene Jahre 1945–1950, Leverkusen: Kremer 1995.

Dommain, Helmut, Mit einem Bein im Massengrab. In den sowjetischen Schweigelagern Jamlitz und Buchenwald, Lübben: Herms 1994.

Eichler, Wolfgang, Ein Wort ging um in Buchenwald, Gütersloh 1952 (Reprint Jena: Wartburg Verlag 1992).

Eißner, Manfred, Aus dem Tagebuch eine Werwolfs, Berlin: Verlag am Park 2002.

Ernst, Ewald, Ein guter Kampf. Fakten, Daten, Erinnerungen 1945–1954, hrsg. von der Konrad Adenauer-Stiftung e.V., Sankt Augustin: Academia-Verlag 1998.

Fischer, Ursula, Im eigenen Land verschollen, Berlin: Dietz 2004.

Dies., Von der Last des Schweigens, Berlin: Dietz 1997.

Dies., Zum Schweigen verurteilt. Denunziert – verhaftet – interniert (1945–1948), Berlin: Dietz 1992.

Gerstner, Karl-Heinz, Sachlich, kritisch, optimistisch. Eine sonntägliche Lebensbetrachtung, Berlin: Edition Ost 1999.

---

1 In diese Bibliographie wurden nur monographische Titel aufgenommen, deren Verfasser ihre Haftzeit in einem oder mehreren Speziallagern verbracht haben, im Verlauf der Haftzeit deportiert oder 1950 in ostdeutschen Gewahrsam überstellt wurden. Obwohl in einem Sammelbericht veröffentlicht, wurden hier auch die Titel jener Berichte und Interviews aufgenommen, aus denen im Rahmen dieser Arbeit zitiert wurde.

Gneist, Gisela/Neuendorf, Horst, »Nachkriegsunrecht an Wittenberger Jungen und Mädchen«, in: Rocco Räbiger (Hg.), »Allenfalls kommt man für ein halbes Jahr in ein Umschulungslager ...« Nachkriegsunrecht an Wittenberger Jugendlichen (Schriftenreihe Torgauer Strafvollzugsbeiträge 4). Mit Beiträgen von Gisela Gneist, Horst Neuendorf und Chris Milke, hrsg. von der Arbeitsgemeinschaft Lager Sachsenhausen 1945–1950 e.V. in Zusammenarbeit mit dem Historischen Seminar der Universität Leipzig, Lehrstuhl für Neuere und Zeitgeschichte, Torgau 1998, S. 27–41.

Grabe, Kurt, Vier Stationen in Rot (St. Michael: J. G. Bläschke 1982), Hannover: Karl Ohle 1985.

Grätz, Erich, Mein Aufenthalt im Konzentrationslager Buchenwald von 1945–48, Selbstverlag 1994.

Griese, Friedrich, Der Wind weht nicht wohin er will, Düsseldorf/Köln: Eugen Diederichs 1960.

Grob, Herbert, Gelitten, gehofft, überlebt. Mit achtzehn ins Speziallager (1945–50), hrsg. vom Landesbeauftragten des Freistaates Thüringen für die Unterlagen des Staatssicherheitsdienstes der ehemaligen DDR, Erfurt 1999.

Hardegen, Wolfgang, Gefangen in Bautzen. Ein Jugendlicher überlebt acht Jahre Haft im »Gelben Elend«, Berlin: Frieling 2000.

Hoffmann, Walter, Henker sind unsterblich. Zwischen den Fronten von Verbrecher, Befreier und Gutachter, Selbstverlag o.O. [Berlin] 1999.

Jank, Alfred, Die längsten Jahre. Zwei Brüder in sowjetischen Speziallagern, Huglfing: Selbstverlag 1998.

Jedem das Seine? Als Jugendliche von Pößneck über Saalfeld nach Buchenwald und Kasachstan 1945–1949. Ein Tatsachenbericht von Rudolf Butters und Herwarth Metzel, hrsg. von der Landesbeauftragen des Freistaates Thüringen für die Unterlagen des Staatssicherheitsdienstes der ehemaligen DDR, Erfurt 2004.

Jordan, Rudolf, Erlebt und erlitten. Weg eines Gauleiters von München bis Moskau, Leoni: Druffel 1971.

Kathke, Alfred, Bestrafte Jugend. Angstvolle Jahre in sowjetischen »Schweige- und Vernichtungslagern«, Berlin: Frieling 1996.

Keferstein, Horst G., Unruhige Jahre, Münster: Mensenstein & Vannerdat (BoD) 2001.

Kempowski, Walter, Im Block (1969), Frankfurt am Main: S. Fischer 1972.

Ders., Ein Kapitel für sich. Roman (1975), München: dtv 1984.

Kilian, Achim, »From Special Camp No. 1 to US«. Jugendjahre zwischen Vogtland, Mühlberg und Arkansas (Lebenszeugenisse – Lebenswege 6), bearb. und eingel. von Norbert Haase und Bert Pampel, Dresden 1998.

Klein, Manfred, Jugend zwischen den Diktaturen 1945/56, Mainz: v. Hase & Köhler 1968.

Kleinhardt, Werner, Jedem das Seine, Frankfurt am Main: Suhrkamp 1982.

Klemke, Helmut, Geiseln der Rache. Zehn Jahre in mitteldeutschen Todeslagern. Erlebnis und Bericht, Berg am See: Verlagsgemeinschaft Berg 1995.

Klotz, Ernst-E., So nah der Heimat. Gefangen in Buchenwald 1945–1948, Bonn: J.H.W. Dietz Nachf. 1992.

Koch, Günter, Es begann in Eibenstock. Ein Jugendlicher in NKWD-Lagern und Zuchthäusern der SBZ/DDR, Bonn/Berlin: Westkreuz 2002.

Kreuzer, Hermann, in: Das Gelbe Elend. Bautzen-Häftlinge berichten 1945–1956. Mit einem Dokumenten-Anhang, hrsg. vom Bautzen-Komitee, München/Berlin: Union 1997, S. 189–197.

Krüger, Gerhard, »Gruppenverhaftung von Jugendlichen in Ost-Berlin – und die Folgen«, in: Benno Prieß, Erschossen im Morgengrauen. Verhaftet. Gefoltert. Verurteilt. Erschossen. »Werwolf«-Schicksale mitteldeutscher Jugendlicher. Mit einem Vorwort von Klaus-Dieter Müller, Calw: Selbstverlag 1997, S. 157–158.

Lange, Herbert, Engel von Bautzen, Berlin: Frieling 1994.

Lehmann, Kurt, Richter hat gesprochen: »10 Jahre Lagger«. Stalins Militärjustiz in Deutschland 1946, o. O.: Selbstverlag 1990.

Marschhausen, Waltraut, »Das Auf und Nieder einer Frau aus Ketschendorf«, in: Ernst Zander (Hg.), Jugend hinter Stacheldraht. Und danach ..., München/Mering: Rainer Hampp 2001, S. 118–123.

Meyer, Walter, »Meine Erlebnisse in den Speziallagern 1 und 2«, in: *Beiträge zur Geschichte der Arbeiterbewegung* 32 (1996) 6, S. 792–807.

Müthel, Eva, Für dich blüht kein Baum. Roman, Frankfurt am Main: S. Fischer 1957.

Napol, Erich (Pseud.), Ein Gebet wird erhört, Berlin: Frieling 1994.

Nattke, Gerhard, »Vom Mittelschüler über Buchenwald zum DDR-Eisenbahner und über das Haftarbeitslager zum Lagerleiter im Westen«, in: Ernst Zander (Hg.), Jugend hinter Stacheldraht. Und danach ..., München/Mering: Rainer Hampp 2001, S. 124–127.

Neuendorf, Horst, »... und du schreiben fürr Gnade!«, in: Rocco Räbiger (Hg.), »Allenfalls kommt man für ein halbes Jahr in ein Umschulungslager ...« Nachkriegsunrecht an Wittenberger Jugendlichen (Schriftenreihe Torgauer Strafvollzugsbeiträge 4). Mit Beiträgen von Gisela Gneist, Horst Neuendorf und Chris Milke, hrsg. von der Arbeitsgemeinschaft Lager Sachsenhausen 1945–1950 e.V. in Zusammenarbeit mit dem Historischen Seminar der Universität Leipzig, Lehrstuhl für Neuere und Zeitgeschichte, Torgau 1998, S. 43–56.

Noble, John H., Verbannt und verleugnet, Dresden: Förster 2004.

Ders., Verhaftet … verbannt … verleugnet … Mühlberg 1945–1948, o.O., o.J.
Ders., I Found God in Soviet Russia. With an Introduction by the Reverend Billy Graham, New York, N.Y.: St. Martins Press 1959.
Ders., I was a Slave in Russia. An American Tells His Story (1958), Broadview, Ill.: Cicero Bible Press 1963.
Noebe, Will, Wie es wirklich war. 7½ Jahre politischer Gefangener der NKWD in Ostdeutschland und Sibirien, Berlin: Telos 1959.
Ochs, Günter, Meine gestohlene Zeit … (1. Buch: 1945–1947), Darmstadt: Selbstverlag 1995.
Pfeiffer, Werner, Abgeholt. Chronik einer geraubten Jugend, Gütersloh: Selbstverlag 2000.
Pickel, Kurt, »›… hast du unterschrieben deine Urteil‹«, in: Hunger – Kälte – Isolation. Erlebnisberichte und Forschungsergebnisse zum sowjetischen Speziallager Bautzen 1945–1950 (Lebenszeugnisse – Leidenswege 4), bearb. von Claudia Liebold und Bert Pampel, Dresden 1997, S. 11–21.
Pintzka, Wolfgang, Von Sibirien in die Synagoge. Erinnerungen aus zwei Welten (Jüdische Memoiren 8), Teetz: Hentrich & Hentrich 2002.
Platt, Bodo, Sobirai weschtschi! Pack deine Sachen! Jugendjahre im Gulag, hrsg. von Andrea Huterer (Schriftenreihe des Berliner Landesbeauftragten für die Unterlagen des Staatssicherheitsdienstes der DDR 20), Berlin 2007.
Pöller, Reinhard, Freiheit ist der Atem des Lebens. Unauslöschlich – zehn geraubte Jahre (1946–1956), Leipzig: Selbstverlag 2004.
Podolski, Elisabeth, Verlorene Zeit, Kronshagen: Günter Hartmann 1983.
Prieß, Benno, Unschuldig in den Todeslagern des NKWD 1946–1954. Torgau – Bautzen – Sachsenhausen – Waldheim, Calw: Selbstverlag 1998.
Pritzkow, Walter, NKWD Sonderlager Nr. 7 – Sachsenhausen. Tatsachenbericht eines Überlebenden aus GPU-Kellern und Sowjet-KZ vom 25. Juni 1945 bis 6. August 1948, Jever: Mettker 1994.
Putzar, Arnulf H. K., Im Schatten einer Zeit, Schwerin: Stock & Stein 1998.
Range, Hans-Peter, Das Konzentrationslager Fünfeichen 1945–1948: ein Mecklenburger Geschichtsbild (1989), Britzingen/Baden: Selbstverlag 1991.
Rathsfeld, Werner und Ursula, Die Graupenstraße. Erlebtes und Erlittenes (Heimatgeschichtliche Forschungen des Stadtarchivs Nordhausen/Harz 5), Bad Lauterberg/Harz: C. Kohlmann 1993.
Reuter, Karl Heinz, Opferweg eines Fünfzehnjährigen durch die Lager des NKWD und der Stasi (Betroffene erinnern sich), hrsg. von der Landesbeauftragten für die Unterlagen des Staatssicherheitsdienstes der ehemaligen DDR in Sachsen-Anhalt, Madgeburg 2002.

Rieke, Dieter, Geliebtes Leben. Erlebtes und Ertragenes zwischen den Mahlsteinen jüngster deutscher Geschichte, Berlin: Arno Spitz 1999.
Riemann, Erika, Die Schleife an Stalins Bart. Ein Mädchenstreich, acht Jahre Haft und die Zeit danach, Hamburg: Hoffmann und Campe 2002.
Rulc, Siegfried, Unvollständige Chronik 1945–1950. Ein Tagebuch zur Werwolf-Legende, Berlin: Selbstverlag 1996/97.
Schendzielorz, Gerda, Der Garten der Einsamkeit, Hameln: C. W. Niemeyer 1995.
Schikore, Klaus, Trennungen – Zwischen Verbannung und Heimkehr, Schwerin: Stock & Stein 2000.
Schirmer, Gerhart, Sachsenhausen – Workuta. Zehn Jahre in den Fängen der Sowjets, Tübingen: Grabert 1992.
Schlüter, Hermann, Tod durch Erschießen. In der Gewalt des sowjetischen Geheimdienstes 1945–1950. Gedächtnisprotokoll, Potsdam: Selbstverlag 2005.
Schmitz, Willi, Bautzen – Vorposten der Freiheit, www.simweb.de/bautzen/ vom 24. Januar 2005.
Schulte-Karing, Hubert, Dynamit und Hunger. (M)eine Jugend zwischen 1942 und 1950, Frankfurt am Main: Cornelia Goethe Literaturverlag 2002.
Schulz, Eberhart, »Drei Jahre im ›Speziallager Nr. 1‹ des NKWD«, in: *Beiträge zur Geschichte der Arbeiterbewegung* (1995) 1, S. 72–83.
Schulz, Eberhart, »Rückkehr aus dem Speziallager: Mühsames Ankommen in einer neuen Zeit«, Diskussionsbeitrag auf der vom Verein »Helle Panke« und der Fraktion des PDS in der Bezirksverordnetenversammlung Hohenschönhausen in Berlin veranstalteten wissenschaftlichen Konferenz »Denkort Hohenschönhausen. Sowjetische Speziallager zwischen Verdrängung und Aufarbeitung« vom 17. Juni 2000.
Schuster, Wolfgang, Im Konzentrationslager 1945–1950. Ein Zeitzeugenbericht, Norderstedt: Selbstverlag (BoD) 2001.
Ders., Vom Speziallager Buchenwald in den goldenen Westen. Ein Neuanfang nach Jahren in sowjetischer Haft, Berlin: Frieling 2006.
Schwollius, Heinz, Aus der Todeszelle in die Hölle von Bautzen (Schriftenreihe des Berliner Landesbeauftragten für die Unterlagen der Staatssicherheit der ehemaligen DDR 24) Berlin 2007.
Ders., »Die Jugendlichen von Potsdam in den Fängen des sowjetischen Geheimdienstes«, in: Benno Prieß, Erschossen im Morgengrauen. Verhaftet. Gefoltert. Verurteilt. Erschossen. »Werwolf«-Schicksale mitteldeutscher Jugendlicher. Mit einem Vorwort von Klaus-Dieter Müller, Calw: Selbstverlag 1997, S. 122–123.
Sonnet, André, Bolschewismus nackt. Ein Kommunist erlebt sowjetisches KZ, Offenbach: Bollwerk 1951.

Stern, Joachim R., Und der Westen schweigt. Erlebnisse – Berichte – Dokumente über Mitteldeutschland 1945–1975, Pr. Oldendorf: K.W. Schütz 1976.

Stern, Jochen, Von Mimen und anderen Menschen: Aus dem Leben eines Komödianten, Baden-Baden: Battert 1999.

Sternberg, Renate, Russische Skizze. Erzählungen aus der Gefangenschaft, Hamburg: Selbstverlag 1982, Kiel: Vauk 1985, 1987.

Strech, Ulrich, In der Hölle von Bautzen oder Der gefangene Eros, Frankfurt am Main: Haag + Herchen 1991.

»Timm, Tilmann. Als Jugendlicher im stalinistischen Lager Sachsenhausen, später Pfarrer in Mecklenburg. Zeitzeugenbefragung durch Ernst-Rüdiger Kiesow«, in: Werner Müller/Horst Pätzold (Hg.), Lebensläufe im Schatten der Macht. Zeitzeugeninterviews aus dem Norden der DDR (Landeszentrale für politische Bildung Mecklenburg-Vorpommern), Schwerin 1997, S. 91–96.

Uterhardt, Karl-Heinz, Inhaftiert im Sonderlager Sachsenhausen. Erinnerungen an verlorene Jugendjahre (1945–1950) und das Leben danach, Berlin: Frieling 2005.

Voelker, Dieter, Überlebt. Mein Weg durch Stalins Kerker und Schweigelager, Leverkusen: Kremer 1997.

Voelkner, Hans, Salto mortale. Vom Rampenlicht zur unsichtbaren Front, Berlin (Ost): Militärverlag der Deutschen Demokratischen Republik 1989.

Volker, Hagen (Pseud.), Sibirien liegt in Deutschland, Berlin-Grunewald: Arani 1958.

Wagner, Hans, Melder am Tor. Altenburg – Buchenwald – Karaganda, Altenburg: S. Sell Heimat-Verlag 1996.

Weisshuhn, Paul, Ich komme wieder! Erinnerungen eines Überlebenden. NKWD-Speziallager Mühlberg 1945–1948, Stuttgart: Edition Noëma 2003.

Wiener, Horst, Anklage: Werwolf. Die Gewalt der frühen Jahre oder Wie ich Stalins Lager überlebte, Reinbek: Rowohlt 1991.

Wilhelm, Hans Hermann, Ohne Stein und ohne Namen. Aufzeichnungen aus stalinistischen Todeslagern, Leoni: Druffel 1974.

Wolf, Hans-Joachim, Mit 16 Jahren unschuldig interniert und nach Sibirien verschleppt. Erinnerungen an die Zeit vom 11. Juni 1945 bis 6. Dezember 1949, Berlin: Rudower Panorama Verlag 1996.

Zander, Ernst, »Unschuldig eingesperrt«, in: ders. (Hg.), Jugend hinter Stacheldraht. Und danach ..., München/Mering: Rainer Hampp 2001, S. 9–98.

Zeiler, Robert, »Eingesperrt von meinen Befreiern«, in: Hanno Müller (Hg.), Recht oder Rache? Buchenwald 1945–1950. Betroffene erinnern sich, Frankfurt am Main: dipa 1991, S. 17–28.

Zimmermann, Eduard, Auch ich war ein Gauner, München: Riva 2005.
Zimmermann, Inge, Zwischen Zwang und Freiheit. Ein Frauenschicksal in den Jahren 1927 bis 1964, Berlin: Frieling 1999.

Unveröffentlichte Haftberichte

F., Wolfgang, Fünf Jahre in der Hölle – mit 17 in Stalins Lagern. Ein Erlebensbericht über die Jahre 1946 bis 1951 unter Mitarbeit von Ulrich Koch, Berlin 1997.
Hexhausen, Bolle von, Graben für die Freiheit. Meine gescheiterte Flucht, Beelitz 2004.
Sch., Günter, Meine Jugendjahre in Sachsenhausen, Stendal o. J.
Steinhaus, Fritz, Verlorene Jugend – verhaftet durch NKWD und Stasi, o. O., o. J.
T., Lukas, Russenzeit, Lehrte 1997.
Velten, W. H. (Pseud.), Dawai, dawai, Kamerad! Russisches Speziallager Nr. 7 – Sachsenhausen – 1945–1948, Köln 1995.
Wosny, Willy, Meine Erlebnisse in den sowjetischen NKWD-Lagern Weesow und Sachsenhausen, o. O., o. J.

Sammelberichte und Haftdokumentationen, herausgegeben von ehemaligen Häftlingen[2]

Das Gelbe Elend. Bautzen-Häftlinge berichten 1945–1956. Mit einem Dokumenten-Anhang, hrsg. vom Bautzen-Komitee, München/Berlin: Union 1997.
Die Opfer von Fünfeichen: Gedanken und Erinnerungen, hrsg. vom Sprecherrat der Arbeitsgemeinschaft Fünfeichen, Neubrandenburg 2000.
Die Opfer von Fünfeichen: Namensliste der Verstorbenen, hrsg. vom Sprecherrat der Arbeitsgemeinschaft Fünfeichen, Schwerin: Stock & Stein 1996.
Die Opfer von Fünfeichen: Erlebnisberichte Betroffener und Angehöriger, hrsg. vom Sprecherrat der Arbeitsgemeinschaft Fünfeichen, Schwerin: Stock & Stein 1996.
Diktaturwechsel und seine Folgen im Kreis Querfurt und Umgebung. Zusammengestellt von Hans-Joachim Hantsche, hrsg. von der Landesgruppe Sachsen-Anhalt der Vereinigung der Opfer des Stalinismus, Magdeburg 2003.
Finn, Gerhard, Mauern, Gitter, Stacheldraht: Beispiele politischer Verfolgung in der Sowjetischen Besatzungszone und in der DDR (Begleit-

2 Einige der nachfolgend genannten Titel finden sich ebenfalls im vorangegangenen Literaturverzeichnis.

broschüre für die gleichnamige Wanderausstellung der Union für die Opferverbände Kommunistischer Gewaltherrschaft), Bad Münstereifel: Westkreuz 1996.

Ders. (Hg.), Die Frauen von Hoheneck. Protokoll einer Anhörung. Sonderausgabe der Union der Opferverbände Kommunistischer Gewaltherrschaft, Berlin/Bonn: Westkreuz o.J. (1993).

Ders., Die politischen Häftlinge der Sowjetzone 1945–1959, Pfaffenhofen 1960 (Reprint Köln: Verlag für Wissenschaft und Politik 1989).

Fintzel, Wolfgang, Wir waren Stalins politische Gefangene. Schicksale ehemaliger politischer Häftlinge. Dokumente und Berichte über Besatzungswillkür und SED-Justiz, hrsg. vom Landesverband der Stalinistisch Verfolgten Sachsen-Anhalt 1992.

Kilian, Achim, Mühlberg 1939–1948. Ein Gefangenenlanger mitten in Deutschland, Köln/Weimar: Böhlau 2001.

Ders., Einzuweisen zur völligen Isolierung. NKWD-Speziallager Mühlberg/Elbe 1945–1948. Mit einem Vorwort von Hermann Weber, Leipzig: Forum 2000.

Lipinksi, Renate und Jan, Die Straße, die in den Tod führte. Zur Geschichte des Speziallagers Nr. 5 Ketschendorf/Fürstenwalde, hrsg. von der Initiativgruppe Internierungslager Ketschendorf, Leverkusen: Kremer 1998.

Matz-Donath, Annerose, Die Spur der roten Sphinx. Deutsche Frauen vor sowjetischen Militärtribunalen, Schnellbach: S. Bublies 2000.

Namen und Schicksale der von 1945 bis 1962 in der SBZ/DDR verhafteten und verschleppten Professoren und Studenten, hrsg. vom Verein ehemaliger Rostocker Studenten (VERS), Berlin 1962 (Reprint Rostock 1994).

Prieß, Benno, Erschossen im Morgengrauen. Verhaftet. Gefoltert. Verurteilt. Erschossen. »Werwolf«-Schicksale mitteldeutscher Jugendlicher. Mit einem Vorwort von Klaus-Dieter Müller, Calw: Selbstverlag 1997.

Räbiger, Rocco (Hg.), »Allenfalls kommt man für ein halbes Jahr in ein Umschulungslager…« Nachkriegsunrecht an Wittenberger Jugendlichen (Schriftenreihe Torgauer Strafvollzugsbeiträge 4). Mit Beiträgen von Gisela Gneist, Horst Neuendorf und Chris Milke, hrsg. von der Arbeitsgemeinschaft Lager Sachsenhausen 1945–1950 e.V. in Zusammenarbeit mit dem Historischen Seminar der Universität Leipzig, Lehrstuhl für Neuere und Zeitgeschichte, Torgau 1998.

Verzeihen … heißt nicht vergessen …, hrsg. von der VOS-Bezirksgruppe Torgau 1993.

Voelkner, Hans und Rosemarie (Hg.), Unschuldig in Stalins Hand. Briefe – Berichte – Notizen, Berlin: Brandenburgisches Verlagshaus 1990.

Zander, Ernst (Hg.), Jugend hinter Stacheldraht. Und danach …, München/Mering: Rainer Hampp 2001.

Zwischen Waldheim und Workuta. Erlebnisse politischer Häftlinge 1945–1965, hrsg. von der Vereinigung der Opfer des Stalinismus, ges. und bearb. von Sigurd Binski, mit einer Einleitung von Karl Wilhelm Fricke, Bonn 1967.

Verwandte als Verfasser oder Herausgeber von Haftdokumentationen und -berichten

Agde, Günter, Die Greußener Jungs. Hitlers Werwölfe, Stalins Geheimpolizisten und ein Prozeß in Thüringen, Berlin: Aufbau 1995.

Ders., Sachsenhausen bei Berlin. Speziallager Nr. 7 1945–1950, Berlin: Aufbau 1994.

Drechsler, Sigrid, Im Schatten von Mühlberg, Dresden: Notschriften 2006.

Freisleben, Hannelore, Gemartert – gemaßregelt – gehenkt. Ein Leben zwischen Krieg, Gefangenschaft und Internierungslager, Frankfurt am Main: Haag + Herchen 1993.

Fricke, Karl-Wilhelm, »›Kampf dem Klassenfeind‹: Politische Verfolgung in der SBZ«, in: Alexander Fischer (Hg.), Studien zur Geschichte der SBZ/DDR (Schriftenreihe der Gesellschaft für Deutschlandforschung 38), Berlin 1993, S. 197–193.

Ders., Politik und Justiz in der DDR. Zur Geschichte der politischen Verfolgung 1945–1968. Bericht und Dokumentation, Köln 1979.

Im Räderwerk zweier Diktaturen. Werner Ihmels 1926–1949, Leipzig: Evangelische Verlagsanstalt 1999.

Johnson, Uwe, Jahrestage. 3. Bde. (1973), Frankfurt am Main: Suhrkamp 1996.

Klotz, Ernst-E., So nah der Heimat. Gefangen in Buchenwald 1945–1948, Bonn: J.H.W. Dietz Nachf. 1992.

Küllmer, Inge, Botschaft aus der dunklen Nacht. Das Schicksal meines Vaters im Speziallager 2 »Buchenwald« (1945–1950), Selbstverlag 1991.

Lahmann, Werner K., Warten ohne Wiedersehen. Roman, Überlingen: BVT (BoD) 2001.

Latotzky, Alexander, Kindheit hinter Stacheldraht. Mütter mit Kindern in sowjetischen Speziallagern und DDR-Haft, Leipzig: Forum 2001.

Rathsfeld, Werner und Ursula, Die Graupenstraße. Erlebtes und Erlittenes (Heimatgeschichtliche Forschungen des Stadtarchivs Nordhausen/Harz 5), Bad Lauterberg/Harz: C. Kohlmann 1993.

Schacht, Ulrich, Hohenecker Protokolle. Aussagen zur Geschichte der politischen Verfolgung von Frauen in der DDR (Zürich: Ammann 1984), Leipzig: Forum 2004.

Schuster, Elisabeth (Hg.), Reite Schritt, Schnitter Tod! Leben und Sterben im Speziallager Nr. 1 des NKWD Mühlberg/Elbe. Mit einem Geleitwort von Joachim Gauck (Erzählen ist Erinnern, Schriftenreihe

des Volksbundes Deutsche Kriegsgräberfürsorge 34), Kassel: scribeo 2004.
Weisshuhn, Paul, Ich komme wieder! Erinnerungen eines Überlebenden. NKWD-Speziallager Mühlberg 1945–1948, Stuttgart: Edition Noëma 2003.

Dritte als Verfasser oder Herausgeber von Haftdokumentationen und -berichten

Birkenfeld, Günther, »Der NKWD-Staat«, in: *Der Monat* (1950) 3, S. 628–643.
Briefe Betroffener und Hinterbliebener. Fünfeichen 1945–1948, zusammengestellt von Dieter Krüger, hrsg. vom Literaturzentrum Neubrandenburg, Neubrandenburg: federchenverlag 1990.
Drescher, Anne, Haft am Demmlerplatz. Gespräche mit Betroffenen. Sowjetische Militärtribunale Schwerin 1945 bis 1953, hrsg. vom Landesbeauftragten für Mecklenburg-Vorpommern für die Unterlagen des Staatssicherheitsdienstes der ehemaligen DDR, Schwerin 2001.
Erler, Peter, Polizeimajor Karl Heinrich. NS-Gegner und Antikommunist. Eine biographische Skizze, hrsg. von der Stiftung Gedenkstätte Berlin-Hohenschönhausen, Berlin: Jaron 2007.
Grewe, Uwe, Lager des Grauens – Sowjetische KZs in der DDR nach 1945 (1990), Kiel: Arndt 1999.
Hanjohr, Kurt, Ein Mensch nach »ihrem« Muster sollt ich werden ... Erinnerungen an die Verfolgung durch KGB und DDR-Justiz. Nach Tonbandprotokollen aufgezeichnet von Wolfram Otto, Prenzlau: rdc 1995.
Hartenstein, Elfi, ... und nachts Kartoffeln schälen. Frauen berichten aus Nachkriegslagern. Annäherungen an ein Kapitel DDR-Vergangenheit. Mit einem Vorwort von Erich Loest, Berg am See: Verlagsgesellschaft Berg 1992.
Hattig, Susanne/Klewin, Silke/Liebold, Cornelia/Morré, Jörg, Geschichte des Speziallagers Bautzen 1945–1956 (Stiftung Sächsische Gedenkstätten 11), 2004.
Hunger – Kälte – Isolation. Erlebnisberichte und Forschungsergebnisse zum sowjetischen Speziallager Bautzen 1945–1950 (Lebenszeugnisse – Leidenswege 4), bearb. von Claudia Liebold und Bert Pampel, Dresden 1997.
Just, Hermann, Die sowjetischen Konzentrationslager auf deutschem Boden, Hefte der Kampfgruppe gegen Unmenschlichkeit 1952.
Kaff, Brigitte (Hg.), »Gefährliche politische Gegner«. Widerstand und Verfolgung in der sowjetischen Zone/DDR, Düsseldorf: Droste 1995.
Kalz, Steffi/Kreutzmann, Antje/Sattelkau, Silvana/Schulze, Marleen,

Specht, Juliane, Widerstand junger Liberaler an der Oberschule Genthin 1947–1949 (Sachbeiträge 11), hrsg. von der Landesbeauftragten für die Unterlagen des Staatssicherheitsdienstes der ehemaligen DDR Sachsen-Anhalt, Magdeburg 1999.

Kassiber aus Bautzen. Heimliche Briefe von Gefangenen aus dem sowjetischen Speziallager 1945–1950 (Lebenszeugnisse – Leidenswege 16), bearb. von Cornelia Liebold/Jörg Morré/Gerhard Sälter, Dresden 2004.

Knabe, Hubertus (Hg.), Gefangen in Hohenschönhausen. Stasi-Häftlinge berichten, Berlin: List 2007.

Kordon, Klaus, Julians Bruder. Roman, Weinheim/Basel: Beltz & Gelberg 2004.

Lüdicke, Annemarie, Vergessene Schicksale. Festnahmen in Mitteldeutschland 1945–1961, Zerbst: Extrapost Verlag für Heimatliteratur 2004.

Müller, Hanno (Hg.), Recht oder Rache? Buchenwald 1945–1950. Betroffene erinnern sich, Frankfurt am Main: dipa 1991.

Müller, Werner/Pätzold, Horst (Hg.), Lebensläufe im Schatten der Macht. Zeitzeugeninterviews aus dem Norden der DDR (Landeszentrale für politische Bildung Mecklenburg-Vorpommern), Schwerin 1997.

Preisinger, Adrian (Hg.), Todesfabriken der Kommunisten. Mit einem Vorwort von Joachim Siegerist, Berg am See: Verlagsgemeinschaft Berg 1991.

Skoddow, Waltraut, Zu keinem ein Wort. Erfahrungen eines Internierten nach Aufzeichnungen von Erich Täufer, Berlin: Edition Amadis 1999.

Taege, Herbert (Hg.), Die Gefesselten. Deutsche Frauen in sowjetischen Konzentrationslagern in Deutschland, Lindhorst: Askania 1987.

Todesurteile gegen Kinder. Erinnerungen an 33 Eisenacher Jugendliche, die 1945 verhaftet wurden, hrsg. vom Landesbeauftragen des Freistaates Thüringen für die Unterlagen des Staatssicherheitsdienstes der ehemaligen DDR, Erfurt 1998.

Unschuldig … überlebt. In den Speziallagern des NKWD. Buchenwald – Torgau – Sachsenhausen – Bautzen – Sibirien, hrsg. von I. E. Wolf, Föritz: amicus 2004.

»Vom Roten Ochsen geprägt«. Lebensumstände politischer Häftlinge von 1944 bis 1956 (Betroffene erinnern sich 1), hrsg. von der Landesbeauftragen für die Unterlagen des Staatssicherheitsdienstes der ehemaligen DDR Sachsen-Anhalt, Magdeburg 1995.

Wirkungsstätten stalinistischen Terrors in der SBZ – Magdeburg – Dokumentation (Betroffene erinnern sich 8), hrsg. von der Landesbeauftragten für die Unterlagen des Staatssicherheitsdienstes der ehemaligen DDR in Sachsen-Anhalt, Magdeburg 1998.

Zeitzeugen. Inhaftiert in Berlin-Hohenschönhausen. Erinnerungen, Protokolle und Fotos zur ehemaligen Lager- und Haftanstalt Berlin-Hohenschönhausen, hrsg. von der Gedenkstätte Berlin-Hohenschönhausen, Berlin 1997.

Personenregister

Sachregister